Eva Gesine Baur

MARIA CALLAS

Eva Gesine Baur

MARIA CALLAS

Die Stimme der Leidenschaft

Eine Biographie

C.H.Beck

Für Ferri

Mit 44 Abbildungen

© Verlag C.H.Beck oHG, München 2023
www.chbeck.de
Umschlaggestaltung: Kunst oder Reklame, München
Umschlagabbildung: Maria Callas im Dezember 1956 als Anna Bolena
in Gaetano Donizettis gleichnamiger Oper an der Mailänder Scala,
© Erio Piccagliani/Teatro alla Scala
Satz: Fotosatz Amann, Memmingen
Druck und Bindung: CPI, Ulm
Gedruckt auf säurefreiem, alterungsbeständigem Papier
Printed in Germany
ISBN 978 3 406 79142 0

myclimate
klimaneutral produziert
www.chbeck.de/nachhaltig

INHALT

SPURENSUCHE 9

1. EINE AMERIKANERIN IN ATHEN
*Die Familie zerbricht, Mutter Callas regiert, das Geld wird knapp,
und Maria entdeckt einen Ausweg* 13

2. AUSNAHMETALENT IN KITTELSCHÜRZE
*Die Mutter ist rastlos, die Schwestern konkurrieren,
und Maria Trivella macht eine Entdeckung* 25

3. MUSTERSTUDENTIN AUF ABWEGEN
*Mussolini greift an, Metaxas sagt nein,
und Maria entdeckt die Zärtlichkeit* 39

4. JUNGSTAR MIT INSTINKT FÜR TRAGÖDIE
*Major Bonalti spielt Vater, Maria singt Hitlers Lieblingsoper,
rührt die Nazis und wird Ikone* 49

5. KARRIERISTIN IM ABSTURZ
*Vater Callas versagt, der Direktor der Met findet Callas mangelhaft,
und Maria geht Bagarozy in die Falle* 61

6. BETTELARME HOCHBEGABUNG
*Serafin ist entflammt, Meneghini zahlt,
und Maria Callas verstaucht sich ein Sprunggelenk* 72

7. PERFEKTIONISTIN IN PANIK
*Visconti schwärmt, Maria erpresst eine Heirat,
Callas versetzt Buenos Aires in Ekstase und gefällt Péron* 86

8. KÄMPFERIN MIT SPITZEN TÖNEN

*Callas verliert gegen Tebaldi, Meneghinis Brüder beleidigen Maria,
Callas besiegt einen Schreihals und den Widerstand von Toscanini* . . 97

9. EINE MATRONE BETÖRT

*Bing testet auf Eignung, Maria droht einem Intendanten mit Totschlag,
Callas erstrahlt auf der Bühne, und Biki lehnt sie als Kundin ab* . . . 109

10. HAUSHERRIN UND DURCHFECHTERIN

*Frau Meneghini kontrolliert ihr Personal, Callas überzeugt als
Extremistin, Maria erliegt dem Charme eines Spielers,
und Callas beschließt, schlank zu werden* 120

11. KINDSMÖRDERIN UND PUBLIKUMSLIEBLING

*Ghiringhelli wird bekehrt, Legge nimmt eine Jahrhundert-Tosca auf,
Bernstein ist überwältigt, und Callas verändert die Welt der Oper für
immer* 132

12. KÜNSTLERIN OHNE KOMPROMISSE

*Karajan spielt Dompteur, Callas verklagt den Neffen des Papstes
und versetzt Chicago in Raserei* 143

13. DIVA IM LIEBESHUNGER

*Zeffirelli tröstet, Visconti dient demütig, Callas ist schlafwandlerisch
sicher, und Maria will Luchino wie Lenny gefallen* 158

14. RÄCHERIN UND ZWEIFLERIN

*Serafin bekommt eine Feindin, Karajan wird bestraft,
Tebaldi bewusst gestört, und Callas wird in Chicago verraten* 172

15. DIE ACHTERBAHNFAHRERIN

*Callas küsst Radieschen, Bachmann hört durch Jahrhunderte
hindurch, Nilsson ist schockiert, und ein Pulitzer-Preisträger
benimmt sich niederträchtig* 185

16. PRIMADONNA UNTER BESCHUSS
Sordello prangert an, Karajan schlägt zurück,
Callas wird von Griechen der Raffsucht bezichtigt,
und Elsa Maxwell spinnt ihr Netz 201

17. DIE SIEGREICHE ANGEKLAGTE
Elsa Maxwell schadet mit Lobpreis, Onassis hört am Lido zu,
Callas wird angezeigt, in Rom gejagt und stellt ihre Richter bloß. . . . 216

18. GATTIN OHNE KONTO UND REKORDVERDIENERIN
Minotis fürchtet die Tigerin und erlebt eine Tragödin,
Callas wird zum Showstar, und Onassis greift an 237

19. ERFOLGSSKLAVIN MIT LEBENSLUST
Sutherland überwältigt Callas, Churchill langweilt Maria,
und Athagoras segnet die berühmtesten Griechen der Welt 252

20. MARIA BEZWINGT CALLAS
Zeffirelli fühlt sich betrogen, eine Journalistin setzt ein Gerücht
in die Welt, Mutter Callas erklärt die Tochter für geisteskrank,
und Visconti lässt Callas im Stich 271

21. EXKURS IN DIE WELT DER ALTERNATIVEN WAHRHEIT
Omero Lengrini wird entbunden und stirbt, Callas ist noch
immer nicht schwanger und zeigt sich in knappen Bikinis 286

22. DEVOTE GELIEBTE UND GRIECHENLANDS IDOL
Die Pinnaus sehen Maria buckeln, Callas verblasst neben Monroe,
und Onassis verliebt sich nicht nur in eine einsame Insel 297

23. IKONE UND OBJEKT DES HOHNS
Schwarzkopf verdrängt ihre Freundin, Onassis gibt den
Witwentröster, und Callas rettet sich selbst durch ihre Kunst 310

24. EINE LIEBENDE FRAU ALS PRIESTERIN
Die Beatles holen Callas ein, Romy Schneider küsst eine
Seelenverwandte, Maria wird Reederin,
und Cosotto singt Callas nieder 323

25. EINE GRIECHIN IN PARIS
Onassis verliert gegen Karajan, Callas beneidet Gréco und
lehnt Domingo ab, und Theodorakis wird verhaftet 340

26. DIE UMSCHWÄRMTE VERSCHMÄHTE
Callas verkündet ihr Comeback, Bing stöhnt über
das «Frauenzimmer», Burton erklärt Onassis zum Dreckskerl,
und Rossellinis Neffe buhlt um eine Tragödin 355

27. BÄUERIN UND GÖTTIN
Callas lernt um, Pasolini erkennt eine Einzigartige, Maria verliebt
sich neu, und Moravia staunt über eine naive Berühmtheit 372

28. EINE ANTI-DIVA ALS SELBSTDARSTELLERIN
Onassis macht Fehler, Callas hat Studenten,
McNally schwärmt für sie, und Hendricks hat Mitleid mit ihr 389

29. EINE FÜNFZIGJÄHRIGE ERBLÜHT
Das Traumpaar kehrt zurück, Taylor stiehlt die Show,
Kritiker weinen, und Schroeter betet Callas an 405

30. DIE STIMME VERSTUMMT
Maria sucht eine Heimat, Callas beschwört den Mai,
Pelosi gesteht einen Mord, und Schroeter verliert seine geistige Mutter 426

DANK 445
ANMERKUNGEN 446
LITERATURVERZEICHNIS 488
BILDNACHWEIS 497
PERSONENREGISTER 499

SPURENSUCHE

Überflüssig, was du treibst, sagte ich mir, nachdem der Vertrag für eine Callas-Biographie bereits unterschrieben war und zigtausend Seiten gelesen waren. Von Verträgen darf man zurücktreten.

Es schien keine Lücke erkennbar, die noch zu schließen wäre, abgesehen von jenen, die allein Spezialisten kennen. So hat sich der Internationale Maria Callas Club von September 1990 an in nahezu hundert Ausgaben von je zweiundsiebzig Seiten bemüht, Dokumente, Zeitzeugnisse sowie sämtliche Interviews zu publizieren und auf Glaubwürdigkeit zu prüfen, was nicht immer zweifelsfrei gelingen kann. Die archäologische Arbeit, die eigentliche Callas auszugraben, wird erschwert durch das, wovon sie in wachsenden Schichten überlagert wird: Aussagen von Menschen, die sie kannten, abgegeben nach ihrem Tod. Kollegen, die zu Lebzeiten von Maria Callas fast nichts über sie gesagt hatten, packten aus, nahe, vor allem aber entfernte Verwandte, vorübergehende Freunde und Freundinnen, Kommilitonen, Zufallsbekannte, Regisseure, Dirigenten, Klavierbegleiter, Bühnenbildner, Schallplattenproduzenten, Lehrerinnen, Sängerinnen und Sänger, wie üblich auch Hauspersonal.

Die Selbstauskünfte von Maria Callas aus Interviews und Briefen als letztgültige Wahrheit dagegenzusetzen ist naiv, zumal wenn sie erst im Rückblick werten. Wer ihre eigenen Kommentare zu Kindheit und Jugend, zu Mutter, Vater und Schwester und den übrigen Weggefährten für bare Münze nimmt, kassiert einiges an Falschgeld. Jahrzehnte, viele Erfahrungen und Enttäuschungen später beleuchtet jeder Mensch das, was früher geschah, mit dem Licht seiner Gegenwart. Und dass, seit Briefe geschrieben werden, die Absender den Adressaten mehr oder weniger gezielt ein nach eigenem Gutdünken gemaltes Bild von sich und ihrer augenblicklichen Situation vermitteln, versteht sich von selbst.

Aus dem, was an Aussagen über sie existiert, ergibt sich ein Bild von Maria Callas, in dem vieles unmöglich miteinander vereinbar zu sein scheint, ob es um Beurteilungen ihrer Stimme, ihres Äußeren, ihres Charakters oder Verhaltens geht. Schön oder hässlich, monströs oder göttlich, missbraucht oder egomanisch, leidenschaftlich liebend oder leidenschaftlich hassend, mondän stilsicher oder geschmacklos unter der Verkleidung?

Sicher ist bestenfalls, dass die Neugier für Maria Callas als Frau das Interesse an der Künstlerin zudeckt. Die oft als Sensationen angekündigten Auskünfte von Weggefährten, die sie, wie schon der Boulevard-Journalismus in ihren letzten beiden Lebensjahrzehnten, in die Niederungen des Allgemeinmenschlichen herabholen, verdrängen jene Frage, die am wichtigsten bleibt: Was hat sie einzigartig werden lassen? Warum ist sie die einzige Sängerpersönlichkeit der Vergangenheit, die heute keineswegs nur in der Musik, sondern auch im Theater, im Film, in der Bildenden Kunst und sogar den Klatschkolumnen gegenwärtig ist? Wenngleich über die Stimme, das Äußere, das Verhalten derartige Uneinigkeit besteht, sind sich alle darin einig, dass sie unnachahmbar blieb. Was die epochale Leistung von Maria Callas war, ist heute aber kaum jemandem bewusst.

Im Dezember 1953 trat sie, gerade dreißig, als Medea an der Scala auf, als die erschreckendste aller Opernheldinnen. Danach, sagte der Regisseur Franco Zeffirelli, wussten alle: «... die Welt der Oper hatte sich verändert. Es gab nun so etwas wie eine neue Zeitzählung: v. C. und n. C. – vor Callas und nach Callas.»[1]

Das kann nur verstehen, wer weiß, dass die Oper in der unmittelbaren Nachkriegszeit, trotz großer Dirigenten und schöner Stimmen, zu großen Teilen verkommen war zu einem Genre, das die Menschen gleichgültig ließ. Es war nicht mehr Musiktheater, es war längst nicht mehr Ereignis, es war ein Gewohnheitsprogramm, das absolviert wurde und in dem der Applaus nur einem galt: einem Star, der makellos sang und seine Spitzentöne wirkungsvoll platzierte. Maria Callas konnte die Oper vor dem allmählichen Verenden in der Gleichgültigkeit retten, denn ihr war selbst nichts gleichgültig. Keine Note, kein Atemzug, keine Geste, kein Detail der Inszenierung, kein Charakterzug der Frauen, die sie darstellte.

Dass ihr die Rettung der Oper nicht in den wenigen Komödien gelang, die sie sang, sondern in und mit den Tragödien, bringt auf die

Spur, eine naheliegende für eine Griechin, so scheint es: auf die der antiken Tragödie.

In der ersten erhaltenen Tragödie von Sophokles stehen zwei Sätze, die gerne zitiert werden, wenn davon die Rede ist, dass die Menschheit sich zugrunde richtet: «Vieles ist schrecklich. Nichts aber ist schrecklicher als der Mensch.»

Wenn davon die Rede ist, dass die Menschheit bisher aus allen Katastrophen, die ihr Überleben in Frage stellten, einen Ausweg gefunden hat, werden ebenfalls gern zwei Sätze von Sophokles zitiert: «Vieles ist wunderbar. Nichts aber ist wunderbarer als der Mensch.»

Es handelt sich um dieselben Sätze aus der *Antigone*. Das Wort, das den Kern der Aussage bildet, heißt *deinon* und kann schrecklich, furchtbar, entsetzlich, gefährlich oder gewaltig bedeuten, aber auch fähig, tüchtig, erstaunlich, außerordentlich, wunderbar.

Maria Callas hat jedoch nie eine antike Tragödie auf der Bühne gesehen, nicht einmal in den zehn Jahren, die sie ständig in Griechenland lebte, umgeben von großen und kleinen Bühnen und antiken Theatern, die im Sommer bespielt wurden. Woher hatte sie Kenntnis davon, was die Tragödie ausmacht? Davon, dass die Helden und Heldinnen der Tragödie Grenzen überschreiten, wenn ihr Ziel es verlangt, für das sie zu sterben und zu töten bereit sind? Dass sie geliebt werden wollen und doch, nicht ohne Grund, Neid und Hass auf sich ziehen? Dass es in der Tragödie alles gibt, das Schrecklichste und das Wunderbare, aber keinen Mittelweg, keinen Kompromiss, nichts Halbes? Es gibt hier den Hass, der nichts als Hass ist, die Leidenschaft, die nichts als Leidenschaft ist, die Rache, die nichts als Rache ist. Woher wusste sie, dass es in der Tragödie nicht um Probleme geht, die lösbar wären, vielmehr um unlösbare Konflikte? Dass die Tragödie ergreifen will und muss? Woher kannte sie die tragische Ironie, von der die Tragödien durchzogen werden? Die sich verdichtet in den Worten des Sehers Teiresias aus *Ödipus*[2] von Sophokles: «Der heutige Tag wird dich hervorbringen und vernichten»?

Und dann war da der Satz von Pier Paolo Pasolini über Maria Callas: «Sie ist … in gewisser Hinsicht die modernste aller Frauen, aber in ihr lebt eine Frau der Antike, fremdartig, geheimnisvoll und magisch, was furchtbare innere Konflikte in ihr auslöst.»[3]

Auf einmal stand da eine neue Frage: Kann es sein, dass Triumph und

Tragik der Maria Callas denselben Ursprung haben – den unlösbaren Konflikt in ihr? Die Leidenschaft ist ein Gefühl, das keine Konzessionen macht, sie ergreift die Seele ganz. Alles ganz zu haben, zu sein, zu erleben – es ist das, was Helden und Heldinnen zur Höchstleistung antreibt. Das, was sie vernichtet. Leidenschaft und Leiden gehören zusammen wie die beiden Bedeutungen des Wortes Passion.

1.

EINE AMERIKANERIN IN ATHEN

Die Familie zerbricht, Mutter Callas regiert,
das Geld wird knapp,
und Maria entdeckt einen Ausweg

Es war später Sonntagnachmittag und dämmerte schon, als am 7. März 1937 zwei Frauen am Hauptbahnhof von Athen aus dem Zug stiegen, die hier sofort auffielen. Dass es Mutter und Tochter waren, hätten Fremde nicht vermutet.

Die Mutter, eine schlanke Person von Anfang vierzig, fiel auf, weil in dieser Aufmachung kaum jemand aus einem der überfüllten alten Waggons mit Holzbänken stieg, wo die Fahrkarten am billigsten waren: knappes graues Schneiderkostüm, Hut mit schwarzen Federn, Kunstseidenstrümpfe, Pumps. Die Tochter fiel auf, weil sie groß war, einen halben Kopf größer als die meisten anderen Passagiere, und einen Käfig mit drei Kanarienvögeln schleppte. Vor drei Monaten, Anfang Dezember, war sie dreizehn geworden; wer sie sah, hielt sie für mindestens zwei Jahre älter, obwohl sie ein dunkelblaues Kleid mit weißem Kragen trug, wie sie es schon als Kind getragen hatte.[1]

Sie wurden erwartet. Evangelia Callas, geborene Dimitriadou,[2] kehrte nach vierzehn Jahren in ihre Heimat zurück. Ihre sechs Geschwister, bis auf Sofia alle jünger als sie, standen am Bahngleis, um die Amerikaner, wie sie bei der Familie Dimitriadis hießen, zu empfangen. Auf den neuesten Stand, was die Ziele von Evangelia anging, hatte sie seit Wochen Yakinthi gebracht, die ältere von Evangelias Töchtern, die bereits Ende letzten Jahres hier angekommen war und sich, groß geworden in New York, auch in Griechenland Jackie nannte.

Dass ihre Mutter ohne Unterbrechung redete, erstaunte Jackie nicht, dass ihre Schwester erschöpft aussah, ebenso wenig. Mehr als zwei Wochen waren die beiden in der dritten Klasse auf der *Saturnia* unterwegs gewesen, mit 700 Leuten statt 300 wie in der ersten. Jackie hatte, noch keine zwanzig, das Gleiche allein hinter sich gebracht, kannte die Seekrankheit, das schlechte Essen, die dicke Luft in der Kabine mittschiffs, ganz unten ohne Bullaugen, den überfüllten Speisesaal auf einem solchen Transatlantikschiff und die Fahrt vom Hafen in Patras bis nach Athen mit vielen Haltestellen in der Provinz, zusammengepfercht mit schwitzenden, schmatzenden Banknachbarn, im Ohr Kindergeschrei, in der Nase den Ruß, der durch die geöffneten Fenster hereinwehte. Dass die pausenlose Anwesenheit der Mutter das Ganze für ihre jüngere Schwester noch anstrengender gemacht hatte, ahnte Jackie. Anderen gegenüber gab sie zu, dass sie in New York die Mutter oft nur aushalten konnte, wenn Maria und sie sich gemeinsam im Kinderzimmer verschanzten.

Vom Dimitriadis-Clan wusste Maria bisher nur das, was die Mutter erzählt hatte. Demnach musste die Familie großartig sein. Großmutter Frosso sei in jungen Jahren wegen ihrer Schönheit – große blaue Augen, langes blondes Haar, graziler Wuchs – als «Schwester der Helena» gefeiert worden, der Großvater, mittlerweile seit zwanzig Jahren tot, sei wegen seiner Tenorstimme überall bekannt gewesen, außerdem wie sein Vater von überragender Intelligenz und Musikalität. Dass der Urgroßvater, der große Ländereien mit Olivenhainen, Feigenplantagen, einem Herrenhaus und einer freistehenden Kapelle mit Friedhof angeblich aus eigener Kraft erwarb, darüber nur durch das Erbe seiner Frau verfügte; dass sein Sohn, Evangelias Vater, die «Schwester der Helena», als sie fünfzehn war, gegen ihren Willen heiratete und sie ihn niemals lieben konnte; dass er als invalider General seine Pension mit Glücksspiel aufstocken wollte, jedoch den ererbten Besitz verzockte, enthielt Evangelia den Töchtern vor. Sie sprach von Schicksal.

Was an ihren Kindern außergewöhnlich war, konnte nur der Familie Dimitriadis zu verdanken sein, denn aus ihrer Sicht hatte Evangelia zu jung zu weit hinab geheiratet. George[3] Kalogeropoulos war Apotheker aus einer Bauernfamilie und um die zwölf Jahre älter als seine Braut – für sie ein Mann ohne Ambitionen, für dessen Charme und Eleganz aus ihrer Perspektive nur Frauen schwärmten, mit denen er sie betrog.

Nun, an diesem 7. März 1937, traf die Tochter auf die Wirklichkeit ihrer Mutter. Die Onkel und Tanten starrten sie an, auch Jackie entging das nicht. Schauten sie enttäuscht, weil sie weder graziös noch gefällig hübsch wie die ältere Schwester war, oder schauten sie verwundert? Was hatte die Mutter über sie erzählt? In Athen standen nicht wie in New York Taxis vor dem Bahnhof, es waren kaum Automobile unterwegs. Meistens brachten Pferdewagen Besucher, denen der Weg zu Fuß schwerfiel, an ihr Ziel; da die Straßen abgesehen von der innersten Stadt weder asphaltiert noch gepflastert waren, war das nur angemessen.

Das gelobte Land hatte Evangelia ihren Töchtern hier, in Athen, verheißen: Alles, was ihnen in New York gefehlt hatte, hier würden sie es finden, ob sie es Sicherheit nannte, Erfolg oder Zukunft, vielleicht sogar Glück. Ihr Mann hatte behauptet, er werde in absehbarer Zeit nachkommen, doch keiner glaubte das, weder er selbst noch seine Frau oder eine seiner Töchter. Diese Ehe sei der größte Fehler ihres Lebens gewesen, hatte Evangelia den Töchtern oft genug gesagt, dabei hatte sie selbst, gegen ihres Vaters Rat, sich für George entschieden; damals hatte sein Charme auch bei ihr noch gewirkt, und sie hatte es genossen, dass er groß war und gut aussah.

Großmutter Frosso, jene «Schwester der Helena», war längst ergraut und verblasst, ihr Haus jedoch hielt, was Evangelia versprochen hatte. Es lag in einem schattigen Garten, und schon beim Betreten erweckte es Vertrauen. Aus der Küche mit ihrem übergroßen Backofen drang immer der Duft von Gebratenem oder Geschmortem. Vornehm die Marmortreppen und das Parkett, verlässlich die alten Fliesenböden, die Zimmer hell, die Fenster hoch. Sandfarben gestrichene Schlagläden schützten vor zu großer Hitze, die Leinenbettwäsche und die Tischwäsche waren in einem Haushalt wie diesem – es gab Personal – gestärkt und gebügelt. Ein frisch geschiedener Bruder von Evangelia und zwei unverheiratete Schwestern wohnten hier, sangen, spielten Mandoline oder Gitarre. Dass dieses Haus nur gemietet war, verschwieg Evangelia den Kindern.[4] Es hätte schön sein können für Maria nach den dunklen Stadtwohnungen in Manhattan, in denen die Eltern, wenn sie einander nicht aus dem Weg gingen, gestritten hatten. Geborgenheit zu erleben, hier schien das möglich. Und doch befand sich Maria in einem Niemandsland. Wer war sie und wohin gehörte sie?

Was ihre Identität betraf, hatte sie sich an manches bereits gewöhnt – daran, dass sie nicht einmal genau wusste, wie sie hieß und an welchem Tag sie zur Welt gekommen war.[5] Mary sagten die Eltern, die Schwester, die Vettern und Cousinen in den USA, die Schulfreundinnen und Lehrerinnen zu ihr. Ein paar Tage bevor sie mit der Mutter die *Saturnia* bestieg, am 15. Februar 1937, hatte sie den Fahneneid abgelegt, um ihren amerikanischen Pass zu bekommen, unterschrieben mit Mary Anna Callas. Im Formular stand unter «Namen» aber Sophie C. Kalos, was die Uneinigkeit der Eltern spiegelte: C für Cecilia, das hatte der Vater sich ausgesucht, Sophia war die Wahl der Mutter gewesen. Erst bei der Taufe gut zwei Jahre nach ihrer Geburt waren auf Wunsch der beiden griechischen Taufpaten Anna und Maria hinzugekommen.

Wie hieß sie nun? Mary oder Maria oder nichts von beidem? Kalos, Callas oder Kalogeropoulou, wie es im Pass der Mutter zu lesen war?[6]

Hier, im Haus der Großmutter, war sie Maria. Vieles schien sich in dieser Umgebung von alleine zu regeln. Aber das Gefühl, anzukommen oder heimzukommen, hatte Maria nicht, sie konnte es nicht haben.

Evangelia war Griechin, Jackie war Griechin, sie war schon fast sieben gewesen, als sie mit den Eltern aus Meligalas, einer Kleinstadt auf der Peloponnes, in die USA ausgewandert war. Die beiden wussten, wo sie hingehörten. Maria Anna Sophia Cecilia aber war in einem Krankenhaus in Manhattan geboren worden. Auf der Straße, in der Schule hatte sie Amerikanisch gelernt, ihre Schulbücher waren amerikanisch gewesen, doch viele hörten einen fremden Akzent heraus, wenn sie sprach. Zu Hause hatte sie nur Griechisch geredet, mit den Patenonkeln, den Freunden der Eltern und den Verwandten in den USA ebenfalls. In den ersten Jahren hatte die Familie Kalos in Astoria, Stadtteil Queens, gewohnt, mit niedrigen Häusern und Mieten, mit Gärten ohne Anspruch, überall Stühle und Tische auf den Straßen, griechische Tavernen und Läden, in denen Lamm, Ouzo, Oliven, Knoblauch, Olivenöl, Baklava verkauft und Griechisch gesprochen wurde. Nun, in Athen, hörten die Einheimischen den fremden Klang aus ihrem Griechisch heraus und fanden es schlecht.

Wer war sie? Ein Kind, das Schuld daran trug, dass die Eltern sich ge-

*Griechische Schicksals-
gemeinschaft: George
Callas (links außen) mit
seiner Frau (auf der
Treppe sitzend rechts),
seinen Töchtern (Maria
oben in der Mitte)
und der befreundeten
Familie Papajohn,
die ebenfalls aus
Griechenland in die
USA emigriert war,
Sommer 1934, Inwood
Hill Park, New York*

trennt hatten? Grund ihrer Heimkehr sei Marys Ausbildung zur Sängerin am berühmten Konservatorium von Athen, hatte Evangelia ihrer Familie geschrieben. Oder war sie ein Opfer der Mutter, die nur in der Schönheit ihrer älteren und in der Stimme ihrer jüngeren Tochter eine Chance witterte, dorthinauf zu steigen, wo sie nach ihrer Vorstellung hingehörte? Ihre Töchter hatten eingesehen, dass sie gegen die Pläne der Mutter machtlos waren. Jackie hatte gerade den ersten Monat an einer Modelschule in New York absolviert, als Evangelia ihr eröffnete, ihre Ausbildung werde nun auf einer Sekretärinnenschule in Athen beginnen. War Maria vielleicht schuld an dem Ehrgeiz, mit dem die Mutter den Vater drangsaliert hatte, einem Ehrgeiz, der aus dem Mangel an Erfüllung erwachsen war?

Maria wusste es, oft genug war es ihr erzählt worden: Für die Mutter verband sich mit ihrer Existenz nur Unglück. Mit ihr im Bauch war sie in die USA ausgewandert, oder vielmehr ausgewandert worden nach Evangelias Schilderung, überfallartig; ihr Mann habe sie vorher weder um ihre Meinung gefragt noch eingeweiht, als er bereits die Überfahrt gebucht hatte. Das zweite Kind von Evangelia und George, ein Sohn namens Vassilis, war, keine zwei Jahre alt, in Griechenland an Meningitis gestorben, und die Emigration sollte ihn vergessen machen, ein zweiter Sohn ihn ersetzen. Es war eine Tochter geworden, wodurch in den Augen der Mutter ihr Traum scheiterte, einen Heldensohn großzuziehen. Wie sonst war zu erklären, was der Patenonkel Leonidas Lanzounis Maria berichtete? Als orthopädischer Chirurg an demselben Krankenhaus durfte er bei der Entbindung dabei sein. Die Mutter, sagte er, habe sich tagelang geweigert, das Kind auch nur eines Blickes zu würdigen.

Beide Töchter fühlten sich dem Vater, der tagsüber und später oft wochenlang nicht zu fassen war, näher als der Mutter, obwohl sie es war, die ihre beiden Mädchen in die Bibliothek schleppte, Schellackplatten mit klassischer Musik, vor allem Opern, auslieh und zu Hause regelmäßig die griechische Volksmusik abstellte, die der Vater gerne hörte. Sie war es, die ein Pianola anschaffte, auf dessen gelochten Notenrollen größtenteils Klassisches eingestanzt war, und später war sie es, die den Kauf eines Klaviers erzwang. Besonders schien die Mutter zu verärgern, dass ihre Töchter die Schwächen des Vaters nicht erkennen wollten, dabei wies sie nimmermüde darauf hin. Sie wollten ihn nicht als Versager sehen, nur weil er nach dem Börsenkrach im Oktober 1929 seine Apotheke hatte schließen müssen und sich als Pharmavertreter durchschlug. Geld hatte er, wie in den amerikanischen Drugstores üblich, nicht mit dem Verkauf von Medikamenten gemacht, vielmehr mit Süßigkeiten, Drinks, Eiscreme und Kosmetikartikeln. Daran wurde nun gespart.

Die Mutter war rund um die Uhr gegenwärtig, hielt ihre Erziehungsprinzipien für etwas, das den Kindern Halt gab, doch Verlass war auf sie nicht. Nach dem geschäftlichen Scheitern ihres Mannes unternahm sie einen Suizidversuch; er reagierte kühl und ließ sie zur Behandlung in die Psychiatrie einweisen. Er ging fremd, die Töchter bekamen davon nichts mit, ahnten es bestenfalls. Die Mutter wiederum provozierte mit allen Mitteln seine Eifersucht; wie unbeherrscht er darauf reagierte, blieb den Kindern nicht erspart. Bestraft wurden sie von der Mutter, die mit dem Regenschirm zuschlug, oft wegen Lächerlichkeiten. Der Vater protestierte ohne Erfolg, aber doch so, dass die Töchter es nicht vergaßen.

Wo gehörte sie hin? Zum Vater oder zur Mutter? Wenn sie in den Spiegel sah, gehörte sie zum Vater. Die Mutter hatte die blauen Augen

und den Wuchs von Frosso geerbt. Dass Maria ganz der Vater war, bestä-
tigten auch die Angaben im Dokument des Fahneneids. Augen: braun.
Haare: braun. Größe: 5 Fuß, 7 Inches, hier hieß das nun ein Meter ein-
undsiebzig.

Doch sonst gab es fast nichts, woran Maria sich halten konnte, was sie
ihr Eigen nennen konnte. Da war die vergoldete Armbanduhr, Marke
Bulova, die sie jeden Tag ums Handgelenk band; gewonnen hatte sie sie
bei einem Talentwettbewerb des Mutual Radio Network, zu dem sie sich
selbst angemeldet hatte und wo sie, begleitet von Jackie, mit *La Paloma*
und *A Heart That's Free* Eindruck gemacht hatte. Da waren die drei Ka-
narienvögel, wobei nur der eine namens David ihr allein gehörte; ihre
Kehlen betastete sie beim Singen, als könnte sie dadurch herausfinden,
wie sie ihre hohen Töne zustande brachten. Und da war ihre Stimme,
kraftvoll und ungewöhnlich. Der erste Gesangslehrer hatte sich selbst
angeboten, weil er sie durchs offene Fenster gehört hatte.

Vorzuweisen hatte Maria jedoch nichts, keine offizielle Auszeichnung,
kein Zertifikat für eine musikalische Ausbildung. Private Gesangs- und
Klavierstunden bei Lehrern, die keiner kannte, zählten gar nichts. Nicht
einmal über einen qualifizierten Schulabschluss verfügte sie. Nicht lange
vor der Abreise, am 28. Januar 1937, hatte sie mit Klassenkameraden nur
gefeiert, dass ihre Pflichtzeit an der Public School beendet war, und es
sah nicht so aus, als würde sie hier, in Athen, noch auf ein Gymnasium
geschickt.

Mit dreizehn in einer fremden Stadt, wohin?

Evangelia hatte viel versprochen – wie von selbst würden sich in
Athen, schon durch die Beziehungen ihrer Familie, die Türen öffnen.
Auch Ruhe und Geborgenheit würden sie hier finden, in einer Familie,
die etwas zu sagen hatte, eine elegante Wohnung in guter Lage und jene
Sicherheit, die sie vor Marias Geburt in Meligalas gehabt hatten, in
Amerika aber vermissen mussten.

Ziemlich sicher war jedoch nur, dass sie hier wieder Kalogeropoulou
heißen würden, nur für die Amerikaner hatte der Vater den Nachnamen
vereinfachen müssen. Und dass in Athen der Alltag kleiner bemessen
war als in Manhattan, nicht nur die Autos, die Busse und die Geschäfte.

Zuletzt hatten die vier Callas in New York in Washington Heights gewohnt, wieder einem vor allem von Griechen bewohnten Teil der Stadt,

*Scheinheilige Dreieinig-
keit: Evangelia, genannt
Litsa Callas mit ihren
Töchtern Yakinthi,
genannt Jackie, und
Maria, genannt Mary,
1936 in New York,
kurz vor der von
Evangelia erzwungenen
Rückkehr nach Athen
ohne den Vater*

in einem Eckhaus aus den 1920ern mit sechs Stockwerken. In Manhattan war das ein Bungalow verglichen mit den Gebäuden des Rockefeller Center, dem Chrysler oder dem Empire State Building. In Athen hätte es die üblichen ein- bis zweigeschossigen Häuser weit überragt. Und es brauchte nicht lang, bis Maria feststellte, dass auch im Hause Dimitriadis das meiste kleiner ausfiel als angekündigt: das verbliebene Vermögen, der Einfluss und die musikalischen Kenntnisse.

Hochmusikalisch, gebildet, mit jenem Stil gesegnet, der einer Familie mit großer Vergangenheit zustand, auch wenn sie in der Gegenwart durch die Macht des Schicksals weiter unten gelandet war, so hatte Evangelia ihre Familie beschrieben. Ihre Gesangsstimmen verdankten beide Töchter, das hatte die Mutter immer betont, ihrer Familie, nicht der ihres Ehemanns. Doch an Marias Stimme fanden die Verwandten hier anscheinend nichts Besonderes. Onkel Efthymios plädierte als Einziger dafür, Maria professionellen Unterricht zu verschaffen, stutzte aber die Hoffnungen zurück; es gebe hier viele, sehr viele Mädchen, die nette Stimmen hätten. In Amerika war das anders gewesen, da hatte Maria auf Talentwettbewerben schon als Kind immer gut abgeschnitten. Gerade erst war ihr bestätigt worden, ihr Gesang sei außergewöhnlich, als sie an Bord der *Saturnia* auf Einladung des Kapitäns bei dessen Party vor Offizieren und Gästen der ersten Klasse aufgetreten war. Jeder hatte sehen können, dass die Offiziere sie in Uniform die Gangway des Schiffs hinabbegleiteten; Maria hatte den Eindruck, den sie gemacht hatte, mit an Land genommen.[7]

Und hier war selbst in der Familie das Lob nicht mehr als lauwarm. Aber Enttäuschung zu zeigen stand der Jüngsten im Haushalt nicht zu. Sie wurde versorgt, das musste genügen.

Beruhigung und Ordnung, auch das hatte Evangelia angekündigt. In New York hatte die Familie sieben oder acht, vielleicht sogar neun Umzüge in dreizehn Jahren hinter sich gebracht. Doch nur das Frühjahr über blieb Evangelia mit ihren Töchtern im Haus der Dimitriadis, dann zog sie um in die erste Behelfslösung. Was den Töchtern guttat, entschied sie alleine, wie ihren eigenen Verwandten unangenehm auffiel.

Kurz danach sang Maria bei einer Lehrerin namens Loula Mafta am Athener Konservatorium vor, das älter als das Nationale Konservatorium war und höher angesehen. Sie wurde nicht genommen. Im Ohr und als Schmerz im Gedächtnis blieb ihr nur, dass sie von anderen Schülern dort ausgelacht wurde.

Sie habe eine Stimme wie ein Mann, sagte einer von ihnen,[8] und er sagte es weiter. Diejenige ihrer Tanten, die zu Hause am meisten und am besten sang, hatte einen Kontraalt, die tiefen Frauenstimmen schienen in der Familie zu liegen. Aufzugeben war jedoch keine Lösung. Maria war längst bewusst, dass ihr das Interesse der Mutter, von Liebe war keine Rede, nur galt, wenn sie sang. In jeder neuen Wohnung, die sie bezogen, egal wie eng sie sein mochte, musste sie singen, ohne Begleitung, denn für ein Klavier war anfangs kein Geld vorhanden, und gerne bei offenem Fenster. Evangelia hatte beschlossen, wofür ihre Töchter sorgen sollten, nachdem der Vater nicht mehr daran dachte, ernsthaft für Frau und Kinder zu sorgen. Jackie sollte mit ihrem Charme und ihrer schönen Erscheinung einen Mann mit Geld erobern, also die Finanzen sichern, Maria sollte mit ihrer Stimme den Ruhm beschaffen.

Bei vier Cousinen ihrer Mutter, im Alter näher bei Jackie als bei Evangelia, erlebten die Töchter so etwas wie unbeschwerte Jugend, nur ab und zu für ein paar Stunden, wenn die Schwestern Koukoulis im Haus ihrer Eltern wieder einmal ein Fest mit Buffet und jungen Leuten gaben. Es waren lichte, leichte Stunden für die anderen, aber für Jackie und Maria wurden sie belastet durch die Anwesenheit der Mutter. Sie ordnete an, wann Maria singen musste, meistens auch was, und Maria sang. Beeindruckte sie, war die Mutter zufrieden. Die Stimme war der Schlüssel, der ihr den Weg in die Freiheit erschließen konnte, und die Stimme machte sie zur Gefangenen. Sie war Verheißung und Verhängnis, und beides ließ sich nicht voneinander lösen.

Doch Maria hatte keine Zeit, darüber nachzudenken. Anfang September, als die lähmende Sommerhitze nachzulassen begann und alles wieder in Bewegung kam, ergab sich eine Chance für sie. Onkel Efthymios behauptete, er habe sie eröffnet. Hinterdrein wusste keiner mehr genau, wie viele Familienmitglieder außer Efthymios Maria eskortierten, als sie in die Hoffmannstraße 5 spazierte, zu einem zwischen zwei höheren Wohnhäusern eingesperrten Bungalow mit nur einer Etage, von außen schmucklos, im Inneren nicht: ein Klavier, obendrauf eine Mozart-Büste aus Bronze, eine kleine Bibliothek, ein paar antike Möbel und gute Gemälde, die Requisiten des Wohlstands und der Bildung. Maria Trivella kam aus einem Elternhaus mit Anspruch, der Vater war Architekt und welterfahren, die Mutter eine geborene Grimani. Ihr Name Trivella aber war nicht italienisch, sondern griechisch, denn ihr Ehemann hieß Athanasios Trivellas, und dessen Bruder war befreundet mit Evangelias Bruder Efthymios.

Maria stand, flankiert von Evangelia und Jackie, vor einer Frau mit dunklem Pagenkopf und einem älter gewordenen Puppengesicht, die ihre kleine runde Figur mit schlichter Eleganz streckte. Sie war erste Hälfte vierzig, ziemlich genau im Alter von Marias Mutter. Trivella hatte Erfahrung mit solchen Situationen. Dass eine Mutter verkündete, ihre Tochter verfüge über eine einzigartige Stimme, vorherbestimmt für eine Weltkarriere als Opernsängerin, war üblich, auch dass die Tochter nervös war. Unüblich war, dass eine Bewerberin derart ungeeignet für eine Bühnenlaufbahn wirkte. Offenbar stark kurzsichtig, die Brillengläser waren lupendick, bewegte sie sich ungeschickt. Zu dem mehr als knielangen Kleid, das ihre große, stämmige Gestalt verhängte, trug sie kurze Socken und Halbschuhe, mit denen man die verwilderten Hänge zur Akropolis hinaufwandern konnte.

Marianna Kalogeropoulou, stellte sie sich vor.

Stimme?

Man sagte mir, ich sei ein Kontraalt.

Dann sang sie.

Es *war* eine einzigartige Stimme. Trivella erinnerte sie an ein Carillon, an ein Turmglockenspiel, metallisch vibrierend und raumfüllend mit langem Nachhall. Was Trivella vor allem ergriff, war «die große Leidenschaft», mit der dieses Mädchen sang, das zwischen den vorgetragenen Stücken immer wieder die Brille abnahm und die Gläser mit dem Taschentuch putzte.

Nicht nur, was Trivella sagte, sondern auch, was sie tat, zeigte Maria, dass sie hier anerkannt wurde. Nachdem Evangelia vorgewarnt hatte, sie könne nicht viel, eigentlich gar nichts zahlen für die Gesangsstunden, erklärte Trivella, Maria hier, in ihrem Haus, unentgeltlich unterrichten zu wollen. Eine Schülerin wie diese hatte sie noch nie gehabt. «Sie arbeitete hart.... Fanatisch, kompromisslos, ihrem Studium mit Leib und Seele verschrieben. Fünf bis sechs Stunden pro Tag übte sie.» Mit einem Erfolg, wie ihn Trivella noch nicht erlebt hatte. «Nach sechs Monaten sang sie die schwierigsten Arien eines internationalen Opernrepertoires mit höchster Musikalität.» Ebenso grenzenlos wie Marias Ehrgeiz war Marias Dank. Alles verdanke sie ihrer Lehrerin, alles, sagte sie. Sie liebe sie mehr als jeden anderen Menschen, sie werde sie mit nach Amerika nehmen und dort als Musikpädagogin berühmt machen.

Auf einem Foto aus ihrer Studienzeit bei Trivella sitzt Maria distanziert und aufrecht neben ihrer Mutter auf einem Sofa und blickt die Mutter an, ohne sich ihr zuzuwenden, ohne sie anzulächeln. Zur Ersatzmutter, zur besseren Mutter hatte sie ihre Lehrerin gemacht und schien sie geradezu auffressen zu wollen. Weil sie fast immer kurz vor der Essenszeit auftauchte, wurde sie bei Trivella abgefüttert. Als die Lehrerin, die einige Jahre in Paris gelebt hatte, anbot, ihr Französisch beizubringen, fraß sie ihr das aus der Hand. Ihr Äußeres vernachlässigte Maria mit derselben Ausschließlichkeit, mit der sie ihre Stimme trainierte, ohne sich darum zu kümmern, dass sie damit ihre eigene Gegenspielerin wurde.

Damit sie offiziell auch am Nationalen Konservatorium als Studentin der Trivella aufgenommen würde, fälschte Evangelia, ohne zu zögern, das Alter ihrer Tochter, die noch keine vierzehn war, das Mindestalter für die Aufnahme. Am Konservatorium aber musste Maria wie alle anderen Studiengebühren entrichten. Yorgos Karakandas, der mit Trivella die Opernklasse leitete und die Gesangsstudenten in Schauspiel unterrichtete, stieß sofort mit Maria zusammen. Er lobte sie nicht und korrigierte sie ständig, sie sträubte sich gegen ihn und das, was er sagte. Trotzdem überredete ihn Trivella schließlich, sich mit ihr gemeinsam dafür einzusetzen, dass Maria ein Stipendium bekam.

Die anderen Studenten interessierten Maria so wenig wie andere Fächer, die angeboten wurden, abgesehen vom Klavierunterricht. Das, was sie als Opernsängerin brauchte, wollte sie einpacken, und davon alles: die schwierigsten Triller, Verzierungen, Koloraturen, technische Finessen, möglichst viele Partien. Sonst nichts. In den Kursen für Solfège, für Musikgeschichte, Musiktheorie oder Harmonielehre wurde sie selten oder nie gesichtet. Doch es fiel auf, dass sie morgens in der Eingangshalle ihre Lehrerin umarmte, küsste, von ihr umarmt und geküsst werden wollte und dann ohne Pause mit ihr übte. Diese Mitstudentin, die nichts teilte, nichts mitteilte und die jeden Raum mit einem derart schweren Schritt betrat, dass die Dielen krachten, kam bei den Kommilitonen nicht an.[9] Bemerkte sie das?

Karakandas wollte auch Maria beibringen, dass eine Sängerin nur dann eine Gestalt verkörpern konnte, wenn sie den Körper in die Darstellung einbezog.[10] Schwerfällig, wie Marias Körper war, hatte sie damit Schwierigkeiten, und Karakandas merkte, dass sie nicht aus sich herausging. «Der erste Genius in einer Oper ist der Textdichter», erklärte er, «dann erst kommt der Komponist.» Den Text zu verinnerlichen sei die Voraussetzung für eine ausdrucksstarke Darstellung. «Die Zukunft der Oper», hämmerte er seiner Klasse ein, «wird auf dem Schauspielerischen gründen.» Damit hatte er Maria am Haken. Nun wollte sie alles lernen, wie sie Arme und Hände befreien musste, weg vom Körper, damit sie sagen konnten, was sie spürte, anstatt sinnlos zu gestikulieren.

Noch keine vierzehn, hatte Maria die Oper zum Inhalt ihres Lebens gemacht. In der Oper war sie zu Hause, eine Heimat, die sie mit ihrer Stimme erobert hatte und mit ihrer Stimme verteidigen würde. Aber sie hatte noch keine Oper erlebt.

2.

AUSNAHMETALENT IN KITTELSCHÜRZE

Die Mutter ist rastlos,
die Schwestern konkurrieren,
und Maria Trivella macht eine Entdeckung

Für Ende Februar 1938 hatte Evangelia Callas den nächsten Umzug geplant, es war der fünfte innerhalb eines Jahres. Die Wohnung mit drei kleinen Zimmern lag in einer Gegend, wo rund um Universität, Olympia-Theater und Deutsche Schule das Studentenvolk, Maler, Musiker, Schauspieler und Schriftsteller wohnten. Die meisten Häuser waren baufällig, viele feucht, die sanitären Einrichtungen veraltet, die Mieten entsprechend niedrig. Damit verglichen war es ein Neubau, den Evangelia sich ausgesucht hatte, aber die Räume im ersten Stock über Läden und Cafés waren laut und nicht möbliert, Geld für die Ausstattung fehlte.

Der Alltag war für die drei Callas-Frauen seit Ende des letzten Jahres noch schwieriger geworden. Zuerst blieben die hundert Dollar aus, die George bisher Monat für Monat geschickt hatte, dann kam sein Brief: Eine schwere Lungenentzündung habe ihn gezwungen, seinen Beruf vorübergehend aufzugeben, Besserung sei nicht in Sicht. Klinikaufenthalt, Behandlung und Medikamente hätten aufgezehrt, was er besaß. Das Ganze sei ein neues Indiz für die Perfidie des Vaters, kommentierte die Mutter das den Töchtern gegenüber. Morgens, abends, am Wochenende hockten die drei Callas-Frauen aufeinander, keine hatte einen Beruf, keine ein Einkommen.

Trotzdem betrat am 2. Februar 1938 Maria mit der Mutter, der Schwester und einem Mann von Anfang, Mitte dreißig zum ersten Mal ein Opernhaus, das Königliche Theater, das vor fünf Jahren nach gründlicher Renovierung wiedereröffnet worden war.[1] Es war eine Oper, wie eine Vierzehnjährige sie sich vorstellte: die Fassade pompös, falsche Re-

naissance in fortissimo, das Innere feierlich mit Lüsterglanz, Gold-
bronze und rotem Samt. Die Karten für diesen Abend waren begehrt
und teuer, Verdis *La traviata* stand in diesem Jahr nur ein einziges Mal
auf dem Spielplan. Die drei Callas-Frauen kannte hier kaum einer, den
jungen Mann, gedrungen, trotz des teuren Anzugs nicht elegant, der wie
immer ernst dreinschaute, erkannten einige. Miltiadis Embirikos stammte
aus einer der reichsten Familien Griechenlands, einer Reeder-Dynastie.
Sein Vater, in jüngeren Jahren Minister der Regierung Eleftherios
Venizelos, hatte beim Börsenkrach 1929 den Großteil seines Vermögens verloren. Den Kindern blieb ein Gebäudekomplex in bester Lage,
ein Schiff, das den Namen der Mutter, *Eleni*, trug, und Miltiadis' Ehrgeiz, wieder ein Imperium aufzubauen, über das seine Cousins noch verfügten.

Evangelia Callas saß zufrieden auf ihrem Platz; seit ein paar Monaten
war Jackie mit Miltiadis, genannt Milton, liiert. Kennengelernt hatte sie
ihn über seinen jüngeren Bruder Hariton, und dem war sie bei einem
Makler begegnet, einem Familienfreund der Dimitriadis, dessen Büro-
haus Evangelia zur Partnerschaftsanbahnung häufig aufgesucht hatte.
Evangelia sprach oft von der Gnade Gottes und half ihr gerne nach.

Jackie war unruhig und schon am Ende des ersten Aktes von dieser
Traviata enttäuscht. Die Produktion war alt, die Inszenierung, das Bühnenbild restlos überholt, die Sängerin der schwindsüchtigen Violetta
unglaubwürdig, schon durch ihr Übergewicht, so etwas müsse abgesetzt
werden, wenn man nicht die Menschen aus der Oper vertreiben wollte.
Dabei hatte auch Jackie noch nie zuvor eine betreten.

Maria nahm nichts von dem wahr, was rechts und links und hinter ihr
geschah, sie litt mit der dahinsiechenden Violetta. Aber nicht die Sopranistin brachte das Publikum zum Schluchzen, es war der Bariton Evangelos Mangliveras, der den alten Germont sang, eine unsympathische
Rolle. Als der letzte Vorhang fiel und Jackie bemüht applaudierte, fiel
ihr Blick auf die Schwester im Sessel daneben, die wie entrückt wirkte,
offenbar störte sie und vermisste sie nichts. Jackie deutete das auf ihre
Weise: Maria, meinte sie, sah und hörte gar nicht, was auf der Bühne
passierte, sie sah und hörte dort oben nur sich selbst, ihre eigene Zukunft.

Nach außen wirkte es, als ob es aufwärtsginge mit den drei Callas-Frauen. Evangelia hatte ihrer älteren Tochter so lange geklagt, die neue Bleibe sei erniedrigend, dass die vor ihrem Liebhaber in Tränen ausbrach und der Liebhaber die Wohnung nach den Wünschen der Mutter möblierte. Die drei Frauen ließen sich eng nebeneinander auf einer Parkbank fotografieren und traten öffentlich als geschlossene Formation auf. Nur die Nachbarn bekamen mit, dass Marias Stimme zu groß für die Wohnung und das Klavier schlecht war, dass Türen geschlagen wurden, vieles laut scheppernd zu Bruch ging und die Mutter und ihre jüngere Tochter sich regelmäßig anschrien. Wer den verwackelten Schnappschuss länger betrachtete, dem fiel auf, dass Maria zusammengesunken, abgewandt auf der Parkbank hockte und allein Jackie der Mutter, die in der Mitte starr dominierte, den Unterarm auf den Schoß gelegt hatte. Und wer in der Klasse von Trivella war, wusste, dass die jüngste Schülerin, Maria Kalogeropoulou, dort als Einzige keine Freunde hatte.

Es war ein Montag, der 11. April 1938, als sich um 18 Uhr 45 die weißlackierten Türen zum Parnassos-Saal mit seiner weißlackierten Kassettendecke öffneten, einem Raum mit mehr als 400 Plätzen im Haus der Literarischen Gesellschaft. Manolis Kalomiris, Gründer und Rektor des Nationalen Konservatoriums, mietete ihn jedes Jahr für ein Konzert der Opernklasse. Im Parkett saßen Evangelia, Jackie wie auch die Verwandten der anderen, die auftreten durften.

Trivella hatte ihrem erfolgreichsten Schüler, Yannis Kambanis, drei Solo-Arien im letzten Teil des Konzerts zugedacht, danach stand, als Einzige außer ihm ebenfalls mit drei Arien, «Frl. Marianna Kalogeropoulou» im Programm, fünfzehn Jahre jünger als Kambanis, die Jüngste an diesem Abend. «Warum gerade die?», mussten sich die anderen fragen. Auf eine kritische Bemerkung von Rektor Kalomiris hatte sie wütend reagiert und war grob ausfällig geworden, er hatte sie vom Konservatorium verwiesen, bis sie sich widerwillig entschuldigte. Was zwischen Maria und Kambanis vor diesem Konzert vorgefallen war, wusste niemand im Saal. Kambanis, der seine Abschlussprüfung bereits mit Auszeichnung bestanden hatte, ein Mann mit einem feinen Gesicht und feinen Manieren, hatte Maria mehrmals gesagt, was er bewunderte an ihrer Stimme. Er hatte sie jedoch auch vor dem eigenartigen Wackeln in bestimmten Lagen gewarnt, erfolglos, wie er zugab: «... sie nahm niemals irgendeine Notiz von dem, was irgendwer von uns sagte.»[2] Dass sämtliche Mitstudenten mit Maria nicht näher zu tun haben wollten, war in den Augen von deren Mutter Anzeichen ihrer Missgunst und Arroganz; nur weil Maria schlecht angezogen war und kein Geld hatte, drängten die Kollegen sie ins Abseits.

Kambanis sah das anders, er konnte begründen, warum er an ihr nichts liebenswert fand. Trivella schätzte Kambanis als Mensch wie als Sänger. «Eine Stimme wie seine gibt es selten», Kambanis sei eine Klasse für sich. Das sagte sie jedem, auch Maria. Die aber verbot ihrer Lehrerin, den Kollegen zu loben, und selbst das Angebot von Kambanis, mit ihr gemeinsam zu proben, schlug sie radikal aus. Trivella sollte alleine für sie und ganz für sie da sein. «Sie wollte, dass niemand außer ihr im Mittelpunkt des Interesses stand», erklärte Kambanis und gab jede Annäherung auf. Niemand fragte sich, und erst recht nicht Maria selbst, warum sie so war, diszipliniert wie eine Hochleistungssportlerin und haltlos in ihrer Eifersucht. Der Mutter blieb sie ebenso ein Rätsel, diese Tochter, die keine Anstrengung scheute, um ihre Stimme zu beherrschen, und dann ausrastete, jeden wegstieß, Türen zuknallte, mit Tellern warf.

Kambanis hatte sich, seit Maria jeden Dialog verweigert hatte, einfach von ihr ferngehalten. An diesem Montagabend im April war das jedoch unmöglich. Mit *O dolci mani*, dem Liebesduett aus dem dritten Akt von Puccinis *Tosca*, sollten sie beide zusammen den Abend beenden, miteinander in trügerischer Zukunftshoffnung verschmelzen und das Publikum ergreifen.

Vom Aussehen her passten sie gar nicht zusammen. Jackie bewunderte Kambanis als «eine imponierende Gestalt»[3] auf der Bühne, er war aber nur eins sechzig groß, Maria mittlerweile eins dreiundsiebzig.[4] Kambanis hatte zehn Jahre Gesang studiert und war sichtbar bühnenerprobt, sie hatte erst seit einem guten halben Jahr Unterricht. Kambanis war elegant und schmal, das Gesicht porzellanglatt, Maria unbeweglich und stämmig, die Hautunreinheiten dick zugeschminkt. Genauso unvereinbar waren sie inwendig: Als charismatischer Mann von neunundzwanzig Jahren besaß Kambanis Erfahrung mit Liebschaften; Maria, auch wenn sie älter wirkte, war ahnungslos und war von Mitschülern verspottet worden, als sie gefragt hatte, was denn mit der Entehrung einer Frau gemeint sei. Jetzt gestand sie als Tosca ihrem Geliebten, dass sie seine Freilassung für den Preis der Einwilligung erwirkt hatte, sich dem Polizeichef sexuell hinzugeben, diesen jedoch vorher erstochen habe. Ein Teenager in der Rolle einer Frau, die ihren Geliebten durch ihre rasende Eifersucht ins Unglück gerissen hatte und sich nun, um ihn zu retten, sogar prostituiert hätte. Ein Teenager, der diesen Konflikt nicht verstehen konnte – wie sollte das gut gehen?

Der Beifall wollte nicht enden und sagte Maria und jedem im Saal, dass sie überzeugt hatte.[5] Warum ihr das gelungen war? Die Frage brannte, doch nur dass es gelungen war, zählte.

Nach außen wirkte es so, als liefe alles wie geschmiert für «Frl. Kalogeropoulou». Sie schien ihr Ziel in Rekordzeit erreichen zu wollen.

Opernsängerinnen waren in Athen mehr als je zuvor gefragt, das Interesse an der Oper stieg ständig. In Kinos und Konzertsälen, auf Freilichtbühnen und in antiken Theatern wurden Opern und Opernabende gegeben, Gastspiele von auswärts, der gesamte *Ring des Nibelungen*, aus Frankfurt importiert, konzertante Aufführungen, Rundfunkübertragungen. Im Olympia-Theater wie im Königlichen Theater liefen die großen italienischen Favoriten von *Aida* bis *Lucia di Lammermoor*. Obwohl sie viel zu jung war und die Studienzeit zu kurz, bedrängte Maria ihre Lehrerin, sie bereits zur Leistungsprüfung zuzulassen, und wurde unter vierzehn Studenten, ohne Ausnahme deutlich älter, als Fünftbeste platziert. Keiner der anderen feierte mit ihr. Sie kam jeden Tag alleine und ging jeden Tag alleine, sie gehörte nicht dazu.

Der 4. Juli 1938 war einer der heißesten Tage in jenem heißen Sommer, auf 42 Grad Celsius stieg das Thermometer am Mittag. Doch Frl. Kalogeropoulou zog sich ein schweres, hochgeschlossenes Kleid an und spazierte durch die glühenden Straßen zum Rex, von außen einem New Yorker Wolkenkratzer ähnlich mit Art-Déco-Fassade in Beton. Dahinter verbargen sich ein technisch erstklassig ausgestattetes Kino, ein Ballsaal und ein Theater, und hier wurde der amerikanische Unabhängigkeitstag gefeiert. Evangelia hatte ihre Tochter vermutlich bei der Botschaft als Sängerin aus New York angeboten. Außer ihr sang nur noch ein Bariton, kein Amerikaner, aber mit Anfang dreißig schon berühmt und daher für die amerikanische Gala engagiert: Evangelos Mangliveras, jener Bariton, der in *Traviata*, bei Marias erstem Opernbesuch, das

Publikum gerührt hatte. Maria hatte nicht vergessen, dass es ihm gelungen war, für den fragwürdigen Charakter des alten Germont Mitgefühl zu erwecken. Er nahm Frl. Kalogeropoulou an diesem 4. Juli zum ersten Mal wahr. Und nun war sie es, die ihn rührte. Daran, dass Maria unförmig wirkte, konnte er sich später nicht erinnern, nur daran, dass sie als Zugabe *Casta diva* aus Bellinis *Norma* gesungen hatte, mit knapp fünfzehn, und dass ihn dieses unerklärbare Gespür für eine tragische Figur bei diesem jungen Mädchen interessiert hatte.[6]

Evangelia Callas erstaunte der Erfolg ihrer Tochter nicht. Sie selbst hatte Schauspielerin werden wollen, die Töchter wussten das, und wer es nicht wusste, spürte es. Eine attraktive Frau wie sie, eine Frau, die lebenshungrig war und geltungsbedürftig, hatte im konservativen Athen der späten Dreißigerjahre einen schweren Stand, ohne Mann, ohne finanziellen Rückhalt, ohne Beruf, nur mit zwei unversorgten Töchtern und Ambitionen, die hier befremdeten. Sie blondierte ihr Haar, trug auffallendes Make-up, kleidete sich trotz Geldmangels so, dass sie die Blicke der Männer auf sich zog, und lud Alleinstehende zu sich ein, auch männliche, die sie gerne als Familienfreunde bezeichnete. Nach wie vor konkurrierte sie, sogar mit den eigenen Töchtern, und fragte einen Neffen, der zeitweise als Untermieter einzog, welche der drei Callas-Frauen ihm am besten gefalle. Als der junge Paris sein Urteil zugunsten der Mutter fällte, bekam er von ihr, was immer er wollte.[7]

Konkurrenzdenken war ein Treibstoff, für den die Mutter sorgte. Es war kein Zufall, dass sie ihren beiden Töchtern den exakt gleichen Mantel kaufte und sie darin ablichten ließ: Die jüngere musste erkennen, dass er an der älteren, die erheblich weniger auf die Waage brachte, besser aussah. Nach außen wirkte es so, als ginge der Plan von Evangelia Callas auf. Sie hatte ihren Töchtern Rollen zugewiesen, und beide bewährten sich darin. Doch die glatte Oberfläche begann aufzureißen, zu heftig brodelte es darunter.

Oft war Jackie in den Geschäftsräumen von Milton gesehen worden; sie hatte ihn kurz besucht, in eine gemeinsame Mittagspause hinausgelockt, ihn abends abgeholt. Auf einmal tauchte sie dort nicht mehr auf. Im Betrieb waren die Mitarbeiter angewiesen, Jackie nicht einzulassen – die Familie hatte es verboten, alarmiert von Gerüchten, der Älteste habe vor, die mittellose Tochter dieser Evangelia Callas zu heiraten. Er sollte seine Energien dem Wiederaufbau des Imperiums widmen und eine gute Partie machen.

Jackie sah man öfters traurig neben dem sogenannten Geliebten hergehen. Wer erfahren hatte, dass er die drei Callas-Frauen finanzierte, ahnte vielleicht, als wie herabwürdigend sie das empfinden musste. Früher hatten die beiden Schwestern immer den Eindruck erweckt, Verbündete zu sein. Jetzt erzählte Jackie anderen, warum sich Maria derart ehrgeizig ihrem Gesangsstudium verschrieb: um sich nicht einzugestehen, dass sie als weibliches Wesen nicht bewundert, nicht einmal wahrgenommen wurde.[8] Jackie selbst bewarb sich, wie Evangelia es wünschte, an Marias Konservatorium um einen Platz als Klavierschülerin.

Aus Maria platzte es irgendwann heraus, zu gewaltig rumorte es in ihr. «Was ist eine Stimme?», brüllte sie die Schwester an. «Ich bin eine Frau, das ist es, was zählt.»[9] Sie schrie auch die Wut auf ihre Mutter hinaus, die nichts von dem hielt, was sie versprochen hatte; es gab keine Ruhe, keine Verlässlichkeit, kein Gefühl der Zusammengehörigkeit und niemanden, der den Vater ersetzte. Dass es unter der Oberfläche nicht stimmte, war Maria mittlerweile auch anzusehen, sie pflegte sich nicht, hatte Gewicht zugelegt und nahm jeden Monat weiter zu, bis zu acht Mahlzeiten am Tag zählte die Schwester.

Im Konservatorium galt Maria als Musterschülerin, die, ohne sich ablenken zu lassen, den Weg ging, den ihr die Lehrerin wies, und bedingungslos tat, was die verlangte. Doch nun zeigten sich auch in dieser Beziehung Risse. Nach wie vor hörten die anderen, wie Maria von Trivella ständig gelobt wurde. Gut gemacht, bestens, liebe Maria, ausgezeichnet. Es entging ihnen aber ebenso wenig, dass Maria lautstark mit ihrer Leistung haderte. Das war nichts, das muss besser werden, war sie auf den Fluren zu hören, sie wiederholte Passage um Passage. Selbstkritik und Vernunft sagten ihr, dass Trivellas Zufriedenheit für sie das Falsche war. Die Sängerin war gefeit gegen alles Gefällige.

Die Musterschülerin vertraute ihrer Lehrerin nicht an, was sie am 5. September 1938 in eine nach Schweiß und Parfum riechende Tanzschule trieb. Begleitet auf einem scheppernden Klavier, sang sie dort einem Bass namens Nicola Moscona vor; der Mann hatte unter Toscanini gesungen und hatte das Gesicht eines Filmstars. Als der Klavierdeckel zuklappte, sagte Moscona der Anfängerin, sie habe ihn beeindruckt.

Diesen Satz packte sie ein, er war viel wert. Moscona hieß für sie Scala, und Scala war gleichbedeutend mit dem Aufstieg nach ganz oben.[10]

Der Weg dorthin führte über einen Ort, mit dem Maria schlechte Erinnerungen verband. Häufig ging sie vorbei an dem dreistöckigen Gebäude in der Piräusstraße, nah am zentralen Omonia-Platz gelegen, grau, nüchtern, von außen einer Kaserne ähnlich. In diesem Konservatorium war sie ausgelacht worden, doch dort unterrichtete Elvira de Hidalgo, die an der Scala geglänzt hatte, vor allem als Rosina in Rossinis *Barbiere* und als Amina in Bellinis *La sonnambula*. Mehr als fünfzig Mal war sie dort als Partnerin von Enrico Caruso und mit anderen Stars ihrer Zeit aufgetreten. Das wussten hier alle Opernbegeisterten, auch dass de Hidalgo in Spanien geboren war, nur nicht wann. Keiner konnte mit Gewissheit sagen, ob sie Mitte vierzig oder schon über fünfzig war.

Dimitri Mitropoulos, der Ende 1937 in die USA ausgewandert war und als Chefdirigent der New Yorker Philharmoniker nun zu den größten Dirigenten weltweit gerechnet wurde, hatte nicht nur Solisten von Weltklasse nach Athen gelockt, er hatte auch dafür gesorgt, dass de Hidalgo hier eine führende Position im Lehrbetrieb und an der Lyrischen Bühne bekam, der Opernabteilung des Königlichen Theaters. Ihr privates Leben war in Athen genauso bekannt wie ihr berufliches. Man wusste, dass sie geschieden war von einem vermögenden Franzosen, durch den sie in diplomatischen Kreisen zu Hause war, dass sie ihren langjährigen Liebhaber verlassen hatte und mit einem deutlich jüngeren Sänger, sexy und gutaussehend, zusammenlebte.

Einen Tag nachdem Maria den Bass aus Mailand beeindruckt hatte, klingelte sie an einem großen Mietshaus bei de Hidalgo. Die starrte auf eine junge Frau, den klobigen Körper in einer schwarzen Kittelschürze mit weißem Kragen versteckt, die an eine Schuluniform erinnerte, aber fleckig war; auf dem schweren Haar trug sie eine kleine weiße Kappe. Die Augen, sehr groß und sehr dunkel, waren das Einzige an ihr, was de Hidalgo gefiel, aber die waren hinter zwei dicken Brillengläsern verborgen. De Hidalgo dirigierte sie in ihr Studio.

Als die Fünfzehnjährige den Mund aufmachte, geschah mit de Hidalgo etwas Unerwartetes. Diese Stimme brachte in ihr «eine unbekannte Saite zum Klingen», weil jeder Ton bis zum Äußersten «voll Drama und Emotion» war. Was de Hidalgo sofort für diese Maria

Kalogeropoulou verspürte, kam ihr selbst seltsam vor, wie sie gestand, doch sie war wehrlos gegen den Wunsch, alles für dieses Mädchen zu tun, was in ihrer Macht lag.

Drei ihrer Schüler, denen sie erzählte, wie sie das Erlebnis bewegt hatte, blieben nach ihrem Unterricht da, bis die junge Kollegin klingelte. Von deren Erscheinung waren sie ähnlich entsetzt wie ihre Lehrerin. Konnte das eine Sensation sein? De Hidalgo setzte sich ans Klavier und ließ Maria wählen, was sie singen wollte. *O patria mia*, entschied sie, aus dem zweiten Akt von Verdis *Aida*; die Zuhörer wussten, dass die Arie zu den schwierigsten für dramatischen Sopran gerechnet wurde. «Nie zuvor», sagte einer, «hatte ich Hidalgo mit so weit aufgerissenen Augen gesehen, mit einem derartigen Ausdruck des Erstaunens im Gesicht. Und uns verschlug es buchstäblich die Sprache.»[11]

Sofort wollte sich De Hidalgo dieser Ausnahmebegabung widmen. Das sei kein Mezzo, das sei ein Sopran, erklärte sie und machte keinen Hehl daraus: Bei ihr zu studieren hieße für Maria, von vorn zu beginnen, alles Gelernte abzulegen, sich selbst neu zu hören und eine neue Technik zu erwerben, die klassische Belcanto-Technik, die höchste Anforderungen stellte. Alles ganz – das entsprach Maria, ihre Mutter hingegen befürwortete eine Zwischenlösung: Maria sollte die Ausbildung bei Trivella abschließen, die versprochen hatte, in weniger als einem Jahr werde Maria bereits ihr Diplom ablegen können. Danach erst sollte sie zu de Hidalgo wechseln.

Halbe Sachen gab es für Maria nicht, Kompromisse waren ihr fremd. Wortlos machte sie sich auf den Weg zu dem renovierungsbedürftigen grauen Klotz in der Piräusstraße 35, dessen einzige Schönheit hinter dem Haus lag, in einem Garten mit Maulbeerbäumen. Dieser Weg führte in eine ganz andere Richtung als der zu Trivella, und wer das sah, durchschaute ihr doppeltes Spiel. Sie wurde auch beobachtet, wenn sie im Athener Konservatorium den schwarzweißen Marmorboden in der Halle überquerte und ins Klassenzimmer Nr. 25 eintrat. Dort unterrichtete de Hidalgo nun auch Maria, ohne dass die sich offiziell an dem Konservatorium beworben und eine Aufnahmeprüfung abgelegt hatte.

Für Maria war klar, Trivella musste ein Jahr lang betrogen werden. Hier wie dort, am alten wie am neuen Konservatorium, schwieg sie, hier wie dort für die Mitstudenten ein Fremdkörper. Das fiel umso mehr auf, als Evangelia organisiert hatte, dass Jackie am Athener Konservatorium angenommen wurde, als Klavierstudentin bei derselben Lehrerin wie Maria: das schönste Mädchen im ganzen Haus, fanden die anderen, beste Manieren, bester Stil von der Frisur bis zu den Pumps.[12] Trivella erfuhr von alldem nichts.

Das Olympia-Theater war nur das zweite Haus in der Stadt. Trotzdem, die breite Treppe, die zum Eingangsportal hinaufführte, erhob Anspruch, und tausend Besucher hatten darin Platz. «Schüleraufführung» stand auf dem Programmzettel für den 2. April 1939. Es waren Studenten der Opernklasse von Maria Trivella, die dort in zwei Einaktern auftraten, zuerst in *Cavalleria rusticana*, dann in *Pagliacci*, einmal Mascagni, einmal Leoncavallo, zweimal das, was sich italienischer Verismo nannte, jedoch alles auf Griechisch. Karakandas hatte die Libretti übersetzt, und er hatte wie Trivella für die Santuzza, die weibliche Hauptrolle in *Cavalleria*, nur eine vorgeschlagen: Maria Kalogeropoulou.

Warum ausgerechnet sie, mussten sich die Mitstudentinnen erneut fragen. Ältere Kolleginnen hatten mehr Ahnung von dem, was Santuzza verkörperte: eine junge Frau, die von ihrem Mann vernachlässigt, betrogen und wegen ihrer Eifersucht lächerlich gemacht wurde. Doch Marias Tragik ergriff, der Beifall sagte ihr das. Ihre «dramatische Wucht» warf sogar Direktor Kalomiris um. Nach ihr trat allerdings Kambanis als Canio in den *Pagliacci* auf, wurde mit stehenden Ovationen gefeiert und zu einer Zugabe nach der anderen gedrängt. Das entwertete für Maria ihren eigenen Erfolg. Was nicht alles ganz war, war gar nichts.

Die drei Callas-Frauen hockten nach wie vor eng aufeinander, aber näher kamen sie sich nicht. Nun wurde ihre alte, neue Heimat bedroht. Viele Griechen überhörten die drohenden Geräusche aus dem Nachbarland im Norden, Albanien war zu klein, um wichtig genommen zu werden. Auch bei den Callas-Frauen waren die eigenen Streitigkeiten Thema, nicht die der Politik. Evangelia nahm, ohne die Töchter zu fragen, wechselnde Untermieter auf, das Geld brauchte sie. Und sie verbarg den beiden nicht, dass sie als Frau, die sich ihrer Reize bewusst war, den Ehemann in New York abgeschrieben und neue Männer im Blick hatte, für Maria ein Verrat am Vater. De Hidalgo, älter als ihre Mutter, nahm sich diese Freiheiten ohne Hemmungen, was Maria nicht behelligte,

*Entspannte Musterschü-
lerin: Im Sommer 1939
posiert Maria (ganz
vorn), sonst als Streberin
verschrien, locker und
lustig am Strand von
Kavouri mit zwei
Mitstudierenden und
dem Sänger Lakis
Vassilakis, Liebhaber
ihrer Lehrerin Elvira
de Hidalgo*

schließlich hatte die Lehrerin keine Kinder. Sie hatte jedoch, anders als
die leibliche Mutter, einen scharfen Blick für das, was ihren Schützling
gefährdete. Maria kenne kein Maß, hatte de Hidalgo erkannt, sie übertreibe es in allem. «Die Farben, die sie trug, waren übertrieben, und es
war das Gleiche mit ihrer Stimme.»[13] Immer sang sie voll aus, sogar in
Proben, und gab alles, was in ihr steckte, meistens zu viel. Selbst die Auswahl der Arien, die Maria am liebsten sang, fand de Hidalgo extrem
und übertrieben. Als Erstes wollte sie der neuen Schülerin beibringen,
wie sie jenem Zuviel entgegenwirken konnte, indem sie den Atem, den
Ausdruck kontrollierte und sich selbst, bis hin zur Frisur, den Strümpfen
und Schuhen. Mäßigung jedoch war dieser Schülerin fremd. Auch dass
in der antiken Tragödie der Chor, die Abordnung der gewöhnlichen
Menschen, immer mahnt, den Stolz zu mäßigen, die Helden aber nicht
darauf hören, hatte sie weder gelesen noch auf der Bühne erlebt.[14]

Am 7. April 1939, fünf Tage nach Marias Auftritt als Santuzza in
Cavalleria, landeten Mussolinis Truppen in Albanien; zuvor hatten sie
die Küste von Kriegsschiffen aus bombardiert. Mussolini hatte einen
Feiertag gewählt, den Karfreitag, an dem die britischen Politiker nicht
erreichbar waren. Weitere fünf Tage später kapitulierte das albanische
Parlament. Churchill war nervös geworden, aber seinen Vorschlag, auf

strategisch wichtigen Inseln Griechenlands britische Marine zu statio-
nieren, falls die Griechen einverstanden sein sollten, lehnte Premierminister Chamberlain nach seinem Osterurlaub ab. Offenbar wurde
dann aber auch er nervös: Er verurteilte den italienischen Überfall scharf
und garantierte, die Grenzen Griechenlands mit britischer Militärmacht
zu verteidigen.

Maria wusste fast nichts über Mussolini und hatte nichts gegen ihn.
Im Wohnzimmer von De Hidalgo hing neben einem Foto von Puccini
eines vom Duce, ein signiertes; sie gab zu, ihn zu bewundern. Maria aber
interessierte sich für keinerlei andere Kämpfe außer dem um ihre Stimme,
ihre Zukunft. Wieder eroberte sie ein Stipendium, wieder öffneten sich
für sie am 22. Mai 1939 die weißlackierten Türen zum Parnassos-Saal;
die Hidalgo-Schülerin trat auf als Trivella-Schülerin. Ihre Auswahl an
Stücken verriet erneut den Hang zur Übertreibung: kein Stück, das sie
schon gut kannte, alles ganz schwer und alles ganz neu. Einen Tag danach, am 23. Mai, sang sie bei einem weiteren Konzert der Trivella-Klasse,
nichts vom Vortag, ein Duett mit Kambanis und neu einstudiert eine
Arie aus Massenets *Thais*. Fast nur Lobendes konnte sie hinterher in der
Zeitung lesen, doch auch eine Bemerkung, die sie treffen musste: «Als
Thais, eine Rolle mit Charme und Sex, braucht sie noch viel Arbeit.»[15]

Mit noch nicht einmal fünfzehn ein sexuelles Verhältnis einzugehen
war riskant; Interessenten fehlten, und Charme zu entwickeln fiel ihr
schwer. «Sie war, typisch Amerikanerin, extrem geradeaus, mit jedem
redete sie schon beim ersten Mal, als würden sie sich schon lang kennen», sagte eine aus der Klasse. Das war Maria, ehemals Mary. Doch
einigen kam es so vor, als berge die Mitstudentin zwei Personen in sich,
die ständig im Widerstreit lagen. Frl. Kalogeropoulou, ihr anderes Ich,
war das radikale Gegenteil, schroff, unverbindlich, unfreundlich; «sie
sagte, was sie wollte, in einem Ton, der keinen Widerspruch duldete».[16]

Die Schüler der Hidalgo-Klasse erlebten Mary, die Amerikanerin, bei
einem gemeinsamen Betriebsausflug an den Strand bei Kavouri. Maria
posierte, das Zuviel verpackt in einen schlichten schwarzen Badeanzug,
ohne sich zu genieren, in der ersten Reihe stehend oder kniend. Sie
lächelte, strahlte sogar und ließ sich mit de Hidalgos Liebhaber auf
einem albernen Foto verewigen. Einer schroffen, unverbindlichen Maria
begegneten die Kommilitonen und Lehrer im Alltag des Konservato-

riums, wo sie überheblich und zugleich peinlich auf sie wirkte, so sehr betonte sie mit ihrer Kleidung ihre Nachteile und ihren Geldmangel. Viele trauten ihr nicht über den Weg; diese Mitschülerin, die jedes Jahr das nächste Stipendium kassierte, würde kompromisslos alles unternehmen, was sie als Opernsängerin weiterbrachte, ohne das Schmieröl des Charmes. Darüber verfügte nur ihre ältere Schwester, und das erlebte Maria kurz nach dem Betriebsausflug. Jackie hatte Milton so sehr bezaubert, dass er sich gegen den Willen seiner Familie mit ihr verlobte, heimlich, aber mit allem Luxus. Evangelia, Maria und eine ihrer Cousinen waren eingeladen, als das auf der Yacht *Eleni* gefeiert wurde.

Kaum waren sie zurück, meldeten die Nachrichten, am 1. September habe die deutsche Wehrmacht ohne Kriegserklärung Polen überfallen. Frl. Kalogeropoulou hatte dafür keinen Gedanken frei, sie übte von morgens bis abends, um zur Aufnahmeprüfung am Athener Konservatorium anzutreten. Die Prüfungen begannen am 16. September. Am 17. und 18. September flüchteten die Regierenden aus Polen ins nahe Rumänien, wo sie sofort festgesetzt wurden. Was wusste Maria von den Deutschen und ihrem Dritten Reich?

Am Musikleben Athens hatten sie beachtlichen Anteil. Den staatlichen Rundfunksender in seinem zweigeschossigen Stadtpalais hatte die deutsche Telefunken AG errichtet und betrieb ihn anfangs auch. Regelmäßig brachte der Sender Wagner-Opern und möglichst viel Beethoven. Viele der deutschen Musiker, die in Athen auftraten, waren Hitler gefällig und Mitglieder der NSDAP. Doch Politik beschäftigte die meisten Opernbesucher wenig und Maria gar nicht. Hatte Milton erzählt, dass der deutsche Propagandaminister 1936 eine Kreuzfahrt auf einer Yacht seines Vaters gemacht hatte? Bekannt war, dass der griechische Ministerpräsident Ioannis Metaxas seine militärische Ausbildung in Berlin absolviert hatte und Hitler bewunderte.[17] Einige Minister in der griechischen Regierung galten als auffallend deutschenfreundlich, einer von ihnen, Konstantinos Kodzias, hatte Maria nach ihrem Auftritt als Santuzza in der Garderobe besucht, ihr gratuliert und angeboten, sich für sie einzusetzen.[18] Das konnte aus Marias Sicht kein schlechter Mensch sein.

Am Tag ihrer Prüfung ließ sie sich von Trivella zum Mittagessen einladen und verriet ihr noch immer kein Wort. Es war erst ein paar Monate her, dass sie ihr ein Porträtfoto geschenkt hatte mit einer Widmung auf Englisch in übergroßer kindlicher Schrift: «To my darling teacher to whom I owe all. Mary Anna». Für die Mitschüler, die Bescheid wussten und Trivella informierten, war sie falsch, eine Verräterin, sie hatte auch dort eine Grenze verletzt.

Die Schüler von de Hidalgo beobachteten sie genau. Sie konnten sich so wenig wie Marias Mutter erklären, dass die Neue deutlich über achtzig Kilo wog,[19] offenbar außerstande, sich zu mäßigen, und sich sonst derartig im Griff hatte. Schon frühmorgens saß sie auf einem der schwarzen harten Stühle, die an der Wand des Klassenzimmers aufgestellt waren, um zuzuhören, gleichgültig, ob da nun ein Sopran oder Alt, Tenor oder Bass sang, und setzte sich nach ihrer Stunde wieder dorthin. Dabei konnte sie von den Kommilitonen wenig lernen – niemand sang so fehlerfrei vom Blatt wie sie, niemand lernte derartig schnell ein neues Stück oder eine ganze Partie, und niemand war, das ließ de Hidalgo alle wissen, so musikalisch wie sie. Es fiel jedem auf, dass Maria, wenn das Konservatorium um sechs abgeschlossen wurde, oft noch mit ihrer Lehrerin nach Hause ging, um dort weiter zu üben. Sie übertrieb auch hier, unterstützt von der Lehrerin, die eben das kritisierte.

Keiner sagte ihr, dass der Konflikt in ihr eine Qual war, jedoch auch Kapital.[20] Sie wusste nicht, dass zur antiken Tragödie die Vernunft und der Exzess gleichermaßen gehörten und dass der Exzess Grenzüberschreitung in jeder Hinsicht bedeutete. Nicht nur Marias übermäßiges Üben, ihr Wunsch, die Stimme völlig unter Kontrolle zu bekommen, auch der Kontrollverlust bewies das. Es hätte sie bei ihren Fressanfällen kaum getröstet.[21]

3.

MUSTERSTUDENTIN AUF ABWEGEN

Mussolini greift an,
Metaxas sagt nein,
und Maria entdeckt die Zärtlichkeit

Es fing damit an, dass Maria zu Hause gern vier Stockwerke nach unten ging, ins Hochparterre, in die Praxisklinik von Dr. Ilias Papatestas, ohne krank zu sein. Trotzdem dachte sich niemand etwas dabei. Er stammte aus einer bekannten Dynastie von Ärzten, war Tuberkulosespezialist und Direktor eines diagnostischen Klinikzentrums. Papatestas war belesen, gut angezogen, nicht gutaussehend, aber ein Mann mit besten Umgangsformen, einen halben Kopf kleiner als Maria, dafür doppelt so alt, ein geeigneter Ersatzvater.[1]

Im Vorfrühling 1940 hatten die drei Callas-Frauen endlich eine Wohnung bezogen, die Evangelia angemessen fand, in guter Lage, Patission-Straße 61, ein modernes Haus mit Portier und Lift. Die Wohnung lag ganz oben im fünften Stock, sie war im Sommer heiß, aber hell, luftig und geräumig, mit sechs Zimmern und einem Balkon, nicht zur Straße, sondern hinten hinaus. Wer die Wohnung bezahlte und auch das taugliche Klavier, das dort endlich aufgestellt wurde, konnten Eingeweihte erraten; Jackie verschwieg es, ihre Mutter ebenso.

Die Fassade war Evangelia Callas wichtig, ihre eigene und die ihrer Familie. Es störte sie auch nicht, dass Maria nach Ende der Praxiszeit Papatestas besuchte. Wenn oben weniger geschrien und mit Geschirr geworfen wurde, war das für die familiäre Fassade von Vorteil. Diese passte ins neue Athen. Die Plätze, die Geschäfte, die Menschen auf der Straße waren zumindest im Zentrum mondäner geworden, die Beleuchtung heller, die Leuchtreklame bunter. Apartmenthäuser, von denen eines oft einen ganzen Straßenblock einnahm, boten einer urbanen Mittelklasse große Zimmer mit großen Fenstern, bequeme Heizung, Rollläden, Lift und Empfang. Sogar in der Plaka, wo die Traditionen gehätschelt wurden, waren kühne Bauten hochgezogen worden; Kinopaläste hatten eröffnet und Restaurants mit internationalem Anspruch. Hinter dieser Fassade verbarg sich jedoch eine bröckelnde, von Rissen durchzogene Gesellschaft.

Wenn vor dem Parlamentsgebäude die Garde von Metaxas aufmarschierte oder er selbst sich mit der Riege seiner Minister bei einer Ansprache auf den Stufen zeigte, hoben sie alle ihre Rechte wie zum Hitler-Gruß, den Mussolini römischen Gruß nannte und Metaxas griechischen. Metaxas hatte einiges von Hitler übernommen, auch öffentliche Bücherverbrennungen hatte er mit Erfolg inszeniert – schon im Sommer 1936 war ein Gedichtzyklus in Flammen aufgegangen. Regierungskritische Personen ließ er von seiner Geheimpolizei bespitzeln, manche über Nacht verhaften. Waren es fünfzig Prozent der Athener, weniger oder mehr, die ihn hassten? Jedenfalls alle diejenigen, die nicht an den Straßenrändern gestanden und gejubelt hatten, als König Georg II. Ende 1935 aus dem Exil zurückgekehrt war, was Metaxas mit einem gefälschten Volksentscheid durchgedrückt hatte. Der König war Deutscher und bekannte sich als Ko-Diktator zu Metaxas, wenn auch nicht zu dessen Leitbildern Hitler und Mussolini. Einige Athener bedrängte es, dass Griechenland seit dem April 1939, als Mussolini in Albanien einmarschiert war, einen faschistischen Nachbarn hatte. Ein Großteil aber sah lieber weg.

Am 10. Juni 1940 übertrug auch der griechische Rundfunk die Rede Mussolinis vom Balkon der Villa Venezia in Rom, seine sich überschlagende Stimme, das Gebrüll von Zigtausenden auf dem Platz davor, als er verkündete, Italien werde an der Seite Deutschlands in den Krieg eintreten. Metaxas war alarmiert, er sprach von «großer Gefährdung» für sein Land.

Maria musste diese Warnung umso stärker erleben, als in ihrem Dasein ebenfalls das meiste gefährdet schien. Sicher war nach wie vor nichts, weder die Finanzen noch die familiäre Zukunft oder die der jüngeren Tochter. Sie war hin- und hergerissen zwischen dem Wunsch, nun, wo sie bald siebzehn wurde, einfach eine junge Frau zu sein, die Nähe suchte, begehrt wurde und Sex hatte, und dem Ehrgeiz, als die beste Nachwuchssängerin in Athen anerkannt zu werden, gleichgültig, wie viele Feindschaften ihr das bescherte, wie viel Verzicht es erforderte, welche Risiken es mit sich brachte.

Vier Tage nach Mussolinis Rede fuhren morgens um halb sechs die ersten Soldaten der deutschen Wehrmacht auf Lastwägen und Motorrädern in Paris ein, um halb neun trafen sie ins verwundete Herz der Stadt und hissten auf dem Dach des Marineministeriums eine Hakenkreuzflagge. Am 16. Juni meldete der Rundfunk, dass die Deutschen mit einer Parade auf den Champs-Élysées mit Infanterie, Kavallerie und Panzern durch den Arc de Triomphe gezogen waren.

Doch Frl. Kalogeropoulou hatte keine Zeit für das Weltgeschehen. Sie war in einem Hinterzimmer des Konservatoriums mit sich selbst beschäftigt, die Hidalgo-Klasse gab einen Konzertabend. Die anderen hatten zuvor einzelne Arien vorgetragen, sie trat in der Titelpartie von Puccinis *Suor Angelica* auf, einem Einakter mit viel Melodrama und wenig Handlung, kein wirkungsvolles Stück, als Schmachtfetzen geschmäht. Maria zog sich ein weißes Nonnengewand an und wickelte einen weißen Schleier um ihren Kopf. Still stand sie auf der Bühne, groß, statuarisch, eindrucksvoll. Maria, die Unbeholfene, Übergewichtige, war in der Rolle verschwunden, die sie spielte, jede Geste, jeder Ton der Klosterschwester ergriff. Kurz vor Mitternacht endete das Stück mit dem Suizid der Angelica und ihrer Erlösung. Totenstille. Und dann ein Beifallssturm über Schluchzern. Aus der Kollegin, die mit Maria die gesamte Partie bei sich zu Hause einstudiert hatte, brach es heraus: «Du warst sagenhaft.»

«Ich habe hart gearbeitet, ich habe mich damit wirklich abgerackert», sagte Frl. Kalogeropoulou und ging. Dieser Stolz stieß ab, machte sie einsam und unbeliebt. Warum sie ihn nicht aufgeben konnte, verstanden vielleicht die wenigen, denen der Stolz als Wesensmerkmal der Helden wie Heldinnen aus der antiken Tragödie bekannt war.[2] Wie die trug sie ihn als Rüstung gegen Schmeicheleien, die ihre Zielstrebigkeit hätten aufweichen können.

Zwei Tage danach, am 18. Juni, betrat Frl. Kalogeropoulou hinter Elvira de Hidalgo ein Haus direkt hinter dem Königlichen Theater – frisch vom Friseur, in einem neuen Kleid und mit manikürten Händen, die Haut gepudert, die Brille in der Tasche, wie es die Lehrerin befohlen hatte. Hier wohnte der Generalintendant des Theaters, Kostis Bastias.

De Hidalgo kannte er gut, sie war offizielle Beraterin der Lyrischen Bühne, wie die Opernabteilung dort hieß. Bastias war ein gewichtiger Mann im breitschultrigen Nadelstreifenanzug, zugleich Generaldirektor der Abteilung für Literatur und schöne Künste im Nationalen Erziehungsministerium, also eine Art Kultusminister. Als Opernfreund galt er nicht, und wenn schon Oper, dann zog er die komischen Stücke den tragischen vor. Nun rückte de Hidalgo mit einer Studentin an, die schlecht gelaunt dreinsah und zwei Tage zuvor in einer todtraurigen Rolle für verheulte Ovationen gesorgt hatte.

Marias Erfolg hatte sofort die Runde gemacht, das war de Hidalgos Kapital für die Verhandlung. «Du musst», forderte sie von Bastias, «diesem Mädchen eine Stelle im Opernchor geben, ihr ein regelmäßiges Gehalt anweisen, aber sie darf nicht singen. Sie soll studieren, nicht auftreten.» Pfeife rauchend hörte er sich den Vorschlag an, der ihm dreist vorkommen musste; de Hidalgo hatte einige Schülerinnen mit mehr Erfahrung, teils mit abgeschlossener Ausbildung und Auszeichnung, die eine bessere Bühnenerscheinung boten und auf eine solche Stelle lauerten. Am 19. Juni konnte Bastias jedoch in *To Vima* lesen, was die prominente Kritikerin Alexandra Lalaouni zur *Suor Angelica* zu sagen hatte: «Eine erstklassige Vorstellung, die in jedem Theater für Furore gesorgt hätte. Exzellent die Leistung der Maria Kalogeropoulou in der Titelpartie.»[3]

Am 20. Juni 1940 unterzeichnete Maria im Büro des Generalintendanten Bastias einen Vertrag mit der Lyrischen Bühne für ein Jahr als Mitglied des Opernchors, Gage 1500 Drachmen im Monat, jeweils ungefähr eine Woche im Voraus zu entrichten. Es war ein symbolisches Gehalt, ein Taschengeld, für das sich Maria einen Lippenstift oder eine Dose Puder kaufen konnte; die finanzielle Existenz der drei Callas-Frauen hing nach wie vor an Jackies Liebhaber. Den Neid der anderen minderte das nicht. Es wurde von einer Günstlingswirtschaft de Hidalgos geraunt. Maria hörte das und hatte nun jemanden unten, im Hochparterre, der ihr zuhörte, wenn sie von ihren Sorgen und Ängsten erzählte.

Am 28. Oktober 1940 fielen italienische Truppen von Albanien aus in Griechenland ein, schlecht vorbereitet, weil Mussolini erst Mitte Oktober seine Militärs über den Plan verständigt hatte; da waren bereits Hun-

derttausende von Soldaten zum Ernteeinsatz in ihre jeweilige Heimat-
region geschickt worden. Doch Mussolini setzte darauf, dass die Griechen schwächer waren als die geschwächten Italiener und war siegessicher, nachdem die Griechen zuvor gekuscht hatten.[4]

An diesem 28. Oktober aber wurde aus Metaxas ein Held. Um drei
Uhr hatte Emmanuele Grazzi, der italienische Botschafter, ihn in seiner
privaten Wohnung aus dem Schlaf geklingelt und ihm ein Ultimatum
überbracht: Er sollte italienischen Truppen erlauben, strategische Mili-
tärstützpunkte in Griechenland zu errichten. Sollte er das verweigern,
hieße das Krieg. Grazzi gab Metaxas drei Stunden, sich zu entscheiden.
Der entschied sofort: «Dann ist es Krieg.» Grazzi, ganz Diplomat: «Das
ist nicht unbedingt notwendig, Exzellenz.» Doch Metaxas sagte: «Nein,
es ist notwendig.» Die beiden hatten Französisch geredet. Das griechische Nein, *Ochi*, wurde nun geschrien, gejubelt, gesendet, gedruckt und
auf Flugblättern verteilt.

Auf dem Syntagma-Platz versammelten sich Zigtausende, und von
den Straßen ringsum drängten Zigtausende nach. Das *Ochi* schloss die
Risse, die Metaxas mit seiner Politik in die Gesellschaft gerissen hatte,
der Hass auf die Italiener vereinte sie. Mitte November begannen die
Griechen mit einer Gegenoffensive und drängten die Italiener Stück
um Stück auf albanisches Terrain zurück. Jeden Tag wurde ein neuer
Erfolg gefeiert, Glocken wurden geläutet, Flaggen gehisst. Churchill, inzwischen britischer Premierminister, lieferte die feierlichen Worte dazu.
«Von nun an werden wir nicht mehr sagen, dass die Griechen wie Helden kämpfen, sondern dass Helden wie Griechen kämpfen.»

Am 29. Januar 1941 starb der kurzfristig zum Helden verklärte Ioannis
Metaxas an einem durchgebrochenen Zwölffingerdarm-Geschwür.[5]
Dass sein Kampf am Ende verlorengehen sollte, wollte kaum jemand
wahrhaben in Griechenland, doch das war bereits in Berlin entschieden
worden.

Anfang April 1941 überrollten Wehrmacht und Waffen-SS vom be-
setzten Jugoslawien und dem verbündeten Bulgarien aus die griechische
Armee. Hitler konnte sich die Niederlage seines Verbündeten nicht leis-
ten. Am 6. April 1941 überschritten deutsche Truppen die Grenze zu
Griechenland und zerstörten mit einem Luftangriff im Norden alles, was
Metaxas dort an Bunkern aus Stahl und Beton errichtet hatte. Der ehe-

malige Gouverneur der Nationalbank, Alexandros Koryzis, vom König als Nachfolger von Metaxas eingesetzt, weigerte sich, die britischen Truppen aus Griechenland zu verweisen, wie es die Deutschen forderten. Am 9. April bombardierten deutsche Panzerverbände Thessaloniki und besetzten die Stadt.

Am 18. April wurde gemeldet, Koryzis sei einem Herzinfarkt erlegen. Niemand glaubte das. Einige Tage später hieß es, er habe Selbstmord begangen; auch das glaubten die wenigsten.[6] Drei Tage danach kapitulierten sechzehn griechische Divisionen, die britischen Soldaten traten den Rückzug nach Ägypten an. Der Weg nach Athen war frei. Am 27. April meldete das Oberkommando der Wehrmacht, dass deutsche Truppen Athen erreicht und die Hakenkreuzflagge auf der Akropolis gehisst hatten. Der König war mit seiner Familie Hals über Kopf geflüchtet.

Maria ging nun auffallend oft abends hinunter ins Hochparterre zu Dr. Papatestas und blieb dort lange. Frl. Kalogeropoulou führte eine andere Existenz, die damit nichts zu tun hatte. Am Berufsleben ihrer Tochter durfte Evangelia teilnehmen, begleitete sie zu sämtlichen Proben und Auftritten, nistete sich während der Aufführungen in der Garderobe ein und wähnte sich unverzichtbar; aus ihrem Seelenleben sperrte Maria die Mutter aus. Evangelia wurde zwar gewarnt, Maria habe ein intimes Verhältnis zu dem seriösen Herrn im Hochparterre, der sei schließlich erst sechsunddreißig; doch sie wollte es nicht wissen und sollte es auch nicht. Dass die Tochter Gewicht verlor, musste Evangelia bemerken, dass die Gründe für die radikale Diät möglicherweise im Hochparterre zu finden waren, musste sie nicht kümmern. Zu vieles veränderte sich gerade radikal.

Als die Stadt in diesem Jahr zum ersten Mal im Mai erwachte, war sie quasi über Nacht eine andere geworden. Angehörige der deutschen Wehrmacht hatten ein Geschäft nach dem anderen geplündert, Büroräume aufgebrochen, Möbel herausgeschleppt und als Heizmaterial verwendet. Kaum jemand hatte noch ein Fahrzeug, nicht einmal Handkarren oder Fahrräder wurden den Einheimischen gelassen, der Transport von Waren war unmöglich. Die Läden in der Innenstadt waren leer, die Schaufenster, die Regale, alles leer. Auf den Straßen der Stadt waren Kinder unterwegs, die den Wehrmachtssoldaten die Schuhe putzten. An den Kiosken wurden fast keine griechischen Zeitungen mehr verkauft, die Besatzungsmächte veröffentlichten eigene in ihrer Sprache: die Italiener *Giornale di Roma*, die Deutschen *Deutsche Nachrichten in Griechenland*. Der griechische Rundfunksender, den die Wehrmacht am Tag ihres Einmarschs sofort besetzt hatte, wurde nun genötigt, seine Sendezeiten aufzuteilen in deutsche, griechische und italienische. Italienisches Militär übernahm die Oberhoheit über den weitaus größeren Teil des Landes, Hitler war mit Wichtigerem beschäftigt.

Athen verstummte, wenn es Nacht wurde, die Polizeistunde wurde von den Besatzern auf 22 Uhr vorgezogen. Doch das bleiche Gesicht der Angst wurde geschminkt mit Kultur, rosige Wangen wurden hingetupft. Franz von Suppés Operette *Boccaccio*, eine Liebeskomödie, war im Februar bereits erfolgreich im Pallas-Kino über die Bühne gegangen, mit dem Ensemble des Nationaltheaters, wie das Königliche Theater nach der Flucht des Königs wieder hieß, und mit Frl. Kalogeropoulou als Zweitbesetzung für die zweitgrößte Rolle der Beatrice. Damals hatte Renato Mordo Regie geführt. Nun wurde das Stück im Sommer aufgewärmt für Freilichtvorstellungen, und Frl. Kalogeropoulou rückte zur Erstbesetzung auf. Der neue Direktor, Nikos Yokarinis, Nachfolger von Bastias, war Journalist und hatte den Vorteil, gerade erst von seinem Studium in Deutschland zurückgekehrt zu sein und sich so zu benehmen, wie es den Deutschen gefiel. Regisseur Mordo, ein protestantisch getaufter, zum Katholizismus konvertierter Jude aus Wien mit Wurzeln in Korfu, wurde entlassen.[7]

Doch der Neue hörte sich diese Beatrice an und kritisierte scharf das schlabbernde Tremolo auf den hohen Noten, jenes Wackeln, an dem sich schon Yannis Kambanis gestoßen hatte. Kaum hatte Frl. Kalogeropoulou das wutentbrannt ihrer Lehrerin vermeldet, stürmte die das Büro des neuen Intendanten. Angeblich sah sie aber ein, was er auszusetzen hatte an ihrer Vorzeigeschülerin. Frl. Kalogeropoulou übertrieb, das wusste keine besser als de Hidalgo; bei der Jahresprüfung im Juni war ihr Programm doppelt so lang gewesen wie das der anderen und doppelt so schwer. Die Lehrerin gestand dem Kritiker ein, dass der Drang ihrer Schülerin nach dem äußersten dramatischen Ausdruck zu groß sei für das, was ihr technisch möglich war, und zog die Kandidatin zurück.[8]

Bekannte bezeugten, neuerdings sei Marias Ziel, nichts anderes als eine Frau zu sein, die einen Mann und Kinder hatte. Wäre da nicht

Frl. Kalogeropoulou gewesen, deren Ziel entgegengesetzt lag. Das Land der Oper aber war nun das der Besatzer, die ein Kulturzentrum namens Casa d'Italia in einem Altbau-Palais in der Patission-Straße 47 eröffneten, nur ein paar Häuser entfernt von den drei Callas-Frauen; de Hidalgo verkehrte dort ständig. In Italien und der italienischen Oper liege Marias Zukunft, und Italienisch sei für sie unverzichtbar, erklärte sie ihrer Schülerin, die wie üblich übertrieben reagierte: In drei Monaten spreche ich perfekt Italienisch, wettete sie. Und gewann.

Gerüchte kursierten, dass Maria durch ihre Italienischkurse Dauergast in der Casa d'Italia gewesen sei, dass ihre Lehrerin sich keineswegs von ihrer Mussolini-Begeisterung distanzierte, dass Italiener beim Callas-Trio ein und aus gingen.[9] Es hieß auch, die jüngere Tochter habe mit einem italienischen Soldaten angebandelt; angeblich hatte er unten auf der Patission-Straße gehört, wie sie bei offenem Fenster Arien von Puccini, Verdi, Bellini sang. Kein einziges Fenster in der Callas-Wohnung ging zur Straße hinaus – die Gerüchte wirkten dennoch, selbst Evangelias Familie wollte mit den drei Amerikanerinnen anscheinend nichts mehr zu tun haben.

Es hatte damit angefangen, dass Maria gern ins Hochparterre hinunterging. Doch das Hochparterre konnte auch ganz woanders liegen. Maria fand Wege, das auszuleben, was Frl. Kalogeropoulou sich untersagte, die Lust an der Normalität, und kannte auch dabei keine Grenzen, ob andere das ordinär oder vulgär fanden oder einfach irritierend.

Gefährlich wurde Maria ein Erfolg von Frl. Kalogeropoulou, der nicht in der Öffentlichkeit stattfand: Ein Offizier der griechischen Luftwaffe brachte zwei junge britische Flieger, die auf der Flucht waren, in den fünften Stock der Patission-Straße 61 und bat Evangelia, die beiden zu verstecken. Sie weigerte sich, bis er ihr klarmachte, dass beide von einem Exekutionskommando erschossen würden, falls man sie finge. Tagsüber, vor allem wenn Jackies Verlobter Milton da war, hielten sie still in einem kleinen Zimmer bei den Kanarienvögeln. War die Luft rein, saßen sie im Wohnzimmer bei den jungen Amerikanerinnen. Hörten sie BBC, übte die junge Sängerin in höchster Lautstärke. Doch einen Tag nachdem der griechische Fluchthelfer die beiden wieder abgeholt hatte, standen italienische Soldaten bewaffnet vor der Tür mit einem Durchsuchungsbefehl. Das Versteck der Briten war noch eine Fundgrube verräterischer

Hinterlassenschaften. Da setzte Maria sich ans Klavier und sang, italienische Arien auf Italienisch. Die Soldaten vergaßen den Befehl und bedankten sich am Tag darauf mit Brot, Schinken und Makkaroni.

Ums Überleben singen und damit triumphieren, welcher Sieg! Und welche Gefahr – Evangelia Callas entdeckte die Chance, ihre singende Tochter zur Nahrungsbeschaffung einzusetzen. Denn mit dem Winter 1941 brach eine Kälte ein, wie Athen sie seit Jahrzehnten nicht mehr durchlitten hatte. Die Häuser waren dafür nicht gebaut, Brennmaterial fehlte, und mit der Kälte kam der Hunger. Die Brotration in Athen wurde auf knapp 200 Gramm pro Person und Tag begrenzt, keine Woche später wurde sie auf knapp 100 Gramm gesenkt. Olivenöl, Tabak, Reis, Zucker, Weizen, alles wurde konfisziert. Kinder suchten in Abfallhaufen nach Speiseresten, manche Familien verscharrten ihre Toten heimlich, und Mütter warfen nachts ihre verstorbenen Kleinen über die Friedhofsmauer, damit sie deren Lebensmittelkarten einsetzen konnten.[10] De Hidalgo unterrichtete gegen Brot Caruso-begeisterte Carabinieri.

Glaubte Evangelia Callas wirklich, wenn sie ihre Tochter losschickte in die Quartiere der Besatzungssoldaten, dass die als Gegenleistung für kostbare Lebensmittel alle nichts anderes von einer jungen Frau verlangten, als Puccini, Verdi, Bellini vorzusingen? Der Hunger der jungen Männer galt dem, was Maria offenbar bei aller Körperfülle besaß: Sex-Appeal. Einer Kollegin aus Hidalgos Gesangsklasse erzählte sie, wie sehr sie es hasse, vor den Feinden zu singen, sich oft weigerte und mit der Mutter stritt.[11] Die Mutter verkaufte Frl. Kalogeropoulou und benutzte Maria.

Auf offener Straße verendeten die Hungernden. Lastwägen fuhren zwischen verdreckten, festgebackenen Schneewällen durch, die Leichen wurden auf die Ladeflächen geworfen. Um die 300 Tote zählte die Stadt jeden Tag. Auf den Friedhöfen warteten Hunderte von Särgen darauf, versenkt zu werden. Als die Kirchen das Jahr 1942 einläuteten, waren in Athen 30 000 Menschen verhungert. Der italienische Außenminister Galeazzo Ciano, Schwiegersohn Mussolinis, hatte vor Kurzem noch die Griechen als dekadenten Haufen von Feiglingen geschmäht, nun warf er den Deutschen vor, sie verhungern zu lassen, obwohl in Italien ebenfalls die Nahrungsmittel knapp geworden waren und in einigen Regionen gehungert wurde.

Maria, wegen Geldnot auf ihr Stipendium angewiesen, wog noch immer zu viel. Das brachte ihr Misstrauen bei den Mitschülern ein, die abgemagert waren, und heizte Mutmaßungen an, wo und wie sie sich Essen beschaffte. Bei ihrer Mutter saßen nun oft italienische Militärs im Wohnzimmer, mit denen Evangelia trank, zu viel trank, Witze riss, Karten spielte und so umging, als gäbe es keinen Ehemann. Dieser Verrat am Vater war es, der die Mutter für Maria zur Gegnerin machte. Frl. Kalogeropoulou konnte es sich jedoch nicht leisten, die Mutter abzuhalftern: Die Sängerin war darauf angewiesen, von ihr organisiert, angestachelt und mit Bestätigung gestärkt zu werden, sie sei groß, werde bald die Größte sein und jede Kritik an ihr entspringe der Missgunst oder der Intrige.

Der Konflikt zerriss sie, kaum auszuhalten in einer zerrissenen Familie, in einem zerrissenen Land. Gut, dass es nach wie vor Dr. Papatestas im Hochparterre gab, der nicht für Frl. Kalogeropoulou da war, sondern für Maria. Die bekam dort, was ihr wichtiger war als Makkaroni, Schinken und Öl: Sie wurde geliebt, ganz, mit allen Mängeln und nur um ihrer selbst willen.

4.

JUNGSTAR MIT INSTINKT FÜR TRAGÖDIE

Major Bonalti spielt Vater,
Maria singt Hitlers Lieblingsoper,
rührt die Nazis und wird Ikone

D ie Akropolis erstrahlte in diesem fast wolkenlosen Sommer 1942 von früh bis spät, Woche um Woche. Die Hakenkreuzflagge wehte dort, etwas tiefer die italienische Trikolore, doch niemand sah mehr hin. Ließ die Hitze nach und es spielten am Fuß der Akropolis griechische Musiker Mozarts *Kleine Nachtmusik*, hörten Einheimische neben Soldaten der Wehrmacht und italienischen Militärs zu.[1] Man hätte es für eine Art Frieden halten können. Wer nur das erlebte, dem fiel es schwer zu glauben, dass nach wie vor Menschen verhungerten, manche am Straßenrand, die meisten im Verborgenen, Dutzende jeden Tag.

Die Deutschen saugten das Land aus. Kriegswichtige Erze wie Bauxit, Mangan, Chrom vor allem wurden den Griechen gestohlen, außerdem Olivenöl, Seide, Korinthen. Und Tabak; nach und nach schafften Hitlers Leute davon fast 90 Millionen Kilogramm ins Deutsche Reich, dem es 2,5 Milliarden Reichsmark Tabaksteuer eintrug.

Doch in den Auslagen der Athener Buchhandlungen stapelten sich die Neuerscheinungen, jeden Abend kamen Operetten, Opern, klassische Konzerte, antike und moderne Theaterstücke auf die Bühnen der Stadt. Und in diesem Sommer, den keiner vergessen konnte, tauchte der Name von Frl. Kalogeropoulou plötzlich wieder auf, nachdem er ein Jahr verschwunden war. Zuerst war er nur im Umlauf, dann stand er in großformatigen Vorankündigungen in der Presse und auf Plakaten, schließlich auf dem Besetzungszettel, der an der Nationaloper[2] für die neue *Tosca* aushing: «M. Kalogeropoulou – Tosca, A. Delendas – Cavaradossi, T. Xirellis – Scarpia».

Gleichzeitig waren bereits Vermutungen unterwegs, wie Frl. Kalogeropoulou die weibliche Hauptrolle ergattert hatte. Es gab keinerlei Hinweise darauf, dass die Entscheidung für sie unfair oder parteiisch gewesen war, es fiel nur auf, dass sie keinen regulären Vertrag mit dem Opernhaus besaß und noch nicht einmal neunzehn war. Titos Xirellis war um die vierzig, Antonis Delendas ebenfalls, beide hatten bereits zahlreiche Erfolge auf Bühnen in Deutschland, Italien, sogar den USA vorzuweisen. Warum wurde ihnen nicht eine der angemessenen Kolleginnen zur Seite gestellt? Sie standen zur Verfügung. Was Neid und Klatsch vor allem beförderte, war das private Leben Marias. Ihr Bedürfnis, das zu erleben, was die Mutter ihr versagte, Zärtlichkeit, Zuwendung, Bewunderung für die erwachte Weiblichkeit, stillte sie bedenkenlos.

Im Juni hatte de Hidalgo ihr erstmals anvertraut, sie habe Chancen auf die Titelpartie der neuen *Tosca*, deren Premiere für Ende August eingeplant war. Durch ihre Kontakte war die Lehrerin informiert worden, dass die Kulturverantwortlichen der italienischen Besatzer verfügt hatten, die Oper im Zeichen des Scheinfriedens auf Griechisch und Italienisch zu bringen, also eine Tosca auszuwählen, die in beiden Sprachen zu Hause war.

Bei den drei Callas-Frauen wurde mittlerweile mehr Italienisch als Griechisch gesprochen. Evangelia hatte einen italienischen Oberst zu ihrem Geliebten gekürt, Mario Bonalti, einen Veronesen mit ernstem Gesicht, Bildung hinter der hohen Stirn und einer Leidenschaft für klassische Musik, Oper vor allem. Anders als die vorherigen italienischen Herrenbesuche spielte er nicht Karten und riss Witze, lieber setzte er sich ans Klavier und begleitete Evangelias Tochter. Als Ersatzvater war er annehmbar, als Liebhaber der Mutter also hinnehmbar.

Maria hatte herausgefunden, dass sich die Nahrungsbeschaffung mit dem verbinden ließ, wonach sie am meisten hungerte, männlicher Bestätigung. Zu den Nachtclubs, die hauptsächlich deutsche und italienische Militärs frequentierten, hatte ihr ein Major namens Attilio de Stasio aus der Casa d'Italia Zugang verschafft, von dem viele ahnten, dass er nicht nur ein Major war; dass er Inspektor für alle Niederlassungen der italienischen Faschisten in Griechenland war und noch einiges mehr, wussten wenige. Wie viel ihn mit Maria Kalogeropoulou verband, war nicht zu durchschauen, aber man beobachtete, dass sie ihn oft in seinem Büro in der Casa d'Italia besuchte. Die Schwester und ihr Verlobter warnten sie angeblich vor ihm, doch Maria sog die Bewunderung des mächtigen Manns begierig auf und ging durch die Türen, die er ihr öffnete.[3]

In den Nachtclubs staunten viele, was aus diesem formlosen Körper herausdrang und dessen Formlosigkeit vergessen ließ: Lieder auf Griechisch, auf Italienisch, Schnulzen, Operngassenhauer; Frl. Kalogeropoulou hätte protestiert. Mit einem der Nachtclubbesucher, einem Fallschirmjäger aus der Maremma, zeigte sich Maria in der Öffentlichkeit, unübersehbar verliebt. Maria wollte jedem glauben, der ihr sagte, er finde sie schön, verführerisch, begehrenswert; Frl. Kalogeropoulou reagierte unwirsch auf Kritik, um die sie nicht gebeten hatte, misstraute aber jedem, der sie zu sehr pries, vor allem wenn sie selbst das Gefühl hatte, nicht genügt zu haben. Maria leistete sich Eskapaden, die sich Frl. Kalogeropoulou versagen musste; die übte jeden Tag stundenlang bis zur Erschöpfung die Partie der Tosca, mit de Hidalgo, mit Xirellis und mit dem stellungslosen Mordo, der sie auf de Hidalgos Geheiß, vermutlich auch auf deren Bezahlung hin, darstellerisch trainierte.

Ob sich die Mühen auszahlen würden, galt als völlig unsicher. Noch im Juni hatte es auch für die Musikszene schlecht ausgesehen, als das grassierte, was Dr. Ilias Papatestas *Typhus exanthemicus* nannte, die meisten Menschen aber Kriegspest oder Läusefieber, denn übertragen wurde der Erreger von Läusen, die vor allem in den Kleidern hockten. Unbehandelt starben vierzig Prozent der Erkrankten, und oft zog dieser Typhus eine Hirnhautentzündung oder eine Lungenentzündung nach sich. Die meisten Aufführungen waren abgesagt worden. Nun, im August, schien das Schlimmste überwunden zu sein, die Theater waren wieder voll besetzt.[4]

Auch wirtschaftlich gab es Hoffnung auf ein Ende der katastrophalen Zustände. Dem neuen deutschen Sonderbeauftragten in Athen glückte der schamlose Versuch, das Internationale Rote Kreuz gegen die von den Deutschen verschuldete Hungersnot in Griechenland einzuspannen. Mit Erlaubnis der Briten, unterstützt von der Schweiz, lieferten schwedische Schiffe kanadischen Weizen und einige deutsche Güterzüge Zucker und Kartoffeln. Die Drachme wurde jedoch täglich weniger wert, und das Finanzministerium in Berlin war sich darüber klar, dass die Inflation nicht nur Griechenlands Wirtschaft ruinieren, sondern den

Besatzungsmächten das Leben dort vermiesen würde.[5] Nahrungsmittel waren bei Sängern die bevorzugte Gage, sangen sie in der Casa d'Italia, wurden sie mit einem Mittagessen bezahlt. Manche aßen es, was das Singen erschwerte, vor dem Auftritt, sicherheitshalber.

Am 27. August hatte es um die 40 Grad Celsius im Schatten. Das Publikum war heilfroh, dass die *Tosca*-Premiere in einem Freilichttheater am Klafthmonos-Platz stattfand und erst nach Einbruch der Dämmerung begann. Die Umgebung, eine nackte fensterlose Hauswand, verdorrte Bäume, eine braun gewordene Wiese, ein Stück Bauruine, verschwand allmählich im Dunkel. Jeder Stuhl war besetzt, in den ersten Reihen deutsche und italienische Militärs in Uniform, auch Oberst Bonalti war dabei. Delendas und Xirellis, zwei Stars, das zog; weder den Namen des jungen Dirigenten noch den des jungen Spielleiters kannte irgendwer.[6] Der Bühnenraum war eng, das Bühnenbild behelfsmäßig, die Akustik schlecht. Und wer bei den Proben zugesehen hatte, fragte sich, wie diese junge Frau, die von der Taille abwärts immer breiter wurde, deren zu dicke Knöchel in klobigen Schuhen steckten, eine Künstlerin voller Raffinesse darstellen sollte, die den Männern den Kopf verdrehte.

Doch am Abend des 27. August betrat eine elegante, biegsame Gestalt die Bühne, in einem weißen, bodenlangen Kleid im Empire-Schnitt, das dunkle Haar hochgesteckt. Vor allem ihre langen, schmalen Hände zogen die Blicke auf sich, solche Gesten hatte hier niemand zuvor gesehen, stark und überzeugend. Diese Hände packten zu, spreizten sich, stachen in die Luft, ballten sich zu Fäusten. «Bewege nie die Hand, wenn du ihr nicht mit dem Verstand und der Seele folgen kannst», hatte Mordo Maria eingetrichtert, «und reagiere auf der Bühne auf deine Kollegen stets so, als ob du ihre Worte zum ersten Mal hörtest. Denn so würdest du im wirklichen Leben schließlich reagieren.»[7]

Am Ende der Vorstellung galt der größere Beifall jedoch den beiden männlichen Stars, das «Brava», das Xirellis Maria am Ende auf der Bühne zurief, schien sie nicht wahrzunehmen. Glückwünsche von Kollegen hinter der Bühne prallten ab an ihren Selbstzweifeln. Am Tag darauf brachte jede größere Zeitung, ob deutsch, griechisch oder italienisch, eine Premierenkritik, und fast alle feierten die Bühnenerscheinung der blutjungen Kalogeropoulou als schön und elegant. Was sie von den bei-

*Frühreifer Star:
Maria Callas, noch
keine achtzehn Jahre alt,
in der Titelpartie von
Puccinis* Tosca *im
Freilufttheater am
Athener Klafthmonos-
Platz, an der Seite von
Titos Xirellis in der
Partie des Scarpia,
August 1942*

den dickleibigen Kollegen unterschied, war aber etwas Wichtigeres als das Sichtbare. «Sie durchlebt», schrieb die Kritikerin Alexandra Lalaouni, «diese Rolle bis zum Innersten ihrer Seele und überträgt die tiefsten Gefühle auf das Publikum.»[8] Als klangvoll und hervorragend wurden die Stimmen der routinierten Kollegen gelobt, allein Marias wurde als ausdrucksstark bezeichnet. Doch wieder blinkte der Vorwurf auf, dass sie im musikalischen Ausdruck übertrieben habe.[9] Das allerdings war Teil des Pathos, von dem das Publikum bewegt wurde.[10]

Bei der Wiederaufnahme der *Tosca* im September zeigte sich die Wirkung von Maria Kalogeropoulou vollends. In den Tavernen, auf der Straße, in den Schulen, überall war von ihr die Rede, nicht von den Stars. Schon am späten Vormittag machten sich ihretwegen von Piräus aus Menschen zu Fuß auf den Weg nach Athen zum Klafthmonos-Platz. Fünfzehn Kilometer gingen sie durch die staubige Hitze, dann saßen sie verschwitzt auf den hinteren Plätzen und erlebten, wie diese junge Frau mit einer ungewöhnlichen Stimme und ungewöhnlichen Gebärden sie ergriff und mitschleifte bis zum Ende, sie für zwei Stunden der Wirklichkeit enthob.[11]

Am 30. September 1942 ging die *Tosca* zum letzten Mal am Klafthmonos-Platz über die Bühne. Nach dem Ende der Vorstellung zwängte sich ein italienischer Militär, Kommandeur der in Saloniki stationierten Truppen, in die Garderobe von Maria Kalogeropoulou und fragte, ob sie Lust habe, dort vor deutschen und italienischen Soldaten zu singen. Attilio de Stasio hatte sie empfohlen.

An diesem Tag war die Zahl der Hungertoten in Athen, Piräus und Umgebung auf fast 50 000 gestiegen. Im Oktober musste das Athener Konservatorium dichtmachen, es hatte vor allem von staatlichen Subventionen gelebt. Und die Akropolis strahlte, und die italienische Flagge wehte etwas tiefer als die mit dem Hakenkreuz.

Kein Jahr später, Anfang September 1943, stürzten die Athener ins Fassungslose. Sie hätten gewarnt sein können seit Juli, als Mussolini abgesetzt worden war, doch auf das, was jetzt geschah, war niemand vorbereitet. Die Nachricht aus Rom traf Griechenland am 8. September in den Nacken: Italien hatte das Lager gewechselt. Es hatte den sogenannten Stahlpakt mit dem Deutschen Reich aufgekündigt und einen Separatfrieden mit den Alliierten geschlossen. Über Nacht drehte sich der Wind, auf der Akropolis wehte weiter die Hakenkreuzflagge, doch wer mit den Italienern sympathisiert hatte, stand nun auf der schwarzen Liste. Spurlos waren die Beschützer des Callas-Trios verschwunden. Die Tür zu Mario Bonaltis Wohnung stand offen, das Büro von Attilio de Stasio war leer.[12]

Dass auf Kefalonia mehr als 5000 Italiener, die sich bereits ergeben hatten, von zwei Divisionen der Wehrmacht mit Maschinengewehrsalven niedergemäht wurden, wie Hitler es befahl, rief keine öffentliche Empörung wach. Das Triumphgeschrei derer, die von Anfang an die italienischen Eindringlinge gehasst hatten, dröhnte in das Schweigen der anderen, denen die Angst den Hals zuschnürte. Dazu gehörten die Juden, die Kommunisten, die Sympathisanten des Duce und seiner Leute, auch die drei Frauen im fünften Stock der Patission-Straße 61. Es gab zu viele Zeugen dafür, wie oft Bonaltis Wagen vor dem Haus geparkt hatte, wie nah Maria Kalogeropoulou den Italienern gekommen und wie oft sie von ihnen gefüttert worden war.

Im Sommer 1942 war sie aus Saloniki zurückgekommen, wo sie mit Kollegen und Kolleginnen von der Athener Oper auf Einladung de Stasios im Pallas-Kino ein Konzert gegeben hatte, zurückgekommen mit so viel Parmesan, Parmaschinken, Tomatenmark, Sardellen, Makkaroni, Olivenöl und Schokolade, dass ihre Mutter und sie es kaum schleppen konnten. Im Winter 1942/43 hatte sie gegen Lebensmittel zwei Konzerte in der Casa d'Italia gegeben. Damals hätten die meisten genauso gehandelt, doch Anfang 1943 hatte sich das bereits geändert. Viele, die sich bis dahin mit den italienischen Besatzern arrangiert hatten, wurden nun aus der Bequemlichkeit gerissen. Denn am 16. Februar schlachteten italienische Soldaten der Infanteriedivision Pinerolo im Dorf Domenikon 150 griechische Zivilisten ab. Zwei, drei Tage später sickerte das auch in Athen durch. Trotzdem hatte Maria Kalogeropoulou am 21. April 1943 in der Casa d'Italia italienische Opernarien gesungen, bei der Feier der Faschisten zum Jahrestag der Gründung Roms, und am Tag darauf, wieder dort, das Sopransolo in Pergolesis *Stabat Mater*. Mitte Mai war sie erneut in der Patission-Straße 47 aufgetreten, was die Zeitungen jeden wissen ließen. Und Anfang September war sie ein weiteres Mal reich beladen aus Saloniki zurückgekehrt, von jenem Konzert vor Soldaten, das sie im Vorjahr nach der letzten *Tosca* zugesagt hatte.

Auch Antonis Delendas hatte sich vom italienischen Militär in Saloniki und den Faschisten in der Casa d'Italia engagieren lassen. Er jedoch war ein Publikumsliebling wie Evangelos Mangliveras. Von dem wussten nicht nur Freunde, dass er mit den Italienern sympathisierte, vielleicht auch kollaborierte, aber angekreidet wurde ihm das genauso wenig. Doch nur an die 30 Mitglieder von insgesamt 180, die am Nationaltheater beschäftigt waren, sagten, sie hätten nichts gegen diese Maria Kalogeropoulou. Noch vor ein paar Monaten hatte sie jeden Morgen auf einem Lastwagen vor dem Theater gestanden, inmitten von Brotlaiben für das Ensemble; offenbar hatte sie ihre Beziehungen zu den Italienern genutzt, um den anderen zu helfen, sogar an die Tänzer hatte sie Rosinen und Schokolade verteilt.[13] Abgelehnt wurde sie trotzdem, weil die meisten nie wussten, woran sie waren mit dieser Person, die so ernsthaft, verschlossen, konzentriert war, pflichtbewusst bei Proben und Konzerten, dazwischen aufbrausend, laut, haltlos.

Kaum war de Stasio verschwunden, besuchte sie Clubs und teure Restaurants, Nachtclubs und die Bar im Hotel Grande Bretagne an der Seite eines Manns, der in einem schwarzen Adler mit weißem Schiebedach unterwegs und bekannt war als Sohn eines vermögenden Textilunternehmers namens Sigaras. Wie sein Vater hatte auch Takis Sigaras gute Verbindungen zu den Deutschen.[14] Für ihre Stimme, für Frl. Kalogeropoulous Erfolge interessierte er sich nicht, und ihn kümmerte auch nicht, dass seine Kreise, wo er eine große Auswahl an angemessenen

Freundinnen gehabt hätte, Maria ablehnten. Ihn überwältigte ihr Temperament, ihre Lebenslust, er liebte sie nur als Mensch, der sie war.

Doch der Boden unter den Füßen von Maria Kalogeropoulou wankte, und dass Takis Sigaras ihr die Kleider und den Friseur finanzierte, gab ihr keinen Halt. Der väterliche Bonalti fehlte, auch von Renato Mordo, dem sie als Darstellerin Halt auf der Bühne verdankte, war nichts mehr zu sehen. Noch im Juli 1943, als sie wieder einige Male als Tosca am Klafthmonos-Platz auftrat, war Mordo präsent gewesen. Jetzt hatten die Deutschen ganz in der Nähe, in der Korai-Straße, ein Gebäude mit vornehmer klassizistischer Fassade besetzt, das Menschen betraten, die es nicht mehr verließen. In der Nähe des Parlamentsgebäudes gab es ebenfalls einen solchen Bau, der seine Besucher verschluckte. Was im Inneren geschah, war außen nicht zu hören, gefoltert wurden Juden und Kommunisten im Keller. Doch konnte man beobachten, wie geschlossene Fahrzeuge der Gestapo regelmäßig zwischen diesen beiden Häusern und einer ehemaligen Kaserne in Chaidari, sechs Kilometer von der Stadtmitte entfernt, verkehrten.[15]

Ein dreiviertel Jahr nachdem die Deutschen die italienische Zone Griechenlands samt Athen übernommen hatten, war Maria Kalogeropoulou der Gefahr, von ihnen als Kollaborateurin der Italiener abgestraft zu werden, offenbar entkommen.

Am 22. April 1944[16] hatte Eugen d'Alberts Oper *Tiefland* Premiere. Seit letzten November, als ihr die weibliche Hauptrolle der Marta zugeteilt worden war, hatte Maria sich zu Hause stundenlang allein in ihr Zimmer eingeschlossen, de Hidalgo war diese Oper fremd. Als im Januar die Alliierten Piräus bombardierten, Athen im Schnee versank und die Einwohner nur an drei Wochentagen über fließendes Wasser verfügten, spazierte sie fast jeden Tag in die Privatwohnung des vorgesehenen Dirigenten, Leonidas Zoras, um mit ihm Takt für Takt durchzuackern. Einen Monat vor der Premiere begannen die Bühnenproben – und die Verwandlung der Maria Kalogeropoulou. Renato Mordo war wieder da, er führte offiziell Regie,[17] vor allem aber stand Evangelos Mangliveras als Sebastiano neben Maria-Marta auf der Bühne. Ein jovialer Typ mit vollen Lippen, viril, massig, schriftstellerisch begabt und als Maler und Zeichner produktiv. Einer, der dröhnend lachte, fünfzehn

Jahre älter war als Maria, gut situiert und verheiratet. Dass er sich seit Jahren nebenher eine feste Geliebte hielt, die ihm bereits zwei Kinder geboren hatte, und mit ihr einen weiteren Haushalt führte, war ein offenes Geheimnis. Evangelos Mangliveras, üblicherweise nur Vangelis genannt, war jemand, dem die meisten nichts verübelten, weder sein Sexualleben noch seine Streitbarkeit.

Dass zwischen den beiden etwas geschah, fiel den anderen sofort auf. Vielleicht, weil seine Stimme mit ihrer etwas gemeinsam hatte – es war Marias Stimme auf männlich, fanden die Kollegen, groß, mit einem starken Hell-Dunkel-Kontrast, exzessiv, manchmal zu exzessiv. Vielleicht, weil er sie ständig ermunterte: Mach dein eigenes Ding, tu, was dir richtig erscheint, folge deinem Instinkt. Schon vor der Premiere dachten beide nicht daran, ihre Liebschaft zu verheimlichen. Maria küsste und umarmte Evangelos ungeniert vor den Augen aller, besuchte ihn in seinen beiden Zuhauses und hatte ein gutes Verhältnis zu seiner Ehefrau und seiner Dauerfreundin.

In der dritten Hauptpartie stand wieder Antonis Delendas auf der Bühne, und dieses Mal lieferte das Publikum Maria keinen Grund, ihm den größeren Applaus zu neiden: Sie überwältigte alle. Maria hatte auf Mangliveras gehört. Sie war Marta und Marta war sie, jede Geste kam von innen. Kollegen erzählten, dass ihr echte Tränen übers Gesicht liefen, als sie sang: «Ich weiß nicht, wer mein Vater ist».

Auch die Nationalsozialisten in der ersten Reihe waren gerührt von Marias Rührung, nicht nur, weil *Tiefland* neben *Lohengrin* und der *Lustigen Witwe* Hitlers Lieblingsoper war. Alexandra Lalaouni fand es «ein Rätsel, wo dieses Mädchen von zwanzig Jahren den dramatischen Ausdruck, die Wahrheit, die Ehrlichkeit, die Glaubhaftigkeit findet». Ihre Lösung: Sie sei «gottbeschenkt». Friedrich W. Herzog fragte sich dasselbe, er erklärte es mit ihrem «dramatischen Instinkt».[18] Hier wurde zum ersten Mal der Instinkt bei Maria Kalogeropoulou hervorgehoben, und sie selbst griff das auf. Etwas veranlasste sie, das Richtige zu tun, ohne sich dessen bewusst zu sein.[19]

Sie war eine Ikone geworden: Mit Mangliveras wurde sie erstmals auf einem Zeitschriftencover abgebildet, auf einem griechischen, dann auch auf dem der *Wiener Illustrierten* mit dem Kommentar: «Maria Kalogeropoulou, Griechenlands derzeit erste und beliebteste Sängerin». Die

Kollegen witzelten oder lästerten über die Gottbeschenkte, den Kritikern wurde es unheimlich, was mit ihr, noch bevor sie einundzwanzig wurde, geschah.

Zwischen den *Tiefland*-Aufführungen war sie wieder als Santuzza in *Cavalleria rusticana* zu erleben. Dass sie übertrieb, was der Stimme nicht guttat, war schon früher bemängelt worden, doch sie verlor offenbar noch in anderer Hinsicht das Maß. «Ich fürchte», warnte eine Kritikerin, «sie glaubt, eine fertige Künstlerin zu sein. Darin liegt die große Gefahr für ihren Anfang.»[20]

Anfang? Dort sah sich Maria Kalogeropoulou keineswegs. Direkt nach der *Tiefland*-Premiere hatte die Mutter einer Kollegin Maria ihre Bewunderung zu Füßen gelegt: «Du warst wunderbar.» Doch die hatte nicht, wie noch nach der *Tosca*-Premiere, die Annahme verweigert. «Oh ja, das war ich», sagte sie. «Aber sagen Sie mir … wer auf der Welt kann heute die Marta besser singen, als ich sie singe?»

Zwei Tage später wurden fünf Sängerinnen und fünf Sänger als Gesangssolisten Rang A klassifiziert mit einem monatlichen Gehalt aus inflationärem Spielgeld, 300 Millionen Drachmen. Maria war dabei, nur war ihre Gage höher als die der übrigen neun, höher als die von Delendas und Mangliveras. Maria fand das richtig. Hinter der Jury standen Leute wie der musikliebende Wilhelm Speidel und andere SS-Größen, die bei Marias Gesang feuchte Augen bekamen und sie nach *Tiefland* in einer größeren deutschen Oper sehen wollten, in Beethovens *Fidelio*, der zum ersten Mal seit seiner Entstehung in Griechenland aufgeführt werden sollte. Frl. Kalogeropoulou hatte gewonnen und war dabei, etwas Entscheidendes zu verlieren.

Bei der nächsten Aufführung von *Tiefland* hielt sie eine Note am Ende einer Arie lange aus, viel zu lange, ins Schweigen des Orchesters hinein. Zoras erklärte ihr, das solle nicht noch einmal vorkommen. Sie stimmte zu und hielt am nächsten Abend dieselbe Note wieder viel zu lange aus. «Tut mir leid, ich hab's vergessen.» Beim dritten Versuch ließ Zoras das Orchester den letzten Akkord so lange in voller Lautstärke weiterspielen, bis sie einknickte.

Unterhalb der Akropolis, auf der nach wie vor die Hakenkreuzflagge wehte, lag das Odeon des Herodes Atticus, ein antikes Theater, auf dessen Stufen viereinhalbtausend Menschen Platz fanden. Regie bei der

Erstaufführung des *Fidelio* führte Oskar Walleck aus München, immer von Kopf bis Fuß in Weiß gekleidet. Seit 1932 war er ein Brauner, Mitglied der NSDAP, SS-Standartenführer, Träger des Totenkopfrings. Die musikalische Leitung hatte Hans Hörner, Sonderoffizier der Propagandastaffel der deutschen Wehrmacht. Doch mit Maria stand Evangelos Mangliveras auf der Bühne als ihr Widersacher Pizarro und zugleich als der Mann, der sie liebte und ihr den Weg wies. Ihre Streitlust war verschwunden, der Chor mochte sie. Auf dem Gruppenfoto mit den anderen Solisten stellte sie sich in die hinterste Reihe.

Bei der Premiere am 14. August 1944 war es noch sommerlich warm. Maria trug kniehohe Stiefel, einen Märchenprinzenanzug aus dunkelblauem Samt mit weißem Kragen, sie lehnte an der Mauer, als suchte sie dort Halt. «Abscheulicher, wo eilst du hin?», sang sie als Fidelio/Leonore dem Mörder nach. Sie hatte diese Arie im letzten Winter bei einem Benefizkonzert gesungen, Papatestas zuliebe, der sich für die 300 an Tuberkulose erkrankten Kinder in Athen ins Zeug warf. Einen Tag später hatte der Kampfgruppenführer der Wehrmacht General Speidel vermeldet, er und seine Leute hätten nach der Zerstörung von Kolavryta alle Männer des Ortes, 674 hatte er gezählt, erschossen. Nun saß der General vor der ersten Reihe des Odeons auf gepolstertem Stuhl, Steinstufen waren nichts für harte Krieger. Die Fotos belegen, dass Maria Kalogeropoulou beim zweiten Teil der Arie den Blick senkte: «O Hoffnung, lass den letzten Stern der Müden nicht erbleichen», auf Griechisch. Die Deutschen hörten ein deutsches Meisterwerk, den Triumph der deutschen Kultur, die Griechen hörten etwas anderes.

Am 10. September war Maria zum letzten Mal Fidelio, elf von vierzehn Vorstellungen hatte sie in der Titelrolle bestritten, 50 000 Menschen hatten sie erlebt. Jetzt kannte man sie in ganz Athen, auf der Straße sprachen Fremde sie an, Passanten zeigten auf sie. Der Erfolg gab den Solisten der Nationaloper Rückendeckung, als sie, angeführt von Mangliveras und hinter ihm Delendas und Kalogeropoulou, einen Protest gegen ihre Bezahlung unterschrieben. Am 16. September gab das Management nach und hob die Gehälter an, die niedrigeren auf 6 Milliarden Drachmen pro Monat, die höheren wie die der *Fidelio*-Stars auf 9 Milliarden. Vierzehn Tage später beliefen sie sich auf das Doppelte und waren genauso wenig wert.

Die griechische Währung brach zusammen, und die Deutschen warfen Gold auf den Markt, der keiner war. Es war das Gold der Juden aus Saloniki, fast 60 000 hatten sie deportiert. Am 1. Oktober landeten britische Streitkräfte auf der südlichen Peleponnes. Die deutschen Truppen begannen den Rückzug von Griechenland. Am Morgen des 12. Oktober 1944 wurde die Hakenkreuzflagge auf der Akropolis eingeholt. Nie mehr sollte sie dort wehen.

Marias deutsche Verehrer und Unterstützer waren die Feinde der Nation, und sie selbst erklärte: «Was immer passiert, ich gehe nach Amerika.»[21] Zeit lassen, rieten ihr Besonnene. Könne sie sich nicht leisten, sagte sie, «ich bin die Beste!! Ich kann nicht länger warten, weil ich weiß, was ich wert bin.»[22]

Die Helden und Heldinnen in der Tragödie, wie sie vor fast zwei Jahrtausenden im Odeon des Herodes Atticus aufgetreten waren, verfolgten ihr Ziel, das Pflichterfüllung hieß und dem Neigungen geopfert werden mussten. Maria liebte Evangelos. Frl. Kalogeropoulou entschied sich zum Aufbruch.

5.

KARRIERISTIN IM ABSTURZ

Vater Callas versagt,
der Direktor der Met findet Callas mangelhaft,
und Maria geht Bagarozy in die Falle

Der Indian Summer war vorbei in New York Ende September 1945. Viele Passagiere, die von Bord des Transatlantik-Schiffs aus Piräus[1] gingen, waren zu dünn angezogen und trugen Pappkoffer, man konnte ihnen ansehen, dass sie wenig Geld hatten. Es waren Griechen, größtenteils junge, die ihre Heimat für immer verlassen wollten; sie hatten den Glauben an deren Zukunft verloren.

Sechs Wochen nachdem Athen im Freiheitsglück getanzt hatte und die erste Nachkriegsregierung aufgestellt worden war, hatte der Staatsstreich kommunistischer Milizen einen Bürgerkrieg entzündet. Die Stadt, gerade erst dabei zu gesunden, wurde wieder zerrissen, aufgeteilt in eine rote und eine weiße Zone, eine kommunistische und eine nationalistische, welche die britische Armee unterstützte. Stacheldrahthecken schossen über Nacht hoch auf den Straßen und Plätzen, die Angst vor dem Feind von außen schlug um in die Angst vor dem Nachbarn. Beendet wurde das Abschlachten von Griechen durch Griechen schließlich von britischen Bomben, die Athen, noch bevor der Frühling 1945 aufging, in eine Trümmerhalde verwandelten.

Doch nicht davon war Maria Kalogeropoulou aus Athen vertrieben worden.[2] Sie hatte den Glauben an ihre eigene berufliche Zukunft dort verloren. Du bist verrückt, hatten die Verwandten gesagt. Was die Nationaloper ihr anbot, hatte sie für demütigend befunden, bestenfalls zweitklassig, auch was die Bezahlung betraf. Am 3. November 1944 war in Athen ein großes Freiheitskonzert inszeniert worden ohne die bekannteste Opernsängerin der Stadt und des Landes.[3]

Dass sie als Undercover-Agentin für den britischen Geheimdienst aktiv war, war durchgedrungen. Sie hatte in der weißen Zone gearbeitet, mit Mutter und Schwester aber in der roten gelebt. Direkt vor dem Olympia-Theater war sie angegriffen worden, getreten, geschlagen, bespuckt, sie hatte sich gewehrt und sich von da an nur noch in einem Jeep der Briten von Rot nach Weiß und von Weiß nach Rot bewegt.

Eine Neuinszenierung von Umberto Giordanos *Fedora* mit dem Jungstar der Nationaloper des Hauses in der Hauptrolle war ersatzlos gestrichen worden,[4] eine Wiederaufnahme des Publikumserfolges *Tiefland* mit Maria als Marta war erfolglos gewesen. Doch offensichtlich hatte das alles nicht das Selbstbewusstsein Maria Kalogeropoulous angekratzt.

Verunsichert betraten die jungen Griechen, solche mit Pappkoffern vor allem, das Neuland an den Docks von New York. Wohin? Die junge Sängerin, hier geboren, wusste das – wenngleich, was ihren eigenen Namen anging, ebenso viel unsicher war wie bei der Abreise 1936. Am 28. März 1945 hatte sie als Sophie Cecelia (sic) Kalos in Athen ein Affidavit unterschrieben, das ihren Aufenthalt in den USA begründete, mit Verwandtenbesuch und Karrierestart als Sängerin. Zwei Tage danach war sie bei einem Konzert mit dem Titel *The Special Service Section Presents* zum ersten Mal in ihrem Leben als Callas aufgetreten, Mary Callas allerdings. In Athen war sie für fast jeden Marianna oder Maria Kalogeropoulou gewesen, hier würde sie wahrscheinlich wieder Mary Kalos sein.

Selbstsicher schien sie dennoch. An Bord hatte sie abgelehnt, Opernarien für die Gäste des Kapitäns zu singen; die Umgebung passe nicht zu großer Oper, hatte sie erklärt. Die Bilanz ihres Aufstiegs konnte sie auswendig: In sieben Hauptpartien hatte sie sechsundfünfzig Mal die Bühne betreten, außerdem in zahlreichen Nebenrollen, in vierzehn Konzerten als einzige Solistin, zusätzlich bei sieben Solo-Recitals. Mehrere Male war sie im Rundfunk zu hören gewesen, zwanzig unterschiedliche Theater, Konzerthallen, Freilichtbühnen, Kinosäle und andere Orte hatte sie bespielt. Und das alles mit nicht einmal zweiundzwanzig Jahren.

Als sie mitbekommen hatte, wie abfällig sich Frauen aus dem Umkreis von Takis Sigaras über sie äußerten, hatte sie ihm geschworen: «Die werden eines Tages ankommen und vor mir buckeln.» Als er nachfragte, woher sie die Gewissheit nehme, eine Primadonna zu werden, fertigte sie ihn ab. «Du wirst schon sehen! Eines Tages wirst du stolz auf mich sein.»[5] Auch die Frauen im Umkreis von Sigaras hielten sie für verrückt.

Wie an diesem Septembertag 1945 die Passagierin namens Kalos die Gangway am Hafen in New York herunterkam, musste Blicke auf sich ziehen: eine junge, große Frau, entschieden zu schwer, erst recht für ein amerikanisches Schönheitsideal, aber eine Erscheinung mit dem tief dunkelroten üppigen Haar, den mandelförmigen, leicht vorstehenden, fast schwarzen Augen und einer Haltung, der die Bühnenerfahrung anzumerken war.

Ihr Vater hatte zunächst nicht gewusst, an welchem Tag sie in New York ankommen würde, Evangelia hatte ihrer Tochter ausgeredet, es ihm mitzuteilen. Er aber hatte es über die Passagierlisten herausgefunden. George Kalos wusste auch, wie Maria aussah, obwohl sie einander seit neun Jahren nicht mehr begegnet waren. Immer wieder hatte sie ihn mit Fotos versorgt, zuletzt vom *Fidelio*, und mit Erfolgsmeldungen. Noch zwei Tage vor ihrem Aufbruch war sie als Laura in Carl Millöckers Operette *Der Bettelstudent* aufgetreten, eine ihr in keiner Weise angemessene Rolle, gepriesen worden war sie dennoch. Ihr Anblick sei «eine Augenweide», ihr Auftritt «eine Heldentat für einen dramatischen Sopran».[6]

Am Hafen in Piräus hatten am 14. September 1945 einige Freunde Maria zum Abschied gewinkt: Dr. Papatestas, Sigaras, der ihr die Überfahrt finanziert hatte, ihr Klavierbegleiter, ein paar wenige Kollegen. Die Mutter war von Maria vor vollendete Tatsachen gestellt worden, eine Kampfansage zugunsten des Vaters. Mutter und Schwester waren in Piräus nicht dabei, dafür Elvira de Hidalgo, obwohl sie ihrer Schülerin abgeraten hatte: Warum USA, ihre Kunst war doch in Italien zu Hause. Doch Maria wusste anders als die vielen jungen Griechen, die mit ihr von Bord gingen, genau, wo sie hinwollte. «Ich werde zu meinem Vater zurückkehren», hatte sie verkündet, «und an der Met singen.» Da erklärten sie auch Kollegen, von denen sie bewundert wurde, für verrückt. «Und was», wollten sie wissen, «wenn sie dir kein Vorsingen geben?» «Dann gehe ich dort jeden Tag hin und setze mich auf die Türschwelle. Eines Tages werden sie das satthaben und mich vorsingen lassen.»[7]

Am Hafen in New York wartete nur George auf sie, nach wie vor schlank und elegant, den ergrauten Schnurrbart schwarz gefärbt. Seine Tochter umarmte ihn lang unter Tränen. Es wirkte, als sei sie angekommen an ihrem Ziel. Maria brauchte keinen anderen Mann, hatte sie anderen und sich selbst erklärt, sie könne gar keinen anderen brauchen. Schon nach dem *Tosca*-Erfolg hatte sie Sigaras beschieden, ab jetzt werde sie nur noch mit der Kunst verheiratet sein. Und Mangliveras erklärte sie später das Gleiche, nur netter.[8] Frl. Kalogeropoulou brauchte ein Engagement.

Am 3. Dezember 1945 war der erste Schnee gefallen in New York. Da betrat sie, angemeldet als Mary Kalos, zum ersten Mal durch den Künstlereingang, eher ein Dienstboteneingang, die Metropolitan Opera.[9] Über dem hohen Parterre mit dem Eingangsportal und Foyer lagen zwei weitere repräsentative Etagen, dann folgte ein unterm Dach eingequetschtes Mezzaningeschoss, wo es eine Probebühne gab. Außer Maria war nur ein Mann im dunklen Anzug anwesend, Anfang fünfzig, schmal, ernst, blass, Hornbrille, gerunzelte Stirn. Paul Breisach wirkte eher wie ein Intellektueller. Seit ein paar Jahren war er, ein Jude aus Wien und ehemals Generalmusikdirektor an deutschen Häusern, hier an der Met als Dirigent verpflichtet, einer von vielen und dankbar dafür; daheim hatte er die Stars der Zeit begleitet.[10] Nun saß er am Klavier und begleitete eine Unbekannte bei *Vissi d'arte* aus *Tosca* und *Casta diva* aus *Norma*. Mit solchen Arien war hier noch keine derartig junge Sängerin angetreten. «Außergewöhnliche Stimme», meinte er, «sollte man sehr bald auf der Bühne hören.»

Am 21. Dezember war Maria zum zweiten Mal eingeladen, dieses Mal auf der großen Bühne der Met. Wieder sang sie die beiden Arien und eine heikle aus Verdis *Trovatore*, darunter tat sie es offenbar nicht. Diesmal hörte ein Herr von Ende sechzig zu, den hier in New York jeder kannte: Edward Johnson, General Manager der Met, ein ehemaliger Startenor. Außerdem dabei war ein stiller Mann mit undurchsichtigem Lächeln, Frank St. Leger, Dirigent. «Gutes Material», sagte der, «aber an der Stimme muss gearbeitet werden.»

Kurz vor Weihnachten 1945 wurde ein Vierjahresvertrag mit der Met abgeschlossen – von Dino Yannopoulos, Marias Vertrautem aus Athen, Spielleiter der *Tosca* am Klafthmonos-Platz und bei vielen anderen Opernauftritten von ihr. Der General Manager fragte ihn, ob er zufällig eine gewisse Kalos kenne. Als Dino bejahte, fragte Johnson: «Ist sie verrückt?» Er habe ihr einen Dreijahresvertrag angeboten und erklärt, sie müsse mit kleinen Rollen anfangen, sich im zweiten Jahr nach oben arbeiten, im dritten könnte sie dann vielleicht schon eine tragende Partie bekommen. Ein Anfängervertrag für sie, einen Weltstar? Maria Kalos hatte abgelehnt.[11] Dass diese Vermessenheit zum Heldenwesen der Tragödie gehörte, dürfte Johnson nicht interessiert haben, woher sie kam, wohl auch nicht. In Athen war Frl. Kalogeropoulou gefeiert worden, aber eben in Athen.[12]

Maria hatte verzichtet auf ein Gegenüber, auf jemanden, der sie kritisierte und korrigierte – die Hybris der Heldin. Der Vater aber machte, was sie wollte. Als sie bei ihm angekommen war, in einer engen Wohnung in guter Gegend, zwischen Central Park und Carnegie Hall, war der Traum geplatzt, ihn ganz für sich allein zu haben: George tröstete sich seit Längerem mit einer Geliebten.[13] Maria war sofort in ein Hotel in der Nähe abgehauen, er hatte willig die Rechnung bezahlt, sie hatte abgewartet, bis seine Geliebte ausgezogen war.

Von da an war Miss Kalos unterwegs auf der Suche nach einem Engagement, und Maria log sich die Wirklichkeit schön. George Kalos unterhielt zu seiner Geliebten nach wie vor ein enges Verhältnis. Seine eigene Apotheke in San Francisco hatte er aufgegeben, hier war er nur Angestellter, ein schlecht bezahlter Abteilungsleiter eines Drugstores in der 8th Avenue. Doch Marias Vater, der Vater einer Auserwählten, konnte kein Ehebrecher und Verlierer sein, und sie selbst konnte keinesfalls nur die Frau Nummer zwei neben derjenigen sein, mit der er Sex hatte. Ihr Zimmer in seiner Wohnung war eine Kammer, notdürftig eingerichtet. Es gab kein Telefon, nur von dem Drugstore aus, in dem der Vater arbeitete, konnte sie Agenten und Interessenten erreichen.

Das Jahr 1946 begann sie mit einem Brief in die Vergangenheit. Am 2. Januar schrieb sie an Evangelos Mangliveras: «Endlich bin ich in mein geliebtes Amerika gekommen, und ich bin wirklich sehr glücklich. Mein Vater betet mich buchstäblich an, und es fehlt mir an nichts. Ich habe für alles eingekauft, ich habe die Taschen voll mit Geld nur für mich und habe sogar zwei Pelzmäntel erworben! Er schlägt mir nichts ab!»[14]

Nur ihrem Paten Leonidas Lanzounis gestand sie, wie sie das Verhältnis des Vaters mit einer alten Familienfreundin kränkte, dass sie sich von ihm betrogen fühlte und von ihr bestohlen um die Gefühle von George, die doch nur ihr gehören durften. Lanzounis war darüber informiert, wie viele vergebliche Anläufe Maria unternahm, wie viele Agenten, Studios, Regisseure und Sängerkollegen sie abklapperte. Nicola Moscona, der Bass, der aussah wie ein Stummfilmheld und ihr in Athen versprochen hatte, etwas für sie zu tun, wich ihr aus mit windigen Ausreden und schlug ihre Bitte, sie Toscanini zu empfehlen, als vermessen ab. Gaetano Merola, Intendant an der San Francisco Opera, hörte sie an und verabschiedete sie knapp: «Gehen Sie nach Italien und machen Sie dort Karriere, dann werde ich Sie unter Vertrag nehmen.»[15] Maria gab ihm zurück: «Danke, aber wenn ich in Italien Karriere mache, brauche ich Sie nicht mehr.» Das war Maria, geradeaus und undiplomatisch, die hier wie so oft Miss Kalos in die Parade fuhr.

Besorgt sah Lanzounis, wie sich seine Patentochter mit Eiscreme, Hamburgern und Pancakes samt Ahornsirup über die Misserfolge hinwegtröstete, und warnte sie, diese Gewichtsklasse sei im Show-Biz, zu dem die Oper in den USA gehörte, schwer zu verkaufen. Niemandem konnte Maria verraten, dass auch der Pate sie kränkte. Er war nicht ganz für sie da, er hatte geheiratet, und seine Frau Anne-Sally, früher Krankenschwester auf seiner Station, war kaum älter als Maria.[16] Von alldem erfuhr auch Mangliveras nichts. «Lass mich Dir sagen, liebster Evangelos», schrieb ihm Maria, «Gott hatte Mitleid mit mir und belohnte mich für das, was ich durchgestanden habe.» Gleichzeitig schwor sie Rache, an Moscona, am General Manager der Met, an Merola, an jedem, der sie abgelehnt hatte.

Der Indian Summer 1946 war vorbei, als Maria Kalos zur großen Rächerin wurde. Sie stand in einem lichtdurchfluteten Raum in Riverside, einer begehrten Lage in Manhattan, mit Blick auf den Halifax River, und sie sang vom Töten, vom Köpfen der Männer. Am Flügel saß eine dunkelhaarige, zwölf Jahre ältere Frau, die sie recht und schlecht begleitete; der Klavierauszug von Puccinis *Turandot* war etwas für Professionelle, und zu denen zählte die Frau am Klavier nicht. Sie hieß Louise Caselotti, war selbst bei ihrer Karriere als Sängerin gescheitert und synchronisierte nur noch Schauspielerinnen. Ihr Mann Eddie Bagarozy, Gründer einer eigenen Operngesellschaft, der United States Opera Company, hörte zu.

Weder besaß Louise das Rüstzeug zu einer Korrepetitorin noch hatte ihr Mann, ehemals Theateranwalt, danach Vizepräsident bei einem Reifenhersteller, derzeit Präsident seiner Firma American Acustics Inc., eine Ahnung davon, wie man Opern lancierte. Beide meinten wohl, die Erbmasse reiche aus, um Kompetenz nachzuweisen. Louises Vater war Musikprofessor, ihre Mutter Opernsängerin; Eddies Vater war ein bekannter Impresario in New York gewesen, der Enrico Caruso und Titta Ruffo in den USA vertreten hatte.[17]

Von Eddies großer Zukunft wusste Maria Kalos bald alles, von seiner Vergangenheit nichts. Mehrmals war er mit dem Gesetz in Konflikt geraten und nur mit Glück immer wieder einer Anklage entwischt. Mal war es um den Raubüberfall auf einen Postboten gegangen, mal um Scheckfälschung, mal um Verschwörung und Autodiebstahl.[18] Er werde aus ihr in den USA einen Superstar machen, versprach Bagarozy Maria, an der zweitgrößten Oper des Landes, am Civic Opera House Chicago.

Eddie, der Mann mit dem dunklen Haar, den dunkelbraunen Augen und dem kleinen schwarz gefärbten Schnurrbart, der vom Alter her ihr Vater hätte sein können und dem nicht unähnlich sah, gefiel Maria, seine Komplimente taten ihr gut. Dass er ihr Liebhaber wurde, schien die Ehefrau zu übersehen. Und Bagarozy, der Impresario mit seinen hochfliegenden Plänen, imponierte Miss Kalos, die erfolglosen Bewerbungen ließen ihn ihr als das erscheinen, was sie ein Gottesgeschenk nannte. Menschenkenntnis hatte sie nie erworben, sie verschloss die Augen für Bagarozys Charakter.

Turandot, eine Oper über eine Frau, die eiskalt Rache übte und dabei glühte vor Sehnsucht nach Liebe, musste ihr liegen, die Premiere in Chicago, angesetzt für den 6. Januar 1947, verhieß den Durchbruch. Das Civic Opera House Chicago mit seinen über 3500 Plätzen, das in einem fünfundvierzig Stockwerke hohen Art-Déco-Klotz in bester Lage untergebracht war, hatte erst 1929 eröffnet und noch keinen Namen – die Chance für Namenlose wie Maria. Doch für einen optimalen Auftritt brauchte sie Sicherheit. Finanzielle bot Bagarozy nicht, emotionale der Vater nicht. Dringend wurde also Evangelia Callas im November 1946 nach New York beordert. Dass die Tochter sie brauchte, befriedigte sie.

Kaum gelandet, verordnete sie Maria eine strenge Diät und George die gemeinsame Darstellung einer heilen Ehe. Maria nahm ab und posierte im Dezember für ein Foto mit den Eltern, sie sitzend in der Mitte, die Eltern sie großbürgerlich flankierend, die Mutter in Rüschenbluse, Schmuck und Pelzmantel, der Vater im dunklen Anzug mit Krawatte. Der Intendant des neuen Opernhauses, mit dem Eddie Bagarozy zusammenwirkte, kam und gab Maria die Zuversicht, mit ihm die Welt der ganz großen Oper zu erobern. Ottavio Scotto, ein Italiener aus Lateinamerika, war ein kleiner Mann mit großer Geste, mit champagnerfarbenem Borsalino-Hut, Stöckchen mit silbernem Knauf, seidenen Schals, Gamaschen und Euphorie. In Italien hatte er ein erstklassiges Ensemble rund um seine Turandot angeworben und eingeflogen.[19]

Weihnachten feierten Evangelia, George und Maria gemeinsam, und die Tochter ignorierte, dass die Mutter in ihrem Zimmer übernachtete und der Vater weiterhin fremdging. Solange Maria der Illusion glaubte, fühlte Miss Kalos sich gerüstet für den Kampf um den ersten Triumph in den USA.

Zu Beginn des neuen Jahres schrieb Maria wieder einen Brief in die Vergangenheit. Evangelia hatte ihr Post von Mangliveras mitgebracht, einen ganzen Stapel. «… ich bin glücklich, weil ich schon dachte, Du hättest mich vergessen», dankte sie ihm. Stolz berichtete sie, dass sie sich auf die Premiere als Turandot in Chicago vorbereite, auf Gott vertraue, dass er ihr Kraft gebe und dass sie Gewicht verloren habe. «Meine Beine sind viel schlanker geworden … Meine Stimme ist Gottseidank in ausgezeichneter Form und wird ständig tiefer. Ich bin jetzt fast ein Mezzosopran.»[20] Auf Menschen wie Mangliveras wirkte es naiv, wie Maria von Gottes Gerechtigkeit sprach, doch vielleicht erkannte er, was sie damit offenbarte: den Konflikt des tragischen Menschen, der sich von demselben Gott auserwählt und verlassen betrachtet, gerufen und verstoßen.[21] Auch Evangelos, der ihr aus der Ferne Halt gab, schien ihr von Gott gesandt. «Schicke mir einen langen Brief!», befahl sie, versicherte ihn ihrer unverbrüchlichen Liebe und versprach, ihm sofort von der Premiere zu berichten.

Die war schon zum zweiten Mal verschoben worden. In Chicago am Opernhaus warteten alle auf die Hauptdarstellerin, die als Marie Calas angekündigt war und von der einer gehört hatte, sie sehe unmöglich aus und singe unglaublich. Doch sie warteten vergebens, denn Maria Kalos wartete ab in New York.[22] Und Mangliveras wartete auf einen Brief

Marias über den großen Tag, auch er vergeben. Vom 28. Januar gab es
nichts zu berichten – die Premiere war schließlich ersatzlos gestrichen
worden, aus finanziellen Gründen und anderen, die Bagarozy für sich
behielt. Das ganze Unternehmen war krachend gescheitert. Bagarozy
ließ Ottavio Scotto die Katastrophe in Chicago alleine ausbaden und erklärte den Konkurs seiner United States Opera Company. Die italienische Truppe musste in Chicago mit einem Benefizkonzert das Nötigste
für Hotelrechnungen und Rückreisen zusammenkratzen.

Der Hüne, der die Basspartie in *Turandot* hätte singen sollen, Nicola
Rossi-Lemeni, schien die Truppe der Verlorenen zu führen, er sprach als
Einziger Englisch, und er nahm Kontakt mit Maria auf. Der mit Hoffnungen überhäufte Star stand nun nackt im Wind und jobbte angeblich
als Babysitterin und als Bedienung in einem italienischen Restaurant.[23]
Bagarozy war als Unternehmer verschwunden, als Liebhaber hatte Maria
ihn ebenfalls verabschiedet. Nun erfuhr Rossi-Lemeni, dass ein Besuch
von Giovanni Zenatello in der Stadt angekündigt war, Veronese wie er
selbst und Begründer der Arena-Festspiele in Verona. Die waren kriegs-
bedingt eingestellt worden, wagten nun den Neustart und wollten mit
Amilcare Ponchiellis *La Gioconda* loslegen. Zenatello war auf Talent-
suche und suchte nicht lange: Maria Kalos sang ihm vor, und er war beeindruckt.[24]

Was Geld betraf, war bei Maria von Vermessenheit nichts zu erkennen. Die Chance war mächtig, die Gage mickrig, doch sie nahm das
Angebot von je 40 000 Lire für die vier Aufführungen an. Die Kosten
der Tickets für die Anreise mit Dampfer und Bahn sowie des Aufenthalts
in Verona während der zwei Monate Proben- und Spielzeit musste sie
selbst übernehmen.

Die Hitze stand reglos in den Straßen von New York, als am 17. Juni 1947
eine große Limousine am Hafen vorfuhr, der eine junge Frau mit über-
großem blutrotem Samthut entstieg. Sie ging so, dass man hinsehen
musste, ihre Schultern waren kräftig, die Arme schön. Es war kein
Luxusliner, den sie bestieg, nicht einmal ein ordentliches Passagierschiff,
nur ein russischer Frachter namens *Rossija*. In der Hand trug sie einen
Pappkoffer mit alten Sommersachen und einem neuen Abendkleid, bezahlt vom Paten Leonidas Lanzounis, genauso wie das Ticket für die

Überfahrt bis Neapel in der billigsten Klasse, in einer Dreierkabine mitt-schiffs. Es hatte exakt so viel gekostet, wie die vier Auftritte in Verona an Gage einbringen würden, 160 000 Lire.

Dass Rossi-Lemeni mitfuhr, der von Zenatello als Alvise für die *Gioconda* verpflichtet worden war, freute Maria, dass Louise Caselotti mit ihr die Kabine teilte, schien sie nicht stutzig zu machen. Bagarozy war am 13. Juni 1947, drei Tage bevor sie bei Zenatello persönlich unterzeich-nen sollte, aktiv geworden, hatte als Agent das Ganze übernommen und ihr einen Vertrag vorgelegt, in dem sie sich für die nächsten zehn Jahre verpflichtete, zehn Prozent ihrer Einnahmen an ihn als ihren alleinigen Repräsentanten abzutreten, zahlbar nach Eingang der Gage. Eddie war ihr Liebhaber gewesen, er konnte nur ihr Bestes wollen; Maria soufflierte das Miss Calas oder Kalos oder Callas, alle drei Namen kursierten, und die unterschrieb. Louise behauptete, sie wolle selbst noch einmal einen Karriereversuch als Mezzo in Italien starten, und Bagarozy erweckte den Eindruck, er habe sie als Stellvertreterin und Assistentin mit auf die Tournee geschickt. Dass sie mögliche Nebeneinkünfte überwachen sollte, vermutete Maria kaum, das Kleingedruckte im Vertrag hatte sie nicht gelesen.[25]

Die Crew sprach nur Russisch, das Schiff war dreckig, das Essen un-genießbar, Italien aber gleißte in der Ferne.

Bei der Ankunft am Ort der Verheißung leuchtete der Frühsommer in Verona. Doch es war eine kriegsversehrte Stadt, die Maria empfing. Fast alle Brücken waren zerbombt, nur Stümpfe ragten über die Etsch. Die Häuser waren grau und angegriffen, die gepflasterten Straßen voller Schlaglöcher. Die Zugfahrt dritter Klasse vom Hafen in Neapel hierher, auf Holzbänken in einem Brutkasten, hatte einen Tag gedauert und die Reisenden geschlaucht. Ohne Koffer – der war ihr in Neapel gestohlen worden – stand Maria an der Rezeption des Hotel Accademia. Geblie-ben war ihr eine Liste mit Lebensweisheiten ihrer Mutter: Sie solle Gott vertrauen und keinen Tag vergehen lassen, ohne ihm für seine Segnun-gen zu danken. Das Leben sei voll von Enttäuschungen, aber sie müsse immer stark bleiben. Niemals dürfe sie über Verwandte etwas Schlechtes denken oder sagen. Ihr Leben lang habe sie Vater und Mutter zu ehren, und wenn sie einen Mann finde, den sie liebe und heiraten wolle, solle sie bereit sein, ihn für den Rest ihrer Tage anzubeten.[26]

Die Erfolgsmeldung aus Verona erreichte Evangelia Callas bereits An-fang Juli. «Ich habe einen Mann kennengelernt, der wahnsinnig in mich verliebt ist. Er will mich heiraten. Ich weiß nicht, was ich ihm sagen soll. Er ist 53. Was denkst Du? Er ist sehr reich und liebt mich.»[27] Man konnte glauben, Maria sei nun angekommen und die Gioconda der ersten Nachkriegsfestspiele in Verona, Kalos oder Calas oder Kallas, stehe kurz davor.

6.

BETTELARME HOCHBEGABUNG

Serafin ist entflammt,
Meneghini zahlt,
und Maria Callas verstaucht sich ein Sprunggelenk

In Verona kannte man sich. Die Stadt war durchlässig, übersichtlich war sie auch, weit weg von 200 000 Einwohnern. Ihre großen Plätze, die Piazza Brà an der Arena und die Piazza delle Erbe im Herzen der Stadt, waren Nachrichtenbörsen. Die Frauen pflegten den Klatsch auf den Märkten, beim Friseur, in den Caffés und nach der Kirche, die Männer in den Ristoranti, Osterie, Enoteche und Bars. Gastwirte und Industrieunternehmer, aufsteigende Lokalpolitiker und Honoratioren, Ladenbesitzer und in der Saison Dirigenten, Sänger und Sängerinnen vermischten sich dort, die Netzwerke wurden von den Stammkneipen aus geknüpft.

Giovanni Battista Meneghini[1] war Stammgast im Pedavena an der Piazza Brà und aß dort jeden Abend an demselben Tisch. Jung war er nicht mehr, schön war er nie gewesen, charismatisch auch nicht. Das Kinn klein und fliehend, die Lippen dünn, oft zusammengekniffen, der Blick irgendwie starr, dunkle Augenringe drumherum. Die teuren Anzüge konnten nicht verbergen, dass er nicht nur sehr gerne sehr gut, sondern auch sehr viel aß und trank. Weltläufig gemacht hatte ihn das gewachsene Familienunternehmen nicht, er sprach nur Italienisch, den Veroneser Dialekt, schmatzte Handküsse auf Handrücken, posierte für Fotos, als wäre er ein Feldherr, und war berüchtigt für seinen Geiz. Als Junggeselle war er dennoch gefragt wegen seines Geldes, und das wusste er. In der Gegend zwischen Gardasee und Verona hatte er geschickt Immobilien erworben, und die Ziegelei seines Vaters hatte er um eine Zementherstellung erweitert. Zwölf Fabriken unterhielt er und einen ganzen Clan – nicht nur die Mutter, auch die neun Geschwister ließen den Ältesten den Laden führen und satte Gewinne einfahren, ein müheloser Zusatzverdienst für die fünf berufstätigen Brüder und die vier mehr oder weniger lukrativ verheirateten Schwestern.

Das Geld durch Mäzenatentum zu veredeln hatte in Italien Tradition, in Verona pfropfte man Oper auf die ertragreichen Nutzpflanzen. Der Besitzer des Ristorante Pedavena und des Tre Corone, Gaetano Pomari, war stellvertretender Intendant der Arena-Festspiele und wohnte direkt oberhalb des Pedavena. Mit Meneghini teilte er die Wohnung und die Opernleidenschaft. Nebenan lagen seine Büroräume für die Arena-Verwaltung, wo ihm der Katalog zu den Bühnenstars zur Verfügung stand, ein Reservoir an Daten und Fotos.

Die Tragik des reichen Mannes, von einer Frau nur wegen seines Geldes umschmeichelt zu werden, kannte Meneghini, die Folgeerscheinungen fürchteten er und jeder seiner Brüder noch viel mehr. Auch Schwester Pia hatte ein wachsames Auge auf die Damenbekanntschaften ihres Bruders.

Am 30. Juni 1947 wurde die soeben in Verona eingetroffene Truppe aus den USA ins Pedavena eingeladen. Einen Tag später, am 1. Juli, unternahm die Truppe mit Gastgebern einen Tagesausflug nach Venedig, bei dem Louise Caselotti auf Maria aufpasste. Meneghini bat Maria Kalos in seinen Wagen, um sie persönlich und alleine zurückzufahren. Was auf dieser Fahrt geschah, entzog sich allen anderen, es kann aber nicht intim gewesen sein, denn am 2. Juli schrieb Signore Meneghini freundlich und förmlich an die «Signorina». Er gab jedoch zu erkennen, dass er an einem nächsten Treffen interessiert war. Das wunderte keinen, der Meneghini näher kannte. Er hatte schon mehrere üppige Sängerinnen, barock nannte er seine bevorzugte Stilrichtung, unterstützt, die nicht zu Ruhm gelangt waren. Eine Kandidatin, die in New York gelebt hatte und hier nun neben Stars wie Richard Tucker und Nicola Rossi-Lemeni unter einem der größten Dirigenten Italiens, Tullio Serafin, eine Titelpartie sang, war nicht dabei gewesen.

Ihr wiederum war Meneghini wohl bereits als vermögender Mann vorgestellt worden. Doch er musste Maria mit seinen Manieren, seinem Auftritt provinziell erscheinen. Bisher hatte sie mit Männern Liebesverhältnisse gehabt, die als sexuell attraktiv galten, Ausstrahlung besaßen, etwas von der Welt gesehen hatten und deswegen begehrt waren. Aber die Umgebung tat ihre Wirkung. Wartete hier das Lebensglück, das Maria suchte?

Der Gardasee an einem Sommerabend, alles wie aufgestellt zur Verführung. Zikaden zirpten, die Zypressen schwiegen, sanfte Wellen plätscherten ans Ufer, und Oleander und Bougainvillea dufteten. Der Abend war noch hell, als Meneghini hier seine neue Bekannte zum Essen ausführte. Er machte ihr keine Liebeserklärung, geschweige denn einen überstürzten Heiratsantrag – er legte ihr ein geschäftliches Angebot vor, bereits unterschriftsreif formuliert. «Bis zum Jahresende, also sechs Monate lang, werde ich für alles sorgen, was Sie benötigen: Hotel, Essen, Schneiderin etc. Sie brauchen nur zu singen und zu proben mit Lehrern, die ich für Sie auswählen werde. Am Jahresende ziehen wir Bilanz. Sind wir beide zufrieden, schließen wir eine Vereinbarung, die unser künftiges Arbeitsverhältnis regelt.»[2] Obwohl er sich als Laie anmaßte, für sie, die schon als Teenager entschieden hatte, wer sie unterrichtete, nun die Lehrer auszuwählen, setzte die Signorina ihren Namen unter den Vertrag. Offenbar stießen sie nach Marias Unterschrift auf ein Du an.

Dass Meneghini sich verpflichtete, ohne dass er sie hatte singen hören, und dass sie einschlug, ohne ihn näher zu kennen, überraschte Meneghinis Schwester Pia nicht. Sie kannte ihren Bruder als einen Mann, der entschlossen investierte und jeden Schritt berechnete. Auch sein Engagement für die Oper hatte weniger mit musikalischen Neigungen als mit Geltungsbedürfnis und geschäftlicher Kontaktanbahnung zu tun, oft kam er zu spät in die Vorstellung oder verließ sie vor dem Finale.

Pia lernte die neue Frau in seinem Leben bereits kurz danach in Pomaris Lokal an der Piazza Brà kennen. Sie beobachtete die beiden genau und beurteilte sie nüchtern. Aus ihrer Sicht ging diese Maria Kallas[3] dem Bruder um den Bart, weil sie extrem unsicher war und dringend jemanden brauchte, der sie finanziell über Wasser hielt.[4] Maria war mittellos und außerstande, die Rechnung des Accademia für zwei Monate zu bezahlen, selbst wenn der Miteigentümer Zenatello ihr hier, im teuersten Hotel der Stadt, einen Sonderpreis anbot. Nicht zu verkennen war, dass Battista und Maria zärtlich miteinander umgingen.

Verona war sinnlich mit satten Märkten und familiären Läden, in jeder Gasse sprudelte das Geplauder. Doch eine junge Frau, die aus

Unverzichtbarer Ersatzvater: Der Dirigent Tullio Serafin war für den Werdegang von Maria Callas von prägender Bedeutung, menschlich wie künstlerisch. Hier mit ihr und dem Tenor Ferruccio Tagliavini bei einer Aufnahme von Lucia di Lammermoor *in der Kingsway Hall London, 16.–21. März 1959, zwölf Jahre nach der ersten Begegnung*

New York hierhergekommen war, die niemanden kannte, den nuscheligen, schnellen Dialekt nicht verstand, kein festes Zuhause besaß und keinerlei Perspektive, die über die nächsten zwei Monate hinausreichte, musste sich unsicher fühlen. Meneghini wirkte auf sie wie die fleischgewordene Stabilität.

Mit Investitionen nahm er es ernst. Auf den 20. Juli war der Probenbeginn mit dem Dirigenten Tullio Serafin angesetzt, bis dahin bezahlte Meneghini den Korrepetitor und Chorleiter der Arena, Ferruccio Cusinati, um mit Maria die Rolle einzustudieren.

Als es dann so weit war, staunte Serafin. Nicht über das, was der Korrepetitor ihr beigebracht hatte. «Mir fiel als erstes die Art auf, wie sie Rezitative sang. Diese junge Sängerin ... war keine Italienerin, nie in Italien gewesen ... und dennoch konnte sie in das italienische Rezitativ eine tiefe Bedeutung legen. Ich glaube, das gelang ihr ganz alleine durch die Musik. ... die Art, wie sie durch die Musik sprach, wirkte angeboren.» Er redete nicht von Instinkt wie andere vor ihm, er meinte ihre Intuition, diese Form der Erkenntnis, die aus dem Instinkt hervorgeht und weit über ihn hinaus. Was Serafin ebenso verblüffte, war das Prinzip von Kallas, alles ganz und der Bequemlichkeit keinerlei Zugeständnisse zu machen. Zu jeder Orchesterprobe kam sie, die Solistin, so etwas hatte er noch nie erlebt. Am Anfang tat sie es verstohlen, und als er schließlich eine Bemerkung dazu machte, sagte sie: «Maestro, wird von mir nicht erwartet, dass ich das beste Instrument des Orchesters bin?»[5] Von alldem kriegte Meneghini nichts mit, Proben besuchte er nie.

Obwohl er Maria ständig sah, schrieb er ihr fast täglich einen kurzen Liebesbrief und schickte ihr am 1. August ein kleines Madonnenbild aus dem 18. Jahrhundert, schlecht gemalt, aber als Glücksbringer vor der *Gioconda*-Premiere am 2. August für Marias Aberglauben unbezahlbar. Diese Madonna, schrieb Meneghini, «wird Dich segnen und Dich immer und überall beschützen».[6] An demselben Tag stürzte sie bei der Generalprobe in eine der vielen unterirdischen Fallen der Arena und verstauchte sich ein Sprunggelenk schwer, das sofort dick anschwoll, nur unter Schmerzen würde sie auftreten können. Doch sie trat auf.

Kallas hatte in allem gegen Maria gewonnen. Kallas hatte Maria überzeugt, einen Vertrag mit einem Mann zu unterschreiben, den sie erst seit drei Tagen kannte. Kallas hatte Maria bewogen, die Geliebte dieses Mannes zu werden, der keinerlei erotische Anziehungskraft auf sie ausübte, aber Kallas Sicherheit für ihre Karriere bot. Kallas, den Blick aufs Ziel gerichtet, hatte über die leidende, jammernde Maria mit dem geschwollenen Sprunggelenk gesiegt und war am 2. August als Gioconda zu erleben, für mehr als 20 000 Menschen, die nach den Jahren des Krieges ausgehungert waren nach Oper.

Vier Wochen nach ihrer letzten *Gioconda* in Verona, am 17. September 1947, stand Maria Kallas endlich dort, wo sie seit zehn Jahren hinwollte: in der Scala. Sie stand in einem nackten Zimmer, schlecht beleuchtet und grau. Dass die Scala ein Bau aus dem 18. Jahrhundert war, nur in den Repräsentationsräumen festlich, zeigte sich in den Nebengelassen. Am Klavier saß der künstlerische Leiter des Hauses, Mario Labroca, gleich alt wie Meneghini, ein strenger Herr mit sparsamem Gesichtsausdruck. Ausgebildet war er vor allem als Komponist, ein Schüler von Respighi und Malipiero, der für zeitgenössische Musik brannte, für Hindemith, Schönberg und Strawinsky. Die Tätigkeit an der Scala war für Labroca nur ein Brotjob. Den Termin mit ihm hatte Meneghini mit

Mühe und Beziehungen durchgedrückt. Signorina Kallas durfte Labroca zwei Arien vorsingen, ausgewählt hatte sie *Casta diva* aus *Norma* und das *O patria mia* der Aida, ausgerechnet der Glanzrolle von Publikumsliebling Renata Tebaldi an der Scala. Labroca war kurz und deutlich. Hier gebe es nichts für Maria Kallas, keine Stelle, keine Aussichten, gar nichts. Einen guten Rat aber hatte er für Meneghini: «An dieser Kallas kann ich wirklich gar nichts Großes finden. Schicken Sie sie ruhig nach Amerika zurück …»[7]

Meneghini schien eine Fehlinvestition getätigt zu haben, dabei hatte er die emotionalen Ausgaben in den vergangenen vier Wochen ohnehin schon zurückgefahren. Am 14. August hatte er Maria noch von «verzückter Hingabe» und «verzehrender Leidenschaft» in der letzten Nacht geschrieben und von einem «göttlichen Augenblick», der vermutlich seine sexuelle Befriedigung meinte. Am Abend des 14. August stand sie als Gioconda auf der Bühne, Meneghini saß nicht unter den Zuschauern, und Maria freute sich über einen männlichen Überraschungsbesuch in ihrer Garderobe. Er hieß Stelios Galatopoulos, war elf Jahre jünger als sie und hochwillkommen: endlich Griechisch reden, verstanden werden, lachen. «Battista mag es nicht, wenn ich Witze erzähle», hatte sie einem ehemaligen Liebhaber gestanden, und dass ihr dessen Scherze seit Langem fehlten.[8] Es werde schon bald Tag, sagte sie zu Stelios, am 15. August, an Mariä Himmelfahrt, habe sie Namenstag, und lud ihn ein, am Abend im Accademia mit ihr zu feiern.

Am 17. August, nach der letzten *Gioconda,*[9] war es klar: Der Star aus den USA hatte einen Achtungserfolg erzielt, aber von einem Durchbruch konnte nicht die Rede sein. Zenatello, der vor seiner Karriere als Intendant als Tenor erfolgreich war, hatte ihr schon vor Wochen Unterricht angeboten, «wegen offensichtlicher Defekte ihrer Stimme», wie seine Tochter Nina sagte. Rossi-Lemeni, der Marias außergewöhnliche Begabung bewunderte, sagte, ihre Stimme sitze falsch, ihre Technik sei fehlerhaft, und schlug vor, sie solle bei seiner Mutter, einer ehemals erfolgreichen Opernsängerin, Stunden nehmen.[10] Serafin wiederum hatte auf dem Geschäftspapier des Pedavena an eine legendäre Pädagogin geschrieben und, weil er Meneghini kannte, vorsichtshalber nur zwischen den Zeilen verraten, dass Maria der Korrektur bedurfte; die Lehrerin möge, bat er, Maria den letzten Schliff geben.

Doch von einem teuren Aufbaustudium in Mailand wollte Meneghini nichts wissen. Auch nichts davon, dass Zenatello, Rossi-Lemeni und einige Kritiker erkannt hatten, wie einzigartig diese Stimme war; so tiefschwarz hatte noch keine Gioconda ihren Suizid angekündigt, über so viel Abgründigkeit verfügte kein anderer Sopran. Ergreifend nannte ein britischer Musikjournalist im Publikum diese Stimme, der er ein Leben lang auf der Spur bleiben sollte.[11] Das Widersprüchliche, Ungewohnte, oft Extreme machte die Kunst dieser jungen Frau aus, doch sie verkaufte sich offenbar nicht und war damit uninteressant als Spekulationsobjekt.

Bisher hatte nur Meneghini an Maria geschrieben, sie nie an ihn. Im Italienischen fühlte sie sich noch nicht sicher genug, und Englisch verstand er nicht. Am 2. September verfasste sie endlich einen Brief: «Mein Schatz – denke nicht, ich hätte Dich vergessen.»[12] Adressat war Eddie Bagarozy. Knapp zwei Wochen vorher hatte sie sich bereits bei ihm gemeldet und von Meneghini erzählt: «Ich danke Gott, dass er mir diesen engelsgleichen Menschen gesandt hat ... Er hat alles, was ich mir wünschen kann, und betet mich an.» Dennoch hatte sie erklärt: «Was eine mögliche Ehe mit ihm angeht, werde ich gründlich darüber nachdenken.» Dass Meneghini nie ein Wort über eine mögliche Ehe verloren hatte, hatte sie verschwiegen, dass er ihr schon eine Woche lang keinerlei Zeichen der Anbetung gegönnt hatte, ebenso. Am 2. September eröffnete dann nicht Maria, vielmehr Kallas ihrem Eddie: «Ich habe lang darüber nachgedacht und bin zu dem Schluss gelangt, doch nicht zu heiraten. Es wäre dumm, wenn ich es gerade jetzt tun würde ... Ich habe einen reichen und mächtigen Mann an meiner Seite und kann mir aussuchen, wann und wo ich singen will.» Der Kandidat, der nie einen Heiratsantrag gemacht hatte, war nun seit zwei Wochen nicht mehr im Hotel Accademia aufgetaucht, und Angebote für ein neues Engagement lagen keine vor.

Erst an jenem 17. September saßen Battista Meneghini und Maria Kallas wieder zusammen, im Auto nach Mailand und zurück. Nach der Enttäuschung dort bei Labroca schwante ihr nun, dass sich der Handel Maria gegen Kallas nicht ausgezahlt hatte. Für ihre Karriere, die finanzielle und mentale Absicherung, hatte die Künstlerin Kallas die liebesbedürftige, sinnliche Maria verkauft und versucht, dieser einzureden,

Meneghini sei der Mann ihres Lebens. Er war jedoch nur der des Über-
lebens. Kallas gab die Hoffnung auf, hier mit Hilfe eines Finanziers, der
auf schnellen Markterfolg gesetzt hatte, ihre Karriere weiterzuverfolgen.
Maria packte ihren Koffer.

Da erschien Meneghini am 21. September im Hotel, in einem Zimmer mit reisefertigem Gepäck. Am 22. September schrieb Maria Kallas
einen besonders langen Brief, dieses Mal nicht an Eddie, sondern an
Battista, auf Italienisch. «Wärst Du weniger begriffsstutzig, hättest Du
bemerkt, dass ich nur auf eine Geste oder ein Wort von Dir wartete, das
mich von meinem Entschluss abbrachte», schrieb sie erleichtert. Doch
ihm musste klar werden, dass er für Kallas ausschließlich als verlässlicher
Partner interessant war, der Bestätigung und Finanzierung garantierte,
wenn Bedarf war. «Sag mir», beendete sie den Brief, «ob Du für mich
immer das sein willst, was Du früher für mich warst.» Pia, Battistas
Schwester, hatte besser als er verstanden, was diese junge Frau brauchte:
«ständige Ermutigung und Stimulation. Sie war extrem unsicher und
ließ sich oft aus der Fassung bringen.»[13]

Von nun an lieferte Meneghini wieder, und Kallas ermahnte Maria,
jetzt bloß nichts aufs Spiel zu setzen, denn sie hatte Anfang November
eine Rolle ergattert, indem sie gelogen hatte: Sie kenne die Partie. Es ging
um Wagners Isolde, Premiere am 30. Dezember am Teatro La Fenice in
Venedig, einem der renommiertesten Opernhäuser Italiens. Ihr blieben
knapp zwei Monate, um sich darauf vorzubereiten, und Meneghini entschied, wo und wie. Die empfohlene Pädagogin in Mailand lehnte er
nach wie vor ab, es war billiger, wenn die erste Runde wieder Ferruccio
Cusinati hier in Verona übernahm, die zweite Runde dann, kostenfrei,
Serafin in seinem römischen Haus.

Eine Frau von Anfang zwanzig in Rom, zum ersten Mal, allein und lie-
besdurstig. «Glück und Liebe, eine tief empfundene Liebe, sind mehr
wert als eine widerliche Karriere, bei der nichts bleibt als ein Name»,
hatte Maria noch im Sommer Eddie verkündet. Doch Kallas verbot
Maria, weiterhin erotische Gefühle für andere Männer wie Bagarozy zu
empfinden, denn das könnte die neu erwachten Karrierehoffnungen zu-
nichtemachen. «… ich schließe diesen Brief mit einem Kuss … auf Deinen verführerischen Mund», schrieb sie Eddie direkt vor der Abreise

nach Rom, «aber ich habe Angst, dass ich dann Battista untreu werde, also wäre es zu gefährlich! Deshalb nehme ich ihn zurück.»

Rom empfing sie nasskalt. Dort, wo Serafin mit seiner Frau Elena Rakowska wohnte, eine Villengegend, gab es keine Pension, dort vermietete niemand Zimmer, und der Etat Meneghinis war knapp bemessen. Viele Male wechselte sie das Quartier, die Zimmer immer eng, meistens dunkel, oft feucht und der Weg zu Serafin bei Regenwetter mit Straßenbahn und Bus mühsam. Beim Ein- und Aussteigen schmerzte ihr Bein höllisch, Nachwehen des Bühnenunfalls in Verona. Jeden Tag schrieb sie an Meneghini, manchmal zehn Briefe innerhalb einer Woche. Sie rechnete ihm vor, woran sie sparte, wie viele Stunden sie zu Hause ihre Partie büffelte, wie viele sie bei Serafin zubrachte. Sie klagte, sie sei einsam und depressiv, habe keine innere Ruhe, keinen Appetit, Angst, sich zu erkälten, und leide unter Kopfwehanfällen. Von Rom sah sie nichts, zum Ausgehen war kein Geld übrig.

Kallas füllte sich bis zu den Rändern mit dem, was Serafin ihr beibringen konnte, dieser Mann, der einen halben Kopf kleiner war und fast ein halbes Jahrhundert älter, ein Musiker von unnachgiebiger Präzision und unbarmherzigem Gehör. Sie lernte, Texte zu skandieren, bis sie selbstverständlich flossen, und sie erst dann zu singen, und sie lernte, Spannungsbögen aufzubauen. Maria erlebte bei Serafins eine Ehe, von der sie träumte – einen Mann voller Güte, eine Frau, die mit ihm seit Jahrzehnten eins war, in einem Gehäuse von zufriedener Biederkeit.

Aber Kallas hinderte Maria am Träumen, es blieben ihr nur noch wenige Wochen, um die Partie der Isolde zu beherrschen. Serafins Frau, die unter Toscanini früher als Wagner-Sängerin gefeiert wurde, sagte, sie habe wie jede Kollegin dafür mehr als zwei Jahre gebraucht. Kallas ackerte, «doch ich tue es gern», wie sie ihrem geizigen Gönner in Verona schrieb, «um Dich damit zufrieden zu stellen. Da ist auch noch Serafin, den ich zufrieden stellen muss … Ich mache, was ich kann, um jeden zufrieden zu stellen, und schraube mich mühsam hinauf zum Ruhm.»

Bald blinkten in den Briefen Warnungen auf, Zusätze wie: «Aber wer denkt darüber nach, ob ich glücklich bin?» Oder Nachsätze: «… während meine persönlichen Gefühle ins Abseits geraten». Ein einziges Mal wurde sie sogar deutlich. «Du liebst Callas, die Künstlerin, und verlierst die Person aus dem Blick. Dein Brief war sehr schön … aber ich wollte mehr ‹Battista und Maria› darin finden und weniger ‹Meneghini und Callas›.» Kallas sagte: «ich stehe da mit meinem Ruhm», Maria klagte: «… und mit meinen Empfindungen, die nichts wert sind».[14]

Doch Kallas begrub Marias Revolte. Sie lebe, schrieb sie gleich darauf, nur dafür, Meneghini und Serafin zu gefallen. Sie hatte ein Telefonat Serafins mit dem Intendanten von La Fenice mitbekommen; «der Maestro sprach so überschwänglich von mir, dass ich fast weinte. Gefällt Dir das, mein Lieber?» Es gefiel. Callas, wie sie nun jeder in Italien schrieb, hatte zuerst einmal wieder gesiegt über Maria.

Einen Tag vor Silvester 1947. Venedig war grau und neblig, als die Spielzeit des Teatro La Fenice eröffnet wurde, mit Glanz und Wucht: Intendant Nino Cattozzo, neben Serafin einer der raren Wagner-Wiederbeleber im Land, hatte sich für den Saisonstart *Tristano e Isotta* ausgewählt, wagnererfahrene Weltstars wie Boris Christoff engagiert und einen Jungstar, dessen Gestalt, groß, prall und stolz, ganz und gar dem entsprach, was sich das Publikum von einer Wagner-Heldin erwartete, nur wie es klingen würde, ahnte keiner.

Drei Wochen nach ihrem dreiundzwanzigsten Geburtstag feierte Maria Callas mit einer deutschen Oper, italienisch gesungen, blond bis zur Hüfte, ihren ersten Triumph auf italienischem Boden. Einige spürten, dass in dieser prächtigen Isolde eine zerrissene Frau auf der Bühne stand. «Weibliche süße Hingabe» hörte der Kritiker von *Il Gazzettino*, aber auch «druidische Virilität». Der innere Zweikampf Maria gegen Callas war es, der ihre Isolde zum Gefühlsdrama werden ließ. So hatte Wagner in Italien eine Chance, das Publikum zu ergreifen. Früher hatte man, um es nicht zu verjagen, Wagners Werke um ein Drittel oder die Hälfte gekürzt.

In ihrer Garderobe öffnete sich nach der Aufführung die Tür, und Renata Tebaldi, in Venedig als Violetta in der *Traviata* unterwegs, musste etwas loswerden: «Mamma mia», sagte sie, «wenn ich eine so anstrengende Partie hätte durchstehen müssen, hätte man mich mit dem Löffel vom Boden kratzen können.»

Callas rechnete nicht nach, ob sich zwei Monate harter Arbeit und vieler Entbehrungen für vier Vorstellungen gelohnt hatten. Meneghini rechnete. Bei 40 000 Lire pro Auftritt, umgerechnet 52 US-Dollar, hatte das Ganze nur 208 Dollar eingetragen. Damit die Investition sich lohnte, musste sich der Kurs für sein Objekt ändern, und der Geschäftsmann wusste, dass die Nachfrage dafür ausschlaggebend war.

Maria und Callas teilten ein Ziel, die Verheiratung mit Battista Meneghini, wenngleich aus unterschiedlichen Beweggründen. Für Callas hieß die Heirat, in Zukunft den Rücken frei zu haben, um ihre Karriere aufzubauen, für Maria versprach sie familiäre Geborgenheit, die sie ihre Kindheit und Jugend über vermisst hatte und so stark ersehnte, dass es sie wider alle Vernunft immer noch antrieb, die Ehe der Eltern zu kitten. Doch Marias Chancen standen nicht gut, außer Mutter und Schwester war Battistas Familie ihr feindlich gesonnen und wollte nichts mit ihr zu tun haben. Und ihr Bruder, sagte Pia später, habe keinerlei Interesse daran gehabt, den letzten Schritt zu gehen, und den Familienclan nur als Alibi benutzt. «Er betrachtete sich als ihren Pygmalion, ihren Schutzengel, aber er liebte sie nicht.»[15] Callas ging in Vorleistung. Sie nahm jedes Angebot an, egal wo, was und zu welchen Bedingungen.

In Italien lagen die Wunden zweieinhalb Jahre nach Ende des Zweiten Weltkriegs noch in fast jeder Stadt offen. Geld, um Theater zu restaurieren, fehlte, nur in Mailand und Venedig, wo die Opernhäuser das Rückgrat des urbanen Stolzes darstellten, waren die Mittel sofort auf den Tisch gelegt worden. Das Schienennetz der Eisenbahn war marode, die Bahnhöfe waren baufällig, die Waggons ramponiert.

Keinen Monat nach der Premiere von *Tristano e Isotta*, am 29. Januar 1948, hatte Callas aufgefrischt, was sie mit Louise Caselotti vor zwei Jahren für Chicago geübt und niemals öffentlich gesungen hatte, Puccinis *Turandot*. Wieder trat sie in Venedig auf, im Teatro La Fenice. Wieder ein Triumph, wieder alle Anstrengungen für ein paar wenige, dieses Mal fünf Vorstellungen à 52 Dollar – magere 260 Dollar, errechnete Meneghini. Dass Maria die Rolle nicht mochte, interessierte ihn wohl nicht, umso mehr die Zweitverwertung.

Am 10. März landete Maria um fünf Uhr abends in Udine, eine halbe Stunde später begann die Probe. Am Teatro Puccini wäre sie ohne kundige Begleitung vorbeigegangen, ein grauer Klotz an der Straße, der Putz blätterte, der Eingang war verwahrlost. Innen erwarteten sie abgenutzter roter Samt, stumpf gewordene Vergoldung, erblindete Spiegel und angegraute Wände. Keine 500 Leute passten in den Saal. Callas vermeldete

Meneghini den Applaus und das Kritikerlob, Maria jedoch Battista, dass die Reporter ihr Komplimente gemacht hatten zu ihrer schönen Erscheinung. Immer noch lag kein Heiratsantrag vor.

Meneghini hatte schon öfter erlebt, wie Callas von höchster Siegessicherheit sofort wieder abstürzte in Selbstzweifel, und hatte ihr zum Durchhalten seine Schwester Pia als Reisegefährtin verordnet; auf das, was ein Geschäftsmann wie er anbot, musste Verlass sein. Pia kannte bereits Maria; «sie war jähzornig, launisch und starrsinnig, sie wollte alles und sofort.»[16] Und lernte nun Callas kennen, diszipliniert, bescheiden, kontrolliert, ökonomisch.[17] In Rekordzeit machte sie sich bühnenbereit und verzichtete auf einen Maskenbildner. «Ihre Schminktasche war voll mit Cremes, Ölen und Salben, die sie nie benutzte. Sie konnte», staunte Pia, «den Ausdruck völlig verändern mit kleinen Akzenten, schminkte sich immer selbst und mit großer Ruhe.» Lippenstift benutzte sie wenig, nur die Augen betonte sie und setzte im äußeren Augenwinkel einen Pinselstrich an, der sie noch größer wirken ließ.

Maria buhlte um Nähe, schickte «unendliche Zärtlichkeiten ... mit allen Küssen und Liebkosungen» und erklärte Battista, dass sie ihn «begehre bis zum Wahnsinn». Pia hätte sie vor solchen Äußerungen gewarnt. Derweil lieferte Callas bei Meneghini einen Rekord nach dem anderen ab. Sie übernahm Partien, für die es zwei bis drei Sängerinnen aus unterschiedlichen Stimmfächern gebraucht hätte, nach Isolde und Turandot die lyrische Leonora in Verdis *Forza del destino*, dann die Titelpartie in Verdis *Aida*. Sie sang in Häusern wie dem Neurenaissancekasten des Teatro Rosetti Politeama in Triest, in einem schäbigen Genueser Gebäude, das nur eine Notlösung war, bis die eigentliche Oper restauriert war, in den antiken Caracalla-Thermen Roms, dann erneut in der Arena von Verona, im engen Ersatztheater von Turin – der barocke Teatro Regio war nach dem Brand von 1936 noch immer Ruine – und im provinziellen Teatro Sociale in Rovigo, dessen Dach nicht dicht war. Tausende von Kilometern legte sie, vor allem im Sommer des Jahres 1948, in glühenden Bahnwaggons zurück, wohnte in stickigen, schlechten Hotels, sang vor 20 000 und vor 300 oder 400 Leuten. Sie hechelte aus dem Zug in die Probe, schlüpfte in nach Schweiß stinkende Kostüme und verwandelte sich in Windeseile in jede gewünschte Heldin. Sie bewältigte ein Pensum, von dem anderen beim Hörensagen schwind-

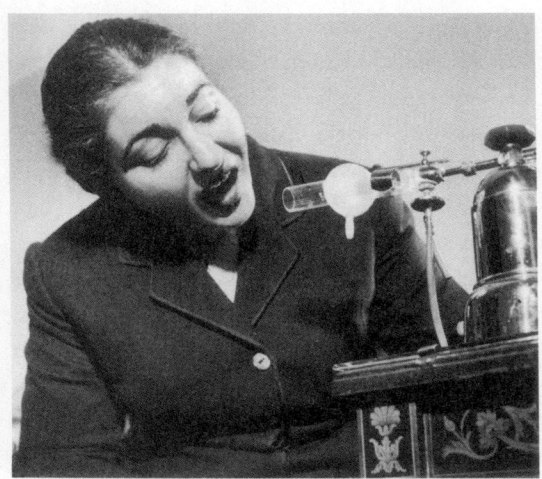

Berüchtigte Perfektionistin: Obwohl Callas für den Ausdruck alles aufs Spiel setzte, war sie perfekt vorbereitet. Das lag weniger an den Inhalationen, für die ihr schon Anfang der 1950er Jahre im Grand Hotel et de Milan ein modernes Gerät zur Verfügung stand, als daran, dass sie die Partituren besser kannte als die meisten Dirigenten

lig wurde. Ein Heiratsantrag war nicht in Sicht, ein fester Vertrag mit einem Opernhaus ebenso wenig.

Die Dirigenten verwendeten zunehmend Superlative, um das Phänomen Callas zu erfassen. Am 14. April 1948 berichtete Callas aus Triest von den Proben zu Verdis *La forza del destino*: «Der Dirigent Benvenuto Franci ... sagte, dass es niemanden in Italien gibt, der Verdi so singt wie ich.» Aber sie setzte hinzu: «Ich würde ihm gerne glauben, aber Du weißt, wie pessimistisch ich bin, was die Arbeit an *Forza* angeht.» Ein halbes Jahr später, im Oktober 1948, hatte sie innerhalb von weniger als zehn Monaten fünfunddreißig Aufführungen absolviert und war mit den größten Stars aufgetreten, von Boris Christoff bis Cesare Siepi oder Mario del Monaco.

Maria litt, Callas ließ sie nicht zu Wort kommen. Doch dann geschah etwas, womit Meneghini nicht gerechnet hatte. Auch Tullio Serafin, ihr großer Förderer, nicht. Es geschah in Serafins Haus in Rom. Sie saß auf dem Sofa in seinem Musikzimmer und schockierte ihn mit ihrem Entschluss. Selbst er, der weise Alte, wusste sich nicht zu helfen. Serafin entschloss sich zu einem Notruf: Er telefonierte mit Francesco Siciliani, dem künstlerischen Leiter am Teatro Comunale in Florenz und seit diesem Jahr Chef des Maggio Musicale. Wer Serafin kannte – und Siciliani kannte ihn gut –, wusste, was es hieß, wenn er erregt war. «Ich habe hier bei mir eine junge Sängerin. Leider ist sie so entmutigt, dass sie nach Amerika zurückkehren will. Vielleicht kannst du mir helfen, sie zum Bleiben zu bewegen. Eine Sängerin wie sie darf ich nicht verlieren.» Callas? Siciliani kannte ihre Stimme aus dem Radio, als Isolde im Teatro La Fenice. Was wollte die? Wer dort eine Titelpartie bekam, hatte enorm viel geschafft. Dass für Callas viel nichts war und ankommen bedeutete, ganz oben anzukommen, konnte er noch nicht wissen.

Sofort machte er sich auf den Weg nach Rom. Erst Mitte dreißig, war er entschlossen, die erstarrte Opernszene aufzubrechen. Wie schwer die große junge Sängerin war, die sich an den Flügel stellte, erschreckte ihn, nur ihre großen, glänzenden, leicht vorstehenden Augen faszinierten ihn. Doch von den ersten Tönen an spürte er ihre unentrinnbare Präsenz. Sie sang aus *Gioconda*, *Aida*, *Turandot* und zum Schluss noch den Liebestod der Isolde. Siciliani war beeindruckt und unzufrieden, viele Unausgewogenheiten und Angewohnheiten störten ihn. Bei wem sie denn studiert habe, wollte er wissen. Als der Name de Hidalgo fiel und Callas sagte, sie habe dort auch Koloratur zu singen gelernt, bat er um einen Beweis. Sie sang *Qui la voce*, die Wahnsinnsszene aus Bellinis *I puritani*. Siciliani sah, wie Serafin am Klavier die Tränen über die Wangen liefen. Er selbst schwieg überwältigt: Das war die Stimme, die er seit Jahren gesucht hatte, um die vergessenen Werke Bellinis wieder zu der Sensation zu machen, die sie einmal gewesen waren. «Die Oper muss das Publikum weinen, erschrecken, entsetzen und sterben lassen durch das Singen», hatte Bellini gesagt. Die hier konnte das.

«Sie werden nicht nach Amerika oder sonst wohin gehen», sagte Siciliani und rief sofort Pariso Votto an, seinen Vorgesetzten, Generaldirektor des Teatro Comunale; der bereitete gerade Puccinis *Butterfly* zum Saisonstart Ende November vor. «Vergessen Sie die *Butterfly*», sagte Siciliani. «Ich habe einen außergewöhnlichen Sopran gefunden. Wir werden die Spielzeit mit *Norma* eröffnen.»[18]

7.

PERFEKTIONISTIN IN PANIK

Visconti schwärmt,
Maria erpresst eine Heirat,
Callas versetzt Buenos Aires in Ekstase und gefällt Péron

Dieser Mann fiel auf, egal, wo er aufkreuzte. Groß, blass, schwarzes Haar, schwarze Augen mit großen Tränensäcken, lässig in maßgeschneiderter Kleidung und maßgefertigten Schuhen. Und dann diese Traurigkeit im Gesicht, die auf Frauen wirkte. Ein schöner Mann, dem jeder ansah, dass er etwas Besonderes war. Die meisten wussten das ohnehin: Luchino Visconti, geboren als Don Luchino Visconti di Modrone, Conte di Lonato Pozzolo, war aufgewachsen im Palazzo Visconti di Modrone, einem Barockpalast, wie es in Mailand wenige gab, mit Gartenanlagen zum Kanal hinaus. Dass der junge Mann neben ihm mit dem weichen Engelsgesicht sein Geliebter war, sollte niemand wissen, und es wussten nur wenige. Am 26. Februar 1949 saßen sie beide in einer der rot-goldenen Logen des Teatro dell'Opera auf dem römischen Hügel Viminal, eines Hauses, das seit dem Umbau durch Mussolini von außen eher einem Bahnhof ähnelte.

Serafin dirigierte Wagners *Parsifal*, passend zur Fastenzeit, nicht zum musikalischen Geschmack der Römer. Die meisten waren gekommen, um den neuen Star zu hören, eine Sopranistin, über die sich die Fachleute stritten. Visconti war schon im Juli 1948 dabei gewesen, als sie in der Sommerhitze in den Caracalla-Thermen mit schwerem Strass behängt die Turandot gesungen hatte, er hatte es erlebt, wie sie ihn als Norma in Florenz «erschauern ließ», und hatte sich gefragt: «Wo hatte sie das gelernt?» Die Antwort, die er sich gab, war ahnungsvoll. «Nirgends, von sich selbst.»[1] Von dem, was in ihr los war, wie sie lebte, woran sie litt, konnte er noch nichts wissen.

Die Vorbereitung zur *Norma* war eine seelische Berg- und Talfahrt für

Maria Callas gewesen, bei der ihr selbst übel geworden war, das machte auch der Jubel von Publikum und Kritik nicht vergessen. Am 9. November 1948 hatte sie an ihre alte Lehrerin Elvira de Hidalgo geschrieben: «nach diesen Vorstellungen, wenn sie so gut laufen, wie wir hoffen und träumen, werde ich die Königin der Oper in Italien sein ... einfach, weil ich Perfektion im Singen erreicht habe, und es wird dann keine andere Norma auf der ganzen Welt geben.»[2] Zwei Tage später, am 11. November, hatte sie Meneghini vermeldet: «Ich habe Serafin nie so glücklich gesehen, doch ich bin es nicht, weil ich immer zu viel von mir verlange. Ich glaube, dass es besser wäre, wenn ich mehr Zeit hätte ...»

Obwohl Serafin sie bestätigte und seine Frau Elena sie beruhigte, befürchtete sie, «bald ein nervöses Wrack» zu sein. Alles ganz zu wollen wurde zunehmend zur Belastung für sie. Zurück von den Proben alarmierte sie Meneghini am 18. November: «Ich bin überzeugt, dass ich alles, was ich mache, schlecht machen werde. Damit untergrabe ich mein Selbstbewusstsein noch mehr und werde allmählich völlig entmutigt. Manchmal komme ich an den Punkt, wo ich wünsche, der Tod würde mich erlösen von der Qual, die Angst begleitet mich ständig.»

Privat zu entspannen war ihr unmöglich, obwohl sie Kollegen um sich hatte, die ihr vertraut waren, und die Serafins sich als Ersatzeltern anboten. «Ich habe keine Freundschaften und will keine», erklärte sie Meneghini und versuchte, ihn in die Pflicht zu nehmen, einen Heiratsantrag hatte er ihr nach wie vor nicht gemacht. «Du weißt, dass ich ein Misanthrop bin, und ich habe recht, einer zu sein. Ich lebe nur für Dich und meine Mutter: Ich bin aufgeteilt zwischen Euch beiden!» Dass sie sich als einsam erlebte und dazu bestimmt, es zu sein, obwohl sie es in den Augen anderer weder war noch sein musste, gehörte seit der Kindheit zum tragischen Wesenskern von Maria, die dieses Gefühl der Ungeborenheit in sich trug.[3] Nicht einmal der Erfolg half dabei. «Das Publikum applaudiert mir, aber ... ich kann es hundert Mal besser machen ... die Stimme befriedigt mich nicht. Sie liefert nicht, was ich will.»

Unumwunden erkannte sie mit fünfundzwanzig Jahren bereits jene Maßlosigkeit an sich, die in Vermessenheit umschlagen konnte: «Ich will das Beste von allem: Ich will, dass mein Mann der beste ist, ich will, dass meine Kunst die erste und beste ist. Ich will also alles haben. Sogar von dem, was ich anhabe, will ich, dass es das Hübscheste ist, was es gibt. Ich weiß, dass es nicht möglich ist ... Ich bin so.»[4] Dadurch war sie verletzbar und war sich dessen bewusst. «Sogar eine unabsichtliche Bemerkung verwundet mich tiefer, als Du Dir vorstellen kannst», verwarnte sie Meneghini. Er hatte ihr Bekenntnis zum Prinzip «Alles ganz» nicht ernst genommen. Sie wollte auch ihn ganz, doch finanzielle Druckmittel besaß sie nicht, um ihre Wünsche durchzusetzen; die höchste Gage pro Vorstellung hatte auch 1948 nicht mehr als 50 000 Lire pro Abend betragen.

Zehn Tage lag sie im Dezember nach einer Blinddarmoperation im Krankenhaus, doch Meneghini sagte ja, als Serafin fragte, ob sie zwei Wochen nach der Entlassung im Teatro La Fenice ihr Rollendebüt als Brünnhilde in Wagners *Walküre* feiern könne. Am 8. Januar des neuen Jahres stand sie als «Valchiria» Brunhilde auf der Bühne. Zwei Tage danach holten Serafin und der Intendant Cattozzo sie nachts aus dem Bett und bestellten sie in das Restaurant, in dem sie ihre Krisensitzung abhielten: Der Publikumsliebling Margherita Carosio, besetzt als Elvira in Bellinis *Puritani*, Premiere am 19. Januar, war wegen Lungenblutung ausgefallen. Callas wäre der ideale Ersatz, hatte Serafins Frau Elena Rakowska gemeint. Serafin hatte Meneghini angerufen, und der hatte erklärt: «Natürlich wird Maria singen! Sie ist doch nicht krank.» Dass sie die Partie in sechs Tagen lernen musste, neben zwei weiteren Brünnhilde-Auftritten, war ihre Sache; dass an dem Tag, an dem sie abends zum letzten Mal als Brünnhilde auf der Bühne stand, vormittags die Generalprobe zu *I puritani* stattfand, ebenso. Bereits im Vorfeld wurde sie angegriffen und verhöhnt; man fand es vermessen, dass sie sich an Bellini versuchte, nein: verging, wie ein vorauseilender Kritiker in Mailand meinte. Aus der Gerüchteküche dampften Behauptungen, sie sei bei Proben eine Furie, ihre Wutausbrüche seien gefürchtet.[5]

Das alles hatte Visconti in Rom, völlig verstrickt in die eigenen Film- und Theaterprojekte, nicht mitbekommen und auch nicht, dass ihre Anfeinder eingeknickt waren. Von einem Wunder war nach ihrer ersten Bellini-Partie die Rede gewesen, vor allem von der Intelligenz und Intensität dieser Maria Callas. Sie hatte Elviras Part, bisher von leichten Sopranen gesungen, in ein gewichtiges Seelendrama verwandelt und die hysterische Verliebte in eine große Liebende und Leidende, eine zerrissene Frau.[6]

Nun, am 26. Februar 1949, saß Visconti neben Franco Zeffirelli, seinem Assistenten und Geliebten, in Wagners *Parsifal*. Seit seiner Kindheit hatte er in der Familienloge der Visconti in der Scala alles erlebt, was an großen Opern über die Bühne ging, jetzt war er zum ersten Mal gefragt worden, von Callas' Förderer Siciliani, ob er nicht einmal in einer Oper Regie führen wolle. Was Visconti im zweiten Akt sah, fand er lächerlich; «halb nackt» erschien Maria Callas als Kundry, den Oberkörper in ein knappes, bauchfreies Trägerbustier gezwängt, hinter ihr her wehten viele Meter von transparentem Chiffon in allen Farben. «Auf ihrem Kopf saß ein kleines Tambourin, das jedes Mal auf ihre Stirn hinunterrutschte, wenn sie eine hohe Note sang. Sie musste es unaufhörlich zurechtrücken.» Das jedoch konnte ihn nicht davon abhalten, bei den nächsten vier Aufführungen wieder auf demselben Platz zu sitzen und mit seinem Begeisterungsgeschrei «den Eindruck eines Verrückten» zu machen.[7] Callas wollte wissen, wer der Mann war, der, wie ihre Garderobiere beobachtete, ständig durch das Opernglas auf sie starrte und nach jeder Vorstellung Blumen abgeben ließ.

In ihrer Garderobe standen sie sich zum ersten Mal gegenüber.[8] Sie hatte keine Ahnung von seiner doppelten Identität als Aristokrat und kommunistischer Sympathisant, keine Ahnung von seiner Unsicherheit trotz des mondänen Auftritts. Er wusste nichts von der inneren Tragödie und den Selbstzweifeln dieser Frau, die seinen Geliebten mit ihrer Glut, Kraft und Präsenz begeistert hatte und dabei war, ihre Energien zu verheizen. Vier Mal hatte sie die Kundry gesungen und war bereits entschlossen, sie nie mehr zu singen.[9] Er wiederum war bereits entschlossen, Oper nur dann zu inszenieren, wenn Maria Callas dabei war. Siciliani hatte ihm vorgeschlagen, sich in Florenz Verdis *Don Carlo* vorzunehmen, und Callas gebeten, die Elisabetta zu singen. Sie hatte Siciliani abgesagt – keine Rolle für sie. Nun sagte ihm auch Visconti ab.[10]

Im März 1949 stieg eine große, schlanke Reisende, damenhaft elegant, vor dem Hotel Accademia in Verona aus dem Taxi und fragte an der Rezeption nach ihrem Zimmer. Der Kofferträger begleitete sie hinauf und öffnete die Tür. Sie stand vor einem großen Doppelbett, in dem ein grauhaariger älterer Mann in gestreiftem Pyjama schnarchte, neben ihm lag eine Frau mit langem dunklem Haar. Die Besucherin kreischte, der

Mann im Bett drehte sich um, die Frau an seiner Seite verließ das Lager und lachte.

Jackie Kalogeropoulou hatte sich den Besuch bei ihrer Schwester anders vorgestellt, sie erlebte Maria als «erstaunlich fett» und «vernarrt» in den alten Mann im Pyjama. Sie selbst hauste immer noch mit der Mutter in der alten Athener Wohnung. Milton hatte sich eine neue, eigene Wohnung in der Nähe gemietet, und sie hatte sich damit abgefunden, dass aus einer Heirat nichts wurde. Wie ihre Schwester unverheiratet mit einem fast doppelt so alten Liebhaber zusammenlebte, immerhin schon bald zwei Jahre, fand sie skandalös.

Die nächsten zwei Wochen tankte Jackie in Verona männliche Bewunderung. Sie war stolz, dass man sie, die sechs Jahre älter war, für die Jüngere hielt, sie mit einem Geschäftsfreund Meneghinis verkuppeln wollte und ihre Eleganz bestaunte. Und sie behauptete, sie erst habe bewirkt, dass Meneghini endlich über Heirat nachdachte.[11] Dessen Schwester Pia beobachtete, dass sich das Verhältnis der Schwestern bis zu Jackies Abreise täglich verschlechterte und dass Maria nun radikal wurde. Sie war von Mai bis Juli in Buenos Aires engagiert, und Meneghini hatte, als wäre er ihr Ehemann, entschieden, dass der Mailänder Agent Liduino Bonardi für sie die Konditionen aushandeln sollte, ausgerechnet: Maria hatte mit diesem Mann miserable Erfahrungen gemacht, und in der Branche genoss er den Ruf, ein Gauner zu sein.[12] Nun wollte sie die Reise nur als Maria Meneghini Callas antreten und machte Pia zur Komplizin der geplanten Erpressung. «‹Wenn Battista mich nicht heiratet›, war der tägliche Refrain, ‹werde ich für immer nach Amerika zurückkehren›.»

Pia kannte die konfessionellen Hindernisse, ihr Bruder war römisch-katholisch, Maria war griechisch-orthodox. Das größte Hindernis jedoch sah sie in Marias schwierigem Charakter. Maria sabotierte das, was Callas vorhatte. Callas war nun ein erfolgversprechendes Produkt, das seine Zuverlässigkeit und Belastbarkeit bewiesen hatte, Maria war unberechenbar. Wozu, musste sich Meneghini fragen, sollte er sich Maria auf den Hals laden, wenn Callas auch so funktionierte? Direkt vor der Abreise, alle Koffer waren gepackt, erklärte Callas dem Mann, der sie nicht heiraten wollte, «ruhig, gemessen und nüchtern wie immer, wenn sie durch nichts mehr von einem Vorhaben abzubringen war»,[13] sie

Erzwungener Entschluss: Maria Callas und Giovanni Battista Meneghini am 21. April 1949, dem Tag ihrer Sturztrauung in Verona, direkt vor Marias Abreise nach Buenos Aires, die sie nur verheiratet antreten wollte

werde die Koffer in keinem Fall schließen, bevor sie Signora Meneghini sei.

Am 21. April wurde in Verona ein Telegramm nach New York aufgegeben: «siamo sposati felici». Absender: Maria Meneghini und Giovanni Battista Meneghini. Dass die Eltern kein Italienisch verstanden, kümmerte die frisch getraute Ehefrau nicht. Es blieben ihr nur noch acht Stunden, bis der Dampfer *Argentina* in Genua ablegen würde. Dieses Mal reiste Maria Callas wie die Serafins in der Luxusklasse.

«Ich will für den einzigen Zweck leben, Dich zum glücklichsten und stolzesten Ehemann der Welt zu machen», schrieb sie, kaum unterwegs. Meneghini wartete auf die beruflichen Erfolgsmeldungen. Der Teatro Colón, das wusste er mittlerweile, war kein exotisches Fernziel; wer sich am größten und wichtigsten Opernhaus Lateinamerikas mit 2500 Sitzplätzen und 1000 Stehplätzen bewies, sprach sich auch in Europa herum.

Am 20. Mai war Maria als Turandot bei den Argentiniern gut angekommen, kurz danach lag sie mit Influenza im Bett, klagte über Kopfschmerzen und Flecken auf der Haut. Doch ihr Selbstbewusstsein war
in keiner Weise angegriffen. «Zum Glück war die Presse vorteilhaft. Nur
eine Zeitung schrieb, dass ich eine kleine Stimme hätte, unfähig auf-
zumachen, aber die Zeitung zählt nichts.»[14] Sie hatte noch viel vor sich:
drei weitere Auftritte als Turandot, insgesamt vier als Norma und einen
Auftritt als Aida. In der Premierenvorstellung der *Aida* sollte jedoch
nicht sie auftreten, vielmehr ein einheimischer Publikumsliebling, Delia
Rigal. Das Haus war vor 140 Jahren mit dieser Oper eröffnet worden,
die Besetzung mit einer Argentinierin eine Frage des nationalen Selbstbewusstseins; auch die darauffolgenden Vorstellungen sang Rigal. In
Aida nur als Zweitbesetzung und nur für einen einzigen Auftritt eingeplant zu sein, fand Callas herabwürdigend, doch es feuerte sie an. Ihr
Kampfgeist war ungebrochen. Zur Märtyrerin taugte eine tragische Heldin nicht, der Groll gehörte zu ihr und das Aufbegehren, nicht das freudig angenommene Leiden. Innere Getriebenheit kennzeichnete sie,
nicht Geduld.[15]

Für die Verführungen der argentinischen Metropole gab Callas Maria
nicht frei. Das Pariserische dieser Stadt mit ihren breiten Avenidas und
den historistischen Wohnpalästen aus Sandstein, mit ihren Markisen
und schmiedeeisernen Balkonen, die vibrierende Kulturszene in zahllosen Theatern, die grüne Üppigkeit von Palmen, Mammutbäumen,
Riesenmagnolien und Zypressen, die Tango-Erregungen im Halbdunkel
der Tanzlokale, die lärmende Kaffeehauskultur – für all das hatte Maria
Sinn, Callas aber keine Zeit. Meneghini kannte außerhalb Italiens
nichts, von Argentinien nicht einmal Fotos, doch seine Frau erwähnte
mit keinem Wort, wie es sich anfühlte, in einem der größten Theatersäle
der Welt zu singen, dessen Prunk und Pracht andere sprachlos machte.

Dass kein einziger der Kollegen nach ihr geschaut hatte, als sie krank
war, wunderte sie nicht, erklärte Maria ihrem Battista am 8. Juni 1949:
«Sie waren alle überglücklich, weil ich nicht gesungen habe. Sie haben
Angst, die armen Dinger, sie wissen, dass sie in den Schatten gestellt
werden, wenn sie neben mir auf der Bühne stehen.» Ihre ganze Kindheit
und Jugend über hatte Evangelia Callas ihre Töchter gegeneinander ausgespielt und Marias musikalischen Ehrgeiz angestachelt, indem sie ihr

vorführte, dass die große Schwester besser ankam. Nun zeitigte diese Methode Wirkung. «Es macht mir Spaß, die Leute zu reizen», erklärte Maria. «Die Kollegen fühlten sich vor den Kopf gestoßen», freute sie sich, wenn sie gut gesungen hatte. Rossi-Lemeni, dem sie so viel verdankte, war nun ein «Idiot» und ihr «inzwischen sehr unsympathisch», weil er gerne mit Delia Rigal gesungen hatte.[16]

Maria glaubte an das Prinzip des Guten und des Bösen und daran, dass Gott gerecht sei – kein Gedanke daran, er könnte die Hand von ihr nehmen. Von der ersten Orchesterprobe zu *Norma* mit Fedora Barbieri als Adalgisa meldete sie an Meneghini: «Die Orchestermitglieder applaudierten nach unseren Duetten. Morgen werde ich versuchen, in die kleine griechisch-orthodoxe Kirche zu gehen … Gott ist zu mir so gut gewesen. Er hat mir Gesundheit gegeben, Erfolg, ein ziemlich nettes Erscheinungsbild, Intelligenz, Integrität und vor allem Dich …» Von der Generalprobe zu *Norma* berichtete sie: «Nach ‹Casta Diva› waren alle in Tränen aufgelöst. Ich bin extrem froh. Ich hoffe, Gott will, dass die Vorstellung so gut wird wie die Probe.» Dann ging sie wieder in die kleine griechisch-orthodoxe Kirche, mit Erfolg: «es scheint, dass Gott mich gehört hat … alle, die gestern die Probe besuchten, waren außer sich vor Begeisterung. … Am Ende … während ich noch auf der Bühne stand, kam Direktor Grassi-Diaz herauf, umarmte und küsste mich, während er sagte: ‹Ich war so überwältigt, dass ich geweint habe.› Ich habe erfahren, dass mir der Chor zum Zeichen der Bewunderung ein Geschenk machen will … Meine armen Kollegen! Gott, der gut ist und groß, hat mir erlaubt, Rache zu erleben, weil ich niemand etwas Böses angetan und so hart gearbeitet habe.» Mit der Rachsucht, die Maria mithilfe der Mutter entwickelt hatte, kehrten auch andere Angewohnheiten jener Jahre zurück – sie habe «gefressen wie ein Wolf», gestand sie ihrem Mann.

Wie sie die Umgebung erlebte, menschlich, kulinarisch, baulich und klimatisch, machte ihr die Arbeit noch härter. Maria vermisste jede Art von guten Manieren, die Umgangsformen der alten Welt, schimpfte über den Kaffee, die Essenspreise, die Stadt. «Buenos Aires ist abscheulich. Das Wetter ist grauenvoll. Der Kohlestaub sitzt überall. Es ist feucht.»

Doch wie die Helden und Heldinnen der Tragödie war sie groß im

Aushalten, im verbissenen Aushalten. Meneghini musste warten auf neue Liebesbezeugungen seiner Frau. Erst am Tag nach der *Norma*-Premiere entschuldigte sich die Kriegerin dafür. «Ich war völlig in meine Arbeit eingebunden, die meine ganze Energie gefordert hat, damit ich meine Schlacht gewinnen konnte. Ich war hier nicht willkommen... Ich fand eine feindliche Atmosphäre vor, als ich ankam, es war nicht allein Grassi-Diaz, die anderen waren genauso. Ich musste ihnen daher eine kleine Demonstration meiner Überlegenheit und meines Werts bieten, indem ich gut sang. Und ich sang gut! Die Leute waren außer sich... Meine Feinde haben jetzt nichts mehr zu vermelden. Sie müssen ihre Bemerkungen hinunterschlucken, die fiesen Typen. Und nun, mit Gottes Hilfe, werde ich ihnen eine weitere Lektion erteilen mit Aida.»

Mit dem Sieg in der *Norma*-Schlacht hatte Callas ihre Verbündeten hinter sich versammelt. «Während der Premiere ging ich nach dem ersten Akt zu Serafin in seine Garderobe... er weinte vor Rührung... Serafin hat mich geschaffen... Er öffnet mir seine Seele, weil ich musikalisch mit ihm perfekt übereinstimme. Wie hat er gelitten, als er merkte, dass einige Leute hier gegen mich waren.» Und dann gab sich die Gegnerin Rigal in der *Aida* eine Blöße; «sie hatte das Pech, einen riesigen Patzer zu machen. Am Ende von ‹O patria mia› packte sie leider die hohe Note nicht. Das passierte in ihrer letzten Vorstellung, gerade als ich dabei war, die Rolle zu übernehmen. Gott ist verständnisvoll.»

Und Gott funktionierte wie geplant. Am 3. Juli verfasste Maria Meneghini Callas den Rapport ihres Sieges in *Aida* und der Niederlage ihrer Widersacherin: «Es war ein Triumph... Das Publikum betet mich an. Grassi-Diaz spricht schon über die nächste Saison. Sie hätten gern *I puritani* und eine weitere Oper. Arme Rigal!» Dass Maria, impulsiv und rachsüchtig, Callas schadete, dass die Feindseligkeit der Kollegen auch damit zu tun haben konnte, nahm sie selbst wahr.

Anfangs hatte Maria sich bei ihrem Mann über ihr Gastland beschwert: «es ist vollkommen faschistisch. ... jeder Faschist der Welt findet sich hier. Und Evita [Perón, die First Lady des Landes] kontrolliert das Theater total!» Doch was sie als faschistisch erlebte, waren nur die strengen Vorgaben. Sie hatte erfahren, dass sie ihre Gage nicht außer Landes bringen durfte, sie also zum Einkauf von Luxusartikeln verwenden musste, die sie mit nach Hause nehmen konnte. Von den Nationalsozialisten, die sich durch ihre Flucht hierher der Justiz entzogen hatten, wusste sie nichts. Ebenso unbekannt war ihr, dass am Teatro Colón viele jüdische Musiker und von den Nationalsozialisten politisch Verfolgte arbeiteten. Der Regisseur der *Turandot*, Otto Erhard, geboren als Otto Martin Ehrenhaus in Breslau, war einer von ihnen.[17]

Gott hatte sich offenbar auch um die Gunst von Präsident Juan Perón gekümmert. «Ich habe das Glück, dem Staatsoberhaupt zu gefallen. Beim Konzert zum Unabhängigkeitstag am 9. Juli singe ich die Norma – praktisch alleine ... Rigal wird nicht singen, weil Evita sie nicht will. Ich bin beschenkt, nicht wahr? Gott ist immer gerecht.» In sich trug Maria Callas die antike Tragödie, die begann als Auseinandersetzung mit den Göttern,[18] im Zentrum der tragische Mensch, der sich von den Göttern belohnt sah, solange ihm alles glückte, der jedoch im Unglück an ihnen zweifeln und schließlich verzweifeln musste.

In Serafins Villa fühlte sich Callas daheim, auch im Februar 1949, als sie in Rom unter seiner Leitung fünf Mal die Isolde sang und fünf Mal die Norma, wieder im Teatro dell'Opera. Hier wurde sie gewürdigt und geliebt. Maria dagegen war in Verona daheim in einer bürgerlichen Idylle mit echten und gefälschten antiquarischen Möbeln, moderner Einbauküche, Kopien nach Gemälden barocker Großmeister und Madonnen einheimischer Kleinmeister, mit ovalen Spiegeltischen, zu vielen Teppichen und silbernem Nippes. Die neue Wohnung lag direkt über den Geschäftsräumen des Familienbetriebs Meneghini, in der Stradone San Fermo 21. Battista hatte sie damit überrascht, als sie Mitte Juli 1949 aus Argentinien zurückgekehrt war.[19]

Zu einer Einladung am frühen Abend bei Serafin und seiner Frau brachte sein Assistent Franco Mannino Freunde mit. Seit Kurzem war er der Geliebte von Uberta Visconti, die sich von ihrem ersten Ehemann getrennt hatte; mit Ubertas großem Bruder Luchino war er schon länger befreundet. Luchino hatte Mannino bedrängt, er wolle diese Callas einmal privat kennenlernen, und tauchte nun wie immer mit Franco Zeffirelli an seiner Seite auf.

Serafin, trotz seines Alters jung im Kopf, setzte auf neue Regisseure in der Oper, und Viscontis Neugier auf seinen Schützling gefiel ihm. Dass aus der Nähe, abseits der Bühne, der Auftritt von Maria Callas die beiden Ästheten schmerzte, bemerkte Serafin wohl auch. Zeffirelli glotzte sie entsetzt an in ihrem zu engen schwarzen Schneiderkostüm, keine Strümpfe an den behaarten Beinen, auf dem Kopf ein überladener Samthut. Als sie zu reden anfing, wurde es nicht besser, der New Yorker Akzent quälte feine italienische Ohren.[20] Serafin bat sie zu singen. Sie entschied sich für Rezitative und Arien der Violetta aus *Traviata*, damit hatte sie noch niemand auf der Opernbühne erlebt. Das Zimmer war zu klein für die Stimme, der Kronleuchter bebte und nicht nur der. «Ich war erschüttert», gestand Visconti hinterdrein. «Etwas Vergleichbares hatte ich noch nie erlebt.»[21]

Danach unterhielten sich die Sängerin und der Regisseur, doch plötzlich brach Visconti auf; er gehe nun zum Essen, erklärte er, ohne sie zu fragen, ob sie Lust habe, sich anzuschließen.[22] Er war offenbar nur an Callas interessiert, an Maria nicht. Ihr aber ging keiner der beiden aus dem Kopf, weder dieser elegante Mann mit dem traurigen Gesicht noch der Regisseur, der in Rom mit seinem Theater Aufsehen erregte, die Musik Bellinis liebte und sagte: «Das Leben ist ein Schlachtfeld.»

8.

KÄMPFERIN MIT SPITZEN TÖNEN

Callas verliert gegen Tebaldi,
Meneghinis Brüder beleidigen Maria,
Callas besiegt einen Schreihals und den Widerstand von Toscanini

Als Maria Meneghini Callas im Mai 1950 in Mailand das Flugzeug nach New York bestieg, sah das für manche aus wie eine Flucht: vor dem, was genau drei Monate zuvor, am 12. Februar, in Mailand passiert war. An diesem Tag hatte sie ihr Ziel erreicht, jenes Ziel, das sie sich schon als Dreizehnjährige gesteckt hatte. An allen großen Häusern Italiens hatte sie bereits Hauptpartien gesungen, in Rom und Neapel, in Venedig, Florenz und Catania, nur an der Mailänder Scala nicht. Jeder erklärte es sich anders – Meneghini damit, dass sie Schützling von Serafin war und der Mailänder Intendant Antonio Ghiringhelli als Toscanini-Anbeter Serafin nicht mochte, Serafin damit, dass Ghiringhelli, von Beruf Lederfabrikant, ein grober Klotz war, versiert im Geldverdienen, desinteressiert an Musik. Die Verehrer von Toscanini, mit dreiundachtzig nach wie vor gefürchtet und mächtig, erklärten es sich damit, dass ihm die Stimme von Maria Callas nicht gefiel und er die von Renata Tebaldi bevorzugte. Die hatte er zwar niemals als Engelsstimme bezeichnet,[1] doch jeder behauptete, er habe ihr das Prädikat *voce d'angelo* verliehen. Es gab auch keinen Beweis dafür, dass er die Stimme von Callas mit Essig verglichen hatte, dennoch kursierte das Gerücht.

Dass sie an jenem 12. Februar endlich das Ziel ihrer Wünsche erreichte, war keiner Einsicht zu verdanken, nur dem Zufall. Renata Tebaldi, die nach sieben Auftritten als Aida bereits zur neuen Königin der Scala ausgerufen wurde, hatte die übrigen drei absagen müssen. Gott war wieder einmal gerecht, befand Maria Callas. Die Bedingungen für einen Sieg waren günstig, das Ensemble mit Cesare Siepi, Mario del Monaco und Fedora Barbieri war erstklassig, die anwesende Prominenz ebenfalls.

Nach der Vorstellung wartete Callas in ihrer Garderobe, dass jemand vom Haus vorbeikam, um ihr zu gratulieren. Niemand kam. Schließlich hörte sie Ghiringhelli reden: «Das haben Sie großartig gemacht.» Gut hörbar sagte er das in der Garderobe nebenan zu Cesare Siepi, an ihrer Tür ging er vorbei.

In den Zeitungen stand in den darauffolgenden Tagen nichts oder fast nichts über die neue Aida, allein ein Verriss gab ihr Raum, und *Il Tempo di Milano* bewunderte sie für ihr dunkles Timbre, vor allem aber für «die Intensität ihrer Stimme», diese Eindringlichkeit, die an die Nieren ging. «Die Mailänder hörten nur die Unausgewogenheit ihrer Stimme», ärgerte sich Callas' Verehrer Franco Zeffirelli. «Zu ihrem Unglück verglich man sie mit dem unbestrittenen Star der Scala, Renata Tebaldi, und natürlich fiel der Vergleich zu ihren Ungunsten aus.»[2] Vielleicht hatten diejenigen recht, für die es nach Flucht aussah, dass Callas drei Monate später nach Mexiko aufbrach.

Auch Maria hatte Grund zu fliehen. Die Hoffnung, als Meneghinis Ehefrau werde sie endlich ganz dazugehören zu seiner Familie, seiner Welt, hatte sich zerschlagen. Außer seiner Mutter und seiner Schwester hatte niemand sie angenommen, vom Aufnehmen ganz zu schweigen. «Unsere Hochzeit», gab selbst Battista zu, «hatte den Bruch mit meinen Brüdern verschärft, nun blickten sie auf Maria mit offener Verachtung.» Da die private Wohnung der beiden oberhalb der Büros des Familienbetriebs lag, liefen die Brüder Maria oft über den Weg und starrten sie an, ohne sie jemals zu grüßen. Als sie einmal die Treppe herunterkam und im Hof einer der Meneghinis auf den Chauffeur wartete, rutschte Maria am Fuß der Treppe aus und fiel hin. Anstatt ihr aufzuhelfen, sagte er nur: «Sie weiß nicht mal, wie man eine Treppe hinuntergeht.» Ein gemeinsames Kind mit Battista hätte den Clan unter Umständen friedfertig gestimmt, aber der Kinderwunsch Marias war bisher unerfüllt geblieben.[3]

Sie floh auch vor der Erkenntnis, dass ihr Mann keineswegs noch so stark ihre Nähe suchte wie sie seine. Mitzureisen auf den anderen Kontinent, hatte er kaum erwogen, und der Kinderwunsch bedrängte ihn offenbar nicht. Marias Reise führte über New York, wo sie die Eltern besuchen wollte, ein weiterer Versuch, deren Ehe zu kitten.

Zeitgemäße Aufmachung: Callas als Einspringerin, schwarz geschminkt, wie es heute indiskutabel wäre, vor ihrem Auftritt als Aida an der Mailänder Scala am 12. Februar 1950. Auf der Bühne verhüllte sie sich meist

Die Limonadenflasche, Marke 7 Up, aus der George Kalos der netten Kollegin seiner Tochter ein Glas einschenkte, hatte im Kühlschrank gestanden. Er war stolz, dass Maria da war, und froh, dass seine Frau nicht da war. Sonst hätte Maria erlebt – sie ahnte es ohnehin –, wie dreist er gelogen hatte in seinem stark verspäteten Brief zu ihrer Hochzeit, in dem er sich als den besten Ehemann bezeichnet und ihr gewünscht hatte: «Möge Dich Dein Ehemann so sehr lieben, wie ich meine Frau liebe.»[4]

Dass Maria gemeinsam mit Giulietta Simionato, die mit ihr in Mexiko-Stadt auftreten sollte, eine Nacht in der elterlichen Wohnung bleiben wollte, kam überraschend. Giulietta war ihr im Flugzeug begegnet, und diese warmherzige, heitere Kollegin, frei von Konkurrenzdenken, das Ideal einer älteren Schwester, war genau das, was Maria jetzt brauchte. George hatte seiner Tochter eröffnet, ihre Mutter liege im Krankenhaus mit Iritis, einer akuten Entzündung am rechten Auge, er selbst leide unter Problemen mit seinem Herzen und Evangelia sei entschlossen, sich scheiden zu lassen.

Für Battista, der sich selbst als Muttersohn bezeichnete, war die Mutter, seine eigene und jede andere auf der Welt, unter allen Umständen anzubeten,[5] und Maria hatte ihm zuliebe so getan, als teile sie seine Ansicht. Sie war dabei, zum Krankenbesuch aufzubrechen, da fing Giulietta an, wegen plötzlicher Übelkeit zu klagen, erbrach, hatte Durchfall, Atemnot, Magenkrämpfe und Sterbensangst. Nach einer schlaflosen Nacht unter Schmerzen schleppte sie sich am nächsten Morgen zusammen mit Maria mühsam zum Flughafen. Maria litt ebenfalls, weil George als Apotheker erfasst hatte, was passiert war, sie das jedoch unbedingt verschweigen sollte.

Das Hotel del Prado in Mexiko-Stadt, vor dem die beiden am 14. Mai vormittags in der Limousine des US-amerikanischen Konsuls vorfuhren, war ein gewaltiger moderner Komplex. Die Zimmer waren niedrig und nüchtern, dafür technisch auf dem neuesten Stand, und in den beiden Apartments der Sängerinnen dufteten Körbe voller Orchideen. Giulietta Simionato ging es weiterhin schlecht, Maria Callas fühlte sich schlecht. Die Lage von Mexiko-Stadt auf 2300 Metern Höhe, das schwüle Klima, der Trubel dieser Metropole mit fast dreieinhalb Millionen Einwohnern strengten Maria an; was passiert war, machte sie nervös, und der einzige Mensch, dem sie das klagen konnte, war Battista. Giulietta, schilderte sie ihm den Zwischenfall in New York, «war durstig, und mein Vater gab ihr einen kalten Drink. Simionato wurde sofort krank … und dachte, mein Vater hätte ihr versehentlich Benzin gegeben, aber es war schlimmer, er hatte ihr Insektizide gegeben.» Evangelia bewahrte Gift gegen Kakerlaken in einer Limonadenflasche im Kühlschrank auf, für einen Apotheker wie George Kalos nicht nachvollziehbar.

Die Tochter machte der Mutter deswegen keinerlei Vorwürfe. Sie hatte ihr noch in New York ein Flugticket nach Mexiko-Stadt besorgt, Bares dagelassen, eine Einladung ins Hotel zugesichert und den Arzt bestürmt, er solle diese Patientin rasch gesund machen. Ihrem Mann gestand sie, warum sie so entgegenkommend war: «Ich hätte einen beruhigenden Einfluss nötig und etwas Unterstützung. Ich hoffe, dass meine Mutter imstande sein wird, das Krankenhaus in wenigen Tagen zu verlassen und sich mir dann für ein paar Wochen anzuschließen. Aber wird mir das guttun? Wird sie mir eine Hilfe sein? Wer weiß!!»

Callas wollte es nicht wissen, sie brauchte eine Begleiterin, und an die

Mutter als Assistentin war sie aus Athen gewöhnt. Maria dagegen wusste, es würde ihr nicht guttun. In ihrem verspäteten Brief zur Hochzeit hatte Evangelia gesagt, was sie über die Tochter und deren Ehe dachte: «Mir war klar, dass Du egoistisch bist hinsichtlich Deiner Karriere, aber nicht, dass Du es auch in Deinem persönlichen Leben bist.» Es folgte eine Liste an Vorwürfen, Beschuldigungen, Forderungen, Drohungen. Zum Schluss hatte sie noch Gott als Verbündeten hinzugezogen: Der werde Maria doppelt belohnen, wenn sie netter zu ihrer Mutter sei, sie also mit Geld bedenke und jener Machtposition, die sie früher innehatte.[6] Nun hatte Evangelia wieder «einen schlimmen Brief geschrieben» und ihrer Tochter angelastet, in ihrem Egoismus lasse sie die Mutter finanziell vor die Hunde gehen.

Es war kein weiter Weg vom Hotel zum Palacio de Bellas Artes, einem Monumentalbau, außen weißer Marmor, innen farbiger Marmor, so schwer, dass sich der weiche Untergrund darunter gesenkt hatte; erst vor sechzehn Jahren war der Palast eröffnet worden. Dass Callas dort beinahe umkippte, hatte nicht mit dem Weg, nicht mit dem Klima zu tun, auch nicht mit der Sorge um ihre Mutter. Vielmehr sah sie zum ersten Mal den Vertrag für ihre Auftritte hier. Innerhalb von fünf Wochen, vom 23. Mai bis zum 27. Juni, sollte sie in fünf verschiedenen Opern die Hauptpartien übernehmen, *Norma*, *Aida*, *Tosca*, *Il trovatore* und *La traviata*. Zwei davon, die beiden letzten, hatte sie noch niemals auf einer Bühne gesungen. Und die Tosca zuletzt als Achtzehnjährige in Athen. Ihr Ehemann hatte angekündigt, er werde sich aus dem Familienunternehmen allmählich zurückziehen und sich demnächst als Manager ausschließlich der Karriere seiner Frau widmen, doch noch hatte er, wie schon in Buenos Aires, alles in die keineswegs bewährten Hände von Liduino Bonardi gelegt.

Callas sagte ja zu *Trovatore* und nein zur *Traviata*. Callas wurde mit ihren Problemen fertig, Maria nicht. «Ich habe es so satt», hatte sie ihrem Ehemann zum Thema Mutter geschrieben, «dass ich nahe dran bin, die Beziehung völlig abzubrechen.» Kurz danach war sie alarmiert: «Battista, sie will kommen und mit uns leben! ... genau jetzt will ich mit Dir allein sein in unserem Heim. Unter keinen Umständen will ich Kompromisse machen, was mein Glück und mein Recht angeht, mit Dir ... allein zu sein.»

Callas traf klare Entscheidungen. Sie zeigte dem Intendanten Antonio Caraza-Campos Kante. Zur *Traviata* hatte er, trotz ihrer Ablehnung, Kostüme anfertigen lassen, um sie unter Druck zu setzen, sie blieb bei ihrem Nein. Seinen Vorschlag, dann wenigstens die *Cavalleria rusticana* zu bringen, fegte sie sofort vom Tisch. Die Mexikaner seien kein einfaches Publikum und süchtig auf Spitzentöne, sagte Caraza-Campos, und er wolle von ihr ein dreigestrichenes Es hören, von dem ihm vorgeschwärmt worden war. Sie erklärte ihm, in keiner der Partien, die sie hier singe, komme ein dreigestrichenes Es vor, da müsse er sie in einer weiteren Saison zu *I puritani* einladen und die Elvira singen lassen, dort komme das Es vor. Auch sein Argument, Àngela Peralta, eine Ikone in Mexiko, habe, wie der Eintrag in ihrer Partitur beweise, schon 1872 am Ende des zweiten Akts der *Aida* ein dreigestrichenes Es eingelegt, ließ Callas nicht umfallen.

Maria jedoch geriet aus den Fugen. Am Tag vor ihrem ersten Auftritt als Aida in Mexiko schrieb sie nachts um halb eins aufgelöst an Battista. Ihre Mutter meldete sich nicht, der Vater behauptete, es gehe ihr besser. «Aber wie kann ich ihm glauben? ... Ich komme nicht zurande ohne Dich.» Sie zweifelte am Sinn der Karriere. Wozu das alles? «Ich habe mal geschätzt, was mir an Gewinn bleibt nach diesem Engagement. Nachdem ich meinem Paten das Geliehene zurückgezahlt und meiner Mutter etwas gegeben habe, sollte ich zurückkommen mit etwas mehr als dreitausend Dollar. ... Glaub mir, diese Trennungen könnten letztlich unserer wunderbaren Beziehung schaden. Es ist nicht gut, dieses Leben ... Unsere besten Jahre werden verschwendet. Genug. Das Leben hat so viele schöne Dinge anzubieten, und ich genieße nichts davon.»[7]

In jedem Brief bohrte Maria nach, ob Battista sie so liebe wie sie ihn. Noch vor einem Jahr war sie seiner sicher gewesen und hatte erklärt: «Ich bin nie eifersüchtig, weil keine Frau jemals imstande sein wird, Dich zu lieben, wie ich Dich zu lieben verstehe.» Nun nagte sie unablässig, ob er nicht auch ihre Nähe vermisse. «Du weißt, ich bin sehr eifersüchtig und ich kann es nicht leiden, Dich allein zu lassen ... Bist Du nie eifersüchtig meinetwegen?»

Der 30. Mai, der Tag ihrer *Aida*-Premiere, war feucht und so heiß wie die Tage zuvor. Die Stimmung der knapp 2000 Besucher im Opernsaal des Palacio de Bellas Artes würde hitzig sein. Caraza-Campos hatte

Callas gewarnt: *Aida* war hier in Mexiko Kult, das Publikum schrie ab und zu dazwischen, klatschte, pfiff oder trampelte mitten in einer Arie; verfehlte Spitzentöne wurden mit lautem Protest quittiert. Doch die beiden Erfolge als Norma in der letzten Woche hatten Callas gezeigt, dass es hier ankam, wenn sie alles ganz wollte, alles ganz wagte, wie die Priesterin Norma bei Bellini, die grenzenlos liebte, grenzenlos hasste und bereute und mit derselben Entschlossenheit, mit der sie gegen ihr Keuschheitsgelübde verstoßen hatte, in den Tod ging.

Die Aida hatte sie bereits zwölf Mal gesungen, aber der Misserfolg in Mailand steckte noch in ihren Knochen. War wirklich nur das Publikum daran schuld gewesen? Selbst Zeffirelli hatte es albern gefunden, dass sie aus der gefangenen äthiopischen Prinzessin eine verschüchterte Sklavin gemacht hatte, die nicht wusste wohin. Eine Sängerin, die auf der Bühne alles an sich verhüllte, ihre Figur, ihr Gesicht, ihr Innerstes, taugte nicht zur Primadonna.

An diesem 30. Mai zeigte sich Maria Callas. Selbstbewusst stand sie in ihrer Körperfülle auf der überbreiten Bühne, das Kleid bodenlang und ärmellos, geometrisch gemustert in lauten Farben. Die nackten Arme, Hals und Gesicht waren braunschwarz geschminkt, sie trug leuchtend bunte lange Ketten um den Hals, an den Handgelenken glänzten Armspangen, an den Ohren große runde Gehänge. Und dann zeigte sie ihr Innerstes. Dort hauste das Gefühl der Zerrissenheit, und auch Aida war eine Zerrissene – eine junge Frau, die den Feind liebte, und eine Patriotin, die das als Verrat erlebte. Sie war hin- und hergeworfen zwischen der Leidenschaft für den begehrten Mann und der Treue zu ihrem Vater, der diesen Mann vernichtet sehen wollte. Es wurde still wie selten in diesem Haus, als Maria Callas begann, «Ritorna vincitor» zu singen, «Kehr als Sieger zurück», und als ihre Stimme anschwoll vor Verzweiflung. Am Ende, unfähig, den Konflikt zu lösen, vertraute Aida ihr Schicksal demütig einer höheren Macht an, leise und flehentlich, genauso wie Maria Callas oft Gott beschwor, er müsse zu ihr halten. Da hatte sie das Publikum ergriffen.

In der Pause war bereits absehbar, dass sie die Siegerin dieses Abends sein würde. Nicola Moscona, der Bass, mit dem Callas kein Wort mehr reden wollte, kam in ihre Garderobe und buhlte um Beistand gegen den Tenor Kurt Baum, der jede hohe Note so lange ausgehalten hatte, bis er blau wurde, egal, was in den Noten stand. Und Callas hatte ihre Revanche unter Kontrolle, sie beschloss, das Es zu singen, aber nur, wenn Caraza-Campos dafür die Einwilligung der Kollegen Giulietta Simionato und Robert Weede einholte.

Er sagte ja, und sie riskierte es. Das Es schoss heraus wie eine Klinge, scharf und glänzend, es durchschnitt den Lärm der Szene, den Orchesterklang, das Rumoren im Parkett und den Logen. Der Applaus explodierte. Am nächsten Tag war nachzulesen, dass Callas alle, die sie erlebt hatten, ihrer Fassung beraubt hatte, auch der sprachlichen Nüchternheit. Ein Kritiker schrieb, ihr Spitzenton habe den Himmel über Mexiko glutrot gefärbt, ein weniger Trunkener nannte sie «soprano absoluta» [sic].[8]

Von ihrer Mutter hatte sie gelernt, Neid beweise den Erfolg. «Das Publikum war hingerissen von Simionato und mir. Und zwar so sehr, dass diesen anderen Sänger der Schlag getroffen hat.» Der Sieg über Baum und seine Wut bedeuteten ihr mehr als die Begeisterung der Zuhörer. «Er war so eifersüchtig (schlimmer als jede Frau), dass ich dachte, er wird mich umbringen.» Baum hatte Callas angeschrien, er werde nie mehr mit ihr singen und dafür sorgen, dass sie nie an der Met einen Auftritt bekomme. «Als er hörte, dass ich mich weigerte, noch einmal mit ihm aufzutreten, wenn er sich nicht entschuldigte, kam er vor der zweiten Aufführung der *Aida* zu mir und bat mich zu vergessen, was er gesagt hatte. Dieses Stinktier! Das Publikum schrie, ‹Aida sola!› – Aida allein! Meine Kollegen spuckten beinahe Blut.»

Callas funkelte, doch Maria war verschattet. Begehrte Battista sie als Frau, oder wollte nur Meneghini über die Sängerin Callas verfügen? Sie klagte ihm, als Sängerin sei sie am Rande ihrer Belastbarkeit angelangt. «Ich habe es nicht geschafft», kommentierte sie die ersten dreieinhalb Wochen in Mexiko, «nur einen einzigen Tag gut drauf zu sein. Sogar in Italien hatte ich begonnen, die Last der Arbeit von den letzten zwei Jahren zu spüren.» Sie sei nervlich am Ende, ihre Arbeitsmoral am Boden. Maria verriet ihrem Mann, was ihr helfen würde: «Ich wünsche mir für uns beide so sehr ein Baby. Ich glaube, es wäre auch gut für meine Stimme und meine schlechte Haut.»[9] Doch darauf ging Battista nicht ein.

Acht Tage nach der *Aida*-Premiere, noch vor der ersten *Tosca*, traf

Evangelia in Mexiko-Stadt ein und bezog ihr Zimmer im Hotel Prince, in das Callas und Simionato umgezogen waren, einem Grandhotel alten Stils mit Plüsch und Pomp, wie es ihr gefiel. Maria hatte in Giulietta, die in allen fünf Opern mit ihr auftrat, privat eine Freundin gefunden, die einzige Gesellschaft in ihrer Einsamkeit, wie sie zugab. Evangelias Gegenwart aber ließ das Schuldgefühl wegen Giuliettas Vergiftung wieder wach werden. Giulietta ahnte nach wie vor nichts davon. «Es wird dich freuen, sie bei dir zu haben», sagte sie zu Maria. «Mich freuen?», kam es von Maria. «Ich würde sie lieber umbringen!»

Doch dann schien es so, als hätten die beiden einen Waffenstillstand geschlossen. «Meine Mutter schickt Dir einen Kuss, und ich bitte Dich, Deine Mutter für mich zu umarmen», schrieb Maria an Battista, und Evangelia ließ ihre ältere Tochter in Athen sofort wissen, dass die jüngere ihr den teuersten Pelzmantel gekauft hatte, einen Nerz.[10] Battista gestand Maria nur: «Ich befinde mich in der schwierigsten Phase meines Lebens … Der einzige Trost ist, dass Gott mir immer hilft.»

Es war Flucht, daran zweifelte niemand in Verona, der die Familienverhältnisse halbwegs kannte. Das Ehepaar Maria und Gian Battista Meneghini war, bald nach ihrer Rückkehr aus Lateinamerika, umgezogen. Die neue Wohnung lag etwas näher an der Arena, nur zwei Straßenzüge von der alten entfernt, aber weit genug weg von der Firma und Meneghinis Brüdern. Maria hatte die Angriffe von deren Seite als Fortsetzung ihrer eigenen familiären Tragödie erlebt.

Die Via Leoncino war eleganter als die vorherige Adresse, die Wohnung dort war es auch. Sie lag in der obersten Etage eines alten Palazzo, mit umlaufendem Balkon, freiem Blick auf Glockentürme und Ziegeldächer, hoch über allem.[11]

Maria floh noch weiter, nach innen. Nach ihrer Rückkehr trat sie zwei Monate lang nicht ein einziges Mal auf, lebte sich aus in der Küche und im Bad, mit Silberputzen und Elektromassagen zum Abnehmen.

Auf der Fahrt von Verona nach Mailand, zum Vorsingen, war Maria Callas spürbar angespannt. Meneghini kannte das nicht, vor keinem Vorsingen war sie lampenfiebrig gewesen wie vor einer Vorstellung, sondern ruhig und siegessicher. Es war ein Mittwoch; fünf Tage vorher, am

Freitag, dem 22. September, war im Hause Callas-Meneghini ein Telegramm eingetroffen, aufgegeben von Luigi Stefanotti, einem Vertrauten der beiden seit Jahren. Meneghini nannte ihn elegant, konnte damit aber bestenfalls sein Auftreten meinen. Der schwere, vierschrötige Mann, der immer einen dunkelblauen Anzug und immer eine rosa Nelke im Knopfloch trug, war kein gewöhnlicher Callas-Verehrer: Was ihn interessant machte, war weniger sein beträchtliches Vermögen, sondern seine Nähe zu einem Mann, den Callas fürchtete, bewunderte und erobern wollte, sie kannte ihn nur aus der Ferne. Sein Mailänder Wohnhaus, einen von außen schlichten Palast aus dem 18. Jahrhundert mit drei Etagen und eleganten Balkons in teuerster Innenstadtlage, hatte sie noch nie betreten. Verfasst und unterschrieben hatte das von Stefanotti aufgegebene Telegramm die jüngere Tochter des Hausherrn, Wally, Gräfin von Castelbarco Visconti Simonetta Pindemonte Rezzonico: «mein vater erwartet sie in mailand via durini 20 an welchem tag auch immer es ihnen passt vor seiner abreise am 28. september herzlich wally toscanini.»

Um zwölf Uhr öffnete sich die Tür. Bis das Mittagessen serviert wurde, saßen sie zu dritt im Wohnzimmer. Arturo Toscanini wandte sich mit seinen Fragen nur an Meneghini, beobachtete Callas aber. Zu jedem Namen, zu jeder Antwort schoss er einen Kommentar ab. Tullio Serafin? «Ist gut, denkt aber oft mit dem Kopf seiner Frau.» Warum Meneghini noch keinen Kontakt zur Scala geknüpft habe? Meneghini berichtete von Labrocas negativem Urteil nach dem Vorsingen im September 1947. «Das ist befremdlich, der ist Musiker und sollte Stimmen gut beurteilen können.» Meneghini schilderte Ghiringhellis demonstrative Missachtung von Callas, als sie im April für Tebaldi eingesprungen war. Toscanini: «Er ist ein Arsch, der nichts versteht.»

Als sie bei Tisch saßen, redete Toscanini wenig, Meneghini fand ihn charmant, aber kalt. Erst nach dem Essen verriet er, warum er die beiden eingeladen hatte: Er hatte vor, 1951, in Verdis fünfzigstem Todesjahr, in Busseto, ganz nahe bei Verdis Geburtsort Le Roncole, *Macbeth* mit dem Orchester der Scala aufzuführen, und brauchte eine Lady. Toscanini zitierte, was Verdi gesagt hatte: «Ich will, dass Lady Macbeth hässlich und böse ist; ihre Stimme sollte hart, erstickt und dunkel sein.» Nun wandte er sich an Callas. «Nach dem, was ich gehört habe, könnten Sie die sein, nach der ich Ausschau halte.» Weder Verdi noch er wollten eine hässliche Stimme, aber eine Sängerin, die das Diabolische ausdrücken konnte. Auf einmal glühte Toscanini von innen heraus.

Dann setzte sich der Mann, der Maria nur bis zum Kinn reichte, ans Klavier und schlug den Klavierauszug von *Macbeth* auf, attackierte das Klavier mit unnachgiebiger Entschlossenheit, und sie sang vom Blatt. Meneghini «saß versteckt in einer Ecke, beinahe ängstlich». Callas sang mit einer Intensität, wie selbst Meneghini sie noch nie erlebt hatte. Toscanini brach abrupt ab. «Sie sind die Frau, die ich seit so langer Zeit zu finden hoffte.» Er hatte in seinen dreiundachtzig Jahren noch niemals diese Oper dirigiert. Nun leuchtete sein Gesicht, und Maria Callas hatte nasse Augen.

Eine Woche später traf bei Maria Callas ein Schreiben von Ghiringhelli ein. «Ich habe mit großer Befriedigung von Ihrem Treffen mit Maestro Arturo Toscanini erfahren.» Er bat sie zu bestätigen, dass sie im August und September des Verdi-Jubiläumsjahres verfügbar sein werde. «Sollten Sie die Gelegenheit haben, in den nächsten Tagen Mailand zu besuchen, lassen Sie es mich bitte wissen, so hätte ich das Vergnügen, das mit Ihnen zu besprechen.»[12]

Callas hatte das Gefühl, angekommen zu sein. Sie hatte sich in diesem Jahr bewiesen wie nie zuvor und begann das neue mit einem Abenteuer: eine schwindsüchtige, dahinsiechende, fragile Heldin zu verkörpern mit fünfundneunzig Kilo Gewicht. Siciliani hatte sie als Violetta für *La traviata* in Florenz verpflichtet. Ihre Kunst konnte die Schwerkraft überwinden, jede. Als Fiorilla in Rossinis lang vergessenem *Turco in Italia* hatte sie in Rom gezeigt, wie leicht und graziös ihre schwere Stimme in einer komischen Rolle werden konnte, mit einem Männerballett war das verglichen worden. Callas ließ sich in Florenz fotografieren, wie sie in der Garderobe des Teatro Comunale vor dem Auftritt in den Schminkspiegel blickte, ein dickes, zufriedenes Gesicht.

Doch Maria war noch immer auf der Flucht, ohne nachzudenken wovor. Callas rührte jeden, wenn sie «esser amato amando» sang, vom Glück zu lieben und geliebt zu werden, das Violetta zum ersten Mal durch Alfredo erfuhr. Maria vertilgte vor einer Aufführung alleine ein Rindersteak von 800 Gramm. Dass sie außer ihren Armen auf der Bühne nichts bewegen konnte, störte offenbar keinen, und Maria interessierte nicht, dass sie Callas die Chance stahl, als Künstlerin alles ganz zu sein: ganz das, was sie verkörperte.

Callas las, was nach ihrem Rollendebüt als Violetta in den Kritiken stand: das Lob auf ihre Intelligenz und Intensität, auf ihre Fähigkeit, gleichzeitig romantisch und hoch modern zu sein. Sie las nicht, was Rudolf Bing, Chefmanager der Metropolitan Opera, wenige Wochen zuvor an Erich Engel geschrieben hatte, bis vor Kurzem als geflüchteter Jude noch Spielleiter am Teatro Colón, nun zurück als Kapellmeister bei der Wiener Staatsoper: «Ist Ihnen Maria Callas bekannt, die, wie ich höre, in Buenos Aires gesungen hat und mir jetzt als beste Aida usw. der Gegenwart empfohlen und sogar als Königin der Nacht vorgeschlagen wird? Würden Sie wohl die Liebenswürdigkeit haben und mich streng vertraulich wissen lassen, ob Frau Callas Ihrer Meinung nach wirklich eine so außergewöhnliche Stimme hat, wie ich annehmen muss? … Wie man mir sagte, sieht sie nicht gut aus und ist keine sonderlich gute Schauspielerin. Gleicht die Schönheit ihrer Stimme diese Mängel aus?»[13]

Callas wunderte sich nur, warum Ghiringhelli sich nie mehr gemeldet hatte. Er musste sie als Violetta erleben, die wollte sie unbedingt auch an der Scala singen. Oft hatte sie ihn angerufen, nie war er aufzufinden gewesen. Am 19. Januar 1951, einen Tag vor der letzten *Traviata*-Aufführung, rief sie erneut an und erwischte ihn. Er habe gerade einen Brief an sie beendet, sagte Ghiringhelli. Der Brief kam niemals an.

EINE MATRONE BETÖRT

Bing testet auf Eignung,
Maria droht einem Intendanten mit Totschlag,
Callas erstrahlt auf der Bühne,
und Biki lehnt sie als Kundin ab

Die plumpen Pumps betonten die dicken Fußgelenke, der Wollrock war dunkelblau, formlos und reichte bis zur Wadenmitte, die helle Strickjacke war taillenkurz. Breitbeinig stand sie auf der Bühne, den Klavierauszug unter den einen Arm geklemmt, den anderen in die Höhe gereckt, die Haare nachlässig zusammengesteckt. So war hier noch keine Diva zur Probe angetreten. Niemand wollte glauben, dass diese Matrone als Heldin von Verdis *Vespri siciliani* überzeugen könnte.

Bei der Probe saß ein Opernverrückter aus London im Teatro Comunale im fast leeren Saal und erkannte sie kaum wieder. Der Earl of Harewood[1] hatte Maria Callas zum letzten Mal vor bald vier Jahren als Gioconda in Verona erlebt, im Kostüm, geschminkt und schlanker. Sie habe gewaltig an Gewicht zugelegt, notierte er, ihn aber störe das nicht. Er war, bevor sie überhaupt den Mund aufmachte, beeindruckt von dem, was ihre Haltung, was jede ihrer sparsamen Bewegungen ausdrückte, ganz die sizilianische Königstochter. «Con calma» hieß Verdis Anweisung zu der großen Arie der Elena im ersten Akt, «mit Ruhe». Ruhig stand Callas da, ruhig war die Oberfläche ihrer Stimme, beherrscht, wie es sich für eine Regentin gehörte. Stimme, Rhythmus, Gestik, alles unter Kontrolle, doch als sie die Worte «Il vostro fato e in vostro mano» sang, «Euer Schicksal liegt in Eurer Hand», und damit die Menschen in Sizilien zum Widerstand gegen die französischen Besatzer aufrief, ergriff den Earl of Harewood «eine Spannung, die nicht zu ertragen war».[2] Er ahnte so wenig wie die anderen, dass Maria Callas aus eigener innerer Erfahrung diesen Widerstreit kannte, in dem Leidenschaft und Wut gegen die Souveränität anstürmten, die von ihr erwartet wurde.

Rudolf Bing[3] war aus New York angereist, um wie schon im Frühling des letzten Jahres seine Beziehungen zur italienischen Opernszene zu pflegen, auch zu den Leuten des Maggio Musicale, des Florentiner Festivals. Er nahm sich nicht die Zeit, eine Probe zu den *Vespri siciliani* mit Maria Callas zu besuchen. Sie sollte ihm persönlich vorsingen und mit ihm reden. Bing musste herausfinden, was diese Callas nun wollte, brieflich waren sie nicht weitergekommen. Den Termin mit ihr hatte Bonardi arrangiert, aber von dem hatte Bing die Nase voll. Max Rudolf, zweiter Dirigent an der Scala und als einer, der von Stimmen besonders viel verstand, der wichtigste Vertraute Bings in Besetzungsfragen, hatte von der Ausdruckskraft, der Technik, dem Stimmumfang von Callas geschwärmt, die er in Buenos Aires erlebt hatte.

Das Grand Hotel an der Piazza Ognissanti, ein langgezogener, freistehender Bau am Arno, in dem Maria Callas gegen Ende des Festivals noch ein Konzert geben sollte, erinnerte Bing an die Grand Hotels seiner österreichischen Heimat. Er trug einen schwarzen Kurzmantel, eine Melone auf dem kahlen Kopf, schließlich hatte er lange in England gelebt, und einen Maßanzug. Kaum größer als Maria, ein hagerer Mann, rückte er ihr den Sessel zurecht, gab ihr einen vollendeten Handkuss und kam dann zur Sache. Letztes Jahr war er an der Metropolitan Opera als General Manager angetreten, mit achtundvierzig Jahren.

Maria Callas war freundlich, doch Bing fand sie «monströs fett und linkisch». Umgehend schrieb er Bonardi nach Mailand: «Ich habe sie gehört und mich lange mit ihr unterhalten. Zweifellos ist ihr Stimmmaterial bemerkenswert, aber sie muss noch eine Menge lernen, bevor sie an der Met ein Star werden kann.»[4] Erlebt, auf der Bühne erlebt, hatte er sie nicht.

Bings Kollege von der Scala, Antonio Ghiringhelli, hatte ebenfalls keine Probe zu den *Vespri* besucht, was in dem Fall aber günstig war. Sonst hätte er mitgekriegt, dass Callas mit dem Dirigenten Erich Kleiber in die Haare geraten und aus der Probe gerauscht war mit den Worten, er könne die Elena selbst singen. Erst als er sich entschuldigt hatte, war sie bereit gewesen weiterzumachen und von da an seine Verbündete. Ghiringhelli hörte die Premiere am 26. Mai 1951 im Rundfunk, hörte den Applaus am Ende prasseln wie einen Gewitterregen, setzte sofort ein Glückwunschtelegramm auf und kündigte sein Kommen an. Am 2. Juni, bei der dritten Vorstellung der *Vespri*, sah er eine leuchtende Gestalt in weißem Seidentaft, das lange dunkle Haar floss über ihre Schultern, den Kopf krönte ein Diadem und am Schluss die übergroße weiße Haube der Braut. Eine Frau, die bis dahin mit ihrer Würde und Schönheit jeden so heftig für ihre Liebestragödie eingenommen hatte, dass der Ausbruch des blutigen Gemetzels am Ende der Oper noch entsetzlicher wirkte.

Ghiringhelli wusste bereits, dass das *Macbeth*-Projekt von Callas mit Toscanini für den Herbst dieses Jahres gescheitert war. Im März hatte sich Toscanini beim Nach-Hause-Radeln elend gefühlt, zu Hause die Treppe hinaufgeschleppt und war vor der Badezimmertür zusammengebrochen. Ein leichter Schlaganfall, hieß es, schwer genug, um die Busseto-Pläne mit Callas zu zerschlagen.

Nach der Vorstellung klopfte Ghiringhelli endlich an der Garderobe von Callas an. Er packte keine Blumen aus, damit war ohnehin schon alles vollgestellt, aber das Angebot, bei der Saisoneröffnung der Scala am 7. Dezember die Elena in den *Vespri* zu singen und eine von drei anderen Partien in der Saison 1951/52: Norma, Constanze in Mozarts *Entführung aus dem Serail* oder die Elisabetta in *Don Carlo*.

Vespri ja, erklärte Callas, aber sie wolle keine der drei anderen Partien, sondern die Violetta singen, und verhandeln müsse er mit ihrem Mann. Meneghini hatte seine Firmenanteile an die Brüder verkauft, den Erlös in Immobilien angelegt und war ganz umgestiegen. Als Manager einer Diva fand er eine Beachtung, die ihm bisher versagt geblieben war, und die finanzielle Entwicklung seines neuen Investitionsobjekts nahm sich vielversprechend aus: 1949 hatte sich die höchste Gage für Callas auf 100 000 Lire pro Vorstellung belaufen, was zwar absolut betrachtet nicht viel war, relativ aber durchaus, das Doppelte von 1948. 1950 war das Auftrittshonorar wieder auf das Doppelte gestiegen.

Es hatte noch gut ausgesehen bei der Ankunft, als die Maschine am Flughafen von Mexiko auf der brandneuen breiten Landebahn ausrollte und das Ehepaar Meneghini von einem Begrüßungskomitee empfangen wurde, der Manager reiste nun mit. Maria Callas entspannte die Nachricht, dass statt Kurt Baum dieses Jahr Mario del Monaco ihr Radames in der *Aida* sein würde, mit dem hatte sie bereits im August vor drei Jahren in Genua mit *Turandot* einen Erfolg gefeiert. Doch der Manager war auch dabei, als sie vor der ersten Probe auf den Palacio de Bellas Artes zuging und las, was dort in meterhohen Leuchtbuchstaben auf der Fassade stand: «INBA PRESENTA OPERA NACIONAL A.C. CON MARIO DEL MONACO EL TENOR LIRICO MÁS GRANDE DEL MUNDO». Del Monaco der größte lyrische Tenor der Welt – von ihr, hier umjubelt als «la soprano absoluta», kein Wort.

Del Monaco gelang es, die Kriegerin von einem Rachefeldzug abzuhalten. «Die Mexikaner wollen wieder ihr hohes Es», hatte sein Impresario ihm angekündigt, del Monaco hatte eingewilligt. Callas triumphierte, und dieses Mal wurde der Triumph dokumentiert. Im Live-Mitschnitt der Vorstellung vom 3. Juli 1951 war für alle zu hören, wie Marias Wut, von Callas beherrscht, die Stimme von innen heraus lodern ließ und einen Begeisterungssturm entzündete.[5]

Wie schon in Florenz wurde Maria Callas in Mexiko wieder als schöne Bühnenerscheinung gefeiert. Callas hatte schlechte Karten, Maria zum Abnehmen zu bewegen, und so trat sie in Mexiko wie beim ersten Mal in Florenz als Schwergewicht an, um die dahinsiechende Violetta zu verkörpern. Zu Beginn begrüßte sie, in starre weiße Rüschen verpackt, einer Hochzeitstorte ähnlich, die Gäste mit einer Stimme, die erschöpft wirkte, wie die einer kranken Frau, die sich mühsam zusammenriss. Dann sang sie das *Brindisi* nicht als ein Trinklied, überschäumend in Champagnerlaune, sie durchzog es mit Seufzern, die davor warnten, was geschehen würde. Und schließlich, im Duett mit Alfredo, war es mehr gesprochen als gesungen, was aus ihr drang, jeder spürte die Anstrengung, die eine gespielte Daseinsfreude sie kostete. Das Publikum sah, was es hörte, keine pralle Figur in weißen Rüschen, es sah eine zerbrechliche Frau, blass und ausgezehrt.

Maria und Callas jedoch blühten auf. Bei Gala-Diners saß neben Maria immer Meneghini auf der einen Seite und auf der anderen ein zweiter Mann, eleganter, besser aussehend und besser angezogen. Er saß auch in jeder Aufführung auf einem besonders guten Platz, obwohl er zugab, von Opern nichts zu verstehen. Im Hotel Prince bewohnte er ein Zimmer direkt bei ihrer Suite. Mit ihm auf der einen Seite und Meneghini auf der anderen ließ Maria sich fotografieren, strahlend und gelöst, obwohl die Herren sich nicht ansahen und kein Wort miteinander wechselten. Ihr Vater, George Kalos, sprach kein Wort Italienisch, Meneghini nichts anderes.

Callas ging es ebenso gut wie Maria. Der größte Tenor der Welt war längst wieder abgereist, als die Kritiker, um ihre Violetta zu würdigen, ins oberste Fach griffen, ihre majestätische Schönheit rühmten, ihre Anmut, ihre Darstellungskunst, ihre Eleganz in der Kleidung, ihr Temperament in der Bewegung und: «Was für eine Stimme!» Logische Schlussfolgerung: «Gott wollte seine Gaben an Maria Callas verschwenden.»[6] Gott, stellte Callas fest, war eben doch gerecht.

Es sah wieder gut aus, als Maria Callas mit ihrem Manager nach drei *Aidas*, vier *Traviatas* und einem Rundfunkkonzert sowie Zeremonien der Anbetung zurückreiste in den italienischen Hochsommer.[7] Doch in Verona zog es kalt herein, aus Athen. Dorthin war Evangelia Callas zurückgekehrt, und von dort hatte sie am 14. August 1951 auf Griechisch an ihre Tochter geschrieben, zu deren Namenstag am 15. August. Die Überweisung von hundert Dollar monatlich, die Maria ihr angeboten hatte, lehnte sie ab, Maria solle zuerst einmal ihrem Vater angebliche Schulden für Übernachtungen im St.-Moritz-Hotel in Manhattan zurückerstatten; «ich, die ‹verrückte alte Frau›, hielt ihn davon ab, Deinem Ehemann zu schreiben und ihn um dieses Geld zu bitten. Ich bin eine unkomplizierte Person, nicht scheinheilig, und ich verliere; Dein guter Vater ist notorisch doppelgesichtig und heuchlerisch, und er kommt gut an.»[8]

Das war erst der Beginn eines Schlagabtauschs, bei dem auch Meneghini austeilte und einsteckte. Er berichtete Evangelia, die von ihrem Liebhaber Bonalti gut Italienisch gelernt hatte, er habe sich die Briefe von ihr an Maria ins Italienische übersetzen lassen und sie feindselig, rachsüchtig und verletzend gefunden. Es sei seine Aufgabe, seine Frau davor zu beschützen; in Zukunft, warnte er die Schwiegermutter, werde er Maria solche Post vorenthalten. Hier sprach nicht nur der Ehemann, hier sprach auch der Manager. Weder er noch Maria kannten die Kommentare, mit denen Evangelia die Korrespondenz an George weiterleitete, auch die Äußerungen Meneghinis, neben die sie «glatte Lüge» schrieb. Sie wussten nicht, dass Evangelia den Schwiegersohn darin als «Schwein», als «wirkliches Schwein» beschimpfte. Denken konnten sie es sich aber. Vielleicht vertraute der Vater seiner Tochter an, mit welchen Mitteln ihre Mutter versuchte, ihn, den sie loswerden wollte, dennoch auf ihre Seite zu ziehen, und ihm diktierte, was er der Tochter und was er diesem «Schwein» schreiben sollte.[9]

Zwei Wochen nach dem Brief an Maria zum Namenstag verfasste Evangelia einen Brief an ihren Schwiegersohn: «Wer ist Maria? ... Ihre Pflicht ist, ihrer Mutter jede Woche zu schreiben, egal wie sehr sie aufs Geld aus ist.»[10] Dass deren Gagen keineswegs so hoch waren, wie es ihr Erfolg vermuten ließ, im letzten Jahr maximal 200 Dollar für eine Vorstellung, in diesem Jahr 300, interessierte die Mutter nicht. Die dreiundvierzig Auftritte 1950 hatten nicht mehr als 8600 Dollar eingefahren, das Doppelte von dem, was in den USA ein Angestellter im Baugewerbe verdiente. Evangelia kündigte an, im Winter nach Verona zu kommen und ihre Tochter zu besuchen. «Ich werde sie nicht fragen, ob sie das mag oder nicht. Ich frage meine Kinder niemals, was ich tun und lassen soll.» Das jüngere Kind bekam es mit der Angst zu tun.

Kaum war Maria Callas mit ihrem Manager Ende August in Sao Paulo gelandet, wurde sie krank. Durchblutungsstörungen in den Beinen machten jeden Schritt zum Risiko, die Stimme war ganz weg, die *Aida* am 28. August musste ausfallen. Dabei hatte auch hier alles gut ausgesehen: große Dirigenten, Serafin und Votto, und prominente Kollegen aus Italien, unter ihnen Renata Tebaldi, und das in Sao Paulo. Wer dieser Edmundo Barreto Pinto war, der als Alleinherrscher das Programm des Teatro Municipal bestimmte, die Sänger auswählte, die Gagen festlegte und nicht nur für die Oper von Sao Paulo, sondern auch für die von Rio de Janeiro und einige andere Bühnen zuständig war, hatte das Ehepaar Meneghini nicht beschäftigt.

Was Callas erst hier erfuhr: Renata Tebaldi und sie sollten in Sao Paulo und in Rio zwei Rollen abwechselnd singen, die Tosca und die Violetta. Für Serafin, der beide schätzte, war das kein Problem, sie seien nicht vergleichbar, doch spätestens beim ersten Abendessen, zu dem Barreto Pinto alle Solisten mit den Dirigenten einlud, musste er erkennen, was dahintersteckte. Pinto – ein blasser Mann, gerade eins sechzig groß, sein bis auf die Schläfenpolster haarloser Schädel wirkte auf die Schultern geschraubt – redete gerne mit gerecktem Zeigefinger, hatte das Lächeln einer Muräne und spielte sein Spiel: Er stellte allen Sängern eine Frage, die Sprengstoff enthielt und das Konkurrenzdenken sofort hochschießen ließ. Detonierten die Eitelkeiten, lehnte er sich zufrieden zurück. Es gefiel ihm, dass die angezettelte Rivalität zwischen Tebaldi und Callas von einigen befeuert wurde. So wurde Serafins Frau Elena nicht müde, ihrem Mann vor anderen energisch zu widersprechen, wenn er wieder einmal Callas und Tebaldi ebenbürtig nannte. Sie als erfahrene und renommierte Sängerin bezeuge, dass Callas musikalisch, technisch, darstellerisch, auch was den Stimmumfang betraf, haushoch überlegen sei.

Barreto Pinto ging es weniger um Musik, ihm ging es um Macht. Der Versuch, seine Gelüste in der Politik auszuleben, war an ihm selbst gescheitert, das flüsterte hier jeder weiter. 1945 war er Abgeordneter in der Nationalversammlung geworden, 1947 hatte er für ein Foto der auflagenstärksten Wochenillustrierten des Landes posiert und war auf dem Titelblatt zu sehen, in napoleonischer Pose und Gala, Frack, Frackhemd, weiße Fliege. Dazu Lackschuhe, lange Socken und weite weiße Unterhosen. Er selbst behauptete, er sei von dem Reporter hereingelegt worden, der ihm zugesichert habe, nur den Oberkörper abzulichten. Nach einer offiziellen Anklage hatte er wegen Verletzung des parlamentarischen Anstands sein Mandat abgeben müssen.

Maria war durch seine Spielchen mühelos zu provozieren.[11] Die Mutter hatte mit ihrer jahrelangen Übung, die beiden Töchter gegeneinander aufzustacheln, nachhaltig Erfolg, und die Wut saß dicht unter der Oberfläche. Callas dagegen bewahrte Haltung, überzeugte in Sao Paulo konkurrenzlos als Norma und wurde als Violetta genauso gefeiert wie Tebaldi. Doch Barreto Pinto legte nach. Für den 14. September, nach der ersten *Norma* von Callas und vor ihrer ersten *Tosca* in Rio, hatte er dort ein Benefizkonzert organisiert und forderte kurzfristig die Stars der Saison auf, zu Klavierbegleitung eine Hitparade zu bieten. Die machten untereinander aus: jeder eine Arie, keiner eine Zugabe. Tebaldi erlag der Versuchung durch den Applaus als Einzige und gab sofort zweimal zu.[12] Was die Tosca betraf, hatte Barreto Pinto in Rio für zusätzliche Konkurrenz gesorgt und auch noch Elisabetta Barbato als Tosca engagiert, eine filmreife Erscheinung, die dort bereits seit vier Jahren in genau dieser Rolle eine eingefleischte Fankurve besaß.

Pinto hatte es geschafft. Maria war geladen, sie übertrieb als Tosca in allem, setzte extreme Akzente, tremolierte in der höheren Lage aufgeregt, setzte auf derbe Effekte und klang fast vulgär.[13] Nach dem *Vissi d'arte* hörte sie aus dem Publikum: «Barbato, Barbato, Barbato.»

Am Tag danach waren Gerüchte unterwegs, bei der nächsten *Tosca* in Rio werde sie durch Renata Tebaldi ersetzt. Callas hielt das für Geschwätz. Doch an dem Tag, an dem sie ihre zweite Tosca singen sollte, ging sie morgens mit Meneghini am Theater vorbei und sah auf dem ausgehängten Besetzungszettel für den Abend, dass die Gerüchte stimmten.

Meneghini kannte Maria, aufzuhalten war sie jetzt nicht mehr. Ohne zu klopfen, brach sie in Barreto Pintos Büro ein, dort standen Kollegen herum, er thronte in seinem Sessel. «Warum haben Sie mich ersetzt?», fragte sie. «Weil Sie bei der letzten Vorstellung lausig waren.» «Ihrer Meinung nach war ich lausig?» Vor ihm stand als Papierbeschwerer eine große Bronze, Meneghini schätzte sie auf knapp zehn Kilo. Maria packte die Bronze und hielt sie hoch. «Wiederholen Sie diesen Satz und ich schlage Ihnen den Schädel ein.»

Barreto Pinto erhob sich. «Ich werde die Polizei rufen und Sie verhaften lassen, weil Sie mich bedroht haben», schrie er. Sie schob die Kollegen zur Seite und stieß ihr Knie in Pintos Magen. «Maria wog zu der Zeit fünfundneunzig Kilo, war achtundzwanzig und hatte die Kraft eines jungen Bullen», stellte ihr Ehemann fest. Barreto Pinto stöhnte, schloss die Augen, krümmte sich, sank zu Boden. Meneghini befürchtete, Barreto könnte seinen letzten Atemzug getan haben. Als er im Windschatten des Tumults seine Frau abführte, war sie willig, im Hotel dann völlig ruhig, summte vor sich hin und lächelte. «Findest du nicht, dass du überreagiert hast?», fragte er sie. «Ich bereue nur, dass ich nicht seinen Schädel eingeschlagen habe», sagte sie, stolz und unbotmäßig, wie es sich für eine tragische Heldin gehörte, die weiß, dass die Grenzüberschreitung zur Tragödie gehört.[14]

Es klopfte jemand an die Tür. Was sollten sie den Polizisten sagen? Auf der Schwelle stand ein Mann ohne Uniform, Bote von Barreto Pinto, in der Hand einen Briefumschlag, der den Rest der Gage für die restlichen Aufführungen in Rio enthielt. Pinto habe, sagte der Bote, bereits zwei Plätze im Flieger zurück reserviert und vor dem Hotel warte ein Wagen, der Chef wolle nur noch wissen, ob Maria jemanden fürs Gepäck brauche. Sie brauchte.

Zwei Stunden später flog der Manager mit seinem Star zurück in seine Heimat.

Im Herbst wurde es wie jedes Jahr still in Verona. Die große schwarze Limousine, die am 2. Oktober 1951 vor dem Palast Via Leoncino 14 hielt, fiel auf. Der Chauffeur ließ drei Herren im Anzug aussteigen, jeder hatte eine Ledermappe dabei. Intendant Ghiringhelli rückte mit dem Verwaltungschef der Scala und einem Rechtsanwalt an, das Ganze musste zügig erledigt werden; es ging nur noch um die Unterschrift von Maria Callas auf dem Vertrag für die *Vespri siciliani* zur Saisoneröffnung im Dezember und um den Betrag, der dort eingetragen werden sollte. Ghiringhelli kam aufs Geld zu sprechen, Callas schien das zu überhören. «In der Scala zu singen war eines meiner Ziele, aber ohne *La traviata* bin ich nicht interessiert, wenigstens nicht für die kommende Saison», sagte sie und schlug vor, nun einfach über etwas ganz anderes zu reden.

Ghiringhelli, der als Lederfabrikant ein Vermögen gemacht hatte, war im Kopf immer noch Lederfabrikant, ihm war Geld das Wichtigste. Dass ein namhafter Kritiker gelästert hatte, er könne einen Bariton nicht von einem Bass unterscheiden, ließ ihn kalt. Callas versprach Geld zu bringen, also geizte er nicht. Sie reagierte nicht. Kurz verschlug es Ghiringhelli die Sprache, dann redete er weiter und versuchte, Callas zu überreden, die Idee mit *La traviata* fallen zu lassen. Sie hörte sich seine Erklärungen an: «Gut, nachdem Sie nicht imstande sind, *Traviata* zu bringen, lassen Sie uns die Diskussion nächstes Jahr fortsetzen.»

Die drei Männer standen auf, kopfschüttelnd, folgten Callas zur Tür und stotterten ein *Addio*. Meneghini, der wie seine Frau seit vier Jahren dem hinterherjagte, was sie nun ausgeschlagen hatte, war ebenfalls fassungslos. «Ich denke, da hast du einen Fehler gemacht», sagte er. Ihr Nein kam ruhig und bestimmt. «Ich will zu meinen eigenen Bedingungen an die Scala gehen.» Dann setzte sie sich ans Klavier und fing an zu üben.

Keine zehn Minuten später klingelte es erneut, wieder Ghiringhelli und seine beiden Begleiter. Sie wollten unbedingt am 7. Dezember mit Callas in den *Vespri* starten und versprachen, sie auch in der *Traviata* zu präsentieren. Sie unterschrieb und begann sofort wieder zu üben – nicht die Partie der Elena in den *Vespri*, sondern die der Violetta in *La traviata*.[15]

Kurz danach fühlte sich Callas darin bestätigt, dass Gott auf ihrer Seite war. Der Notruf aus Bergamo erreichte sie am 18. Oktober. Am Teatro Donizetti war *La traviata* unter Carlo Maria Giulini angelaufen, mit Renata Tebaldi als Violetta, die direkt nach der Premiere ausgefallen war. Zwei Tage später war die nächste Vorstellung angesetzt, Giulini am Ende seiner Nerven, es blieb ihm nicht einmal genügend Zeit, die ganze Partie einmal zusammen mit Callas am Klavier durchzugehen. Abends stand er entspannt am Pult: Callas kannte die Partitur der *Traviata* besser als er.[16]

Die Probenzeit in der Scala, knapp bemessen, begann im November. Wer dort mit Illusionen antrat, war entsetzt. Den Chor erlebten die meisten Solisten als furchterregend, eine geballte Macht, eine graue Mauer; viele Choristen zogen sich bei den Proben über die private Kleidung dunkelgraue Kittel, Overalls oder Baumwollmäntel. Pünktlich traten die Chorsänger an, schauten auf die Uhr, um wie viel sich ein Solist verspätete, ließen ihn das beim Betreten der Bühne sofort wissen und drohten, sie würden die Probe termingemäß verlassen, egal wie weit man gekommen sei. Toscanini hatte nicht umsonst über der Bühne eine Uhr anbringen lassen.

Als Einspringerin hatte Maria Callas diese Innenseite der Scala nicht kennengelernt, doch sie entsetzte nichts. Arbeitskleidung fand sie vernünftig, auch sie trat an als singende Bühnenarbeiterin, trug wieder die taillenkurze hellgraue Strickjacke zum wadenlangen dunklen Wollrock und den plumpen Pumps.[17] Sensationell war nur eines an ihr: wie sie probte, so etwas hatte hier noch keiner erlebt. Vor allen anderen war sie da, musste sich nicht erst einsingen, verlangte keine Sekunde Erholungspause, wiederholte ohne Ermüdungserscheinungen, gab alles und sang voll aus. Dass es Maria Callas, dem neuen Star, der in *Vespri siciliani* die Scala-Saison 1951/52 einläuten sollte, um alles ging, um viel mehr als diese Oper, als diese Premiere, wussten außer ihrem Ehemann nur die drei Herren mit der Ledermappe, und die probten nicht.

Derweil wurden die Gerüchte über den Zickenkrieg Callas – Tebaldi angeheizt, und die Temperatur des Mailänder Publikums war, als es am

7. Dezember 1951 in die Scala einzog, nicht winterlich. Aber Callas dachte nicht an Tebaldi, nie hatte Renata diese Partie gesungen, und an der Scala waren die *Vespri* zum letzten Mal 1909 aufgeführt worden. Der Knopf Konkurrenz wurde nicht gedrückt, Maria hielt still. Callas sang und spielte souverän.

Drei Stunden später genoss Maria den Schinken und den Champagner im Haus von Toscanini, seine Tochter Wally hatte eingeladen. Die meisten waren wegen des Ehrengastes, der Diva des Premierenabends, gekommen, auch die kleine Dame mit Turban, dezent und pariserisch angezogen. Das sei Elvira Leonardi Bouyeure, eine Enkelin von Puccini, erfuhr Maria, obwohl nicht so ganz, ihre Mutter Fosca sei nur die Stieftochter des Komponisten gewesen. Die Dame mit dem Turban war jedoch nicht wegen ihres Großvaters eingeladen, sondern als Biki, wie sie jeder nannte,[18] durch ihre Haute Couture die wichtigste Figur in Mailands Modeszene seit über zehn Jahren. Biki hatte soeben Callas erlebt, eine Erscheinung von großer Klasse, die jeder Übertreibung entgegengewirkt hatte; nun sah sie Maria aus einem Samtkostüm quellen, dazu Lackschuhe und eine Lacktasche im selben Farbton, was sie, wie Biki vermutete, offenbar für stilvoll hielt, außerdem Ohrschmuck aus Plastik, Billigware. Maria erfuhr, dass sich Filmgrößen wie Anna Magnani bei Biki einkleiden ließen; sie fragte nach der Adresse von deren Atelier.

Bald darauf stand sie in den sparsam möblierten Räumen in der Via Sant'Andrea 8[19] zwischen schmalen, hohen Spiegeln und schmalen, hohen Hausmodels. Erstaunt stellte Biki fest, dass Maria sich bewegte wie eine leichtgewichtige Frau und ihren scheußlichen Schal mit einer Anmut drapierte, die sie sonst nur von Kardinal Montini kannte. Sie taxierte sie jedoch mit einem Blick auf ungefähr hundert Kilo. «Kommen Sie wieder», sagte Biki, «wenn Sie dreißig Kilo weniger wiegen.» Sie ahnte nicht, dass Maria entschlossen war, in *Traviata* als Violetta, die fragilste aller Heldinnen, die Scala zu erobern.

10.

HAUSHERRIN UND DURCHFECHTERIN

Frau Meneghini kontrolliert ihr Personal,
Callas überzeugt als Extremistin,
Maria erliegt dem Charme eines Spielers,
und Callas beschließt, schlank zu werden

Die Liste in gut lesbarer Handschrift wurde an die Hausangestellten verteilt.

«Wenn Sie von uns gerufen werden, dann erscheinen Sie sofort, und zwar stets makellos gekleidet.

Man wird niemals nein zu etwas sagen, wozu man aufgefordert wird, und damit entfällt auch der ganze Unsinn mit ‹Ja, Signore›, ‹Ja, Signora›.

Alle, die Haushälterin eingeschlossen, werden ihre eigenen Kleider selbst waschen und bügeln, insbesondere intime Kleidungsstücke.»

Die gesamte Liste war erheblich länger, und jeder Angestellte musste sie auswendig können.

Geschrieben hatte sie Maria Callas. Sie habe, sagte ihr Mann, einen Charakter aus Granit.[1] Biki hingegen sagte, sie sei wie ein Schwamm und sauge alles, was man ihr zeige oder erkläre, sofort auf. Alain Reynaud, der Schwiegersohn von Biki und Chefdesigner in ihrem Atelier, hatte, um Maria Callas nicht zu verprellen und schon einmal auf Bikis Stil vorzubereiten, ihre gesamte Garderobe durchnummeriert, Kleider, Schuhe, Accessoires, und hatte aufgeschrieben, was sie womit kombinieren sollte. Abendkleid Nr. 8 mit Schuhen Nr. 14, Schal Nr. 6 und Handtasche Nr. 7.[2] Die Gebrauchsanweisung brauchte sie bald nicht mehr.

Maria Callas war beides, Granit und Schwamm. Ghiringhelli übersah den Granit.

Anfang 1952 hatte es noch so ausgesehen, als könnte er mit Callas machen, was er wollte, abtauchen, wieder auftauchen, fordern, versagen, weil sie um jeden Preis die neue Königin der Scala zu werden gedachte.

Kaum war im Januar die letzte Aufführung der *Vespri* durchgestanden, hatte sie von 16. Januar an bis zum 2. Februar sechs Mal die *Norma* gestemmt, drei Vorstellungen standen noch aus im April.

Zwei Monate nach der sechsten *Norma* tat sie dann etwas, das Bing – er verfolgte das Programm der Scala genau – verärgern musste. Ihn hatte sie für verrückt erklärt, als er damals anfragen ließ, ob sie an der Met in Mozarts *Zauberflöte* die abenteuerlichen Koloraturen der Königin der Nacht singen wolle, auf Englisch. Nun sang sie am 2. April die ebenso abenteuerlichen Koloraturen der Konstanze in Mozarts *Entführung aus dem Serail*, auf Italienisch, der Spitzenton nur um einen Halbton tiefer, dafür drei mörderische Arien statt nur zwei. Und das, obwohl sie den Komponisten langweilig fand. «Ich vergesse bei seiner Musik nicht wirklich die Welt um mich herum», erklärte sie, die einzig aufregende Rolle in *Don Giovanni* sei die Titelpartie.[3] Der Schwamm saugte dennoch die Partie der Konstanze innerhalb weniger Tage auf, Callas wurde als Stimmakrobatin umjubelt und machte die Kritiker sprachlos. Es gab etwas an dieser Figur, das ihr lag: die zwischen Extremen zerrissene Seele, die zum Exzess bereit war, lieber «Martern aller Arten»[4] erduldete, als einen Kompromiss einzugehen. In vier Vorstellungen brillierte sie, dann legte sie die Partie für immer ab, als wäre sie ein unpassendes Kleid. Wie Verdi die Zerrissenheit Violettas in der *Traviata* in Töne gesetzt hatte, das entsprach ihr, und das würde sie an der Scala vorführen.

Ghiringhelli hatte es zugesichert. Der Spielplan für 1953 wurde geschrieben, doch von *Traviata* war nicht die Rede. Zu packen war der Intendant nicht: In seinem Direktionsbüro hielt sich Ghiringhelli nur selten auf, zu Proben erschien er so gut wie nie, zu Vorstellungen nur gelegentlich, und bis zum Ende hielt er die meisten nicht durch.[5]

Der Granit kam zum Vorschein. Maria Callas ließ Ghiringhelli schriftlich wissen, sie werde die übrigen *Norma*-Vorstellungen absagen, wenn er die versprochene *Traviata* nicht für das nächste Jahr garantiere. Das Problem sei, erklärte ihr Ghiringhelli, dass er unbedingt Enzo Mascherini als den alten Germont brauche, und der sei ausgebucht. Callas hielt Mascherini, den sie aus Florenz von den *Vespri* kannte, keineswegs für unersetzbar und das Ganze für eine Ausrede. Sie ließ Meneghini ein Ultimatum verkünden. Ghiringhelli garantierte.

Ende Mai 1952 begegnete Maria Callas einem Mann wieder, den die meisten Frauen unwiderstehlich fanden. Sie hatte ihn letztes Jahr in Sao Paulo kennengelernt, zum falschen Zeitpunkt, Barreto Pinto war daran schuld gewesen. Für den Kollegen hatte sie keinen Nerv gehabt, obwohl er ihr Geliebter gewesen war in *La traviata*.

Jetzt war das anders, sie war entspannt wie seit Monaten nicht. Als sie mit Meneghini zur ersten Probe auf den Palacio de Bellas Artes zuging, las sie dort in meterhohen Leuchtbuchstaben: «I. N. B. A. PRESENTA OPERA NACIONAL A. C. CON MARIA MENEGHINI CALLAS LA SOPRANO ABSOLUTA DEL SIGLO».[6] Maria Callas, der überragende Sopran des Jahrhunderts. «Ich will das Beste von allem», hatte sie Meneghini geschrieben, bevor sie seine Frau wurde. «Ich will, dass mein Mann der beste ist, ich will, dass meine Kunst die erste und beste ist. Ich will also alles haben.» Nun hatte man ihr das Prädikat verliehen, die beste Sopranistin des Jahrhunderts zu sein, eines Jahrhunderts, das immerhin schon mehr als die Hälfte hinter sich hatte. Leider galt das Prädikat nur in Mexiko.

Auf den Straßen waren hier Tausende unterwegs, die drei unterschiedliche Namen brüllten: Enriquez, Cortines, González. In den Parks hatten sich Redner mit Flüstertüten aufgebaut, Fahnen wurden geschwenkt für Enriquez, Cortines oder González, die Wahl des neuen Präsidenten sollte am 6. Oktober stattfinden. Den noch amtierenden, so erfolgreich wie bestechlich, wollten drei Kandidaten beerben, die aneinander kein gutes Haar ließen. Maria jedoch hatte nur Augen für Giuseppe di Stefano, der zwei Jahre älter als sie war, ebenfalls verheiratet, aber generell ohne seine Frau unterwegs, nicht nur wegen des gemeinsamen Sohns.

Ein sizilianischer Bauer, spotteten die Neider. Dass er gerne aß und trank, war ihm anzusehen. Er war ein saftiger Mann, groß, kräftig, mit dichtem schwarzen Haar und buschigen schwarzen Brauen, die Sprache deftig, im Blick immer jene Mischung aus Lebenslust und Begehrlichkeit, die in Italien genauso gut ankam wie hier, in Mexiko. Zehn Mal, in fünf verschiedenen Opern, sollte Maria Callas hier mit ihm auftreten, offenbar galten sie als das, was sich Traumpaar nannte, eine Kombination, die Säle und Kassen füllte. Bei beiden wurde nicht nur die Stimme gefeiert, mit einem sofort wiedererkennbaren Timbre, sondern auch

Glaubwürdige Verwandlung: Obwohl Callas für die schwindsüchtige Violetta in Giuseppe Verdis La traviata *noch viel zu beleibt ist, rührt sie durch ihre Ausdruckskunst das Publikum in Mexiko im Juli 1951 zu Tränen*

diese Fähigkeit, in dem Augenblick, in dem sie die Bühne betraten, und bevor sie noch einen Ton gesungen hatten, das Publikum zu bannen.[7]

Zu Proben kam di Stefano öfters zu spät und fand sie generell überzogen lang, Einsingen überflüssig. In eine Partitur schaute er so gut wie nie. Jene Hindernisse, die Callas zu überwinden hatte, kannte er nicht. Schon mit fünfundzwanzig hatte er an der Scala debütiert, ein Jahr später an der Met. Toscanini verliebte sich, als di Stefano unter ihm Verdis *Requiem* sang, sofort in dessen Stimme, das goldene Medaillon vom Maestro trug der Sänger an einer Goldkette stolz unterm Hemd.

Maria Callas war von ihm als Mann und Sänger begeistert, er von Callas, nicht von Maria. Umgeworfen von der Kraft ihres Organs, sagte er: «Diese Frau singt wie ein Mann.» Am 29. Mai sangen sie gemeinsam in Bellinis *Puritani* ein Liebespaar, aber ihre körperliche Nähe suchte di Stefano nicht.[8] Hinterher gingen er und das Ehepaar Meneghini mit den übrigen Solisten und dem Dirigenten essen; die Meneghinis gingen gegen Mitternacht ins Bett, Pippo, wie ihn jeder nannte, zog, von mindestens einer Flasche Rotwein beschwingt, weiter in Spielcasinos, eine weibliche Begleiterin, attraktiv und willig, war wie immer dabei.

Skrupel kannte Pippo nicht und Selbstkritik ebenso wenig, er verließ sich auf seinen Charme. Aneinandergeraten war er mit Männern, die dafür nicht empfänglich waren, wie zum Beispiel Bing. In den USA hatte er Auftrittsverbot, nachdem er einen Vertrag mit der Met einseitig aufgekündigt hatte; die Regie hatte ihm nicht gepasst, zu verkopft, wozu sollte er als Naturtalent mühsam lernen, was der Regisseur für ausdrucksstark erachtete. Mit Ghiringhelli war er aus ähnlichen Gründen zusammengestoßen und an der Scala derzeit unerwünscht. Ihn schien das wenig zu kümmern; die würden schon wieder auf ihn zukommen, selbst Bing schwärmte noch immer von di Stefanos Pianissimo auf dem hohen C. Die Natur hatte ihn beschenkt, und er verschenkte sich wieder. Er war ein Mann, der sich nicht mit Listen herumschlug, einen Konflikt wie den von Maria gegen Callas kannte er nicht. Seine Karriere hatte er mit Gassenhauern begonnen, *Torna a Surriento*, *Santa Lucia*, *O sole mio*, und er war immer noch derselbe, genau dafür wurde er geliebt. Jede Kollegin verfiel ihm, das wusste er, auch Maria.

In einer *Traviata*, in der die beiden wieder als Liebespaar auf der Bühne standen, umarmte und küsste di Stefano sie auf einmal, seine Launenhaftigkeit in dieser Hinsicht war berüchtigt. Danach ging er mit ihr und ihrem Ehemann essen und rauchte wie üblich nach einer Vorstellung einen Aschenbecher voll, um dann mit einer neuen Begleitung in die Spielcasinos weiterzuziehen.[9] Maria interessierte ihn wirklich nicht.

Callas war bewusst, dass ihre Violetta im letzten Jahr tiefer gegangen war, doch nun nahm jene Violetta, mit der sie Geschichte machen wollte, Gestalt an. Keine Sekunde hatte sie aufgehört, die *Traviata* in Mailand generalstabsmäßig zu planen, aber der angemessene Alfredo hatte ihr noch gefehlt. Serafin hatte di Stefano für Puccinis *Manon Lescaut* an die Scala geholt, nachdem der junge Mann ihm die zwei großen Arien des Alfredo aus *Traviata* vorgesungen hatte. Selbst was Maria Callas in den Augen eines Kritikers fehlte, Spontaneität, besaß di Stefano im Übermaß, und auch das sprach für ihn als idealen Alfredo.[10] Die Stimme von Callas löste Kontroversen aus wie keine Stimme zuvor, die einen priesen sie als göttlich, die anderen fanden «la soprano absoluta» absolut überschätzt.[11] Callas, das hieß entweder – oder, gleichgültig ließ diese Sängerin niemanden. Di Stefanos Stimme dagegen polarisierte nicht. «Es war unmöglich, nicht von ihr berührt zu sein», sagte eine Kollegin, die sonst für ihre Nüchternheit bekannt war, «er hatte Tränen in der Stimme.»[12]

Das Publikum in Mexiko war begeistert, wie sich die von scharfen Kontrasten gezeichnete Stimme von Callas mit der runden, weichen von di Stefano vereinte. So klang Erotik, fanden die Zuhörer, nachdem Callas ihre erste Lucia di Lammermoor und er den Edgardo gesungen hatte, wieder ein Liebespaar.

Die vierte gemeinsame Oper war Verdis *Rigoletto*, er in seiner Erfolgspartie als Herzog von Mantua, sie als Gilda, seine Geliebte. Der Publikumserfolg schmeckte süß, doch versalzen wurde er durch Kommentare von enttäuschten Kritikern. Die Aufführung habe Verdis Anforderungen nicht erfüllt, und «Herrn di Stefanos Herzog, weit entfernt von außergewöhnlich, und Fräulein Callas' Gilda, nicht die ideale Rolle für sie, machten das Ganze nicht besser».[13] Dass sie Lucia und Gilda erst für Mexiko einstudiert hatte, kümmerte die Rezensenten wenig. Dabei hatte es das Publikum hörbar bewegt, wie schwerelos leicht sie ihre Stimme in der Partie der Gilda hatte werden lassen, wie viel Schmerz in einem einzigen *Ah* mitschwang, als sie sich verraten glaubte, wie überzeugend sie ihre reife Stimme für Gilda, den ahnungslosen Teenager, in eine mädchenhafte verwandelte und erst nach der Liebesnacht mit dem Herzog fraulich sang. Callas griffen Verrisse an, di Stefano nicht. Auch das sprach für ihn; ein Partner, dessen Selbstvertrauen unverwüstlich war, beruhigte.

Schließlich die beiden letzten gemeinsamen Auftritte, in *Tosca*, wieder als Liebespaar. Dieses Mal spielte di Stefano leidenschaftlich, das kam gut an. Die Ovationen nach der zweiten *Tosca* am 1. Juli 1952, der Abschiedsvorstellung der beiden, überschwemmten das Traumpaar, sie badeten darin.

Callas war sicher, dass sie den Alfredo ihres Lebens gefunden hatte. Sie war entschlossen, Ghiringhelli so weit zu bringen, dass er di Stefano wieder einließ. Mit ihm an der Seite würde sie als Violetta die Scala erobern.

Als sie an diesem letzten Abend zum soundsovielten Mal vor den Vorhang trat, spielte das Orchester *Las Golondrinas, Die Schwalben*, ein mexikanisches Abschiedslied, in dem die Rückkehr dieser Sommergäste herbeigewünscht wird. Es wurde für Solisten gespielt, von denen sich alle dasselbe ersehnten. Callas kniete sich mit nassen Augen auf die Bretter, di Stefano verließ wütend das Opernhaus.[14] Vor der Abreise kein Wiedersehen.

Besteck, Silber, 86 Teile, 19. Jahrhundert; Besteck, Silber, 110 Teile in einer Kassette, innen roter Samt; Porzellanservice Limoges, Dekor rot, orientalisch, komplett für zwölf Personen, mit Servierplatten, Terrinen, Schüsseln und Sauciere; Porzellanservice weiß-golden von Heinrich, Selb, Bayern, komplett für zwölf Personen mit Servierplatten, Terrinen, Schüsseln und Sauciere; vier Karaffen, Kristall, silbergefasst, für Wein, Wasser, Essig und Öl; Satz von sechs runden Platten, Silber; Service in Keramik, Staffordshire, Imari-Dekor; Dinner- und Kaffeeservice mit Kaffeekanne, Milchkännchen und Zuckerdose für zwölf Personen. Alles im Haushalt Meneghini war aufgelistet und einsatzbereit. Nur die Gäste fehlten.

War Callas nicht unterwegs, verbrachte das Ehepaar Meneghini den Abend nach dem üblichen Restaurantbesuch in einem von Battistas Stammlokalen oder nach dem Familienmahl bei dessen Schwester Pia gemeinsam im Schlafzimmer. Das Bett war drei Meter breit, die Seiten und das Kopfteil waren gepolstert, bezogen mit rosa Satin, dazu eine Überdecke in rosa Satin; an jeder Wand hing ein Heiligenbild. Battista im Seidenpyjama drehte sich zur Außenseite und schlief, Maria saß mit Kissen im Rücken in Nachthemd und Bettjacke auf der anderen Seite und studierte im Licht der Nachttischlampe eine Partitur.[15]

Hatte sie das Bedürfnis nach Zärtlichkeit, war vorgesorgt: Meneghini hatte ihr eine schwarze Pudelhündin geschenkt, kniehoch, Maria hatte sie Tea genannt.[16] Verspürte er das Bedürfnis nach körperlicher Nähe und sexueller Befriedigung, besuchte er tagsüber die bewährten Adressen.[17]

Am 19. Juli stand seine Frau spätabends, als die Hitze nachzulassen begann, mitten in Verona reglos da, allein, das gebleichte Haar leuchtete rot. Was sie von sich gab, war schockierend. Von ganz innen brach eine dunkle Stimme aus ihr heraus: «Suicidio». So pechschwarz hatte noch keine Gioconda vor ihr angekündigt, sich umzubringen, auch sie selbst nicht. Kurz danach blitzte ihre Stimme metallisch auf, dann wurde sie fahl. Eine Rezensentin, die Callas wegen aus Chicago angereist war, schrieb: «Sie hat drei Stimmen.» Das war nicht neu, es war sogar schon von vier Stimmen die Rede gewesen. Neu war, dass Callas die Partie der Gioconda angeblich nie mehr singen wollte. Die Frau aus Chicago fand das weise. «Sie verfügt weder über die Stimme noch die brennende Persönlichkeit, um sie mit Leben zu erfüllen.»[18]

Callas beschäftigte sich nicht lange damit, sie konzentrierte sich auf ihre vier Veroneser Auftritte als Violetta, darin lag ihre Zukunft. Ghiringhellis Besuch war nicht zu erwarten, doch vielleicht wurde ihm zugetragen, dass die Arena nach allen vier Auftritten schluchzte.

Kurz danach war es öffentlich: Ghiringhelli ließ am 7. Dezember 1952 die Saison an der Scala mit Maria Callas eröffnen. Wieder mit Verdi wie im Vorjahr. Jedoch nicht mit *Traviata* – *Macbeth* stand auf dem Spielplan. Es war nach Mozarts Konstanze, Rossinis Armida, Donizettis Lucia und Verdis Gilda die fünfte Partie, die Callas in diesem Jahr neu lernte. Der Schwamm bewies sich, Ghiringhelli hatte den Granit offenbar vergessen.

Eine *opera senza amore*, eine Oper ohne Liebesszene, hatte es in Italien schwer, doch dieser *Macbeth* füllte schon Wochen vor der Premiere Zeitschriften, Radiosendungen und Schaufenster. Zum ersten Mal sollte das Innere der Scala über und über mit blutroten Nelken dekoriert werden. Ein Herrenausstatter bot jedem Mann, der für den 7. Dezember 1952 in der Scala eine Loge gemietet hatte, eine Geschenkpackung an mit dem Stoff für ein elegantes Frackhemd. Von der Regie versprach sich keiner etwas Aufregendes,[19] und der Dirigent war bereits seit 1930 Musikdirektor an der Scala; die Proteste gegen ihn, der bei Mussolini ein gern gese-hener Gast und in Nazi-Deutschland viel beschäftigt gewesen war, waren längst verebbt. Der Sänger des Macbeth war kein Star aus der ersten Reihe. Die Sensation hieß Callas.

Es war nicht nur das Rumoren und Getöse im Vorfeld, das ihre Ner-ven angriff. Sie fühlte sich verraten. Als ihr Macbeth trat jener Enzo Mascherini an, der laut Ghiringhelli für *Traviata* unverzichtbar war, je-doch kaum zu kriegen. Am Pult stand Victor de Sabata, einst Zögling, dann Nachfolger und schließlich Feind von Toscanini, dem Mussolini-Hasser, der den erbraunten grünen Hügel in Bayreuth boykottiert hatte. De Sabata, hörte Callas aus Toscaninis Kreisen, habe verhindert, dass dessen *Macbeth* mit Callas im letzten Jahr zustande kam. Und Toscanini selbst, der angeblich nach dem Schlaganfall für alles zu schwach gewesen war, hatte bereits vor drei Monaten hier an der Scala, gesund und tyran-nisch wie gewohnt, ein Wagner-Konzert dirigiert.[20]

Klatsch sickerte durch. Lady Macbeth war eine starke Frau, die unter ihrer Kinderlosigkeit litt, ihrem Mann an Intelligenz und Entschluss-kraft überlegen war, dazu ehrgeizig und besessen von der Idee, ganz nach oben zu gelangen. Ihre Ehe war krank. Passte die Rolle nicht perfekt zur kinderlosen Gattin von Meneghini, dem ehemaligen Firmenchef, der wie Macbeth früher wegen seiner Verdienste anerkannt war, nun auf die sechzig zuging und nur noch im Dienst seiner Frau unterwegs war? Frü-her hatte Maria ihren Mann gern als Industriellen vorgestellt, das hatte ihr anscheinend imponiert; er war keiner mehr.

Schon Shakespeares *Macbeth* war verstanden worden als Parabel auf die Ausweglosigkeit. Verdis *Macbeth* galt nicht nur als Oper ohne Liebe, vielmehr als eine ohne Hoffnung, eine Tragödie, die finsterer war als alle anderen Tragödien. In ihr gab es keine Katharsis, jene innere Reinigung, die nach der *Poetik* des Aristoteles die Zuschauer am Ende befreite von aufgestauten Affekten. In *Macbeth* wurde dem Publikum die Furcht nicht erspart, aber das Mitleiden-Können verweigert. In dieser Oper tröstete nicht einmal Klangschönheit, Verdi hatte sich mit *Macbeth* vom Wohlklang Bellinis oder Donizettis losgesagt. Er wollte Wahrheit auf die Bühne bringen, und zu der gehörte das Hässliche.

Callas hatte wochenlang nach einer Antwort auf die Frage gesucht, wie sie für die Lady, dieses mörderische Monster, Empathie entwickeln und erwecken könnte, und fand sie wohl in sich selbst. Ein Leben lang hatte sie nach Empathie gehungert, gestillt war der Hunger keineswegs. Victor de Sabata dagegen war kein mitfühlender Dirigent wie Serafin, er erlaubte seinen Sängern wenig Freiheiten, auch Callas nicht. Von seinen milden Manieren war nichts zu bemerken, wenn er am Pult stand, die Gesten erregt, der Schlag gnadenlos streng.

Die Szene im vierten Akt, in der Lady Macbeth schlafwandelte, irr redete, völlig dem Wahnsinn verfiel und starb, sie war es, auf die das ganze Geschehen zusteuerte. Der Arzt, der dort auftrat, spielte keine große Rolle, aber eine entscheidende. Zeigte er nicht, dass die Lady eine unheilbare Seele in sich trug und Mitleid verdient hatte wie jeder kranke Mensch? Das Vorspiel des Orchesters zu der Wahnsinnsszene war nicht bedrohlich, behutsam tastete es sich vor ins Innere dieser todgeweihten Existenz, für die es kein Entrinnen mehr gab. Kam die Lady hier nicht in die Nähe der Violetta?

Callas sang sie als eine Zerbrechende, eine arme, gequälte Kreatur, als eine Frau, die an sich selbst litt und an sich selbst zugrunde ging. Der tragische Mensch in Maria Callas wusste, wo auch hier Katharsis möglich wurde. Und sie ersang der Lady das Mitleiden.

Das Schweigen der Ergriffenheit sagte ihr für einige Sekunden: Das Wagnis war geglückt. Dann brach die Schlacht los, Pfiffe aus Trillerpfeifen gegen Beifallssturm, Buh-Gebrüll gegen *Brava*-Rufe.[21] Sieben Vorhänge verkündeten am Schluss den Gegnern, dass der Triumph von Maria Callas nicht mehr aufzuhalten war und diese Lady Macbeth niemand vergessen konnte.

Doch nach dem fünften Auftritt legte Callas die Rolle ab, als wäre sie ein unpassendes Kleid. Und zog sich wieder das der Violetta an. Callas bewies ihre Qualitäten als Granit und begann das neue Jahr in Venedig am Teatro La Fenice mit *Traviata*.

Nach Venedig sang sie die Violetta dreimal in Rom. Visconti ließ sich Callas hier, wo er lebte, nie entgehen. Er muss mitbekommen haben, was in den Foyers los war, so etwas hatte es hier noch nie gegeben: Lauthals wurde über diese Violetta gestritten, sogar die Platzanweiser ergriffen Partei. Zartheit, auch Feinheit wurde Callas abgesprochen, vorgeworfen wurde ihr, alles sei zu viel.[22] Meinten sie wirklich nur die Stimme und die Art, wie sie die Rolle gestaltete, oder auch das Aussehen, den

Auftritt einer Frau, die Biki auf hundert Kilo taxiert hatte, als dahinschwindende Sterbenskranke? Im Generalstabsplan von Callas war Visconti als Regisseur für *Traviata* vorgesehen.

Das Projekt gedieh trotzdem. Di Stefano hatte sich beruhigt und sang mit Maria Callas Ende Januar, Anfang Februar 1953 die gesamte *Lucia di Lammermoor* für EMI ein; sie hätte *Traviata* bevorzugt, jedoch ging das aus rechtlichen Gründen mit EMI nicht.[23] Callas packte dafür aus, was die Ehefrau des EMI-Chefs Walter Legge ihr schon vor mehr als einem Jahr gesagt hatte, nach ihrer Violetta in Parma. Da war sie in Callas' Garderobe aufgetaucht, die schöne, grazile Elisabeth Schwarzkopf, äußerlich eine ideale Violetta. «Nie mehr», hatte sie der Kollegin geschworen, «werde ich diese Rolle singen, nachdem ich Sie gehört habe.»[24] Das sprach sich herum, doch Ghiringhelli schwieg.

Während der *Lucia*-Einspielung war das Klima gut, Kollege Tito Gobbi und Dirigent Tullio Serafin sorgten für frische Luft und angenehme Temperaturen. Abends fielen sie immer gemeinsam in ein Restaurant ein, und di Stefano verstrahlte gute Laune. Beunruhigt beobachtete Serafin jedoch, welche Portionen sein Schützling vertilgte, er machte sich Sorgen um Marias Figur. Es ihr zu sagen, wagte er nicht, das delegierte er lieber an Tito Gobbi. Als Tito Maria sagte, sie solle weniger essen, protestierte sie: «Nur wenn ich gut esse, singe ich gut.» Doch beim Verlassen des Restaurants sah Gobbi eine der Waagen, die auch in Florenz im Zeichen der überall beworbenen Schlankheitskuren aufgestellt worden waren, warf eine Münze ein und überredete Maria, sich darauf zu wiegen. Der Zeiger hielt nicht weit vor 100 an. Maria zog ihren Mantel aus und drückte ihn samt Handtasche Gobbi in den Arm, dann warf sie die Schuhe ab und stellte sich noch einmal auf die Waage. Der Zeiger blieb trotzdem erst in gefährlicher Nähe zur Zahl 100 stehen.[25]

Was das Projekt *Traviata* anging, war vielleicht Visconti derjenige, der Ghiringhelli überzeugen konnte? Nach Siciliani hatte ihn mittlerweile auch Ghiringhelli gefragt, ob er nicht eine Opernregie übernehmen wolle. Wie Siciliani hatte er *Don Carlo* vorgeschlagen, und wie bei Siciliani hatte Visconti abgesagt. Für dieses Werk.

Giacomo Lauri-Volpi aber, mit dem Callas erst vor Kurzem aufgetreten war, glaubte daran, dass sie das Zeug hatte, die Oper zu revolutionieren, sie wieder so populär zu machen wie zu Bellinis, Verdis und

Puccinis Lebzeiten. Und Filmregisseure für die Oper zu begeistern.[26] Doch der Filmregisseur Visconti konnte als Opernregisseur für die Partie der schwindsüchtigen Violetta keine schwergewichtige Frau gebrauchen, er setzte auf die Überzeugungskraft der Bilder.

Callas befahl Maria, etwas zu ändern, sofort. Pia Meneghini und deren Mann, der sich als ihr Leibarzt verstand, wurden eingeweiht. Schweizer Ärzte, wusste Callas, hatten eine Methode entwickelt, die Wunder wirken sollte, die Medien hatten davon berichtet. Durch Thyroxin-Extrakt, oral verabreicht und in die Schilddrüse injiziert, würde der Stoffwechsel radikal angekurbelt, das Übergewicht verschwände innerhalb einer Rekordzeit. Der Leibarzt warnte Maria davor, die gesundheitlichen Folgen seien nicht absehbar; auch Battista hatte seiner Frau abgeraten, aber der hatte eine Vorliebe für barocke Figuren. Callas kannte jedoch nur ein Ziel: Violetta zu werden in der Scala, in der Regie von Visconti, koste es, was es wolle.

Ein zweites Mal wurden Pia und ihr Mann nicht gefragt. In Verona war deren Schwägerin von da an immer seltener zu sehen, die Spezialisten saßen in Mailand.[27]

11.
KINDSMÖRDERIN UND PUBLIKUMSLIEBLING

Ghiringhelli wird bekehrt,
Legge nimmt eine Jahrhundert-Tosca auf,
Bernstein ist überwältigt,
und Callas verändert die Welt der Oper für immer

Der Intendant musste verrückt sein; wer im Frühling 1953 am Teatro Comunale in Florenz vorbeiging, schüttelte den Kopf. Dort hing das Programm für den Maggio Musicale aus. Dass Siciliani alles Gefällige und Gewohnte ablehnte, hatte sich mittlerweile herumgesprochen, aber wie konnte er darauf verfallen, ausgerechnet mit dieser Oper das Festival zu eröffnen? Kein Mensch kannte die *Medea* von Cherubini, fünfundvierzig Jahre war es her, dass sie hier, im Geburtsland des Komponisten, zum ersten Mal aufgeführt worden war. Es war ein solcher Flop gewesen, dass sich danach nur noch einmal jemand daran gewagt hatte.[1]

Von Maria Callas konnte Siciliani Dankbarkeit erwarten. Zum fünften Mal bot er ihr ein Rollendebüt an, sicher, dass sie zusagen würde. Sie lehnte sofort ab, die Oper war ihr unbekannt, die Geschichte bekannt, sie wusste, dass die Heldin ein Monster war. Außerdem hatte Siciliani spät angefragt, da war Callas bis Ende April längst komplett ausgebucht: bis Mitte März ein Opernauftritt nach dem anderen, dann bis Ende März eine Gesamteinspielung von *I puritani*, Anfang April *Norma* in Rom, schließlich *Lucia* in Catania. Am 25. April würde sie zurück in Verona oder Mailand sein. Kurz danach sollten die Proben in Florenz beginnen – es blieben ihr höchstens acht Tage, um die Rolle einzustudieren. Überraschend unterschrieb sie im letzten Moment doch noch, da war es schon Anfang April.

Ghiringhellis neuestes Angebot für den 10. Dezember hatte Callas sofort akzeptiert. Dabei hielt sie Scarlattis *Mitridate Eupatore* für eine zu Recht vergessene Barockoper. Aber um an der Scala so oft wie möglich aufzutreten, nahm sie vieles in Kauf, sogar dass am 7. Dezember, bei der Saisoneröffnung, Tebaldi in Alfredo Catalanis *La Wally* singen würde. Dagegen war kein Kraut gewachsen; Catalani war Toscaninis Freund gewesen, und dessen Schützling war nun Tebaldi. Callas merkte zu spät, dass dieser Scarlatti sie nicht forderte. Was sie reizte, war das Risiko *Medea*, nicht zuletzt um Ghiringhelli einen Stachel ins Fleisch zu jagen. Vor zwei Jahren hatte der bei den *Vespri* in Florenz Blut geleckt und daraufhin die Oper blitzschnell an der Scala gebracht. Vielleicht funktionierte das noch einmal.

Sie war groß und schmal, diese Medea, ein gespannter Körper, ein zierlicher Kopf auf einem Schwanenhals. Die markante Kinnlinie zeichnete sich im Scheinwerferlicht ab. Und dann drang aus diesem Körper eine Stimme, die noch in der hintersten Reihe jeden traf. Das Theater war ausgebucht, nicht nur weil Visconti Regie führte bei der schrecklichsten Tragödie des Euripides, sondern vor allem wegen der Frau, die Medea spielte: Sarah Ferrati. Alterslos wirkte sie, war aber Mitte vierzig und galt seit bald zwanzig Jahren als einer der größten Theaterstars in Italien. Ihr Porträt war regelmäßig auf den Coverseiten der Illustrierten zu sehen, und in den Zeitungen erschienen neben den Hymnen der Theaterkritiker Karikaturen, auf denen Sarah Ferrati die langen dünnen Arme und den langen dünnen Hals reckte, eine Ikone.

Am 5. und 6. März 1953 hatte sie als Medea im Mailänder Teatro Manzoni das Publikum atemlos gemacht, in Mailand lebte sie seit diesem Jahr großenteils. Callas rückte bei ihr zu Hause an, den Klavierauszug von Cherubinis *Medea* in der Tasche; das Libretto wurzelte in der Tragödie des Euripides.

Zuerst das Wort, dann die Musik, hatte Monteverdi gesagt, anders als nachgeborene Kollegen, die der Musik den Vorrang gaben.[2] Serafin hielt sich an Monteverdi und hatte auch Callas darauf trainiert, zunächst immer den gesamten Text so lange zu deklamieren, bis sie ihn völlig selbstverständlich sprechen konnte, als würde sie die Geschichte jemandem auf der Straße erzählen. Mittlerweile wusste Callas, dass nicht nur Toscanini lauthals über ihren amerikanischen Akzent im Italienischen hergezogen war, selbst ihre Verehrer Visconti und Zeffirelli hatten gelästert. Die Aussprache der Ferrati war Kult.

Am 7. Mai 1953 war das Publikum im Teatro Comunale bereit, die Heldin dieser Nacht zu hassen, zu hassen und nichts sonst. Medea beging ein Verbrechen, das schwerer wog als jedes andere. Es richtete sich nicht nur gegen Gesetz und Menschlichkeit, es richtete sich wider die Natur: Kindsmord. Norma dachte im Abgrund, in den die Verzweiflung sie warf, daran, ihre beiden Kinder umzubringen, doch sie tat es nicht. Medea tat es. Norma war eine einzige Person, wenn auch zerrissen. Medea barg zwei Existenzen in sich, war göttergleiche Magierin und Frau, beherrschte eine überirdische Kunst und war durchtost von irdischen Leidenschaften.

Am Ende des ersten Aktes erschien Medea zum ersten Mal. Sie platzte in die Hochzeitsvorbereitungen der Königstochter, die Jason, der Vater von Medeas Kindern, heiraten wollte – der Mann, der Medeas Vater bestohlen hatte, für den sie ihre Familie, ihre Heimat verlassen und dessen Verfolger und Feinde sie ganz nach Wunsch ermordet hatte. Er, Giasone, war der Anstifter von alldem gewesen, hatte sie benutzt, sie hatte sich die Hände blutig gemacht.

Auftritt Medea, die nun von diesem Mann entwürdigt, betrogen, verraten, verwundet war. Es war nur ein Rezitativ,[3] doch bei Maria Callas wurde es zu einem Schrei nach Gerechtigkeit, jenem Schrei, der durch alle Tragödien hallte. Und er hallte durch diese Oper. Er kam ganz von innen, das war zu hören, und ergriff die Menschen, auch wider Willen. Er kam aus dem Inneren der Callas und dem Marias, zweier Verletzter. Maria kannte die Erfahrung, ausgestoßen zu werden von der Familie, der eigenen wie der ihres Ehemanns, sie war von den Allernächsten herabgewürdigt und verraten worden. Gerade erst waren Interviews mit ihrer Mutter Evangelia erschienen, die sich darin Callas nannte und die Tochter der Kälte und des Undanks bezichtigte. Auch Callas kannte das Gefühl, ihr widerfahre Unrecht. Der Schöngesang anderer wurde gelobt, ihr Mut zum Ausdruck oft missbilligt, sie kämpfte um Gerechtigkeit und ließ davon so wenig ab wie Medea. Sie, die Magierin, verzauberte viel, verstörte jedoch noch mehr; was sie ergriff, musste andere ergreifen, Gleichgültigkeit war ihr wesensfremd.

Ghiringhelli saß in der Premiere. Kaum war er draußen, telefonierte er. *Medea* statt *Mitridate* in der Scala am 10. Dezember. Dieses Mal widerfuhr Callas Gerechtigkeit, so schien es. «Lasst sie machen», so hatte der Regisseur von *Medea*, André Barsacq, sich und anderen jede Einmischung untersagt. «Wir brauchen ihr nicht zu erklären, wie sie Medea spielen soll, sie *ist* Medea.» Und Teodore Celli, als Kritiker ein Schwergewicht, schrieb hinterdrein: «Maria Meneghini-Callas war wirklich Medea.»[4] Unisono wurde in fast allen Rezensionen in unterschiedlichen Tonarten das Gleiche gepriesen. Callas war Medea.

Maria Callas sah sich selbst anders: als Norma, nicht als Medea, als eine Frau, die, egal wie sehr sie litt, nie etwas Böses tun würde, die an einen gerechten Gott glaubte und ihn niemals zu entmachten wagte. Norma versöhnte die widerstreitenden Regungen in sich, sie versöhnte das Publikum durch ihr Selbstopfer in Gottes Namen; Medea blieb unversöhnlich.

In jedem Badezimmer des Londoner Savoy-Hotels stand auf dem Marmorboden eine Waage. Um das Problem, mehr zu wiegen als erwünscht, beneideten viele Briten die Gäste. Acht Jahre nach Kriegsende waren Zucker und Fleisch noch immer rationiert, und vor den Lebensmittelausgaben standen lange Schlangen blasser Menschen in zu weiten, abgetragenen Kleidern. Jetzt, im Juni 1953, wurde die Rationierung von Schokolade und anderen Süßigkeiten auf Anordnung von Premierminister Churchill beendet, die Festlichkeiten, die sich hier über einen ganzen Monat hinzogen, sollten allen schmecken. Elizabeth wurde am 2. Juni gekrönt. Im Krieg hatte sie Lastwägen repariert, und sie wollte eine nahbare Queen sein, auch wenn noch mehr als die Hälfte der Briten an die göttliche Sendung der Monarchen glaubte. Gegen Churchills Widerstand hatte die Siebenundzwanzigjährige deshalb durchgesetzt, dass ihre Krönung im Fernsehen übertragen wurde.

Meneghini war nervös, wie immer, wenn seine Frau bei spektakulären Ereignissen eingeladen war. Je spektakulärer sie waren, desto nervöser wurde er. Als Manager ließ er das nicht an Callas aus, wie seine Schwester Pia beobachtete, sondern am Personal, an Dirigenten oder Rezensenten. Es reichte für einen Angriff, dass der Name Meneghini vor Callas weggelassen wurde.

Auch Maria Callas war angespannt. In drei Opern sollte sie hier auftreten, dreimal in *Aida*, viermal in *Norma* und dreimal in *Trovatore*, und ihr Radames sollte alle drei Mal derjenige sein, mit dem sie auf keinen

Fall jemals wieder gemeinsam auf einer Bühne stehen wollte, der Schreihals aus Mexico City Kurt Baum. An ihm mit einem hohen Es Rache zu
nehmen, erlaubte die Etikette hier nicht, das wusste der Dirigent John
Barbirolli genau. Obwohl sich Maria mit ihm sofort verstand, schon weil
beide denselben Dialekt des Veneto sprachen, blieb es undenkbar, Baum
auszuwechseln. Es gelang ihr jedoch, ihm vertraglich vorschreiben zu lassen, dass er ihr körperlich nicht nahekommen durfte, von Umarmungen
war radikal Abstand zu nehmen. Doch es passierte während einer Probe,
Baum umarmte sie während des ersten Liebesduetts. Maria verließ die
Szene umgehend mit der Drohung, nicht mehr zurückzukehren. Baum
kaufte die nächstbeste Blumenhandlung leer, es brachte nichts, erst als er
sich verbal zu Boden warf vor ihr, kehrte sie zurück.

Am Morgen der Premiere war Maria Callas gut gelaunt: «Aida London 4. Juni 1953 87 Kilo», trug sie in ihr Notizbuch ein, fast dreizehn
Kilo weniger als noch vor vier Monaten auf der Waage in Florenz. Am
Premierenabend sang Baum schlecht, abgehackt und sprunghaft, doch
auch Callas sang unter ihrem Niveau. Ihre Spitzentöne waren scharf,
und im Duett mit Radames war zu hören, was zwischen den beiden los
war, ihre Stimme ergriff nicht. Die Aufzeichnung am 10. Juni hielt das
noch einmal fest. In ihrer Rache als Medea war sie in Florenz über sich
hinausgewachsen, überlebensgroß. Hier war es nicht mehr als Ressenti-
ment, eine angestaute Verbitterung, die sich entlud. Die kleine Rachsucht hatte Maria Callas klein gemacht.[5]

Die Scala war menschenleer. Sämtliche Sitze waren für den Sommerputz
entfernt worden, es roch nach Reinigungsmitteln, und auf der Bühne
standen Weltstars, die froh waren, dass es hier mitten im August angenehm kühl war. Der Graben war zugedeckt, das Orchester saß mit den
Sängern auf einer Ebene. Und einer war dabei, der keinen Ton professionell singen oder spielen konnte, ein korpulenter Mann Ende vierzig
im grauen Anzug, mit breiter gefurchter Stirn, großem Kinn und einer
Brille mit breitem schwarzem Rand. Notenlesen hatte er sich selbst beigebracht, auch Deutsch, Richard Wagners wegen. Die Schule hatte der
englische Schneidersohn schon mit sechzehn verlassen, Musik studiert
hatte er nicht, auch sonst nichts, trotzdem war er der Mittelpunkt:
Walter Legge, einer der mächtigsten Männer in der Musikszene.

Dass er nun, im August 1953, endlich hier saß und die *Tosca* aufnahm, unter der Leitung von Victor de Sabata, mit Maria Callas, Giuseppe di Stefano und Tito Gobbi, war die Erfüllung eines Wunsches, und dafür hatte er geackert. Drei Gesamteinspielungen hatte er bereits mit Callas gemacht,[6] alle unter Serafin, aber nun setzte er auf jemand anderen am Pult. Serafin bewunderte die Sängerin, de Sabata legte sich mit ihr an und hatte mit *Macbeth* bewiesen, dass dieser Kampf sie zu Höchstleistung anspornte. Legge kannte Maria mittlerweile privat, er wusste, dass sie nach Bestätigung, nach Liebesbeweisen hungerte und nimmersatt war. Früher war der umlaufende Balkon der Meneghinis in der Veroneser Via Leoncino noch weitgehend kahl gewesen, mittlerweile hatte er sich dank Legge und seinem Kompagnon Dario Soria in ein grünes Paradies verwandelt, mit kleinen Bäumen und blühenden Sträuchern in großen Kübeln, die von den Herren eigenhändig in den obersten Stock geschleppt worden waren. «Bei jedem Treffen», sagte Legge einmal über Maria Callas, «erwartete sie einen angemessenen Tribut.» De Sabata schien Callas den kleinsten Tribut zu verweigern. «Schauen Sie auf mich», ermahnte er sie wieder und wieder. Ihr rutschte dann heraus: «Nein, schauen Sie auf mich, Maestro», aber der Rückzieher folgte sofort. «Ihre Augen sind viel besser als meine.»[7]

Dann kam die Stelle, an der Tosca ihren Widersacher Scarpia leblos am Boden liegen sieht. «E avanti a lui tremava tutta Roma» – «Und vor ihm zitterte ganz Rom», sang Tosca. Sie war es, die den gefürchteten Polizeichef erstochen hatte, bevor er sich von ihr den Preis holen konnte, den sie für die Freilassung des Geliebten zu zahlen bereit gewesen war. Dass es ihr zwar schwindelte vor der eigenen Tat, sie aber dazu stand, das musste zu hören sein. Dieser eine dumpfe Ton, eher gesprochen als gesungen, musste, ohne zu wanken, auf einer Höhe stehen. Eine halbe Stunde lang ließ de Sabata Callas diese sieben Worte wiederholen, «Schleifmühle» nannte Legge das, die anderen empfanden es als Folter. Callas machte alles klaglos mit. Die Technik war zu schlecht, um Spezialeffekte zu ermöglichen. Für die drei «Mario!»-Rufe von Tosca im letzten Akt musste Callas auf den Hof hinaus, und bei jedem Ruf wurde das Mikrophon etwas näher an das Gebäude gerückt.[8] Ein zweites Mal, bitte. Fast perfekt, noch einmal. Und noch einmal.

De Sabata kannte keine Gnade. Er habe, schrieb Legge an Dorle

Soria, die Frau seines Kompagnons, den gesamten Aufnahmestab zu Trä-
nenflüssigkeit eingekocht. «Man heulte entweder aus Wut, aus Verzweiflung oder einfach nervöser Erschöpfung. Ich allein blieb unberührt, was
hauptsächlich einem Tageskonsum von sechs großen Flaschen Mineral-
wasser zu verdanken war. ... Wir haben kilometerlanges Tonband ver-
braucht.»[9]

Am 10. August hatten sie mit den Aufnahmen begonnen, am 21. August
waren alle zu ausgelaugt, um den Abschluss zu feiern. Doch de Sabata
entrichtete nun den Tribut an seinen Star, indirekt. «Wenn die Leute
wüssten», erklärte er Legge, «wie tief und äußerst musikalisch Maria
Callas ist, sie wären fassungslos.» Ihr Gespür für Timing, für den Aufbau
einer Phrase war einzigartig.

Legge meldete Dario Soria einen Sieg. «Das Resultat stellt alle frühe-
ren Versuche, italienische Opern aufzunehmen, in den tiefsten Schatten – sowohl künstlerisch als auch technisch. Diese Aufnahme ist den
Puritanern wie der *Lucia* derart überlegen, dass ich euch in eurem eigenen Interesse bitten muss, die anderen italienischen Opern so lange
zurückzuhalten, bis *Tosca* erschienen ist. Wenn wir mit ihr beginnen,
werden wir die übrigen schon allein durch das Renommee verkaufen,
das wir mit *Tosca* erworben haben.»[10] Dass diese Aufnahme noch siebzig
Jahre später als Jahrhundertaufnahme gefeiert werden würde, ahnte
nicht einmal er.

Soria gab ihm recht wie jeder andere. Die Rachsucht, sie glühte hier
in Maria Callas' Stimme, doch sie versengte sie nicht. Tosca war von
Konflikten gezeichnet, die Maria Callas kannte, extrem ihre Eifersucht,
extrem ihre Hingabe, extrem ihr Hass, aber als Sängerin gelang Callas,
was Maria verweigerte: die Brüche einzubinden, der Übertreibung ent-
gegenzuwirken. Hits aus der *Tosca*, die zum Klischee verkommen waren
und niemanden mehr berührten, packten die Zuhörer und machten sie
zu Verbündeten der Heldin bis zu ihrem Sprung in den Tod, dem letzten
Akt der Rache, mit dem sie sich dem Zugriff der Feinde entzog. Callas
sang das Duell mit Scarpia so, dass jeder vor Augen hatte, was da geschah,
den sexuellen Übergriff, den Mord. Zu Hause im Wohnzimmer großes
Drama zu erleben, zu sehen und zu spüren, vielleicht sogar auf der Couch
in Tränen auszubrechen, das hätte vorher keiner für möglich gehalten.
Dieses Erlebnis, darauf setzte Legge, ließen sich die Leute etwas kosten.

Für eine Kassette mit drei *Tosca*-Langspielplatten mussten sie so viel hinlegen wie für einen neuen Heizlüfter oder einen Dampfkochtopf. Es sollte nur die erste von vielen Aufnahmen mit Callas und de Sabata sein, es wurde die letzte. Kurz danach erlitt de Sabata einen Herzinfarkt, von dem er sich nie mehr ganz erholte.

Es wurden hohe Wetten abgeschlossen, was an diesem 10. Dezember 1953 in der Scala passieren würde, ohne de Sabata. Ein Großteil setzte auf öffentliche Hinrichtung des Einspringers, auch die Köpfe anderer Beteiligter sahen Eingeweihte bereits rollen. Selbst Wally Toscanini sagte dem Dirigenten voraus, er werde «skalpiert, geschlachtet und bei lebendigem Leib geröstet» werden.[11]

Drei Tage vorher, mit der Saisoneröffnung am 7. Dezember, begann bereits die nächste Runde in dem Spiel, das Tebaldi gegen Callas ausspielte. Toscanini hatte *La Wally* absagen müssen, Tebaldi war geblieben. Maria Callas saß für alle sichtbar in einer Loge, applaudierte am Ende der Vorstellung begeistert, tauchte dann für alle sichtbar in der Mittelloge auf, wo Toscanini etwas käsig als Ehrengast auf Polstern thronte, und verneigte sich vor ihm. Gewonnen hatte Callas, Tebaldi nicht: «eine Katastrophe», hieß die Kurzfassung von Zeffirelli, «selbst das Bühnenbild war gegen sie – die Lawine landete im Orchestergraben.»[12]

Die Wetten auf *Medea* am 10. Dezember stiegen. Doch nach einem Sieg sah das Ganze von Anfang an nicht aus. Ghiringhelli hatte aus vertraglichen Gründen die Leute, die für Scarlattis Oper engagiert worden waren, soweit es ging, in die *Medea*-Produktion übernehmen müssen. Die Regisseurin Margarethe Wallmann, als ehemalige Primaballerina Spezialistin fürs Tänzerische, hatte auch Scarlattis *Mitridate* choreographisch angehen wollen. *Medea* aber war die Gegenwelt zu dem, was sie geplant hatte, eine Balletteinlage hätte dort bestenfalls für Lacher gesorgt. Und der junge Mann, gerade erst fünfunddreißig, der de Sabata ersetzte, hatte noch nie eine Oper dirigiert. Dass er mit einem Hollywood-Musical vor neun Jahren schlagartig berühmt geworden war, weckte das Vertrauen des Scala-Publikums in ihn als Operndirigenten nicht. Leonard Bernsteins Chancen, geschlachtet zu werden, waren groß.

Einige Interna waren nach außen gedrungen: dass die Solisten wie der

Dirigent sich mit Hustenanfällen herumschlagen mussten – die *Medea*-Partituren der Scala waren staubig und brüchig, Ghiringhelli zu geizig, neue drucken zu lassen; dass dieser Einspringer zahlreiche Striche in Cherubinis Werk vornehmen wollte – wie die Callas zu Eingriffen ins Original stand, wusste jeder, der sie kannte; dass außer dem Dirigenten und Callas alle unter den zahlreichen langen Proben ächzten; dass der Dirigent aber erklärte, Großes komme gerade dann zustande, wenn ein Plan da sei und zu wenig Zeit.

Leonard Bernstein stand unter Druck. Die Scala hatte ihm zwar schon Wochen vorher nach Israel telegraphiert, ob er bereit wäre, falls Victor de Sabata wegen Krankheit ausfiele; bisher waren alle Versuche, ihn für die Oper zu gewinnen, gescheitert.[13] Doch als ihn der Notruf aus Mailand erreichte, war Bernstein längst nicht mehr in Israel, sondern mit seiner Frau Felicia in Italien unterwegs; er war fest verplant mit Konzerten in Rom und Florenz und hatte von Cherubinis *Medea* keine Ahnung. Zugesagt hatte er nur unter der Bedingung, dass Ghiringhellis Leute imstande wären, seine Termine in Rom abzusagen oder zu verschieben. Sie waren es nicht und rückten stattdessen mit dem Plan an, dass er einfach hin- und herreisen sollte zwischen Mailand und Rom und mit beiden Orchestern proben. Seine Frau Felicia war wütend, aber er konnte nicht widerstehen, nachdem er Callas gehört hatte und etwas aus der ersten Szene. Da sang Jason, als er Medea zum ersten Mal begegnete: «Ah, quale voce» – «Was für eine Stimme». So erging es Bernstein. Diese Stimme ließ ihn erschaudern.

Er forderte Extraproben, und er bekam sie. Einige Längen in *Medea* störten ihn, sie bremsten die Wucht des Einschlags am Ende ab. Doch er fürchtete sich davor, wie Callas auf seine Streichungsvorschläge reagieren würde. Und dann stand am Flügel im Probenzimmer, Bernstein saß an den Tasten, eine dickliche Frau in einem teuren beigen Wollpullover für ältere Damen, um den Hals ein Kettchen samt Hundeanhänger in Echtgold, auf der Nase eine Brille mit fingerdicken Gläsern, auf dem Kopf ein Samtbarett, das sie während des Singens nicht ablegte. Sie grimassierte wie ein schlecht gelauntes Kind, sobald ihr etwas nicht schmeckte. Offenbar hatte Maria Callas über der Medea die stilistischen Anordnungen von Biki völlig vergessen.

Bernsteins Kürzungen waren radikal und würden ihr einige Effekte rauben – welcher Star ließ sich das gefallen? Damit, was dann geschah, hatte Bernstein nicht gerechnet. Sie verstand alles, was er wollte, und er verstand alles, was sie wollte.[14] Rasch spürte Bernstein, dass sie bereit war, sich mit ihm an die äußersten Ränder des Ausdrucks vorzuwagen. Die beiden waren sich einig, alles zu riskieren, auch hässliche Töne. Er wollte mit ihr und durch sie etwas bewirken.

Der 10. Dezember war da. Von Anfang an herrschte eine Stille, die dieses Opernhaus, in dem sich die Besucher zeigen und sich gut unterhalten wollten, kaum kannte. Viele sprachen lautlos mit, was Jason erschrocken sagte: «Quale voce» – «Was für eine Stimme». Die Frau, der sie gehörte, war eine archaische Gestalt, schön und stark und überwältigend. Callas hatte sich mit dunkler Schminke den Hals schlank und die Kinnlinie markant modelliert. Die Augen waren schwarz umrahmt, der Lidstrich ein Samurai-Schwert, ihr langes Haar schimmerte, die Farben des langen, handbemalten Kleides leuchteten.

Im zweiten Akt hörte jeder unter der ruhigen Oberfläche von Medeas Flehen um Gnade ihre Rachegelüste brodeln. Die virile Kraft in der Bruststimme von Callas heizte an und ließ einen überraschenden Gewaltakt befürchten. Genau da verlangsamte Bernstein das Tempo, die Atmosphäre wurde kälter und bedrohlicher.

Während der Applaus niederging auf die Szene, verließ eine Besucherin ihren Logenplatz und suchte unauffällig den Weg hinaus. Sie musste vorbei an Meneghini, und er erkannte sie. Es war Renata Tebaldi, die das Haus vorzeitig verließ.

Als sich im dritten Akt der Vorhang hob, lag auf der Treppe, von der die Bühne beherrscht wurde, eine Gestalt im überlangen roten Mantel ausgestreckt auf dem Bauch. Langsam, ganz langsam hob sie den Kopf und sah hinauf in den Himmel, der über ihr dräute, als wäre von dort eine Antwort zu erwarten. Als gäbe es nur sie und diesen Himmel über ihr, rief sie die Götter an.

Niemand wusste, wie viel Angst die Sängerin vor dieser Szene hatte, dass sie ohne Brille blind wie ein Maulwurf war und fürchtete, herunterzurutschen, sich lächerlich zu machen, auf dem Bauch liegend nicht richtig singen zu können. Morgens hatte sie in ihr Notizbuch eingetragen: «Medea Mailand 10. Dezember 1953 78 Kilo». Immer noch gefährlich viel für eine solche Aktion auf offener Bühne. Helfer hatten sie vorher auf die Stufen drapiert, Choristen standen in nächster Nähe als Erste-Hilfe-Trupp. Ihre Stimme aber stieg auf ohne jedes Wanken, stark und stolz und sicher ließ sie die Götter wissen, was sie beschlossen hatte: Ich ermorde meine Kinder.[15]

Die ungewöhnlich lange Pause, bevor der Beifall losbrach, war das Größte. Auch Franco Zeffirelli war zuerst unfähig, sich zu bewegen. Etwas Unerwartetes war geschehen. «Als es vorbei war, wussten wir, die Welt der Oper hatte sich verändert. Es gab nun so etwas wie eine neue Zeitzählung: v. C. und n. C. – vor Callas und nach Callas.»[16]

Für sie gab es nur nach *Medea*. Am 10. Januar 1954, einen Monat nach der Premiere, vier Tage nach der letzten Aufführung am Dreikönigstag, gab Maria ein Privatkonzert, mit Arien aus *Il trovatore*. Fünf Kindsmorde hatte sie hinter sich, schwanger würde sie wohl niemals werden, Pia Meneghini hatte den Eindruck, sie sehne sich nach familiärer Wärme. Ihr Bruder dagegen hatte Jahresbilanz gezogen und musste zufrieden sein: 1953 hatte Callas' höchste Gage, die meistens gezahlt wurde, wieder 100 000 Lire mehr als im Vorjahr betragen, also 500 000 Lire. Bei weit über fünfzig Opernauftritten 1953 rechnete sich das Investitionsobjekt Callas.[17]

Im Milanese Club saßen vor pastellfarbenen Gardinen an einem langen Tisch Battista Meneghini, seine Schwester Pia, sein Schwager Dr. Giovanni Cazzarolli, die Mutter der Familie, der Bruder von Elvira de Hidalgo – für Maria ein Onkel – und ein paar Vertraute aus der italienischen Wahlfamilie. Das Klavier war schlecht, der Abend war gut für Maria. Sie aß Steak und Salat und wog nur noch siebzig Kilo. Nein, aufhören wollte sie mit dem Abnehmen nicht, noch lange nicht. Pia Meneghini glaubte zu wissen warum: Vor ein paar Wochen war sie mit Maria endlich mal wieder im Kino gewesen und hatte *Vacanze romane* mit Audrey Hepburn gesehen: einer Frau wie ein Reh mit übergroßen dunklen Augen, die Hollywood erobert hatte. Doch Maria Callas brauchte dieses Vorbild nicht, sie trug das neue Bild von sich schon in ihrem Inneren. Verwandlung war ihre Stärke, wer sie von Proben kannte und dann auf der Bühne erlebte, konnte das bezeugen. Als Medea, da waren die Kritiker sich einig gewesen, hatte sie in einer einzigen Nacht die Welt der Oper verwandelt.

12.

KÜNSTLERIN OHNE KOMPROMISSE

Karajan spielt Dompteur,
Callas verklagt den Neffen des Papstes
und versetzt Chicago in Raserei

Die Weihnachtsdekorationen im Einkaufsviertel um die Via Montenapoleone wurden abgeräumt. Üppig wie nie waren sie gewesen, man sollte sehen, dass die Lombardei ihren Wirtschaftsaufschwung erlebte. Die Straßen waren seifig von nassem Schnee, die Christbäume kamen in den Müll, Mailand war Anfang, Mitte Januar 1954 trostlos wie meistens um diese Jahreszeit. Von dem Gipfeltreffen in der Scala bekam fast niemand etwas mit.

Maria Callas und Herbert von Karajan waren einander schon einmal begegnet. Damals hatte der Mann, der sie zusammenbrachte, gehofft, es würde funken zwischen den beiden. Dieser Blick von Karajan, als er Callas zum ersten Mal sah, daran erinnerte sich Walter Legge noch genau. Im Januar 1951 war es gewesen, da hatte er sie dem Dirigenten hinter der Bühne vorgestellt, nachdem der an der Scala den *Rosenkavalier* dirigiert hatte. Callas war Legges größter Star, Karajan sein ehrgeizigster Mitstreiter um den Siegeszug der Langspielplatte. Aber Karajans Augen hatten nur einem gegolten: der großen Smaragdbrosche an der Brust der Sängerin. Auch Legges nächster Versuch, Karajan für Callas zu begeistern, war danebengegangen. Vor knapp einem Jahr, Anfang Februar 1953, hatte er ihm eine kleine Tonbandspule in die Hand gedrückt, auf der Callas das Ende des zweiten Aktes aus *Lucia di Lammermoor* sang, die Legge gerade für EMI aufnahm. Nur widerwillig hatte Karajan die Kostprobe eingesteckt.[1]

Nun, im Grau des Januars, ging Legges Rechnung strahlend auf. Karajan und Callas waren die Stars einer Neuproduktion von Donizettis *Lucia di Lammermoor* an der Scala. Neben den Namen der beiden verblasste selbst der von di Stefano.

Ob Karajan zugesagt hatte, weil er sich für die Stimme auf der Tonbandspule begeistert hatte, wusste niemand, Gründe für eine Zusage gab es für ihn viele. Ein Grund war der, sich mit Legge noch enger zu verschränken, den Karajan während seiner Entnazifizierung kennengelernt hatte, froh, dass sich jemand für ihn interessierte. Nach dem Ende seines Dirigierverbots war bei Karajan, trotz eines furiosen Starts bei den Salzburger Festspielen 1948 und den ersten Bayreuther Nachkriegsfestspielen 1951, einiges schiefgelaufen. In Salzburg war er ganz hinausgeflogen, in Bayreuth zur Hälfte. Dort hatte er sich auch als Regisseur verwirklichen wollen, er hielt sich in diesem Metier für ebenso begabt wie für seinen eigentlichen Beruf, und hatte Wieland Wagner erklärt, warum er dessen Regie missglückt fand. Der hatte Karajan beschieden, er sei in Bayreuth als Dirigent erwünscht und als nichts sonst. Unerwünscht als Dirigent war er nach wie vor in vielen Häusern, auch an der Met. Nicht alle glaubten seiner Lüge, er sei erst 1935 gezwungenermaßen der NSDAP beigetreten, und zu viele erinnerten sich an seinen großen Auftritt zu Hitlers Ehren.[2] Doch Ghiringhelli hatte sich breitschlagen lassen und Karajan für die Mailänder *Lucia* in doppelter Funktion eingestellt. Wer Maria Callas war und wie sie dachte, beschäftigte den Dirigenten nicht.

Am Tag der ersten Probe, einem Donnerstag, kam wie jede Woche die neue Ausgabe der Illustrierten *Le vostre novelle* heraus mit stark gezuckerten Geschichten über weibliche Filmstars und noch süßeren Fortsetzungsromanen. Maria Callas ließ sie sich von ihrem Dienstmädchen sofort beim nächsten Zeitungsstand holen.[3] Jedes Heft las sie aufmerksam durch, sonst las sie so gut wie nichts, keine Bücher und schon gar keine, die mit den Hintergründen der Oper zu tun hatten, die sie gerade einstudierte. Walter Scott hatte den Roman verfasst, der dem Libretto von *Lucia di Lammermoor* zugrunde lag, sie aber fand ihn nicht wichtig; «die Musik zählt», sagte sie. «Die Wahnsinnsszene ist das Ergebnis von Donizettis Genie, nicht etwa des Romans.» Für Maria Callas war *Lucia* eine italienische Oper und nur das. «Da ist nichts Schottisches in der Art, wie Donizetti sie [die Lucia] interpretiert, sie ist bei ihm ein universeller Charakter.»[4]

Sie hatte sich in guten Händen gefühlt. Bühnenbild und Kostüme sollte Nicola Benois entwerfen, der in Petersburg geboren und seit bald zwanzig Jahren an der Scala Chef dieser Abteilung war; seinem Schönheitssinn vertraute sie, der Großvater war Hofjuwelier des Zaren gewesen. Dass der Dirigent dieser *Lucia* auch Regie führen wollte, hatte Maria Callas nicht weiter beunruhigt, bis sie erfuhr: Seinetwegen hatte Benois hingeschmissen und abgegeben an einen Kollegen, der alles mitmachte, was der selbsternannte Regisseur wollte.

Karajan war im Spätherbst 1953 in Edinburgh gewesen, war zur Vorbereitung auf *Lucia* zusammen mit Legge in die Einsamkeit der Scottish Borders hinausgefahren, in die Heimat von Walter Scott, hatte dessen abgelegenen Wohnsitz Abbotsford angesehen und die Landschaft, die Architektur, das Licht, die Atmosphäre studiert. Legge kannte seinen Star. «Keine Kilts und Felltaschen für die Callas», warnte er.

Als am ersten Probentag Maria Callas auf der Bühne erschien, stand Karajan bereits am Pult. Die Bühne war düster wie Scotts Heimat im November, die Kulissen waren sparsam, die Borders waren über weite Strecken Einöde; über die gesamte Breite hing ein Portalschleier aus Gaze, Schottland war neblig. Durch den Schleier sah Karajan Callas erregt gestikulieren, dann stieg sie in den Zuschauerraum hinunter, wo Ghiringhelli saß. Lautstark erklärte sie ihm und damit auch Karajan, auf einer solchen Bühne werde sie auf keinen Fall auftreten. Die Probe begann ohne sie.[5]

Die sieben *Lucia*-Vorstellungen bis zum 7. Februar waren bereits bis auf den letzten Platz ausverkauft. Ghiringhelli wurde aktiv, er brachte Karajan dazu, in die Garderobe von Callas zu gehen. Ihm gehe es nur um die Musik, machte Karajan ihr klar, nichts solle davon ablenken, keine üppigen Bühnenarchitekturen, keine Glanzeffekte. Callas hörte offenbar genau zu. Der Verdacht, dass vor allem nichts von ihm ablenken sollte, kam ihr nicht. Maria, die den Glamour brauchte, die mehr immer besser fand als weniger, mehr Sträucher auf dem Balkon, mehr Silber in der Vitrine, mehr Perserteppiche auf dem Boden, hielt still.

Am 18. Januar erkannten die Eingeweihten sofort, wer bei der Premiere in der Ehrenloge saß, Callas wusste es schon: Antonietta Meneghelli, einundsechzig Jahre alt. Als Toti dal Monte unter Toscanini hatte sie dem Scala-Publikum die Partie der Lucia als Glanzstück geboten, in dem es nur darum ging, einen Sopran in Perfektion glitzern zu lassen. Doch das Publikum an diesem 18. Januar hörte, sah und spürte etwas anderes: das Schicksal einer Frau, die schon zu Beginn unter extremen

Kontrast des Künstlertums: Während Maria Callas nach ihrem triumphalen Auftritt als Lucia di Lammermoor in der Scala am 18. Januar 1954 den Tränen nah ist, zeigt sich Regisseur und Dirigent Herbert von Karajan als routinierter Sieger

Schwankungen litt. Die Stimme brannte und erlosch, leuchtete, wurde fahl. In ihrem prächtigen Kleid, mit den Perlenschnüren im Haar, war sie ein armes Wesen, das Halt suchte. Eine seelisch Kranke, die sich von der großen Liebe Heilung erhoffte. Das konnte nicht gut gehen.[6] Jeder bekam Angst um sie. Selbst Kritiker, die meinten, diese Oper in- und auswendig zu kennen, wurden in etwas Unbekanntes hineingerissen.[7] Nach dem Sextett am Ende des ersten Akts brach bereits ein Beifallssturm los, wie ihn die Scala selten erlebt hatte. Als der Vorhang sich zum sechsten Mal vor Maria Callas, den fünf anderen und Karajan, der auf die Bühne gestiegen war, schloss, konnte sie nicht mehr verbergen, wie bewegt sie war. Sie verzerrte das Gesicht, um nicht loszuheulen, tastete nach der Hand des Dirigenten, doch der stand kühl in Siegerpose da, den Blick von ihr abgewandt, desinteressiert an dem, was in ihr vorging. Dem Fotografen fiel das auf, er hielt es fest. Atemlos wie alle saß Zeffirelli im Saal. Er hatte den Eindruck, nicht Callas habe sich Karajan, vielmehr Karajan habe sich Callas unterworfen und gar nicht erst versucht, Regie zu führen, sondern alles nur um sie herum arrangiert.

Dann die Wahnsinnsszene. Maria im weißen überlangen Nachtkleid, das Haar offen, trat vor schwarzem Hintergrund auf, einer Tänzerin ähnlich, das Licht folgte ihr, suchte sie.[8] Auch ein Student, der als Regieassistent mitarbeitete, hatte den Eindruck, Callas sei es, die das Geschehen bestimmte. Er war gerade erst einundzwanzig, blass und zartgliedrig, hatte als Teenager bei dem Kultpaar Clotilde und Alexander Sacharoff Tanzen studiert und dabei etwas gelernt, das er mittlerweile als Geheimnis vieler großer Bühnendarsteller erkannte, auch wenn die nicht tanzten. Wie Callas in der Wahnsinnsszene in dem Plisseegewand mit seinen weit fallenden Ärmeln[9] ihre Arme bewegte, erinnerte ihn an die Schwingen eines Adlers, an einen großen schönen Vogel. «Wenn sie in die Höhe gingen, und oft bewegte sie sie sehr langsam, schienen sie schwer – nicht schwebend wie die Arme einer Tänzerin, sondern gewichtig. Dann, wenn sie den Höhepunkt einer musikalischen Phrase erreichte, entspannten sich ihre Arme und glitten in die nächste Bewegung über.» Ihn erinnerte das an die Quintessenz von Sacharoffs Lektionen. Spannung und Entspannung, hatte der seinen Schülern beigebracht, sei das Wichtigste, um zu ergreifen. Zuerst vom Kopf her jedes Körperglied bis in die Fingerspitzen und Zehen mit Spannung zu laden und dann loszulassen, das sei die Grundlage jedes Dramas. Wer von Anfang bis Ende gespannt bleibe, wirke hart und zäh, hatte Sacharoff gewarnt. Jetzt, wo sein Schüler Maria Callas erlebte, schien ihm, sie wisse all das, obwohl sie es nicht wissen konnte. Sie trug die Intuition für das Tragische in sich. Er verstand auf einmal, dass es Unsinn war, was ständig behauptet wurde: Sänger müssten die Stimme bewusst mit dem Körper koordinieren. Bei Maria Callas lief beides ganz selbstverständlich zusammen. Genau deswegen würde er sie niemals vergessen.[10] Karajan ging mit ihrer Stimme, indem er das Gleiche machte wie sie, spannte und entspannte. Er folgte ihr, nicht sie ihm.[11]

Ein Aufbäumen, noch einmal von aller Energie durchpulst, das jäh in sich zusammenfiel: So sah Sterben aus. Der Regieassistent hatte es von Sacharoff gelernt. Nun starrte er auf die Bühne. So starb die Lucia der Maria Callas.

Toti dal Monte konnte nicht anders. Direkt nach der Vorstellung klopfte sie an der Garderobe von Maria Callas und gestand ihr weinend, heute Abend habe sie erkennen müssen, dass sie selbst die Rolle an die hundert Mal gesungen und niemals verstanden habe.[12] Ihre Lucia war perfekt und künstlich gewesen, die von Callas mit allen Rissen wahrhaftig.

Orangenblüten, Glyzinen, Kirschblüten – es duftete in Rom wie jeden März, nur der Abgasgestank störte. Autostaus waren Alltag, auch Carabinieri, die Strafzettel an die Windschutzscheiben der Falschparker steckten. Der Ostertourismus rollte bereits an, als Signora Meneghini Callas mit ihrem Mann zur Audienz bei Papst Pius XII., geboren als Eugenio Pacelli, geladen war, sein Geheimkämmerer hatte alles arrangiert. Kaum jemand konnte erfahren haben, dass Signora Meneghini die erste Einladung des Papstes vor einem Jahr angenommen und dann ohne Entschuldigung verschlafen hatte. Der Papst verübelte ihr das offenbar nicht. Für die Nachsicht gab es familiäre Gründe: Sein Neffe, Marcantonio Pacelli, war Präsident der Mulini Pantanella, eines römischen Nudelherstellers.

Am 18. Februar war in einer Wochenzeitschrift eine große Anzeige der Mulini Pantanella erschienen, drei Tage später dieselbe in einer anderen Wochenzeitschrift. Das Unternehmen war den Meneghinis vertraut, der Inhaber, Gino Coen, war ein Freund von Pia Meneghini und ihrem Mann Dr. Giovanni Cazzarolli. In Rom hatten Maria und Battista schon oft am Tisch der Coens gesessen, keineswegs nur zu einem Teller Nudeln. Und alle Frauen, die sich gefragt hatten, wie Maria Callas so schnell so viel hatte abnehmen können, wurden nun durch diese Anzeige aufgeklärt: indem sie Pasta von den Mulini Pantanella gegessen habe. Für die Anzeige war ein Zertifikat abfotografiert worden: «In meiner Eigenschaft als der Arzt, der Maria Meneghini-Callas behandelt, bezeuge ich, dass die wunderbaren Ergebnisse der Diät zu verdanken sind, der sich Signora Callas (sie verlor 20 Kilo) unterzog und die zum Großteil darin bestand, die physiologische Pasta von Roms Pantanella-Mühlen zu essen. Giovanni Cazzarolli.» Viele Frauen wollten wissen, wie Maria Callas das genau angestellt hatte, und riefen bei Meneghinis zu Hause an. Woher sie die Nummer hatten, war nicht schwer zu erraten.

Signora Meneghini dachte nicht daran, mit ihren Verwandten zu reden – die hatten vor diesem Überraschungscoup auch nicht mit ihr geredet. Außerdem wusste keiner besser als ihr Schwager Cazzarolli, welchen Umständen sie den Gewichtsverlust verdankte, er hatte sie vor der riskanten Kur gewarnt. Wollte er es ausnutzen, dass sie die Hormonbehandlung geheim halten wollte, die nicht ins Bild der wunderbaren Verwandlung passte? Battista sollte die Beteiligten sofort durch seinen Anwalt zu einer ebenso großen Gegendarstellung und zu Schadenersatz verpflichten lassen. Was Maria Callas vor allem aufbrachte, sagte sie ihrem Mann: «Nun wird die Öffentlichkeit denken, dass ich mit meinem Körper Geschäfte mache.»

Glaubwürdig hatte sie mit Lucia eines der vielen weiblichen Opfer in der Oper verkörpert, davor schon das Opfer Elvira, das Opfer Leonora, das Opfer Gilda. Maria selbst wollte offenbar kein Opfer sein und war entschlossen, ihr privates Dasein gegen jeden zu verteidigen, der die Prominenz von Callas ausbeuten wollte. Dass die Anzeige dieses Privatleben zum Schlachtfeld erklärt hatte, beantwortete sie mit einer Kriegserklärung an die einzigen Verwandten, die, abgesehen von der greisen Schwiegermutter, für sie da waren. Cazzarolli, Coen und Pacelli jammerten, eine Gegendarstellung würde der Firma großen Schaden zufügen, und verweigerten beide Forderungen. «Dann werden sie Blut spucken vor Gericht», erklärte Maria Callas ihrem Mann. Das Gericht sollte ihr erst spät Recht geben.

Der Papst war offenbar klug beraten, er sprach mit Signora Meneghini nicht über Pasta, nur über Musik. In den acht Jahren als Nuntius in München, in denen er beruflich wie privat nicht weit von der Bayrischen Staatsoper einquartiert war, hatte er sich für Richard Wagner entflammt. Unbedingt müssten Wagners Werke deutsch gesungen werden, auch in Italien, erklärte er ihr. Sie widersprach. Die Italiener hätten sich nie für Wagner begeistern können, zu schwer, zu lang, zu weit weg. Nur wenn sie den Text und das, was auf der Bühne geschah, verstanden, konnte man sie bewegen, eine Wagner-Oper nicht einfach nur abzusitzen. Das zählte, selbst wenn die Musik dadurch verlor, weil sich der Klang veränderte. Der Papst ließ das Argument nicht gelten, aber Callas blieb bei ihrer Meinung: Allein das, was die Menschen sofort erreichte, ergriff sie.[13]

Sie wurde fotografiert beim Verlassen des Vatikans, den Kopf hoch erhoben, eine Frau, die sich die Gegenwehr nicht nehmen ließ, eine Weltklasse-Musikerin, die sich von einem Papst nicht sagen ließ, wie sie Musik machen sollte. Diese Art Frauen war die Welt 1954 noch nicht gewohnt.

Der Fotograf wurde in Verona in die Küche geführt. Resopal-Einbauschränke, Fliesen, emaillierter Herd, sogar die Vase mit drei Anthurien

Federleichte Darstellerin: Nach ihrem Gewichtsverlust war Maria Callas imstande, auch in der Inszenierung einer Ballett-Choreographin und ehemaligen Tänzerin wie Margarethe Wallmann allen Wünschen zu entsprechen, hier in einer Probe zu Alceste *1954*

drin – alles war kalkweiß, keine Lebensmittel, kein Krümel. Im dunkelgrünen Seidenkleid, eine Schürze in Grün und Rot um die Taille gebunden, so stand die Hausherrin bewegungslos am Herd, die Linke hielt den Griff eines Wasserkochers. An der rechten Hand trug sie einen leuchtend grünen Smaragd, an den Ohren leuchtend grüne Smaragde, die Fingernägel waren rot wie die Anthurien und rot wie ihr Lippenstift. Schon farblich war sie eine Ikone in den Nationalfarben Italiens. Ihr Haar war nun dunkelblond, das wirkte harmloser als rot oder schwarz.

Maria hatte sich von Callas abgeschaut, was strategisch vorgehen hieß.[14] Aus *Le vostre novelle* war ihr bekannt, dass Stars, die als Vamp verkauft wurden, sich besonders gern als Hausfrau ablichten ließen. Obwohl sie

Diät halten musste, um die Erfolge der Thyroid-Behandlung nicht zu unterwandern, gab sie sich als Köchin und Genießerin, dabei waren die Zeiten vorbei, in denen sie bei Pia Meneghini große Portionen ihres Lieblingsessens, Polenta mit Baccala, verschlungen hatte.[15] In Mailand sang sie Glucks *Alceste*, die als ergebene Ehefrau für ihren Mann in den Tod ging, damit er am Leben bleiben durfte. «Das ist meine Lieblingsheldin», verkündete sie, «meine griechische Lieblingsheldin.» Die Betonung war durchdacht. Denn jener Begeisterungsschrei, «Callas ist Medea», schadete Marias Image, die meisten Operngänger hielten auch Medea, die große Rächerin, für eine Griechin. Callas klagte ihr Recht auf juristischem Weg ein, Signora Meneghini wurde als rachsüchtig abgestempelt.

Am Tag der Scala-Premiere hatte Callas in ihr Notizbuch eingetragen: «Alceste Mailand 4. April 1954 64 Kilo». Göttlich schön hatte sie ausgesehen, hatte die bisher klassizistisch kühl gesungene Heldin zu einer glühend Liebenden gemacht. Trotzdem gab sie die Rolle mit der letzten Aufführung am 20. April für immer auf. Alceste kannte keine Konflikte.

Vier Tage später[16] setzte Signora Meneghini in Verona handschriftlich ihr Testament auf. «Ich vermache mein gesamtes Erbe meinem Ehemann Battista Meneghini, Sohn des verstorbenen Angelo.» Sie unterschrieb mit Maria Meneghini Callas und setzte in Klammern dahinter: Sophia Cecilia Kalos.

Doch wer oder was hatte sie dazu gebracht, an diesem Tag ihr Vermächtnis zu hinterlegen? Sie verbrachte seit dem 23. April jeden Tag von morgens bis abends in einem Mailänder Kino, dem Cinema Metropol, wo EMI die erste *Norma* mit ihr für die Schallplatte aufnahm.

Anscheinend hatte sie sich ganz in die Hand von Battista Meneghini begeben, der gegen alle vorging, die auf einem Programm, einer Einspielung, einem Plakat oder in einer Rezension das «Meneghini» im Nachnamen seiner Frau unter den Tisch fallen ließen. Dass er Briefe tippte oder tippen ließ, die sie unterzeichnete, war nicht neu, er war offiziell Manager von Callas. Neu war, dass er handschriftliche Briefe in ihrem Namen verfasste und sich dabei bemühte, ihre Schrift, die fließend, weich, harmonisch und seiner buchhalterischen gänzlich unähnlich war, so gut wie möglich nachzuahmen. Ob sie diese Briefe jemals gesehen hatte und wusste, was drinstand, war den Empfängern nicht bekannt, den meisten fiel vermutlich gar nichts auf, denn bei eng Vertrauten riskierte Meneghini nie etwas. Zahllose Verehrer, die mit Autogrammen und signierten Fotos von Maria Callas bedacht wurden, verfielen nicht auf die Idee, dass eine Fälscherwerkstatt emsig produzierte.[17] Entstand hier auch das Testament?

Zu der Werkstatt gehörte gelegentlich wohl auch Marias kleine Schwester. Nachdem Pia Meneghini und ihr Mann aussortiert worden waren, hatte Maria sich nach einer Ersatzfamilie in Mailand umgesehen. Giovanna Lomazzi, zwölf Jahre jünger als sie und genau gleich groß, kam aus einem Haushalt mit Geld und Opernabonnement und wohnte direkt beim Castello di Sforza. Seit die beiden einander vorgestellt worden waren, nach der *Gioconda* im Januar 1953 im Restaurant Biffi, hatte sich Callas radikal verändert. Damals verpackte sie ihre weit über neunzig Kilo in einen grünen Cardigan, auf dem gleich zwei aus Brasilien mitgebrachte Smaragdbroschen platziert waren, einen braun-rostfarben gestreiften Rock und einen übermächtigen Nerzmantel. Nun war sie die Vorzeigekundin von Biki, die für ihre dezente Eleganz von den Fotografen angebetet wurde. Maria jedoch war ihrem Geschmack und ihren Angewohnheiten treu geblieben. Stundenlang war sie mit Giovanna unterwegs, um Einkaufstüten mit jeder Art von Plastikgegenständen und Nippes zu füllen, Tischlampen, Briefbeschwerern und bunten Behältnissen für Kleinkram.

Dass Maria Callas ihren Mann und Manager als Fälscher gewähren ließ, war für eine Freundin wie Giovanna leicht zu verstehen. Callas wollte den Kopf frei haben für ihr Rollenstudium, ihre Proben und Aufführungen, Maria wollte geborgen sein in der geordneten bürgerlichen Welt, die Battista ihr bot. Selbst auf einem kurzen Spaziergang mit Giovanna musste Battista sie begleiten.[18] Maria träumte von einem eigenen Haus mit Battista in Mailand, in dem noch mehr Platz für noch mehr Nippes war; Callas verfolgte nur einen Plan: *Traviata* in der Scala zu singen mit di Stefano als Alfredo und in der Regie von Visconti.

Die Vorbereitungen waren getroffen. Alle ihre *Traviata*-Einspielungen hatte sie mit di Stefano bestritten, ihre Figur sah nun so aus, wie das Visconti für die schwindsüchtige Violetta gefordert hatte, und die Tür der Scala stand ihr offen, seit sie dort höhere Gewinne einfuhr als sämtliche Kollegen.

Mütterliche Vertraute: die Athener Lehrerin Elvira de Hidalgo an der Seite ihrer zum Star aufgestiegenen Schülerin Maria im Tre Corone während der Festspielzeit in Verona, Juli 1954. Callas hatte sich für die Rolle der Margherita (Fausts Gretchen) in Arrigo Boitos Mefistofele *die Haare blondiert*

Um Visconti in Trab zu bringen, ließ ihm Callas über ihren Mann von einem Angebot für die *Traviata* berichten, das ihn provozieren musste; es kam vom Fernsehen. Die Rechnung ging auf. «Wie kann sich Maria von einem so absurden und gefährlichen Projekt verführen lassen?», schrieb Visconti am 19. Juni 1954, kaum war die Nachricht bei ihm gelandet, an Meneghini. «Ich spreche nicht aus Egoismus oder Neid. Neid ja, weil Maria die *Traviata* mit anderen machen würde (denn ich werde sicherlich nicht fürs Fernsehen arbeiten). Aber habt ihr je eine Theateraufführung im Fernsehen gesehen? Und noch schlimmer, eine Oper? Mein Gott! Meiner Meinung nach ist es das hässlichste, unerfreulichste, antikünstlerischste und antiproduktivste Spektakel, das man sich vorstellen kann.» Wirklich mörderisch sei das bei Opern übliche Playback, klärte Visconti Meneghini auf, erst Tonaufnahmen, dann Filmaufnahmen, bei denen die Sänger nur die Lippen bewegten. «Das mag gut sein für Dilettanten, aber nicht für eine wahre Künstlerin. Maria würde auf eine solche barbarische und kompromittierende Weise ihre neue, lang erwartete, bedeutende Traviata vorwegnehmen», schimpfte er. «Sie wäre gezwungen, die Violetta zwei, drei Tage vorher zu spielen, und dann würde sie wirken wie ein Goldfisch im Glas.» Zum Schluss zielte er ins Schwarze dessen, was Callas antrieb. «Ausgerechnet *La traviata*! Dieses Stück, das Marias Ziel, ihr künstlerisches Meisterwerk, ihre Neunte Symphonie sein sollte, so wegzuwerfen!»[19]

Die Provokation von Callas schien Erfolg zu haben. Kurz darauf ließ Visconti sie wissen, Ghiringhelli sei einverstanden, mit ihr und ihm die erste gemeinsame Oper an der Scala herauszubringen. Doch es war *La vestale* von Gaspare Spontini.

Um Kleinkriege kümmerte sich Callas nicht. Vermutlich ahnte sie, dass Tebaldi der Grund war, warum ihr die *Traviata* an der Scala verweigert wurde. Im Mai 1952 war Tebaldi in Mailand unter Giulini in dieser Oper aufgetreten. Der Lederfabrikant a. D. Ghiringhelli, dem gesellschaftliche Anerkennung viel bedeutete, wollte zwar auch mit Conte Visconti glänzen, *La traviata* jedoch mit Tebaldi bringen. Visconti wiederum wollte *La traviata* inszenieren, nur keinesfalls mit Tebaldi. Mit Tebaldi sei es leichter zu arbeiten, sagten deren Verehrer, Callas raste bei Kritik sofort aus. Callas schwieg zu alldem.

Walter Legge hatte nie etwas komponiert, ein Meisterwerk konnte er dennoch vorweisen. Es trug den Namen seiner Frau: Elisabeth Schwarzkopf. Was Meneghini sich anmaßte, der Pygmalion von Callas zu sein – Legge war es für seine Frau, die sich selbst «Her Master's Voice» nannte.[20] Jahrelang hatte er ihr mit Aufnahmen der großen Kolleginnen, der lebenden und der toten, vorgeführt, wer wo was wie richtig oder falsch machte. Er kannte die Aufnahme von Verdis *Forza del destino* mit Tebaldi als Leonora, aufgenommen beim Maggio Musicale des letzten Jahres, vollendeter Wohlklang bis zu Leonoras Tod. Trotzdem stand am 17. August 1954 Maria Callas auf der Bühne der Scala in dieser Partie, wieder vor leergeräumtem Saal, der Sommergroßputz ließ Zeit für Schallplattenaufnahmen. Serafin stand am Pult.

Es war erst ein Jahr vergangen seit der *Tosca*-Einspielung, die Legge sofort als einmalig erkannt hatte. Nun hörte er, dass die Stimme von Callas in der Höhe schlingerte, jenes berüchtigte *wobble*, für Legge das Schlimmste. Dass es mit ihrer radikalen Gewichtsabnahme zu tun hatte, unterstellten einige. Sie selbst wusste, dass schon in Athen genau das bei ihr in hoher Lage kritisiert worden war. Legge wurde deutlich: «Maria, wenn du weiter so singst, müssen wir jeder Plattenkassette Pillen beilegen, damit die Hörer von dem Geschaukel nicht seekrank werden!»[21] Stimmten die Gerüchte, musste er damit rechnen, dass sie nun sofort wütend aus der Probe rauschen und erst nach einem Kniefall des Produzenten wieder einziehen würde. Callas sagte nichts, bestand aber darauf, Legge und seine Frau abends ins Restaurant einzuladen.

Das Biffi Scala war trotz Sommerpause gut besucht, die Legges saßen bereits am Tisch, als Maria Callas hereinkam, Elisabeth umarmte und noch im Stehen verlangte: «Zeig mir, wie du die hohen As und Bs singst und dann ein Diminuendo machst.» Schwarzkopf zögerte, Aufsehen zu erregen war nie in Legges Sinn. Callas jedoch, als wären keine anderen Gäste anwesend, fing mit voller Stimme zu singen an, die hohen Töne, bei denen sie Probleme hatte. Schwarzkopf betastete ihre Zwerchfellgegend, den Unterkiefer, den Kehlkopf, den Brustkorb. Die Kellner vereisten, alle anderen drehten die Köpfe zu dieser Aufführung. Dann sang Schwarzkopf die heiklen Töne, und Callas tastete sie ab. «Ich glaube, ich hab's. Ich werde dich morgen anrufen, wenn ich es ausprobiert habe», sagte sie und nahm Platz.

Am nächsten Tag rief sie an und vermeldete Erfolg. Davon war Legge nicht ganz überzeugt, nur davon, dass sie die lernwilligste aller sogenannten Primadonnen war.[22] Und eine Tragödin. Tebaldis Leonora litt durchgehend schön, die Leonora der Callas war hin- und hergerissen zwischen Leidenschaft für den Geliebten und den Gefühlen für einen rassistischen und autoritären Vater, der diesen Geliebten hasste, zwischen dem Drang nach Aufbruch und der Angst, die bürgerliche Sicherheit aufzugeben. Es konnte nicht schön klingen, wenn Leonora ihre letzten Laute von sich gab: Sie wurde erstochen.

Am 8. November war es so weit: Maria stand als Violetta in *La traviata* auf der Bühne der Scala. Regie führte nicht Visconti, sondern Wilhelm Ritter von Wymetal, hier als William Wymetal aus dem Abspann von Hollywood-Operetten wie *Rose-Marie*, *San Francisco* oder *Maytime* bekannt, die vor bald zwanzig Jahren die Kinos gefüllt hatten. Am Pult stand weder Serafin noch Giulini, an Marias Seite Léopold Simoneau, nicht di Stefano. Und das Opernunternehmen in der Hauptstadt des Mittleren Westens hieß nur inoffiziell Scala West, offiziell war es bekannt als Lyric Theatre Chicago.[23] Es war neu gegründet worden von drei Leuten, die nicht so wirkten, als hätten sie Aussichten auf Erfolg: einem Dirigenten, sieben Jahre älter als Maria Callas, ehrgeizig, aber unerfahren, einem jungen Iren mit einem fragwürdigen Sinn für den Wert des Gelds und einer gescheiterten Gesangsstudentin, die entschlossen war, ihren Weg irgendwie in der Oper zu finden; ihr Vater, Hersteller von Bürogeräten, finanzierte die Suche.[24] Doch Nicola Rescigno, Lawrence Kelly und Carol Fox konnten das, was Ghiringhelli fehlte: Sie konnten begeistern und hatten in Chicago beste Verbindungen aufgebaut, auch zu den Musikkritikern der großen Zeitungen.[25]

Offenbar verfügte Carol Fox zudem über praktische Psychologie. Sie wusste, dass Meneghini immer mehr forderte als üblich oder geboten. An der Met galt offiziell als Spitzengage 1000 Dollar pro Vorstellung, er verlangte vom Lyric Theatre 12 000 für sechs Vorstellungen. Fox bot 10 500, das hieß 1750 pro Vorstellung.

Das wiederum machte Bing in New York nervös. Er hatte es vor zwei Jahren für absurd erklärt, als Meneghini für jede Vorstellung 600 Dollar und freie Flüge für zwei Personen verlangt hatte, und 400 geboten; 1953 hatte er auf 800 erhöht. Die Summen, die Scala West biete, seien komplett ungesund, warnte er nun, und Meneghini werde durch seine Gier bald die Karriere seiner Frau zerstören. Bing hatte recht, wenn er betonte, Callas gehe es nie ums Geld; darum ging es Meneghini. Maria jedoch war nach wie vor die Schwester von Jackie: Es ging ihr um mehr

Geld, mehr, als alle anderen Kollegen bekamen, und sei es nur um einen Dollar mehr. Sie brauchte auch mehr Verwöhnung; Fox bot sie, statt Zimmer im Hotel Ambassador West gab es ein Apartment mit Haushälterin, die italienisch kochen konnte. Und Maria brauchte mehr Bedeutung, auch die bekam sie; mit ihr als Norma wurde keine Saison eröffnet, vielmehr ein neues Opernhaus, in dem 3500 Zuschauer Platz fanden. Indem ihr mit *Traviata* ein Wunsch erfüllt wurde, brüskierte Scala West Scala Ost.

Bing setzte einen Kundschafter auf Maria Callas an, Francis Robinson. Der war mit vierundvierzig weit oben angekommen in der Welt der Oper: Er hatte als Platzanweiser gejobbt, nach dem Studium als Journalist, Drehbuchautor, Regisseur und Theateragent gearbeitet und war schon lange Pressesprecher der Met und Bings Ersatzmann. Robinson würde keinen Verdacht erwecken, denn Nicola Rescigno, der das amerikanische Debüt von Maria Callas dirigierte, war sein Freund.[26] Am Morgen nach der Eröffnung von Scala West fetzte Robinson sämtliche Kritiken durch: nichts als Hymnen auf Callas. Ihre Spitzentöne waren sicher, ihr neues Erscheinungsbild bezaubernd, ihre Darstellung herzergreifend. Der von Angel Records veranstaltete Ball interessierte mehr als jede andere Sensation.

Doch am Tag vor dem zweiten Auftritt von Callas als Norma erreichten Meneghini schlechte Nachrichten: Eddie Bagarozy verklagte sie auf 300 000 Dollar Tantiemen.[27] Maria Callas schien das nicht zu berühren. Als sie nach zwei Auftritten in der *Traviata* noch zwei als Lucia servierte, setzte Claudia Cassidy eine Rezension in Übergröße in die *Chicago Tribune*. Cassidy wurde von Ghiringhelli gefürchtet und gelesen. Die Überschrift ersparte jede weitere Lektüre: «Wer ist verrückt, die Lucia der Callas oder ihr rasendes Publikum?»[28]

Ghiringhelli hatte Viscontis Forderungen für gigantische Bühnenarchitekturen in *La vestale* größenwahnsinnig gefunden und die Idee, hundert echte Fackeln auf der Bühne brennen zu lassen, abwegig. Nun bewilligte er die Fackeln und ein Rekordbudget.

13.

DIVA IM LIEBESHUNGER

Zeffirelli tröstet, Visconti dient demütig,
Callas ist schlafwandlerisch sicher,
und Maria will Luchino wie Lenny gefallen

Wie es hinter der Fassade des Eigenheims in der Via Michelangelo Buonarroti 40[1] aussah, interessierte ein Millionenpublikum. Ohne diese Neugier wäre kaum jemand dort hinausgewandert, eine dreiviertel Stunde zu Fuß von der Scala. Die Straße, breit und neu, war stark befahren, viele graue Neubauten, schnell hingeklotzte Hochhäuser, kein Grün, keine Restaurants oder Cafés, kaum Geschäfte, vom neuen Mailand der Mode und des Designs keine Spur. Doch Maria Callas war eine öffentliche Frau geworden, und wo sie wohnte, war bekannt. In derselben Straße stadteinwärts, Hausnummer 29, befand sich die Casa di Risposo Giuseppe Verdi, ein Altersheim für bedürftige ehemalige Sänger, vom Komponisten selbst gestiftet und unter seiner Aufsicht erbaut. Einmal bedürftig zu werden schien jetzt bereits ausgeschlossen für Maria Callas, es sei denn, sie verspielte oder verjubelte ihr hart verdientes Geld. Darauf jedoch hatte sie keinerlei Zugriff, nur ihr Mann und Manager.

Damals, als Verdi dort baute, war das einstige Dorf San Pietro in Sala, nördlich der schlichten Kirche, noch eine Idylle mit bürgerlichen Jugendstilvillen gewesen, von denen fast keine mehr stand. Mittlerweile war es Vorstadt, und das Haus, das Meneghini erworben hatte, ließ sich schwerlich als Villa bezeichnen. Ein gesichtsloses Wohnhaus mit drei Etagen, kleinen Fenstern und einem engen Eingang, die Azaleentöpfe auf dem Terrazzoboden machten das Treppenhaus nicht mondäner. Hinter dem Haus hatte er einen Garten anlegen lassen und aus der Einöde das Beste gemacht, mit Blumenstauden, flachen Waschbetonstufen, niedrigen Sträuchern; grüngestrichene Spaliere an den umgebenden

Mauern sollten den Eindruck eines herrschaftlichen Gartens erwecken. Das Innere war aus Illustrierten und Modezeitschriften bekannt, für die Maria Callas vor Stores und Samtgardinen mit bortenbesetzten Schabracken auf falschen Perserteppichen posierte, gerne mit ihrem schwarzen Pudel namens Toy, der sogar auf dem Tisch sitzen durfte.

Auf die meisten wirkte es so, als wäre nicht nur Callas angekommen, sondern auch Maria. Sie wollte nach langen Proben und erst recht nach Vorstellungen ins eigene Bett, und die nächtlichen Autofahrten durch den Nebel bis Verona, das sie ohnehin mied, waren riskant. Die Hotelrechnungen im Scala-nahen Grand Hotel et de Milan waren hoch gewesen, das Einüben neuer Partien am Hotelklavier heikel. Es hätte schön sein können am späten Abend des 5. März 1955 in den eigenen vier Wänden.

Maria Callas musste sich erleichtert fühlen nach dem, was sie seit Anfang Januar alles hinter sich gebracht hatte. Erschöpft vom letzten Jahr war sie in das neue eingestiegen, hatte direkt nach Silvester in wenigen Tagen eine neue Rolle gelernt, die ihr nicht passte, zudem eine von Tebaldis Erfolgspartien. Denn ihr Partner Mario del Monaco hatte behauptet, er sei gesundheitlich außerstande, wie vorgesehen in *Il trovatore* zu singen, stattdessen wollte er in seiner Bravourpartie als Andrea Chénier glänzen. Callas wäre so etwas als Primadonnengezicke angekreidet worden. Am 22. Januar war sie in Rom die Medea in einer Neuinszenierung von Margarethe Wallmann gewesen, am 23. Januar in *Il tempo* von einem Großkritiker verrissen worden. Doch der hatte sofort von prominenter Seite eins ans Schienbein bekommen. Die Schlägerei hatte sich ausgeweitet, im Endeffekt aber für ein Plus auf dem Konto von Callas gesorgt. Und nun sang sie an diesem 5. März die Premiere von *La sonnambula*, einer Oper ihres geliebten Bellini – in der Regie des geliebten Visconti, unter dem Dirigat des geliebten Bernstein, in Bühnenbildern des geliebten Tosi.

«Kein Mitgefühl, sie hat es nicht verdient.» Etwas von den gehässigen Sätzen aus *Il tempo* war an ihr kleben geblieben. Ihre Stimme, hatte der Kritiker erklärt, sei zu schrill, ihr Spiel zu effekthascherisch, daher lasse sie als Medea kalt. Regie-Einfälle von Wallmann mit einem langen Kapuzenmantel hatte er ihr angelastet.[2] Seit Callas sämtliche Kolleginnen auch durch ihre Erscheinung überstrahlte, sprangen viele besonders hart mit ihr um. Kein Mitgefühl mit der Sängerin, die von dem Kapuzenmantel in Rom ein Furunkel im Nacken bekommen hatte.

Die Proben für *La sonnambula* waren verlaufen, wie es den drei Perfektionisten Bernstein, Callas und Visconti entsprach, kein Detail war übersehen worden. Es war nur Maria, die für Spannungen gesorgt hatte: Sich ihrer Schönheit bewusst, hatte sie Lennys Blicke genossen, dann aber bemerkt, wie er und Luchino miteinander umgingen. Stunden hatten die beiden im Fundus der Scala zusammengehockt und Federn auf die Hüte der Chorsängerinnen geklebt, selbst für Probenfotos hatte sich Lenny neben den Stuhl gestellt, auf dem Luchino saß, und ihm den Arm um die Schultern gelegt.

Maria hatte alles getan, um Lenny zu gefallen. Seine musikalischen Spiele, die er nahezu süchtig bei jedem gemeinsamen Abendessen im Restaurant veranstaltete und bei denen die meisten nicht lachten, nur litten, hatte sie mitgemacht, auch den Funkenflug vieldeutiger Bemerkungen zwischen Lenny und Luchino hatte sie ertragen. Zusammen waren Bernstein, Callas und Visconti, wie Zeffirelli befand,[3] ein Dreigestirn, um das sich die Trabanten aus Mailänder Geldadel und Geburtsadel drängten, eine Gesellschaft, die sich an sich selbst berauschte, an ihrem hochprozentigen Zynismus, ihrer Lasterhaftigkeit. Maria Callas fühlte sich diesen Menschen offensichtlich fremd, sie suchte Ordnung und wollte genau wissen, was und wer wohin gehörte. Kleinbürgerlich fand Zeffirelli ihre Sehnsüchte und hatte damit wohl Recht. Einmal, als sie selbst in einem Probenraum am Klavier saß, Bernstein in einer Ecke, Visconti in der anderen, hatte sie Bernstein und dann Visconti fixiert und gefragt: «Wie kommt es, dass alle attraktiven Männer homosexuell sind?» Keine Antwort. Sie beharrte. «Ich möchte die Wahrheit wissen, ihr seid doch homosexuell ...?» Keine Antwort.[4] Dass Visconti zuweilen auch weibliche Geliebte hatte, war ihr nicht bekannt.[5]

An diesem 5. März, bei der Premiere, war das vergessen. Bernstein war es gelungen, achtzehn Orchesterproben durchzuziehen, das war an der Scala neu. Neu war auch, was Visconti in den Tüllwolken und den Pastellfarben von Piero Tosi auf die Bühne brachte: ein Changieren von Illusion und Wirklichkeit. Die Geschichte spielte in einem Schweizer Gebirgsdorf, doch die Bauerntöchter traten als Balletteusen mit langen Handschuhen auf. Ihre Primaballerina war das Waisenmädchen Amina,

Künstlerisch verständnisinnig: Leonard Bernstein und Maria Callas waren sich von Anfang an einig, auch was die Intensität der Probenarbeit und die Bedingungslosigkeit des Einsatzes anging. Hier in einer Kaffeepause 1955

bettelarm und von der Müllerin adoptiert, gesungen von Callas. Wie immer hatte Visconti äußerliche Argumente, denn die Handlung beruhte auf einem pantomimischen Ballett. Doch er drang vor ins Innerste der Oper, die ihre Macht darin bewies, das Unglaubwürdige glaubhaft zu machen. Amina wurde im Schlafwandeln schuldlos schuldig und bewies dann schlafwandelnd ihre Unschuld – Oper als das Reich zwischen Traum und Wirklichkeit. Und die schmale Brücke, auf der Visconti Amina balancieren ließ, war sie nicht auch ein Sinnbild des schmalen Grates, auf der die Oper zwischen Lächerlichkeit und Wunder balancierte?

Visconti und Bernstein hatten Maria Callas blind vertraut. Beiden war längst bekannt, dass sie auf der Bühne nichts sah, ohne Brille war die Welt für sie ein nebliges Niemandsland. Der Vor- und Nachteile dieses Handicaps war sich Visconti bewusst. Für die Schlafwandelszene hatte er an der Stelle, wo sie zu Boden sinken musste, ein Taschentuch hingelegt, getränkt mit seinem englischen Parfum, Hammam Bouquet.[6] Zugleich konnte niemand überzeugender in Trance singen als sie. Obwohl auf der Bühne immer viele Leute zu tun hatten, auch wenn das Publikum dort nur eine Gestalt wahrnahm, war sie versunken im Gefühl des Alleinseins.

Visconti hatte jedoch noch etwas von ihr für diese *Sonnambula* benutzt: dass Maria und Callas für das Publikum nicht mehr zu unterscheiden waren. Marias private Schwächen und Reaktionen wurden Callas unterstellt, Callas wiederum trug selbst dazu bei, dass Marias unstillbarer Hunger nach Bewunderung und bedingungsloser Liebe ins Professionelle einsickerten; ihre Eifersucht auf zwei Mitstreiter, die sie ungeniert anhimmelte, Lenny und Luchino, hatte sich herumgesprochen. In den inneren Kreisen, wo die Homosexualität der beiden kein Geheimnis war, wurde darüber gespottet, wenn auch hinter vorgehaltener Hand.

Für die letzte Szene der *Sonnambula* hatte Visconti die Bühne in den Zuschauerraum hinaus verlängert. Er hatte Maria Callas dazu überredet, ein Collier um den Hals zu legen, mehrreihig und prächtig. «Ein Dorfmädchen kann nicht solchen Schmuck tragen», hatte sie protestiert. «Du bist kein Dorfmädchen», hatte er gesagt, «du bist Maria Callas, die ein Dorfmädchen spielt.»[7] Sie trat hinaus, funkelnd und betörend schön, eine extravertierte junge Frau, die endlich den Mann bekam, den sie liebte, von Bernstein mit Broadway-Temperament dirigiert. Die Lüster im Auditorium wurden hell und heller. Da stand zum Schluss nicht mehr Amina, da stand Maria Callas, die Diva, eine öffentliche Figur.

Alle zusammen waren sie danach zum Essen gegangen und hatten Maria den Spaß gelassen, jedem sein Gericht auszusuchen; es half ihr wohl, weniger zu essen. Bernstein hatte wieder eines seiner Spiele veranstaltet, es hatte Streit gegeben, wer gewonnen, wer gemogelt oder verloren hatte, und Lenny war abgerauscht. Da trafen bereits die ersten Vorauskritiken ein.[8] *Il popolo di Milano* schrieb, was die meisten schrieben: Diese Inszenierung sei ein Beispiel für den Niedergang der italienischen Opernregie, nichts als die Selbstdarstellung eines Kinoregisseurs ohne Bezug zur Oper, der das Werk Bellinis vergewaltigt habe. Einer musste eben dran glauben. Die Stimmen der anderen Kritiker, die es kongenial fanden, dass Visconti, Bernstein und Callas sichtbar und hörbar gemacht hatten, was vorher keiner gesehen und gehört hatte, kamen kaum dagegen an.[9]

Kritikergalle zersetzte die Premierenfreude. Zeffirelli und ein paar andere begleiteten Maria und Battista nach Hause. Wie üblich zog Meneghini sich zurück, die anderen bröckelten ebenfalls bald ab. Zeffirelli blieb alleine bei ihr. Dass es in den Räumen hinter der Fassade der Via Buonarroti 40 nichts Authentisches gab, nichts Modernes, Frisches, Sinnliches, nur Vorzeigeobjekte, viel Falsches und Zweit- bis Drittklassiges, wusste Zeffirelli bereits. Hinter die Fassade von Maria Callas hatte er bisher noch nicht geblickt. Sie flehte ihn an, zu bleiben und bei einer Flasche Champagner zu erleben, wie der neue Tag aufging. Zuerst schwieg sie, dann schluchzte sie wie ein Kind. «Na komm», sagte Zeffirelli, «das war der größte Augenblick in deinem Leben. Der Höhepunkt deiner Karriere.» Schon im ersten Akt hatte der Szenenapplaus minutenlang die Vorstellung unterbrochen, nachdem Amina ihre Verliebtheit besungen hatte, und der Chor hatte am Schluss gegen den Jubel ankämpfen müssen. Auf Callas hatte es Rosen und Applaus geregnet und danach, anders als auf Visconti, Kritikerlob.

Während es dämmerte und sie weiterredeten, wurde Zeffirelli klar, was ihr fehlte: jemand, der sie einfach umarmte, seiner Liebe versicherte und spüren ließ, dass sie für ihn Maria war, nicht Callas. Meneghini schlief auf einer anderen Etage, und sie stürzte nach Höchstleistung und Höhenrausch ins Leere. In diesem vollgestellten Haus war nichts und niemand da, um sie aufzufangen.

Zwei Tage später erschien sie pünktlich bei Zeffirelli zur Probe in der

Scala, die Geständnisse der Nacht schienen vergessen. Zeffirelli war der erste Regisseur, der sie in einer Komödie auftreten ließ, als Fiorilla in Rossinis *Turco in Italia*.[10] Callas war bester Laune. Sie hatte Maria zu Hause gelassen und ihren Mann beauftragt aufzuräumen. Matilda Stagnoli, das aus Verona mitgebrachte altbewährte Mädchen für alles, das gerade unter Marias Aufsicht noch den Garten gejätet hatte, musste weg. «Ich gehe jetzt in die Scala zur Probe», sagte sie, direkt bevor sie das Haus verließ, «und wenn ich zurückkomme, will ich Matilda nicht mehr hier vorfinden. Du kannst dich darum kümmern, sie wohin immer du willst zu schicken.» Battista hatte keine andere Wahl, als Matildas Taschen zu packen und sie nach Verona zurückzuschicken, ohne Erklärung.[11]

Touristen übersahen sie oft und gingen achtlos daran vorbei. Die Fassade der Scala war viel kleiner als gedacht und viel schlichter, nichts ließ dahinter das wohl bekannteste Opernhaus der Welt vermuten und schon gar nicht die Zirkusspiele, die dort stattfanden. Die *maschere*, die Platzanweiser, waren schwarz gekleidet, trugen lange Goldketten und bewegten sich eleganter als die meisten Herren der Gesellschaft. Sie konkurrierten untereinander um die besten Klienten, bei denen sie sich beliebt machten, indem sie irgendwo einen besseren Platz wussten. Zu jeder Loge gehörte auf der gegenüberliegenden Seite des Korridors ein kleiner Salon für die Garderobe, in den sich die Besucher mit Freunden auf ein Glas Champagner zurückzogen. In der Pause ließen sich viele ein kleines Menü aus dem Biffi servieren. Anders als in den meisten übrigen Opernhäusern Italiens begann die Abendvorstellung pünktlich, meistens um 21 Uhr; mit einer halben Stunde Pause dauerte das Ganze dann üblicherweise bis 24 Uhr. Das hieß nicht, dass die Logenbesucher pünktlich kamen, auch Intendant Ghiringhelli hielt es nicht für nötig. Die Gerüchte, sein Operngucker sei ohnehin nur auf junge weibliche Mitglieder des Chors und Balletts gerichtet, die danach in seiner Begleitung die Nacht verbrachten, in der Hoffnung auf Karriere, verstummten nie.[12] Der sechste Rang wurde der Olymp genannt, dort konnten die Besucher während der Vorstellung hin und her gehen. Die Götter dort oben hatten im Allgemeinen wenig Geld, aber umso mehr Kompetenz: Musikstudenten, Opernvernarrte, Kenner. Ihretwegen blickte jeder Star beim

Applaus dort hinauf, nicht dahin, wo weiter unten die Juwelierauslagen auf den Dekolletees blinkten.

Harmlos waren die Zirkusspiele hier so wenig wie in den Arenen des antiken Rom. Gerade von den Göttern ganz oben dräute Gefahr – wer nichts besaß, war leicht zu bestechen. Die Met war größer, der Teatro Regio in Parma kritischer, San Carlo in Neapel war opulenter, La Fenice eleganter, doch das Lampenfieber der Sängerinnen und Sänger stieg hier höher. Der Nimbus des Hauses und der bekannte Skandalhunger seines Stammpublikums heizten es an. Jeder hatte seine Methode, damit zurande zu kommen.

Zeffirelli hatte Maria Callas schon früher hinter den Kulissen vor ihrem Auftritt zugeschaut. Nun stand er dort vor jeder Vorstellung seines *Turco*. Sie brachte ihr neues Dienstmädchen mit, Bruna Lupoli, und stritt mit ihm darüber, ob die letzte Rechnung der Wäscherei stimmte oder ob das Gemüse zu teuer war. Kurz bevor sich der Vorhang hob, verstummte sie schlagartig, als hätte man einen Radioapparat abgestellt, atmete hörbar und schien nur noch die Figur sein zu wollen, die sie spielte.[13] Und doch gewann Zeffirelli den Eindruck, dass Callas etwas mitnahm von Maria. Die rasende Eifersucht der Fiorilla – Maria kannte sie, und Zeffirelli wusste das: Sie hatte sich verliebt, ausgerechnet in Visconti. Und nachdem nun der Konkurrent Bernstein das Feld geräumt hatte, wollte sie es wissen. Sie forschte, wo Visconti zu Mittag aß, spürte ihm nach und befehdete jeden, dem er Aufmerksamkeit schenkte.[14] Zeffirelli, der langjährige, inzwischen ehemalige Geliebte Viscontis, fand das komisch. Auch dass sie als Fiorilla übertrieben begehrlich auf die Juwelen des Türken stierte und hinter den Kulissen klagte, Meneghini schenke ihr zu wenig Schmuck, fand er komisch, nicht wissend, dass Maria Schmuck als die einzigen Liebesbeweise ihres Mannes brauchte. Callas überzeugte in seiner Komödie; dass all das Teil ihrer Tragödie war, schien ihm zu entgehen.

Die Fassade von Luchino Visconti wirkte immer wie frisch gestrichen; als Nachfahre der Herzöge von Mailand legte er Wert darauf, nach außen hin den Erwartungen zu entsprechen. Einen wie ihn konnten Widersacher mit Dreck bewerfen, haften blieb der nicht. Im letzten Jahr war *Senso* in die Kinos gekommen, sein erster Farbfilm. Vielen war aufgefallen, wie eng darin Oper und Filmgeschehen miteinander verfloch-

Hochadliger Diener: Luchino Visconti, Mitglied der italienischen Hocharistokratie, krönt Maria Callas nach ihrem Auftritt in Gaspare Spontinis La vestale *am 7. Dezember 1954 an der Mailänder Scala. Er wollte ihr, wie er sagte, mit jeder seiner Inszenierungen dienen*

ten waren und wem er darin ein Denkmal gesetzt hatte: Die Stimme der blutjungen Sängerin, die im Teatro La Fenice in Verdis *Trovatore* auftrat, war die von Maria Callas.[15] Als die Zuschauer jetzt im Mai 1955 das Programm der Scala lasen, wunderte sie nichts mehr: Verdis *La traviata*, uraufgeführt im La Fenice, wurde gegeben, Regie Luchino Visconti, Violetta Maria Callas.

Die Mitarbeiter der Scala spurten, wenn Visconti Regie führte. Widerstand, wie sie ihn Zeffirelli hatten spüren lassen, leisteten sie bei ihm niemals, doch sie blickten hinter die Fassade des Grafen. Der Umgangston von Zeffirelli war vornehm gewesen, der von Visconti wurde oft grob. Maria Callas aber nannte ihn Luca – Luchino war eine Verkleinerungsform, er war für sie der Größte. Als der Chorleiter über die Bühne ging, während Visconti mit ihr und den anderen Solisten probte, schrie der Abkömmling der Herzöge von Mailand: «Das ist ein Scheißthea-ter!... ich trete dir in den Arsch.»[16] Mit Callas jedoch war er engels-geduldig. Er machte ihr Gesten vor, die er aus der Musik entwickelt hatte und die sie so genau wie möglich nachzuahmen versuchte, erklärte ihr alles, was ihr nicht plausibel vorkam, und verkündete im Vorfeld: «Sie ist die größte Schauspielerin, die das 20. Jahrhundert seit der Duse gesehen hat.» Das hätte einige warnen müssen.

Giulini, der Dirigent dieser *Traviata*, machte kein Geheimnis aus sei-nem Urteil über das Publikum der Scala. Kaum jemand kam, um eine gute Aufführung zu erleben. Die meisten waren desinteressiert und ge-langweilt und wünschten sich nur eins: einen Skandal. Die Dirigenten, Solisten, Chorsänger, Orchestermusiker, sie fühlten sich, so Giulini, wie Gladiatoren. «In der Scala wie im Circus Maximus musste Blut vergossen werden. Wer draufging, war egal, irgendeiner musste dran glauben.»[17]

Zeffirelli war Viscontis Assistent bei *Senso* gewesen, und er nahm sich das Recht, nun an diesem 28. Mai 1955 hinter der Bühne wieder nah da-bei zu sein, nahe an Maria Callas in dem Augenblick, auf den sie Jahre hingearbeitet hatte. Ihre Belanglosigkeiten verebbten, sie wurde ernst. «Wenn der Vorhang aufgeht, spüre ich die stickige Luft, den Schweiß, den Atem von all den Leuten», sagte sie, «ich kann sie nicht sehen, aber ich weiß, dass sie da sind, 2500 Monster mit ihrem heißen Atem, die nach mir gieren. Es ist, als würden ihre Köpfe und Herzen dampfen. Ich spüre es wie eine Woge des Hasses, so als wünschten sie, ich wäre tot.»[18]

Der Vorhang hob sich, und Callas betrat die Manege. Ein Raunen schwoll an über dem Applaus und verriet, dass mit dem Publikum das Gleiche geschah wie mit dem Dirigenten, der all das zum ersten Mal sah und überwältigt den Stab wieder sinken ließ.[19] So vieles war nicht echt an diesem Bühnenbild: Der beherrschende Kristalllüster mit Kerzen war eine Illusion, kein geschliffenes Glas, nur bemalte Gaze und Glühlam-pen, die menschengroßen Chinavasen bestanden aus Pappmache, die Pracht und Herrlichkeit der Dekoration war großenteils nur fein gepin-selt. Echt war die Sogwirkung dieses Salons mit seiner Atmosphäre, die fiebrig war, geladen von einer Gier nach Unterhaltung und Erregung.

Der junge Regieassistent, der bei Sacharoff Tanzen und das Geheimnis von Spannung und Entspannung gelernt hatte, hatte nun von Visconti gelernt, worauf es beim Theater ankam: auf Suggestion, darauf, die Menschen glauben zu machen, was sie sahen.[20] Um Wahrheit ging es Visconti, nicht um Wirklichkeit. Dazu brauchte er die richtigen Mitstreiter, und die hatte er. Nicht nur in der Bühnenbildnerin Lila de Nobili, die sämtliche Techniken der Verzauberung beherrschte, auch in Giulini, der wusste, dass die Fähigkeit zu verzaubern auf Übung beruht, und schon einen Monat vor der ersten Bühnenprobe mit Chor, Orchester und Sängern gearbeitet hatte. Dann, bei den Bühnenproben, hatten sich Dirigent und Regisseur auf das Liebespaar konzentriert, di Stefano und Maria Callas. Als Mann gefiel di Stefano Maria seit Langem, sie hatte in Chicago darunter gelitten, mit Tenören aufzutreten, die mehr als einen Kopf kleiner waren und keine Ausstrahlung, keinerlei Sex-Appeal besaßen.

Der Grundgedanke von Visconti war, dass Violetta zwar Liebe verkaufte, aber niemals erlebt hatte, was lieben hieß; dass sie sogar davor zurückschreckte, sich zu verlieben, aus Angst, sie könnte damit die Fähigkeit verlieren, kühl mit dem Leben und den Männern zu spielen. Callas hatte besessen und nimmermüde geprobt, jeden Tag, stundenlang. Di Stefano fand das Ganze sterbenslangweilig. Dass sich Visconti vor allem auf die Kollegin konzentrierte, beleidigte ihn, und was Visconti von ihm verlangte, erschien ihm einfach absurd. Mit dem Rücken zum Publikum auftreten? «Ich singe», hatte er ihm erklärt, «mit dem Mund, nicht mit dem Hintern.»[21] Er war zu den Proben zu spät gekommen, dann immer noch später und schließlich ganz weggeblieben. Wie verführen ging, wusste keiner besser als er, und als Liebhaber war er erfahren, was sollte er hier noch lernen von einem Regisseur, der fast fünfzig war und sich nur für Männer interessierte? Maria Callas geriet außer sich. «Das zeugt von mangelndem Respekt für mich», sagte sie zu Visconti, «und auch für dich.»[22]

Maria fühlte sich als Frau gekränkt, sie war di Stefano, dem umschwärmten Liebhaber, anscheinend gleichgültig. Callas ging es um den Respekt vor der Kunst; Gleichgültigkeit gab es in der Tragödie nicht und nicht für Callas. Alleine hatte sie mit Visconti und Giulini Tag für Tag weitergearbeitet und ihre Hingabe, ihre Leidenschaft in die Arbeit gegossen.

Nun zeigte Callas in der Manege, dass sie die Kunst beherrschte, die Beherrschung zu verlieren. Im letzten Teil des ersten Aktes brach aus Violetta, einer zum Tod Verurteilten, die in ihrem kranken Körper gefangen war, der Drang nach Freiheit, nach grenzenlosem Ausleben heraus: Sie hatte sich verliebt. Bravourös singend schleuderte sie ihre Schuhe von den Füßen, zog die Nadeln aus dem Haar, das lang und wild herunterfiel, und kippte ein Glas Champagner nach dem anderen.

Das so zu zeigen war riskant, ein Bruch mit sämtlichen Sehgewohnheiten. Es war nicht der erste und nicht der letzte Bruch an diesem Abend. Callas war ein alter Hase, sie wusste, dieser Auftritt würde Widerspruch erregen, aber sie wollte nicht wie Maria einfach bedingungslos geliebt werden, sie wollte unter allen Bedingungen das Publikum ergreifen und war bereit, dafür zu zahlen. Als sie im zweiten Akt dem Geliebten auf Befehl seines Vaters jenen Abschiedsbrief schrieb, in dem sie log, sie könne nicht nur einen lieben und müsse bleiben, was sie war, führte sie aus, was Visconti und Giulini gewollt hatten – eine Pantomime, vom Orchester begleitet. Die Schluchzer im Saal waren unüberhörbar.[23] Auch als sie ihren Satz «Ich fühle, dass ich sterbe» nicht vor sich hinsprach, vielmehr den männlichen Besuchern ihres Salons ins Gesicht spuckte; als sie, erniedrigt von Alfredo, das Konfetti vom Boden auflas; als sie bei ihrer großen Arie, dem letzten *Addio*, versuchte, sich zum Ausgehen anzuziehen, und dabei zu einer lächerlichen Figur geriet, deren kleiner Hut nicht richtig auf dem Kopf saß, deren Mantel am Körper hing wie an einer Vogelscheuche, als sie kraftlos vergeblich versuchte, die Handschuhe anzuziehen: Da war sie Duse, die Königin des Pathos. Callas fürchtete Pathos nicht, die Tragödie lag in ihr, und für die war Pathos unverzichtbar. Und Callas zeigte allen, was Pathos vermochte. Nachdem die Nähe des zurückgekehrten Geliebten in ihr noch einen letzten Funken entfacht hatte, der ihre Lebensfreude noch einmal aufflackern ließ, starrte sie nur noch mit großen toten Augen ins Leere.[24]

Die Menschen im Saal starben mit ihr. Doch auch ein Blinder hätte alles das gesehen. Ihre Gesten, ihre Umarmungen, ihr Niederknien, ihr Händeringen, ihre Zusammenbrüche, ihr Dahinsiechen – jede Bewegung war zu hören gewesen.[25] Sie war nicht Duse, sie war Callas.

«Sie war ein ungeheures Phänomen», sagte Visconti. «Fast eine Krankheit.»[26] Ansteckend und für viele furchterregend. Auch für di Stefano.

Seine Stimme hatte ihre virile Schönheit und ihre Muskeln vorgeführt, sie hatte verführt und beeindruckt. Nicht nur Callas, auch er
wurde mit Szenenapplaus gefeiert. Doch Maria Callas vergaß nichts.
Nach dem ersten Akt und dem zweiten trat sie ganz alleine vor den Vorhang hinaus. Maria revanchierte sich für die Kränkung als Frau, Callas
für die als Künstlerin. Erst ganz am Schluss, als laut nach di Stefano
gebrüllt wurde, erschien sie Hand in Hand mit ihm, er verneigte sich
strahlend neben ihr. Keiner merkte, was in ihm vorging. Doch jetzt war
er sicher, dass die intensive Zusammenarbeit von Callas und Visconti
nichts als eine Verschwörung gegen ihn gewesen war.

Am nächsten Morgen verließ er grußlos das Hotel, grußlos Maria,
Giulini und Visconti und reiste ab zu seiner Villa in Marina di Ra-
venna.[27] Sie hörten nichts mehr von ihm, sie lasen nur: «Ich werde nie
mehr mit Maria Callas in *Traviata* auftreten und nie mehr mit Luchino
Visconti zusammenarbeiten.»

Drei weitere Vorstellungen waren angesetzt, Giacinto Pradelli, bereits
Anfang vierzig, sprang für di Stefano ein. Er hatte vor zwölf Jahren in
Rom mit Alfredo debütiert und wenig Antrieb, sich schnell etwas Neues
anzueignen. Callas schien es wegzustecken, dass di Stefano sie öffentlich
brüskiert hatte. Sie verausgabte sich an Pradellis Seite genauso und sang
jedes Mal, als wäre es die Premiere.[28] Sie konnte nicht anders. Selbst
wenn sie in einem Rezitativ nur den Namen ihres Dienstmädchens aussprach, legte sie alles hinein. Alles ganz war das Prinzip der Tragödie und
der Callas, und das erwartete sie auch von den anderen.

Am ersten Abend hatte sie Visconti genötigt, vom Vorspiel an bis zum
Schlussapplaus irgendwo auf der Bühne zu stehen, am zweiten Abend
wieder. Dann musste er zurück nach Rom. Während des Zwischenspiels
im dritten Akt ging er, nach einer ausgiebigen Verabschiedung mit Küssen und Umarmungen, die drei Minuten hinüber ins Biffi, er wollte mit
ein paar Freunden vor der Abreise noch zu Abend essen. Kaum saß er
am Tisch, erschien Maria, in voller Maske und ihrem roten Ballkleid, sie
hatte nur nachlässig einen Umhang darübergeworfen. Es war jenes spek-
takuläre Kurtisanenkleid, das sie während der Probenzeit immer zu
Hause getragen hatte, um ganz mit ihm zu verwachsen. Vor allen Gästen
bewegte sie sich über den laut hallenden Terrazzoboden des Biffi im
Kronleuchterlicht auf Visconti zu.

«Verrückte», sagte er, «hau ab! Was treibst du hier in einem Kleid wie dem?» Es war ihm peinlich. Ihn befiel Panik, das nächste Mal könnte sie aus einer Szene abhauen, in der sie nur ihr Nachtgewand trug. Visconti, der Avantgardist, pflegte seine konservative Fassade, selbst Nichten, die mit zu kurzen Röcken in Nachtclubs auftraten, herrschte er an.

Sie sah in ihrem roten Kleid nur traurig drein, umarmte ihn und sagte: «Ich musste dich noch einmal sehen und dir noch einmal *addio* sagen.»[29] Das war nicht Callas, das war Maria. Visconti erschrak.[30] Er brach auf.

14.

RÄCHERIN UND ZWEIFLERIN

Serafin bekommt eine Feindin,
Karajan wird bestraft, Tebaldi bewusst gestört,
und Callas wird in Chicago verraten

Trümmerfelder zwischen Neubauten, Gemüsegärten auf Brachland hinter frisch verlegten Straßenbahngleisen, Gründerzeitpaläste ohne Dächer mit dunklen Fensterhöhlen neben blinkenden Kinopalästen. Verwahrloste Hauseingänge, davor frische Holzmasten für die Telefonleitungen, an manchen waren Schilder befestigt: «You are leaving British sector». Oder: «Achtung. Sie verlassen nach 200 m West-Berlin».

Eine Stadt wie diese, die vom Krieg erzählte und vom Zukunftsglauben, kannte Maria Callas nicht, eine Gegenwelt zu Mailand. Sogar auf den Straßen im Zentrum liefen Männer in kurzen Hosen herum, die Füße mit Socken in derben Halbschuhen. Frauen steckten in altmodischen Kleidern, alle ungeschminkt, wenige, die elegant angezogen waren. Eine Erscheinung wie Maria Callas fiel hier auf, erst recht in der Gaststätte, in die sie mit ihrem Begleiter einkehrte, er gebräunt im Glencheck-Jackett mit Krawatte, sie im Tweed-Kostüm. Beide trugen teure Armbanduhren, sie am helllichten Tag Smaragd-Ohrgehänge. Nur das, was sie rauchten – sie eine Zigarette, er eine Zigarre – und was sie tranken – Spatenbier aus dem Steingutkrug –, hätten sich hier die meisten leisten können.

Doch Idole waren in dieser Stadt erwünscht und große Oper auch, der Glanz half zu vergessen. Maria Callas und Giuseppe di Stefano wurden überall abgelichtet, seit Wochen kannten selbst diejenigen, die sich nicht im Geringsten für Oper interessierten, ihre Gesichter aus der Presse. Gerade erst waren sie am Zentralflughafen Tempelhof gelandet, am 29. September sollten sie gemeinsam im Theater des Westens auftreten, dann noch einmal am 2. Oktober. Vor der Theaterkasse in der Kant-

Undiszipliniert und unwiderstehlich: Giuseppe di Stefano eroberte mit Naturstimme und Charme. Hier als Duca di Mantova bei der Aufnahme von Verdis Rigoletto *an der Mailänder Scala im September 1955, mit Maria Callas in der Partie der Gilda*

straße standen die Menschen bis in die Nacht hinein Schlange, um wenigstens einen Stehplatz zu ergattern. Mühelos hätten sie, sagte einer vom Ensemble, fünfzig Vorstellungen verkaufen können. Das lag weniger an dieser Oper, *Lucia di Lammermoor*, die hier kaum jemand kannte, sondern an drei Beteiligten: dem Traumpaar aus Italien auf der Bühne und Karajan am Pult.

Schon Anfang September hatten Callas und Di Stefano ihre Liebe beschworen, als sie die Sommerpause der Scala nutzten, um unter Serafin Verdis *Rigoletto* einzusingen. Trotzdem hatte Maria Callas vor dem Abflug von Mailand nach Berlin erneut Pläne ausgebrütet, sich zu rächen.

Es war auf einem Gala-Empfang Mitte des Monats geschehen, mit dem der Abschluss der *Rigoletto*-Aufnahme gefeiert wurde, sie saß nicht in Serafins Blickrichtung, aber in Hörweite. Er sprach leise und erzählte von seinem nächsten, dem letzten Termin mit EMI in diesem September: eine Gesamtaufnahme von *La traviata*, mit di Stefano – aber ohne Callas. Antonietta Stella, erst sechsundzwanzig, sollte die Violetta singen. Am nächsten Tag hatte Callas gedroht, nie mehr für EMI zu arbeiten oder in der Scala zu singen. Nach langer Überredung hatte sie die Begründung angeblich angenommen, aber sie musste jemandem die

Schuld dafür geben, nicht dabei zu sein, und gab sie ausgerechnet Tullio Serafin.[1]

«Verrat». Das stand in Berlin 1955 auf zahlreichen Kinoplakaten. «Verrat an Deutschland. Regie Veit Harlan. Mit Kristina Söderbaum». «Verrat» stand im Kopf von Maria Callas und versperrte ihr den Blick auf die Tatsachen: Sie war für *La traviata*, das wusste Legge genau, noch bis 1959 bei dem Label Cetra verpflichtet, den Vertrag hatte sein Freund Dario Soria abgeschlossen, als der und seine Frau noch bei Cetra arbeiteten. Und ob Serafin die Aufnahme dann, mit über achtzig, noch schaffen würde, schien fraglich.

Hier in Berlin war alles stabil. Der Chor der Scala war angereist, die Solisten der dortigen *Lucia*, auch die Kostüme. Callas wie di Stefano kannten Karajan nicht nur aus dieser Oper, die Hintergründe dafür, dass er die *Lucia* nach der Scala unbedingt in Berlin dirigieren wollte und danach bereits die Wiener Staatsoper für einen dritten Durchgang eingeplant hatte, kannten sie nicht.

Toscanini war Karajans Vorbild, dass er als Dompteur bezeichnet worden war, störte ihn keineswegs. Selbstverständlich war Toscanini mehr gewesen, und er war der berühmteste Dirigent seiner Zeit geworden und war es mit bald neunzig noch immer. Nachdem er an der Scala mit *Lucia di Lammermoor* gefeiert worden war, hatte Toscanini diese Oper 1929 nach Berlin gebracht und, auf der Durchreise dorthin, nach Wien. Da hatte Karajan ihn erlebt. Nun plante er mit *Lucia* den gleichen Triumphzug: Mailand, Berlin, Wien. Wie bei Toscanini sollte auch die Sängerin der Lucia an allen drei Schauplätzen dieselbe sein. Dabei war ihm Viscontis Demut Maria Callas gegenüber fremd.[2]

In Berlin dirigierte Karajan das RIAS-Symphonie-Orchester, das diese Oper zum ersten Mal auf den Pulten liegen hatte. Er dirigierte einiges deutlich langsamer und wuchtiger als in Mailand, manche fühlten sich an Wagner erinnert. Di Stefano nahm es sportlich und souverän, Callas wurde nervös, doch nach dem Sextett am Ende des ersten Aktes dröhnte das Haus minutenlang von Getrampel und Klatschen und Bravo-Schreien. Ohne Vorwarnung an die Sänger hob Karajan den Stab erneut: das Sextett noch einmal von vorn. Die Spitzentöne bei Callas standen dieses Mal nicht sicher. Karajan wusste, dass sie gleich noch einen Kraftakt zu bestehen hatte, die Wahnsinnsszene. Und in der revanchierte sich Callas beim Dirigenten für die Überrumpelung: Sie kehrte ihm den Rücken zu. Wann atmete sie ein, wann öffnete sie den Mund? Sie unterwarf ihn, zwang ihn, alle Aufmerksamkeit auf sie zu verwenden. Er tat es, der Dompteur war dressiert.

Doch ihre Stimme war nicht mehr die der Mailänder *Lucia*, und die Überforderung durch das Da Capo hatte Wirkung gezeigt; sie musste das interpolierte hohe Es, mit dem sie in Mailand bei der Wahnsinnsszene beeindruckt hatte, weglassen.[3] Maria war außerstande, aus ihren Schwächen Gewinn zu ziehen, doch Callas gelang das. Sie war verunsichert, aber war das Lucia nicht auch? Wer wahnsinnig wird, verlässt die gesellschaftliche Ordnung, der Weg in den Wahnsinn ist nicht befestigt und nicht beleuchtet. Es brauchte keine Brillanz, um das spüren zu lassen. Die Wahrhaftigkeit dieser Lucia ergriff ein Publikum, das den Zerfall aller Ordnungen erst vor zehn Jahren erlebt hatte und darüber leicht hätte wahnsinnig werden können. Jeder fühlte sich gemeint. Entgrenzter Beifall am Ende bewies das.[4]

Doch durch Applaus war Callas nicht zu bestechen. Nach der Vorstellung erlebte di Stefano sie in Tränen aufgelöst, überzeugt, sie habe versagt.[5] Für die Öffentlichkeit war Callas, als sie Berlin verließ, ein mit Erfolg versiegelter Star, aber sie war eine dünnhäutige Frau.

Kurz vor Mitternacht schritt Maria Callas am 31. Oktober 1955 auf rotem Teppich durch einen Baldachin ins Conrad Hilton Hotel, Chicago. Das Kostüm der Elvira, das sie gerade noch in *I puritani* getragen hatte, hing in der Garderobe des Lyric Theatre, sie glänzte in Gold und Smaragdgrün, Brokat und Samt. Die Welt, die sie betrat, war die einer Gesellschaft, die keine Zweifel und keinen Mangel zu kennen schien. Eine Fontäne im Stil von Versailles sprudelte im Foyer, Trauerweiden aus Kristall glitzerten im Treppenhaus, jeder Absatz war geschmückt mit Wacholderbäumen und übergroßen Chrysanthemengestecken, und ganz oben schwebte über allem eine riesige rosa Wolke mit trompetenden Engeln. Der Angel Ball feierte die Künstler des EMI-Labels Angel Records, allen voran Maria Callas, sagten Dorle und Dario Soria von Angel Records. Er feierte die Firma und vor allem Dorle und Dario Soria, sagte Callas.

Noch am Morgen – sämtliche Karten für den Ball waren verkauft – hatte sie für Panik gesorgt, als sie telefonisch ankündigte, nicht zu kommen. Sie habe es satt, ständig in den Medien auf die Namen der Sorias zu treffen, und fühle sich von ihnen benutzt. Letztes Jahr hatte sie vor dem Angel Ball am selben Ort keine Skrupel gehabt. Verbarg sich hinter ihren Argumenten die Befürchtung, Eddie Bagarozy könnte sich dort einschleichen, ihr einstiger Agent, der sie auf 300 000 Dollar Tantiemen verklagt hatte, die ihm angeblich aus ihrem alten Vertrag zustünden? Callas war auf der Hut, Maria aber sehnte sich nach dem großen Auftritt und sagte zu. Di Stefano, der neben ihr am Tisch saß, war auf sämtlichen Fotos, die während des Gala-Dinners entstanden, anzusehen, dass er sich unwohl fühlte – die Brauen gerunzelt, den Blick gesenkt, die Lippen zusammengepresst. Maria strahlte auf allen. Es ging jedoch ums Überstrahlen: Scala West wollte die Met überstrahlen, Chicagos Elite die New Yorker.

Callas war der Magnet gewesen, mit dem Fox, Kelly und Rescigno andere Große der Musikwelt angezogen hatten,[6] von Elisabeth Schwarzkopf bis David Oistrach.[7] Im März war das Trio des Lyric Theatre bei Callas in Italien mit einem offenen Vertrag für die nächste Spielzeit aufgekreuzt, um sie unterschriftsreif zu reden. Einziges Hindernis war die Angst von Maria Callas gewesen, Bagarozy, dem sie bisher jedes Zugeständnis verweigert hatte, könnte ihr juristischen Ärger einbrocken. Meneghinis Anwälte hatten gewarnt, der Vertrag mit Bagarozy aus dem Jahr 1947 sei keineswegs so leicht für ungültig zu erklären, als Taktiker sei dieser Mann nicht zu unterschätzen. Die drei aus Chicago sicherten Maria Callas zu, sie vor jeder Art Behelligung zu schützen, und sie glaubte ihnen. Oder glaubte sie nur Rescigno und Kelly? Direkt vor dem Abflug aus Mailand gab sie am 20. Oktober am Flughafen in Malpensa dem RAI ein Interview und sagte, was sie an Chicago faszinierte. «Da sind zwei junge Männer, ... die mehr Sachverstand besitzen als andere, die hatten eine Idee, und sie wissen sie umzusetzen.»[8] Von Carol Fox keine Rede, nur davon, dass Callas selbst in Chicago außer in *I puritani* und *Il trovatore* zum ersten Mal in *Madama Butterfly* auf der Bühne stehen werde.

Auch mit Bing war sich Maria Callas in diesem Frühjahr einig geworden über Termine und Konditionen an der Met. Unterschrieben hatte sie jedoch nicht, sie bestand auf einem anderen Dirigenten als dem eingeplanten Fausto Cleva, mit dem sie letztes Jahr aneinandergeraten war.[9]

Im Frühjahr war sie auch darin noch siegessicher gewesen, sich gegen jede Konkurrenz behaupten zu können. Er sollte doch, schlug sie Kelly vor, auch Tebaldi für diese Saison engagieren, dann könnte das Publikum vergleichen, und das brächte ihm noch mehr Erfolg in die Kasse.[10]

Als sie in Chicago landete, wirkte es so, als stehe sie mehr denn je zu sich. Ihr Haar, das sie letztes Jahr blondiert hatte, war nun wieder dunkel. Sie begrüßte es, hier Tebaldi als Aida auf dem Spielplan zu finden, und fand es in Ordnung, mit ihr abwechselnd dieselbe Garderobe zu benutzen. Es war jedoch nicht allein die Erfahrung in Berlin, die Callas dünnhäutig gemacht hatte; auch dass sie Serafin, den großen väterlichen Vertrauten, nun auf die Seite der Verräter gestellt hatte, machte sie verwundbar. Umso mehr, als hier in Chicago Nicola Rossi-Lemeni mit ihr auftrat, der mit seiner Frau angereist war, Serafins Tochter Victoria. Zudem riss die Vergangenheit Wunden auf. Mutter Evangelia hatte die Öffentlichkeit wissen lassen, dass ihre andere Tochter zu einer großen Karriere als Opernsängerin antrete – dass Jackie bereits Ende dreißig war, wurde nicht erwähnt. Selbst Lächerliches kann wehtun.

Am Tag nach dem Angel Ball erkannten die Besucher der *Aida* Maria Callas in einer Loge des Lyric Theatre. Bei ihr war am Eröffnungsabend keine Tebaldi zu sehen gewesen. Tebaldi begann, *O patria mia* zu singen; Callas wusste, wie viel davon abhing, dass diese heikle Arie am Anfang glückte. Da drangen Geräusche von oben ins Auditorium. Köpfe drehten sich, Operngucker wurden nach hinten gerichtet. In der Loge von Callas war helles Licht zu sehen, ein Platzanweiser mit Taschenlampe bückte sich, rumpelte, suchte nach irgendetwas. Sie hatte ihn gerufen, um ein Armband zu suchen, das ihr heruntergefallen sei. Rescigno dirigierte an diesem Abend nicht, saß neben ihr und war fassungslos. Er verstand nicht, wie jemand, der Kunst so respektierte wie Callas, sich dazu hergab, «mit einem derart billigen Trick einen Künstlerkollegen zu stören».[11] Callas kannte er, nicht Maria, nicht deren Wunden. Er wusste nicht, woher ihre Intuition für Tragödie kam, ahnte nichts von dem Konflikt in ihr. Nicht allein der Konflikt des Guten mit dem Guten war klassisch tragisch, der mit dem eigenen Bösen war es auch.[12]

Eine Woche später, am 8. November, hätte jeder Maria Callas für die friedlichste und unkomplizierteste Person der Welt gehalten. In einem schwarzen Trägerkleid aus Seide, mit mehrreihiger Perlenkette, das lange Haar kunstvoll frisiert, saß sie an einem Tisch mit billiger rot-weiß karierter Tischdecke. Vor ihr standen leergegessene Teller, ausgetrunkene Flaschen, derbe grüne Gläser für Wasser oder Bier. Den Kopf hatte sie lächelnd zu ihrem gestikulierenden Nachbarn geneigt, der heute ihretwegen aus New York angereist war und betonte, so etwas mache er sonst nie. Rudolf Bing tat das sonst wirklich nie, aus Stolz, aus Kostengründen, aus Prinzip, und hatte auch noch seinen Stellvertreter Francis Robinson zur Rückendeckung mitgebracht.

Hier, an den karierten Tischdecken des Italian Village, wurde immer nach der Oper gefeiert. Die meisten Opernstars, die in Chicago engagiert wurden, waren Italiener und wollten zu später Stunde nicht mit Burgern, Fritten und Hot Dogs abgefertigt werden. Wenn sie am Premierenabend hereinkamen, applaudierte das ganze Restaurant. Es war groß, belegte mehrere Etagen und verfügte über zwei private Dining Rooms, außerdem kleine versteckte Nischen. Der Chef, Ray Capitanini, kannte sich aus: Callas und Tebaldi wurden immer in unterschiedlichen Sälen untergebracht.

Mit am Tisch saßen an diesem Abend nach der Aufführung von *Il trovatore* die Mitstreiter auf der Bühne, alle überragend: Ebe Stignani, Jussi Björling und di Stefano, Björling mit Frau, Di Stefano ohne. Von Fox, Kelly und Rescigno, den Stammgästen, keine Spur. Bing wusste warum. Sie befürchteten, dass Chicago Callas nie wieder erleben würde, wenn sie mit der Met abschloss. Dass Chicago mehr zahlte, als er jemals zu zahlen bereit war,[13] war ihm bekannt, aber um Geld ging es, anders als oft behauptet, Maria Callas nicht, das hatte Bing in den vier Jahren, in denen er hinter ihr her war, begriffen. Unterzeichnet hatte sie trotzdem nie. Dass sie für ihr Met-Debüt 1956 forderte, Fausto Cleva auszutauschen, der am Haus fest angestellt war, war schlimmer als jede überzogene Gagenforderung. «Bitte verlangen Sie von mir keinen Dirigentenwechsel, denn das ist ein Wunsch, den ich beim allerbesten Willen nicht erfüllen kann», hatte Bing Meneghini, also Callas, im September angefleht und versucht, sie mit psychologischen Mitteln zu knacken. «Sicherlich», hatte er an Meneghini geschrieben, «ist Signora Callas als Künstlerin wie als Mensch reif genug, die Vergangenheit ruhen zu lassen.» Doch Callas legte offenbar keinen Wert darauf, als reif zu gelten. Ein paar Tage vor dem Abflug aus Mailand hatte sie Bing persönlich geantwortet, hatte betont, welche Zugeständnisse sie aus Freundschaft für ihn gemacht habe, und hatte unbeirrt einen Dirigentenwechsel verlangt. Nur um Bing nicht durch Streitereien in eine peinliche Situation zu bringen, denn sie könne Clevas Fehlverhalten keinesfalls vergessen.[14]

Wie durch ein Wunder hatte Bing es an diesem Nachmittag geschafft, dass Callas in ihrer Garderobe den Vertrag für 1956 mit der Met unterschrieb. Er hatte das seinem formvollendeten Handkuss zugeschrieben und danach Callas in ihrem zweiten *Trovatore* bewundert – für ihr Schweigen. Als Björling im dritten Akt die große Arie des Manrico brachte, mit einer Stimme, die laut Cassidy die eines nordischen Erzengels war, faszinierte Bing nicht Björlings Gesang, sondern das stille Zuhören der Callas. «Er wusste nicht, was er sang», sagte Bing danach, «aber sie wusste es.»[15]

Was Bing selbst nicht wusste: Callas hatte den Vertrag mit der Met aus Angst unterschrieben.

Sie war glücklich gewesen vor drei Tagen, beim ersten *Trovatore* ihren Vater im Publikum zu wissen. Dann wurde sie alarmiert, die rund um die Uhr aktive Einsatztruppe des Lyric Theatre hatte funktioniert: Ein Sheriff und mehrere Polizeibeamte würden sie abpassen, um ihr die Vorladung zum Bagarozy-Prozess persönlich zu überreichen, die nur dann vor Gericht als angekommen galt. Walter Legge und Dario Soria hatten Maria Callas geholfen, das Theater mit dem Lastenaufzug über den Hinterausgang unten am Fluss zu verlassen, übernachtet hatte sie bei der Mutter von Carol Fox. Einen Tag lang hatte sie sich ohne Meneghini eingeschlossen und ihre Suite im East Oak Hotel nicht betreten.[16]

Nun stand ihr noch *Madama Butterfly* bevor, auch diese Oper sollte zweimal aufgeführt werden, wurde jedoch mit noch größerer Spannung erwartet. Nicht nur, weil Callas zum ersten Mal in dieser Partie auf der Bühne stand,[17] sondern auch, weil sie völlig unpassend für diese Rolle zu sein schien. Eine Frau von eins dreiundsiebzig mit langer, markanter Nase sollte eine fünfzehnjährige Japanerin darstellen. Sie selbst hatte sich früher skeptisch geäußert. «Ich denke nicht, dass die Geisha das Richtige ist für mich. Ich bin zu groß, und all diese kleinen, künstlichen Miniaturgesten passen nicht zu meinem Stil. Die Musik ist hübsch, aber sentimental, und ich bevorzuge Rollen, in die ich mich wirklich verbeißen

*Tragisch zerbrechlich: Die 1,73 Meter große Maria Callas als Puccinis Madama Butterfly,
hier auf einer Studiofotografie für die Einspielung von Angel Records unter Herbert von
Karajan 1955*

kann.» Nun war ihr an der vermeintlich fremden Partie einiges vertraut,
aus Gründen, die das Publikum nicht vermutete.

Am 10. November 1955, dem Tag vor der *Butterfly*-Premiere, druck-
ten die *Chicago Daily News* ein Foto ab, auf dem vor der Opernkasse je
vier nebeneinander Schlange standen. Überschrift: «Longest Line Since

Caruso». Regie führte eine japanische Sängerin, die früher als ideale Madama Butterfly gegolten hatte, Hizi Koyke. Das Bühnenbild, der Kimono, den Callas trug, die Bindung des Obi, die Requisiten von den Stellwänden bis zum Fächer, alles war bis ins Detail authentisch.

Callas war in die Schule gegangen, hatte tagelang von der einen Kopf kleineren Hizi Koyke die kurzen Schritte gelernt, das Fächeln, das Hinknien, das Lächeln, das Umfassen der Teeschale, die Haltung des Kopfs beim Verneigen. Als sei sie ein voll ausgebildetes Mitglied des Kabuki-Theaters, so kam sie einem Kenner vor.[18] Und doch war das, was das Publikum durch Callas erlebte, nichts Exotisches, es war die Geschichte einer Frau, die überall genauso möglich war, auch hier in Chicago. Einer Frau, die von der Liebe ihres Lebens träumte, Versprechungen glaubte, verlassen und benutzt wurde. Für die Aufnahme der Oper unter Karajan hatte Callas gelernt, ihre Stimme körperlich zart werden zu lassen wie die fünfzehnjährige Cio-Cio San, die sich in den erheblich älteren amerikanischen Marineoffizier verliebte.

Das Publikum in Chicago hatte von Anfang an eine unbekannte Callas vor Augen und im Ohr. Dann hörte es, wie sich Cio-Cio San veränderte. Im zweiten Akt war sie drei Jahre älter, der Offizier, der ihr inzwischen als Ehemann angetraut war, hatte das Weite gesucht; ihre Stimme hatte den Glanz des Verliebtseins verloren, war matt und stumpf geworden. Im dritten Akt leuchtete die Stimme, nun die einer durch Schmerz gereiften Frau, nur kurz in Wiedersehensfreude auf und erlosch dann. Butterflys Entschluss, sich zu töten, und ihr Sterben steigerte Callas nicht zum hochdramatischen Plot, sie spielte und sang eine intime Tragödie. Selbst die Gesten waren nicht wie sonst bei ihr groß und mächtig. Sie hatte sich von Hizi Koyke zeigen lassen, wie man die komplizierte Frisur mit nur wenigen Nadeln aufsteckte. Im Augenblick ihres Suizids ließ sie mit einer kleinen Bewegung ihr langes Haar fallen und löste damit ein Seelenbeben aus.

Menschen, die sich nicht für Oper interessierten, drängten sich nun vor der Kasse, um am 14. November, in der zweiten Vorstellung, Zeuge der verwandelten Callas zu werden, die jeden zu ergreifen schien. Das Foto von Bings Handkuss bei der Unterzeichnung des Met-Vertrags war überall erschienen, der Verdacht, Callas werde in Chicago nicht mehr zu erleben sein, verschärfte das Interesse noch. Fox, Kelly und Rescigno bestürmten Callas, ein drittes Mal als Cio-Cio San aufzutreten. Sie hatte keine Anstrengung gescheut, in diese fremde Welt hineinzuwachsen, Intensität gehörte zu ihr, zur Tragödie. Doch das war kein Grund für sie, das Gelernte noch einmal zu verwerten, Ökonomie war ihr fremd.[19] Die drei Intendanten in Chicago verstanden es wie so viele nicht, sie wussten es aber und wussten also, wie schwer es sein würde, Callas zu überreden.

Maria Callas war diese ferne Partie nahegerückt. Cio-Cio San war eine Frau, die beschützt werden wollte und verraten wurde, wie Maria von ihrem ehemaligen Agenten und Geliebten Eddie Bagarozy. Sie sagte zu. Als das Kassenbüro für die dritte Vorstellung am 17. November öffnete, stand die Schlange bereits ums Haus herum bis auf die Washington-Street-Brücke an der Rückseite. Nach achtundneunzig Minuten waren alle 3563 Plätze verkauft.

Das prallvolle Haus war an diesem dritten *Butterfly*-Abend still wie nie. Die Sterbeszene ließ die kühle Kritikerin Claudia Cassidy schmelzen.[20] Hunderte weinten am Ende, die Ovationen verebbten nicht. Die Bühnenmitarbeiter schoben Callas noch ein letztes Mal auf die Bühne. Sie war sichtbar gerührt, als sie Richtung Garderobe ging.

Da blockierte ein dicker Mann mit Hut im Trenchcoat den Weg, und im selben Augenblick kreisten Polizisten Maria ein. Der Mann im Trench, Marshall Stanley Pringle, zwang ihr die Vorladung in die Hand. Schlagartig drängten Reporter und Fotografen sich in dem engen Flur, woher wussten sie Bescheid? Marias Innerstes lag bloß, sie war erschöpft, bewegt und aufgewühlt und nun entnervt von dem Überfall. Callas hatte auf der Bühne durchgehalten, Maria verlor die Kontrolle über sich. Die Blitzlichter feuerten: Maria Callas, wie sie die Zähne fletschte, Maria Callas, die schrie: «Das wird Chicago noch leidtun.» Sie brach in Tränen aus und schloss sich mit Battista in der Garderobe ein.

Maria traute niemandem mehr und vertraute ihrem Mann noch immer nicht an, was sie ihm die ganzen Ehejahre über verschwiegen hatte: dass sie mit Eddie Bagarozy ein sexuelles Verhältnis gehabt hatte. Ein Prozess musste all das an den Tag bringen, das war ihr klar und machte sie noch verletzlicher. Es traf sie tief, dass sie sich nun auch von ihren Verbündeten in Chicago verraten fühlte; sie hatte sich darauf verlassen, was ihr vertraglich zugesichert worden war, dass man sie vor Bagarozys Vollstreckern schützen werde.

Kelly schleuste sie zu einem Seitenausgang hinaus in das Apartment seines Bruders, wo sie mit Battista die Nacht verbringen konnte. Dort äußerte er den Verdacht, Carol Fox habe Mitarbeiter dazu gebracht, der Polizei Zugang zur Bühne zu gewähren, um es Maria Callas heimzuzahlen, dass sie den Vertrag mit der Met unterschrieben hatte.[21] Maria schenkte Kellys Version bereitwillig Glauben, sie wusste nichts von den Spannungen zwischen ihm und Fox. Callas zeichnete auf der Bühne niemals einen Charakter nur pechschwarz oder reinweiß, Maria schätzte radikales Schwarzweiß.

Am nächsten Morgen ließen sich Maria und Battista zum Flughafen fahren, vorbei an den Zeitungen, die Maria zähnefletschend mit Marshall Stanley Pringle auf den Titelseiten zeigten. Das Foto besaß alles, um eine Kampagne zu befeuern:[22] die Diva als Bestie. Ohne zu wissen, wie und wann sie von dort weiterreisen konnten, bestiegen Mrs. und Mr. Meneghini die nächstbeste Maschine nach Montreal.

Am 7. Dezember 1955 saß Nicolai Gedda in der Scala. Er hatte Callas bei der Aufnahme als Butterfly miterlebt, nun wollte er Callas auf der Bühne als Norma erleben. Sie konnte sich an diesem Abend sicher fühlen. Adalgisa, die wichtigste musikalische Verbündete der Norma, sang ihre Freundin Giulietta Simionato.

Gedda sah und hörte Callas in Hochform, glänzend und überlegen in der Rolle einer Priesterin, die aus Liebe zum politischen Feind gegen ihr Gelübde verstieß und sich dann von dem Geliebten verraten fühlte, weil er eine andere liebte. Einer Frau, die den Verräter mit dem Tod bezahlen lassen wollte.

Doch dann kam im zweiten Akt jene Stelle, in der die Frage gestellt wurde, wer schuld sei, und Norma sich dazu bekannte. «Io son la rea» – «Ich bin die Schuldige», sang sie und sprach damit ihr eigenes Todesurteil. Das erste Wort, «Io», raubte Gedda die Fassung. «Sie muss genetisch etwas vom antiken Drama abbekommen haben»,[23] schoss es durch seinen Kopf. Wie sie dieses Wort sprach, riss auch die übrigen Premierenbesucher aus der Apathie ihrer Verwöhntheit. Sie hörten etwas, das sie noch nie gehört hatten: wie eine Seele zerbrach.[24] Es war jene Stelle, an der Norma erlebte, dass Wollen nichts mehr brachte, und sich höheren Mächten fügte – die Essenz des Tragischen. Die Zuhörer wollten ihre

Konträre Freundschaften: Nach der Norma-*Premiere in der Scala am 7. Dezember 1955 feiern die zeitweilige Freundin Carla Mocenigo, die enge Vertraute Giovanna Lomazzi und die mächtige, nur vordergründig zugeneigte Toscanini-Tochter Wally den Star des Abends*

Begeisterung ausbrechen lassen, aber sie spürten, dass es gegen ihr Gefühl ging. Der unterdrückte Applaus musste für Callas der wahre sein; sie hatte ergriffen, und Ergriffenheit schwieg.[25]

DIE ACHTERBAHNFAHRERIN

Callas küsst Radieschen, Bachmann hört durch Jahrhunderte hindurch,
Nilsson ist schockiert, und ein Pulitzer-Preisträger
benimmt sich niederträchtig

D er erste Supermarkt Italiens eröffnete zu Beginn des Jahres 1956 in Rom. Zur selben Zeit stiegen die ersten italienischen Gastarbeiter in Siersdorf am Rhein, dann in Singen am Hohentwiel, der sogenannten Neapel-Schleuse, aus Sonderzügen. Die Heimat, die sie verlassen hatten, lag bei den meisten weit im Süden, in Kampanien oder Apulien, viele aber kamen auch aus dem Veneto, der Heimat von Battista Meneghini. Ohne Familie zogen sie in Baracken ein, teilten sich zu zwanzigst oder dreißigst eine Toilette und hofften, endlich genug zu verdienen. Die deutsche Wirtschaft war über ihre Verhältnisse hinausgewachsen, sie brauchte Arbeitskräfte im Baugewerbe, in der Industrie, in der Landwirtschaft.

Die Strategien des Marktes beschäftigten auch den Geschäftsmann Ghiringhelli. Viscontis *La traviata*, eine Inszenierung, über die sich viele empört hatten, war die am meisten gefragte Oper an der Scala. Er setzte für das erste Halbjahr 1956 siebzehn Aufführungen mit Maria Callas an. Den alten Germont sang wieder Bastianini, Giulini dirigierte wieder, aber di Stefano hielt Wort: Nie mehr *Traviata* mit Maria Callas.

Dem ersten Supermarkt waren sofort der nächste und der übernächste gefolgt. Konkurrenz belebt das Geschäft, und auch darauf setzte Ghiringhelli zu Beginn des Jahres 1956 mehr denn je, er hatte damit gute Erfahrungen gemacht. Vor einem Jahr, im Januar 1955, hatte Callas als Maddalena in *Andrea Chénier* debütiert, eine Glanzrolle von Renata Tebaldi. Die hatte selbst nichts damit zu tun, dass im Mailänder Circus Maximus eine bezahlte Meute auf ein Versagen von Callas lauerte. Als ihr ein hohes B missglückte, stachen Schreie und Pfiffe das Opfer in der

Manege nieder.[1] Die Zeitungen berichteten darüber, und das Publikum kaufte Karten für die nächste Zirkusvorstellung.

Neu war es nicht, das Geschäft mit den Claquen, es trieb bereits aus, als die Oper erblühte. Wer das Abschlachten eines Künstlers genoss, ließ sich das etwas kosten, auch das Hinaufjubeln eines anderen, den man, war er auf dem Gipfel angekommen, besonders wirkungsvoll abstürzen lassen konnte. Eine Partei zahlte immer.

Schon 1949, als Maria Callas in Venedig in Bellinis *I purtiani* für Margherita Carosio einsprang, hatten die Direktoren von La Fenice ihr und Meneghini dringend angeraten, eine eigene Claque zu bezahlen. Pia Meneghini war Zeugin gewesen, auch davon, dass Callas wütend erklärt hatte: «Ich kümmre mich einen Dreck um ihre Pfiffe.»[2] Meneghini weigerte sich ebenfalls, Pia zahlte eher aus Aberglauben eine symbolische Summe, fühlte sich aber schlecht dabei, diese erpresserische Unsitte zu unterstützen; Bruder wie Schwägerin verschwieg sie es. Dass Callas dieses Geschäft boykottierte, war den Eingeweihten bekannt, auch Zeffirelli, der die Claqueure als Monster bezeichnete. «Noch nie», sagte er, «hatte jemand die Claqueure an der Scala mit solcher Verachtung behandelt wie sie.» Eisern zu bleiben fiel Meneghini wie Callas auch deswegen leicht, meinte Zeffirelli, weil beide geizig waren und weil sie den Kampf liebte.[3]

Callas hatte ein feines Gehör für aufziehende Gefahren. Die Wiederaufnahme der *Traviata* begann am 19. Januar. «Pass auf», prophezeite sie Visconti, «heute passiert etwas.» Visconti wusste sofort, wer dahintersteckte, er nannte das den «Anti-Callas-Club». Wie bei jeder Aufführung mit ihr saß er im Souffleurkasten, um der Kurzsichtigen zu sagen, wo sie hingehen musste. Ihr Handicap besaß aus Viscontis Sicht den Vorteil, dass «sie sang wie in einem Aquarium, sie versank ganz in ihrer Welt». Doch direkt vor einer heiklen Stelle ihrer Arie im ersten Akt kamen Störgeräusche von der Galerie, die sie herausholten aus der Versunkenheit. Weitermachen, sie solle weitermachen, flüsterte Visconti ihr zu, sie hielt durch bis zum letzten Ton. Dann flogen Blumen auf die Bühne. Visconti hörte, dass sie hart aufschlugen. Blumen aus Marmor?, fragte er sich. Er sah genau hin, zwischen den Nelken lagen auf den Brettern Radieschen. Er zischte den Bühnenarbeitern zu: «Räumt sofort das Gemüse weg, lasst nur die Blumen liegen», doch den Ohren von Callas entging das nicht. Sie nahm die Radieschen auf, verneigte sich besonders tief und erntete überwältigenden Applaus. Für Visconti war das ein doppelter Triumph.[4]

Trotzdem verwundete Callas der Angriff wie jedes Mal. Sie sang diese dahinsiechenden, wahnsinnig werdenden, sterbenden Frauen nicht, sie war diese Frauen, und das machte empfindlich. Es hätte sie wohl getröstet zu wissen, dass sie zwei Tage zuvor mit ihrem Gesang ein Leben verändert hatte.

Es war ein grauer, nasser Winternachmittag gewesen, als an diesem 17. Januar 1956 eine junge Österreicherin, noch keine dreißig, mit strubbeligem kurzen hellbraunen Haar zum ersten Mal die Scala betrat. Fremde fanden nur schwer Zugang zu einer Generalprobe, zu einer mit Callas erst recht, doch diese junge Frau hatte Beziehungen. Sie war befreundet mit einem gleichaltrigen Komponisten aus Deutschland, der bereits zu den wichtigsten seiner Generation gerechnet wurde und seit neuestem mit Visconti zusammenarbeitete: Hans Werner Henze.[5] Anders als Henze lehnte sie den Opernbetrieb ab. An der Garderobe, lästerte sie, gäben die Besucher auch das Gehör ab, das Wichtigste seien ihnen die Operngucker.[6] Musikerin hätte sie selbst gerne werden wollen, Pianistin am liebsten, Opernsängerin bestimmt nicht. Für die Oper, speziell für die italienische, hatte sie nichts als Herablassung übrig – was für ein leeres, eitles Getue. Sie trug Straßenkleidung, was in der Scala sogar bei einer Generalprobe auffiel, und hatte ganz offensichtlich keine Lust auf die *Traviata*, für ihr Gefühl ein ausgeleiertes Stück. In ihrer Loge im weitgehend leeren Haus glotzte sie nur vor sich hin, obwohl sie hörte, wie gut das Orchester war, obwohl sie wahrnahm, wie außergewöhnlich schön das Bühnenbild war, wie großartig die Regie. Den Namen Maria Callas hatte sie vorher noch nie vernommen.

Plötzlich durchlief sie ein Ruck wie bei einem Zusammenstoß. Auf der Bühne stand etwas, das sie dort noch nie erlebt hatte: ein Mensch. Ein gefährlicher Mensch, fand sie, so extrem gegenwärtig, dass niemand entkommen konnte. Was geschah hier mit ihr? Die Erkenntnis überfiel sie schlagartig aus dem Nichts:[7] «Alles an dieser Callas war groß. Groß war ihr Hass, ihre Liebe, ihre Zartheit, ihre Brutalität», groß war jede Bewegung, jede Geste, jeder Schrei. Die junge Österreicherin weinte und schämte sich ihrer Tränen nicht. Sie musste das festhalten, auch wenn es keine Leser finden musste. Geld besaß sie noch keines, Prominenz schon als ehemalige Geliebte von Paul Celan, vor allem aber war sie bereits als hochbegabte Lyrikerin anerkannt. Ihre Hörspiele waren Erfolge, ihre ersten Prosaversuche waren sofort gedruckt worden, der zweite Gedichtband, auf dem ihr Name stand, war erschienen und preisgekrönt: Ingeborg Bachmann, *Die gestundete Zeit.*

Am 5. Februar 1956 stand Maria Callas schon zum fünften Mal in diesem Jahr als Violetta auf der Bühne der Scala. Am 5. Februar schrieb Ingeborg Bachmann an ihren Verleger Klaus Piper eine Postkarte: «Ich habe in Mailand unfreiwillig ein bisschen Zeit vertrödelt, ... so habe ich zum ersten Mal drei Opern in der Scala erlebt, darunter eine *Traviata* von Luchino Visconti inszeniert, die unvergleichlich schön war, bei weitem das Schönste, was ich je auf einer Opernbühne sah. Es gibt dort eine Sängerin, die Maria Callas heißt und singt und spielt, als hätte sie einige Teufel und Engel in sich.» Was sie ihm nicht schrieb, nur aufschrieb, war wichtiger: «Sie war der Hebel, der eine Welt umgedreht hat, zu dem Hörenden, man konnte plötzlich durchhören durch die Jahrhunderte.» Auch einer Intellektuellen wie Bachmann erging es wie den meisten modernen Menschen: Es fiel ihnen schwer, die antike Tragödie erlebend zu verstehen, zwischen ihnen und den Menschen der Antike lag ein Abgrund.[8] Von Callas wurde dieser Abgrund überwunden, ihre Intuition ließ die Tragödie Gegenwart werden. Wer so etwas vermochte, das war Bachmann klar, dem musste jede Mittelmäßigkeit, alles Banale fremd sein. Sie war nur Callas begegnet, nicht Maria.

Meneghini trug an diesem 5. Februar in sein liniertes Buchhaltungsheft wie bei den vorhergegangenen Aufführungen hinter dem Datum «Traviata Scala» und die Zahl «800» ein, für 800 000 Lire.[9] Das waren umgerechnet 5360 Mark pro Abend. In Deutschland, wo Hunderte aus seiner Heimat schufteten, betrug das Durchschnittsentgelt pro Jahr 4844 Mark. Meneghini freute sich auf den Auftritt seiner Frau in Neapel. Der Teatro San Carlo zahlte eine Million Lira.

Im Orchestergraben des Teatro San Carlo ging es bei den Proben zu wie in einem Hühnerstall. Musiker, die ein paar Takte lang nichts zu spielen hatten, unterhielten sich lautstark miteinander und hatten sich viel zu erzählen. Die meisten Dirigenten waren nicht imstande, das Gegacker zu unterbinden. Die Besucherin aus Schweden, die am 22. März ihre Kollegin Maria Callas endlich einmal auf der Bühne erleben wollte, kannte den Betrieb. Birgit Nilsson war letztes Jahr hier als Venus in Wagners *Tannhäuser* aufgetreten, dieses Jahr wurde aufgezeichnet, wie die Naturgewalt ihrer Stimme das riesige Opernhaus füllte. Ihr Aussehen schien für eine Venus wenig geeignet, der Körper stämmig, die Arme wuchtig, der Hals kurz; der Kopf war zu groß und das Kinn so mächtig, dass manche Angst davor hatten. Hübsch war sie nicht einmal mit zwanzig gewesen, nun war sie achtunddreißig, kassierte Spitzengagen, und es war bekannt, dass sie die selbst aushandelte, auch hier in Neapel.

Maria Callas hatte ein leichtes Gepäck, sie war nur für drei Vorstellungen der *Lucia di Lammermoor* angereist, und trug trotzdem schwer. Im Dezember 1949 hatte sie hier Abigaille in *Nabucco* gesungen, in den gut sechs Jahren seither hatte sich viel verändert, sie war zur Schönheit erblüht, doch die leidenschaftliche Liebe, die sie damals in ihren Briefen an Battista beschworen hatte, war verwelkt. Außerdem schleppte sie einen Misserfolg mit sich: Vor einer Woche erst, am 15. März, hatte sie in der Scala die letzte von fünf Aufführungen des *Barbiere di Siviglia* überstanden, es waren fünf zu viel gewesen. Die Kritiker hatten Callas für ihr Rollendebüt großenteils gelobt, für ihren Mut, aus der reizenden Rosina eine ausgekochte Strategin zu machen. Das Publikum jedoch hatte sie abgestraft, und der Dirigent Giulini nannte diesen *Barbiere* die schlimmste Erinnerung in seinem Theaterleben, ein Fiasko nicht nur für Callas, sondern für alle, für ihn als Dirigenten, für das Orchester, den Regisseur. Das Ganze sei billige Routine gewesen. Dass ausgerechnet Callas ausgepfiffen worden war, obwohl viele sie abgöttisch verehrten, die drei Kollegen in den männlichen Hauptrollen jedoch bejubelt worden waren, wunderte Giulini nicht: Callas war zur Zielscheibe geworden und hatte sich seiner Meinung nach selbst dazu gemacht, indem sie das Publikum provozierte. Ihre Verneigungen hatten in seinen Augen etwas Dreistes, weil sie damit unverhohlen ihren eisernen Willen zeigte, die Erste und Beste zu sein und über alle anderen zu siegen.[10]

Dass Callas die Verunsicherung Marias überspielen musste, wusste Giulini nicht. Im Februar hatte George Callas die Scheidung von seiner Frau durchgezogen, Marias Bemühungen, die elterliche Ehe zu retten, waren gescheitert. Kurz danach hatte Evangelia in griechischen Zeitungen und dann auch im italienischen Magazin *Oggi* Interviews gegeben, in denen sie über die Geldgier und den berechnenden Charakter ihrer verlorenen Tochter herzog.[11] In New York wurde schon jetzt, sieben Monate vor ihrem ersten Auftritt in der Met, die Geldgier von Callas diskutiert.

Nilsson saß zufrieden mit sich in einer Loge des Teatro San Carlo. Selbstzweifel wie Callas kannte sie nicht und bei aller Disziplin keinerlei Hang zum Verzicht, weder auf Desserts mit Sahne, Butter und Karamellsauce noch auf das Glas Portwein oder Cognac vor dem Auftritt. Bing hatte angeblich gesagt, Nilsson sei ein zuverlässiger Musikautomat: «Man muss nur genügend Geld einwerfen, dann kommt schöne Musik heraus.» Sie dementierte das nicht. Unerschütterlich pflügte sie ihren Weg durch die Äcker der männlichen Macht.

Callas, noch vor zwei Jahren gefeiert als beste Lucia der Welt, wurde schon während des ersten Aktes gestört und an dessen Ende ausgebuht. Dann kam der zweite. An seinem Ende badete Callas im Beifall. Einen derart radikalen Umschwung, gab Nilsson zu, habe sie noch nie in einer Oper erlebt. Es schien so, als wollte das Publikum zuerst einmal seine Macht über Callas beweisen. War es die Leistung, die hier beurteilt wurde, oder die Figur der Diva? War der Glamour, der sie umgab, Maria Callas bereits zum Verhängnis geworden?[12]

Ende März 1956 schrieb Callas aus Mailand an Walter Legge einen Brief, in dem sie ihre Selbstzweifel kaum verbergen konnte. «Sie finden alle, dass meine Stimme besser wird – ich empfinde das auch so!», behauptete sie in den ersten Zeilen. Doch dass sie Serafin zu ihrem Feind erklärt hatte, zeitigte bereits Folgen. «Wie Du wahrscheinlich gehört hast, eröffnet der Maggio Musicale mit *Traviata* – und Tebaldi und Serafin – Wie gefällt Dir das?» Vor der nächsten Schallplatteneinspielung mit Legge hatte sie Angst. «Walter, was Aufnahmen angeht, muss ich ganz besonders aufpassen ..., weil ich keine Entschuldigungen für irgendetwas habe – nicht bei meinem Ruhm – versuche, das zu verstehen.»[13] Es war auch ihre in allen Medien zur Schau gestellte Schönheit, die sie angreifbar machte. Über ihren Taillenumfang wurde so viel geschrieben wie über ihre Stimme, davon blieb Nilsson verschont, sie hatte keine Taille.

Im Sommer 1956 trafen zwei Freundinnen von Maria, Giovanna Lomazzi und Anna Veronesi, in Mailand auf der Straße Meneghini. Anna,
eine untersetzte junge Frau mit rustikalen Manieren, war vor einem Jahr
in Marias engen Umkreis vorgedrungen, die Mutter besaß eine Salume-
ria, einen Feinkostladen in Ferrara, die Tochter hatte von ihr die Beharr-
lichkeit und den Pragmatismus geerbt. Dass sie sich gegenüber Maria,
aber auch gegenüber der höheren Tochter Giovanna minderwertig
fühlte, machte sie geeignet als unbezahlte Handlangerin für jeden Dienst
an ihrer Abgöttin: Koffer packen, chauffieren, ein Mieder in die Opern-
garderobe bringen, das Maria zu Hause vergessen hatte.[14] Giovanna kannte
Meneghini als Geizkragen, sie kannte es schon, wie er im Restaurant,
sobald die Rechnung kam, es immer so deichselte, dass jemand anderes
zahlte.[15] Doch keiner wusste genau, ob er wirklich so vermögend war,
wie er vorgab zu sein. Er flog prinzipiell in der zweiten Klasse,[16] während seine Frau immer in der ersten saß. Maria war zwar großzügig zu
ihren Freunden, doch vom Wert des Geldes hatte sie laut Giovanna keinerlei Vorstellung. Ihre Brieftasche war vollgestopft mit Visitenkarten,
Notizen, Fotos, Ausrissen; Scheine oder Münzen befanden sich nie
darin.[17]

Als die beiden Freundinnen Meneghini über den Weg liefen, war er
mit seiner Frau gerade aus Wien zurückgekehrt, wo sie unter Karajan an
der Staatsoper dreimal *Lucia* gesungen hatte, dreimal in den Himmel gelobt worden war trotz einiger Wackler. Und nach der letzten der drei
Vorstellungen war sie inmitten der Ovationen in die Knie gegangen und
hatte dem Maestro die Hand geküsst. Nach dem Hühnerstall-Erlebnis
mit *Lucia* in Neapel war sie dankbar, dass bei ihm das Orchester parierte.
Nilsson, die offen über Karajans Schwächen als Dirigent redete, hätte
gesagt: Die spinnt. Doch Callas wusste, was sie tat. Das Publikum raste:
Sie hatte auch jene erobert, die gegen sie gewesen waren, Karajan als
Dompteur bewunderten und nicht wussten, dass sie damit Recht hatten. Karajan wollte alles Wilde, Nichtvergleichbare, Erschreckende des
Ausdrucks in Technik einfrieren, die nichts Unvorhersehbares mehr zu-
ließ; Callas riss existenzielle Abgründe des Menschlichen auf. Nun freu-
ten sich Karajans Bewunderer, dass er offenbar die Tigerin bezwungen
hatte.

«Was macht ihr in den nächsten Monaten?», fragte Meneghini die

Ungenierter Genuss: Maria Callas isst Parmaschinken mit ihren Freundinnen und Kolleginnen Giulietta Simionato (Mitte) und Graziella Sciutti (links) im Zug von Mailand nach Wien zum Gastspiel der Scala an der Staatsoper

Freundinnen Marias. «Nichts Besonderes», sagten die beiden. Dann, sagte er, sollten sie Maria nach New York zu ihrem Debüt an der Met begleiten. Sie brauche dort Freundinnen, die sie unterstützten, die Überfahrt mit dem Dampfer,[18] Unterkunft und Verköstigung gingen auf seine Rechnung. Die Freundinnen staunten, was mit dem Geizkragen geschehen war. Meneghini war bewusst, dass es in New York ungemütlich werden konnte. Zwar hatte er einen italienischen Brief an Bing tippen lassen und persönlich mit «Maria Meneghini Callas» unterschrieben, in dem er versicherte, alle Gerüchte, sie werde im letzten Moment absagen, seien frei erfunden. Doch die Gefahr Bagarozy dräute. Rossi-

Lemeni war von dem ehemaligen Agenten ebenfalls zur Kasse gebeten worden, die geforderten zehn Prozent seines Einkommens beliefen sich auf eine stattliche Summe. Er hatte Bagarozy verflucht, umgehend bezahlt und wunderte sich, warum Meneghini sich und seiner Frau die Scherereien nicht ebenfalls auf diese Weise vom Hals schaffte. Maria aber wähnte sich abgesichert. Meneghini hatte sechs erfahrene New Yorker Anwälte engagiert, Bing hatte ihr Geleitschutz versprochen, rechtlichen Beistand und eine Sekretärin, die Italienisch sprach. Im Vorfeld schien alles gut zu laufen, die roten Teppiche wurden ausgerollt.

Mitten in der Augusthitze reiste Henry Koerner in Mailand an, in den USA überall bekannt durch seine Covergemälde für das *Time Magazine*.[19] Eine Woche lang saß Maria Callas ihm tagsüber zu Hause für eine Stunde Modell, und er saß jeden Tag pünktlich in der Scala, wo *Il trovatore* mit ihr aufgezeichnet wurde. Dass er sie bewunderte, war ihm anzumerken, auch seinem Porträt war es anzusehen. «Sie haben mich schön gemacht», sagte Maria Callas. «Sie sind schön», sagte der Maler.

Zeffirelli schrieb ihr in diesem August, dass er soeben in New York Marlene Dietrich getroffen habe, die ständig von ihr zu reden anfange. «Sie sagt, dass sie in amerikanischen Krankenhäusern dauernd Deine Schallplatten spielen, weil sie festgestellt haben, dass es denen, die krank sind, hilft, sie zuversichtlich macht, beruhigt und dazu beiträgt, dass sie gesund werden … wir wissen das schon eine ganze Weile. La Dietrich erzählte mir auch, dass sie vor mehr als sieben Monaten Karten reserviert hat für Dein Metropolitan-Opera-Debüt und sie das nur geschafft hat, weil sie Rudolf Bing sehr gut kennt. Es ist offensichtlich, dass Du an diesem Abend keinen Triumph, sondern eine Apotheose erleben wirst».[20]

Einige Wochen danach meldete sich in Mailand George de Carvalho an, Korrespondent des *Time Magazine* in Rom, um mit Callas Interviews für die Geschichte hinter Koerners Covergemälde zu führen. Auch er rollte den roten Teppich aus, schickte Blumen, Champagner, Kaviar. Als er in der Via Buonarroti vor der Tür stand, sah Maria Callas einen jungen Mann mit breitem Lächeln; dass er vor vier Jahren, damals noch in San Francisco beim *Chronicle*, den Pulitzer Prize für Lokalreportage gewonnen hatte, weckte ihr Vertrauen. Oft redeten die beiden bis Mitternacht, wenn Meneghini längst schlief. Tage zog sich das Ganze hin, nimmermüde beantwortete Callas seine Fragen. De Carvalho war bereits zurückgereist nach Rom, da meldete er sich noch einmal. Es gebe da noch ein paar Lücken. Callas war einverstanden, dass er die bei einem Zusatztermin füllte, wenn er dafür einen schwarzen Zwergpudel namens Toy, das Geschenk eines Verehrers in Rom, persönlich im Flieger nach Mailand brächte. Er brachte. Nach der letzten Runde sagte Maria Callas: «Jetzt wissen Sie mehr über mich als meine eigene Familie.»

Sie wusste nicht, dass er ihre Familie bereits kannte. De Carvalho hatte nicht allein die Masseurin, den Friseur, ehemalige Hausangestellte, Sängerkollegen und -kolleginnen, Modeberater, Freunde und Feinde von Maria Callas befragt, Kritiker, Dirigenten und den Anführer der Claque an der Scala, er war sogar nach Ankara geflogen, um mit Elvira de Hidalgo zu sprechen, die nun dort lebte. Vor allem hatte er Jackie und Evangelia in Athen aufgesucht; die Schwester hatte ein Gespräch abgelehnt, die Mutter hatte es freudig angenommen.[21] All das verriet der Journalist Maria Callas nicht. Er war charmant, zugewandt, spendabel und wohlerzogen. Sie musste sich willkommen fühlen in ihrer Heimatstadt und als Debütantin an der Met. Dennoch schrieb sie Bing: «Hat man wirklich den Wunsch, mich zu hören in New York? Was meinen Sie?»[22]

Bing nahm ihr die Selbstzweifel ab, er kannte mittlerweile ihre Angst, nicht geliebt zu werden, ohne zu ahnen, woher diese Angst kam. Auch in dieser Hinsicht war sie das Gegenteil von Birgit Nilsson. Der war es anzusehen, dass sie eine Kämpferin war, und es wurde ihr zugestanden. Callas sah aus, wie sich die Welt eine Primadonna vorstellte.

Die beiden Freundinnen, Giovanna und Anna, waren schon da, als Maria Callas und Battista Meneghini am 11. Oktober in New York landeten. Im Apartment des Hotel Sulgrave – zwei Schlafzimmer, zwei Bäder, großes Wohnzimmer, Ankleide und Küche – hatten sie alle sechzehn Koffer ausgepackt, vierzehn von Maria, hatten die Kleider, wie von Biki befohlen, gedämpft, alles Wollene über einer mit kochend heißem Wasser gefüllten Badewanne aufgehängt, die Pelzmäntel aus ihren Hüllen genommen und die Dessous sortiert. Alle 3896 Karten in der Met für die *Norma* am 29. Oktober waren längst verkauft, und das Opernhaus konnte für die Premiere bereits einen Rekord verbuchen: 75 510 Dollar 50 Cent, die höchste Einnahme, seit es die Met gab. Bings Stellvertreter Francis Robinson holte die Sängerin am Flughafen ab, im Beisein eines

Rechtsanwalts, falls jemand in der Nähe sein sollte, der ihr eine Klage zustecken wollte. Er brachte sie ins Hotel und versprach ihr, er werde bei jedem Interview dabeisitzen.

Bei Nilsson rechnete jeder damit, dass sie kein Blatt vor den Mund nahm, bei der Primadonna Callas nicht. «Sie sind Amerikanerin, in Griechenland aufgewachsen, und jetzt sind Sie praktisch Italienerin. In welcher Sprache denken Sie?», fragte eine Journalistin. Callas antwortete: «Ich zähle auf Englisch.»

Am 25. Oktober versetzte ein Interview Francis Robinson in Alarmstimmung. Leider saß er nicht dabei, es war bereits gedruckt. Am selben Tag noch schrieb er an seine Mutter: «Du abonnierst die *Time* nicht mehr, oder? Gut, dann musst Du rausgehen und Dir ein Heft kaufen. Callas hat das Cover der aktuellen Ausgabe – und das Stück!»

Am Freitag, dem 26. Oktober, kam das Magazin mit Koerners Porträt auf dem Titel in den öffentlichen Verkauf. Der Blick von Maria Callas war versonnen, ihr Gesichtsausdruck wach, aber gelöst, sie hatte während der Sitzungen ihre eigenen Aufnahmen gehört. Innerhalb weniger Stunden war das Magazin vergriffen.

De Carvalho hatte das Ergebnis seiner Erkundungen auf drei Seiten und eine Spalte verdichtet, nahm sich aber Zeit für einen weitschweifigen Beginn. «Die einzige Diva, die wirklich den Titel einer Primadonna verdient, mit allen Untertönen von gut und böse», fing er an, sei Maria Meneghini Callas. Es folgte ein Abgesang auf die Primadonnen, eine zum Aussterben verurteilte Spezies, deren Allüren keiner mehr ertragen wolle. An den Opernhäusern sei Teamwork gefragt, zu Recht würden an der Met Solo-Vorhänge untersagt; ein zeitgemäßer Opernstar lebe oft nicht glamouröser als eine Hausfrau aus der Vorstadt. De Carvalho führte Maria Callas vor als eine Frau, die sich an der Welt dafür rächte, dass ihre Mutter ihr die Kindheit gestohlen hatte, dass sie als Teenager verspottet worden war, dass sie nichts Charmantes besaß. Eine Frau, die sich durch ihren Egoismus Feinde schuf und den Hass ihrer Feinde genoss: «Solange sie stören und zischen wie Schlangen, weiß ich, dass ich in Bestform bin.» Eine Frau, die ihrer Mutter angeblich finanzielle Unterstützung abgeschlagen und ihr geraten hatte, entweder zu arbeiten oder sich zu ertränken.[23] «Eins habe ich gelernt», zitierte er Maria Callas, «bitte nie irgendwen um einen Gefallen. Du kriegst sowieso nichts.»

Rückhaltlose Hingabe: Mit Pelzhut im Jersey-Kostüm spielt Maria Callas 1956 in einer Probe zu Vincenzo Bellinis Norma *an der Metropolitan Opera in New York mit ihren Bühnenkindern Marsha Warren und Claire Gilbert, als träte sie im Kostüm der Priesterin vor großem Publikum auf*

Eine Frau, die Renata Tebaldi zum bevorzugten Opfer ihres Rachefeldzugs erkoren hatte und der Kollegin vorwarf, sie habe kein Rückgrat. «Hinter meinem harten Äußeren schlägt ein Herz aus Stein.» Der Satz passte scheinbar zu ihr, stammte aber von Rudolf Bing. Der wurde für seine Konsequenz bewundert. So mussten Männer sein, die führen wollten. Aber Frauen?

Die Öffentlichkeit bekam nicht mit, wie Francis Robinson den Artikel im *Time Magazine* seiner Mutter gegenüber kommentierte: «Ich muss sagen, klopf auf Holz, uns gegenüber war sie immer eine vollendete Lady – bis jetzt.»[24] Die Öffentlichkeit bekam auch nicht mit, was Maria Callas in den Tagen bis zur Premiere durchmachte. Pünktlich drückte sie sich wie zuvor täglich am frühen Nachmittag vorbei an den Mülltonnen vor dem Künstlereingang der Met, stand auf der Probebühne, die so bedrückend dunkel war wie alles hier, probierte ihr Kostüm in einer der schäbigen, engen Garderoben an und war froh, wenn sie die Toilette nicht brauchte, denn die befand sich hinter einem Verschlag, der oben offen war.

Wo das Geld hinfloss, sah sie bei der ersten Probe auf der großen Bühne. Sie erfuhr, dass in der Met die teuersten Plätze in den Rängen lagen, die wegen der Dekoration der Stammgäste dort das goldene und das brillantene Hufeisen genannt wurden.[25] Über sein Publikum machte Bing sich und seinen Sängern keine Illusionen. Die klatschten nur mit einer Hand, sagte er, damit ihre Juwelen nicht angegriffen würden.[26] Doch Maria Callas trieb etwas anderes um. Worüber redeten die anderen hier im Haus, die Leute im Orchester, im Chor, in der Maske? Hatten sie alle den Artikel im *Time Magazine* gelesen? Glaubten sie, was dort stand? Die übrigen Solisten, Barbieri, Siepi, del Monaco, kannten Callas seit Jahren – verhielten sie sich anders oder bildete sie sich das ein? Der Regisseur war jener Jugendfreund, der gleichzeitig mit ihr aus Griechenland nach New York gegangen war und sofort einen Vertrag an der Met bekommen hatte; Dino Yannopoulos kannte Evangelia, auch andere Griechen, die Kronzeugen von de Carvalho waren. Sah er sie misstrauisch an? Wer immer einen Oscar bekam, bedankte sich zuerst bei der Mutter, Mütter genossen in den USA einen Sonderstatus. Wie würde das Publikum auf einen Star reagieren, der angeblich seine Mutter verhungern ließ?

Der Tag der Premiere war ein Montag. An diesem 29. Oktober 1956 war das Thermometer steil angestiegen, ein ungewöhnlich heißer Herbsttag. Dass sie eine Feindseligkeit des Publikums witterte, lähmte Callas zum ersten Mal, sie musste auf die Bühne geschoben werden. Nervös die ersten Töne, ein Zittern in der Stimme, unüberhörbar. Dann, während sie *Casta diva* sang, ein Zischen, leise, aber unmissverstehbar. Als die Solisten zum ersten Mal vor den Vorhang traten, rief das Publikum:

«Bravo Barbieri! Bravo del Monaco!» Callas wirkte wütend, als sie sich verneigte. Im dritten Akt, als sie mit Barbieri das große Duett sang, hatte sie sich wieder gefangen; standhaft, intensiv, kontrolliert bezwang sie den Widerstand. Und dann, im vierten Akt, als sie ihren Vater um Vergebung anflehte, in jedem Ton, in jeder Geste die reuige Sünderin, drehte sich die Gunst des Publikums, als drehte sich völlig unerwartet der Wind. Die Zuschauer saßen auf der Stuhlkante und fielen am Ende erschöpft von dem, was sie mit durchlitten hatten, in sich zusammen. «Bravo Maria! Bravo Maria! Bravo Maria!»[27] Sechzehn Vorhänge.

Sie hätte danach in Deckung gehen können, sich zurückziehen und abschminken. Doch dann wäre sie nicht Maria Callas gewesen. Bei der Soirée nach der Premiere im Trianon Room des Ambassador Hotels erschien sie in rubinrotem Samt, dreiviertellanger weißer Hermelinjacke und Diamantenglanz.[28] Die Primadonna.

Damit war sie ins Zielfernrohr einer Frau geraten, die gefürchtet wurde. Sie war vierzig Jahre älter als Maria, fast dreißig Zentimeter kleiner und an die zwanzig Kilo schwerer, bezeichnete sich selbst als hässlich, und niemand widersprach ihr. Über Geld verfügte sie nicht, auch nicht über eine hohe Position, jedoch über Einfluss. Was sie machte, diese Elsa Maxwell? Meinung, hieß es. Sie schrieb ihre Klatschkolumnen für eine Pressezentrale, die sie sofort international verkaufte.

An jenem Abend verweigerte sie es, sich an den Tisch zu setzen, an dem Marlene Dietrich, Rudolf Bing und Wally Toscanini bei Maria Callas saßen. Callas kümmerte das wenig, sie hatte im Hotel Sulgrave Post von der Scala bekommen, ein dickes Paket: die Partitur von Donizettis *Anna Bolena*.[29] Visconti hatte vor, die Oper im April 1957 mit ihr herauszubringen. Was für eine Musik, was für eine Rolle. Maria aber erfuhr, wer diese Person war, die sie ablehnte: dass sie zu Hause war am Tisch der Hollywood-Stars und der Tycoons, dass sie Affären einfädelte, Ehen schmiedete und Partys gab, über die mehr gesprochen wurde als über weltpolitische Ereignisse, dass sie Schicksal spielen wollte und konnte. Maria beschloss, diese Frau zu erobern. Callas war ganz oben, nun wollte Maria auch dorthin.

Es waren zwei kurze harte Wörter, die in den USA wie in Europa die Auflagen der Illustrierten und Magazine nach oben trieben, auch in Italien, obwohl keine fünf Prozent der Italiener Englisch sprachen: Jet Set.

Bei diesen zwei Wörtern sahen die Menschen alles vor sich: Frauen in Haute Couture beim Champagner im Maxim's, Männer im Rolls-Royce vor dem Savoy in London, Paare in St. Moritz oder Gstaad beim Après-Ski; Benefizbälle in New York, beleuchtet von den Juwelen der Gäste, barfüßige Filmstars im Sand von Saint-Tropez, Industriellen-Clans am Pool des Eden Rocque in Antibes. Der Jet, mit dem sie in der Welt unterwegs waren, als wäre er eine Straßenbahn, hatte ihr den Namen gegeben, dieser Gesellschaft, die es sich leisten konnte, für einen Flug aus Paris nach New York so viel zu zahlen, wie sich die anderen absparen mussten, um ein familientaugliches Auto zu kaufen. Elsa Maxwell war im Jet Set zu Hause, und Maria Callas hatte erfasst, welche Macht sie besaß, diese Frau von dreiundsiebzig Jahren, über deren Äußeres jeder lästerte, die jedoch mit ein paar Zeilen Karrieren aufbauen und zerschlagen konnte. Wer Maxwell kannte, wusste, dass sie eine fanatische Tebaldi-Anhängerin war. Am 15. November erschien bereits ihre zweite Kolumne zu Maria Callas, vernichtend wie die erste. Sie habe sämtliche berühmte Toscas gehört, aber von Callas sei sie, wie schon von deren Norma, enttäuscht gewesen. Schlimmer war, dass sie Callas als Künstlerin unterstellte, was Evangelia Maria vorgeworfen hatte: kalt und berechnend zu sein. *Vissi d'arte*, war bei Maxwell zu lesen, sei eine Arie, die sich an Gott wende, aber auch an Scarpia, um dessen Herz zu erweichen. Bei Callas habe die Arie so geklungen, als denke sie dabei mehr ans Geld und den Applaus als daran, Gott oder Scarpia anzurufen.[30] Bing, hieß es, habe sich an dem Ehepaar Callas-Meneghini gerächt und die 1001 Dollar Gage für die Premiere in Ein-Dollar-Noten ausgezahlt.[31] Bing wusste davon nichts, Maria Callas wurde nicht befragt.

Für den 16. November, kurz vor Marias Abreise, hatte der American Hellenic Welfare-Fund im Waldorf Astoria einen Dinner Dance inszeniert, Ehrengast: Maria Callas. Der Veranstalter, Spyros Skouras, ein griechischer Schafhirtensohn, der zum Chef der 20th Century Fox aufgestiegen war, kannte Maxwell aus Hollywood. Sie müsse sich zu Maria Callas setzen, sagte er und zog sie vom Stuhl. Sie protestierte, Callas sei sicher nicht erpicht, sie kennenzulernen. Callas hörte das. «Sie sind», sagte sie und streckte Maxwell, von Skouras angeschleift, über den Tisch hinweg beide Hände entgegen, «die einzige Frau in New York, die ich treffen will, denn ich halte Sie, egal, was Sie von meiner Stimme halten, für eine ehrliche Frau.» Das verschlug sogar Maxwell die Sprache. «Das ist nett von Ihnen», sagte sie endlich und versuchte, sich zu retten. «Eines Tages müssen wir zusammen einmal einen Cocktail oder Tee trinken und darüber reden.» Maria ließ nicht locker. «Ich werde Sie anrufen, wenn ich darf.» Was Maxwell nicht erwartete: Maria rief an.[32] Die Helden und Heldinnen der antiken Tragödie betraten den Weg ins Unheil auf eigene Verantwortung.

16.
PRIMADONNA UNTER BESCHUSS

Sordello prangert an, Karajan schlägt zurück,
Callas wird von Griechen der Raffsucht bezichtigt,
und Elsa Maxwell spinnt ihr Netz

D as Schlagerfestival in Sanremo an der Küste Liguriens gab es erst seit sechs Jahren, aber Millionen klebten an den Fernsehern zu Hause oder in den Cafés und Bars, wenn es live übertragen wurde, italienische Lieder für alle. Claudio Villa, ein hoher Tenor, der oft im Falsett sang, hatte den Wettbewerb schon einmal gewonnen; 1957 wollte er erneut antreten. Er war, wie früher Maria Callas, bei Cetra unter Vertrag und verkaufte in einer Woche mehr Schallplatten als sie in einem Jahr. *Te porto nel mio cuore* hieß sein neuester Erfolgstitel, *Ich trage dich in meinem Herzen*. In den Liedern von Claudio Villa ging es fast immer ums Herz. Derweil tönte Natalino Ottos *Tango del cuore* aus jedem Radioapparat. An den Kiosken lagen neben Marias Lieblingslektüre *Le vostre novelle* Fotoromane, *I vostri* stand darauf, darunter ein kleines Herz. Die höchste Auflage machte in dieser Reihe *Il cuore non si vende – Das Herz verkauft man nicht*. Der größte Kinoerfolg war vor einem Jahr *La canzone del cuore* gewesen.

Als Maria Callas mit ihrem Mann kurz vor Weihnachten 1956 in Mailand Malpensa landete, wurde sie bereits von ihrem neuen Image empfangen, dem eines herzlosen Stars. In New York hatte der Artikel über sie im *Time Magazine* für Hunderte von Leserbriefen gesorgt, darunter einer, der nicht nur in den US-Medien, sondern auch in Europa, vor allem Italien vielfach abgedruckt worden war. Tebaldi hatte an den Herausgeber geschrieben: «Sir, ich bin wahrhaftig erstaunt über die Aussagen, die meine Kollegin Signora Maria Meneghini Callas mich betreffend gemacht hat. Sie gibt zu, dass ich eine Frau von Charakter sei, und sagt, ich hätte kein Rückgrat. Ich entgegne: Ich habe etwas, was sie nicht hat – ein Herz.»[1]

Keines dieser Blätter zitierte, was Maria Callas zu Dorle Soria gesagt hatte, als sie Tebaldi im Radio zuhörte. Das sei fraglos schön, aber: «Wen rührt das?» Niemand erzählte weiter, was Zeffirelli mit ihr erlebt hatte, als sie nach einer Aufführung seinen gebrechlichen Vater in ihre Garderobe geholt hatte und alle anderen, die zum Feiern gingen, warten ließ. Niemand erfuhr, wie Bing über sie dachte: Sie sei mädchenhaft und habe ein naives Vertrauen zu anderen Menschen.[2] Die Reaktion von Tebaldi, die Aussagen von Evangelia Callas über ihre Tochter, Marias Bekenntnis, dass sie auf Englisch zähle, und die Diskussionen über ihre Spitzengage an der Met hatten das Bild einer berechnenden Frau geschaffen.

Trotz der vorweihnachtlichen Kälte kreisten am 23. Dezember am Flughafen Malpensa die Reporter Maria Callas sofort ein und bewegten sich nicht mehr von der Stelle. Alle kannten bereits jenes Foto, das direkt vor ihrem Abflug am Airport Idlewild, New York entstanden war: Ein dunkelhaariger junger Mann streckte ihr strahlend die Hand entgegen, sie blickte diese Hand befremdet an, einwandfrei nicht bereit, sie zu ergreifen. Das Bild zeigte Enzo Sordello, Bariton (29), und Maria Callas, Sopran (33). Was war mit diesem Sordello passiert? Nicht ihr Debüt an der Met, die Hymnen in der Presse, die Galas und Bälle zu ihren Ehren, nur die Sache mit Sordello interessierte die Reporter.

Fünf *Lucia*-Vorstellungen hatte Callas mit ihm bestreiten sollen. Bei der zweiten Aufführung, am 8. Dezember 1956, hielt Sordello am Ende ihres ersten großen Duetts den Ton endlos aus, um mehr Applaus zu kassieren, bis Callas hörbar «Basta!» sagte. Bei einigen im Publikum kam das als «Bastard!» an.[3] Callas hatte darauf bestanden, dass er ausgewechselt wurde, eine Woche vor Weihnachten bekam Sordello einen blauen Brief von Bing, sein Vertrag sei aufgelöst worden. Sofort war Sordello zur Presse gegangen, hatte Callas beschuldigt, ihn einen Bastard genannt zu haben, und sich ablichten lassen, wie er mit angewidertem Gesichtsausdruck ein Foto von ihr zerriss. Er hatte seinen Rückflug auf den 22. Dezember umgebucht, den Abreisetermin von Callas und Meneghini, hatte sie am Flughafen, mit Fotoreportern im Rücken, gestellt und sie aufgefordert, ihm die Hand zum Zeichen des Friedens zu reichen. Wie Callas das verweigerte, war auch in Italien bereits auf den Titelseiten abgebildet. Nirgendwo stand dabei, dass sie eine Entschuldigung von ihm verlangt und er die kategorisch abgelehnt hatte.

Von Weihnachten bis Silvester 1956 war in Mailand nichts zu sehen von Maria und Battista, keine festtäglichen Mittagessen oder Abendessen im Biffi oder Savini, keine Treffen mit Bekannten. Sie schienen sich in ihrem Haus unter Ausschluss der Öffentlichkeit verschanzt zu haben. Erst in der Dunkelheit, gegen elf Uhr, wenn es ringsum menschenleer war, klingelte fast jeden Abend eine junge Frau an der Via Buonarroti 40, einen kleinen schwarzen Lederkoffer in der Hand, und wurde sofort eingelassen.

Oben im Salon spielte sich dann jedes Mal das Gleiche ab. Auf dem Esstisch hatte Maria Schokolade und Konfekt aufgebaut, auch zuckrige türkische Kuchenwürfel, alles, was sie geschenkt bekam, ihre Diät aber verbot. Die Besucherin stellte den Koffer daneben und klappte ihn auf. Sie hieß Anita Pensotti, war Journalistin und besaß bereits einen Kassettenrecorder.[4] Nach ein paar Minuten Geplauder fing sie an, Fragen zu stellen. Nebenher lauschte sie ständig auf Geräusche vor der Tür. Callas hatte die Termine nicht zufällig so spät gelegt, um diese Uhrzeit ging ihr Mann üblicherweise bereits ins Bett. Pensotti hatte Meneghini dennoch ausdrücklich gebeten, sich aus den Gesprächen herauszuhalten, sonst würde er, sagte sie, «die vertrauensvolle Atmosphäre stören». Sie hörte ihn aber immer wieder nah an der Tür im Flur herumgeistern. Callas sprang oft vom Stuhl auf, wenn sie antwortete, und deklamierte, als stünde sie auf der Bühne. Wollte sie, dass er hörte, was sie sagte? Als sie anfing, ihn als Retter zu lobpreisen, was ihren mühsamen Start in Italien betraf, und sich darüber ausließ, wie romantisch der Ausflug nach Venedig mit ihm gewesen war, ging Pensotti ganz nah zu ihr, beugte sich zu ihrem Ohr und fragte: «Warum haben Sie ihn geheiratet?» Maria Callas flüsterte: «Wer konnte wissen, dass ich Callas werden würde?»[5] Sie redete Pensotti gegenüber ironisch über ihr Alter Ego, bewegte sich auf der Bühne und in der Öffentlichkeit kontrolliert, aber wenn sie sich zu Hause hinsetzte in einem Hauskleid und Slippers, beobachtete Pensotti ein einfaches Mädchen mit übergroßen Träumen.

Für Pensotti gab es keine Zweifel mehr, was Maria Callas kennzeichnete: «die erstaunliche angeborene Fähigkeit, ihre Persönlichkeit zu spalten, ohne sich dessen bewusst zu sein». Ein unlösbarer Konflikt, wie sie zugab: «Die Sängerin und die Frau waren viel zu unterschiedlich, um einander verstehen zu können und zusammenzufinden.»

Pensotti hätte sofort unterschrieben, was Bing über die Naivität und das blinde Vertrauen von Maria geäußert hatte. Unbesonnen sagte Maria, was sie dachte, Diplomatie schien ihr fremd zu sein. Doch zugleich erlebte Pensotti sie als impulsiv, aggressiv, klar und radikal in ihren Entscheidungen. Was Pensotti nicht wissen konnte: Maria Callas verdrehte, ob bewusst oder unbewusst, viele Tatsachen, erhöhte viele Situationen, dramatisierte Ereignisse[6] und sich selbst. Ein Mythos braucht große Momente, und Callas war entschlossen, hier etwas Großes gegen den Kleinkrieg der Presse zu setzen.

Aus den Gesprächen baute Pensotti eine Geschichte, die *Memoiren von Maria Callas*, in der diese nicht Täterin, sondern seit ihrer Kindheit schon Opfer war: Opfer der missgünstigen Kollegen, einer eifersüchtigen Schwester, vor allem eines der Mutter. Doch jede Herabsetzung einer Mutter war in Italien so wenig geeignet wie in den USA, die Herzen zu erweichen.[7]

Renata Tebaldi hingegen lebte mit ihrer Mutter Giovanna in einer Symbiose, wo kein Mann Platz fand. Sie wurde niemals müde zu erzählen, wie Giovanna mit Handarbeiten sich und die Tochter durchgebracht hatte, nachdem der Vater abgehauen war, wie sie der von Kinderlähmung genesenen Tochter den Rücken gestärkt hatte, die im Dorf als hinkende Bohnenstange verspottet worden war. Maria hatte gegenüber Pensotti nur einen positiven Satz zu ihrer Mutter verloren: «Meine Mutter wollte, dass ich Sängerin werde, und ich war ganz und gar glücklich, ihr zu folgen, aber nur unter der Bedingung, dass ich eines Tages imstande wäre, eine große Sängerin zu sein. Alles oder nichts: Ich habe mich in dieser Hinsicht im Lauf der Zeit sicher nicht verändert.» Schon als Kind habe sie den Mittelweg gehasst. Stark fanden das manche, herzbewegend nicht.

Am 3. Januar gab Renata Tebaldi im Mailänder Teatro Manzoni ein Wohltätigkeitskonzert zugunsten des Kinderhilfswerks UNICEF. Die Fotos von ihr inmitten der Fans, die Lobpreisungen der Sängerin mit Herz waren noch warm, als eine Woche später, am Donnerstag, dem 10. Januar, die erste von fünf Folgen der *Memoiren von Maria Callas* in *Oggi* erschien, Titel: *Meine ersten dreißig Jahre*. Einen Tag bevor die nächste Folge veröffentlicht wurde, starb Arturo Toscanini. Der Satz, den er nie gesagt hatte, Tebaldi habe eine Engelsstimme, wurde überall zitiert. Am 7. Februar erschien die letzte Folge der Callas-Erinnerungen, fünf Tage später kam der *Spiegel* mit einem Foto von Maria Callas auf dem Cover und einem acht Seiten langen Artikel heraus. Die italienischen Medien griffen sofort auf, was dort unter der Überschrift *Die Primadonna* zu lesen war. Der anonyme Autor machte die Sordello-Affäre zum Aufhänger. «Die ist nur eins von zahllosen verbürgten und unverbürgten Skandälchen um die Callas, die nicht nur als das erstaunlichste Stimmphänomen der Gegenwart gilt, sondern auch als das bei weitem launischste und herrischste weibliche Wesen, das seit Kriegsende den Opernintendanten zu schaffen macht.» Eine Frau von versengendem Ehrgeiz, bei Kollegen unbeliebt, nimmersatt auf Erfolg und Geld aus. Bing sei, stand dort, ihren «Foltermethoden» erlegen und habe nur deshalb gezahlt, was sie forderte.

Die Rivalität zwischen Tebaldi und Callas wurde als Duell Taube gegen Adler etikettiert, Friedensvogel gegen Raubvogel. «Die beiden Primadonnen sind nach anfänglich süßsaurer Freundschaft heute völlig verfeindet. Es besteht jedoch auch im Lager der Griechin kein Zweifel, dass die Callas (‹Ich verstehe mich auf den Hass›) daran weit mehr Schuld trägt als die sanfte Tebaldi.» In einem Punkt, das machte der Beitrag deutlich, hatte Callas gegen Tebaldi keine Chance: in Herzensdingen. «Als die Callas Ende vorigen Jahres in New York erfuhr, dass die Tebaldi wegen eines Wohltätigkeitskonzerts vom Mailänder Erzbischof Montini in Audienz empfangen werde, flog sie entgegen ihrer ursprünglichen Absicht noch vor Weihnachten nach Mailand zurück. ... Unmittelbar nach ihrer Ankunft schrieb sie einen Scheck aus und unterrichtete den Sekretär des Erzbischofs telefonisch von dieser Spende für wohltätige Zwecke. Sie hatte daraufhin die Genugtuung, mit ihrem Mann von Monsignore Montini empfangen zu werden, zwei Tage vor der Tebaldi.»[8]

Im März erschien die Musikzeitschrift *Sorrisi & Canzoni, Lächeln & Lieder*, mit einer Zeile quer über das Titelblatt, die Aufsehen erregte: «Wir eröffnen einen sensationellen Prozess gegen Claudio Villa». Der hatte zum zweiten Mal den Wettbewerb in Sanremo gewonnen. Er galt als schwieriger Mensch, der sagte, was er dachte – Diplomatie war ihm ein Fremdwort –, und bei Kollegen unbeliebt war. Nun hatte er eine Bemerkung gemacht, die ihm als überheblich ausgelegt wurde: Angekommen in der höchsten Sphäre der Popularität, wolle er sich von seinem Sockel herabbeugen, um denen in die Augen zu blicken, die ihn vergötterten, all den romantischen jungen Mädchen, die seine Fotos betatschten. Das Magazin forderte seine Leser auf zu entscheiden, ob Claudio Villa einer verächtlichen Haltung und Arroganz gegenüber jenen, denen er seinen Ruhm und sein Vermögen verdankte, schuldig zu sprechen sei.

Visconti war ebenfalls mit einem Prozess befasst, im Zentrum sollte Maria Callas stehen. Giovanna Lomazzi traute ihren Augen nicht, als sie im Februar ihre Freundin in der Via Buonarroti besuchte. Sie fand Maria zwischen den üblichen Stapeln von Modemagazinen und bunten Illustrierten mit einem Buch in der Hand vor. Visconti hatte sie mit Fachliteratur eingedeckt, damit sie sich über die historischen Umstände der Verurteilung und Hinrichtung von Anne Boleyn informieren konnte. Mitte April sollte in der Scala in seiner Inszenierung Donizettis *Anna Bolena* auf die Bühne kommen, die erst letztes Jahr in dessen Geburtsstadt Bergamo wieder ausgegraben worden war.[9]

Ob Anna bei der Hinrichtung nun Anfang oder schon Mitte dreißig war – Maria Callas hatte ungefähr ihr Alter, im Dezember war sie dreiunddreißig geworden. Das Libretto zu Donizettis Oper ging phantasievoll mit den Tatsachen um und konzentrierte sich auf die letzte Lebensphase der Königin, der zweiten von sechs Ehefrauen Heinrichs VIII. Gesichert war, dass Anne mit großem Ehrgeiz ihr Ziel verfolgt hatte, nicht Mätresse, sondern Ehefrau des englischen Königs zu werden, sich damit Feinde geschaffen hatte, Opfer von Intrigen und Verleumdungen wurde und schließlich schuldlos geköpft wurde. Fest stand auch, dass sie aus dem Weg geschafft werden musste, weil sie eine Tochter statt eines männlichen Thronfolgers geboren und danach zwei Kinder tot zur Welt gebracht hatte, sie hatte als Gebärmaschine versagt.

Schon bei einem der nächsten Besuche von Giovanna verkündete Maria Callas, die Lektüre bringe sie nicht weiter, sie bleibe bei ihrer Überzeugung: Das Wesentliche steht in den Noten. Von sich selbst schien sie in diesem Februar jedoch nicht überzeugt. Gerade noch hatte sie in *Oggi* verkündet, Gott habe immer seine Hand über sie gehalten. Sie habe vor zwölf Jahren Griechenland ohne Geld, ohne Zukunftsaussichten, aber ohne jede Angst verlassen, nur auf die göttliche Vorsehung vertraut. Nun schrieb sie ihrem Paten Leonidas Lanzounis: «Liebst du mich nicht mehr?»[10] Und richtete Grüße an Marlene Dietrich aus. «Sie liebt mich auch nicht mehr.» Nicht nur Maria, auch Callas wurde von Selbstzweifeln gepeinigt. Nachdem Bing sie beglückwünscht hatte zu ihrem Sensationserfolg als Norma in London im Februar, bat sie ihn jetzt um Entschuldigung für ihren Norma-Auftritt an der Met: «Ich versuche immer noch herauszufinden, was in New York geschehen ist. Es tut mir nur leid, dass ich Ihnen nicht das geben konnte, was andere Theater bekommen haben.»[11]

Sicher war sich Callas jedoch in einem: Anna Bolena war die richtige Rolle für sie, die Rolle einer Frau, die ohne Beweise schuldig gesprochen wurde.[12] Auf den Artikel im *Time Magazine* hin hatte sie handschriftlich in vierundzwanzig Punkten dargelegt, welche Behauptungen Falschaussagen waren, veröffentlicht wurde diese Gegendarstellung nirgendwo.[13] Den Prozess, den Bagarozy gegen sie in Gang gesetzt hatte, hatte sie noch nicht überstanden; ihre handschriftliche Selbstverteidigung war zwar wahrgenommen worden, hatte aber die Anklage nicht entkräften können.[14] Es setzte ihr vor allem zu, von der Presse verurteilt zu werden, ohne dass irgendwer ihre Dementi hören wollte. Von der «tobenden Sängerin» hatte der *Spiegel* berichtet, «der in Amerika geborenen Italienerin griechischer Abstammung, deren Blutmischung zu einem dicken Knoten geschäftstüchtiger Zähigkeit geronnen zu sein scheint». Ihr Ehemann Titta «schleppte» angeblich «eine Kassette mit Schmuck herbei, damit seine Gattin in Gold und Brillanten wühlen konnte, um sich zu beruhigen».[15] Die Medien waren sich weitgehend einig: Tebaldi ging es um Menschen, nicht um sich selbst, Callas um sich selbst und ums Geld. Die Primadonna mit dem hitzigen Temperament und dem eisigen Herzen trieb die Auflagen nach oben.

Am 2. April 1957 begann in der Musikszene von Wien eine neue Ära: Herbert von Karajan trat als Staatsoperndirektor an. Dass es nicht einfach werden würde, war abzusehen. «Ich kann nicht mit Menschen, die etwas anderes wollen», sagte er. «Ich kann sehr gut mit Beamten.» Das hatte er schon in den Jahren vor 1945 gekonnt. Vor seinem Debüt in der New Yorker Carnegie Hall im März 1955 hatten die Musikbegeisterten Schlange gestanden am Eingang. Sie hatten Papptafeln hochgehalten, auf denen stand: «No harmony with Nazis» oder «Hitler's musical director», und hatten Leute angesprochen, die Karten kaufen wollten. Bing hatte dem Aufsichtsrat der Met, als es um Karajan ging, geschrieben: «Ich persönlich würde nicht vorschlagen, ihn einzuladen.»[16] In Wien aber wurde er als Lichtgestalt gefeiert. Für Künstler wie Birgit Nilsson jedoch war nicht Callas, sondern Karajan jemand, dem es vor allem um sich selbst und um Geld ging; sein Schmuck stand in der Garage. Privat war er elegant und durchtrainiert, sobald er auf die Bühne kam, ein Gockel, befand Nilsson, und «was seine privaten Geschäfte anging… ein sehr berechnender Kaufmann».[17]

Die Proben in Mailand zu *Anna Bolena* waren das, wovon Callas träumte: lang, hart, detailversessen. Zwanzig Bühnenproben hatten Visconti und Gianandrea Gavazzeni, der Dirigent der Produktion, durchgedrückt, ein Rekord an der Scala. Da kam der Vertrag für die Wiener Staatsoper bei Callas an, nach dem Erfolg im letzten Jahr hatte Karajan sie sofort nochmals einbestellt und ihr zugesagt, 1957 für jeden Abend 500 Dollar mehr zu zahlen. Sieben Mal sollte sie ab Juni in Wien Violetta singen, in der *Traviata*-Produktion Viscontis für die Scala, im Bühnenbild von Lila de Nobili, aber unter dem Dirigat von Karajan. Visconti hatte gleich davor gewarnt, er war entsetzt, dass Karajan selbst dirigieren wollte, und fand das «unfair und taktlos» gegenüber Giulini, der alles kompromisslos und begeistert einstudiert hatte und Teil dieser Passion gewesen war. Die ganze Karajan-Euphorie war Visconti zuwider, «Karajan zum Frühstück und zum Mittagessen».[18] Das hatte Callas nicht abgebracht, doch nun standen im Vertrag statt der vereinbarten 2100 Dollar pro Vorstellung nur die 1600 vom letzten Jahr. Es ging ihr nicht ums Geld, sagte Meneghini, nur darum, dass Karajan sein Versprechen kommentarlos gebrochen hatte.[19]

Noch im März hatte Callas den «Dear Mr. Bing» verlocken wollen, nach Wien zu reisen, um sie dort zu erleben. Müde und Nähe suchend schrieb sie am 6. April an «Dear Rudolf»: «Weil ich nun doch nicht erneut nach Wien gehen werde, kann ich wahrscheinlich ausruhen. Lass mich Dein neues Programm wissen».[20]

Das Image von Maria Callas war einigen Presseorganen in Wien ein willkommenes Fressen. Der *BILD-Telegraph* überschrieb seinen Beitrag in Balkenlettern: «Bravo Karajan! Lehnt $ 60 000.– Abendgage ab!»[21] Obwohl Callas überhaupt nicht in Wien gewesen war, sollte sie ihn persönlich angebrüllt haben: «Dann singen Sie die Violetta doch selbst.» Daraufhin, hieß es, habe Karajan den Vertrag vor ihren Augen zerrissen.

Am Sonntag, dem 14. April 1957, wurde gewarnt vor einer großen Gefahr: der Vermessenheit derer, die sich im Recht fühlten und an der Macht waren. Es war der Tag der Premiere von *Anna Bolena*, als eine Botschaft von Papst Pius XII. gesendet wurde: Er warnte davor, Kernwaffen weiterzuentwickeln, und davor, sie einzusetzen.

In Mailand gab es Wichtigeres. Als sich der Vorhang hob, war Maria Callas mit runden, tiefgrünen Juwelen im Cabochon-Schliff zu sehen, in zwei Reihen lagen sie auf ihrem Dekolletee. Ihr langes schweres Haar war unter einer schneeweißen Haube verborgen, nichts raubte den Juwelen ihre Wirkung. Der Schmuck war notwendig, er signalisierte das Ganz-Oben, von dem Anna Bolena nach ganz unten abstürzte. Meneghinis neuestes Sedativum, mutmaßten einige. Bei Swarovski, wo die Smaragde aus Kristallglas hergestellt worden waren, wusste jeder Bescheid.

Wirklich und wahr, um diese Unterscheidung ging es Visconti. Er hatte die Kostüme nach Gemälden Holbeins herstellen lassen, von dem Heinrich VIII., Anne Boleyn und deren Gegenspielerin, Heinrichs nächste Ehefrau Jane Seymour, porträtiert worden waren. Für die Bühnenbilder hatte er Nicola Benois historische Vorlagen aus dem 16. Jahrhundert beschafft. Doch gemalt waren die Kulissen in Grauschattierungen zwischen Schwarz und Weiß, und die Juwelen waren falsch. «Er suchte keine Realität», sagte Benois. Visconti suchte Wahrheit, und die musikalische fand er in Callas.

Giovanna Lomazzi saß wie immer im Publikum, ihre Einkaufszüge mit Maria waren auch in der letzten Zeit bizarr gewesen. Maria hatte bei Faraone, ihrem bevorzugten Juwelier in der Via Montenapoleone, vorbeigeschaut und Hochkarätiges besichtigt, beim Antiquitätenhändler ein paar Häuser weiter Bilder, die als Schule von Tizian etikettiert, aber drittklassig waren, vielleicht gefälscht. Dann hatte sie tütenweise Nippes erworben und wie immer bedauert, dass es hier kein Kaufhaus wie Woolworth gab mit Wühltischen, die überquollen von Sonderangeboten. Das gehörte zu ihr, doch was Giovanna beunruhigen musste, war, dass Maria offenbar auch bei den Menschen in ihrer Umgebung falsch und echt, wertvoll und wertlos nicht zu unterscheiden vermochte. Am Flughafen war sie gerade erst fotografiert worden, wie sie eine neue Freundin küsste und umarmte, eine, die an diesem Abend auf einem Vorzugsplatz saß, die Reporter hatten sie sofort erkannt.

Elsa Maxwell zog in Italien schon seit den 1920er Jahren jene Fäden, an denen alle Prominenten tanzten, die Maxwells Intelligenz unterschätzten. Diese Frau hatte sich selbst erfunden, sie war eine Alchemistin, die jede ihrer Schwächen und schwarzen Seiten in Gold verwandelt hatte. Eine mittelmäßige Schauspielerin, eine mäßige Pianistin und Song-Komponistin, eine erstklassige Strategin. Schönheiten misstrauten anderen Schönheiten, das galt für beide Geschlechter und alles zwischendrin. Maxwell, für Meneghini die hässlichste Frau, die er jemals gesehen hatte, vertrauten sie, ihr vertrauten sie alles an. In ihrer Eigenwerbung reklamierte sie Selbstironie, Humor und Ehrlichkeit für sich. Die Selbstironie bezeichneten ihre kritischen Beobachter als einzigen Fluchtweg, den Humor attestierten ihr diejenigen, deren Gegner sie zerlegte. Und die Ehrlichkeit? Dass Maxwell mitnichten in einer Theaterloge zur Welt gekommen war, wussten nicht viele, und ihr Doppelleben war ebenfalls nur wenigen bekannt. Vor allem wussten davon die Mitglieder des «Sewing Circle», des «Nähzirkels», eines keineswegs eingetragenen Vereins der lesbischen und bisexuellen Frauen in Hollywood von Marlene Dietrich bis – Elsa Maxwell. Die zwei besten Entscheidungen ihres Lebens, erzählte Maxwell jedem, seien gewesen, den Verlockungen einer Ehe zu widerstehen und das angebotene Erbe von Mrs. Belmont, einer kinderlosen Multimillionärin im Vorstand der Met, nicht anzutreten. Nur ohne Partner und ohne Geld habe sie werden können, was sie wurde.

Doch die Nähe zur High Society verdankte sie Dickie, der Frau, mit der sie seit Jahrzehnten zusammenlebte. Mit vollem Namen hieß sie Dorothy Fellowes-Gordon und war die Tochter und vermögende Erbin eines schottischen Kohleindustriellen. Auch ihre Kenntnisse über Gesang hatte Elsa ihr zu verdanken; Dickie hatte Caruso dafür bezahlt, sie als lyrischen Sopran auszubilden. Manche der vielen, denen all das unbekannt war, misstrauten Elsa Maxwell dennoch, aus Menschenkenntnis.

Das Falsche umzingelte Maria, und Giovanna hatte eingesehen, dass sie selbst dagegen machtlos war. Maria, die leidenschaftliche Köchin, die zu Hause Stunden in der Küche zubrachte und griechische Desserts zubereitete – nichts davon stimmte. Giovanna fiel auf, dass Maria keineswegs dort zu Hause war, wo sie zu Hause zu sein schien, sie hatte für Giovanna nach wie vor gar nichts Italienisches in ihrem Wesen, vom Veroneser Dialekt abgesehen.[22] Doch wo Callas beheimatet war, verstand Giovanna, wenn sie in der Scala saß und sie erlebte – in ihrer Kunst. Dort war alles, was sie tat, richtig, jeder Blick, jeder Kniefall, jede Entscheidung.

In der Schlussszene wartete Giovanna auf den stummen Chor der Scharfrichter, Statisten in Kapuzenmänteln, eine anonyme Masse des Unrechts, die Anna Bolena zum Tod geleiten, sie einkreisen und verschlingen sollten. Bei den Proben hatte das nicht nur Giovanna, es hatte jeden Bühnenarbeiter beeindruckt. Doch die Scharfrichter erschienen nicht, der neue Assistent des Inspizienten hatte sie nicht losgeschickt. Callas fand sich unerwartet völlig alleine auf der Bühne. Doch hier war sie zu Hause und kannte sich aus. Sie war Anna Bolena und ging alleine in den Tod, als geschähe es aus freien Stücken, mit erhobenem Kopf.

Niemand wagte zu atmen. Dann erhoben sich die Leute im Parkett, eine Reihe nach der anderen, die in den Logen vom untersten bis in den obersten Rang. Keiner blickte auf die Uhr über der Bühne, der Inspizient blickte auf seine eigene: vierundzwanzig Minuten Beifall, mehr als je zuvor eine Künstlerin an der Scala bekommen hatte. Callas war die Königin der Scala, einer Institution, die sich schon mit vielen Königinnen verheiratet und sie dann verstoßen hatte.

Ein Star auf der Höhe seines Ruhmes kehrt heim. Das war eine gute Geschichte für alle Journale, die eine herzbewegende Geschichte suchten. Maria Callas tat es aus anderen Gründen: Sie hatte beschlossen, zwölf Jahre nachdem sie Griechenland verlassen hatte, nach Athen zu reisen und dort aufzutreten, weil ihr mehr denn je bewusst geworden war, wie sehr sie Griechin war. Giovanna hatte recht, Italienerin war sie keine. Als sie am 29. Juli 1957 mit Meneghini abflog, war sie dennoch nicht in guter Verfassung. Dringend hatte ihr Hausarzt abgeraten von diesem Gastspiel. Neunzehn Mal hatte sie seit Jahresbeginn auf der Opernbühne gestanden, fünf Konzerte hatte sie gegeben, vier Opern eingespielt – alles weniger als in den Jahren davor. Giovanna und einige andere aus ihrem

Mailänder Umkreis waren der Ansicht, die Erschöpfung von Maria Callas sei Elsa Maxwell zuzuschreiben.

Sechs Wochen nach der Premiere von *Anna Bolena* hatte Callas in der Scala die nächste Premiere gestemmt, wieder eine Neuinszenierung von Visconti. Keine drei Wochen waren vergangen seit der vorläufig letzten *Anna Bolena*, da war sie in einer Rolle zu erleben, die sie nie zuvor gesungen hatte und die ihr nicht nahe lag: der Titelpartie in *Ifigenia in Tauride* von Christoph Willibald Gluck.

Nur zwei Probleme hatten sich dabei gezeigt. Das erste: Es gab an Callas nichts auszusetzen, technisch, stimmlich, darstellerisch hatten sie alle für vollendet befunden und schöner denn je, der am meisten gefeierte Star des Abends. Ihr perfektes Timing hatte Aufsehen erregt – wer außer ihr hätte es geschafft, singend gegen das Gebläse der Windmaschine mit meterlanger Schleppe eine hohe, steile freistehende Treppe hochzusteigen, auf der obersten Stufe im Sturm stehenzubleiben, umzukehren und in genau dem Augenblick wieder unten anzukommen, als sie mit ihrer Arie einsetzen musste. Blieb einem Kritiker nur noch übrig zu behaupten, das sei Kalkül gewesen; bewusst habe man die übrigen Solisten so ausgewählt, dass sie abfielen und Callas auf der Höhe ihres Könnens alleine erstrahlte.[23]

Das zweite Problem: Sie war mit Visconti, ihrem Verbündeten, aneinandergeraten. Wie es seinem Ansatz entsprach, hatte er die Oper in der Zeit und der Welt spielen lassen, in der sie komponiert worden war, nicht dann und dort, wo das Libretto spielte; also nicht in der griechischen Antike, vielmehr im urbanen barocken Mitteleuropa. Callas hatte protestiert. «Warum machst du das alles?», hatte sie Visconti gefragt. «Es ist eine griechische Geschichte, und ich bin eine griechische Frau, also will ich auf der Bühne griechisch aussehen!» Bis zum Schluss hatte sie sich über ihr Kostüm erregt, das teurer, eleganter, erlesener war als jedes zuvor, wie einem Tiepolo-Gemälde entsprungen, aber nicht griechisch.[24]

Als sie am 29. Juli in Athen landete, wurde sie am Flughafen von wenigen alten Freunden empfangen und vielen, die es nun auf einmal gewesen sein wollten. Trotz allem, es bewegte sie, nach fast zwölf Jahren zum ersten Mal wieder griechische Luft zu atmen. Ein ehemaliger Kommilitone am Konservatorium schrieb: «Maria Callas kam ... an, voll der Emotionen, aber ohne ein Wort zu sagen.»[25]

Es blies ein extrem trockener, starker heißer Wind; die Stimmung, die ihr entgegenschlug, war frostig starr. Teilweise war das ihrer Mutter Evangelia zu verdanken. In *Pictures from Greece* war ein Interview mit Evangelia erschienen, in dem sie bezeugte, ihre Tochter besitze 25 Pelzmäntel, 150 Paar Schuhe, 200 Kleider und 300 Hüte und werfe Handschuhe nach ein paarmal Tragen weg.[26]

Doch auch einige große Zeitungen waren für das Klima verantwortlich. Maria hatte sich nicht im Geringsten darum gekümmert, was politisch in Griechenland los war. Eingeladen hatten sie die Veranstalter des dritten Athen's Festival im Namen der Regierung Karamanlis, die nicht zufällig viele Feinde besaß; hinter der Attrappe der Demokratie arbeiteten Justiz und Militär, Geheimdienst und Polizei intim zusammen. Die Regierung brauchte Geld, also Tourismus, das Festival Besucher von auswärts, um das Odeon des Herodes Atticus mit seinen viereinhalbtausend Plätzen vollzukriegen. Callas garantierte das. Politischen Streit auf dem Rücken des Stars auszutragen, hatte für die Presse einen großen Vorteil: Es wurde gelesen. Auch von Maria. Sie schloss sich mit Meneghini in der Suite im Hotel Grande Bretagne ein und weinte. «Jeder wollte Callas», meldete darauf die Tageszeitung *Eleftheria*, «aber Callas wollte niemanden.»[27]

Während der Proben spürte sie, dass ihre Stimmbänder gereizt waren und sie sich geschwächt fühlte. Man möge einen Ersatz für den ersten Konzertabend am 1. August suchen, bat sie. «Sie oder niemand», bekam sie zur Antwort. Das Publikum, dessen war sich nicht nur Meneghini sicher, hätte ihr jede Schwäche verziehen, sie selbst aber hätte das nicht gekonnt. Nicht hier, nicht im Odeon des Herodes Atticus. Vor genau dreizehn Jahren, im August 1944, hatte sie in kniehohen Stiefeln und dunkelblauem Samtanzug auf derselben Bühne gestanden, hatte die viereinhalbtausend Menschen als Beethovens Leonore zu Tränen gerührt und war selbst den Tränen nah gewesen. Im letzten Moment sagte Maria Callas den Auftritt am 1. August doch noch ab. Am 5. August trat sie auf.

Maria Callas hatte so viel Gage bar, in Scheinen, kassiert und gerafft, dass sie das Geld kaum festhalten konnte. Unberührt von allem um sie her marschierte sie mit hoch erhobenem Kopf im leuchtend roten Abendkleid an einem Mann vorbei, der verzweifelt auf der Schwelle der

Intendanz hockte, das Gesicht verhärmt, ratlos ins Nichts glotzend, vor sich einen offenbar leeren Geldkoffer.

Sie befand sich bereits wieder am Flughafen, als sie diese Karikatur zu Gesicht bekam. Groß und bunt war sie am 6. August 1957 auf der Titelseite einer populären Athener Zeitung abgedruckt.[28]

4500 Dollar hatte Callas für ihren Auftritt im Herodes Atticus am Vorabend erhalten, das Doppelte bis Dreifache eines üblichen Jahreseinkommens hier. Das sogenannte neue Griechenland hatte sich noch nicht erneuert. Täglich wurden Nachrichten über den sinkenden Pegelstand des Marathonsees gesendet, der Athen mit Wasser versorgte. Die Ingenieure von Siemens warteten vergeblich darauf, überall für moderne Telefontechnik sorgen zu können, die Hotels warteten auf Umbaumaßnahmen, die Industrie auf Reformen und Zuschüsse. Die Landflucht schwoll noch immer an, wer sich die Großstadt nicht leisten konnte, floh nach Australien und Deutschland.

An diesem 6. August griff sich Maria Callas im Flughafenrestaurant eine Papierserviette und schrieb darauf, was ihrem Auftritt vorausgegangen war. Im Frühling war sie eingeladen worden, auf dem Festival zwei Solo-Abende zu geben. «Beim Unterzeichnen des Vertrags sagte ich zu meinem Ehemann, dass ich vorhabe, meine Gage ganz für wohltätige Organisationen in Griechenland zu spenden. Die beiden Gentlemen lehnten meinen Vorschlag ab und behaupteten, dieses Festival brauche keine Finanzierung oder Wohltätigkeit.»[29] Stolze Griechen wollten kein Almosen. Daraufhin hatte sie etwas weniger als das Übliche in Rechnung gestellt, 9000 Dollar für zwei Abende, und nun die Gage für einen Abend mitgenommen. Meneghini steckte die Papierserviette ein.

An das Griechische in sich glaubte Maria Callas unbeirrt. In einem Interview hatte sie kurz vor dem Aufbruch bekannt: «Das Blut in meinen Adern, mein Charakter, meine Gedanken, alles ist griechisch.»[30] Nun las sie auch noch in *The Times*: «Mme. Meneghini Callas gab letzte Nacht ein denkwürdiges Opern-Recital im 1800 Jahre alten Theater Herodes Atticus. Letzten Donnerstag weigerte sich Mme. Callas zu singen, weil das trockene Klima ihre Stimme in Mitleidenschaft gezogen habe. Einige Leute meinten, dass weniger die trockenen Stimmbänder schuld waren als kalte Füße. Es hatte viel Kritik gegeben an ihr und der griechischen Regierung wegen der hohen Gage, die ihr gezahlt wurde.

Letzte Nacht hielt eine große Anzahl Polizisten Ausschau nach aufge-
brachten Protestlern, aber sie wurden nicht gebraucht.«[31] Dass der Abend
mit Opernarien von Wagner und Verdi bis Donizetti umjubelt worden
war, stand nicht in der *Times*. Dass die Direktoren sich für die Verleumdungen in der Presse entschuldigt und Callas bekniet hatten wiederzu-
kommen, auch nicht.

An diesem 6. August freute sich Maria – auf die Maschine, die sie
wegbrachte aus dem, was sie selbst ihre Heimat nannte. Gehörte sie
doch nicht hierher?

Sie hatte alte Bekannte besucht, in vielen Wohnungen hing gerahmt
ein Zeitungsfoto von Aristoteles Onassis mit seiner Frau Athina, genannt Tina, und den beiden Kindern – das Heiligenbild der Zukunftshoffnung. Ein griechischer Tankerkönig, der zu den reichsten Menschen
der Welt gehörte, wurde als Genie angebetet, eine griechische Welt-
klasse-Sängerin, die auf dem Niveau von anderen Weltklasse-Sängern
bezahlt werden wollte, wurde bezichtigt, die Armen im Land auszu-
beuten.

Elsa Maxwell hatte ihr eine neue Heimat vorgeführt, die überall auf
der Welt zu finden war, den Jet Set. Auch zur Premiere von *Ifigenia* war
Maxwell angereist, war am Flughafen von Maria umarmt und geküsst
worden und hatte auf einem Vorzugsplatz gesessen. Und kaum war die
Oper am 10. Juni das letzte Mal über die Bühne gegangen, für Callas das
vierte und letzte Mal in ihrem Leben, hatte sie Maria nach Paris entführt. Zur Teestunde beim Herzog und der Herzogin von Windsor, zum
Cocktail bei den Rothschilds, Dinner im Maxim's, Besuch eines Pferde-
rennens, veranstaltet von Prinz Ali Khan. In einer Zeit, in der sie sich
hätte erholen sollen.

Giovanna hatte Elsa Maxwell bereits durchschaut. In kürzester Zeit
war diese Frau von der glühenden Tebaldi-Verehrerin zur glühenden
Callas-Verehrerin geworden und hatte Tebaldi fallen gelassen, die zu vornehm war, das zu kommentieren. Giovanna Lomazzi erkannte den Beweggrund: Callas brachte Maxwell mehr, mehr Prominenz und Glanz,
mehr Aufmerksamkeit in den Medien, und das bedeutete: mehr Macht.[32]
Die Blindheit ist ein Kennzeichen tragischer Heldengestalten.

17.

DIE SIEGREICHE ANGEKLAGTE

Elsa Maxwell schadet mit Lobpreis,
Onassis hört am Lido zu, Callas wird angezeigt,
in Rom gejagt und stellt ihre Richter bloß

Richtung Meer stauten sich die Autos, die Bahnhöfe und Züge waren überfüllt. Wie immer fuhren die Italiener um Ferragosto herum in den Urlaub. Der 15. August war nicht nur offizieller Feiertag, Mariä Himmelfahrt war für Maria ihr privater. Doch im Hochsommer 1957 war sie nicht auf dem Weg ans Meer, sie reiste nach Edinburgh zum Arbeiten. Sechzehn Vorstellungen von vier verschiedenen Opern hatte die Piccola Scala, das Reiseorchester und -ensemble des Hauses, dort beim Sommerfestival vereinbart, davon vier, in denen Callas als Amina in *La sonnambula* auftreten sollte, letzte Vorstellung am 29. August.

Vor einem Jahr hatte Maria zum ersten Mal, seit sie in Italien lebte, Urlaub gemacht, mit Battista, aber in getrennten Zimmern. Badeurlaub in Ischia, einfaches Hotel, nackte Wände, Blümchenkleider, weiße Hosen. Mit den Freundinnen Anna Veronesi und Giovanna Lomazzi Karten spielen, während sie noch im Bett lag, schwimmen, mit dem Pudel im Arm unter der Dusche stehen, auf einer sonnenwarmen Mauer sitzen und aufs Meer schauen, sonst nichts. Jetzt ließ sie sich im wollenen Schottenrock, der ihr nicht stand, mit regenfester Jacke und Kopftuch bei Geniesel mit einem Polizisten in Kniestrümpfen und Kilt fotografieren.

Badeurlaub, das hätte Maria gebraucht. Der Hausarzt in Mailand hatte ihr ein Attest ausgestellt: «Maria Meneghini Callas hat Symptome von nervöser Erschöpfung in einem ernsthaften Ausmaß, verursacht durch Überarbeitung und Überanstrengung. Ich verschreibe eine Periode von mindestens dreißig Tagen absoluter Ruhe.»[1] Der Verwalter der Scala, dem Meneghini das Attest aushändigte, hatte ihm erklärt, der Vertrag mit Edinburgh sei nur wegen Callas zustande gekommen, Absage unmöglich. Sie habe doch schon gezeigt, dass sie Wunder bewirken könne. «Sie wird es also auch dieses Mal schaffen.»

Sie würde es schaffen, den Blick in die nahe Zukunft, auf den sonnigen Sandstrand des Excelsior auf dem Lido von Venedig gerichtet. Maxwell war dort seit bald dreißig Jahren Stammgast, hatte Maria davon vorgeschwärmt und sie zur Eröffnung des Urlaubs auf ihren Kostümball eingeladen, im Festsaal des Hotel Danieli, Dienstag, 3. September. 160 Gäste standen auf der Liste, darunter Henry Fonda, Arthur Rubinstein, Francesco Principe di Ruspoli, Tina Onassis und Merle Oberon – die bewährte Maxwell-Mischung aus Kultur, Adel und Geld. Fünf Tage Abstand zur letzten *Sonnambula* – Maria hatte zugesagt.

In Edinburgh empfing sie keine Abordnung am Flughafen wie in Chicago oder Athen, nur die Nachricht, sie habe fünf statt vier Aufführungen zu absolvieren, die letzte am Dienstag, dem 3. September. Callas bestand auf der Einhaltung ihres Vertrags und meldete das nach Mailand, wo Ghiringhelli jammerte, damit würde der Ruf der Scala beschädigt. Zu Recht befürchtete er, sein Haus geriete in den Ruf, mehr zu versprechen, als es halten könne, und über die Köpfe seiner Künstlerinnen hinweg zu entscheiden. Callas erklärte sich damit einverstanden, dass ihre Absage für die fünfte Vorstellung mit ihrem Gesundheitszustand begründet wurde. «Maria Callas left the festival because of her precarious health», hieß also die offizielle Verlautbarung der Scala, der Arzt habe ihr zur Rückreise geraten.[2] Wer sie in Edinburgh gehört hatte, glaubte das nicht, wie bestellt hatte sie Wunder gewirkt.

Zurück in Mailand bestätigte ein Spezialist für Psychosomatik, dass dieses Wunder sie überfordert hatte. Diagnose: durch nervliche Überlastung bedingter Zusammenbruch. Therapie: Aufbau-Injektionen. Dringender Rat: Verzicht auf weite Reisen und Auftritte in nächster Zeit. Callas reagierte sofort. Auf den 20. September war ihr Debüt an der San Francisco Opera als Lucia di Lammermoor angesetzt,[3] danach *Macbeth*, insgesamt dauerte ihr Engagement dort bis zum 1. November. Zwischendrin waren Vorstellungen mit Kurt Adler, Dirigent und Künstlerischer Leiter des Opernhauses, und seinem Orchester in Los Angeles und San Diego gebucht. Callas schickte ein Telegramm an Adler, sie könne aus gesundheitlichen Gründen nicht auftreten und bitte darum, das Ganze um einen Monat zu verschieben. Den anderen Häusern sagte sie ebenfalls ab.

Am 3. September, zweieinhalb Wochen vor Beginn, schrieb ihr Adler zurück: «Wir sind sicher, das kalifornische Klima würde Ihnen guttun und dass Sie alle geplanten Vorstellungen bei voller Gesundheit singen könnten. Es wäre vernünftig, etwas früher anzureisen, damit Sie vorher entspannen können.»[4] Als diese Nachricht in der Via Buonarroti ankam, hatte Maria Callas Mailand bereits verlassen.

Der Ballsaal des Danieli mit seinem alten Terrazzoboden und den Fensterachsen an zwei Seiten beanspruchte das Zwischengeschoss im elitärsten Hotel von Venedig. Die Gastgeberin Elsa Maxwell war angeblich mittellos. An diesem Abend trug sie ein Spitzenkleid mit seidenen Schleifen und eine Dogenmütze. La Dogessa Elsa regierte über den Jet Set, die meisten fügten sich ihren Wünschen. Domitilla, die junge Frau des Fürsten Ruspoli, seine zweite, hatte sich das Haupt einer weißen Siamkatze aufgesetzt, Tina, die Frau von Onassis, seine zweite, trug brillantgeschmückte Federn von einem halben Meter Höhe auf dem Scheitel,[5] Nela, die Frau von Arthur Rubinstein, seine erste, weil Nebenfrauen nicht mitgezählt wurden, kam nur als Frau Rubinstein. Fast alle Frauen hier waren zwanzig bis dreißig Jahre jünger als ihre Ehemänner, auch Afdera Franchetti, die vierte Frau von Henry Fonda. Fast alle hatten selbst einiges zu bieten, waren wie Domitilla aus geschichtsbewusstem alten Adel, wie die Tänzerin Nela Rubinstein selbst Künstlerinnen oder verfügten wie Tina Onassis von zu Hause aus über ein immenses Vermögen, zudem mehr Erziehung, Bildung und Sprachkultur als der Gatte. Hier jedoch waren sie die Dekorationen ihrer Ehemänner.

Maxwell sagte, sie werde für die Mühen der Organisation reich belohnt durch das Glück, das sie stifte, dass selbst Rivalinnen und Rivalen hier friedlich miteinander aßen, tranken, tanzten, lachten. Das Glück war jedoch nur so viel wert, wie es an medialer Aufmerksamkeit einspielte. Der Jet Set feierte sich selbst, und Maxwell feierte sich selbst.

Die Fotos von Maria Callas als Partygast gingen sofort um die Welt: sie neben Don Carlos de Beistegui, einem spanisch-mexikanischen Multimillionär, der einen der größten Paläste am Canal Grande gekauft hatte, sie neben Rubinstein, sie auf dem Terrazzoboden sitzend, zu Füßen von Elsa Maxwell, die in die Tasten hämmerte, während Maria und die Umstehenden dazu sangen. Ihre nächste Kolumne, die wie üblich durch

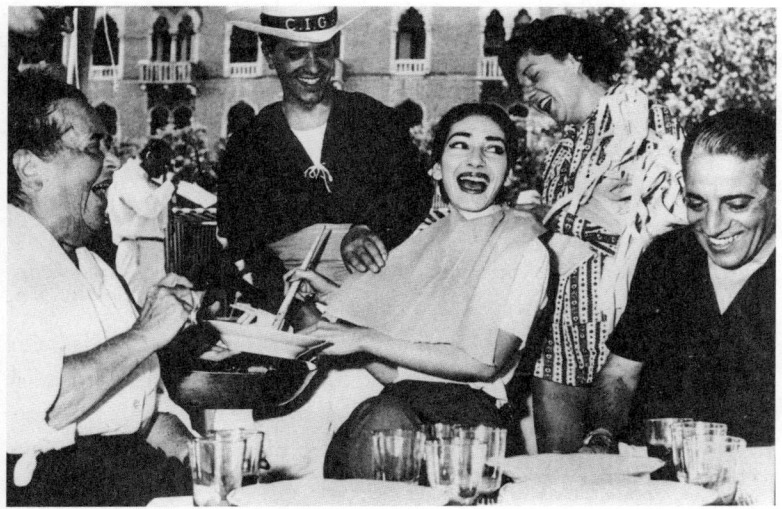

Unbeschwert lebenslustig: Anfang September 1957 genießt Maria Callas mit der Gast-
geberin Elsa Maxwell und Aristoteles Onassis auf dem Lido vorm Hotel Excelsior das
Dasein. Die Ehepartner sind dabei, nur nicht auf dem Foto

die New Yorker Pressezentrale sofort weltweit verkauft wurde, begann
Maxwell mit den Sätzen: «Vorab muss ich sagen, was für einen wunderbaren Freundschaftsbeweis die große und einzige Maria Callas mir hat
zuteilwerden lassen. Mir sind im Leben schon so manche Nettigkeiten
widerfahren, schöne Geschenke von reichen und wichtigen Leuten, aber
ich habe noch nie erlebt, dass eine berühmte Opernsängerin eine Aufführung sausen lässt, weil sie einer Freundin gegenüber Wort halten will.»[6]

Nur naive Menschen hielten das für Dankbarkeit. Kritische erkannten, dass Maxwell damit bedenkenlos ihren Einfluss demonstrierte. Sie
sahen auf den Fotos, dass Maria anders lachte als sonst, den Mund weit
aufgerissen, den Kopf mit einer Frisur, die jeder von Audrey Hepburn
kannte, in den Nacken gelegt, auch das Lachen hatte sie von Audrey
Hepburn übernommen, es war nicht ihr eigenes.

Entspannt erwischten die Fotografen Maria an den folgenden Tagen,
in Capri-Hosen und T-Shirt beim Mittagessen unter einer Markise auf
dem Sandstrand des Hotels Excelsior am Lido, vor sich Maxwell, neben
sich Onassis. Maxwell brüstete sich damit, sie habe die beiden berühm-

testen Griechen einander vorgestellt, Onassis, geboren im türkischen Smyrna, und Callas, geboren in New York. Daheim war Maria wie Aristoteles im Dimotiki, dem Griechisch des Volkes, das Saft und Kraft und Sinnlichkeit besaß, das fluchen und vulgär sein konnte. Meneghini sprach gar kein Griechisch, Tina, erzogen in Internaten des Auslands, eines auf Stelzen. Callas aß Muscheln mit den Fingern, trank zwei Gläser Weißwein am helllichten Tag, Onassis hörte ihr aufmerksam zu.[7] Der Sand unter den Füßen war warm, und Kinder kamen angelaufen, um sich Autogramme geben zu lassen. Fühlte sich so das wirkliche Leben an?

Am 6. September wurde Callas auf dem Lido im Palazzo del Cinema vor den Kameras geküsst, von Visconti, der auf den Filmfestspielen seinen Film *Notti bianchi* zeigte und den Silbernen Löwen für die beste Regie erhielt. Elsa Maxwell drängte sich ins Bild, Visconti übersah sie. Abgeschmackt fand er die Welt dieser Frau, ihre Geschäfte widerwärtig, eine Figur wie Onassis peinlich. Callas war die einzige Künstlerin, der er diente, sie durfte sich nicht von solchen Leuten herabwürdigen lassen.

Die Rechnung für Maria musste Callas bezahlen. Nicht nur die britische Presse blies den Vorfall zum Skandal auf: Eine Vergnügungssüchtige, der ihr Publikum egal war, hatte den Vertrag für Edinburgh gebrochen für nichts als eine Party. Eine Erklärung von Ghiringhelli hätte Callas von allen Vorwürfen befreit, doch er drückte sich darum.

Ende September bekam es Dorle Soria mit der Angst zu tun, das Rumoren in der amerikanischen Musikszene war bedrohlich. Ihr Mann Dario und sie waren bei Angel Records Produzenten von Maria Callas, sie waren auch gute Freunde. Nein, Callas hatte nichts falsch gemacht. Sie hatte Adler vorgeschlagen, nur die erste Hälfte der Vorstellungen zu streichen, und ihm versprochen, pünktlich zu den Proben für *Macbeth* – die Premiere war am 15. Oktober – in San Francisco einzutreffen, Adler hatte zugestimmt. Ob er daraufhin Ärger mit der Verwaltung bekommen hatte oder mit den Abonnenten? Adler machte einen Rückzieher – entweder ganz oder gar nicht.

Doch vom 14. bis zum 19. September hatte Callas in der leergeräumten Scala, versöhnt mit Serafin, unter seiner Leitung die *Medea* eingespielt.[8] Dorle Soria war bereits Ende fünfzig, in sämtlichen Kanälen der Branche unterwegs und alarmiert davon, was Callas riskierte. Ganz

Diplomatin, riet sie: «Es wäre nett, Du würdest an den Intendanten und die diversen Leute schreiben.»[9] Callas schrieb an diverse Leute, nicht aber an Adler. Ein Freund von Dorle, ein wichtiger Gesellschaftsjournalist, warnte Callas, es grassiere in den USA ein Gerüchtefieber, dass sie angeblich zu erschöpft war, um nach San Francisco zu reisen, aber fit genug, die *Medea* einzusingen.[10] Ihm telegrafierte sie sofort zurück: «medea aufgenommen vor san francisco vertrag. ... san francisco behandlung äußerst ungerecht und unhöflich.» Der Aufnahmetermin hatte zwar vor dem abgesagten Premierentermin in San Francisco gelegen, doch dort ohne Proben am Vortag anzureisen, wäre natürlich unmöglich gewesen. Callas aber kümmerte es nicht, ob andere ihre Argumentation für fragwürdig hielten, sie fühlte sich im Recht – eine sechzehnstündige Reise in die USA samt Tournee hätte für sie eine ganz andere Strapaze bedeutet als nur die Aufnahme vor der eigenen Haustür.

Sie glaubte weiter an Gerechtigkeit, eine Eigenschaft, die sie mit den Heldengestalten der Tragödie verband, und kämpfte dafür. Ghiringhelli hatte sie zur Saisoneröffnung am 7. Dezember 1957 als Amelia für Verdis *Ballo in maschera* engagiert. Meneghini bestand auf einer Gage von einer Million Lire, Callas nur auf einem: Der Intendant musste öffentlich die Wahrheit sagen zum Skandal von Edinburgh und sie damit entlasten, sonst werde sie nicht mehr an der Scala singen. Ghiringhelli entzog sich. Am 17. Oktober bekam ihn Callas in seinem Büro zu fassen, er versprach eine offizielle Stellungnahme für den 25. Oktober. Der Tag kam, doch von Ghiringhelli war nichts zu vernehmen, er war abgetaucht. Meneghini und Callas blieben ihm auf der Spur.

Von alldem hatte Rudolf Bing keine Ahnung. Auch er verfasste einen Brandbrief an Callas: «Die durch die Absage an San Francisco entstandene Situation ist äußerst gefährlich für Ihre zukünftige Karriere in Amerika und besonders für Ihre Verbindung mit der Metropolitan, auf die Sie, wie ich annehme, Wert legen.» San Francisco misstraue ihrer Begründung der Absage, wolle nachweisen, dass sie ihren Vertrag gebrochen habe, und dann Klage bei der AGMA einreichen.

Callas wusste, über welche Macht die AGMA verfügte, die American Guild of Musical Artists; sie hatte die Arbeitsregeln im Musikbetrieb festgelegt und überwachte deren Befolgung.[11] Bing allerdings gehörte zu denen, die erkannten, was den Ruf von Callas ruiniert hatte: «Frau Maxwells Gerede, Sie hätten Ihren Vertrag für Edinburgh gebrochen, um zu ihrer Party nach Venedig kommen zu können.» Er forderte eine rasche Antwort, um sicher zu sein, dass Callas seine Warnung ernst nahm.[12] Sie antwortete nicht rasch, sie war auf der Jagd – nach Ghiringhelli.

Am 5. November stellte sie ihn und setzte ihm die Pistole auf die Brust: «Rufen Sie Emilio Radius an und bitten ihn, einen Reporter hierher zu schicken, so schnell wie möglich.» Radius war Musikkritiker, Verehrer von Callas und Herausgeber von *Oggi*, dem populärsten Wochenmagazin in Italien, in dem Maria Callas gerade erst ihre Memoiren veröffentlicht hatte. Ghiringhelli telefonierte mit Radius und bestellte für den folgenden Tag einen Reporter ins Haus. Wurde die Wahrheit publik, stellte das den Ruf von Callas wieder her, ramponierte aber den der Scala. Wieder geschah nichts. Callas schloss sich mit Radius kurz. Ja, sagte Radius, er habe einen Korrespondenten von *Oggi* zur Scala entsandt. Aber Ghiringhelli hatte ihn zwei Stunden draußen sitzen lassen und endlich erklärt, er habe nichts zu erklären.

Callas glaubte weiter an den Sieg der Gerechtigkeit. Ein prominenter Verbündeter konnte ihr zum Sieg verhelfen, oft saß er in einer Ehrenloge und kam zum Gratulieren in ihre Garderobe: der Bürgermeister von Mailand. Sie telefonierte persönlich mit dem Bürgermeister, der telefonierte sofort mit Ghiringhelli, und beide rieten ihr, selbst einen Artikel zu ihrer Verteidigung zu verfassen. Sie ging in die Falle. Nur von Ghiringhelli wäre die Verteidigung glaubwürdig gewesen. Was Callas schrieb, wurde gedruckt, geglaubt wurde nichts.[13]

Erschöpft von den erfolglosen Gefechten, konfrontiert mit den nächsten, antwortete Callas «dear Rudolf» im November handschriftlich, sachlich und präzise. «Ich wünschte, ich hätte Dir früher antworten können ...» Der Gerichtshof in Chicago hatte ihr soeben, nachdem sie Monate auf einen Bescheid gewartet hatte, mitgeteilt, dass der Prozess gegen Bagarozy nun am 18. November stattfinden sollte, sie daher ihren Auftritt in Dallas verschieben müsse. «Das wäre dann der nächste Skandal», schwante ihr. Trotzdem setzte sie nach wie vor auf den Sieg der Gerechtigkeit. «Was AGMA angeht, bin ich juristisch im Recht.» Sie habe keine einzige Note in der Zeit gesungen, für die ihr Vertrag mit San Francisco galt. Nüchtern wies sie Bing auf die Ungleichbehandlung hin: Zwei eng vertraute Kollegen hatten ebenfalls und mehrmals Auftritte in den USA aus gesundheitlichen Gründen kurzfristig abgesagt, waren aber verschont worden von einer Klage bei der AGMA. «Wenn di Stefano und Simionato davonkamen, ohne krank zu sein», schrieb sie, «und ich, die ich wirklich krank war, verurteilt werde, dann muss ich wirklich glauben, dass die Welt verrückt ist.»[14] An di Stefano und Simionato haftete keine Elsa Maxwell.

Die State Fair Music Hall in Dallas, Texas, war kein alter Bau, aber ein abgenutzter. Erbaut 1925 als Musikhalle der staatlichen Messe, war er für jede Art von Bühnenaufführung restlos ungeeignet, ein höhlenartiges Gebäude mit einem engen Foyer, das Auditorium karg und düster. Er besaß eine große Bühne, die jedoch nicht einmal über Versenkungen verfügte, und einen Probenraum, der akustisch versagte. Frisch wirkten nur die Leute, die hier eine Oper aufmachen wollten, die Civic Opera Dallas. Anfänger waren sie nicht mehr, sie hatten bereits das Lyric Theatre in Chicago aufgezogen. «Es ist wunderbar», sagte Lawrence Kelly, «Oper an einem Ort zu präsentieren, der keine falsche Tradition hat.» Dallas besaß gar keine.

Ein Opernhaus, fand Kelly, sollte nach denselben Prinzipien gebaut sein wie ein Kaufhaus – nicht einmal das erfüllte die State Fair Music Hall. Doch mit seinem jungenhaften Charme hatte Kelly Geldgeber aus anderen Regionen des Bundesstaats gewonnen. Im Oktober 1957 war endlich auch sein Verbündeter aus Chicago in Dallas angekommen, Nicola Rescigno, der den Sommer dirigierend in Europa verbracht hatte. Außer Rescigno und Kelly sprach nur eins für die neue Oper: Es spielte dort das Dallas Symphony Orchestra, ein erstklassiges Ensemble. Trotzdem verlief der postalische Kartenvorverkauf für die erste Spielzeit schleppend. Das Programm mit Rossini und Verdi war populär, die Preise waren angemessen, für einen Parkettplatz zahlte man durchschnittlich 7 Dollar 50; dafür bekam man zehn Pfund Butter, wer brauchte die schon. Aber 3420 Plätze zu besetzen war in einer Stadt, in der die Opernbegeisterung noch nicht gezündet hatte, schwierig.

Kelly und Rescigno setzten auf eine Sensation: Sie hatten Maria Callas überredet, am 18. November 1957 bei einem Benefizkonzert, dem Einweihungskonzert für die Civic Opera Dallas, aufzutreten, die Karten für diese Gala kosteten nur einen Dollar mehr als die üblichen.

Klaglos hatten sie das Konzert wegen der Affäre Bagarozy auf den 21. verlegt.

In bester Stimmung landete Maria Callas zum ersten Mal in ihrem Leben auf dem Flughafen Dallas. Hier kannte sie fast niemanden, doch es empfing sie etwas, das selten geworden war in ihrem Dasein: Wohlwollen und Vertrauen. Kelly und Rescigno hatten nie daran gezweifelt, dass sie Wort halten würde. «Wenn sie krank ist, wird sie auf einer Tragebahre anreisen», hatte Rescigno gesagt. Viele Opernliebhaber aber glaubten nicht daran, dass Callas käme, von der Absage in San Francisco wussten nur wenige, doch der Skandal von Edinburgh war dank Elsa Maxwell überall durchgesickert. Erst die Hälfte der Karten war verkauft.[15]

Als Maria Callas und Battista Meneghini beim Adolphus Hotel, dem teuersten Hotel der Stadt, aus dem Taxi stiegen, war Elsa Maxwell schon da. Sie hatte seit Venedig niemals losgelassen, mehrmals mit Dorle Soria telefoniert, sich in die Bagarozy-Sache eingemischt und Dorle davor gewarnt, wenn Meneghini beim Prozess in Chicago auftauche, sei das verheerend.[16] Und dann, als Maria und ihr Mann am 4. November in New York Idlewild ankamen, hatte sie die beiden noch vor dem Morgengrauen empfangen. Dorle Soria war es nicht gelungen, Maxwell abzuschütteln. Nun klebte sie an der Civic Opera. «Meine Freundin darf nicht vor einem halb leeren Haus singen», warb Maxwell im Rundfunk und in Zeitungsinterviews.

Maria Callas hätte sich erleichtert fühlen können. Mit Bagarozy war sie in Chicago außergerichtlich einig geworden, alle Beteiligten hatten ein Abkommen unterzeichnet.[17] Meneghini hatte gezahlt und dafür sichergestellt, dass Marias intime Briefe an ihren Eddie nicht an die Presse gelangten. Was Callas belastete, war Elsa Maxwell. Nicht nur Bing, auch Dorle Soria hatte keinen Hehl aus ihrer Meinung über diese Person gemacht, die Maria benutzte und Callas schadete, sogar dadurch, dass sie Callas zu Lasten Tebaldis feierte und so den pressewirksamen Divenkrieg befeuerte.

Wie üblich im November waren die Temperaturen in Dallas frühlingshaft, trotzdem machten sich am 21. November zu wenige auf den Weg dorthin, wo Kelly die größte Sängerin der Welt angekündigt hatte. Ein Club, in dem die vermögende Gesellschaft von Dallas verkehrte, lud an diesem Abend zu einer großen Veranstaltung, das ging vor. Callas sah auf leere Reihen und leere Gesichter. Sie enttäuschte gleich zu Beginn mit

Mozart. Doch bei Bellini vergaß sie die Hässlichkeit des Saals und ließ das Publikum den Saal vergessen. Letzter Programmpunkt war die Arie der Anna Bolena, direkt vor ihrer Hinrichtung. In schwarzer Spitze und Brillantenglanz betrat Callas die abgedunkelte Bühne, das Licht lag auf ihr, es ging nur um sie. «Himmel, gönne mir endlich Ruhe von meinen langen Qualen», sang sie. Dann machte sie einen einzigen Schritt nach vorn, als ginge sie in diesem Augenblick in den Tod. Die Menschen wollten aufspringen. Da fuhr Callas einen Arm über dem Kopf aus. «Schweigt, hört auf. Es braucht nur noch Annas Blut, damit dieses Verbrechen hier ein Ende findet. Und das soll vergossen werden.» Der Arm fiel herab, die Stimme wurde weicher; beide Arme breitete sie weit aus, verzieh ihren Feinden. Und sandte den letzten Ton triumphierend in die Höhe, als wäre dort der freie Himmel.[18] Eine schuldlos abgeurteilte Frau, die sich von keinen Verleumdungen, nicht einmal vom Tod besiegen ließ.

Im Flugzeug zurück nach New York saß Elsa Maxwell auf dem Platz neben Maria Callas. Der Flug dauerte fünf Stunden. Fünf Stunden, in denen Maria Callas kein Wort mit ihr sprach.

Die Villa lag außerhalb der Altstadt von Sirmione an einer Straße, die an herrschaftlichen Anwesen im Grünen vorbei zu den Grotten des Catull führte, antiken römischen Bädern an der Spitze der Landzunge. Auf der Straßenseite hatte die Villa Giannantoni, so hieß sie nach ihrem Erbauer, einen freien Blick zum Gardasee, auf der anderen Seite in einen Park mit Eiben, Zypressen, Lorbeerhecken und Oleander. Im Dezember 1957 unterzeichnete Commendatore Giovanni Battista Meneghini den Kaufvertrag: ein Rückzugsort für Callas, die das Ganze finanzierte, ein Schauplatz für Meneghini. Giovanna Lomazzi erlebte ihn als einen Mann, der neben der weltberühmten Frau wenigstens lokale Bedeutung erlangen wollte. Sein Ehrgeiz war, möglichst eindrucksvolle Latifundien im Umkreis von Verona zu erwerben, sein Traum, Bürgermeister von Sirmione zu werden.[19]

Ein Jahr der Skandale und Rechtsstreitigkeiten, Siege und Niederlagen, Verleumdungen und Verteidigungen, Intrigen und Falschdarstellungen ging zu Ende, der Wunsch nach Abgeschiedenheit lag nahe. Beziehbar war die Villa jedoch noch lange nicht. Das Jahresende hier zu verbringen, bevor Telefone und die neue Heizung funktionierten, wäre ungemütlich geworden. Und noch etwas beeinträchtigte den Hausfrieden:

Signora Meneghini wollte Einblick in die Bilanzen. Womit hatte ihr Ehemann das Haus bezahlt? Doch der erklärte, finanzielle Angelegenheiten seien alleine seine Sache.[20] Kaum war Weihnachten vorbei, fuhren Callas und Meneghini nach Rom.

Im Sommer hatten Einheimische dort sich behelligt gefühlt von Touristen, die in der Stadt und den Museen umeinanderliefen, als wären sie am Strand, und die in dieser Aufmachung auch noch Kirchen besichtigen wollten. Die Behörden waren eingeschritten gegen die Urlauber. Jetzt waren die Römer unter sich, abgesehen von denjenigen, die wegen Maria Callas anreisten. Ihr Sensationserfolg an der Scala hatte sich herumgesprochen. Mit ihrem Rollendebüt als Amelia in *Ballo in maschera* am 7. Dezember an der Seite von di Stefano und Simionato hatte Callas dem Intendanten gezeigt, was die Kritik feierte: «Andere mögen schönere Stimmen haben, aber im Moment gibt es nur eine einzige Callas.» Die Rolle schien für sie komponiert worden zu sein, fand Dirigent Gavazzeni,[21] ohne zu ahnen, was das bedeutete; es war die Rolle einer Frau, die zwischen extremen Gefühlen hin- und hergeschleudert wurde. Ihm schien es, als sei Callas mit einem sechsten Sinn für diese Musik geboren.[22]

Nicht eine Probe hatte Ghiringhelli besucht, aber nach der Premiere war er vor der Garderobe von Maria Callas erschienen, um sie zu beglückwünschen, schließlich war Staatspräsident Giovanni Gronchi, der in der Ehrenloge neben ihm saß, hingerissen gewesen. Als der Intendant sie auf die Wange küsste und aussah, als knirschte er dabei mit den Zähnen, sagte Callas: «Ah, die Kasse muss voll sein!», und machte die Tür der Garderobe vor seiner Nase zu. Was ihre Rechtfertigung anging, hatte Callas gegen Ghiringhelli verloren, als Künstlerin hatte sie einen Etappensieg zu verbuchen. Befreit bezog sie mit Meneghini in Rom eine Suite des Hotels Quirinale, mit antiquarischem Mobiliar und hohen Fenstern zum begrünten Innenhof hinaus, durch den sie einen direkten Zugang zur Oper hatte.

Kurz vor Weihnachten, noch vor der letzten Amelia, die auch die letzte ihres Lebens sein sollte, war ein achtseitiger Brief aus New York in der Via Buonarroti 40 eingeworfen worden.[23] Es war der Abschiedsbrief von Elsa Maxwell. «Da Weihnachten vor der Tür steht», begann er, «musste ich Dir schreiben, dass Du das unschuldige Opfer der vielleicht größten Liebe warst, die ein menschliches Wesen für ein anderes empfinden kann. Vielleicht werden wir beide diese Liebe eines Tages verstehen und uns mit Bedauern oder Freude ihrer erinnern. ... An jenem Tag im Flugzeug von Dallas hast Du meine Liebe getötet.»

Ausgiebig legte Maxwell ihre Verdienste um Maria Callas dar: dass sie in Dallas 200 Eintrittskarten gekauft und verschenkt habe, auf allen Kanälen für sie geworben und soeben ein Interview, «ein besonders gutes über Dich», mit dem *Cosmopolitan* geführt habe. «Ich habe Deine Feinde bekämpft», betonte sie, nicht ohne zu drohen: «aber, Maria, wie viele Du noch hast ...» Sie kündigte an, zur *Norma*-Premiere am 2. Januar 1958 nach Rom zu fliegen, und drohte auch da: «Ich rate Dir, gut zu sein – denn ich bin jetzt so distanziert, dass mich keine vergangene oder gegenwärtige Freundschaft dazu bringen könnte, meine Integrität als Kritikerin aufzugeben.» Verbrämt war all das mit Beschwörungen ihrer nach wie vor zärtlichen Gefühle für Maria und ihrer Begeisterung für die Künstlerin Callas.

Doch nach den fünf Aufführungen des *Ballo in maschera*, die alle bis auf den letzten Platz ausverkauft und alle geglückt waren, sah es ganz danach aus, als sei das Jahr der Skandale bereits Vergangenheit. Das neue würde gut anfangen: mit Callas' Paraderolle Norma am Teatro dell'Opera in Rom, an der Seite von zwei großartigen Kollegen, Franco Corelli und Fedora Barbieri. Die Inszenierung, die von Wallmann für die Scala, war ihr bereits vertraut, Prominenz hatte sich angekündigt für die Premiere – Staatspräsident Gronchi würde wieder da sein, außerdem Gina Lollobrigida, Anna Magnani und Giorgio de Chirico.

Das Wetter in Rom war schön, aber kalt, Temperaturen nur knapp über dem Gefrierpunkt. Im Hotel Quirinale wurde gut geheizt, nicht aber auf der Probebühne der Oper. Kaum angekommen, absolvierte Callas dort am 26. Dezember ihre erste Probe, am 27. die zweite. Nach der dritten am 28. meldete sich Barbieri bei der Intendanz krank und bat, am 2. Januar ersetzt zu werden. Am 29. Dezember fühlte sich Callas, die zuvor über leichte Halsschmerzen geklagt und geraten hatte, sich nach einer Zweitbesetzung für sie umzutun, so stabil, dass sie gegen den Rat des Theaterarztes die gesamte Partie voll aussang. Nach der Generalprobe an Silvester fuhr Callas zu den Fernsehstudios des RAI und sang dort live eine gekürzte *Casta diva*, als Vorgeschmack auf den 2. Januar.

Jetzt verlangte Maria, auf ihre Rechnung zu kommen. Ein aristokratischer Nachtclub, der elitäre Circolo degli Scacchi, «Kreis des Schachs», residierte im Palazzo Fiano unter hohen Stuckdecken und Kristalllüstern und war stolz, Callas zu begrüßen. Maxwell, die geschworen hatte, Maria in Rom nur auf der Bühne erleben zu wollen, sie aber keinesfalls persönlich zu bedrängen, saß mit am Tisch samt ihren Bekannten, dem vermögenden Conte Crespi und dessen amerikanischer Frau, einer internationalen Modeikone. Um ein Uhr lag Callas im Quirinale bereits im Bett und schlief durch bis elf. Kurz danach wurde ein Arzt gerufen. Meneghini alarmierte die Intendanz: schwere Erkältung – schuld war die ungeheizte Probebühne. Für Barbieri war umgehend eine Einspringerin gesucht und gefunden worden, für Callas wurde gar nicht gesucht.

Am Morgen des 2. Januar 1958 rief Giovanna Lomazzi ihre Freundin im Hotel an. «Es ist ein Wunder, dass ich überhaupt mit dir reden kann», sagte Maria. «Gestern war ich völlig stimmlos.» Nachmitttags rief Giovanna erneut an. Maria hörte sich zuversichtlicher an, die Stimme sei weitgehend wieder da. Am Abend meldete sich Maria bei Giovanna; sie solle im Mailänder Dom vor Marias bevorzugter Madonna eine Kerze anzünden.

Von dort ging Giovanna in die Scala, wo um neun Uhr abends eine Kostümprobe zu Francesco Cileas Oper *Adriana Lecouvreur* stattfand, in der Handtasche ein kleines Radio, um vor Probenbeginn und in den Pausen die Live-Übertragung der *Norma* aus Rom zu verfolgen. Was sie von Callas im ersten Akt mitbekam, klang angestrengt, als müsse sie alle Kraft darauf verwenden durchzuhalten. Um neun wartete Giovanna auf das Signal für den Beginn des zweiten Akts, es blieb aus. Sie ging zurück in ihre Loge, stellte das Radio auf minimale Lautstärke und lauschte weiter. Vierzig Minuten gingen vorüber, bis eine männliche Stimme ansagte, die Vorstellung werde abgebrochen. Dann schepperte das Radio, das Publikum brüllte, buhte, pfiff, trampelte.[24]

Giovanna ging mit zwei Freunden zu Ghiringhelli ins Büro, der bereits voll mit dem beschäftigt war, was in Rom vor sich ging. Vom Haus des einen Freundes rief Giovanna später erneut im Hotel Quirinale an, erreichte aber nur einen gemeinsamen Bekannten. «Giovanna, du kannst dir nicht vorstellen, was hier los ist. Sie wollen uns lynchen! Maria hat es geschafft, das Hotel zu erreichen, und die Polizei versucht gerade, die Meute draußen unter Kontrolle zu kriegen. Es ist die Apokalypse!»

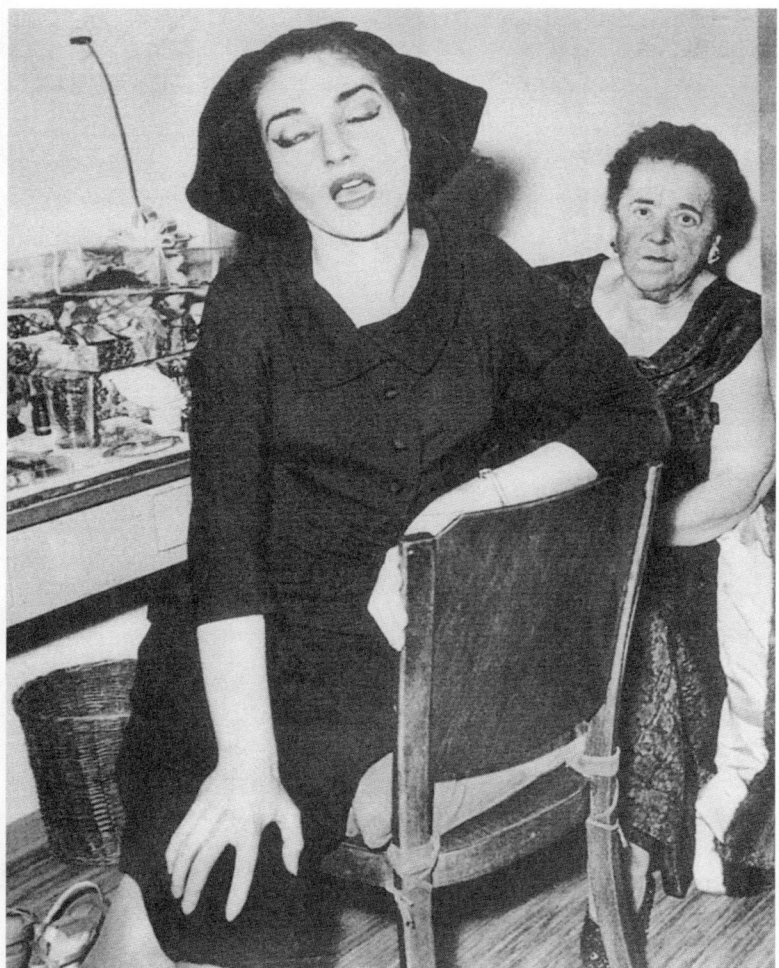

Völlig entkräftet: 2. Januar 1958, Maria Callas hat die Vorstellung der Norma *in Rom abgebrochen und ist durch den Hinterausgang der Oper direkt ins Hotel Quirinale geflohen, Elsa Maxwell sitzt ratlos in der Ecke*

Maria sei außerstande gewesen, die Oper zu Ende zu singen, aber das Publikum war überzeugt, das Ganze sei nur wie in Edinburgh eine Laune der Diva.[25]

Maria wurde gegen Callas ausgespielt, die Silvesternacht im Circolo degli Scacchi mit Elsa Maxwell wurde als Beweis dafür herangezogen, dass Maria ihr privates Vergnügen wichtiger war als der Auftritt vor dem Staatspräsidenten. Der elitäre Schachverein, wo man in Polstersesseln und auf barocken Sofas Champagner trank, wurde zu verräucherten Clubs und Bars, durch die Maria bis zum Morgengrauen gezogen sei. Obwohl sie an Gronchi geschrieben und von dem die Antwort bekommen hatte, er sei ihr in keiner Weise böse, wurde das Ganze zu einem Politikum aufgebläht, einer Beleidigung des italienischen Staates. Das Angebot von Callas, nach dem 4. Januar alle weiteren Aufführungen zu übernehmen, lehnte der Intendant ab. Angeblich befürchtete er Ausschreitungen.

Als die Meneghinis am 3. Januar in der Via Buonarroti aus dem Auto stiegen, Maria mit schwarzer Sonnenbrille, einen großen Schal um den Kopf gewickelt, waren die Wände des Hauses mit Flüchen verschandelt. Nachts wurden sie wach vom Geschrei unter den Fenstern. Hob Meneghini den Hörer ab, vernahm er obszöne Beschimpfungen. Der Mailänder Polizeichef erklärte, dagegen sei er machtlos. Als sie zum Abendessen wegfahren wollten, lag vor den Sitzen ein toter Hund. Als sie heimkamen und Maria das Gartentor öffnen wollte, hatte sie Exkremente an den Händen.[26]

Callas informierte einen Anwalt über alles, was in Rom geschehen war, und beauftragte ihn, den Teatro dell'Opera in Rom auf Schadenersatz wegen Rufschädigung zu verklagen.

Am 26. Januar 1958 wurde Maria Callas von dem Vorwurf freigesprochen, in San Francisco grundlos nicht aufgetreten zu sein. Ihr Fernbleiben im Herbst 1957, hieß es, sei nicht ganz gerechtfertigt gewesen, die medizinischen Atteste wurden jedoch als gültig anerkannt. Sie war persönlich vor dem Gremium der AGMA erschienen und hatte sich gegen die Anklage der San Francisco Opera wegen Vertragsbruchs behauptet. Geschrieben wurde über diesen Erfolg nirgends. Nicht nur in Italien, auch in Deutschland, Frankreich, England und den USA ging es ausschließlich um den Skandal in Rom.[27]

Maria blieb schutzlos, doch Callas war bewaffnet. Das erfuhren am 26. Februar 1958 Zigtausende in den USA. An diesem Tag wurde im Rundfunk und Fernsehen gesendet, was am 2. Februar aufgezeichnet worden war. Da saß Maria Callas, mit vierreihiger Perlenkette und Nackenknoten, neben ihrem Vater in einer Suite des Hotels Waldorf

Erkämpfte Eloge: Rudolf Bing, General Manager der New Yorker Met beglückwünscht Callas nach einer umjubelten Traviata-*Vorstellung am 6. Februar 1958. Die Streitigkeiten mit seinem Star scheinen vergessen*

Astoria, New York, hielt einen weißen Telefonhörer in der Hand und wurde während des Telefonats gefilmt. Am anderen Ende der Leitung saß ein Mann von fünfzig Jahren, der in den USA aus dem Medienbetrieb nicht mehr wegzudenken war. Hy Gardner arbeitete als Kolumnist und Unterhaltungsreporter bei der *Herald Tribune* und war berühmt für seine Sendung *Hy Gardner Calling Sunday Night*. Sie wurde im Rundfunk übertragen und, auf geteilten Bildschirmen, im Fernsehen gesendet. Sofort kam er in seinem wie üblich lockeren Tonfall auf den Skandal in Rom zu sprechen.[28] Callas reagierte zuerst ironisch, als sei sie erstaunt, dass irgendetwas vorgefallen sein sollte, dann knapp sachlich, und schließlich sagte sie lächelnd: «Ich bin gewohnt zu kämpfen, obwohl ich das Kämpfen nicht leiden kann. Meine einzige Waffe ist meine Stimme. Wenn ich meine Waffe nicht habe, ist es lächerlich, dass ich kämpfe. Es ist einfach schierer Suizid.»

Hier in New York verfügte sie über ihre Waffe. Nach einem Konzert in Chicago trat sie zwischen dem 6. Februar und dem 5. März an der Met zweimal in *La traviata* auf, dreimal in *Lucia di Lammermoor*, zweimal in *Tosca*, und das Publikum wie die Kritik waren der Meinung von Claudia Cassidy, die sich rein rhetorisch fragte: «War alles Perfektion? Natürlich nicht. Große Dinge sind selten perfekt.»[29] Daran, dass Callas groß war, zweifelte hier keiner.

Beim Besuch eines Staatsoberhaupts gab es an der Scala Leibwächter, selten ein großes Polizeiaufgebot. Am Abend des 9. April 1958 aber drängten sich auf der Piazza della Scala und in der Via Fillodrammatici über 200 bewaffnete Carabinieri.[30] Das Haus war seit Wochen restlos ausverkauft, Präsident Gronchi hatte sich nicht angesagt. Es war Ghiringhelli, der für den Aufmarsch gesorgt hatte, aus Angst, es könnte zu gewaltsamen Protesten kommen. Zum ersten Mal seit dem Skandal in Rom trat Maria Callas wieder hier auf, und auch in Mailand hatten einige Medien dabei mitgewirkt, Hass gegen die amerikanisch-griechische Diva zu entfachen, die in Rom das Staatsoberhaupt und damit das ganze Land, das ganze Volk herabgewürdigt habe. An diesem 9. April war in Italien ein Interview mit dem österreichischen Bundeskanzler Julius Raab zum Thema Südtirol übertragen worden; das italienische Volk, hatte Raab erklärt, sei leider «von einem ungeheuerlichen Nationalgefühl erfüllt».

Es war zwei Tage nach Ostermontag, die Stadt befand sich noch in Feststimmung. Der Hefeduft der *colombe* drang aus den Cafés und Bäckereien, die Blumenhandlungen verkauften große Sträuße mit Narzissen, die Altäre waren geschmückt. Doch die Besucher der Scala saßen keineswegs festlich gekleidet auf ihren Plätzen, die Männer ohne Krawatte, die Frauen ohne Schmuck. Marias Freund Franco Zeffirelli wusste warum: «zum Zeichen der Missbilligung».[31]

Im ersten Akt der *Anna Bolena* hatte Callas nur wenig zu tun, ein Raunen lief durch die Reihen, als sie auf der Bühne erschien. Ihr großer Auftritt kam erst im zweiten Akt. Noch bevor sich der Vorhang hob, war die Spannung zu spüren, die nun im ganzen Haus knisterte. In den Logen, im Parkett, in den Gängen, hinter der Bühne, überall waren Polizisten eingeschleust worden. Sie trugen Zivil, doch die meisten erfassten, was hier vor sich ging.

Visconti beschützte Callas, er versteckte sie inmitten der Chorsänger. Erst direkt vor ihrem Auftritt kam sie alleine in die Kulisse; sie drehte sich zu ihrer Garderobiere um und sagte: «Bitte anschnallen, es wird eine stürmische Nacht.» Jeder wusste, woher der Satz stammte: von Bette Davis, dem Biest Hollywoods.[32] Dann ging sie hinaus. Zeffirelli sah sie von hinten. «Einen Augenblick lang stand sie stocksteif da, die Beine gespreizt, fast als stünde ihr ein Ringkampf bevor. Ein seltsames Geräusch, wie ein eisiger Wind, drang aus dem Zuschauerraum herauf. Sie stand einfach da, bis es ruhig war, dann sang sie, wie ich sie noch nie hatte singen hören: absolut vollkommen, mit furchtgebietender Kraft.»

In der letzten Szene, dem Kerker im Tower, war die Bühne düster, es war fast nichts zu sehen. Allmählich wurden ein paar der Frauen im Halbdunkel sichtbar, die Anna Bolena dorthin begleitet hatten, sie selbst blieb reglos liegen, als wäre sie unfähig, sich zu erheben. Niemand wagte zu husten, zu atmen, sich zu bewegen. Visconti hatte Stille um Callas errichtet, und aus der erhob sich nun ihre Stimme. Nur diese Stimme leuchtete im Dämmer, beherrschte die Szene, den Raum, jeden hier. Bevor sie in den Tod ging, trat sie nach vorn, ganz nach vorn an die Rampe und spuckte ihre Worte direkt ins Publikum: «Giudici? Ad Anna? Giudici?» – «Richter? Über Anna? Richter?»

Jeder verstand. Über diese Königin hatte keiner willkürlich zu richten, ob sie Anna Bolena hieß oder Maria Callas. In einer Welt, die über die Niederungen der irdischen erhaben war, wusste sie sich im Recht. Kunst und Leben, Wahrheit und Wirklichkeit, Visconti trennte beides voneinander, Maria Callas schmolz beides zusammen.

Nach dem letzten Ton Schweigen. Dann sah Zeffirelli wie alle anderen, die in den Orchestergraben blicken konnten, etwas noch nie Geschehenes: Der Dirigent legte seinen Taktstock hin und begann zu applaudieren.

Ein Beifallssturm brach los. Der reine Wahnsinn, fand der Bühnenbildner Piero Tosi, der als Beobachter das Ereignis mit durchfiebert hatte. Er war ebenfalls in höchster Erregung und rannte zum Bühnenausgang, um zu sehen, was dort passierte, ob sie versuchen würden, Callas zu verletzen oder umzubringen.

Draußen hielten die Polizisten die herandrängende Masse zurück. Sie waren schießbereit. Als Simionato hinausging, empfing sie großer Beifall. Als Siepi und Raimondi hinausgingen, empfing sie großer Beifall. Die anderen Solisten, der Dirigent, alle wurden gefeiert. Ganz zum Schluss erst verließ Callas durch die schmale Tür das Haus. Sie musste nah an Tosi vorbei. Ihr Gesicht war kreideweiß, sie trug ein schwarzes Chiffonkleid und war gewappnet mit Brillanten um den Hals, an den Ohren, den Händen. Vor dem Biffi Scala wartete ein Wagen auf sie, der Weg durch die Loggia dorthin war nicht weit. Callas ging langsam, ganz langsam. War es noch Bühne oder bereits Straße? War es noch Oper oder schon Realität? Die Polizisten warteten verunsichert ab. Es waren Hunderte, die da vor ihnen in der Nacht standen, alle wussten, was im Inneren der Scala geschehen war. Dann schrien die Hunderte auf einmal los. Es war Jubel, sonst nichts.

Am 10. April 1958 stand im *Corriere Lombardo* groß: «La Callas ha vinto» – «Die Callas hat gesiegt», und klein darunter: «... con la sua arte», «... mit ihrer Kunst».[33]

Präsident Gronchi wollte erst zwei Tage danach, am 12. April, wenn er wie üblich die Handelsmesse in Mailand eröffnete, abends Callas in *Anna Bolena* erleben. Sie hatte sich darauf gefreut. Doch dann erfuhr sie, dass Ghiringhelli die zweite Vorstellung der *Anna Bolena* auf den 13. April verschoben und für den 12. eine andere Oper auf den Spielplan gesetzt hatte, ohne sie. Callas und Meneghini hatten sich geduzt mit Ghiringhelli, jetzt siezten sie sich wieder.

Noch fünf Mal sang Callas Anna Bolena, kein Mal kam Ghiringhelli hinterher zu ihr an die Garderobe. In Mailand und nicht nur dort hieß es, die Neuproduktion von Bellinis *Il pirata*, mit Premiere am 19. Mai, in der Callas als Imogene engagiert war und zusammen mit Franco Corelli auftreten sollte, werde ihre letzte Verpflichtung an der Scala sein. Ghiringhelli dementierte das nicht.[34]

Bisher hatte er oft an einer der üblichen Anlaufstellen nahe der Scala mit dem Ehepaar Meneghini zu Abend gegessen. Doch Maria hatte ihn nie interessiert, und Callas wollte er loswerden. Eine Frau, die nicht müde wurde, ihr Recht einzufordern, war lästig. Hätte Ghiringhelli gelesen, was Hy Gardner im *Herald Tribune* von einem privaten Treffen mit Maria Callas berichtet hatte, er wäre auf der Hut gewesen. Am 14. Februar hatte Gardner bei einem Mittagessen zu ihren Ehren, das ein Freund von Dorle Soria[35] an diesem Valentinstag in einem New Yorker Restaurant gab, mit Maria Callas am Tisch gesessen. Gardner gestand ihr, wie verblüfft er war, sie zu erleben. Er kannte ein Biest namens Callas und eine vergnügungssüchtige Egoistin namens Maria. «Sie scheinen ein völlig normaler, netter Kerl zu sein. Warum sind so viele Leute, mich eingeschlossen, davon beeinflusst, was die bittere Presse, die Sie haben, über Sie verbreitet? Denken Sie nicht, Sie sollten jemanden für Public Relations einstellen?»

Callas fand die Idee absurd. «Ich denke nicht daran, irgendjemanden zu beschäftigen, der mich verteidigt. Ich bin Künstlerin, was ich zu sagen habe, singe ich. Wir Griechen hören nicht auf, für das zu kämpfen, was wir für richtig halten.»[36] Männlichen Griechen stand das, ihnen wurde das zugestanden.

Die Spaziergängerin am Gardasee in einem weiten Mantel fiel nicht auf. Der Provinzfotograf konnte in aller Ruhe festhalten, wie sie da an einer Mauer stand und vor sich hin sinnierte. Maria hatte die Rosen und die Ruhe entdeckt und genoss es, die Villa Giannantoni in das zu verwandeln, was sich Heim nannte. Die Abende, die Nächte verbrachte sie lieber hier als in Mailand. Hier war sie Maria, hier ging es nur um offene Rechnungen von Handwerkern, die Telefone einbauten und neue Waschbecken, die neue Fliesen verlegten und andere Treppengeländer einzogen, um Rechnungen von Gärtnern, die Rosen, Rosen, Rosen setzten. In Mailand schlug sich Callas damit herum, die offene Rechnung mit Ghiringhelli zu begleichen. In der Scala war sie zur Königin gekrönt worden, hatte dem Haus Glanz, Ruhm, Geld eingebracht – verteidigt hatten die Hausherren ihre Regentin, als sie sich dem Unrecht und der Verleum-

dung ausgeliefert sah, niemals. Nach wie vor hatte Ghiringhelli nicht zugegeben, dass er Schuld trug an der Absage von Callas in Edinburgh.

Am 31. Mai 1958 fuhren Meneghini und Callas ein letztes Mal zur
Scala, von Sirmione aus. Es war die fünfte und letzte Aufführung von
Bellinis *Il pirata*. Am Eingang kontrollierte die Polizei jeden Besucher.
Ghiringhelli hatte es verbieten lassen, dass zur Abschiedsvorstellung Blu-
men mit in den Zuschauerraum genommen wurden.

Das Libretto der Oper war mäßig, die Inszenierung mittelmäßig, die
Vertonung Bellinis nicht ergreifend wie die seiner späteren Werke.[37] Die
Chancen für Callas, hier noch einmal mit einem spektakulären Erfolg
über Ghiringhelli zu triumphieren, waren gering.

Das Finale begann, schließlich die Szene, in der Imogene von dem Gedanken, dass ihr Geliebter würde sterben müssen, in den Wahnsinn getrieben wurde. Als sie in einer Schreckensvision das Schafott vor sich
sah, auf dem er hingerichtet werden sollte, schrie sie auf: «Là, vedete ... il
palco funesto.» – «Dort, seht ... das verfluchte Schafott.» In einem *palco*
saß Ghiringhelli; das Wort bedeutet auch Loge. Als Callas diese letzte
Arie sang, durchbrach sie ein letztes Mal die Grenzlinie zwischen Illusion
und Wirklichkeit: Sie starrte dorthin, wo sie Ghiringhelli wusste, streckte
den rechten Arm aus und zeigte auf ihn, als die Worte «Là, vedete ... il
palco funesto» kamen. Sie zeigte dorthin bis zum letzten Ton.

«Was ich zu sagen habe, singe ich ...» Das Publikum verstand und
warf statt Nelken und Rosen seine Begeisterung auf die Bühne. Ghiringhelli verließ seine Loge, das Publikum verstand noch besser und ließ
Beifall regnen auf die scheidende, misshandelte Königin, dreißig Minuten lang. Ghiringhelli war noch im Haus, in den Gängen unterwegs,
drinnen hörte er sie schreien: «Komm zurück! Komm zurück!» Er hörte,
dass manche laut schluchzten, dass sie einstimmig und laut – sie mussten sich erhoben haben – Callas wieder und wieder auf die Bühne riefen.
Zum wievielten Mal? Hörte das nie auf?

Ghiringhelli handelte. Vor den Vorhang trat ein Uniformierter –
Feuerwehr. Die Bühne muss sofort geräumt werden, sagte er. Dann ließ
Ghiringhelli den Eisernen Vorhang fallen. Die Guillotine des Bürokraten.

18.

GATTIN OHNE KONTO
UND REKORDVERDIENERIN

Minotis fürchtet die Tigerin und
erlebt eine Tragödin, Callas wird zum Showstar,
und Onassis greift an

D ie jungen Männer rotteten sich zusammen, pfiffen, johlten und brüllten selbstgemachte Verse, in denen sie herzogen über diese Frau, sobald sie irgendwo auftrat, in Rom, in Mailand, in Florenz oder in der Provinz. 1958 waren es bereits zehn Jahre, die Lina Merlin dafür kämpfte, auch in Italien als einem der letzten Länder Europas die staatlich lizensierten Bordelle schließen zu lassen, es waren 560. Die Sozialistin war keineswegs so weltfern, das angeblich älteste Gewerbe der Welt abschaffen zu wollen, aber die Zuhälterrolle des Staates. Seit 1945 war die Gleichstellung der Geschlechter gesetzlich festgeschrieben, zu spüren war davon in vielen Bereichen des alltäglichen Lebens noch nichts. Nur das Wahlrecht war den Frauen 1945 zugestanden worden, als Belohnung für gute Führung in Kriegszeiten.[1]

Während Lina Merlin auf den Plätzen gegen die Proteste anzukommen versuchte, empfing das Ehepaar Meneghini in der Villa in Sirmione Besuch: Nicola Rescigno und Franco Zeffirelli. Maria Callas interessierte die Frauenbewegung nicht. Callas kämpfte für sich und ihre Rechte und Freiheit als Künstlerin, Maria verfügte über kein eigenes Bankkonto,[2] also nicht über ihr Geld. Sie verzichtete darauf, einen Führerschein zu machen oder Einblick in ihre Einkünfte und Ausgaben zu nehmen. Callas hatte in den USA den Agenten Sol Hurok engagiert, in Europa war mittlerweile Sander Gorlinsky für sie aktiv. Meneghini war ihren internationalen Geschäften nicht mehr gewachsen, er durfte Briefe schreiben, die übersetzt werden mussten, durfte ihr Autogramm darunter fälschen, verhandelte ihre Gagen und führte handschriftlich Buch.

Maria ließ sich Schmuck von Meneghini schenken, der vermutlich mit dem, was sie verdiente, finanziert wurde, und sah woanders hin, wenn Meneghini in einer lebhaften Tischrunde verstummte, weil niemand Italienisch sprach. Sie reiste nur mit ihrer Madonnina, dem Talisman ihres Ehemanns, probierte bei Biki neue Kleider an, während Battista neben dem Spiegel saß, und ging nie ohne ihn aus.

Rescigno und Kelly war es gelungen, Callas für dieses Jahr in die frisch gegründete Oper nach Dallas zu locken, für eine *Traviata*, eine Neuinszenierung von Zeffirelli, und eine *Medea*, ebenfalls eine Neuinszenierung. Das Frische, Unerwartete reizte Callas, das Abenteuer Dallas ebenso.

Der Frühsommer am Gardasee leuchtete, als Dirigent und Regisseur ankamen. Maria saß neben ihrem Mann auf einem rosa Sofa und sortierte Zeffirellis Kostümentwürfe, ein Stapel Auswahl, ein Stapel Ausschuss. Fassungslos erkannte Zeffirelli, nach welchen Kriterien sie auswählte: nicht etwa die extravaganten Modelle, sondern nur die, wo er, anstatt den Kopf mit zwei Strichen anzudeuten, ein hübsches Gesicht gezeichnet hatte. Er wusste nicht, dass Maria für die Modezeitschrift *Grazia* als Model posiert hatte, für zehn Seiten über sie und ihre Kleider. Hübsch sein zählte. Callas führte sich nie als Primadonna auf, Maria genoss diese Rolle. Rescigno wie Zeffirelli hingegen verehrten Callas wegen ihrer Wahrhaftigkeit auf der Bühne, der sie alles opferte: Makellosigkeit, Sicherheit, Gefälligkeit. Sie bewunderten, wie besessen sie jede menschliche Regung erkundete, bis sie damit vertraut war. Hingabe und Hass, Eifersucht und Liebesglut, Depression, Wahnsinn und Mordgelüste, nichts schien ihr fremd zu sein.

Auf der gemeinsamen Fahrt durch den leuchtenden Frühsommer von Sirmione zurück nach Verona – Maria und Battista vorn, die Gäste hinten – turtelte sie mit ihrem Mann, knabberte an seinem Ohrläppchen, tätschelte ihn und lehnte den Kopf an seine Schulter. So kannten die beiden auf der Rückbank Battista und Maria nicht. Dass zwischen ihnen nichts mehr los war, gestanden selbst treue Freundinnen wie Giovanna ein, geküsst wurde für Fotos. «Ach, ihr Junggesellen», sagte Maria jetzt. «Ihr tut mir leid, ihr habt niemanden, der euch liebt. Franco, da ist doch dieses nette Mädchen in Mailand … Die ist genau die Richtige für dich. Wann machst du ihr einen Heiratsantrag?» Offenbar hatte Maria in den letzten Jahren übersehen, dass Zeffirelli und Rescigno Männer liebten und mit Männern lebten.[3]

An einem Olivenhain hielt Battista an, das Ehepaar stieg aus und verschwand händchenhaltend, auch das neu für Rescigno und Zeffirelli. «Du hast mich gar nicht gefragt, warum wir angehalten haben», sagte Maria, als sie weiterfuhren. «Hier hat Battista mich zum ersten Mal geküsst, und jedes Mal, wenn wir hier vorbeikommen, steigen wir aus, schauen auf den See hinaus und küssen uns.»[4] Dieses Theaterstück *Die glückliche Ehe* wirkte auf Rescigno und Zeffirelli peinlich, dabei hatte Zeffirelli selbst schon gesagt, die Sehnsüchte von Maria seien kleinbürgerlich. Die Ehe verteidigte sie als heilig, und ob Battista die Schließung der staatlichen Bordelle persönlich traf, war ihr egal oder unbekannt.

Am 20. September 1958 hatte sich Lina Merlin endlich durchgesetzt, nach einem Kampf von zehn Jahren. «Wieder geht ein Stück des alten Italien am sogenannten Fortschritt zugrunde», kommentierte die römische Wochenzeitung *Il Borghese* die Schließung der 560 Bordelle. Während Lina Merlin ihren Erfolg feierte, nahm Callas in den Abbey Road Studios und der Kingsway Hall London für EMI Opernarien auf, Nicola Rescigno dirigierte das Philharmonia Orchestra. Dass er nicht zu den großen Dirigenten seiner Zeit gehörte, darüber waren sich die Leute in der Opernszene einig, und Giovanna Lomazzi erklärte nüchtern, warum Callas ihn schätzte: «Er machte, was sie wollte.» Rescigno spielte Verdi-Arien ein, auch eine Arie aus Verdis *Ernani* ohne jede Probe, und nahm das Tempo sehr schnell. Stolz sagte er hinterdrein: «Das war alles, was Maria brauchte … als guter Kamerad, der sie war, ging sie bei meinem Tempo mit.» Als Callas mit ihm und Legge im Kontrollraum die Arie anhörte, lobte Legge das Tempo, und Rescigno erzählte gern weiter, was Callas sagte: «Okay, wenn es euch beiden gefällt, soll es mir recht sein.» Mit ihr «konnte man alles machen»,[5] weil sie alles konnte und das genoss. Doch die Grenzen bestimmte sie und die Wahl der Waffen ebenfalls.

Otto Klemperer, der Chefdirigent des Philharmonia Orchestra, mit dem Callas hier unter Rescigno Platten einspielte, war in London trotz seiner galligen Bemerkungen, der Lähmung einer Gesichtshälfte und seiner psychischen Erkrankung mit über siebzig Jahren ein Star, den

Konzentriert kritisch: Maria Callas mit dem Produzenten Walter Legge (neben ihr), den Dirigenten Antonino Votto (links außen) und Antonio Tonini (hinter ihr) bei der Aufnahme von Amilcare Ponchiellis La Gioconda *in der Sommerpause der Scala im September 1959*

Callas erleben musste. Legge nahm sie nach einem Konzert zu ihm hinter die Bühne mit. «Ich habe Sie zweimal gehört», sagte Klemperer, «Norma, sehr gut. Iphigenie – schrecklich.» Callas sagte lächelnd: «Ich danke Ihnen, Maestro.» Klemperer machte den nächsten Schritt. «Ich bin sicher», sagte er, «Herr Legge wird mir zustimmen, wenn ich Sie einlade, hier in einem Konzert mit mir zu singen: Was würden Sie gerne singen?» Callas sagte strahlend: «Die Arien aus Iphigenie, Maestro.»[6]

Lina Merlin hätte an Callas nichts auszusetzen gehabt. Callas bekam mit, dass in den *Opera News* in diesem September ein langer Beitrag überschrieben war: «Callas versus Everybody» – «Callas gegen jeden», und in der *New York Times* eine ganze Zeitungsseite über Tebaldi unter dem Titel erschienen war: «Tebaldi Loves Everyone».[7] Callas scherte sich nicht darum, sie kämpfte dort, wo es um ihr Recht ging, um ihre Selbstbestimmung als Künstlerin.

Am 9. Oktober 1958 gab es für die Medien in Italien keine Lina Merlin mehr, sondern nur ein Thema: Papst Pius XII. war gestorben.

Callas war mit Meneghini soeben in Birmingham, Alabama, gelandet, der Beginn einer Konzerttournee unter Rescigno bis nach Kanada. Sie war bester Stimmung. Die Tournee, die vor ihr lag, hatte Sol Hurok organisiert, alles war ausverkauft, der industrielle Backsteinbau des Boutwell Memorial Auditoriums mit 5000 Plätzen, der Kasten mit Marmorfassade in Atlanta mit ebenfalls 5000 Plätzen, das Forum in Montreal und die Maple Leaf Gardens in Toronto mit 10 000 bis 15 000 Plätzen. Alles keine Weiheorte in Rot und Gold mit Samtpolstern, vielmehr moderne Mehrzweckarenen, in denen auch Boxkämpfe, Eishockeyspiele oder religiöse Großversammlungen stattfanden. Bühnen, auf denen die meisten Sängerinnen und Sänger der Mut verlassen hätte, nackt, wie sie waren, bis auf ein paar Blumentöpfe an der Rampe. Callas genoss den Aufbruch in andere Dimensionen, zu einem unbekannten Publikum.

In der Hotelsuite in Birmingham las ihr Meneghini aus der Zeitung vor, dass der Papst gestorben war. Callas erkannte sofort, was das für sie bedeutete: Ihre Klage gegen den Neffen des Papstes wegen der angeblichen Erfolgsdiät mit Pantanella-Nudeln, die sie nach der Audienz beim Heiligen Onkel zurückgezogen hatte, wurde wieder aktuell. Ihr Name, ihr Ruhm waren benutzt worden, und eine Callas benutzte man nicht. «Nun ... gibt es keinen Grund mehr», sagte sie ihrem Mann, «ihm den Gefallen zu erweisen, wie du es ihm versprochen hast. Ruf unsere Anwälte an und sag ihnen, sie sollen die außergerichtliche Einigung nicht mehr verfolgen. Wir ziehen damit wieder vor Gericht.»[8]

«Love Field» konnten Callas und Meneghini schon im Anflug aus den Fenstern der Maschine lesen, als sie zum zweiten Mal in Dallas landeten. So hieß der neue Flughafen, der erst in diesem Jahr eröffnet worden war. Love Field – allen gefiel das; wer wusste schon, dass der Lieutenant Moss Lee Love, nach dem der Flugplatz hieß, abgestürzt war. Hier in Dallas fühlte sich Callas tatsächlich geliebt, Larry Kelly und Nicola Rescigno verstanden, was sie wollte: frische Ideen, Inszenierungen, die für sie entwickelt wurden, Regisseure, die ihr als Künstlerin etwas abverlangten, Aufführungen, die etwas bewirkten. Anders als Bing und die Met. Am 23. Oktober unterschrieb Maria Callas in ihrer Suite im Hotel Adolphus einen getippten Brief an den «Egregio Signor [sic] Bing» – an den «sehr geehrten Herrn Bing». Es war eine Antwort auf dessen Brief vom 21. Oktober und sein erneutes Angebot, in der kommenden Saison 1959/60 an der Met in *Traviata*, danach in *Lucia* und *Macbeth* aufzutreten und im Sommer mit der Metropolitan-Reisetruppe auf Tournee zu gehen. Sie bedankte sich für das Angebot, bedauerte aber, dass sie anscheinend nicht deutlich genug gewesen sei; sie werde keinesfalls unter den gewohnten Bedingungen akzeptieren. Es ging nicht ums Geld, es ging um Kunst. «Ich habe keine Lust, mit etwas weiterzumachen, das für mich mehr schmerzhaft als erfüllend ist.» Also werde sie niemals etwas wie diese *Traviata*-Produktion vom letzten Jahr wiederholen.

Bing setzte immer wieder alte Inszenierungen auf den Spielplan, mit den alten Bühnenbildern, den alten Kostümen. Unmissverständlich sagte Callas an, was sie von ihm erwartete: «dem Publikum etwas Neues und Interessantes zu bieten, das auch die Künstlerin ein wenig zufriedenstellt». Für die aufgewärmten Produktionen möge er sich bitte nach anderen Sängerinnen umsehen, die das sicher ebenso gut wie sie oder besser bringen könnten.[9]

Bereits vier Tage später, am 27. Oktober, steckte der nächste Brief an Bing in der Schreibmaschine. An diesem Tag lag auch in Dallas bereits in allen Zeitungshandlungen die Novemberausgabe des *Time Magazine* aus. Auf dem Titel ein Porträt von Renata Tebaldi mit Diadem, dem der Queen nicht unähnlich, die Sanftmut einer Madonna im Gesicht – Tebaldi als Tosca, als Königin der Met. Vor genau zwei Jahren war auf der Novemberausgabe der Zeitschrift Maria Callas zu sehen gewesen, die Angriffe und Verleumdungen im zugehörigen Artikel konnte sie nicht vergessen. Über Tebaldi war nun etwas anderes zu lesen, eine Hymne ohne Wenn und Aber.

Der Knopf wurde gedrückt. Mutter Evangelia hatte Jackie gegen Maria ausgespielt, betrieb das nach wie vor und machte in Interviews aus Jackie Marias jüngere Schwester, die ihre Gesangskarriere noch vor sich habe. Das Magazin *Gente* hatte soeben erst angekündigt: «Mutter von Maria Callas schreibt explosives Buch.»[10] Die Presse wurde nicht müde, Tebaldi gegen Maria auszuspielen.

Diesmal richtete sich der wieder auf Italienisch verfasste Brief an den «Caro Rodolfo», den «lieben Rudolf», und Callas erklärte gleich zu Beginn, dass ihre beiden letzten Briefe einander überkreuzt hatten. Daher müsse sie wiederholen: Auf keinen Fall werde sie im kommenden Jahr zur Verfügung stehen, schon gar nicht für die *Traviata*-Produktion, von der jeder wusste, dass sie für Tebaldi geschaffen worden war; nur widerwillig hatte Callas darin ihre Violetta gesungen. Doch nun waren ihre Argumente nicht sachlich-inhaltlicher Art, sie reagierte persönlich. Bing hatte Callas erzählt, Tebaldi habe ihn unter Druck gesetzt, in Zukunft mit Callas generell keine *Traviata* mehr zu besetzen, und sie habe, als er diese absurde Forderung ablehnte, gedroht, überhaupt nicht mehr an der Met zu erscheinen. Er, Bing, sei jedoch standhaft geblieben. Spielte auch er Tebaldi und Maria gegeneinander aus? War das nur ein Manöver, um sie herumzukriegen?

Callas hatte keinen Vertrag, jedoch eine Absichtserklärung unterschrieben,[11] 1959 und 1960 an der Met aufzutreten. Jetzt sah es in ihren Augen so aus, als wollte Bing ihre Einwilligung, in der von ihr gehassten *Traviata*-Produktion 1959 noch ein paarmal aufzutreten, damit erkaufen, dass er sie die Rollen für das darauffolgende Jahr aussuchen ließ. Sie erinnerte ihn daran, dass sie, als Bing sie nach Wünschen fürs nächste Jahr fragte, *Butterfly* genannt hatte. «Warum hast Du sie mir nicht gegeben, obwohl Du sie mir versprochen hattest?» Sie vermutete, er habe sein Wort gebrochen, weil sich Tebaldi über eine *Butterfly* mit Callas an der Met aufregen würde. Warum er Tebaldi rücksichtsvoll behandelte, verstand sie nicht: «ausgerechnet sie, die Dich in einer schwierigen Lage in der letzten Saison völlig im Stich gelassen hat». Friedfertig war dieser Brief nicht. Meneghini hatte seine Frau gedrängt, sich von der Bindung an die Met zu befreien.[12] Für ihn zählte, dass anderswo mehr zu holen war, für sie, dass ein Haus wie Dallas ihr mehr künstlerische Selbstverwirklichung ermöglichte.

Vier Tage nachdem dieser Brief in die Post nach New York gegangen war, am 31. Oktober, fand die *Traviata*-Premiere in Dallas statt. Alle 4500 Plätze waren für beide Vorstellungen verkauft. Oper war hier etwas Neues, die Menschen waren in den letzten Jahrzehnten durch Öl und neue Technologien zu Geld gekommen, hatten Möbelfabriken hochgezogen, Transportunternehmen, Bauträger, Großmärkte. Schon äußerlich hatten die Besucher mit denen in Mailand, Rom oder Wien nichts gemeinsam. Dort trugen noch die Zuhörer auf den Stehplätzen Abendgarderobe, ob geerbt, gekauft oder geliehen, hier waren karierte Sakkos zu sehen, Anzüge mit weiten Jacketts und breiten Schultern, dazu be-

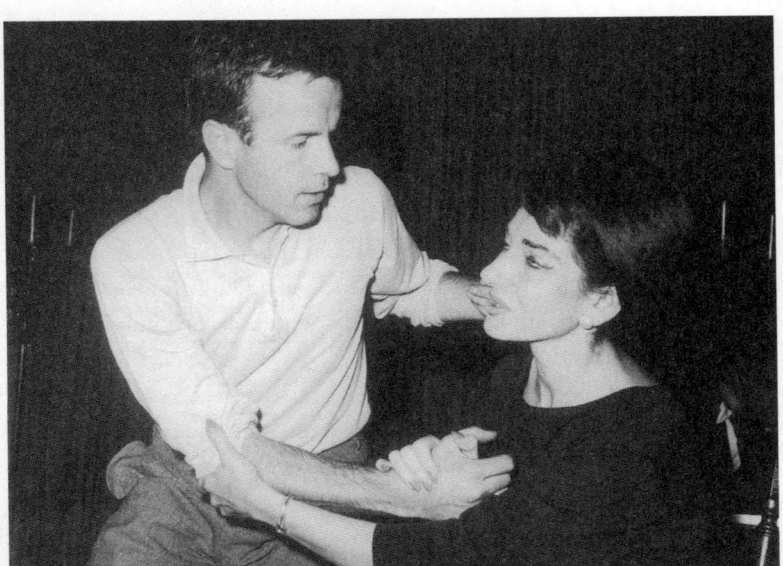

Vertraute Verbündete: Franco Zeffirelli und Maria Callas bei Proben zu seiner neuen Traviata *mit der Civic Opera Company Dallas. Die Premiere in der dortigen State Fair Music Hall fand am 31. Oktober 1958 statt*

queme Schuhe mit Kreppsohle, und Kleider, in denen eine Dame in Mailand vielleicht zum Tanzen ging, aber nie in die Oper. Alle Besucher passend zu Dallas, lässig, gut gelaunt und laut, kein altes Geld, sondern selbstbewusste Neureiche.

Ihnen mutete Zeffirelli nun etwas zu, das die Traditionshüter in Mailand vermutlich beim ersten Bild bereits ausgebuht hätten. Als sich der Vorhang hob, war Violetta auf dem Sterbebett zu sehen, starr, blass, ein Schatten nur noch. Zeffirellis Beleuchterin war eine Broadway-Größe.[13] Sie beleuchtete die Szene so, dass Violetta aussah wie eine Leiche im weißen Totenhemd, es war nur ein fahles Glimmen, die Augen lagen im Dunkeln. Dann sprang Violetta auf, das Kleid entfaltete seine Pracht in Brokat, das Fest begann. Welche Klänge diese Frau produzieren konnte, brachte das Haus zum Verstummen, auch diejenigen, die zum ersten Mal *Traviata*, vielleicht zum ersten Mal eine Oper erlebten. Dass jemand so leise singen konnte und trotzdem bis ganz hinten zu hören war, bannte sie. Obwohl kaum jemand ein Wort des italienischen Textes verstand, konnte jeder in jedem Augenblick mitfühlen, was in dieser Frau vorging, Callas ergriff 4500 Zuschauer. «Die Meisterin der Stimmungen», notierte sich der Kritiker der *Dallas Morning News*.[14] Erst nachdem sich Violetta am Ende wieder aufs Sterbebett gelegt hatte und ganz erloschen war, wurde es laut, so laut wie noch nie in dieser Halle. Es war nicht nur ein Sieg von Zeffirelli und Callas, ein Sieg des Mutes, Ungewohntes zu wagen – die neugegründete Civic Opera siegte über die ehrwürdige Met, Dallas über New York.

Bings Kundschafter im Saal gab das weiter. Am 2. November wurde ein Telegramm von Bing bei Maria Callas abgegeben. Es enthielt Glückwünsche zu dem sensationellen Erfolg und die Frage: «Aber warum Dallas?»

Zeit zum Briefeschreiben hatte Callas nicht, die *Traviata* war an diesem Sonntag als Nachmittagsvorstellung bereits um halb drei angesetzt. Trotzdem setzte sie sich hin, um Bing persönlich zu antworten, auf Italienisch. Punkt für Punkt arbeitete sie seine Einwände und Vorwürfe ab und nummerierte ihre Antworten durch, der Ton des Briefs war dennoch vertraut. «Caro Rodolfo», begann sie, duzte ihn und schrieb ihm wie einem halsstarrigen Freund, der endlich nachvollziehen sollte, was sie verabscheute: «die alte Routine». Am Ende des Briefs schlug sie die Tür nicht zu: «Was meine Rückkehr zur Met angeht, ist es keineswegs mein Wunsch (wie Du behauptest), nicht zu kommen. Deine wichtige Organisation und ich arbeiten eben nicht nach den gleichen Prinzipien ... doch die aufrichtige Freundschaft, die uns vereint hat, besteht und wird sicher immer bestehen, zumindest von meiner Seite.» Ihre Bitte: «Gönne mir eine Zeit der Pause, das wird das Beste sein, was Du für mich tun kannst.»[15]

Bing hätte nur eine Probe besuchen müssen, er hätte die Frage «Warum Dallas?» nicht gestellt.

Am 3. November begann nach der Mittagspause die Bühnenprobe zum dritten Akt der *Medea*. Kelly und Rescigno, mit Dallas mittlerweile vertraut, gingen mit diesem Unternehmen ein hohes Risiko ein: Verdi, *Traviata*, das war auch hier vielen ein Begriff, wenigstens vom Hörensagen; den Älteren war die Story aus der Hollywood-Verfilmung von Alexandre Dumas' *Kameliendame* mit Greta Garbo geläufig. Cherubini, *Medea* – das kannte hier so gut wie keiner, den Komponisten und die

Oper ohnehin nicht, aber auch die Gestalt der Medea in der griechischen Mythologie sagte kaum jemandem etwas.

Callas hatte sich ausbedungen, was Bing niemals erlaubt hätte, den Regisseur selbst zu bestimmen. Schon in ihrer Studienzeit in Athen war Alexis Minotis am Königlichen Theater ein Star gewesen; mittlerweile war er um die sechzig und schon lange einer der größten Regisseure Griechenlands. Minotis, hieß es dort, habe die antike Tragödie erst wieder zum Bühnenleben erweckt, so wie Callas die Oper des Belcanto. Sie hatte ihn angerufen. «Ich habe keine Ahnung von Oper», hatte er gesagt. «Ich habe noch nie bei dieser Art Theater Regie geführt. Und bitte vergeben Sie mir, Frau Callas, ich kann das nicht einmal leiden.» Callas hatte nicht lockergelassen und ihn mit ihrer Passion überwältigt. Seine Bedingung: Yannis Tsarouchis fürs Bühnenbild. Sie war sofort einverstanden gewesen, obwohl sie von diesem Maler nicht einmal den Namen kannte.

Minotis war dennoch mit Magenschmerzen in New York gelandet und ratsuchend bei seinem Freund Dimitri Mitropoulos aufgetaucht. Was Minotis von Maria Callas gehört hatte, klang ungemütlich, in seinem Alter wollte er sich mit einer Tigerin nicht herumschlagen. Mitropoulos hatte ein paarmal mit ihr gearbeitet. «Callas hat nie Probleme mit echten Künstlern», sagte er, «es lief alles wie geschmiert.»[16]

Als Minotis an diesem 3. November am späten Vormittag in Dallas die Konferenzhalle betrat, die sich Civic Opera nannte, war Callas bereits da. Sein Bühnenbildner Tsarouchis hatte gelästert, wie ahnungslos Callas sei. Er hatte ihr Fotos gezeigt, die er auf einer Kunstreise in Italien gemacht hatte, «Bilder von Pompeij», hatte er gesagt, Callas hatte gestaunt. «Wie schön die Farben sind, was für eine schöne Malerei! Diese Pompeji war eine große Künstlerin. Wann lebte sie?»[17]

Nun sah Minotis Callas alleine auf dem Boden knien, während sie die Arie sang, in der sie die Götter anrief. Mit beiden Händen schlug sie wild auf die Bretter ein. Minotis blieb stehen. Lange hatte er zusammen mit seiner Frau nach einer Geste dafür gesucht, wie sich ein verzweifelter Mensch der antiken Tragödie mit aller Kraft Gehör bei denen da oben verschaffen will. Sie hatten genau diese Geste erarbeitet, archaisch und stark. Kein Wort davon hatte er Callas erzählt. «Wie sind Sie darauf gekommen?», fragte er, als sie aufstand.

«Ich hatte das Gefühl, dass es für den Moment im Drama das Richtige wäre», sagte sie. Minotis erkannte, dass sie die Richtige war, radikal wie die Tragödie, in der es keinen Mittelweg gab, keine Lösung, nur den unauflösbaren Konflikt. Ohne Bildung wusste sie alles.

Noch drei Tage bis zur Premiere. Callas lebte in der Antike und hatte keinen Gedanken frei für Bing, der ihr telegraphisch ein Ultimatum gestellt hatte. Zum ersten Mal stand sie mit Jon Vickers auf der Bühne, der mit ihr darüber einig war, was Oper sein musste, dem der Ausdruck wichtiger war als Wohlklang, ein großer Künstler. Dass er auch äußerlich groß war, stand einem Jason und ihr.

Am Tag der Premiere hatte sie noch nicht ihr Kostüm angezogen, als sie es erfuhr: Bing hatte in New York eine Pressekonferenz abgehalten und mitgeteilt, er habe Callas gefeuert nach ihrer Weigerung, den bereits unterschriebenen Vertrag für die Saison 1959/60 zu erfüllen.[18]

Die Menschen im Saal wussten davon noch nichts. Abwartend, etwas misstrauisch saßen sie da. Hätte ihnen vorher jemand gesagt, dass eine Sängerin, die auf den Knien am Boden herumkroch, auf die Bretter eindrosch und dann wieder dastand mit ausgestrecktem Arm, als wäre sie Trainer bei den Dallas Rangers, sie in Ekstase versetzen würde, sie hätten gelacht. Callas war befreit. Medea brach über das Publikum herein wie ein Naturereignis. Minotis und die anderen, die eingeweiht waren, spürten von der ersten bis zur letzten Minute, dass Bings Reaktion Callas Wind unter die Flügel gab, bis sie sich zum Schluss, Mörderin und Göttin, in die Lüfte erhob. Nichts und niemand konnte sie aufhalten.[19]

Callas lächelte. Entspannt lächelte sie den Millionär aus Kansas an, der neben ihr am Tisch im Imperial Club beim Mittagessen saß, in Downtown New York. Groß war das Foto in der Samstagsausgabe der *Dallas Morning News* auf der Titelseite abgedruckt. Darunter stand: «Firing Doesn't Worry Callas». So sah sie aus. «Ich habe mich nie kaufen lassen, und darauf bin ich stolz», wurde sie zitiert. Sie betrachte sich völlig im Recht und sei verletzt und verwirrt von Bings Verhalten.

Vier Tage später erreichte sie das nächste Telegramm. Bitte unbedingt so weitermachen, ermutigte sie der Absender, bloß nicht irritieren lassen von den Parasiten und Neidern, die sie umgäben. Nur so könne die Oper wiederbelebt werden. Außerdem sei es eine Freude, mit ihr zu

arbeiten. Alexis Minotis – das war die Zukunft.[20] Am 15. November
setzte Callas mit ungebrochener Energie die Konzerttournee mit Rescigno fort, wie von Sol Hurok geplant: Cleveland, Detroit, Washington,
San Francisco, Los Angeles.

Es sah so aus, als habe Callas, den Blick nur auf ihre künstlerischen
Ziele gerichtet, Maria ins Abseits gedrängt. Wäre da nicht immer wieder
diese kleine korpulente Frau aufgetaucht, schon in Toronto, dann in
Dallas und auf der Weiterreise, in der Oper, in der Garderobe, auf Cock-
tailpartys, die Maria unterhakte oder ihr den Arm um die Taille legte.
Meneghini hatte Elsa Maxwell im März 1958 geschrieben, sie solle seine
Frau nicht mehr behelligen. Maxwell tat so, als hätte sie den Brief nie
gelesen. Maria tat so, als hätte Meneghini ihn nie geschrieben.

Im Dezember 1958, kurz nach ihrer Rückkehr aus den USA, saß Maria
Callas mit Giovanna Lomazzi im Zug von Mailand nach Paris, erster
Klasse. Meneghini wollte in der zweiten Klasse nachkommen. Sie war
froh, die Scala-Eröffnung am 7. Dezember, die dieses Mal ohne sie stattfand, ausblenden zu können. Schweigend schaute sie aus dem Fenster,
bis Giovanna nachfragte. Sie habe Angst vor dem Auftritt in Paris, sagte
Maria. Das sei ein Test für ihre Karriere, ob sie es geschafft habe, den
Skandal in Rom samt all dem, was ihr seither angehängt worden war, ab-
zuwerfen.

2300 Besucher waren angesagt, da war sie andere Dimensionen gewohnt. Die Oper im Palais Garnier war zwar zurzeit noch vom Ausmaß
des Hauses her die größte weltweit, aber Wien, Chicago, Dallas verfügten über mehr Plätze. Neu war der Aufwand, der betrieben wurde für
diese Vorstellung am 19. Dezember, ihren ersten Auftritt in Paris. Noch
nie hatten Besucher so viel bezahlt, um sie zu erleben: 35 000 Francs pro
Karte. Durch die grassierende Inflation in Frankreich war der Betrag nur
siebzig Dollar wert, für die französischen Gäste dennoch eine erheb-
liche Summe; zwei Karten plus anschließende Gala, das entsprach zwei
Wochen Luxusurlaub, für die Garderobiere wäre es eine neue Wasch-
maschine gewesen. Alles war teuer auf dieser Gala: das Programmheft,
ein Prachtband mit Schallplatte von einem Kilo Gewicht, das Los für die
Tombola, das Gedeck beim Gala-Diner hinterher im Foyer der Oper für
450 Geladene.

Doch auch das trieb Maria Callas nicht um. Geld, Preise, Lebenshaltungskosten, Bilanzen sagten ihr nichts. Sie hatte von ihrer Tournee einen Sack mit verschiedenen, ihr fremden Münzen heimgeschleppt, wirkliches Geld zum Anfassen, Ballast im Wert von vielleicht hundert Dollar.[21] Ihre Gage in Paris war enorm hoch, 8600 Dollar, das Achtfache von dem, was die Met zahlte.[22] Der Erlös des Abends ging an die Légion d'Honneur – Ehrenlegion? Maria Callas hatte noch nie davon gehört. Das Hotel Ritz hatte seine größte Suite für das Ehepaar Meneghini reserviert. Maria Callas sah und hörte und roch nichts von einem Paris, das eine dramatische Regierungskrise hinter sich hatte, in dem die Inflation viele Menschen in ein stinkendes Abseits am Rand der Stadt vertrieben hatte, wo Frauen im Mai demonstriert hatten gegen die nächste Ära de Gaulle, die im Januar anbrechen würde; schon jetzt waren nur noch 8 der 579 Abgeordneten in der Nationalversammlung weiblich. Maria Callas nahm nichts wahr von der intellektuellen Szene in Saint-Germain-des-Près, nichts von den Gefolgsleuten Jean-Paul Sartres oder Simone de Beauvoirs, von den Sängerinnen ganz in Schwarz, die dort in Keller-Discos auftraten, von all denen, für die ihr eigener Auftritt ein Anachronismus war. Sie blickte nicht hinein in Hinterhöfe, Treppenhäuser, Kneipen und Wohnungen, die verrieten, dass in dieser Stadt fast eine Million Menschen ohne jeden Komfort hausten, ohne Ölheizung, ohne warmes Wasser, ohne Bad. Callas im Kokon. Und doch hatte sie Angst.

Das Palais Garnier war ein neobarocker Prunkbau; er war erst nach dem Tod des Bauherrn Napoléon III. eröffnet worden, entsprach aber nach wie vor ganz dessen Wünschen. Dieses Opernhaus war kein Ort, an dem es vor allem um die Musik ging, es war vor allem ein Schauplatz für die Gesellschaft. Dass auf vielen Plätzen die Akustik schlecht war, auch der Blick zur Bühne, störte nicht, die Aussicht auf die anderen Logen zählte, und die war gut.

Hinter den Kulissen des Opernhauses öffnete sich eine andere Seite. Die Garderoben, die Proberäume, die Flure waren seit Jahrzehnten nicht gestrichen worden, überall hingen Schilder, die das Rauchen verboten, darunter häuften sich die Zigarettenkippen. In den Toiletten für Mitwirkende mussten die Frauen im Stehen pinkeln. Maria Callas wurde von zu viel Wirklichkeit verschont: Fahrt mit der Limousine zur Oper, dort ein eigenes Team für Make-up, Frisur, Ankleiden, Fahrt mit der Limousine von der Oper zurück. Ehrenamtlich hatte ein Bewunderer von Callas das Großereignis seit Monaten organisiert.

Das Programm konnte es ebenfalls nicht sein, was Maria Callas ängstigte. Im ersten, konzertanten Teil gab es Opernszenen ohne große Risiken, im zweiten, halbszenisch mit Kostümen, Passagen aus *Tosca*, an ihrer Seite Tito Gobbi, altvertraut.

Es war das Trauma Rom, das Maria Callas bedrängte: wieder Prominenz im Auditorium und ein Staatschef; wieder höchste Erwartungen, aufgeheizt von den Medien, die ein gesellschaftliches und musikalisches Jahrhundertereignis ankündigten; sie selbst wieder strapaziert, nach der Tournee in Amerika war keine Zeit geblieben, sich zu erholen.

Wieder hatte sich Elsa Maxwell angekündigt.

Es war bereits drei oder vier Uhr morgens, als Maria Callas in ihre Suite im Hotel Ritz zurückkehrte, berauscht von ihrem Erfolg. Charlie Chaplin, Alain Delon, Juliette Gréco, die Rothschilds, Françoise Sagan, Brigitte Bardot, Jean Cocteau, der Herzog und die Herzogin von Windsor, Ali Khan, Maurice Chevalier, Yves Saint Laurent, der noch amtierende Ministerpräsident René Coty, alle hatten sich zum Schluss erhoben. Auch ein griechischer Reeder, den jeder erkannte, schon weil er in der Oper die Sonnenbrille anbehielt.[23] An Schlaf war nicht zu denken, wieder und wieder ging Maria mit Giovanna den Abend durch. Irgendwann fragte sie einmal: «Wie habe ich gesungen?»

Sich selbst fragte sie das nicht. Der Dirigent Georges Sébastian, unbeweglich und schlecht vorbereitet, hatte sie kaum unterstützt, die Probenarbeit war nachlässig gewesen, in der *Norma*-Szene hatte der Chor ein paarmal falsch eingesetzt, und das Orchester hatte sich angehört, als spielte es alles zum ersten Mal. Sie hatte in keinem Moment zu Tränen gerührt oder beklommen gemacht. Im ersten Teil hatte sie nur am Schluss mit Rossini gezeigt, was sie konnte. Im zweiten Teil, als Tosca im Kostüm, hatte sie an Sicherheit gewonnen und mehr gewagt, gut war sie ein paarmal, groß war sie nicht gewesen. Gefeiert hatte sie das Publikum lauter als nach Sternstunden, in denen sie an ihre Grenzen gegangen war und darüber hinaus.

Am 20. Dezember überschwemmten Blumengebinde die Suite. Meneghini störten nur die Rosenkörbe, die schon an den Tagen vor der Gala abgegeben worden waren, jeden Tag einer, immer ohne Absender. Erst im letzten hatte eine Karte gesteckt von einem Freund Maxwells – Aristoteles Onassis.[24]

Tageszeitungen, Magazine, Journale feierten den Auftritt von Maria Callas. Ihr Tischherr war am Abend kein Dirigent gewesen, links von ihr hatte der Mann gesessen, dem *Le Figaro*, *Paris Match* und das größte Fernsehmagazin Frankreichs gehörten. Die Presse schrieb nicht über ein musikalisches Erlebnis, das verstört oder aufgewühlt hätte. «Es war eine sehr gute Show», schrieb der *Saturday Review*. Das meinten auch die anderen, und dass die Hauptdarstellerin der Show auf der Bühne und der Gala danach schön wie ein Filmstar gewesen war.

Maria Callas hatte anscheinend das Trauma von Rom besiegt.

Doch es war nur Maria, die gesiegt hatte in einer Welt, die Elsa Maxwell vom Rücksitz aus lenkte. Callas war dabei zu verlieren, und sie wusste es.

19.

ERFOLGSSKLAVIN MIT LEBENSLUST

Sutherland überwältigt Callas,
Churchill langweilt Maria,
und Athagoras segnet die berühmtesten Griechen der Welt

E in Kreis, drei Striche. Dieses Zeichen, das niemand erklären konnte, aber fast jeder verstand, war in London im Januar 1959 auf Mauern und Plakaten, auf Taschen und Anoraks zu sehen, manche trugen es schwarz auf weißen Ton gebrannt als Anstecker. Es war kein Jahr her, dass es auf einem Karfreitagsmarsch der Atomkriegsgegner hier in London erstmals in der Öffentlichkeit auftauchte, ein englischer Graphiker hatte es sich als Zeichen für *Peace* ausgedacht. Frieden war Thema, die Sowjetunion und die USA wollten im Weltall friedlich miteinander konkurrieren, die Atomwaffengegner friedlich ihre Ziele erreichen, de Gaulle hatte soeben den algerischen Unabhängigkeitskämpfern Straffreiheit gewährt.

Vor genau einem Jahr hatte Maria Callas nach dem Skandal in Rom gesagt: «Wir Künstler brauchen Ruhe und Frieden.»[1] Dabei hatte sie wie immer bereits gesungen, was sie zu sagen hatte. Als sie in Athen im Sommer 1957 «Pace, pace, mio dio» – «Frieden, Frieden, mein Gott» – aus Verdis *Forza del destino* gesungen hatte, war geweint worden, und wie so oft hatte sie als Norma die *Casta diva*, die Mondgöttin, um Frieden angefleht. Aber die Nachricht «Bing fired Callas» hatte in den Medien wieder entfacht, was dort seit Jahren glomm: das Gerücht, sie sei eine streitsüchtige Diva, mit der kein Mensch in Frieden zusammenarbeiten könne.

Offiziell war der Grund, der sie in diesem Januar 1959 nach London führte, harmlos, es war eine Geschäftsreise, mehr nicht.[2] Zeffirelli hatte einen Tauschhandel eingefädelt: Die Covent Garden Opera sollte die *Medea* von Minotis aus Dallas übernehmen, mit Callas in der Titelpartie, dafür sollte Zeffirellis Neuinszenierung der *Lucia di Lammermoor* für Covent Garden von Dallas übernommen werden, mit Callas in der Titelpartie. Mit dem Londoner General Manager David Webster war Zeffirelli sofort einig geworden, fehlte nur noch das Ja von Callas.

Am 16. Januar 1959 fand in Covent Garden die Generalprobe von Zeffirellis *Lucia* statt, am Pult der längst wieder mit Callas versöhnte Tullio Serafin, auf der Bühne als Lucia: nicht Maria Callas, sondern Joan Sutherland, Australierin, international noch kein Begriff. Doch es wurde darauf gewettet, was am 17. Januar, bei der Premiere, zu erwarten war – die Geburt eines neuen Weltstars. Zeffirelli wusste, dass Callas deswegen angereist war.

Sutherlands Stimme kletterte ohne jedes Wackeln oder Wanken in die höchsten Höhen, stand dort strahlend und kletterte wieder hinab, sicher in jeder Sekunde. Zeffirelli sah Callas die ganze Probe über beim Zuhören zu. «Gott weiß», ging es ihm durch den Kopf, «was sie empfand, als sie Joan Sutherlands wirklich erstaunliche Stimme hörte, die sich noch weiterentwickeln ließ, während die eigene – und das wusste Maria sehr wohl – allmählich nachließ».

Nach der Probe erschien sie in der Garderobe Sutherlands, die im November 1952 in einer kleinen Rolle neben ihr als Norma hier im Haus auf der Bühne gestanden hatte, jetzt stieg ihre Kurve steil an. Hatte die von Callas den Scheitelpunkt überschritten? Sie trug Nerz und Perlen, das Haar perfekt frisiert, das Make-up makellos. Die Kollegin war schon abgeschminkt im gestreiften Morgenrock, die langen Haare von der Perücke befreit, ungekämmt. «Sie sind eine große Künstlerin», sagte Callas zu Joan Sutherland. «Wenn eine andere so gut gesungen hätte wie Sie, wäre ich eifersüchtig geworden, aber nicht bei Ihnen. Natürlich verdanken Sie eine ganze Menge anderen, zu denen wahrscheinlich auch ich gehöre, aber wir alle verdanken irgendjemandem irgendetwas.»[3] Dann lachte sie, und Sutherland, noch größer als Callas, knochig, unbeholfen und schüchtern, lachte sehr laut und erlöst.

Am 17. Januar war Callas nicht dabei, als nach Lucias Wahnsinnsarie der Beifall losbrach wie in ihren eigenen Glanzzeiten. Sie las nicht mehr, was am 18. Januar in der Presse bejubelt wurde: die neue Callas. Sutherland war nur drei Jahre jünger.

Genau zwei Monate nach diesem Durchbruch sang Callas in London die *Lucia*, ebenfalls unter Serafin, nicht in Covent Garden, sondern in der Kingsway Hall, nicht vor Publikum, sondern nur vor dem Aufnahmeteam von EMI. Ihre Rivalin war nicht Sutherland, es war sie selbst, und sie verlor haushoch gegen die Callas von früher. Legge hörte es und schwieg. Sutherland war bei Decca unter Vertrag.

Man musste das Buch nicht gelesen haben – was drinstand, wurde überall beworben. *The Presentation of Self in Everyday Life* hieß der Bestseller des kanadischen Soziologen Erving Goffman. Die Techniken der Selbstdarstellung und der Imagepflege beschäftigten die Medien, professionelle wie private Diskussionsrunden und Künstleragenturen.

Von Mitte März bis Anfang Mai hatte Maria Callas kein Engagement, wurde jedoch in Florenz gesehen. Vom Zentrum aus, von der Piazza della Signoria, waren es zu Fuß keine zehn Minuten bis zur Via Verdi 9. Das unscheinbare Geschäftsgebäude dort, nur zwei Etagen hoch, holzverkleidet und ohne Schaufenster, gab es seit 1720, «Filistrucchi» stand über der Tür, in der Welt der Bühne wie der Mode ein Begriff. Maria verließ es mit einem großen Karton.

Über Joan Sutherland wurde auch in Italien bereits geredet und geschrieben – wie unkompliziert sie sei und dass sie sich das Belcanto-Repertoire, sämtliche Paraderollen von Callas, zusammen mit ihrem Mann erarbeitet hatte, der schon in Sidney ihr Korrepetitor war und mit dem sie nach London gezogen war. Maria Callas hatte auch ihn in der Garderobe seiner Frau kennengelernt. Richard Bonynge war ein schöner großer Mann, jünger als Joan; Zeffirelli hatte bereits alles erkundet, ein glückliches Paar, beruflich wie privat. Im kommenden Jahr sollte Sutherland Italiens Opernszene im Teatro La Fenice, im Jahr darauf in der Scala erobern. Ihre Perfektion, auch ihr körperliches Erscheinungsbild bis hin zum mächtigen Kinn hätten furchterregend wirken können, doch anscheinend entwaffneten ihre Natürlichkeit und Bescheidenheit jeden.

Am 11. April betrat ein Mann in Sportjacke mit schwerem Gepäck die Via Buonarroti 40 in Mailand. Hier kannten sein Gesicht wenige, seinen Namen einige, in den USA und im Jet Set war er ein Star, um den sich die Stars rissen – Marilyn Monroe, Marlene Dietrich, Salvador Dalí, Grace Kelly. Milton Greene war ein Fotograf, den von der *Vogue* bis zu *LIFE* alle elitären Magazine pflegten, und mehr als das. Er war ein Stratege, der durch Bilder ein Image zu ändern vermochte, der Sympathien für seine Modelle schuf, weil sie bei ihm nahbar wirkten wie Freunde und Freundinnen, die ihre Schwächen nicht verbargen. Maria Callas trug die rotbraune Perücke von Filistrucchi, die ihren Nacken zeigte, auf einigen Fotos einen Morgenrock, keinen Schmuck und flache Hausschuhe. Greene fotografierte sie vor ihrem leeren Frisiertisch, als trüge sie keine Schminke, vor den Schubladen in ihrer Garderobe, im Grünen draußen. Das Tageslicht zeigte die Poren ihrer Haut, ihr Blick war nachdenklich, das Lächeln milde, etwas müde. Und er zeigte sie am Schreibtisch ihres Manns, wie sie ihm über die Schulter sah, ein glückliches Paar. Die Fotos sollten in *LIFE* erscheinen – «mein Geschenk an meinen Mann zu unserem zehnten Hochzeitstag», sagte Maria. Am 21. April, zehn Jahre nach der Blitzheirat in Verona, verkündete Maria der Presse, Battista sei der Mittelpunkt ihres Lebens. Beide feierten in Paris mit einem ausgedehnten Abendessen im Maxim's, danach einer Show mit halbnackten Tänzerinnen im Lido, Schnappschüsse zeigten eine weltoffene, friedliche Ehefrau.[4]

Am 23. Mai kam in München der neue *Simplicissimus* in den Handel. Das Satireblatt hatte seine große Zeit hinter sich, doch diese Ausgabe war schon am Erstverkaufstag ein Erfolg. Das Cover zeigte auf einem dünnen Körper in schwarzem Etuikleid einen übermächtigen Kopf mit schwarzumrandeten Augen, die furchterregend schielten. Aus dem schwarzen Haar züngelten Schlangen, zwischen gebleckten Zähnen lugte ein bereits verschluckter Mann über die Zunge, der nächste in schwarzem Frack wurde gerade verschlungen, und am Boden kniete, zu Füßen des Monsters um Gnade flehend, ein weiterer Mann im Frack neben dem Gerippe eines Kollegen. «Callas Medusa» war die Überschrift, und darunter stand: «Die Direktion hat ihre Schuldigkeit getan, das Publikum kann wieder gehen.»[5]

Einen Tag zuvor hatte die *Süddeutsche Zeitung* über das Konzert von Callas im Münchner Kongresssaal, das vorletzte einer Tournee,[6] geschrieben: «Das erste Erscheinen von Maria Meneghini Callas in München wurde gestern Abend stürmisch gefeiert… Ovationen… Das Konzert ging über die Bühne ohne Zwischenfall.»[7] Doch was blieb, war die Vorstellung von Callas als Medusa: einem Ungeheuer, das jeden erstarren ließ und umbrachte.

Callas wusste, ohne Goffmans Buch über *The Presentation of Self* gelesen zu haben, was der Autor meinte: Das Image zählte. Am 25. Mai erschienen Milton Greenes Fotos von Maria Callas, wie sie noch keiner jemals gesehen hatte, und dazu ein Interview, in dem es vor allem um das ging, was oben drüber stand: «I'm not Guilty of all those Callas Scandals».[8]

Für die Öffentlichkeit aber war es Signora Maria Meneghini, die sich auf den Fotos sanft und friedfertig als Ehefrau zeigte, und Callas, die sich so ausführlich rechtfertigte, dass es kaum jemand durchlas.

Ende Mai wurde Signora Callas persönlich ans Telefon gebeten, ein Anruf aus Monte Carlo. Aristoteles Onassis lud sie mit ihrem Ehemann auf seine Yacht *Christina* zu einer Kreuzfahrt im Sommer ein und holte seine Frau Tina ans Telefon, die versicherte, das sei auch ihr Wunsch. Die Zusage von Callas blieb aus.

In London war sie eine Ikone geworden, diese Frau mit rotbraunem Haar, die ihre langen Arme in die Höhe warf, daneben in metergroßen roten Buchstaben: «I WANT TO LIVE!» Die Plakate zu dem Filmdrama, dessen Hauptdarstellerin Susan Howard für ihre Leistung ein paar Wochen zuvor den Oscar bekommen hatte, hingen bei allen großen Kinos von London an der Fassade, Maria Callas konnte sie nicht übersehen, auch wenn Filme sie nicht interessierten. Zugrunde lag die wahre Geschichte einer von der Gesellschaft ausgestoßenen jungen Frau, die als Mörderin verurteilt und hingerichtet worden war, weil es ihr nicht gelungen war, die Vorverurteilungen als solche zu erweisen. Das bewegte die Menschen.

Am 17. Juni war Maria Callas als Medea angekündigt, als eine Frau, die von einer Gesellschaft verurteilt wurde, die sie ausgestoßen hatte, und zur Kindsmörderin wurde. *I Want to Live*: Etwas Ähnliches hatte sie in ihrem letzten Interview gesagt, als sie darauf angesprochen wurde, dass sie nur noch Konzerte sang – sie wolle leben. Es waren nun sieben Monate vergangen, seit sie das letzte Mal in einer Oper aufgetreten war, am 19. und 21. November 1958 in Dallas als Medea.

Der General Manager David Webster war zufrieden: Drei Tage bevor der Vorverkauf zu *Medea* begann, hatten bereits Hunderte vor der Opernkasse von Covent Garden Schlange gestanden, innerhalb von drei

Gestisch sensationell: Keine Opernsängerin hatte vor Maria Callas jemals gewagt, auf der Bühne die Faust zu ballen, wie sie hier in der Partie der Medea am Royal Opera House Covent Garden im Juni 1959

Stunden waren alle Karten verkauft. Als Maria Callas mit ihrem Mann in London ankam, wurden Plätze, die zwei Pfund gekostet hatten, auf dem Schwarzmarkt für achtundneunzig Pfund verkauft. Dass Maria Callas angespannt war, wunderte Giovanna Lomazzi nicht, die zur Beruhigung mitgereist war, auch Larry Kelly war mit seinem Lebensgefährten David Stickelber wohl deswegen eingeflogen. Stickelber hatte viel Geld und einen Plan, der Marias Lebenshunger stillen konnte: Noch in diesem Sommer wollte er eine Yacht mieten und Maria, Battista und Giovanna zu einer Kreuzfahrt durchs Mittelmeer einladen.

Die *Medea*-Premiere war kein Staatsakt. Zwar war viel Prominenz angekündigt, von Gary Cooper bis Douglas Fairbanks jr., große Künstler wie Sir John Gielgud oder Cecil Beaton, jedoch kein hochrangiger Politiker; selbst Churchill ließ sich von Frau und Tochter vertreten. In der Suite der Meneghinis aber war eine Einladung abgegeben worden: «Mr.

and Mrs. Aristoteles Onassis freuen sich, Sie am 17. Juni um 23 Uhr auf eine Party zu Ehren von Maria Callas ins Hotel Dorchester einzuladen.»

Callas war erleichtert und erschöpft, als sie kurz nach elf in den Ballsaal des Hotels eintrat, 800 Quadratmeter, die mit Tausenden rosafarbener Rosen dekoriert waren. Vor drei Stunden hatte sie gleich bei ihrem ersten Auftritt ein Schaudern durchs Publikum gejagt.[9] Vor einer halben Stunde noch hatte sie als Medea in einer untergehenden Welt gestanden, von ihr zerstört und in Brand gesetzt.

Erst um drei Minuten nach drei war sie dabei, den Ballsaal wieder zu verlassen.[10] Über die Zeit dazwischen drangen wenige Fakten nach außen, umso mehr Gerüchte. Fotos belegten, dass Onassis, als Callas eintrat, ihr persönlich den Chinchilla-Mantel abnahm, dass er ihr einen keineswegs formvollendeten Handkuss auf den Handrücken drückte, dass Elsa Maxwell unter den Gästen war, dass Onassis neben Callas am Tisch saß und dass sie beim Abschied, sie trug bereits wieder ihren Pelzmantel, in eine Situation geriet, die sie ihrem Blick und ihrer Haltung nach verlegen machte: Onassis umklammerte sie von vorn, den Kopf mit geschlossenen Augen lächelnd an ihre Brust gelehnt, Meneghini umklammerte sie von hinten, den Blick über ihre Schulter wachsam auf Onassis gerichtet; seine linke Hand hatte er auf dessen Rechte gelegt, im Begriff, sie abzupflücken. Maria hatte beide Hände weit nach oben aus dem Gefecht gezogen. In ihrem ganzen Leben war sie noch nie von einem Mann mit solcher Ausdauer und Direktheit umworben worden wie von Onassis. Am 18. Juni 1959 brachte der *Daily Express* das Foto auf seiner Titelseite.

Die Fachleute hatten offenbar eine andere Callas erlebt. Nirgendwo war wie sonst so oft von Tönen die Rede, die scharf oder schrill gerieten. Ihre Stimme sei «voll und rund geworden», von «brennender Leidenschaft und Intensität», schrieb ein Rezensent, und sein Kollege fand es gut, dass Maria sich die Lust am Leben gönnte. «Callas hat anscheinend profitiert von der Periode, in der sie relativ faul war ... der Klang war frisch ...»[11]

Niemand wusste, was Onassis für Maria Callas entflammt hatte. War es nur die Bewunderung der anderen für sie? War es die Wucht des Mythos, den sie verkörperte, auf der Bühne und in den Medien? War es ausschließlich Callas oder auch Maria? Als Medea hatte Onassis sie erlebt, als eine Frau, die radikal in einen Scheinfrieden einbrach, eine Frau, die handelte, deren Hände ihre Kraft vermittelten, die auf offener Szene eine Faust zu zeigen wagte – eine archaische und moderne Frau.

Elsa Maxwell hatte in der Kolumne, mit der sie vor zwei Jahren ihren Erfolg als Gastgeberin in Venedig gefeiert hatte, gesagt, Onassis sei «ein sehr interessanter Mann, ohne große gesellschaftliche Ambitionen ... Seine Frau Tina, das fröhlichste, blondeste, süßeste Geschöpf der Welt, betrachtet er als sein Baby. Er sagt: ‹Sie ist mein Püppchen. Ich liebe sie.› Was kann eine junge Frau mehr verlangen?»[12]

Auf dem Cover standen nur Buchstaben in Schwarz und Rot: *Les Temps Modernes, Moderne Zeiten*, eine Monatszeitschrift für Intellektuelle, herausgegeben von Simone de Beauvoir und Jean-Paul Sartre. Dort erschien im Juli 1959 ein Beitrag von einundzwanzig Seiten, Titel: *Das Geheimnis der Callas*, verfasst von René Leibowitz. Der jüdische Dirigent, Komponist und Schriftsteller hatte die Verfolgung durch die Nationalsozialisten in Kellern und Verschlägen überlebt, ein Schwager Arnold Schönbergs und von ihm geprägt.

«Ihr Privatleben», schrieb Leibowitz über Callas, «ihre ganze Existenz gehört gewissermaßen allen, jedenfalls allen, die lesen können. Erstaunlich dabei ist, dass nur eine kleine Minderheit diese Stimme, die der Auslöser eines so ungewöhnlichen Erfolgs ist, tatsächlich gehört hat.» Mit ihren Schallplattenaufnahmen aber habe Callas Verkaufszahlen wie große Unterhaltungsstars erreicht, das hatte außer ihr noch nie jemand aus der Klassikszene geschafft. «Hat nicht gerade die Maßlosigkeit dieses Erfolgs der Callas einen anrüchigen Aspekt ...?», fragte Leibowitz. Doch für ihn war klar, die Maßlosigkeit, die Grenzüberschreitung gehörten zu ihr. Es sei «der Mut zum Risiko», schrieb er, «der die gesamte Aktivität der Callas in besonderem Maß kennzeichnet» und der «die Modernität dieser Künstlerin ausmacht».[13]

In diesem Juli, in dem Leibowitz die Maßlosigkeit und Risikobereitschaft von Maria Callas analysierte, erfuhr Giovanna Lomazzi, dass aus ihren Urlaubsplänen mit Maria, Battista, Larry und David nichts wurde. Maria Callas hatte einem Mann zugesagt, mit dem sie die Maßlosigkeit, die etwas Anrüchiges hatte, teilte und den Mut zum Risiko.

Am 22. Juli saßen fünf Gäste nah beieinander an einem der langen Tische direkt am Terrassengeländer des Casino-Restaurants in Monte

Carlo. Mit dem Rücken zum Wasser Maria Callas (35), neben ihr Onassis (59),[14] ihr direkt gegenüber Sir Winston Churchill (83), der seine Frau im Hotel zurückgelassen hatte. Onassis gegenüber saß seine Frau Tina (30), neben Tina, ohne Gegenüber, Meneghini (63). Die Meneghinis waren erst am Tag zuvor in Nizza gelandet, mit dem Taxi nach Monaco gefahren und ins Hotel Hermitage eingezogen.

Weder Maria noch ihr Mann wussten etwas über die finanziellen Verflechtungen ihres Gastgebers mit dem Fürstentum, es war nie öffentlich geworden, dass Onassis 1953 Rainier III. Prince de Monaco vor der Pleite gerettet hatte. Die russischen Exilfürsten, die früher hier residiert hatten, waren gestorben, das Casino Monte Carlo und die Badeanlagen waren von modernen Kasinos und modernen Badeanlagen andernorts in den Schatten gestellt worden, und der Gesamtumsatz der vom Fürsten gegründeten SBM, der Société des Bains de Mer et Cercle des Étrangers, war abgestürzt. Beide Meneghinis hatten keine Ahnung, dass die SBM all das besaß, was Monaco ausmachte, das Casino samt Oper, vier Restaurants, zehn Bars und vier Nachtclubs, den Old Sporting Club mit einem weiteren Spielkasino, die beiden schönsten Hotels, das Hotel de Paris und das Hotel Hermitage, außerdem das größte Schwimmbad, Tennisplätze, Golfplätze, den Badestrand Larvotto und drei Häfen. International agierende Geschäftsleute, die anders als Meneghini des Englischen mächtig waren, hatten 1953 gelesen, dass Onassis in Monaco ein Coup geglückt war: Nachdem der Old Sporting Club ihm keine Büros vermieten wollte, hatte er zweiundfünfzig Prozent des Aktienkapitals der SBM gekauft, konnte von da an also über den Club verfügen. Die Meneghinis wussten auch nicht, dass die Yacht *Christina* in ebendiesem Jahr 1953 vom Stapel gelaufen war. Nur, dass sie hier in Monaco vor Anker lag, war ihnen bekannt.

Noch nie in ihrem Leben hatte Maria drei Wochen Urlaub gemacht, noch nie war sie auf einer Kreuzfahrt gewesen. Am 22. Juli erschien international eine Kolumne von Elsa Maxwell, in der sie Maria prophezeite: «Diese Kreuzfahrt wird in ihrem Leben viel verändern. Madame Callas ist vom Treiben der Schickeria bislang unberührt geblieben. Aber sie wird schnell dazulernen.»[15]

Am späten Abend des 22. Juli waren alle Gäste an Bord. Sir Winston wollte nun schon zum dritten Mal auf der *Christina* rundum versorgt reisen, mit großem Anhang: Außer der Ehefrau Lady Clementine waren Tochter Diana Sandys, deren bereits sechzehnjährige Tochter Celia, der Leibwächter von Churchill und dessen Krankenschwester dabei. Onassis hatte auch wieder einmal das Ehepaar Nonie und Anthony Montague Browne eingeladen, er war Churchills Privatsekretär, bewährt als Puffer für heikle Situationen, gut erzogen und gut gelaunt. Zweiundvierzig Besatzungsmitglieder hielten den Betrieb am Laufen. Auf Churchills Anregung hin sollte die Fahrt in die Heimat von Onassis führen, in die türkische Hafenstadt Izmir, die noch Smyrna geheißen hatte, als er dort geboren wurde, mit Stationen in Italien und Griechenland.

Der Luxus an Bord verblüffte selbst verwöhnte Gäste. Sogar das Personal wohnte wie Reisende zweiter Klasse auf großen Transatlantikschiffen. Das gesamte Mobiliar, die Betten, die antiquarischen Einzelstücke, hätte in einem erlesenen Pariser Hotel stehen können, in jeder Nachttischschublade befanden sich ein Funktelefon und ein Band, um Gespräche aufzuzeichnen. Täglich wurden frische Delikatessen eingeflogen, und jedem Gast wurde zu jeder Uhrzeit jeder Wunsch erfüllt. Alles versprach Maria das, was sie ersehnte: exklusive Abgeschiedenheit, Ruhe, eine Reise, deren Route geheim gehalten wurde, keinerlei offizielle Termine. Niemand, der sich für Oper interessierte oder etwas davon verstand. Und dann war da noch Onassis, ein Mann, der ihr zuhörte. Maria war als Privatperson eingeladen und nun unterwegs, nicht Callas.

Es war, bis auf die Meneghinis, eine routinierte Gesellschaft. Churchill wurde wie immer in Watte gepackt und brauchte jemanden, der ihm geduldig zuhörte, es traf Maria. Die Kinder an Bord waren es gewohnt, dass die Gäste ständig ihr Spielzimmer durchquerten, die Gastgeber hatten für alles Verständnis. Onassis erzählte, und er konnte erzählen, er machte aus allem eine Geschichte. Wo immer sie anlegten, waren Besichtigungen, Mahlzeiten, Treffen mit prominenten Bekannten des Gastgebers und Einkaufstouren organisiert. Doch woher hatten die Reporter davon erfahren? Dass Onassis persönlich die Medien darüber verständigt hatte, wer an Bord der *Christina* war und welche Route sie nahm, wusste außer ihm niemand. Ihm ging es um Callas, nicht um Maria. Sie sagte «Du, Ari» zu ihm oder «Du, Aristo», er sagte «Du, Callas» zu ihr.[16] An jedem Hafen wurden zwanzig, dreißig Kameras gezückt, wenn die *Christina* anlegte. Die routinierte Gesellschaft absolvierte ihr

Trügerisch freundschaftlich: Tina Onassis und Maria Callas zusammen mit Aristoteles Onassis im antiken Theater von Epidauros am 30. Juli 1959

Programm und ließ sich dabei ablichten, aufregende Bilder gelangen den Fotografen nicht. Nur ein einziges Motiv unterschied sich von den anderen, entstanden war das Foto bei einem Ausflug von Nauplion aus ins Landesinnere, zum Heiligtum des Asklepios in Epidauros. Zu sehen war Onassis im antiken Theater, der Callas fest an der Hand hielt, er bereits zwei, drei Stufen weiter oben; an seinem ausgestreckten Arm zog er sie hinter sich her, als wären nur sie beide da.

Am 13. August 1959 legte die *Christina* am Vormittag kurz nach elf wieder in Monte Carlo am Hafen an. Churchill war etwas weniger blass, seine Frau so blass wie zuvor, alle anderen waren deutlich gebräunt. Sonst schien sich nichts verändert zu haben, als die Gesellschaft von Bord ging. Die wichtigste Szene dieser Reise war auf keinem Foto festgehalten worden, und es gab dafür nur wenige Zeugen. Sie hatte sich erst sieben Tage vorher ereignet, zu Beginn der dritten und letzten Urlaubswoche.

Am 5. August war die *Christina* in den Bosporus eingefahren, hatte das Goldene Horn passiert und nachmittags um fünf an einem zentralen

Yachthafen angelegt. Für den 6. August hatte Onassis einen Termin vereinbart, der ihm viel bedeutete. Es waren nur sechs Reisende von der *Christina*, die er mitnahm in den Vatikan der griechisch-orthodoxen Kirche, den Sitz des Patriarchen, fünf griechische und einen Italiener: seine Frau Tina, seine Schwester Artemis und seinen Schwager Theodoros Garofalidis, die auf der Peleponnes zugestiegen waren, Maria Callas, den Kapitän und Meneghini. In der Kirche des heiligen Georg bekreuzigten sich alle und zündeten Opferkerzen an, dann wurden sie in den Empfangsraum des Patriarchen gebracht. Es war ein großes Wohnzimmer mit schweren ockerbraunen Vorhängen, türkischen Teppichen auf dem Fliesenboden, holzkassettierten Wänden, ein paar Ikonen, dick gepolsterten Stühlen und einem unaufgeräumten Schreibtisch. Der Patriarch Athinagoras war bereits dreiundsiebzig Jahre alt, noch immer eine beeindruckende Erscheinung von einem Meter achtzig mit einem breiten, langen weißen Bart. Er bat Callas und Onassis, direkt zu ihm zu kommen, legte, als sie vor ihm knieten, eine Hand auf Callas' Scheitel, eine auf Onassis', segnete sie, die beiden berühmtesten Griechen der Welt, wie er sagte, und betete für sie.

Alle außer Meneghini verstanden, dass es ein Gebet war. Er war beunruhigt über das, was hier geschah und wie eine Verehelichung wirkte. Im Freien entstand ein Gruppenfoto, in der Mitte Athinagoras, der alle anderen überragte; rechts neben ihm war Onassis zu sehen, er wirkte angestrengt, vor ihm eine gleichgültig blickende Tina, links von ihm eine Maria Callas, die gelöst und versonnen in sich hineinlächelte wie bisher auf keinem einzigen Foto dieser Reise.

In der Nacht vom 6. auf den 7. August wurde aus der Urlaubsfahrt ein Drama. Ari kehrte bis zum Morgen nicht in seine Kabine zu Tina zurück, Maria bis zum Morgen nicht in die von Titta.[17]

Das war keinem der Reisenden anzusehen, als sie am 13. August an Land gingen. Zwei Stunden später bestiegen Maria Callas und Battista Meneghini am Flughafen Nizza die Maschine nach Mailand. Bis sie um 17 Uhr dort landeten, sprachen sie kein Wort miteinander.

Angekommen in der Via Buonarroti, bat Maria ihren Mann, am nächsten Tag nach Sirmione zu fahren und sie in Mailand alleine zu lassen. Am 14. August morgens, vor seiner Abfahrt, fragte sie ihn, was er von einer endgültigen Trennung halte. Er konnte das nicht glauben.

*Kritischer Blick: In
ihrem Atelier begutach-
tet Mailands Mode-
königin Biki vom Sofa
aus ihre beste Werbe-
trägerin weltweit, die
sich auch durch sie zur
Stilikone entwickelt hat*

Für ihn, selbst völlig unbelesen, war Onassis ein Macher ohne Kultur, der sich mit Prominenz wie Churchill und einer unterwürfigen Puppe dekorierte, die seit bald dreizehn Jahren seine Ehefrau war; der zu viel trank, zu viel rauchte und redete, kleiner als er und nicht allzu viel jünger, auch nicht schöner, stark behaart, «kein Mann, sondern ein Gorilla»;[18] der ihn geduzt und Titta genannt hatte, ein gewissenloser Typ, der in den Kreisen der Mailänder Opernfreunde unangenehm aufgefallen wäre. Maria war jemand anderem begegnet: einem Mann, mit dem sie vieles teilte und schon vor jener Nacht stundenlang geredet hatte, bei griechischem Essen vom griechischen Koch. Ari hatte schwere Niederlagen erlitten, hatte vor 1956 vor dem Konkurs gestanden, als ihn die Suez-Krise rettete. Er fühlte sich umzingelt von Feinden und Konkurrenten wie seinem Schwager Niarchos, hatte sein Leben lang gekämpft, ohne seine Ängste vor einem Zusammenbruch seines Imperiums und seine Selbstzweifel loszuwerden. Maria hatte keine ihrer Niederlagen in Athen, danach in New York und Mailand vergessen. Sie hatte sich gegen Feinde wie Bagarozy und Konkurrenten und Konkurrentinnen zur Wehr gesetzt, hatte gegen Ghiringhelli gekämpft, ohne die traumatischen Erlebnisse von denen der Kriegszeit in Athen bis zum Skandal in

Rom vergessen zu können, und litt nun noch mehr als zuvor an Versagensangst. Beide waren sie völlig alleine jung aufgebrochen ins Ungewisse, hatten alles hinter sich gelassen und besaßen keine abgeschlossene solide Schulbildung. Beide waren in jungen Jahren wegen ihres Äußeren verspottet worden und hatten sich, indem sie Skrupel über Bord warfen, dank ihrer außergewöhnlichen Intelligenz und Begabung durchgesetzt. Beide fühlten sich entwurzelt[19] und nur in einem aufgehoben: darin, Griechen zu sein, griechisch-orthodox und abergläubisch. Sie hatten das Gefühl, der Karriere große, zu große Opfer gebracht zu haben und niemanden zu besitzen, dem sie anvertrauen konnten, was ihnen nachts oft den Schlaf raubte und wie sie sich selbst oft minderwertig vorkamen.[20] Beide hatten, was sie einander wohl kaum erzählten, ihre Lebensgeschichte erheblich korrigiert, damit sie zum Mythos taugte, sich dessen bewusst, dass es sie verletzbar machte. Doch Ari wusste, was dagegen half: die Lust am sinnlichen Leben.

Am 14. August abends bewerkstelligte Aristoteles das Kunststück, Maria in Mailand in einem Restaurant zu treffen, ohne dass irgendwer davon Wind bekam. Auf die *Christina* eingeladen hatte Onassis Callas, eine Frau, die einen halben Kopf größer war als Tina und als er selbst, das Gegenteil von einer Puppe. Eine Frau mit großer Nase und großen Händen, die sich das, was sie in der Welt bedeutete, wie er hart erarbeitet hatte und ihm ebenbürtig war, auch wenn er von ihrem Beruf so wenig verstand wie sie von seinem. Callas hatte ihn beeindruckt. Dann war er auf Maria getroffen.

Soeben hatte Callas erfahren, dass sie im Rechtsstreit gegen Pantanella-Nudeln und den Neffen des verstorbenen Papstes gewonnen hatte.[21] Maria interessierte das nicht. Sie feierte mit Ari in Mariä Himmelfahrt hinein, ihren Namenstag, für die beiden nicht Ferragosto, sondern Penagia, das Fest der Allerheiligsten, nach Ostern der höchste Feiertag in der griechisch-orthodoxen Kirche und eine Zeitwende.

Am 15. August rief Maria bei ihrem Mann an. «Ich habe beschlossen, bei Onassis zu bleiben … Er hält es nicht mehr ohne mich aus, und ich halte es nicht mehr ohne ihn aus.»[22] Und schließlich erklärte sie müde: «Ich brauche jetzt Frieden.» Sie ließ sich von ihrem Mann den Pass, alle Kleider, Schuhe, Taschen, auch die Wäsche nach Mailand fahren und die Briefe von Elsa Maxwell. Den letzten hatte Maxwell ihr in Monaco zustellen lassen, sie war ebenfalls dort gewesen, kurz bevor die *Christina* ablegte: «Genieße von nun an jeden Moment Deines Lebens», stand darin und nach der Anschuldigung, die sie anderen in den Mund legte, Callas habe sie nur benutzt: «Du gehörst schon jetzt zu den ganz Großen, und Du wirst noch größer werden.»[23]

Maria Callas war im November 1959 auf der Flucht, seit über drei Monaten. Schon am 22. August hatte *Stampa sera* gemeldet, sie sei mit Onassis in Cuneo gesehen worden, einer stillen Stadt im Piemont an der Grenze zu Frankreich. Die Presse jagte sie in jeder Minute ihres Daseins. Dass angeblich Maxwell hinter der Kampagne gegen sie steckte, neuerdings eine Verfechterin der ehelichen Moral,[24] konnte Maria Callas nicht glauben. Mitte Oktober 1959 war sie in einem Anwaltsbrief, datiert auf den 8. Oktober, benachrichtigt worden, Maxwell habe sie zur alleinigen Erbin eingesetzt und Meneghini zum Vollstrecker ihres Testaments.

Nun war sie nach Dallas geflohen, wo man sie längst für die Größte hielt und offenbar liebte. Am 6. November 1959 sollte sie dort auftreten in der *Lucia di Lammermoor*, Zeffirellis Londoner Inszenierung für Joan Sutherland. Es war erst die zweite Oper, mit der sie in diesem Jahr auf der Bühne zu erleben war. Callas hatte Angst vor dem Vergleich mit Sutherland und dem ersten Bühnenauftritt seit der *Medea* im Juni, Maria hatte Angst vor den Verfolgern. Vor der Royal Festival Hall in London, wo sie am 23. September ein Konzert gegeben hatte, hatten fünfzig Reporter auf sie gewartet, Maria hatte trotzdem gezeigt, dass sie sich die Lebenslust nicht mehr nehmen lassen wollte, und nach dem Auftritt in einer Bar dunkles Bier getrunken, zwischen Leuten, die am Stehtisch ihre Wurst in einen Senftopf tunkten.[25] Giovanna Lomazzi war mitgereist nach Dallas. Doch als die beiden ankamen, waren die Verfolger bereits da.[26]

Wie gewohnt warf sich Callas mit aller Kraft in die Probenarbeit, für sie nach wie vor die beste Methode, alles andere zu vergessen. Sie war ganz bei der Sache. Das blutbefleckte Gewand, in dem Zeffirelli Lucia in London auf die Bühne geschickt hatte, lehnte sie ab; sie spürte, so viel Wirklichkeitsnähe zerstörte die Wahrheit. Nach der ersten Probe erklärte sie Zeffirelli und Rescigno, demnächst werde sie mit einer glänzenden Abschiedsvorstellung von der Opernbühne abtreten und Onassis heiraten. In den nächsten Proben aber war es nicht zu überhören: Ihr neuer Lebensstil hatte der Stimme zugesetzt. «Zu viele Abende zusammen mit Ari in Nachtclubs, zu viele Cocktailpartys und zu wenig Zeit fürs Üben», schloss Zeffirelli.[27] Maria hatte Callas ausgebootet. Doch die, früher selbstquälerisch kritisch, schien davon nichts zu bemerken.

Am 6. November belagerten Fotoreporter, die sich nur für Maria und Ari interessierten, den Eingang der State Fair Music Hall. Callas war schon zu Beginn in schlechter Verfassung. Sie wusste, dass die Civic Opera Chor und Ballett mit Studenten einer einheimischen Chor- und Tanzfachhochschule besetzte. Eine Studentin hatte eine Kamera unter ihrem Reifrock versteckt. Während der Wahnsinnsszene begann sie, Callas zu fotografieren. Zeffirelli und alle anderen, die sich in den Kulissen aufhielten, hörten, wie Callas zwischen zwei Teilen der Arie zischte: «Hör auf, hör auf zu knipsen. Hör auf, kapiert?»

Am Ende der Szene stand das zweigestrichene E in den Noten, Callas ging es mit voller Stimme an. Es kam nur ein Krächzen. Sie verwandelte es in ein Kreischen, einen Todesschrei, während sie zusammenbrach. Das Publikum reagierte mit tosendem Beifall, kaum einer hatte die Lucia jemals auf der Bühne erlebt. Aber Zeffirelli, Rescigno, sämtliche Musiker, alle wussten Bescheid, und das wusste Callas. Die stehenden Ovationen konnten sie nicht hinwegtäuschen über ihr Versagen. Außer Zeffirelli ließ sie den Probenleiter, den Souffleur, den Stimmbildner und Rescigno in ihre Garderobe kommen.

«Ich treffe den Ton», erklärte sie, «ich weiß, was heute Abend passiert ist. Diese verdammten Presseleute, die mich nicht in Ruhe lassen. Sie machen mich derart nervös, ich bring sie noch um!» Sie ging zum Klavier, schlug ein paar Akkorde an, sang die ganze Arie, und dann, als sie zum zweigestrichenen E kam, traf sie es wieder nicht. Sie probierte es noch einmal – wieder nichts. Leise schloss Callas den Deckel des Klaviers. Wortlos verließ Rescigno die Garderobe, dann ging einer nach dem anderen stumm hinaus. Zeffirelli versuchte, Callas auf die Augenbrauen zu küssen. Sie schüttelte nur den Kopf, er verstand, sie wollte kein Mitleid.[28]

Giovanna teilte die Suite mit ihr, Callas weinte die ganze Nacht durch.

Bei der zweiten Aufführung am 8. November wurde die Wahnsinnsarie transponiert. Bis zur *Medea* am 19. November hatte Callas eine Ver-

schnaufpause, die Ruhe hätte ihrer Stimme und ihrer Verfassung gutgetan. Doch am 14. November hatte sie einen unaufschiebbaren Termin in
Brescia. Sie bestieg mit Giovanna die nächste Maschine, die sie über
New York nach Mailand brachte, im Gepäck Clippings aus den *Dallas
Morning News* und dem *Musical Courier*. Die Kritiker hatten sehr wohl
gehört, was passiert war, doch sie fanden das unwesentlich, gemessen an
ihrer künstlerischen Leistung.[29] Es änderte nichts daran, dass Callas unerwartet dem Ende ihrer Karriere ins Gesicht geblickt hatte, mit einem
keineswegs glänzenden Abgang. War die Skandalpresse daran schuld?
War es Maria, die Callas ruinierte? «Ich brauche Frieden», hatte sie ihrem
Mann nach der Trennung erklärt.

Den *Osservatore Romano*, die offizielle Zeitung des Vatikans, lasen nicht
nur Geistliche und gläubige Privatpersonen, auch Juristen und Journalisten interessierte, was dort veröffentlicht wurde. Den Rechtsanwalt
Nello Orlando aus Chieti, der dort ab und zu schrieb, kannten die
wenigsten, doch er war Mitglied der Sacra Rota, des heilig genannten
Tribunals, des Appellationsgerichtshofs der römisch-katholischen Kirche. In einem Beitrag hatte Orlando ausführlich über die Beziehung
einer in Italien äußerst populären Frau zu einem verheirateten Mann berichtet, ohne die Frau beim Namen zu nennen. Es hieß nur, es handle
sich um eine «schöne italienische Filmschauspielerin», aber jeder kapierte
auch durch das, was sonst noch gesagt wurde, wer gemeint war: Sophia
Loren. Seit 1957 galt sie als zweite Ehefrau von Filmproduzent Carlo
Ponti. Dass seine erste Frau nichts gegen deren Heirat hatte, war bekannt. Nun aber wurde der Vorwurf der Bigamie erhoben: Wenn Ponti
nach wie vor mit seiner ersten Ehefrau verheiratet war, weil die in Mexiko
vollzogene Scheidung in Italien nicht rechtskräftig war, stand auf das ehe-
liche Zusammenleben mit einer anderen Frau nach Artikel 560 des Straf-
gesetzbuches eine Strafe von bis zu fünf Jahren Gefängnis.

Der Anwalt von Giovanni Battista Meneghini in Turin kannte den
Fall, doch hatte er seinen Mandanten enttäuschen müssen, der seine
Gattin und Aristoteles Onassis anzeigen wollte. Sie sei nach wie vor auch
amerikanische Staatsbürgerin, daher sei diese Anzeige nicht möglich.

Doch der Fall Ponti/Loren hatte das Interesse am Fall Meneghini/Cal-
las angeheizt. In der Via Moretti in Brescia war an diesem 14. November

morgens kein Durchkommen, dabei war ein Urteil nicht zu erwarten. Es ging nur um eine Anhörung vor dem Gerichtshof. Beim Eingang wurden zwei Frauen fotografiert, gleich groß, beide kinnlanges dunkles Haar, in exakt dem gleichen Mantel, einem cremeweißen Trenchcoat mit Opossum-Pelzkragen. Dass Maria Callas eine Perücke trug, verstärkte den Verdacht, dass hier ein Verwechslungsspiel inszeniert werden sollte. Zwei Begleiter mussten sie rechts und links umklammern, als sollte sie festgenommen werden.

Nach wie vor galt in Italien ein Scheidungsverbot, die Bedenken gegen die Unauflösbarkeit der Ehe waren immer wieder hinweggefegt worden. Um 1960 lebten nach einer aktuellen Schätzung über 2 Millionen italienische Eheleute getrennt, je 100 000 Einwohner wurden Jahr für Jahr an die zwanzig Anträge auf Trennung gestellt.[30]

Die gerichtliche Anhörung dauerte. Danach wusste Maria Callas, dass Meneghini versucht hatte, Onassis und sie hinter Gitter zu bringen. Sie wusste, welches Risiko intime Begegnungen mit Onassis auf italienischem Boden darstellten. Und dass sie auf eine Annullierung ihrer Ehe vor dem Appellationsgericht des Vatikans wenig Hoffnung setzen konnte, trotz guter Beziehungen zum neuen Papst, dem einstigen Kardinal Montini, von ihr mehrfach mit Spenden bedacht: Meneghini war römisch-katholisch getauft, sie griechisch-orthodox, Onassis ebenfalls. Nur ihre kirchliche Eheschließung war, auch wenn sie deswegen in der Sakristei vollzogen wurde, römisch-katholisch gewesen.

Direkt nach diesen fast sieben Stunden vor Gericht[31] machte Maria Callas sich wieder auf den Weg über Mailand und New York nach Dallas. Dort stand sie nach zwei Proben am 19. November wieder als Medea auf der Bühne, eine Frau, die um ihr Recht betrogen worden war und sich dafür rächte.

Kurz vor Weihnachten schrieb Maria, mal aus Monte Carlo, mal aus Mailand, Briefe an amerikanische Freunde. Allen schrieb sie ungefähr das Gleiche:[32] dass sie jetzt erst erfahre, was Meneghini alles, ohne sie zu informieren, eigenmächtig verkauft hatte, offenbar das ganze Silber. Dass er wütend sei, weil er alte Schulden begleichen müsse, sich aber ein neues Auto zugelegt habe, einen Maserati. «Mein Gott, er ist verrückt.» Und dass sie versuchen werde, sich in den USA scheiden zu lassen, um dann bei der Sacra Rota eine Eingabe zu machen.

Von Auftritten, ob Konzert oder Oper, war nicht die Rede. Das nächste halbe Jahr wollte Callas sich einfach ausruhen, Maria hatte ihr freigegeben. Was mit der Madonnina, ihrem Talisman, geschehen war, ohne die sie die letzten zwölf Jahre nicht hatte singen können, kümmerte Callas nicht. Meneghini hatte die Madonnina in Mailand vorgefunden, nachdem Maria von dort verschwunden war. Das Hausmädchen hatte ihm erklärt: «Das Bild bedeutet Maria nichts mehr.»[33]

20.

MARIA BEZWINGT CALLAS

Zeffirelli fühlt sich betrogen,
eine Journalistin setzt ein Gerücht in die Welt,
Mutter Callas erklärt die Tochter für geisteskrank,
und Visconti lässt Callas im Stich

Einige Wände in der Via Buonarroti waren nackt, in den Vitrinen fehlten Teller, Karaffen und Leuchter, und die größeren Gemälde hatte Meneghini mit richterlicher Erlaubnis nach Sirmione umgezogen. Seine Hälfte des übergroßen Betts im Schlafzimmer blieb jede Nacht leer. Das ganze Haus war so gut wie menschenleer; Besucher meldeten sich nicht an, und Maria lud nicht ein, die meisten wussten nicht einmal, ob sie in Mailand war, in Monte Carlo oder Paris. In den Restaurants, wo sie Stammgast gewesen war, tauchte sie nicht auf. Nur zwei Menschen teilten die Einsamkeit, das Hausmädchen Bruna Lupoli und Ferruccio Mezzadri, Butler und Chauffeur, während Maria auf einen Anruf von Onassis wartete.

Dass Bruna bei Maria geblieben war, hatte Meneghini gekränkt. Die junge Frau kam aus seiner Heimat, einem Dorf im Veneto; doch sie war die Cousine des langjährigen Hausmädchens der Lomazzi, und Giovanna Lomazzi war eine der wenigen aus den alten Kreisen, die nach wie vor zu Maria hielten, obwohl es ihr wie den anderen aus dem Mailänder Umfeld erging. Selbst wenn sie Meneghini ein paar Nummern zu klein für die Callas fanden, langweilig, geizig, kleinbürgerlich – sie hatten sich an ihn gewöhnt und mochten ihn. Er war übersichtlich, ein klassischer italienischer Geschäftsmann aus der Provinz, er trank und aß gern, war berechenbar und erreichbar. Visconti hatte alles, was er Callas mitteilen wollte, an Meneghini adressiert. Zeffirelli sagte, was die meisten dachten: «Als ich nun mitansehen musste, wie Maria in eine Rolle schlüpfte, die nicht zu unserer Welt passte, fühlte ich mich genauso betrogen wie der arme alte Meneghini.»[1] Auch für Visconti war Marias Ehemann «der arme Battista», Onassis hingegen fleischgewordene Vulgarität; er nannte ihn nur «die Schildkröte».[2]

Das Telefon in der Via Buonarroti schrillte ständig, Bruna und Ferruccio nahmen ab und legten rasch wieder auf, Reporter. Der Rückzug rettete Maria nicht vor dem, wovor sie floh. Jedes Taxi, in das sie stieg, wurde verfolgt, die Mutmaßungen und Gerüchte waren nicht aufzuhalten. Wer wusste, dass sie zwischen *Lucia* und *Medea* in Dallas ihren Termin vor Gericht in Brescia absolviert und ihren Auftritt als Lucia in Dallas als Versagen erlebt hatte, wunderte sich nicht, dass sie blass und angestrengt aussah. Doch in *La Stampa* wurde das am 30. November 1959 als Indiz für eine Schwangerschaft gedeutet. Maria wandte sich an den *Daily Mirror*, der bereits zwei Tage später eine Gegendarstellung brachte: «Die Einmischung in mein Privatleben hat ein beispielloses Ausmaß erreicht. Der Bericht über meine Schwangerschaft ist völlig grundlos. Ich erwäge nun, juristisch vorzugehen gegen die Verantwortlichen dieser Falschnachricht.»[3] Nachdem selbst Freunde und Vertraute nicht mehr ihre Nähe suchten, gab es von deren Seite keine Dementi.

Für die Sorgen der anderen interessierte sich Maria nicht. Das neue Elend und die zunehmende Kriminalität in Mailand blendete sie aus. Sie musste nicht vorbeifahren an den Wohnbezirken, wo Zugewanderte aus dem Süden hausten, oft eine fünf- oder siebenköpfige Familie in einem einzigen Souterrainzimmer, um hier in der rapide gewachsenen Produktion von Nähmaschinen, Vespas, Schreibmaschinen und Küchengeräten zu arbeiten. Den Menschen, die mit ihrem schweren südlichen Dialekt in Mailand kaum verstanden wurden, lief sie nicht über den Weg. Dass Visconti genau dieses Milieu in seinem neuen Film *Rocco e suoi fratelli*, *Rocco und seine Brüder*, schilderte, war Maria ebenso unbekannt. Sie erfuhr auch nicht, dass die bewunderte Katina Paxinou, Ehefrau von Minotis, als Matriarchin in Viscontis Familienkriegsdrama eine Hauptrolle spielte, dass Geldgeber ausgestiegen waren, weil Visconti nicht einmal davor zurückschreckte, eine Vergewaltigung zu zeigen, dass die Behörden dort, wo er drehen wollte, plötzlich Drehverbote verhängten, dass Filmmaterial auf polizeiliche Anordnung vernichtet worden war und jede staatliche Stelle in Mailand wie in der Provinz die Dreharbeiten zur Qual machte. Die Zensur zwang Visconti, den fertigen Film um vierzig Minuten zu kürzen. Für Callas würde ihr Luca erst im kommenden November wieder wichtig werden, wenn die Proben zu Donizettis *Poliuto* begannen, der nächsten Gemeinschaftsarbeit mit ihm, Premiere zur Saisoneröffnung der Scala am 7. Dezember 1960.

Der Anruf von Maria überraschte ihre Freundin Giovanna Lomazzi. Gemeinsam zu einer Filmpremiere gehen – Kino, auf einmal? Und dann auch noch ein Film, der, bevor er angelaufen war, viele Katholiken empört hatte? Die Kirche hatte bereits offiziell dagegen protestiert, pornographisch sei er und ein Angriff auf grundlegende italienische Traditionen.

Giovanna hatte sich nicht verhört. «Richtig, ja, *La dolce vita*! Jeder redet darüber, ich bin wirklich begierig, ihn zu sehen.»[4] Die Premiere fand am 5. Februar im Capitol-Kino statt. Maria hatte Ghiringhelli gefragt, ob er Giovanna und sie begleiten wolle; auch das musste ihre Freundin erstaunen, die von den Spannungen zwischen beiden wusste.

Maria trug ein ärmelloses dunkelblaues Kleid aus Seidentaft, das ihre Taille zur Geltung brachte, ihre schlanken Arme und Handgelenke. Bereitwillig ließ sie sich neben Ghiringhelli ablichten. Dann wurden alle im Capitol in die Welt der Reichen und Berühmten Roms hineingezogen, von Fellini bloßgestellt als eine Gesellschaft, die so verwöhnt wie verdorben war. Ihr Dasein war süß und sinnentleert und kitzelte dennoch die Neugier der Namenlosen wach und ihre Gier, irgendwie daran teilzuhaben. Erkannte Maria darin ihr eigenes neues Dasein? Die Figur des Pressefotografen, aufdringlich und hemmungslos, der bei Fellini Paparazzo hieß und die Prominenten wider ihren Willen porträtierte, vor allem in verfänglichen Situationen, war ihr allzu vertraut. Allerdings wusste sie nicht, dass das Rollenmodell für diesen Paparazzo, Tazio Secchiaroli, Gründer jener römischen Presseagentur war, die den Rom-Skandal ausgeschlachtet hatte.[5]

Maria Callas verließ das Capitol-Kino strahlend, eine Frau, die sich bestens unterhalten hatte und in keiner Weise betroffen wirkte. Der Auftritt war ein Dementi: friedlich an der Seite des angeblichen Widersachers, ohne Onassis, gut gelaunt und glänzend in Form.

Dann wartete sie wieder auf einen Anruf von Onassis, auf einen Besuch, einen gemeinsamen Ausflug. Doch der Landeplatz für Privatflugzeuge in Bresso, nahe dem Mailänder Flughafen Linate, war von weither einsehbar und wurde von den Paparazzi ständig belagert. Niemand konnte hier entkommen. Es gab bessere Möglichkeiten.

Einsamkeit war plötzlich Thema in Paris, nur sprach keiner darüber. *Cité-parcs*, Stadtparks, hießen die neuen Wohnanlagen, die sich außerhalb der Stadt, wo die Grundstückspreise niedrig waren, in die Landschaft fraßen, mit modernem Komfort ausgestattete Trostlosigkeit fernab von jedem urbanen Leben. Es waren weiße, von Fenstern durchbrochene Zementblöcke, einer sah aus wie der andere, der längste war fast einen Kilometer lang mit 450 Wohnungen für 1500 Menschen. Es war heller und bequemer dort als in den alten Wohnvierteln, aber die Selbstmordraten stiegen beängstigend, und jugendliche Schlägerbanden in schwarzen Lederjacken machten abends jedes Ausgehen gefährlich.[6]

Die zweieinhalb Zimmer, die Maria Callas bewohnte, kosteten am Tag ungefähr so viel wie eine Wohnung in den *cité-parcs* im Jahr. Das Appartement lag an der Place Vendôme, im Hotel Ritz. Einsam war sie trotzdem. Onassis gehörte eine Etage in der Avenue Foch 80, zu Fuß fast eine ganze Stunde vom Ritz entfernt, doch er war selten da. Dabei war auch er frei, seine Frau hatte dafür gesorgt. Elf Tage nach der Anhörung von Meneghini und Callas in Brescia hatte Tina Onassis beim Obersten Gericht des Staates New York die Scheidung von Mr. Onassis wegen Ehebruchs eingereicht und das Sorgerecht für ihre Kinder Alexander und Christina beantragt. Gleich am Abend noch hatte sie in ihrer Wohnung am Sutton Square vor den einbestellten Reportern von ihrem Anwalt einen vorbereiteten Text verlesen lassen. Onassis war zwischen New York und Monaco, Buenos Aires und Hamburg unterwegs. Er hatte nie ein Geheimnis daraus gemacht, dass er Arbeit brauchte wie das Rauchen, und er rauchte beim Essen, beim Autofahren, beim Flanieren, an Bord der *Christina*, im Flugzeug, im Bett.

Eigene Freunde und Bekannte hatte Maria Callas in Paris bisher nicht, aber Freunde von Onassis lebten hier, denen gemeinsam war, dass sie zur obersten Geldelite von Paris gehörten. Einige davon besaßen ihre Pariser Niederlassung ebenfalls in der Avenue Foch, der breitesten, längsten und teuersten Straße im Zentrum.

Um den 10. Februar 1960 herum wurde eine Frau beobachtet, wie sie, nahe am Bois de Boulogne, vor der Avenue Foch 88 aus dem Wagen

Notwendige Nähe: Enge Freundinnen wie Marie-Hélène de Rothschild brauchte Maria Callas, vor allem seit der Trennung von den Mailänder Vertrauten. Hier im Pariser Varieté-Theater Lido im Winter 1964

stieg, der Chauffeur öffnete die Tür. Die Beobachterin erkannte den Wagen sofort, auch den Chauffeur und die Frau, die ausstieg. Marlyse Schaeffer, eine junge Journalistin, die sich mit Prominentengeschichten einen Namen gemacht hatte, folgte Maria Callas, überzeugt, sie sei auf dem Weg zu Onassis. Aber sie täuschte sich. Maria ging an der Nummer 80 vorbei zu einem kleinen Restaurant, in dem sie sich mit einer etwas jüngeren Frau traf, deren Gesicht der Journalistin ebenfalls vertraut war: Marie-Hélène, geboren als Baroness van Zuylen van Nyevelt, in zweiter Ehe verheiratet mit dem Bankier Guy de Rothschild. Elsa Maxwell hatte sie mit Maria bekannt gemacht, Onassis war mit ihr seit vielen Jahren befreundet.

Marlyse Schaeffer blieb auf der Fährte, sah Maria kurz danach bei einer Ballettvorstellung in der Oper, kaum geschminkt in einem Zweiteiler. «Gewöhnlich», fand die Journalistin, sah sie aus, «wie eine amerikanische Touristin». Sie sprach Maria Callas an, die «mit weicher Stimme» antwortete, was Schaeffer überraschte. Sie vereinbarten einen Interviewtermin im Hotel Ritz. Schaeffer umriss, dass Maria Callas die Chance nutzen wollte, sich zur Affäre Onassis endlich einmal selbst zu äußern.

Am Samstag, dem 13. Februar, erschien das Interview von Schaeffer mit Maria Callas in *France Soir*. Titelzeile: «La Callas m'a dit» – «Die Callas hat mir gesagt». Darunter stand: «Ich möchte ein Kind haben.»[7]

Nur einen Tag danach, am 14. Februar, wurde Maria Callas in Mailand in Begleitung von Battista Meneghini fotografiert, zuerst beim Essen in La barca d'oro, dann beim Verlassen des Restaurants. Sofort wurde verbreitet, die beiden seien auf dem Weg der Versöhnung. Der

Grund dafür, dass Maria ihren Mann sehen wollte, war die Geschichte in *France Soir*. Gleich zu Beginn hatte Schaeffer berichtet, Maria Callas habe ihr gesagt, dass sie Journalisten hasse und nicht mehr als fünfzehn Minuten Zeit habe. Daraus seien eine Stunde und vierzig Minuten geworden. Das, was Schaeffer an Aussagen von Maria Callas zitierte, konnte jedoch keinesfalls mehr als eine halbe Stunde in Anspruch genommen haben. Doch Schaeffer hatte das Wenige ausgebaut. «Nun hat sie mit mir geredet, und ich kann Ihnen sagen: Wenn sie auftritt, ist sie wirklich eine sehr gute Schauspielerin. Aber was, wenn La Callas eine Frau ist wie alle anderen?»

Das meiste, womit sie Callas zitiert hatte, war nicht neu. Das Publikum in der Oper sei ein Monster, sie habe keine Lust mehr, sich dem auszusetzen, nach dreiundzwanzig Jahren sei sie dessen überdrüssig; sie könne ein paar Jahre von den Erlösen ihrer Schallplattenverkäufe leben. Dann hatte Maria sich verteidigt. Die Presse sei dabei, das Einzige zu zerstören, was ihr noch geblieben sei, die Freundschaft mit Onassis. Mehr als Freundschaft sei es nicht und die Scheidungsklage von Tina Onassis nicht nachvollziehbar, die habe doch selbst seit vielen Jahren einen Geliebten. Diese wenigen Aussagen hatte Schaeffer mit ihren Deutungen kommentiert: dass Maria Tränen in den Augen hatte, als sie von ihrem Vater erzählte, dass eine Welle von Bitterkeit über sie kam, als sie sich über die Medien beschwerte, dass ihre Augen erschreckend schwarz wurden, als sie sagte, Meneghini habe ihr ein Kind ausgeredet, weil dann mehr als ein Jahr kein Geld hereinkomme, dass sie seinen Namen mit größter Verachtung aussprach. Und das, worauf es Schaeffer ankam, wisperte Maria angeblich sanft: «Ich will leben, ich will ein Kind. Ich bin 36 Jahre alt und habe niemanden, ich weiß nicht einmal, ob ich einem Kind das Leben schenken kann ... Verstehen Sie? Welch wunderbare Geschichte Sie jetzt haben! Callas möchte ein Kind.» «Ich war zu Tränen gerührt», endete Schaeffer; «was für ein Glücksfall», diese Sensation der Öffentlichkeit mitteilen zu können.

Als Maria am 13. Februar der Beitrag gedruckt vor Augen kam, hatte sie sofort reagiert. Was da stand, las sich wie ein Kinderwunsch, der an Onassis adressiert war. Das konnte die Trennungsverhandlungen von Meneghini erheblich erschweren. Sie hatte bei *France Soir* ihre dort zitierten Aussagen dementieren lassen[8] und Meneghini angerufen. Der wiederum hatte Gründe, auf Marias Unfruchtbarkeit zu bestehen und einen Bericht ihres Gynäkologen bei sich zu Hause aufzubewahren, der bei ihr «eine Missbildung des Uterus diagnostiziert hatte», zudem «die Symptome einer früh einsetzenden Menopause».[9] Die Ehe mit einem Mann, der nicht zeugungsfähig war, konnte annulliert werden.[10]

Im Frühjahr war Mailand keine Stadt, um sich wegzuschließen. Die Cafés und Restaurants hatten ihre Terrassen eröffnet, neue Eisdielen waren aufgemacht worden, im Parco Sempione blühten Magnolien und Kirschen. Doch nach wie vor bekamen die langjährigen Vertrauten wenig von Maria zu sehen. Ihre Mutter hielt sie davon ab, sich in Gesellschaft zu begeben, obwohl sie selbst in New York weilte.

My Daughter Maria Callas stand auf dem Buch unter dem Namen Evangelia Callas. Die Absicht, die es verfolgte, war schon auf Seite 16 zu erkennen: Ein Unfall, den Maria mit fünf Jahren erlitten hatte und der harmlos verlaufen war, wurde zu einem Drama aufgebläht, um eine nachhaltige Schädigung von Marias Gehirn zur Ursache ihres abnormen Verhaltens und Charakters zu erklären. Die Tochter wurde also für unheilbar psychisch gestört ausgegeben. Auf der gemeinsamen Tournee in Mexiko, berichtete die Mutter, habe Maria es abgelehnt, von ihr geküsst zu werden. «Ich glaube, da befand sich Maria bereits im ersten Stadium der Primadonnenkrankheit», die laut Evangelia «nur mit drastischen Mitteln von Grund auf geheilt werden» konnte. Das wäre in diesem Fall «eine kräftige Ohrfeige von einer verärgerten Mutter» gewesen, doch einen Star zu prügeln, der einem das Luxushotel und einen Pelzmantel finanzierte, war nicht ratsam. Im Weiteren war das Buch eine Anklage gegen die Tochter mit Anschuldigungen, die schon 1956 im *Time Magazine* zitiert worden waren, und einer zweifelhaften Anerkennung der schauspielerischen Begabung von Callas: «Sie hat von ihrem Vater das Talent geerbt, andere etwas glauben zu machen.» Interessenten in den Medien belieferte Evangelia mit unbelegten Zitaten der Tochter wie dem Satz: «Ich verstehe mich auf Hass, und ich habe Respekt vor Rache.»[11]

Onassis konnte Maria herausholen aus diesem Kreisen um sich selbst, auch im Frühling und Frühsommer waren Kreuzfahrten geplant. Wann er es tun würde, wusste sie nicht.

Irgendein Telefon und sein in braunes Leder gebundenes Notizbuch, das war die Geschäftszentrale von Aristoteles Onassis, unterwegs zu sein war sein Alltag. Maria stand auf Abruf bereit, in Mailand oder Paris. Sie war an einen Spieler geraten, der sich an die wichtigste Regel hielt: eine unberechenbare Größe für alle anderen zu bleiben. «Glücksspiele amüsieren mich nicht», sagte Onassis. «Ich habe nichts gegen das Spielen. Ich verstehe es. Mein ganzes Leben ist ein unheimliches Spiel gewesen.»[12] Die Yacht *Christina* war sein Spielcasino, in dem er vor allem Image-Gewinne einfuhr. Fast jeder Gast erzählte von seinem Charme, seiner Lässigkeit, seiner Großzügigkeit; das wirkte besonders überzeugend, wenn die Gäste aus Politik, Kultur oder Hochadel stammten. An Bord, sagte Onassis, sei er wie eine Hausfrau. Den Gästen entging, dass die Hausfrau dabei die Verhaltensweisen der Spieler an Bord studierte, dass sie beobachtete, wie die Spielregeln von Konflikt und Kooperation in diesem isolierten Raum funktionierten. Vor allem hielt sich Onassis an die Strategie, seine Informationen nicht auszuplaudern. Warum er Maria manchmal im letzten Moment auslud, nachdem sich die Zusammensetzung der Gäste an Bord der *Christina* verändert hatte, erklärte er ihr nicht, sie musste sich damit abfinden.

Am 7. Juli 1960 schrieb sie an Walter Cummings, ihren Anwalt und Freund in Chicago: «Ich muss arbeiten. Meiner Würde wegen.» Keine Woche später, am 13. Juli, begannen Schallplattenaufnahmen für EMI. Legge hatte die Gesamteinspielung der *Traviata*[13] in der Town Hall von Watford geplant, eine Autostunde außerhalb der Londoner Stadtmitte, ein fabrikartiger Backsteinbau mit guter Akustik. Dirigent war Adalberto Tonino, ein freundlicher dicker, kleiner Mann. Callas kam, sang, und Legge war schockiert: Sofort war ihm klar, dass sie auf keinen Fall eine Gesamteinspielung durchhalten würde. Doch das London Philharmonia Orchestra, die Räumlichkeiten, Dirigent, Chor, Solisten, Technik, alles war fest gebucht. Eine Notlösung wurde beschlossen, ein Arienalbum mit Rossinis *Semiramide* und Verdis *Vespri siciliani*. Hatte Maria bereits Callas erledigt?

Für Legge ging es um viel Geld. Er lotste sie nach London zu einem Laryngologen, einem weltweit anerkannten Stimmexperten. Dessen Diagnose überraschte. «Ihr Stimmapparat ist in wunderbarer Kondition», sagte der Mediziner, und zu Legge: «Sie muss nur wieder ernsthaft arbeiten und psychisch aufgebaut werden, was schon ein paar öffentliche

Erfolge leisten werden.» Legge schrieb das beruhigt und dennoch beunruhigt an einen engen Mitarbeiter bei EMI.[14]

An genau demselben Tag hatte Callas die Chance, ziemlich entspannt
den benötigten Erfolg zu erleben. Der Kursaal in Ostende war kein Ort,
an dem Künstler ihres Formats auftraten. Maria hatte Giovanna mitgenommen und die Gedanken an *My Daughter Maria Callas*. Im Hotelzimmer zeigte sie Giovanna eine Narbe am Bein. «Das kommt von einem
Stuhl, den meine Mutter nach mir warf.»[15] Bisher hatte sie ihr so gut wie
gar nichts von ihrer Kindheit erzählt. Kurz vor dem Auftritt fing Maria
an zu husten, war heiser, bekam Fieber. Sie musste absagen. Dass ihre
Immunabwehr geschwächt war, erstaunte niemanden, der über die Angriffe auf sie seit knapp einem Jahr Bescheid wusste, bis hin zur neuesten
Attacke von Evangelia. Selbst Bings Stellvertreter Francis Robinson, der
Callas als Höllenkatze bezeichnet hatte, teilte Bing mit, das sei «ein
fürchterliches Buch».[16] Das war es auch in seiner Wirkung auf Maria.
Doch Callas gab nicht auf, ihre Hoffnung hieß Epidauros.

Der Weg von Athen nach Epidauros war mühsam, es gab keine
Straße, die von Korinth aus nach Süden führte, bequem an der Küste
entlang. Vier Stunden war man mindestens unterwegs über Mykene
und Nauplion, ein Weg durch die Hitze, staubig, steil, steinig. Bequemer, wenn auch länger, war die Schiffsreise vorbei an den Inseln Salamis
und Ägina. Für Maria Callas aber schien jeder Weg nach Epidauros ein
Ausweg zu sein aus dem Kreisen um sich selbst. Dort würde Callas bekommen, was sie laut Diagnose des Londoner Laryngologen brauchte,
berufliche Bestätigung. Am 21. August war die Premiere von *Norma*
angesetzt, eine Sensation – die erste Oper, die in diesem Theater auf die
Bühne kommen sollte. Es war eine ihrer Erfolgsopern, ihr zur Seite
standen zwei Begleiter ihrer Erfolge, Serafin und Minotis. Drei weitere
Aufführungen waren für den 24., 26. und 28. August angesetzt, alle ausverkauft. Marias Privatleben würde dort vor Paparazzi und anderen Verfolgern sicher sein, anders als in Italien.

Kurz vor ihrer Abreise hatte Sophia Loren in den Medien verkündet:
«Ich bin bereit, ins Gefängnis zu gehen, aber es wird keinem Menschen
gelingen, mich von meinem Mann zu trennen.» Das Gefängnis drohte
wirklich, auch für Maria Callas.

Die Reise nach Epidauros war für Maria die Rückkehr zu einem sym-

bolischen Ort ihrer Beziehung zu Onassis. Die *Christina* hatte vor Glyfada geankert, einem der teuersten Vororte Athens, Onassis selbst und
die Garofalidis, Schwester und Schwager, besaßen dort ein Haus. Dass
Theodoros Garofalidis Professor für Psychiatrie war, konnte nicht schaden, denn die Vergangenheit Marias reiste erneut an, mit dem Linien-
bus: Der Vater brachte Schwester Jackie mit, die in schlechter Verfassung
war, erschöpft von der Pflege ihres schwer kranken Freundes Milton,
gekränkt, weil sie so spät von Callas' Gastspiel erfahren hatte. Ihre Befürchtung, Maria werde sie mit der Mutter in einen Topf werfen, hatte
der Vater besänftigt.[17] Doch Jackie bemerkte nur entsetzt: Die Frau, die
sie dort sah, kannte sie nicht.

Serafin stärkte die Kondition von Callas. Während der Proben wurde
er in der griechischen Presse zitiert: «Maria Callas ist die größte Primadonna, die die Welt je sah.»[18] Am 24. August saß Onassis neben Giovanna Lomazzi im Theater,[19] die Premiere am 21. August war bei Gewit-
ter und sintflutartigem Regen ins Wasser gefallen. Von der Handlung
hatte Onassis offenbar keine Ahnung, und als die Sängerin der Adalgisa
die Bühne betrat, fragte er Giovanna, ob das Callas sei. Der Applaus,
sehr lange und sehr laut, bedeutete Callas viel. Aber ein einziger Augenblick, eine Geste, eine Berührung, bedeutete Maria vielleicht mehr. Ein
Freund fotografierte, wie Onassis nach der Vorstellung hinter der Bühne
die Wange Marias anfasste und sie dabei die Augen schloss.[20] Giovanna
konnte sich jedoch nicht freuen an dem, was blieb von diesem Abend.
Während der Rückfahrt auf der *Christina* nach Glyfada unterm Sternen-
himmel schaute Maria Callas glücklich aus, gab sie zu. «Aber sie war
nicht mehr dieselbe Frau und Sängerin.»

Auf dem Bühnenboden der leergeräumten Scala waren quadratische Felder eingezeichnet und durchnummeriert worden. Die Abstände ließen
sich sicher einhalten, und Legge wollte so viel absichern wie möglich bei
diesem Großunternehmen, einer Gesamteinspielung der *Norma*, für
Callas die zweite. Auf seinen Star schien sich Legge nach dem Londoner
Erlebnis nicht mehr verlassen zu wollen. Die Abgesänge auf Maria Callas drangen aus allen Richtungen bis zu ihm vor, sie sei nervlich kaum
belastbar. Am Pult stand Serafin, mit Callas als Norma altvertraut,
Corelli, ein ebenfalls routinierter Callas-Partner, an ihrer Seite als Pol-

lione. Die Adalgisa sollte eine Mezzosopranistin übernehmen, die seit fünf Jahren zum Ensemble der Wiener Staatsoper gehörte, für ihre Zuverlässigkeit bekannt war und an den Auftritt mit Primadonnen gewöhnt. Eine Frau, die bieder und herzig daherkam, mit runden Backen, weichem Kinn, der Blick und die Stimme freundlich. Christa Ludwig war eine unauffällige Erscheinung. Dass sie es wichtig fand, als Sängerin gut zu essen und zu trinken, «schon um den Magen und dadurch die Nerven ruhigzustellen», war ihr anzusehen. Sie hatte erfahren, dass Callas Medikamente genommen hatte, um radikal abzunehmen, und erklärte sich damit deren «hochgradige Nervosität».[21]

Doch so unähnlich war sie Callas nicht. Auch Ludwig fand es fad, sich wie Elisabeth Schwarzkopf auf fünf Opernpartien zu beschränken, auch sie riskierte vieles und hatte ständig Angst, ob alles gut gehen würde. Vielleicht spürte Callas das und die Bewunderung der jüngeren Kollegin.[22] Vielleicht übertrug sich deren Einstellung, die Bühne nicht mit dem Leben zu verwechseln und einen Fehler dort nicht als privaten Schicksalsschlag zu erleben.

Ludwig fand Callas nicht nur beeindruckend, sie fand sie auch einfach nett und fleißig und im Umgang entzückend.[23] Die einzige Diva war in ihren Augen Corelli.[24] Die Aufnahmen zogen sich hin, sieben Tage waren durchzustehen. Christa Ludwig taten die Füße weh, sie stieg aus den Pumps und sang neben den Schuhen weiter. Nicht lange, dann streifte Callas ebenfalls die Schuhe ab und sang auf Strümpfen.[25]

Sie hatte sich verändert. Viele störte das, von Lomazzi bis Zeffirelli, Callas selbst genoss es, und die Kollegen genossen es auch. Corelli erlebte sie als so unkompliziert wie nie zuvor. Maria gab zu, dass es ihr wohltat, mit Onassis endlich offen über Geld zu reden, darüber, wie sie es finanzieren sollte, viel seltener aufzutreten und trotzdem etwas zurückzulegen für die Zeit nach dem Bühnenabschied. Zum ersten Mal war sie selbst Geschäftsfrau und alleine verantwortlich für ihre Gagen, ihre Umsätze mit Schallplatten, ihren Kontostand. Sie dachte nicht daran, sich an der Seite von Onassis finanziell abgesichert zu fühlen. «Bis zu dem Tag, an dem ich verheiratet bin, würde ich nicht auf irgendjemand anderen als auf mich selbst zählen können, und ich würde keine Hilfe von Onassis annehmen», schrieb sie ihrem Anwaltsfreund in Chicago.[26] Es hatte ihr gutgetan, dass es dieses Mal sie gewesen war, die

Onassis für eine Kreuzfahrt im September abgesagt hatte, sie müsse arbeiten und Geld verdienen. Die Gage für ihre beiden Auftritte in Epidauros – den letzten hatte sie wieder absagen müssen – waren an eine Stiftung zur Förderung von Musikstudenten in Athen gegangen, die ihren Namen trug und von ihrem alten Förderer Kostis Bastias ins Leben gerufen worden war.

Schließlich saßen sie alle nebeneinander im Aufnahmeraum der Scala und hörten sich die neue *Norma* an: Legge, seine Techniker, der Tonmeister, Serafin und die Solisten. Wieder war, wie bei der zweiten *Lucia*-Einspielung Anfang letzten Jahres, die Rivalin, die Callas am meisten fürchtete, sie selbst. Legge erging es nicht anders.

Es gab keinen Zweifel: Callas war im Alter von sechsunddreißig Jahren noch einmal gewachsen. Die Gegensätze, die Norma zerrissen und sie ergreifend machten, waren noch tiefer geworden. Die Tragödie dieser Frau war nun keine theatralische mehr, es war eine menschliche. Callas hatte eine neue, eine andere Größe erreicht.[27]

Was währenddessen mit Visconti geschah, entging ihr. Am zweiten Aufnahmetag der *Norma*, am 6. September 1960, war sein Film *Rocco e suoi fratelli* bei den Filmfestspielen in Venedig erstmals gezeigt worden. Wie bei *Norma* ging es um Einsamkeit, Verzweiflung, Sex und Gewalt, aber nicht in mythischer Vergangenheit, sondern heute und hier. *Rocco* war für den Goldenen Löwen als bester Film nominiert worden, aber die italienische Regierung hatte den Juroren gedroht, die Auszeichnung zu boykottieren. Die waren eingeknickt und hatten Visconti zum Trost einen Spezialpreis verliehen, auch den Preis der Filmkritik hatte er geerntet. Doch danach ließ die Zensur im Kino bei einigen Szenen die Linse verdecken. Der Aristokrat Visconti war zum Staatsfeind erklärt worden. Was das mit ihr zu tun haben könnte, interessierte Callas offenbar nicht.

Die Nachricht kam im November für sie aus dem Nichts. Visconti hatte abgesagt, bei der Neuinszenierung des *Poliuto* Regie zu führen. Wer verfolgt hatte, was ihm Behörden in der italienischen Provinz, aber auch solche in Mailand angetan hatten, war nicht erstaunt über seine Entscheidung. Die Absage traf nicht nur Callas, sie traf auch Maria, die sich in Mailand immer mehr alleingelassen fühlte. Giovanna hatte angekündigt, im neuen Jahr nach Rom zu ziehen, der Liebe wegen. Ihre Eltern waren gegen diese Heirat mit einem wenig bekannten Schauspie-

Bildschöne Enttäu-
schung: Bei der Premiere
von Donizettis Poliuto
am 7. Dezember 1960
saß die Jet-Set-Promi-
nenz in der Scala, dort
saßen auch Callas-
Verehrer aus ihren
frühen Jahren. Der
Jet Set sah nur eine
ikonische Schönheit,
die Verehrer hörten den
Abgesang einer Stimme
auf sich selbst

ler aus der linken Szene, der Abschied von Mailand war ein Befreiungs-
schlag aus dem Elternhaus. Auch der hatte Maria unerwartet getroffen.
An den Abenden vor der Premiere des *Poliuto* schloss sie sich zu Hause
ein und wollte überhaupt niemanden sehen.

Am 7. Dezember 1960 hatten die Carabinieri vor der Scala eine neue
Aufgabe. Sie mussten weder Fans zurückhalten noch ihnen Blumen ab-
nehmen, sie hatten sich nicht mit Demonstranten gegen die Verschwen-
dung von Staatsgeldern auseinanderzusetzen; die hatten gar keine
Chance, auch nur in die Nähe zu gelangen. Die Carabinieri mussten die
Bahn frei halten für ein Publikum, wie die Scala es noch nie gesehen
hatte: Besucher, deren Ausstattung mehr gekostet hatte als die gesamte
Opernproduktion dieses Abends, das Fürstenpaar von Monaco, die Be-
gum Aga Khan, Onassis und deren Gefolgschaft. Sie kamen nicht wegen
Poliuto, einer selten gespielten Oper, nicht wegen Franco Corelli in der

Titelpartie, sie kamen nicht wegen der Musik oder des Bühnenbilds von Benois, nur wegen Maria Callas. Die wenigen, die der Musik wegen kamen, verstanden nicht, warum Callas sich auf diese Rolle eingelassen hatte, die weit hinter der des Poliuto zurückstand. Giovanna Lomazzi verstand es: Diese Partie stellte weniger Ansprüche und machte weniger Angst.

Direkt vor der Aufführung erreichte sie Callas in der Garderobe. «Wie geht es dir? Brauchst du irgendetwas?», fragte sie. Callas schaute sie ruhig an, aber Giovanna spürte, dass das nur «ihrer übermenschlichen Selbstbeherrschung zu verdanken war».[28] Sie ahnte, dass es Callas schwindeln musste vor diesem Abend. Alles, was ihr Halt gab, fehlte: die Überzeugung, die sie durch jedes gemeinsame Projekt mit Visconti getragen hatte und alles ertragen ließ, die sichere Hand, mit der er sie, die Halbblinde, durch die Szene geführt hatte, die Gewissheit, mit ihrer Rolle etwas Neues, Unerhörtes zu sagen und über die Stimme dafür zu verfügen. Es fehlte auch Leidenschaft für die lineare Gestalt, die sie verkörperte. Paolina war eine folgsame Ehefrau, die mit ihrem Mann treu vereint in den Märtyrertod ging.

Eine Rückkehr hätte es sein sollen an die Scala nach zwei Jahren. Doch zu ihrem Publikum kehrte Callas nicht zurück. Es war ein anderes Publikum, das hier nach den teuersten Parfums der Welt roch, was den Sängern den Atem raubte, ein Publikum, das den Raum mit Hochkarätern beleuchtete und als Wappen Elsa Maxwell mitführte. Als Maria Callas zum ersten Mal die Bühne betrat, applaudierte es so frenetisch, dass der Dirigent das Vorspiel zu ihrer ersten Arie abbrechen und von vorn beginnen musste.

Die Kritik war sich einig: Meisterlich war Maria Callas gewesen – darin, ihre Schwächen zu bemänteln und über das Verlorene hinwegzutrösten. Maria, war die Meinung, hatte Callas geschadet und ihren Untergang eingeleitet.[29]

Zwei Monate später wurde verbreitet, Maria Callas sei abgestürzt von der bekanntesten zu der am meisten gehassten Frau der Welt. Grundlage war das neu erschienene *Jahrbuch der öffentlichen Meinung*, herausgegeben von den Allensbacher Demoskopen.[30] Dort belegte sie unter den Frauen, deren Gesicht überall ohne Namensangabe erkannt wurde, nach wie vor einen der vordersten Ränge, vor ihr lagen nur drei Hoheiten.

Aber zugleich hatte sie auf der Liste der am wenigsten sympathischen Frauen mit großem Abstand vor Brigitte Bardot, vor Marilyn Monroe und Sophia Loren Platz 1 erobert. Diese Umgebung machte deutlich, was an ihr störte: das Sexuelle. Maria störte diejenigen, die nur Callas wollten. Sie war in den letzten Monaten von Reportern, die in Restaurants unter dem Tisch hervorkrochen,[31] oft fotografiert worden, wie sie Onassis leidenschaftlich küsste – eine Frau, die in den Augen der bürgerlichen Moral verheiratete Männer verführte, wie Loren, Monroe und Bardot.

Im März 1961 gab Maria Callas ein langes Interview und erklärte dort, warum Norma ihre wichtigste Rolle war, eine Hohepriesterin, verehrt und vergöttert, die einen Geliebten aus feindlichem Lager hatte und Kinder von ihm: «Vielleicht ähnelt sie mir: diese zornige Frau, die stolz darauf ist, ihre wahren Gefühle zu zeigen – und die sich am Schluss als die zu erkennen gibt, die sie ist.»[32] Doch Norma war auch eine Frau, die an den Rand jener Gesellschaft getrieben wurde, von der sie angebetet worden war.

21.

EXKURS IN DIE WELT DER
ALTERNATIVEN WAHRHEIT

Omero Lengrini wird entbunden und stirbt,
Callas ist noch immer nicht schwanger
und zeigt sich in knappen Bikinis

Einige Leser des FAZ-Feuilletons verwunderte es, dass sich Jürgen Kesting, internationaler Experte für Operngesang, Verfasser eines dreibändigen Standardwerks über die größten Sängerinnen und Sänger, Ende August 2021 über einen Roman erregte, der soeben erschienen war.[1] Der Titel: *Die Stimme seiner Mutter.* Nur wer die Hintergründe genau kannte, verstand Kestings Abscheu vor diesem Werk, das von nahezu allen großen Klassiksendern im deutschsprachigen Raum gefeiert wurde. Das Buch belebte ein Gerücht wieder, das seit über zwanzig Jahren durch die Callas-Literatur geistert und nicht totzukriegen ist. Geliebt wird dieses Gerücht, weil es ein Bild von Maria Callas als Opfer bestätigt, das aber mit den Tatsachen nichts zu tun hat.

Das Ganze begann im Jahr 2000, als ein Buch von Nicholas Gage mit dem Titel *Greek Fire. The Story of Maria Callas and Aristotle Onassis* erschien. Hier erfuhren die Leser, dass Behauptungen von zwei Buchautorinnen und einigen Zeitzeuginnen nach dem Tod von Maria Callas falsch waren. Sie alle hatten, was Gage nicht schrieb, keinen oder keinen engen Kontakt zu Maria Callas gehabt, aber berichtet, diese habe sich dazu bekannt, ein Kind von Onassis auf dessen Wunsch abgetrieben zu haben. Gage war dennoch davon beeindruckt, dass Callas von Onassis geschwängert worden sein könnte, auch davon, was der Theaterautor Terrence McNally 1995 in seinem international bis heute erfolgreichen Stück *Masterclass, Meisterklasse,* daraus gemacht hatte.[2]

Die neue Wahrheit von Gage besaß erheblich größere Sprengkraft.[3] Sie gründete auf einer Aussage von Meneghini, die er nach dem Tod von

Callas deren Freund und Biographen Stelios Galatopoulos gegenüber gemacht haben sollte: Sie habe 1957 von ihrem Gynäkologen Dr. Carlo Palmieri «eine Reihe von Injektionen» verschrieben bekommen, «die ihre Menopause um ein Jahr hinauszögerte».[4] Daraus ließ sich etwas machen, hier setzten Gages Mutmaßungen an. «Sehr wahrscheinlich handelte es sich bei den Injektionen um Östrogenspritzen – womit auch Frauen behandelt werden, die Probleme haben, schwanger zu werden. Falls Maria die Injektionen von Mai 1957 an mindestens ein Jahr (vielleicht auch zwei Jahre) regelmäßig bekam, dann könnte sie, als sie im August 1959 mit Onassis schlief, extrem fruchtbar gewesen sein und gleich beim ersten Geschlechtsverkehr mit einem Mann, der im Gegensatz zu ihrem Gatten durchaus zeugungsfähig war, schwanger geworden sein. Maria wurde tatsächlich schwanger. Als sie von der Schwangerschaft erfuhr, war sie überglücklich – Aristo hingegen war sicherlich nicht so beglückt.»

Für all diese Behauptungen konnte Gage keinerlei Belege liefern.[5] Wenngleich als «investigativer Journalist» bezeichnet,[6] hatte er anscheinend auf jede Tonaufzeichnung seiner Gespräche mit diversen Zeugen verzichtet, 1999 eigentlich eine Pflicht in diesem Beruf, und ging mit den zitierten schriftlichen Quellen nachlässig um.[7] Gage zufolge muss Folgendes geschehen sein:

In der Nacht vom 6. auf den 7. August 1959 war Maria, nach zehn Jahren Ehe und den vergeblichen Anstrengungen der ersten vier, fünf Ehejahre, ein Kind zu bekommen, mit fast sechsunddreißig sofort schwanger geworden von Onassis. In den ersten Monaten, in denen sie sich schonen musste, um die langersehnte Schwangerschaft nicht zu gefährden, flog sie nach Dallas, ein Langstreckenflug von insgesamt fünfzehn Stunden mit Umstieg in New York, flog wieder fünfzehn Stunden zurück nach Mailand, reiste von dort nach Brescia und von dort sofort wieder fünfzehn Stunden lang nach Dallas.

Obwohl einige ihrer engsten Vertrauten wie Elvira de Hidalgo oder Giovanna, mit der sie unterwegs war und in Dallas die Suite teilte, von ihrem Kinderwunsch wussten, verriet sie ihnen kein Wort von ihrer Schwangerschaft. Im Januar 1960, als sie bereits im fünften Monat war, in dem das fötale Wachstum den Bauch zu wölben beginnt, wurde sie ständig in enganliegenden, oft auch eng taillierten Kleidern fotografiert,

Demonstrativ schlank: Maria Callas zeigte sich bei der Premiere von Fellinis La dolce vita *im Mailänder Capitol-Kino am 6. Februar 1960 neben Antonio Ghiringhelli, dem Intendanten der Scala, in eng tailliertem, ärmellosem Kleid*

ohne dass irgendjemandem etwas aufgefallen wäre. Auch Anfang, Mitte Februar, im sechsten Monat, wurde sie von den Paparazzi in Paris permanent fotografiert, beim Essen mit den Rothschilds oder mit Marie-Hélène alleine, bei ihrem Friseur Alexandre, auf der Straße, hinter der Bühne.[8] Keiner bemerkte Anzeichen einer Schwangerschaft.[9] Zur selben Zeit zeigte sich Maria Callas in ihrem dunkelblauen Taftkleid bei der Premiere von *La dolce vita* dem Publikum und den Fotografen und ließ sich bereitwillig ablichten.

Sie vermisste Onassis, der auf Kreuzfahrt unterwegs war, doch, so Gage, «es graute ihr allmählich vor seiner Rückkehr. Sie hatte Angst davor, dass er sie im neunten Monat schwanger sah. Sie fühlte sich hässlich und plump und wünschte, sie wäre wieder schlank, wenn er zurückkam, und würde ihr gemeinsames Kind auf dem Arm halten.» Also versuchte sie, Dr. Palmieri zu überreden, ihr Kind zum frühestmöglichen Zeitpunkt durch Kaiserschnitt zu entbinden. Der erklärte sich dazu auch bereit. Frühmorgens am 30. März 1960 traf Callas in Begleitung von Bruna

Lupoli in der Mailänder Clinica Dezza in der Via Dezza 48 ein. Obwohl sie zu den Frauen gehörte, die überall ohne Namensnennung erkannt wurden und laut Meneghini schon seit Jahren in Behandlung von Dr. Palmieri war, meldete sie sich unter einem falschen Namen, Lengrini, an. Niemand in der Klinik wunderte sich darüber. «Sie wurde anästhesiert, und Palmieri nahm einen horizontalen Schnitt unterhalb des Bauchnabels vor.»

Dass der sogenannte Pfannenstiel-Schnitt, der waagerecht oberhalb der Schambeinfuge gesetzt wird, in den Sechzigern noch nicht allgemein praktiziert wurde, vielmehr der senkrecht vom Bauchnabel abwärts ausgeführte Schnitt üblich war, wusste der Arzt selbst wohl nicht. Es irritierte ihn auch nicht, dass er mit der willkürlichen vorzeitigen Entbindung eines noch nicht ausgetragenen Kindes ebenso wie seine Mitarbeiter und die Mutter selbst eine schwere Straftat beging und bei Bekanntwerden für immer seine Approbation eingebüßt hätte. Das «winzige Neugeborene» bekam «Atemprobleme», es wurde ein Rettungswagen gerufen, «um den Säugling auf schnellstem Weg in ein besser ausgestattetes Krankenhaus zu bringen». Die Krankenschwester «taufte» ihn auf den Namen, den Maria ihr genannt hatte: Omero Lengrini. Maria Callas wusste bereits, dass ein seit dreiundzwanzig Jahren verstorbener Onkel von Onassis Omero geheißen hatte und Onassis sich diesen Namen für den gemeinsamen Sohn wünschte.

Als sie aus der Narkose erwachte, erfuhr sie, dass ihr Sohn auf dem Weg in das andere Krankenhaus gestorben war. Das Weitere berichtet Gage so: «Bruna saß neben ihr und wischte ihre Tränen ab. … Während Maria in der Klinik war, erhielt sie einen Anruf von Onassis, der noch an Bord der *Christina* war. Er hatte versucht, sie zu Hause in der Via Buonarroti zu erreichen, und erfahren, wo sie war. Er fragte Bruna mit vor Sorge angespannter Stimme, was los war. … Ohne zu antworten, reichte Bruna den Hörer an Maria weiter, saß dann dabei und hörte zu, wie Maria ihrem Geliebten mitteilte, dass ihr gemeinsamer Sohn Omeros [sic] direkt nach der Geburt gestorben war.»

Die Beweise von Gage für seine Geschichte sind folgende:

1. Das unscharfe kleine Schwarz-Weiß-Foto eines Säuglings, auf der Rückseite gestempelt: «Ottica Zeta, Buonarroti 5, 481–846 Milano», «ein Fotogeschäft ein paar Häuser weiter» von der Adresse

der Meneghinis. Nach Gage ist auf dem Foto «unschwer zu erkennen, dass das Baby tot ist».

2. Eine bei ihm abgedruckte Fotokopie, die er als «Auszug aus der Geburtsurkunde» von Omero Lengrini bezeichnet, auf dem weder ein Vater noch eine Mutter aufgeführt sind, ferner ein «Zusatzvermerk: gestorben am 30.3.1960 in Mailand» und ein «Routinestempel auf einem Zusatzblatt zur Geburtsurkunde: ‹Lebend geboren und vor Anmeldung der Geburt gestorben.›»

3. Die Aussagen, die die 1921 geborene Bruna Lupoli «einer Mittelsperson», die Gage nicht beim Namen nennt, gemacht haben soll, aufgrund der «Schlüsselfragen», die er vorbereitet hatte.

4. Die durch ein Foto dokumentierte Begegnung von Gage mit dem 1937 geborenen Ferruccio Mezzadri, dem Chauffeur und Butler Marias. Der bestritt «entrüstet, dass Maria jemals abgetrieben habe», doch als ihm Gage «die Geburts- und Sterbeurkunden zeigte, wurde Ferruccio blass und musste schwer schlucken». Er lehnte jede Auskunft zu dem Thema jedoch ab.

5. Die Aussagen von Klinikpersonal und anderen Zeugen, die nicht beim Namen genannt werden, Maria Callas aber erkannt haben wollten und sich vierzig Jahre nach dem angeblichen Ereignis an alles erinnerten, speziell an die Kaiserschnittnarbe. «Die Existenz dieser Narbe bestätigte mir 1998 auch Korinna Spanidou, die Physiotherapeutin, die ab 1964 für Onassis und Maria auf der *Christina* tätig war.»

6. Eine Novelle von Vasilis Vasilikos, einem griechischen Journalisten und Autor, dem Vasso Devetzi, in den letzten Lebensjahren mit Maria Callas bekannt, die Geschichte vom angeblichen Sohn erzählt haben soll. Vasilikos veröffentlichte die Novelle in einem Band mit mehreren fiktionalen Geschichten unter dem Titel *Die Vertreibung*. Darin betet Callas am Grab ihres Sohnes.

2001, ein Jahr nachdem Gage seine Theorie publiziert hatte, wurde in Athen ein Buch von Vasilis Kavathas veröffentlicht, einem von Onassis häufig beschäftigten Fotoreporter. Dieser widerlegte mit Bilddokumenten und Aussagen noch lebender Personen, die alle namentlich genannt wurden, zweifelsfrei die Theorie, Callas sei 1960 unübersehbar schwanger gewesen. Da dieses Buch auf Griechisch verfasst war, blieb es den meisten Lesern von Gages Geschichte unbekannt, bis Brigitte Pantis es aufgriff und in eine umfassende Widerlegung von Gages Beweisführung einbezog; diese erschien unter dem Titel «*The Secret Son*» *of Maria Callas – Facts and Fiction* auf der Website von Divina Records. Darin ging Pantis nicht nur auf die Unglaubwürdigkeit der Zeugenaussagen, Zitate und Behauptungen bei Gage ein und auf die Missachtung von Fakten der Medizingeschichte, der medizinischen Ethik sowie der Strafgesetzgebung im Bereich der Medizin. Sie erkannte auch, dass die reproduzierten Dokumente aus dem Jahr 1960 am 22. und am 23. Oktober 1998 ausgestellt worden waren. Pantis aktualisierte ihre Untersuchung ständig durch neue Rechercheergebnisse.

Diese Dokumentation erschien im *Maria Callas Magazine*, dessen Herausgeber Karl H. van Zoggel an Gages Theorie glaubte, erst, nachdem Pantis dort zwei Jahre lang um Veröffentlichung ersucht hatte.[10] Darauf antwortete van Zoggel im November 2006, wiederum in seinem Magazin, mit einem eigenen Beitrag: *Omero Lengrini – «The Secret Son» of Maria Callas – Part II. And the Answer Is: Facts, No Fiction*. Darin präsentierte er die «Originaldokumente» der «Geburtsurkunde», ausgestellt am 30. März 1960, in einer beglaubigten Kopie der Commune di Milano, ferner die Auskunft der Geburtshelferin bei der Entbindung vom 30. März 1960, Irene Tiraboschi, die Details zur Todesursache des Säuglings aufführte; dieser sei nicht an «Atemschwierigkeiten», sondern an einer «Herzlähmung» gestorben. Neu war auch van Zoggels Entdeckung, dass Omero Lengrini nicht zwei, sondern acht Stunden gelebt hatte, dass er in der Klinik gestorben war und nicht im Notarztwagen auf dem Weg zu einem anderen Krankenhaus, dass Callas ihn daher lebend gesehen haben musste und, wie er meinte, auch selbst fotografiert haben könnte.

Obwohl van Zoggel Gage unterstützen wollte, entkräftete er mit seinen Argumenten die von Gage, denn der hatte den Säugling auf dem Foto als «Leichnam» bezeichnet. Van Zoggel reproduzierte auch ein Foto der Kirche San Rosario unweit der Klinik, wo das Kind getauft worden sein sollte, nach einer «eidesstattlichen Erklärung», die das Klinikpersonal 2006, also sechsundvierzig Jahre nach der Entbindung, abgab, ohne dass Omero Lengrini im Taufregister erfasst wurde. Außerdem brachte van Zoggel ein Foto der Fossa, des kommunalen Urnengrabs auf dem Friedhof von Bresso, auf dem 1960 eine Erdbestattung von Omero stattgefunden haben sollte, ohne dass sie im Bestattungsregister verzeichnet wurde, auf dem die Überreste aber später verbrannt und in dem Urnengrab nochmals beigesetzt wurden. Denn van Zoggel fand das Argument überzeugend, dass dieser Friedhof nur fünfzehn Minuten vom Landeplatz für Privatflugzeuge in Bresso entfernt war, den Onassis regelmäßig benutzte, Maria Callas also oft aufsuchte. Er widersprach Gage zudem darin, dass Carlo Palmieri die verfrühte Entbindung ohne Not auf Wunsch von Maria Callas vollzogen habe; diese sei vielmehr unvermeidbar geworden.

Weggefährten von Callas stritten ab, dass sie jemals über eine Entbindung geredet habe.[11] Wir wissen auch nur von Gage, wie di Stefano darauf reagierte, als ihm Marias Siebenmonatskind als absolut gesicherte Tatsache präsentiert wurde. «Über ihre Schwangerschaft im Jahr 1960», so Gage, «sprach Maria offenbar auch mit Giuseppe di Stefano, ... der gegen Ende ihres Lebens ihr Liebhaber wurde. Als ich ihn im Mai 1998 in seinem Haus in Como interviewte, sagte er jedoch: ‹Ich habe ihr die Geschichte nie geglaubt.› Er kannte Marias Neigung, sich als Opfer hinzustellen, und imitierte spöttisch ihre Stimme, mit der sie ihm gegenüber klagte: ‹Niemand hat bemerkt, dass ich schwanger war!›» Diese Aussage schrieb Gage seinem Konto gut, dabei hatte di Stefano nichts bestätigt. Zeffirelli sprach von Gerüchten von einer Fehlgeburt, die unterwegs gewesen seien.[12] Eine Fehlgeburt im frühen Stadium, in den ersten zwölf Wochen bei fünfzig bis siebzig Prozent der Schwangeren üblich, war bei einer «Missbildung des Uterus» keineswegs unwahrscheinlich, ließ sich aber nicht als Drama mit Säuglingsfoto und Begräbnis verkaufen.

Die Entgegnung von Pantis[13] auf van Zoggel beschränkte sich auf das Wesentliche: Bei den nun von van Zoggel präsentierten Dokumenten handelte es sich erneut nicht um offizielle Geburts- und Sterbeurkunden; für diese Formulare gab es feste Vorgaben, der Name der Mutter musste genannt werden. Vielmehr handelte es sich um «beglaubigte Kopien aus den Personenstandsverzeichnissen». Unbeantwortet bleibe weiterhin die zentrale Frage: «Wer war die Mutter von Omero Lengrini?» Zudem ignoriere auch van Zoggel, dass in den sechziger Jahren der klassische Kaiserschnitt durchgeführt wurde, ein Mittellinien-Längsschnitt, «der eine große und hässliche Narbe» vom Nabel abwärts hinterließ. Pantis fasste zusammen: «Van Zoggel hat bewiesen, dass es Omero Lengrini gab. Bis überprüfbare Beweise gefunden werden, die das Kind mit Callas in Verbindung bringen, ist es einfach ein *red hering* [eine falsche Fährte].»

Das brachte die Anhänger von Gages Theorie nicht von ihrer Überzeugung ab. Gage und van Zoggel durften 2015 einen weiteren Mitstreiter in Jean-Jacques Hanine-Roussel begrüßen, der eine 685 Seiten umfassende Zusammenstellung von Texten zu Maria Callas veröffentlichte. Sowohl Gages als auch van Zoggels Version der Omero-Lengrini-Geschichte erklärte er für unwiderlegbar zutreffend,[14] erwähnte «Madame Pantis», ging aber auf deren Argumente mit keinem Wort ein. «Frau Pantis zufolge hat das geheime Kind von Callas niemals existiert. Ihr Artikel hat mich überhaupt nicht überzeugt.»

Als neuen Kronzeugen führte Hanine-Roussel Alfredo Signorini ein, Schriftsteller und Verfasser eines Callas-Romans.[15] Signorini habe ihm persönlich mitgeteilt, unter den unveröffentlichten privaten Dokumenten von Callas, die er eingesehen habe, befinde sich auch eine Agenda, in der jeder Tag vermerkt sei. So zum Beispiel: «Montag, Italien» oder «Montag Bruzzano [der Friedhof der Gemeinde Bresso]». Daraus wurde in Signorinis Roman folgende Passage: «An jedem Montagmorgen, bei Wind, Regen und Schnee, begab sich Maria Callas in Begleitung ihres Chauffeurs Ferruccio Mezzadri auf den Friedhof von Bruzzano, … um sich am Grab ihres Sohnes zu sammeln.» Hanine-Roussel schreibt weiter: «Am Freitag, dem 14. März 2014» –, also fünfundzwanzig Jahre nach dem Tod von Carlo Palmieri –, «vertraute er [Signorini] mir an, dass er Professor Palmieri, dem Gynäkologen von Maria Callas, begegnet sei. Der Mediziner habe zugegeben, dass er es war, der die Entbindung vorgenommen habe.»

2021 ging van Zoggel im Rahmen einer Rezension des Buches *Cast a Diva* von Lyndsy Spence erneut auf das Thema ein.[16] Bestätigt, schrieb er, werde die Geschichte, dass Omero Lengrini der Sohn von Maria Callas war, durch ein Interview, das Bruna Lupoli im September 2003 dem Journalisten Giangavino Sulas von *Oggi* gab und von dem er, van Zoggel, nun erst erfahren habe. Darin habe Bruna erklärt, das Kind sei tatsächlich in der Clinica Dezza geboren und gestorben.

Pantis ging in ihrer Replik darauf[17] wiederum quellenkritisch vor, verwies wieder darauf, dass die sogenannte Geburtsurkunde keine ist, und analysierte den Wahrheitsgehalt der Aussagen von Bruna Lupoli, von denen auch Giangavino Sulas keine Tondokumente anbieten konnte. Pantis stellte die Frage, warum Bruna Lupoli vierzig Jahre lang geschwiegen hatte und wie glaubwürdig ihre späten, nicht belegten Aussagen sind.

So stellt sich die Lage dar: Maria Callas duzte Bruna,[18] Bruna aber siezte «Madame». Dass Maria Callas sagte, Bruna sei «Krankenpflegerin, Schwester und Mutter» für sie gewesen, ergibt daher ein falsches Bild. Bruna Lupoli war, wie Fotos belegen, körperlich sehr klein, unscheinbar und schüchtern. Nach dem Tod von Maria Callas lebte sie zurückgezogen und alleinstehend in ihrem Geburtsort, einem abgelegenen kleinen Dorf im Veneto. Sie war Maria Callas bis zu deren Tod im September 1977 eng verbunden gewesen und von absoluter Verschwiegenheit, bis zu dem Besuch durch die Mittelsperson von Nicholas Gage.

Gage sprach nie direkt mit ihr und traf sie nicht. Für ihre Arbeit bei Maria Callas in Paris hatte sie einen Französischkurs besucht, las und schrieb aber nichts auf Französisch und beherrschte außer Italienisch keine Sprache sicher. Sie konnte also das auf Englisch erschienene Buch von Gage nicht lesen. Nach eigenen Angaben sprach Giangavino Sulas 2003 mit der mittlerweile 82-jährigen Bruna, die ihm, nachdem er ihr die «Beweise» vorgelegt hatte, die Geschichte von Omero bestätigt haben soll.

Es ist wahrscheinlich, dass die betagte, ungebildete, vereinsamte und unsichere Bruna, von erfahrenen Journalisten interviewt und mit angeblichen Dokumenten und suggestiven Fragen konfrontiert, irgendwann genau das sagte, was sie sagen sollte. Solche vermeintlich schwer erklärbaren Phänomene sind der Psychiatrie, Neurologie und Rechtspsychologie seit Langem unter dem Begriff der Erinnerungsfälschung bzw. Erinnerungsverfälschung vertraut. Julia Shaw, eine Rechtspsychologin, die an der Londoner Southbank University lehrte und Justiz, Bundeswehr wie Polizei beriet, publizierte 2016 unter dem Titel *Das trügerische Gedächtnis* eine umfassende Darstellung dazu.[19] Mit Experimenten wies sie nach, dass mithilfe gefälschter Fotos oder emotional besetzter Fragen und Erzählungen Erinnerungen an niemals Geschehenes hergestellt

Demonstrativ offenbäuchig: Schon kurz nach der angeblichen Entbindung durch Kaiserschnitt zeigte sich Maria Callas wie auch in allen folgenden Jahren mit den knappsten Bikinihosen, die jede Narbe schonungslos offenbart hätten. Sie ließ sich so auch bereitwillig fotografieren, sogar ganz von vorn

werden können, auch bei jungen, auch bei skeptischen, selbstbewussten Probanden. Ein Opfer solcher Erinnerungsmanipulation wurde vermutlich auch Bruna Lupoli. Sie hatte fast ihr ganzes Berufsleben im Dienst von Callas gestanden, definierte sich also aus der Vertrautheit mit ihr. Dass sie nun etwas so Wichtiges aus Marias Leben nicht gewusst haben sollte, musste ihr als Vorwurf erscheinen.

Gegen die Geschichte von Gage, Maria Callas habe 1960 durch Kaiserschnitt ein Kind von Onassis entbunden, gibt es jedoch auch ein handfestes Indiz. Gage sagt, Korinna Spanidou habe ihm die Existenz der entsprechenden Narbe «im unteren Bereich des Mittelbauchs» bezeugt. Als jedoch im Sommer 1964 ein Foto von Maria Callas und Korinna Spanidou an Bord der *Christina* gemacht wurde,[20] war von der Narbe nichts zu sehen. Maria trug einen Bikini, auf dem «unteren Mittelbauch» keine Spur von einem operativen Eingriff.

Schon im Frühsommer 1960, wenige Monate nach dem angeblichen Kaiserschnitt, hatte Maria Callas zudem auf der *Christina* Onassis' Architekten Cäsar Pinnau und dessen Frau, die Kunsthistorikerin Ruth

Pinnau, kennengelernt. Sie hatte sich sofort mit Ruth angefreundet, hatte mit ihr nackt in der Sonne gelegen und war nackt mit ihr schwimmen gegangen.[21] Der neuen Freundin aber, die genau referierte, was Callas ihr über die Beziehung mit Onassis erzählte, fiel keinerlei Narbe auf. Im Sommer 1962 war Maria erneut mit den Pinnaus an Bord sowie mit zwei Schwestern und zwei Schwagern von Onassis. Hätten die ihre Narbe «im unteren Bereich des Mittelbauchs» gesehen, wären Fragen unvermeidbar gewesen, auch das Eingeständnis, dass sie ein Kind von Onassis entbunden hatte. Dennoch ging sie in einer hellen Vollmondnacht nicht nur mit den Pinnaus, sondern auch mit der Verwandtschaft baden.

Maria wurde immer öfter im Bikini fotografiert, häufig von Paparazzi. Schließlich posierte sie im hellsten Tageslicht für ein Foto, in Farbe und ganz aus der Nähe, das keine Fragen offenlässt. Die Bikinihose endete haarscharf oberhalb des Schamhügels, kleiner ging es nicht.[22]

1973 fing sie dann ein sexuelles Verhältnis mit di Stefano an, doch auch der sah offenbar keine Narbe. Im Interview mit Gage 1998 hatte er anscheinend niemals ein Indiz dafür gehabt, dass Maria Callas von einem Siebenmonatskind entbunden worden war. Gage fügte dennoch an anderer Stelle seines Buches einen Satz ein, mit dem er di Stefano zu seinem Kronzeugen machte: «Die Geschichte von Omeros Geburt und Tod wirft eine verwirrende Frage auf: Wenn Maria tatsächlich im Jahr 1960 einen Sohn zur Welt brachte, wieso hat sie dann außer mit ihren Hausangestellten und Vasso Devetzi (später mit ihrem Liebhaber di Stefano) mit niemandem darüber gesprochen?»

Einer der beiden Hausangestellten, Ferruccio Mezzadri, hatte die Aussage verweigert, also keineswegs gesagt, dass sie mit ihm darüber gesprochen hatte. Mit di Stefano hatte sie das ebenso wenig. Verwirrend bleibt nur eine Frage: Wieso glaubte Gage, die Leser seines Buches würden nicht bemerken, dass er sich selbst widerlegte?

Möge hier ein bisher nicht gedrucktes Bilddokument den Diskussionen ein Ende setzen: Diese Bikinihose ließe selbst einen auf neuestem technischen Niveau ausgeführten Kaiserschnitt erkennen.[23]

22.
DEVOTE GELIEBTE UND
GRIECHENLANDS IDOL

Die Pinnaus sehen Maria buckeln,
Callas verblasst neben Monroe,
und Onassis verliebt sich nicht nur in eine einsame Insel

Zwei Frauen, gut gelaunt unter einem Sonnensegel an Deck. Nur Wassermelone zum Frühstück für Maria. Ihre Freundin Ruth dagegen, noch größer als sie, gleich alt, gleich schlank, ließ sich Ei, Schinken, Toast und Marmelade servieren. Danach hatten sie den ganzen Tag Zeit für sich, ihre Männer waren beschäftigt.

Ruth und Cäsar Pinnau waren Hanseaten und legten Wert darauf. Privat trugen sie Sportliches und Understatement, mit Reedern waren sie vertraut. Im Frühsommer 1961 waren sie wieder einmal in Mokassins und weißen Hosen an Bord der *Christina*. Onassis kannten sie, seit er Cäsar Pinnau zum Architekten seines Traums gemacht hatte, der luxuriösesten Privatyacht des Planeten. Beiden Pinnaus war es nicht schwergefallen, Tina Onassis abzulegen, Callas anzulegen und auf Anhieb sympathischer zu finden als Tina.[1] Onassis war Kunde und sollte es bleiben. Schon letztes Jahr waren sie hier an Bord Maria Callas begegnet, im dunkelblauen Faltenrock. Ruth hatte festgestellt, dass Marias «typisch griechische Nase fast zu groß» war, ihr Lächeln spöttisch wirkte, doch im Umgang war sie zu Ruths Überraschung salopp und gelöst, das Gegenteil von der «in Konvention und Snobismus erstarrten Tina», fand sie.

Im Zentrum von Ruths Leben stand Cäsar, als seiner zweiten Ehefrau hatten sich ihr neue Schauplätze eröffnet – einer davon war die *Christina*. Von Callas wusste sie nur, was andere erzählt und geschrieben hatten, sie hatte sie noch nie auf der Bühne erlebt, wo Callas keine menschliche Regung fremd war. Dass Maria jedoch keinerlei Menschen-

*Verwandelte Verliebte:
Für Onassis änderte
Maria Callas ihre Frisur
und ihren Kleidungsstil;
Friseur Alexandre und
Pariser Couturiers
wirkten mit. Hier im
August 1960*

kenntnis besaß, fand Ruth rasch heraus. Maria war froh, wenn sie gemocht wurde, und Ruth wie Cäsar schienen sie zu mögen.

Den alten Bekannten in Athen war schon letztes Jahr aufgefallen, dass Marias Haarpracht der Schere geopfert worden war und sie ihre Kurzhaarfrisur schwarz färbte. Wenige wussten warum: Onassis fand das moderner. Ruth hatte sie gestanden, dass sie auch nur Onassis zuliebe Kontaktlinsen trug, die sie hasste, und ihm zuliebe sogar an Bord dunkle Röcke anzog, anstatt es sich wie Ruth in Hosen bequem zu machen. Die hatte für ihren Mann und dessen Prominenz ihren Beruf als Kunsthistorikerin aufgegeben und wartete zu Hause in Hamburg-Blankenese von morgens acht an den ganzen Tag, bis ihr Mann heimkam, oft bis kurz vor Mitternacht. Dennoch fiel ihr nun an Bord auf, dass «irgendetwas in der Beziehung zwischen Callas und Onassis nicht stimmte». Sie sah genau zu, wenn Onassis sich seine Zigarette zurechtschnitt, dann abwartete, bis Maria aufstand, sich vor ihn hinstellte – «perfekte Domestikenhaltung, die Füße geschlossen, den Oberkörper ehrerbietig vorgebeugt» – und ihm das Feuer reichte. Mit ihrem Mann zusammen erregte sich Ruth über Marias «masochistisch anmutende Unterwürfigkeit», sagte ihr das jedoch nicht.

Auf der Bühne, hieß es, sei Callas mit jeder Geste ergreifend, doch Ruth sah nie, dass Onassis und Maria sich auch nur berührten. «In Gesellschaft gingen sie eher wie Bruder und Schwester miteinander um. ... Niemals legte Ari seinen Arm um Marias Schultern, so wie er Tina und Christina in die Arme genommen hatte. Und keine Hand hielt die andere.»[2] Maria vertraute der neuen Freundin und vertraute ihr vieles an, Ruth protokollierte ihre Beobachtungen und urteilte. Aus ihrer Sicht fehlte es Maria an all dem, was sie selbst besaß: Von der «Psychologie einer leidenschaftlichen Liebschaft» habe sie keine Ahnung. «Für eine gleichberechtigte Partnerschaft fehlte es ihr an innerem Halt. Und ihre Leidenschaft verdeckte nur ihre Sehnsucht, von einem Mann beschützt und versorgt zu werden.»[3] Das Ehepaar Pinnau, das jedem an Bord vorführte, wie zärtlich, erotisch und gleichberechtigt ihre Beziehung war, fand es schockierend, dass Maria Callas offenbar ein Doppelleben führte: nach außen die selbstbewusste Diva, kämpferisch und kompromisslos, privat eine devote Frau.

Dabei war das Leben von Cäsar Pinnau ebenfalls eins mit doppeltem Boden. Er bestritt, jemals Mitglied der NSDAP gewesen zu sein, obwohl das aktenkundig war.[4] Und Kunden wie Onassis interessierte es gar nicht, dass Pinnau den Umbau von Himmlers Dienstvilla und die Innengestaltung der von Speer entworfenen neuen Reichskanzlei Hitlers ebenso souverän erledigt hatte wie das, was Ruth sein «Meisterwerk» nannte, die *Christina*. Onassis verfügte selbst über ausgedehnte Kelleranlagen, in denen Unliebsames und halb Kriminelles schlummerte.

Dass die selbstbewusste Künstlerin privat wie eine Liebesdienerin auftrat, empörte die Pinnaus. Wenige Wochen später behauptete sich Callas mit aller Wucht gegen ihren Lebensgefährten, gegen seinen Egoismus und seine Gefühlskälte, vor 16 000 Menschen als Medea. Da waren die Pinnaus längst von Bord gegangen.

Am späten Vormittag des 3. August 1961 legte die *Christina* am Hafen von Epidauros an. Zwei Stunden blieben Callas nur, um sich nach der Fahrt durch Sommerglut und Staub über steinige Straßen zu erholen, um sechs begannen droben bereits die Proben. Sie übernachtete im Museum, das zum Theater von Epidauros gehörte, auf einem Behelfsbett, um am nächsten Tag auf Abruf verfügbar zu sein. Sie probte, egal, wie heiß und trocken es war, warf sich auf die Steine, wenn Minotis das für richtig hielt, brauchte nichts und forderte nichts an Sonderbehandlung oder Verwöhnung.

Bei der Generalprobe saßen auf den heißen Stufen des Theaters Bauern aus dem Umland. Und als Maria Callas am 6. August bei der Premiere als Medea im antiken Theater von Epidauros stand, konnte sie sich einreden, ihre Heimat sei eine heile Welt, in der alle zueinander gehörten. Sie selbst verkörperte eine Frau, die für ihren griechischen Geliebten alles geopfert hatte. Regie führte Minotis, ein Grieche, Bühnenbild und Kostüme verantwortete der Grieche Tsarouchis, in allen weiblichen Partien traten griechische Kolleginnen auf, und ihre Gage würde sie wieder der griechischen Maria-Callas-Stiftung spenden. Ganz vorn, in den ersten Reihen, saßen Wally Toscanini und Kostis Bastias, Konstantin Karamanlis und Antonio Ghiringhelli, der Bürgermeister von Athen und Elsa Maxwell, Onassis und Katina Paxinou, Melina Mercouri und Larry Kelly.

Manche wie Wally Toscanini beweinten hinterher das frühe Ende von Marias Stimme, um dann bei der Feier im Garten des Provinzhotels Xenia in ihrer Nähe zu sitzen und sie zu loben. Dem Applaus nach aber erlebten die meisten der 16 000 Menschen im erlöschenden Tag eine Medea, die sie erschütterte. Eine Frau, die das Doppelleben ihres Mannes nicht verzieh und es ahndete. Vor allem erlebten sie eine Griechin, auf die sie stolz sein konnten. Ihr Stolz band eine zerrissene griechische Gesellschaft für ein paar Stunden zusammen.

Auf den Straßen Athens waren im Sommer 1961 neben den azurblauen Linienbussen viele, meist pastellfarbene Autos unterwegs, lachsrosa, mintgrün, helltürkis, oft deutsche Marken. Es geht aufwärts mit uns, hatte Ministerpräsident Karamanlis versprochen und den Assoziationsvertrag mit der EWG unterzeichnet. Er und der dicke Mann mit Zigarre, der angeblich Wirtschaftswunder wirken konnte, an einem Tisch – das war angekommen. Straßen wurden gebaut, neue Schienen verlegt, das Telefonnetz verdichtet, Lieferketten angelegt.

In den Auslagen der Schallplattengeschäfte wurden breiter als die Alben von Callas die von Nana Mouskouri präsentiert, einer blassen jungen Frau mit schwarzer, rechteckiger Brille, die schlagartig ein internationaler Star geworden war, der erste weibliche mit Brille. In ganz

Europa sang man *Weiße Rosen aus Athen*, auf Deutsch, Französisch, Englisch, Italienisch, Spanisch, ursprünglich ein griechisches Volkslied, das mit Rosen überhaupt nichts zu tun hatte. «Die hat wie du am Athener Konservatorium studiert», erfuhr Maria Callas. Sie selbst war wieder als Star des Festspielsommers in Epidauros eingekauft worden und hatte Angst gehabt vor den ersten Opernauftritten dieses Jahres. Nana Mouskouri hatte es leichter, mit ein paar Liedern hatte sie die Charts erobert und nun ein Filmangebot aus Amerika. Und sie wurde offenbar geliebt. Selbst in Fleischereien, Tavernen und Restaurants hing neben einem Foto von Jackie Kennedy, wie sie neben Ministerpräsident Karamanlis auf der Akropolis spazierte, ein Foto von Nana Mouskouri. Im Juni war Jackie Kennedy hier zu Besuch gewesen ohne John F., mit dem sie zwei Monate vorher Karamanlis im Weißen Haus empfangen hatte.

An den Mauern in Athen klebten die Plakate der Parteien, vor allem die der Regierungspartei und der neu gegründeten liberalen Zentrumspartei von Georgios Papandreou; im Herbst 1961 standen Neuwahlen in Griechenland an. Karamanlis hatte die US-Regierung wissen lassen, es müsse unbedingt verhindert werden, dass die Kommunisten mit den anderen Oppositionsparteien eine nationale Front bildeten, und hatte das Wahlrecht entsprechend manipuliert. Schon bei der letzten Wahl hatte es sich als erfolgreich erwiesen, die Anhänger linker Parteien einzuschüchtern, zu unterdrücken und mit anonymen Übergriffen zu bedrohen.[5]

In manchen Plattengeschäften lagen neben den Alben und Singles von Nana Mouskouri die neuesten Platten von Mikis Theodorakis aus – das war der Held der anderen, der Linksliberalen, der Arbeiter, der Künstler und der Intellektuellen. Erst vor Kurzem war er aus Paris heimgekehrt, an seinem großen Körper die Narben der Folterungen aus Lagern der deutschen Besatzer.

Maria Callas wusste nicht, wie gespalten ihr Land war, sie wollte es auch nicht wissen. Sie war Griechin und verkündete nun in Athen der Presse, was ihr das bedeutete. An der Seite von Onassis, der ständig sein Griechentum betonte, wollte sie auch das ganz – Griechin sein: «Lasst uns nicht vergessen, während des Kriegs waren wir zusammen, wir haben gemeinsam gelitten, wir haben gemeinsam gehungert», sagte sie.[6]

Am 11. August posierte sie im Hotel Grande Bretagne vor einem

Strauß Gladiolen für einheimische Fotografen, der Bürgermeister von Athen hängte ihr an einem Band in Griechenlands Farben die goldene Medaille um den Hals, mit der er sie zur Ehrenbürgerin der Stadt ernannte. Maria Callas spielte mit. Schon im letzten Jahr hatte sie im griechischen Generalkonsulat, einer kleinbürgerlichen Etagenwohnung mit Fotos von der Akropolis und anderen Touristenzielen, den Verdienstorden Griechenlands angenommen, überbracht mit persönlichen Glückwünschen von Karamanlis.[7]

Ihr Vater war an diesem 11. August dabei, ihre Schwester nicht. Milton Embirikos, der Mann, der Jackie nie geheiratet hatte, brauchte sie, denn der Krebs fraß ihn auf, sein langes Sterben hatte begonnen. Maria dachte offenbar nicht daran, sie zu verwöhnen, und hatte Jackie nur beim Anprobieren von Brillantschmuck gefragt, was wozu am besten passe. Sie hatte erfahren, dass ihre Mutter ein Zimmer in New York bewohnte, dass sie sich mit einem Verkäuferinnenjob Geld verdient hatte, auch mit dem Verkauf selbstgebastelter Opernpuppen, die alle Maria Callas ähnlich sahen und die Kostüme ihrer Glanzpartien trugen, und dass sie nun Sozialhilfe erhielt. Marias Patenonkel Lanzounis hatte die Kommunikation zwischen ihr und Evangelia übernommen und sie überredet, jeden Monat drei Schecks an ihre drei Familienmitglieder zu schicken.[8] Damit musste das Thema für Maria erledigt sein.

Es war Callas, die gerne half, mit Spenden und mit Stiftungen für Menschen, die sie nicht kannte. «Ich will ganz einfach leben wie jede andere Frau auch», verkündete Maria Callas in fast jedem Interview. Einfach leben und auf vieles verzichten, das konnte nur Callas und nur der Kunst wegen. Doch Callas hatte wenig zu tun. Noch einmal *Medea* im Dezember an der Scala, danach hatte sie frei bis zur Silvestergala in Monaco.

Der Scirocco blies durch Mailand und wirbelte den Staub auf an diesem Tag im Mai 1962, als Fedele d'Amico, Musikkritiker in Rom, hier einiges zu erledigen hatte. In Mailand waren die Menschen den Wüstenwind, anders als bei ihm daheim im Süden, nicht gewohnt, er hatte die Straßen leergefegt. D'Amico, mittlerweile fast vierzig, hatte die Karriere von Maria Callas von Anfang an verfolgt, war aber nicht dabei gewesen, als sie am 11. Dezember 1961 in der Scala als Medea aufgetreten war, wieder in der Regie von Minotis. Was die anderen darüber geschrieben hatten, war ihm keineswegs entgangen. Die meisten teilten die Meinung des Kollegen vom *Corriere della sera*. «Über Callas zu sprechen ist wie über glühende Kohlen gehen. Da sind die einen, die sie anbeten, mit einer Neigung zum Fetischismus. Da sind die anderen, die sie verabscheuen, auf der Grundlage von Klatsch …» Er gehöre weder zu den einen noch zu den anderen, hatte der Kritiker erklärt. «Für mich bleibt die Tatsache bestehen, dass ihre Medea einzigartig ist in der psychologischen Durchdringung des Charakters», daran könnten auch irgendwelche stimmlichen Schwächen in der Höhe nichts ändern. Callas hatte, da waren sich die Journalisten einig, Brillanz verloren, aber an Eindringlichkeit gewonnen.

Wer sie erlebt hatte, wusste jedoch Bescheid. An diesem 11. Dezember war Callas die Stimme weggebrochen, genau an der Stelle, als ihr «Io! Medea» kommen sollte. Das Haus war voll besetzt gewesen, auch mit Marias neuen Freunden, sogar die Pinnaus hatte sie eingeladen, die nicht einmal wussten, worum es in dieser Oper ging. Die Begum Aga Khan hatte Callas in der Garderobe hinterher umarmt, «du warst überragend», hatte sie gesagt. Ein treuer Callas-Verehrer, William Weaver, war ebenfalls aufgetaucht mit einem Freund, dem er an diesem Abend das Wunder Callas hatte offenbaren wollen. Weaver wartete auf den Protest von Callas gegen das Kompliment, er kannte ihre Selbstkritik, die meistens so hart war, dass sich jede andere Kritik erübrigte. «Ja, ich denke, ich habe gut gesungen», hörte er sie zur Begum sagen. Sie floh vor der Wahrheit, Weaver vor der Peinlichkeit. Er packte seinen Freund und versuchte, mit ihm gemeinsam in der nächsten Bar die Enttäuschung zu ertränken.[9]

Für d'Amico war es Ende Mai die letzte Gelegenheit, Callas noch einmal in dieser Partie zu erleben. Ausgerechnet an diesem Scirocco-Tag war eine Probe angesetzt, die einzige vor der Wiederaufnahme. Um ein Uhr betrat d'Amico das Haus, keinerlei Zuschauer in den Logen oder im Parkett. Die Musiker waren da, nur hatte keiner Lust zu arbeiten. Der Chor, das Orchester, die Solistinnen und Solisten, alle hingen nur herum, sogar Thomas Schippers, der Dirigent, sonst ständig in Erregung, wirkte, als wäre er am Einschlafen. Der Scirocco. Maria stand auf der Bühne, nicht besser angezogen als die Damen im Chor, mit ein-

fachem Rock, einfacher Strickjacke, Brille auf der Nase. Aber als sie den
Mund aufmachte und ihre langen Arme ausfuhr wie Waffen, sah
d'Amico sie vor sich wie bei der ersten *Medea* in Florenz, mit leuchtend
rotem Haar und scharlachroter Schleppe, eine Zauberin, gegen die jeder
Widerstand zwecklos war. Sie glühte wie damals. «Noch einmal», befahl
sie dem müden Dirigenten. Und als der Chor einsetzen wollte, hielt sie
ihn zurück. «Noch einmal von vorne.» Alles ganz oder gar nicht.[10]

Siciliani saß einsam in einer Loge. Er war es gewesen, der in Florenz
vor genau neun Jahren diese erste *Medea* mit Maria Callas gewagt hatte,
seit dreieinhalb Jahren war er der neue künstlerische Direktor des Hauses. Siciliani hörte genau hin. Er ahnte bereits, was geschehen würde,
auch Maria Callas selbst ahnte es: «Nicht meine Stimme ist krank», hatte
sie Giulietta Simionato gesagt, die mit ihr in der *Medea* auf der Bühne
stand, «es sind die Nerven.»[11]

D'Amico war nicht dabei, als Callas am 29. Mai und am 3. Juni nervlich versagte. Er erfuhr auch nicht, was danach geschah. Siciliani bot ihr
an, auf Barockopern umzusteigen, sich auf Monteverdi einzulassen, es
mit leichteren Partien zu probieren. Sie lehnte ab.[12] Siciliani musste das
doch verstehen, Leidenschaft war nichts, was sich dosieren ließ, und verlangte nach den ganz großen Gefühlen einer Norma, einer Tosca, einer
Medea. Hätte sie sich davon losgesagt, sie wäre nicht mehr sie selbst gewesen.

Dass ihre Nerven angegriffen waren, wunderte niemanden, der verfolgt hatte, was sie hinter sich hatte. Maria Callas war auf der Flucht,
nicht nur vor den Paparazzi, auch vor sich selbst und der Erkenntnis,
dass Maria Callas schadete. Dass sich Marias Welt, ihre neue Umgebung, ihre neuen Freunde und Wünsche nicht mit den Zielen und
Überzeugungen von Callas vertrugen.

Die floh in diesem Jahr 1962 unablässig, sogar vor Legges Urteil, das
sie sich bisher zu Herzen genommen hatte. Ihr Verhältnis zu ihm hatte
schon im Vorjahr einen schwer reparablen Riss bekommen, als er mit ihr
in der Salle Wagram das erste der beiden Alben *Callas à Paris* aufgenommen hatte und sie seiner Meinung nach wegen Onassis abgelenkt und
schlecht vorbereitet gewesen war.[13] Im März 1962 hatte sie die Bühne
geflohen, hatte Konzerte gegeben in Hamburg, München, Essen, Bonn,
vor einem Publikum, das dem Phänomen Callas zujubelte, nicht dem,

*Uneitle Diva: In Strickkleid mit Brille beweist Maria Callas bei den Aufnahmen fran-
zösischer Opernarien in der Pariser Salle Wagram im April 1961, dass sie von Passionen
nicht ohne ausdrucksvollen Körpereinsatz singen kann*

was es hörte. Georges Prêtre, ihr junger neuer Lieblingsdirigent, bewunderte sie, er kritisierte sie nicht wegen schlechter Vorbereitung, obwohl
ihr sogar der Text entfiel. Im April 1962 war sie in die Isolation des
Aufnahmestudios geflohen, hatte wochenlang in London Arien eingesungen, das meiste jedoch verwerfen müssen. Medienwirksam war im
Mai ihre Flucht ins große Spektakel gewesen, John F. Kennedys Konzert
für 20 000 Gäste zehn Tage vor seinem fünfundvierzigsten Geburtstag,
bei dem Parteispenden für die Demokraten gesammelt wurden; dazu
brauchte es die ganz großen Namen, und den großen Namen bot Callas
noch immer.

   Angekommen in New York, war sie zuerst einmal in die Arme Elsa
Maxwells geflüchtet, hatte sie gefragt, was sie singen solle, und sich nach
Elsas Rat für zwei Stücke aus Bizets *Carmen* entschieden. Und doch
hatte sie neben Ella Fitzgerald, Harry Belafonte, Judy Garland und der
glitzernden Spätkommerin Marilyn Monroe glanzlos, sogar altbacken
gewirkt. Dann erhielt sie Kennedys Dank: Ihr Kleid, schrieb er, hätte

seiner abwesenden Frau bestimmt gefallen.[14] Maria konnte erraten warum: Ihre brave, ausladende Seidenrobe hätte Mrs. Kennedy kaum beunruhigt wie der hautfarbene Paillettenschlauch, in den Monroe eingenäht worden war.

Auch aus New York war Maria Callas sofort wieder abgehauen, sie floh jede Begegnung mit ihrer Mutter umso entschiedener, je mehr Evangelia diese mit allen Mitteln zu erzwingen versuchte. Lanzounis hatte die finanziellen Zuwendungen Marias daran gebunden, dass Evangelia darauf verzichtete, den Namen ihrer Tochter geschäftlich auszuschlachten. Daran gehalten hatte sich die Mutter nicht, sie hatte Reporter bestellt, die sie auf dem Weg zum Sozialamt fotografierten. Kurz vor Marias Eintreffen hatte sie einen nicht lebensgefährlichen Suizidversuch unternommen, wie damals in Marias Kindheit. Falls er der Tochter schaden sollte, war das gelungen, Maria jedenfalls wollte nichts Näheres wissen.[15]

Zurück in Mailand dann Ende Mai und Anfang Juni noch einmal die Flucht in die eigene Vergangenheit. Nie war Callas größer gewesen, nie erschreckender und erschütternder als in *Medea*. D'Amico hatte bei der Probe erlebt, dass ihre Leidenschaft brannte wie in jungen Jahren. Doch diese Leidenschaft verlangte große technische und stimmliche Mittel und ein gesundes Organ. Als sei er Zeuge einer Beerdigung gewesen, kam sich ein junger Bewunderer von Callas vor. «Es schien, als habe nur der Geist einer Stimme überlebt.»[16]

Nach den beiden Aufführungen floh sie erneut, nun vor der Einsicht, dass sie wieder konsequent an sich arbeiten musste, dass ihre chronische Sinusitis konsequent behandelt werden musste und Schonung verlangte. Schwimmen und Sonnenbaden verboten. Maria aber floh, weg von der Arbeit, zum Schwimmen und Sonnenbaden, auf eine Kreuzfahrt mit Onassis. Sie floh auch aus Mailand, für immer. Der Auftritt am 3. Juni 1962, ihre letzte *Medea*, war auch der letzte an der Scala und der letzte in Italien. Ihr Haus in der Via Buonarroti bot sie zum Verkauf an.

Vor allem Familie war an Bord in diesem Sommer 1962, das sah gut aus: Artemis Garofalidis, die ältere Schwester von Onassis, mit ihrem Mann Theo, seine Halbschwester Meropi mit ihrem Mann Nikolaos Konialidis, wie Theo Arzt. Alle vier waren schon deutlich über fünfzig, teils über sechzig, nicht fordernd, nicht anstrengend. Cäsar Pinnau mit seiner Ruth war auch schon fast Familie. Wenn Ari sie mit diesen Menschen einlud, gehörte Maria für ihn offenbar bereits dazu. Ziel der Reise war ein Projekt von Onassis, das er noch geheim hielt. Nur die Vertrauten an Bord wurden eingeweiht. Alle standen an der Reling, als 250 Kilometer von Athen entfernt, nahe bei der Insel Lefkas, Skorpios in Sicht kam: neunzig Hektar unberührte Wildnis in leuchtend klarem Wasser, Sandbuchten, Stille. Onassis hatte die Vorverhandlungen abgeschlossen, er wollte diese Insel kaufen. Auf Skorpios gab es nicht viel außer Macchia und Olivenbäumen, Zikaden, Spinnen und einem Ehepaar, das eine Holzhütte bewohnte – zwei alte Menschen in schwarzen Kleidern, die vom Verkauf der Oliven lebten und sich Trinkwasser und Lebensmittel von der großen Nachbarinsel liefern lassen mussten. Die Reisenden kämpften sich durch das Gestrüpp der Insel, badeten in den Buchten mit ihrem weißen Sand, tauchten, noch erhitzt vom Tag und berauscht von den Vollmondnächten, nackt ein ins Meer, kehrten zurück an Bord und wähnten sich einander näher.

Wenn Maria Callas öffentlich über ihre Zukunftspläne sprach, betonte sie, dass ihr Leben einfach sein sollte, meinte damit jedoch nur ein Leben ohne den Druck von Terminen und Leistung. Onassis gefiel es jedoch, sich wie ein armer Mann aus dem Volk zu benehmen, in billigen Tavernen zu versumpfen und mit den Leuten dort derbe Witze auszutauschen. Er hatte einen französischen Spitzenkoch an Bord, lieber aber ließ er sich abends von dem griechischen Koch in Fett gebackene Sardellen samt Gräten, Innereien und Kopf servieren und aß sie mit den Fingern.

Maria saß mit Ruth zusammen, während Onassis mit Pinnau Pläne für das einfache Glück auf Skorpios entwickelte, für die Hafenanlagen, den Landeplatz, für das Wohnhaus – einen säulenumstandenen Palast, der an einen antiken Tempel erinnerte –, die zugehörigen Bauten für die Verwaltung und für das umfangreiche Personal. Währenddessen gestand Maria Ruth, was sie quälte, dass Onassis ihr nämlich wie Meneghini zu wenig Schmuck schenkte, der Wert besaß, und «immer wieder kam sie auf das Thema zurück, ob Ari sie wirklich liebte». Ruth wunderte sich darüber, Maria hatte ihr «häufig erzählt, wie zärtlich und gut er zu ihr im Bett war».[17] Für Maria war Schmuck, kostbarer Schmuck, Beweis dafür, dass sie begehrt wurde. Er war für sie wie der Applaus für Callas, wovon sie ebenfalls nie genug bekam.

Ruth Pinnau führte anderen gern vor, wie viel sie als promovierte Kunsthistorikerin von Mythen, Archetypen und Symbolen verstand, und blamierte damit Ari, der davon kaum eine Ahnung hatte und auch nicht Altgriechisch lesen konnte. Maria Callas aber war Künstlerin, sie spürte, was symbolische Qualität besaß. Skorpios war die noch unberührte Insel, die noch von keiner anderen Frau an der Seite von Onassis betreten worden war. Eine Insel nur für zwei, die gemeinsam Neuland betreten wollten.

Die Suite im Hotel Hermitage in Monaco, in der Maria wohnte, war immer dieselbe. Trotzdem blieb sie hier eine Fremde, war meistens alleine und wartete. Zeit, einen Roman zu schreiben, Thema: Maria Callas, das Opfer.

In ihren stärksten Partien war sie keines, weder als Tosca noch als Norma noch als Medea: Diese Frauen hatten sich alle genommen, was sie wollten, schreckten nicht vor Gewalt, nicht einmal vor Mord zurück und gaben bis zum Schluss nicht klein bei. Doch sie hatte als Violetta, als Gilda, als Cio-Cio San, als Lucia, Amelia oder Elisabetta gelernt, was zur Rolle des Opfers gehörte. Sie wusste, welche Rollen die anderen spielen mussten, damit das Opfer alles Mitleid erntete. Herzlos wirkte eine Tochter gegenüber der verarmten Mutter nicht mehr, wenn diese pechschwarz gezeichnet wurde, undankbar gegenüber dem Ehemann wirkte eine Künstlerin nicht mehr, wenn alles, was der geleistet, wofür sie ihn angebetet hatte, als Ausbeutung erkennbar wurde.

Nie hatte Callas aufgegeben, wenn sie abgewiesen wurde, das war schon so, als sie fünfzehn war. Immer hatte sie sich verteidigt, gekämpft und oft gesiegt, hatte mit allen Mitteln über Kollegen triumphiert und sich gegen probenschlappe Regisseure und feindliche Intendanten behauptet. Sie hatte gegen Pantanella und den Neffen des Papstes geklagt, war wegen des *Norma*-Skandals juristisch gegen die Intendanz in Rom vorgegangen und rechnete sich Chancen aus zu gewinnen. Vorletztes Jahr hatte sie Carl Foreman mit deutlichen Worten abgesagt, die Griechin in seinem Kriegsfilm *Die Kanonen von Navarone* zu spielen, weil sie befürchtet hatte, dort nur als Griechin mit großem Namen ausprobiert, für nicht tauglich befunden, gefeuert und also Opfer von Foreman zu werden. Darauf verspürte sie keinerlei Lust.

Doch nun beschloss sie, ihr bisheriges Leben umzuschreiben. Am 11. Dezember 1962 verfasste sie einen langen Brief an einen ihrer wichtigsten und treuesten Bühnenpartner, an Giacomo Lauri-Volpi, der sie wie viele andere überreden wollte, wieder in Italien aufzutreten. «Es hatte nichts mit Kunst zu tun, was mir zum Schluss widerfuhr, es war eine harte, obszöne Schlacht ... Ich wollte, Sie wüssten alles genau, was ich an der Scala im Guten, aber auch im Bösen erlebt habe ... der lügnerische Journalismus, der Gatte. Sie würden eine große Wunde sehen – leider noch immer blutend, die vielleicht nie heilen wird. Sie werden sagen, ich übertreibe. Vielleicht. Aber wer sich der Musik verschrieben hat wie ich, im Glauben an eine musikalische und vor allem ideale Welt ... wird es ein wenig verstehen.»[18] Sie erging sich in Andeutungen, wie viele erniedrigende Machenschaften von Meneghini ihr gewiss noch nicht bekannt seien. «Vielleicht ist es besser so.»

Ein Opfer brauchte einen Ort, an dem es gesunden konnte, eine gesicherte Zuflucht. Maria hatte Ruth Pinnau beauftragt, daran mitzuwirken. Für das ganze kommende Jahr 1963 hatte sie keinen einzigen Opernauftritt geplant. Und Ruth bekam überraschend Gelegenheit, ihren Auftrag auszuführen, als sie alleine Onassis von Hamburg nach Kiel chauffierte, zu einem Stapellauf bei den Howaldt-Werken. Direkt sprach sie ihn auf die Heirat mit Maria an. Onassis wurde zornig, wie ihn Ruth noch nie erlebt hatte. Maria sei finanziell gut versorgt und könnte sich außerdem der Ausbildung junger Künstler widmen.[19]

Onassis sagte zu ihr immer Callas, niemals Maria. Eine Frau, die wie er selbst vieles aushalten konnte und sich durchschlug: die imponierte ihm. Frauen, die versorgt werden wollten, konnte er sich aussuchen, und Opfer hatten ihn noch nie interessiert. 1963 lud er die Pinnaus wieder auf die *Christina* ein. Die Frau, mit der er flirtete, war dunkelblond.

23.

IKONE UND OBJEKT DES HOHNS

Schwarzkopf verdrängt ihre Freundin,
Onassis gibt den Witwentröster,
und Callas rettet sich selbst durch ihre Kunst

D urch die nackten Räume der aufgelassenen Feuerwache in New York flutete aus großen Lautsprechern oft die Stimme der Callas. Der junge Mann mit blondem Toupet und weißen Augenbrauen, der hier regierte, fand sie anbetungswürdig. Sie war eine der vielen *celebrities*, denen Andy Warhol einen Heiligenschein verpasste, den schönen Schein der perfekten Ware. Cecil Beaton hatte vor sechs Jahren Maria Callas im Ambassador-Hotel porträtiert, streng symmetrisch, erregungslos schön, Madonna und Mona Lisa zugleich. 1963 nun verwandelte Warhol das Foto Beatons in eine Ikone, ein kaltes Andachtsbild. «Wer alles über mich wissen will», sagte Warhol, «muss nur die Oberfläche meiner Bilder betrachten. Es gibt nichts dahinter.» Er wusste genau, dass er dadurch die Neugier auf jenes Dahinter reizte. Ihm selbst war es bisher gelungen, sein religiöses Ich zu verstecken, kaum jemand ahnte, dass auf seinem Nachttisch ein Kruzifix stand, ein geschnitztes Heiligenbild und eine Statue des auferstandenen Christus.

Maria Callas hatte bereits erfahren, wie sehr die perfekte Oberfläche die Neugier provozierte und die Lust, den schönen Schein in Scherben zu schlagen. Seit sie auch äußerlich zum Star geworden war, gierten die Menschen nach den Schwächen und Fehlern ihrer Person; etwas geheim zu halten gelang nur mühsam. Auch Onassis hatte längst eingesehen, dass es ein Fehler gewesen war, sein geschäftliches Zentrum, auch den Hauptsitz seiner Gesellschaft Springfield Shipping of Panama, unter der seine Flotte von über siebzig Tankern lief, nach Monaco zu verlegen; in Paris hatte er seine Ruhe vor Klatsch und Gerüchten gehabt. Mit ihm war Maria Callas in den Mittelpunkt jener Welt des schönen Scheins gelangt, die damit leben musste, das Neueste über sich selbst aus den Medien zu erfahren. Dass neben ihrem Bett ein Rosenkranz hing, hatte noch keiner hinausposaunt. Doch Callas wusste, dass es unter der Oberfläche stimmen musste, wollte sie als Sängerin bestehen.

Mit Anfang vierzig war Janine Reiss den Insidern ein Begriff, aber nur denen. Mitten in Paris lebte sie in der zweiten Reihe und war damit glücklich, bekannt als bewährte Korrepetitorin, Cembalistin und Gesangslehrerin, nicht als Solistin im Rampenlicht. Als Michel Glotz sich Ende April 1963 bei ihr meldete, fiel er gleich mit der Tür ins Haus. Sie kannten sich von seinen frühen Startversuchen als Musikagent, nun sollte er die Nachfolge von Legge antreten. Was wollte er jetzt von ihr? «Maria Callas braucht dich, und die möchte schon morgen, am Donnerstagabend um sechs zur ersten Stunde kommen.»[1]

Callas klingelte Punkt sechs in der Rue de Courcelles und eröffnete Reiss in zwei Sätzen, worum es ging. Auf dem Programm der Schallplattenaufnahmen, die demnächst, Anfang Mai, in der Salle Wagram beginnen sollten, stand einiges aus der französischen Opernliteratur, womit sie nicht vertraut war. Massenets *Manon*, Gounods *Faust*, Bizets *Pêcheurs des perles*. Janine Reiss setzte sich ans Klavier und begann mit dem Vorspiel zur großen Arie der Leila über die Perlenfischer, Callas fiel ihr in den Arm. «Haben Sie eine Stimme?», fragte sie. Anstatt zu begleiten, musste Reiss Maria Callas die große Arie vorsingen. Bevor die Kadenz kam, unterbrach Callas sie wieder. «Ehe ich Ihnen zuhöre, müssen Sie mir erklären, wie diese Kadenz konstruiert ist, rhythmisch, harmonisch. Weil ich sie nur singen kann, wenn ich genau weiß, wie sie geschrieben ist.»

Janine Reiss erlebte eine Callas, die nichts zu tun hatte mit jener Welt der bunten Journale, der Klatschkolumnen und Schlagzeilen, jener Gesellschaft der Yachtbesitzer und Rolls-Royce-Fahrer. Unzufrieden war sie nicht, wenn irgendetwas zu nasal klang oder zu kehlig. Sie haderte nur mit einem: «Das entspricht nicht dem Gefühl, das ich ausdrücken will.» Allmählich verstand Reiss, dass Callas ihre Stimme als ein Instrument betrachtete, das keine Grenzen kennen durfte. Es musste alles mitmachen und aushalten. Vorsicht war dieser Schülerin von bald vierzig Jahren nach wie vor fremd, und ihre Leidenschaft brachte jedes Argument der Vernunft zum Schweigen. Hinter der Oberfläche des siegessicheren Stars lebte eine Zweiflerin voller Angst, die dennoch die Sicherheit jeder Tradition verabscheute und dem Ausdruck alles opferte, egal was es kostete. Callas wollte von Janine Reiss wieder aufs richtige Gleis gesetzt werden. Nachdem sie sich an einen Spieler geklammert hatte, war sie ins Schleudern geraten, und das durfte keiner bemerken. Reiss bot Halt und noch etwas, das Maria Callas nicht mehr kannte, Diskretion. Ehemann und Kinder wurden in die Schweigepflicht eingebunden. Ein Tenor von der Pariser Oper, der eines Tages zu früh zu Reiss kam und bei ihr Callas begegnete, sagte verblüfft: «Ich bin gerade in eine Frau hineingelaufen, die sah Maria Callas unglaublich ähnlich.»

Gestärkt durch ein neues Selbstvertrauen trat Callas nach den Schallplattenaufnahmen zu einer Deutschlandtournee an, ihrer dritten; ihre Stimme, hatte Janine Reiss festgestellt, sei gesund. Doch ihr Auftritt in der Berliner Oper rief diejenigen auf den Plan, die eine Ikone wie Maria Callas zur Bilderschändung herausforderte. Schein und nichts dahinter, das vorzuführen bescherte Auflage. «Sie trällerte fünfzig Minuten lang – für 42 000 Mark», war im *Spiegel* zu lesen. «Doch während sich die Gala-Gäste, sei's für fünf oder hundert Mark, am Sirenengesang des Kehlkopf-Stars zumindest ebenso ergötzten wie an Glanz und Gloria festlicher Selbstdarstellung – in der Pause wurden Cocktails aus Krebsschwänzen und Spargelspitzen gereicht –, konstatierten Kenner an der Primadonna assoluta eine gewisse Verstimmung … Daß es am klingenden Callas-Organ zu hapern begann, war schon letztes Jahr nicht zu überhören. Die Londoner *Times* urteilte über den Stimm-Bruch: ‹Vieles von dem, was Madame Callas heutzutage vorträgt, klingt häßlich; säuerlich, getrübt, scheppernd, falsch.› … Dennoch sei sie, so meint Maria Callas, ‹die einzige, die den Mut hat, auf Qualität zu bestehen. … Ich singe aus Liebe zur Kunst, nicht weil mir an Ruhm oder Geld läge.› Auf einem Wohltätigkeitskonzert des Malteser-Ordens, das am 5. Juni in Paris stattfinden soll, wird die Künstlerin für eine Gage von 52 000 Mark singen.» Das kam an – ein Arbeiter verdiente im Durchschnitt 590 Mark im Monat, eine Frau 358 Mark.

Am 5. Juni stand Callas in einer wuchtigen Seidenrobe, eher ein Panzer als ein Abendkleid, auf der Bühne der Salle Wagram vor 1300 Gästen, die ihr alle fremd waren. Onassis befand sich bereits auf See, niemand aus seinem Pariser Kreis war zu sehen. Auf den besten Plätzen saßen die Malteserritter in ihren signalroten Uniformjacken mit übergroßen goldenen Epauletten. Sie waren nicht für die Musik oder für Callas gekommen, sondern des Geldes wegen, das heute Abend hereinkam.

Den schönen Schein zu wahren half hier nichts. Es galt, die Gedanken nicht abschweifen zu lassen aufs Mittelmeer und zu dem, was gerade an Bord der *Christina* geschah. Onassis hatte Maria ausgeladen, angeblich hatte Montague Browne, Churchills Privatsekretär, den Gastgeber wissen lassen, dessen Mätresse sei hier unangemessen, aber Maria kannte den wahren Grund. Dieser war androgyn, schmal, dunkelblond, kleiner als sie, zehn Jahre jünger, und sie wusste sogar, wie der Grund hieß: Caroline Lee, geborene Bouvier, geschiedene Canfield, verheiratete Fürstin Radziwill, die Schwester von Jackie Kennedy. Im April hatte Maria sie als Besucherin auf der *Christina* kennengelernt, zusammen mit ihrem Ehemann, dem Exilfürsten, einem alten Freund von Onassis. Dass es zwischen Lee und Onassis knisterte, hatte sie wie alle an Bord mitbekommen. Mittlerweile hatte sie auch erfahren, dass Lee mit ihrer älteren Schwester Jackie konkurrierte, die weiter nach oben geheiratet hatte. Auch von diesen Rivalinnen durften die Gedanken sich nicht ablenken lassen, sofort wäre Maria die eigene Schwester Jackie in den Sinn gekommen mit ihrem todkranken Milton. War er schon tot oder noch nicht? Müsste sie sich kümmern?[2] Maria sang die Arien aus *Manon, Faust* und *Les Pêcheurs des perles*, in den meisten ging es um Liebe. Wie viele dort unten im Saal wussten Bescheid über ihre öffentliche Demütigung? Fotos von Präsident Kennedys Schwägerin und Onassis waren bereits in der Presse unterwegs.

Die Stunden bei Janine Reiss machten sich bezahlt, Maria Callas wirkte sicherer und überzeugte, zumindest in diesem Konzert. «Ein trauriger Vogel singt nicht gut», hatte sie selbst gesagt. Sie sang wie ein glücklicher. In einem zweiten Konzert war sie eine, die sie nie gewesen war, eine Zögernde, die nichts wagte und niemals an die Grenzen ging. Das Publikum blieb kühl. War es an der Zeit, keine Zugeständnisse mehr zu machen?

An einem Sommertag Ende Juni 1963 setzte sich Maria Callas an ihren Schreibtisch in der Avenue Foch 44, wo sie nun ihren Hauptwohnsitz hatte, und verfasste einen Brief an Jackie Kennedy. Es sei eine große Ehre, dass sie eingeladen worden sei, im Weißen Haus zu Ehren von Haile Selassie, Kaiser von Äthiopien, zu singen; leider müsse sie absagen.

Falls Jackie Kennedy und Lee ein doppeltes Spiel inszenierten, Maria spielte nicht mit. «Ich vergesse nichts», hatte sie gerade erst in einem Interview verkündet. «Manchmal vergebe ich, aber ich vergesse nichts.»[3]

Einen Monat später, Ende Juli, saß sie in ihrer Suite im Hotel Hermitage in Monte Carlo und schrieb die nächste Kampfansage, adressiert an Walter Legge. Im September sollten in London die Aufnahmen zu einem Traumprojekt beginnen, Verdis *Requiem* unter Giulini; sie hätten schon letztes Jahr stattfinden sollen, waren aber auf Drängen von Legge verschoben worden. Nur hintenrum war Maria Callas darüber informiert worden, dass eine andere Sängerin die Sopranpartie übernehmen sollte und sie den Mezzo. Wer Callas kannte, und Legge kannte sie gut, war sich darüber im Klaren, welche Herabwürdigung das für sie bedeutete – als würde sie aufs Altenteil verschoben. Legge hatte sich davor gedrückt, die Verantwortung für die Neubesetzung zu übernehmen; die Gesellschaft, also EMI, habe die Sopranistin ausgewählt, nicht er. Die Wahl war auf Elisabeth Schwarzkopf, Mrs. Legge, gefallen.

Was Maria Ende Juli an Edward Bicknel, General Manager von EMI, schrieb, war höflich, aber unmissverstehbar: Legge habe offenbar vergessen, der Gesellschaft mitzuteilen, dass er ihr, Callas, bereits im Jahr zuvor die Sopranpartie fest zugesichert hatte. Sie erlebte das als Verrat. «Das Einzige, was mich tröstet und meine Verletzung kleiner macht, ist, dass meine Partie an eine liebe Freundin von mir vergeben worden ist, Madame Schwarzkopf, die ich immens bewundere. Aber das ändert nichts an meiner Lage.»[4] Legge bekam diesen Brief zur Kenntnis in Kopie. Ihm direkt gegenüber wurde Maria deutlich: «Wenn Deine Frau mein Repertoire singen kann, dann singe ich ihres. Ich plane eine Aufnahme eines Recitals mit Mozart-Arien. Bitte empfehl mir einen guten Mozart-Korrepetitor.»[5]

Bei einem der üblichen Dinner in Monte Carlo traf Maria Callas auf Churchills Sekretär Montague Browne, der zusammen mit seinem Chef und Lee dabei gewesen war bei der Kreuzfahrt ohne sie im Juni. Ihm entging nicht, dass sie ihn schnitt. «Was läuft hier falsch, Maria?», fragte er. «Ich dachte, wir seien Freunde.» «Oberflächlich», sagte sie, «bist du charmant, aber darunter bist du hart und kalt und ruchlos, ich hasse dich.»[6]

Warum sollte es ihr peinlich sein, als Tigerin zu gelten? Lange genug hatte sie sich in der Öffentlichkeit dagegen verteidigt und nie eingestanden, was sie hinter den Kulissen schwor: «Denen werde ich's zeigen.» Frauen durften nun angreifen. Das erfuhr Maria Callas aus allen Kanälen. Als vor drei Jahren Anita Ekberg mit Pfeil und Bogen auf einen Paparazzo gezielt hatte, war das noch skandalös gewesen. Nun wurde die US-amerikanische Fliegerin Jacqueline Codran zur schnellsten Frau der Welt ernannt. Mit einem Lockheed Super Starfighter hatte sie eine Durchschnittsgeschwindigkeit von fast 2000 Stundenkilometern erreicht. Und das mit sechsundfünfzig Jahren. Valentina Tscherkowa war gerade als erste Frau im Weltall unterwegs gewesen, und es schien sie nicht zu kümmern, ob das als unweiblich galt.

Der schöne Schein, das war die Welt von gestern. Maria Callas vergaß nichts, sie vergab selten – aber sie vergab. Anfang August ging sie an Bord der *Christina* für eine Kreuzfahrt mit Onassis.

Direkt nach Allerheiligen erreichte Maria Callas eine Todesnachricht, sie erreichte Millionen: Elsa Maxwell war mit achtzig Jahren gestorben. Vor Kurzem war ihr letztes Buch erschienen. Auf der Vorderseite stand in Pink *The Celebrity Circus*, auf der Rückseite waren die *celebrities* aufgeführt, um die es vor allem ging, alphabetisch sortiert. Es war nur eine der *celebrities* darunter, die Warhol feierte: Maria Callas. Gewidmet war das Buch «To M. C. with admiration and affection and love». Elsa Maxwell hatte Maria offenbar alles vergeben, und es las sich so, als sei das auch umgekehrt der Fall. Kurz bevor sie starb, hatte sie außerdem, im Kopf noch hellwach, einen deutschen Gesellschaftsjournalisten zu sich gebeten und ihm an achtzehn Tagen im Bett liegend ihr Leben so erzählt, wie es die Nachwelt sehen sollte.[7]

Was sie in ihrem Buch über Callas verriet, warf keinen um. «Sie hat die Oper zu einem neuen Leben erweckt.» Oder: «Ich halte sie für die größte Künstlerin unseres Jahrhunderts.» Was sie über Maria sagte, dürfte einige überrascht haben, Legge zum Beispiel, Visconti, Marias Schwester Jackie und auch Montague Browne. Früher sei Maria in ihren Augen «einfach ein Biest» gewesen, aber sie habe «sich sehr verändert»,

sagte Maxwell. «Sie ist jetzt viel wärmer, viel herzlicher, viel kontakt-
freudiger. Sie macht heute einen glücklichen und zufriedenen Eindruck.
Dass Maria lange Zeit so unnahbar, hochmütig, blasiert und allzu sehr
mit dem Nimbus der Primadonna umgeben war, hängt in erster Linie
damit zusammen, dass sie nicht den richtigen Mann geheiratet hatte.
Ein Glück, dass die Scheidung kam ... Nach ihrer Trennung von Meneghini hat sie sich gewandelt. Der Grund für ihre völlige Veränderung
liegt in der Liebe. Sie liebt Onassis – wie eine Frau nur lieben kann.
Diese Liebe hat Maria Callas als Künstlerin groß und als Mensch glücklich gemacht.»

Die meisten Kritiker in London und Berlin waren, was die Entwicklung der Künstlerin anging, ganz anderer Ansicht. Was Maxwell danach
noch sagte, dürfte auch Maria selbst überrascht haben und alle diejenigen, die mitbekommen hatten, wie sehr sie darunter litt, von Onassis oft
kurzfristig aufs Abstellgleis geschoben zu werden. «Jetzt, da sie sich
menschlich geborgen weiß, hat sie auch die wirkliche Reife ihrer Kunst
erreicht. Ob sie jedoch Onassis heiraten wird – ich weiß es nicht. Ich
kenne beide sehr gut. Vielleicht ist es besser, wenn sie ihr Verhältnis
nicht durch eine offizielle Bindung sanktionieren. Eine Ehe lässt oft die
wirkliche Liebe erkalten. ... Onassis hat es auch bewirkt, dass Maria viel
von ihrem Primadonnenkult abgelegt hat, sie ist bescheidener geworden. Sie ist jetzt auch bereit, eine Nebenrolle zu spielen. Das hat sie mir
selbst gesagt.» Der letzte Satz von Maxwell zu Callas war kühn: «Wenn
es auch im Augenblick etwas still um sie geworden ist, so bin ich doch
davon überzeugt, dass ihre große Stunde als Künstlerin noch einmal
schlagen wird ...»[8]

Es waren ihre Fingernägel, die Zeffirelli beunruhigten, lange lackierte
Fingernägel. Er saß auf einer großen neuen Couch in der Avenue
Foch 44 und sah Maria Callas beim Reden und Gestikulieren zu. Was sie
sagte, kannte er längst: dass sie glücklich und zufrieden sei und endlich
den richtigen Mann gefunden habe, dennoch ständig an ihrer Stimme
arbeite, was hieß, jeden Tag am Klavier zu üben. Sie hatte David Webster, dem General Manager von Covent Garden, zugesagt, in einer Neuproduktion der *Tosca* aufzutreten, alles maßgeschneidert auf sie und ihr
Comeback; unterschrieben hatte sie allerdings noch nicht. Zwei Jahre

war sie ohne das ausgekommen, was sie zum Leben brauchte – die Oper. Wenn das Comeback kein Flop werden sollte, musste sie jeden Tag am Klavier üben. Zeffirelli sah ihren Händen zu, sie bemerkte es nicht. Schließlich ergriff er eine Hand Marias und hielt sie hoch: Damit konnte niemand Klavier spielen.

Jetzt war ihr klar, es wurde ernst. Es galt, die Fingernägel abzuschneiden, Gala-Dinners abzublasen, auf lange Nächte neben dem qualmenden Onassis zu verzichten, das Luxusreservat zu verlassen und wieder alles zu riskieren. Nicht die soundsovielte Tosca, ohnehin nie eine ihrer bevorzugten Rollen, eine ganz neue Tosca, radikal, leidenschaftlich, triebhaft, wollte Zeffirelli von ihr, er setzte darauf, dass genau das Callas reizen würde, die sich immer auf das Abenteuer eingelassen hatte. Revolutionär war in seinem Konzept vor allem eins: die Beziehung von Tosca zu Scarpia. Er hatte Tito Gobbi für die Partie ausgesucht, dafür bekannt, dass er Callas den Stachel ins Fleisch jagte. Scarpia war bisher immer nur der Mann gewesen, den Tosca hasste und schließlich ermordete. Bei Zeffirelli sollte er ein Mann sein, der nicht schön und schon gar nicht gut war, aber eine starke sexuelle Anziehungskraft besaß. «Ohne es zu wissen», erklärte Zeffirelli Maria Callas seine Tosca, «ist sie weit davon entfernt, ihn zu hassen; vielmehr ziehen seine Macht, seine Grausamkeit sie auf eine geheimnisvolle Weise an. Am Ende tötet sie Scarpia nicht nur, um ihren Geliebten, sondern auch, um sich selber zu retten.» Er skizzierte ihr den Charakter Scarpias und dachte dabei an Onassis, sagte das aber nicht, überzeugt, sie selbst würde dabei ebenfalls sofort an Onassis denken.

Sie reagierte auf seine anzügliche Darstellung des Scarpia, als wäre sie Jungfrau und zwölf Jahre alt. «Aber liebe ich ihn nun oder nicht?», fragte sie, wie sie früher oft gefragt hatte: «Bin ich nun gut oder böse?» «Das musst du entscheiden», sagte Zeffirelli. «Aber ich muss doch wissen, ob ich ihn liebe oder nicht.» Zeffirelli wurde deutlicher. Wie denn sie selbst einem solchen Mann gegenüber reagieren würde? «Einem Mann, der mächtig, korrupt, sadistisch ist, aber über eine unglaubliche Ausstrahlung verfügt?» Da nickte sie und unterschrieb.[9]

Im Dezember stand Maria Callas vor einem Stehpult, auf dem Noten lagen, die sie noch nie gesungen hatte. Waren es sechsunddreißig oder vierzig Partien, die sie in ihrer Karriere gesungen hatte, viele nur zwei-, dreimal? Sie selbst hatte nicht mitgezählt. Jetzt ausgerechnet Neues.

Michel Glotz hatte ihre Auswahl akzeptiert, ohne zu fragen. Er war mehr als acht Jahre jünger als sie, fünfundzwanzig Jahre jünger als Walter Legge, und auch Callas war bewusst, dass ihm viele von Legges Qualitäten fehlten. Doch er besaß etwas, das die meisten Musiker bei Legge vermissten, Leichtigkeit und Charme. Seine gute Laune war ansteckend, seine Geschichten aus der Branche waren komisch und seine Witze gut, oft lachte sich das gesamte Aufnahmeteam schief, und er selbst lachte am lautesten. Die Stimmung in der Salle Wagram war ausgezeichnet, als Glotz die nächste Platte mit Callas produzierte. Neben ihr vertrautem Repertoire, Rossini und vor allem Verdi, nahmen sie auch Arien aus Mozarts *Don Giovanni* und *Nozze di Figaro* auf.

Doch selbst Glotz musste zugeben, dass diese Mozart-Partien Callas nicht lagen, weder die der Elvira noch die der Donna Anna und schon gar nicht die der Gräfin, die ihrer entschwundenen Liebe nachklagte, gelähmt von Traurigkeit. Kaum jemand im Team witterte, warum Callas sich auf diese Arien versteifte und auch noch eine Konzertarie von Beethoven mit ins Programm genommen hatte, Opus 65. Nur Eingeweihten musste auffallen, dass mit eben diesen Mozart-Partien Elisabeth Schwarzkopf berühmt geworden war und Karajan Beethovens Konzertarie Opus 65 mit Elisabeth Schwarzkopf eingespielt hatte.

Wer es noch nie erlebt hatte, wie Callas im Strickrock mit schwerer schwarzgerahmter Brille auf der Nase bei einer Aufnahme Gesten vollführte, als stünde sie auf der Bühne, wie sie den Arm reckte, die Faust ballte, sich zusammenkrümmte und erschrocken die Hand vors Gesicht schlug, fand das lächerlich. Doch das Ergebnis entschuldigte meist alles. Von Beethoven erwartete sich niemand etwas Aufregendes. Bei den ersten Worten des Rezitativs aber hörten die Techniker auf, an ihre Technik zu denken, und die Leute im Orchester an ihren Orchesterpart. Mit den jähen, riskanten Tempoänderungen, wie Beethoven sie vorschrieb, riss Callas alle mit in eine mörderische Berg- und Talfahrt der Gefühle. «Ah! Perfido» – «Ah, du treuloser, wortbrüchiger, barbarischer Verräter, du verlässt mich?» Eine Szene voll der Verwünschungen, Drohungen, Rachegelüste.

Fast niemand, auch niemand in den Kreisen der Künstler und Intellektuellen, war immun gegen die Nachrichten der Skandalpresse. Wer in den letzten Monaten an irgendeinem Kiosk in Paris stehengeblieben war, musste über das Schicksal von Maria Callas unterrichtet sein. Ende August hatte es die Bilder von der Eröffnung des Hilton in Athen gegeben, des ersten Kettenhotels in Griechenland, mit Nicky Hilton, seiner Frau Trish, Frank Sinatra, Anthony Quinn – und Onassis ohne Callas, in Begleitung von Lee Fürstin Radziwill ohne Fürst. Darunter war der Schnappschuss von beiden gewesen, wie er, seine Hand auf ihrem Nacken, Lees Mund auf seinen drückte, dazu die Mutmaßung in Großbuchstaben: Will Onassis die Schwägerin des Präsidenten gewinnen? Zweimal, einmal zu Beginn seiner Karriere, ein zweites Mal Mitte der fünfziger Jahre, war Onassis von der US-Regierung wegen Betrugs verklagt worden, zweimal hatte er sich der politisch motivierten Strafverfolgung entzogen; seine Akte beim FBI war dick. Ein gutes familiäres Verhältnis zu John F. Kennedy lag im Interesse des Spielers.

Im September waren die Fotos und Schlagzeilen auf den Titelseiten wieder nicht zu übersehen gewesen: Jackie und Lee gemeinsam auf der *Christina*, zwischen ihnen Onassis, ein selbstloser Tröster, der Mrs. Kennedy half, über den Verlust ihres jüngsten, zu früh geborenen und sofort gestorbenen Sohns hinwegzukommen. Callas hatte auf allen Fotos gefehlt.

Diejenigen, die Bescheid wussten – konnten sie und wollten sie trennen zwischen dem, was Maria widerfuhr, und dem, was Callas bot, wenn sie nun den «Perfido» verfluchte? Konnten sie unterscheiden zwischen dem Leben und der Kunst? Brachte doch sie selbst beides ständig in Zusammenhang – «es ist nicht die Stimme, es sind die Nerven».

Am 22. November 1963 hatte dann eine einzige Nachricht alle anderen auf dem Planeten übertönt: «Kennedy in Dallas erschossen.» Da war die Meldung, dass Onassis zur Beisetzung nach Washington geflogen und im Weißen Haus einquartiert worden war, ohne Callas, nicht mehr als ein Nebengeräusch gewesen.

Zwei Wochen später, in der Salle Wagram, klagte Maria Callas nun mit Beethovens Konzertarie einen Verräter an, als könnte sie ihn zwingen, die Welt ihrer seelischen Finsternis voll Hass, Wut und Verzweiflung zu betreten, und bewegte sich selbst darin unfehlbar richtig. Erst gegen Ende gestand die Verlassene dem Mann, den sie ihren Abgott nannte, hilflos: «Was soll ich machen ohne dich? Ich werde vor Hunger sterben.» Vor wenigen Tagen, am 2. Dezember, hatte *Ici Paris* Maria Callas mit den Worten zitiert: «Tatsache ist, dass ich immer hungre. Ich bin ständig heißhungrig, und das macht mich fertig.» Ging es dabei nur um leibliche Nahrung? Am 3. Dezember hatte sie ihren vierzigsten Geburtstag mit Onassis im Maxim's gefeiert, auf den Fotos küsste sie ihn, als wäre sie ausgehungert.

Auf der Straßenseite gegenüber der Covent Garden Opera sah es aus, als hätten Obdachlose ein neues Winterquartier aufgeschlagen. Auf leeren Obstkisten standen im Januar 1964 Henkelbecher und Thermosflaschen, neben alten Feldbetten und Camping-Liegen vollgestopfte Taschen. Manche, die dort ihr Lager aufgeschlagen hatten, kannten sich. Was sie verband, war die Verehrung von Maria Callas, nicht der Ikone Callas, die angebetet werden sollte, sondern der Künstlerin, die mitreißen und das Innerste aufreißen wollte. Es brauchte viel Geld oder viel Ausdauer, um an Karten für eine der sechs Vorstellungen der neuen *Tosca* zu kommen.

Am 21. Januar war im Foyer des Opernhauses viel Italienisch zu hören. Callas hatte Italien verlassen, die Italiener aber nicht sie, Wallfahrer aus Rom begrüßten solche aus Mailand, Florenz oder Verona.[10] Einige von ihnen waren nervös, nervöser aber als alle anderen waren der General Manager David Webster und Sander Gorlinsky, der Agent von Maria Callas. Die Angst, sie könnte absagen, umklammerte sie bis zur letzten Minute. Dabei hatten sie alles getan, um einen Schutzwall um ihren Star zu errichten. Niemand, egal mit welcher Begründung, war zu den Proben zugelassen worden, nur Kurznachrichten waren an die Medien hinausgegangen. Bei der Kostümprobe waren Pressefotografen zugelassen worden, es klickten derartig viele Kameras, dass es sich für Tito Gobbi anhörte, als befände man sich in einem Büro mit einem tippenden Geschwader an den Schreibmaschinen.

Am 21. Januar, dem Tag der Premiere, rief Maria Callas ihn an. «Ich kann nicht singen, meine Stimme ist weg.» In der Generalprobe war sie noch in bester Verfassung gewesen, hatte gar nicht bemerkt, wie ihre langen Perückenlocken in einer Szene in den echten Kerzen Feuer gefangen hatten, und war nach Gobbis Löschmanöver keineswegs nervös gewesen. Gobbi hörte nun, dass sie tatsächlich etwas heiser klang, und brauchte eine halbe Stunde, um sie zu beruhigen. «In Ordnung», sagte er schließlich, «du singst nicht. Es ist genug, wenn du erscheinst. Das mit dem Singen übernehme ich.»[11]

Direkt bevor sich der Vorhang zur Premiere hob, kam sie in seine Garderobe. Gobbi führte sie hinter die Bühne, spürte, wie eisig ihre Hand war, sah den Schweiß den Nacken hinunterlaufen und in den Ausschnitt ihres Kleides. Es war kein Fieber, es war hohes Lampenfieber.[12] Gobbi wie Callas hatten den Höhepunkt ihres stimmlichen Vermögens verlassen, aber beide waren Meister darin, ihre Schwächen durch Ausdruck zu kompensieren.

Callas war bis in die Fingerkuppen angespannt, die Spannung elektrisierte Gobbi und die anderen Solisten. Keiner wusste, was in der nächsten Sekunde geschehen würde. Ihre Bewegungen kamen von innen, waren geladen mit Ausdruck wie die einer großen Tänzerin. Selbst wenn sie schwieg, zog sie die Blicke auf sich.

Es war totenstill im Haus, als Tosca endlich ihr *Vissi d'arte* begann. Als sie endete, war es wieder totenstill. Gobbis Frau Tilde hatte zahllose *Toscas* erlebt, aber dass nach diesem Bravourstück der Applaus ausblieb, noch nie.

Wie würde es weitergehen? Würde Callas auf dem Höhepunkt der Oper von der Bühne stürmen? Scarpia saß im Hintergrund und unterzeichnete den Erlass, den Geliebten Toscas nur zum Schein erschießen zu lassen, in wenigen Augenblicken sollte sie mit Sex dafür bezahlen. Tosca war an dieser Stelle in höchster Erregung. Callas ebenfalls, das wusste jeder im Raum. Doch sie ließ sich Zeit. Reglos stand sie in der Totenstille vor dem Tisch mit Weinkaraffe und Gläsern, stumm. Auf einmal schenkte sie sich hektisch ein Glas ein, kippte es hinunter, stellte das Glas ab. Und dann war ihr leuchtend weißer nackter Arm in der Dunkelheit zu sehen, dieser Arm wurde zum Mittelpunkt der Bühne. Alle Blicke waren auf die Hand gerichtet, die sich langsam, unerträglich langsam auf etwas zubewegte, das auf dem Tisch lag. Als Tosca das Messer packte, sich ruckartig zu Scarpia umdrehte, das Messer reckte, hatte sie das Publikum im Griff. Und als er zu Boden stürzte und verendete, brüllte das Publikum nach Callas, der Beifall prasselte auf sie nieder. Zwölf Minuten lang.[13]

Maria Callas verließ spät durch den Künstlereingang das Haus, die Fotografen hatten ausgeharrt. Einer erwischte den allerersten Augenblick, in dem sie ins Freie trat. Krampfhaft hielt sie ein Taschentuch in der Hand, das Foto war nicht gut, aber die Tränen in ihren Augen waren zu sehen.[14] Sie hatte ums Überleben gesungen, nicht um das der Tosca, um ihr eigenes. Noch einmal hatte sie es geschafft.

Warhol lieferte seiner wachsenden Gemeinde gerade eine neue Ikone, die der Witwe Jackie Kennedy. Jenes Foto von Maria Callas am Bühnenausgang war weniger eindrucksvoll, doch eine Tragödie steckte auch darin. Fast neun Jahre war es her, dass Zeffirelli mit Maria Callas nach der Premiere von *Sonnambula* den aufgehenden Tag mit Champagner begrüßt hatte und ihm klar geworden war, was ihr fehlte: jemand, der sie einfach umarmte, seiner Liebe versicherte und sie spüren ließ, dass sie für ihn Maria war, nicht Callas.

24.

EINE LIEBENDE FRAU ALS PRIESTERIN

Die Beatles holen Callas ein,
Romy Schneider küsst eine Seelenverwandte,
Maria wird Reederin, und Cosotto singt Callas nieder

In den Straßencafés auf den Champs-Élysées und im Marais, wo die vier Männer aus Liverpool am Tisch sofort von ihren Fans umzingelt worden waren, redeten alle noch davon. Selbst Stammgäste im Maxim's, die wie üblich in Smoking und Abendkleid zum Konzert ins Olympia gegangen und dort Leuten begegnet waren, die Jeans trugen, waren jetzt stolz darauf, dabei gewesen zu sein beim ersten Gastspiel der Beatles in Paris. War das die Musik der Zukunft?

Die Zahlen sprachen nach wie vor für Maria Callas: Im ersten Vierteljahr 1964 waren an sie und Herbert von Karajan von EMI die höchsten Tantiemen ausgezahlt worden, jeweils über 10 000 englische Pfund,[1] sie waren Spitzenreiter – unter den Künstlern aus der Klassikszene. Mehr als das Vierfache, über 46 000 Pfund, hatte EMI an jene vier blutjungen Aufsteiger aus Liverpool überwiesen, die sich diese Summe allerdings teilen mussten.[2] Callas war in London gewesen, als die Beatles in Paris auftraten, nicht abendfüllend, sondern jedes Mal in einem Programm mit bereits berühmten Kollegen, dafür vom 16. Januar an achtzehn Tage lang. Sie trugen zwar schwarze Anzüge, weiße Hemden und schwarze Krawatten, aber sie zogen Leute ins Olympia, die minutenlang kreischten, ließen die Elektronik zusammenbrechen und brauchten die Polizei zu ihrem Schutz.

Längst waren die Beatles abgereist, trotzdem waren sie gegenwärtig im Frühling 1964. *I Want to Hold your Hand*, aufgenommen in den Maria Callas vertrauten Abbey Road Studios, hatte auch auf dem amerikanischen Billboard Platz 1 erobert, gefolgt von vier anderen Titeln der Beatles. Dort, wo früher in Paris jeder nur Chansons gesungen hatte, sangen sie jetzt *Please Please Me, She Loves You, It's a Hard Day's Night* oder eben *I Want to Hold your Hand*. Es ging meistens um Liebe und Eifersucht, um die Sehnsucht nach körperlicher Nähe und um Sex. Darum ging es auch in Bellinis *Norma*. In den Duetten von Norma und Adalgisa sangen die beiden in engen Harmonien und waren eng beieinander, Hand in Hand sollten sie dastehen.

Maria Callas hatte sich verändert, und Zeffirelli wollte das zeigen. Sie selbst wollte, sagte sie ihm, seine für sie entwickelte *Norma* in Paris «ganz neu angehen». Er bat sie, die Augen zu schließen, Melodien aus der Oper vor sich hin zu summen und ihm zu sagen, was sie dabei sah. Sie sah eine Norma, die nicht mehr die keusche Priesterin spielte, sondern vor allem eine leidenschaftlich Liebende war, weniger von Seelenheil träumend als von irdischem Glück, eine romantische Frau. Zeffirelli inszenierte die vier Akte der Oper als vier Jahreszeiten, vom Frühling, in dem Gefühle erblühten, bis zum Winter der Verzweiflung. Mit Herzklopfen erlebte er in den Proben, wie stark Marias neues Dasein die Kunst von Callas beeinflusste. «Vor der Affäre mit Onassis», war sich Zeffirelli sicher, «hätte sie das nie so singen können.» Doch genau das jagte ihm auch Angst ein. Früher hatte Callas sich aus ihrer Intuition bedient und sich so lange in einen Charakter vertieft, bis er ihr ganz eigen war. Jetzt war sie bereits eine Frau wie Norma, die in Kindern die Bestimmung des weiblichen Lebens sah, die den Mann, den sie liebte, ganz für sich haben wollte, die bereit war, ihre Konkurrentin dafür in den Tod zu schicken und alles aufzugeben, was sie einmal gewesen war. «Auf schreckliche Weise», fand Zeffirelli, «war sie zu den Gestalten geworden, die sie sang.»[3]

Maria Callas wirkte nicht so, als sei daran etwas schrecklich. Onassis würde zur Premiere da sein und hinterher im Maxim's ihren ersten Auftritt in einer Oper hier in funkelnder Gesellschaft feiern. Zeffirelli dagegen dachte weiter, endete Normas leidenschaftliche Liebe doch in der Selbstvernichtung. In einem jedoch war Callas ganz Callas geblieben: Um die Nerven zu schonen, schlug Zeffirelli ihr vor, ein paar der heikelsten Koloraturen wegzulassen und einiges nach unten zu transponieren – mit gutem Recht, der Kammerton hatte zu Bellinis Zeiten deutlich niedriger gelegen. «Das merkt kein Mensch», meinte er, «und diejenigen, die es merken, wird es nicht stören.» «Aber ich werde es merken», sagte sie, «und mich wird es stören.»

Es waren vor allem die angeblich sensationellen Kleider der Callas, die in einer Stadt wie Paris die Neugier wachkitzelten auf eine Norma, die, so hieß es im Voraus, Apricot und Pink trug, Gewänder, die weich und duftig und betörend waren, von dem Verwandlungszauberer in diesem Metier, Marcel Escoffier. Große Modedesigner, sogar Coco Chanel, zogen am 22. Mai 1964 zur Premiere in die Opéra Garnier ein, auch Max Ernst und Romy Schneider, Melina Mercouri und Anna Magnani, die Intendanten Webster von Covent Garden und Ghiringhelli von der Scala,[4] die Begum, Madame Pompidou, der Kulturstaatsminister André Malraux. Und Lee Fürstin Radziwill mit ihrem Mann.

Freundin hätte Callas wohl niemanden unter diesen Gästen genannt, eine Freundin, wie es Giovanna Lomazzi gewesen war. Auf der Bühne war ihre engste Verbündete wenigstens eine, auf die sie sich verlassen konnte: Fiorenza Cosotto als Adalgisa. Gemeinsam waren sie in *La sonnambula* und in *La Gioconda* aufgetreten, hatten beides eingespielt, mit großem Erfolg. Das war noch in den fünfziger Jahren gewesen. Seither war Fiorenza Cosotto, über elf Jahre jünger als Callas, zu einem der begehrtesten Mezzos weltweit aufgestiegen. An diesem Abend steuerte sie einen weiteren Gipfel an. *I Want to Hold your Hand*: Die beiden hielten sich im ersten Akt bei ihrem Duett an der Hand, Callas gab das Zeichen, die Phrase zu beenden, doch Cosotto hielt den letzten Ton aus, so lange sie konnte. Bei der nächsten Phrase genauso. Ihr Mezzo war warm und rund und ausgeglichen in allen Lagen. Der Applaus danach galt ihr und nur ihr. Aber sie hatte nicht mit dem gerechnet, was nun geschah: Callas schob Cosotto vor, trat selbst zur Seite und deutete mit beiden Händen auf die Kollegin. Als Sängerin hatte sie nicht gesiegt, aber als Persönlichkeit.

Auch im zweiten Akt triumphierte Cosotto lange über Callas und kostete das aus. Doch dann, als ganz zum Schluss die Bühne Callas allein gehörte, war sie jene neue Norma, die der veränderten Maria entsprach, die Farben der Stimme leuchtender, die Schatten schwärzer. «Norma ist faszinierend, weil sie eine gespaltene Persönlichkeit ist», erklärte Zeffirelli, der fand, dass Maria Callas zu den Gestalten geworden war, die sie sang.

In den Pariser Buchhandlungen stapelten sich die Exemplare einer Neu-
erscheinung aus den USA, deren Cover eine Frau in weißem Minikleid
in einem Vogelkäfig zeigte, darüber stand: «Betty Friedan La femme
mystifié». Letztes Jahr hatte Betty Friedan – Psychologin, Soziologin
summa cum laude, Ehefrau, dreifache Mutter und Hausfrau, ungefähr
im Alter von Callas – ihr Buch über den Weiblichkeitswahn und die
Selbstbefreiung der Frau veröffentlicht und es nun bereits millionen-
fach verkauft. Darin räumte sie auf mit dem, was Männer für begehrenswert und typisch weiblich erklärt hatten, dem Glück der treusor-
genden Ehefrau und Mutter. Betty Friedan hatte Studienkolleginnen
befragt, nachdem sie selbst wegen ihrer zweiten Schwangerschaft gefeuert worden war, Freundinnen, die trotz guter Examina ein Dasein im
häuslichen Abseits führten. Nun verriet sie, wer der Feind der Frauen
war: keineswegs der Mann, sondern ihr eigener Hang zur Selbstverleugnung.

Maria Callas las kaum Bücher, schon gar nicht solche. Sie war stolz
darauf, mehr Geld zu verdienen als fast alle anderen Frauen auf der Welt,
und entschlossen, ihren Neustart mit *Tosca* und *Norma* zum Auftakt
einer zweiten Karriere zu machen. Aber sie träumte auch davon, von
Onassis geheiratet, versorgt und mit Schmuck behängt zu werden.
Schon die Pinnaus hatten sich über Marias «masochistisch anmutende
Unterwürfigkeit» aufgeregt. Und Zeffirelli, kein Auftragnehmer und
kein alter Freund von Onassis, sagte: «Sein Sadismus schien grenzenlos.
Er hatte die Neigung, sie zu demütigen, vor allem in Gegenwart alter
Freunde», stellte aber zugleich fest: «offensichtlich war sie immer noch
sehr verliebt in ihn.»[5] Selbstverleugnung – war das ein Charakterzug der
neuen Maria Callas?

Am Samstag, dem 6. Juni 1964, sollte sie das vierte Mal als Norma
auftreten. Acht Vorstellungen waren insgesamt angesetzt, alle acht mit
Fiorenza Cosotto an ihrer Seite. Bis zu diesem Samstag hatte sie sich
tapfer durchgeschlagen. Am zweiten Abend war die veränderte Maria
Callas begrüßt worden. «Die hässlichen Noten waren noch hässlicher als
jemals zuvor», fand der Kritiker der *Musical Times*. Aber da war eine
«neue stimmliche Leichtigkeit und Glücklichkeit in ihrer Darstellung»,
eine Dringlichkeit, die sich einbrannte. «Sie ist», verkündete er, «heute
die Größte unter allen Musikern auf der Bühne.»[6] Am dritten Abend

war Maria Callas noch lauter ausgepfiffen als bejubelt worden. Doch sie war abgetreten in der Haltung einer Siegerin.

An diesem vierten Abend nun hatte sich Rudolf Bing angesagt, Teil ihrer Zukunftsplanung, denn zu ihrer zweiten Karriere gehörte auch ein Comeback an der Met. Es sah gut aus, zum ersten Mal würde bei dieser Vorstellung ihr Wunschpartner Franco Corelli mit ihr auftreten, stark, schön und immer mit ihr solidarisch; auch ihm war sofort aufgefallen, dass sie mit einer neuen Stimme sang und innerlicher als früher.[7] Cosotto jedoch griff an, und die Verteidigung kostete Maria Callas Kraft. In der fünften Szene brach ihre Stimme auf dem hohen C ein. Keine Chance, das Geräusch in einen Schmerzensschrei zu verwandeln. «Das Haus begann zu toben, die eine Hälfte der Zuschauer buhte, die andere Hälfte brach in tosenden Beifall aus. Sie hob die Hand, und sofort wurde es still. Dann gab sie dem Dirigenten ein Zeichen, die Arie zu wiederholen – und diesmal brach ihre Stimme nicht – ein Höllenlärm erhob sich.»[8]

Die Besucher wurden tätlich, sie schlugen aufeinander ein – von einer Loge zur Nachbarloge, in den teuersten Parkettreihen, ganz oben auf den Stehplätzen, von rechts nach links, von links nach rechts, von vorne und hinten. Sie zogen sich an den Haaren, bespuckten, ohrfeigten sich und traten sich noch unten im Foyer ans Schienbein, bis die republikanische Garde einschritt.

Bei den Beatles war ebenfalls gebrüllt, vor Begeisterung gekreischt und gepfiffen worden. Im Olympia war es wie in der Oper zu Krawallen gekommen, die Polizei war auch dort eingeschritten. Daran, hieß es, sieht man, dass diese Musik jeden direkt erreicht. Doch Maria Callas hatte das Publikum, anders als die Beatles, in zwei feindliche Lager gespalten, Menschen in Gala, die gewaltbereit waren wie neuerdings die Hooligans in den Fußballstadien, auch die aus guten bürgerlichen Kreisen.

John Ardoin war gerade Anfang dreißig, ein studentischer Typ mit dunkelblondem Bart und dicker Brille. Er war verunsichert, als er in der Avenue Foch 44 eine Wohnung betrat, die er sich nie in seinem Leben würde leisten können. Teuer war hier alles, gemütlich fand er es trotzdem. Er kannte Maria Callas lange, aus New York, aus Chicago, auch aus Dallas, aber nur auf der Bühne oder direkt dahinter. Sie wusste, dass er einer der Musikkritiker war, die von Anfang an zu ihr gehalten hatten. Zeit hatte sie dennoch kaum für ihn, er war zwischen den *Norma*-Vorstellungen angereist, und wenn sie nicht gerade probte, stritt sie sich mit Journalisten und mit ihrem Vater herum. Nur über den Patenonkel Leonidas Lanzounis hatte Maria erfahren, dass ihr Vater geheiratet hatte, eine Frau, die sie kannte und verabscheute. Alexandra Papajohn fand sie «vielleicht noch schlimmer als meine Mutter». Sie schimpfte über den «grenzenlosen Egoismus und die Dummheit» ihres Vaters und über das absurde Theater, das seine zweite Frau aufführte, die nun von Maria Geld einforderte für seine Operation.

Wie Maria Callas in einem leichten sommerlichen Gewand herumlief, das Haar nur zusammengebunden, kaum geschminkt, und ihn breit anlächelte, wirkte entspannt auf Ardoin. Aber er bekam zu spüren, dass sie auf Angreifer eingestellt war. Kaum kam die Rede auf die Callas-Biographie von George Jellinek, die bereits 1960 erschienen war, und die neue ihres griechischen Landsmanns Stelios Galatopoulos, beide große Verehrer, sagte sie: «Ich kann Bücher über mich nicht leiden, sie sind alle voreingenommen. Ich bin noch zu jung für solchen Unsinn. Das einzige gültige Buch über mich wird das sein, das ich selbst schreibe.»

Die Wohnung war vollgestellt mit Blumen, in vielen steckten noch die Karten. Ardoin hatte eben erst selbst eine *Norma* erlebt, in der Ovationen den Protest übertönt hatten, und gehört wie gelesen, Callas' Art zu singen sei weicher geworden; die männlichen Kollegen fanden das weiblicher. War sie zufrieden? «Ich muss die ganze Zeit kämpfen – nicht mit dem Management, nicht mit den Musikern, aber mit dem Publikum, weil die Leute nicht kapieren, was ich zu tun versuche.» Die Biographen, die applaudierenden Fans, die Kritiker, die sie, egal was passierte, als unerreichbar priesen – gaben sie ihr nicht das Gefühl, verstanden zu werden? «Ich will Musik machen, aber das Publikum will laute, hohe Noten. Das ist nicht Musik, das ist Zirkus.»

Auch ihren Besucher Ardoin ging Maria Callas frontal an: «Mochten Sie meine Stimme, als Sie die zum ersten Mal hörten?» Er schwieg ertappt. Nein, er hatte ihre Stimme nicht gemocht, als er sie zum ersten Mal hörte. Nach langem Zögern gab er das zu. «Na also, niemand mag meine Stimme», sagte sie, «weil sie nicht kapieren, was ich mit ihr zu machen versuche. Die Leute wollen einen schönen Klang, aber wie ermüdend ist das ganz schnell. Deshalb schlage ich mich herum mit dem Publikum.»

Er befragte sie zu ihren Erfolgen mit Schallplattenaufnahmen. «Ich mag Schallplattenaufnahmen nicht wirklich», sagte sie, «und höre mir ungern meine Platten an. Wenn ich sie anhöre, fällt mir nur eines ein: nochmal machen.»

Er wollte wissen, was sie nach den ausgebuchten Tourneen der letzten zwei Jahre an weiteren konzertanten Auftritten plane. «Ich realisiere mehr und mehr, dass ich keine Konzertsängerin bin.»

Ardoin war bekannt, wie sehr Joan Sutherland Maria Callas bewunderte und dass sie Sutherland gelobt hatte. Ob sie nach wie vor zu ihrem Satz stehe, konkurrenzlos zu sein? Das bescherte ihm eine «erhitzte Entgegnung»: «Das ist richtig. Rivalinnen habe ich keine. Wenn einmal jemand mein ganzes Repertoire singen wird, einschließlich Schallplattenrepertoire, von Isolde bis Lucia, dann werde ich eine Rivalin haben, vorher nicht.» Und Joan Sutherland? «Armes Ding, sie singt, denke ich, nur Lucia und Sonnambula. Wann wird sie die Isolde bringen?»

Von dieser sachlichen, direkten Maria Callas, die sich nach wie vor Kolleginnen überlegen fühlte und um nichts herumredete, war Ardoin überrascht. Über Onassis wusste er nur, was die Medien verbreiteten und dass er mit Callas nun schon bald seit vier Jahren ein Liebesverhältnis hatte. War es dieser nüchterne Rechner, der sie auf den Boden der Tatsachen geholt hatte?

Zum Schluss kamen sie auf ihren Triumph in London mit Puccinis *Tosca* zu sprechen. «Puccini», sagte Maria Callas, «ist kein Favorit von mir. Seine Musik ist mir zu bodenständig.»[9] Ardoin verstand erst mit Verspätung, was schwer erklärbar schien: dass Maria Callas in sich selbst den Konkurrenzkampf austrug, der zählte. «Maria war rasend eifersüchtig auf die Callas … sie wollte, dass Maria genauso wichtig war wie die Callas, und Onassis bot ihr dazu die Möglichkeit.»[10]

Im Oktober 1964 reservierte Onassis einen stillen Tisch für drei Personen im Maxim's. Sein alter Freund und Reederkollege Panagis Vergottis war Opernkenner, bewunderte Callas seit Jahren und war schon dabei gewesen, als Onassis vor fünf Jahren im Londoner Dorchester-Hotel die

Gala gegeben hatte. Vergottis hatte sich an Bord der *Christina*, bei Essen in Tavernen und in den teuersten Restaurants oft mit Maria unterhalten, ihre Träume und Ängste kannte er besser als Onassis. Ihm war bewusst, dass sie von etwas träumte, das die Gesellschaft einer Frau nicht zugestand, das sogar eine erfolgreiche Frau sich meist selbst nicht zugestehen wollte.

«Ich war immer der Meinung, es gibt bestimmte Beschäftigungen, die sich für Frauen nicht schicken, die ihnen nicht stehen. Es sieht nicht gut aus, wenn eine Frau Befehle erteilt. Sie soll versuchen, nicht in solche Positionen zu kommen, wenn ihr daran liegt, weibliche Qualitäten zu behalten; ob ich damit recht habe, weiß ich nicht. Ich selber habe mich irgendwie … danach gerichtet.»[11] Das hatte nicht Maria Callas gesagt, das sagte in diesem Oktober 1964 Hannah Arendt, eine Symbolgestalt der weiblichen Intellektuellen. Aber Maria Callas dachte ähnlich. Im Juli hatte sie unter Georges Prêtre Bizets *Carmen* eingespielt, hatte aber kaum jemanden im Team damit überzeugt,[12] sie selbst war nicht überzeugt. Carmen, sagte sie dem Aufnahmeleiter Peter Andry, sei ihr unsympathisch. Die verhalte sich völlig unweiblich und übernehme die Kontrolle über eine romantische Beziehung, wie das nur ein Mann tun würde.[13] Hier sprach Maria, die Onassis in devoter Haltung Feuer reichte.

Callas sagte in diesem Herbst in einem Interview etwas anderes: «Die Welt hat mich dafür verurteilt, dass ich meinen Mann verlassen habe. Aber ich habe ihn nicht als Ehemann verlassen – der Bruch kam, weil ich nicht mehr wollte, dass er die totale Kontrolle über mich hatte – aber das war das Einzige, was er wollte, glaube ich.» Nun, im Maxim's, wollte auch Maria, wie Callas, Kontrolle über ein eigenes Reich erhalten, um von der Angst, verarmt zu enden, befreit zu werden.

Vergottis, schon über siebzig Jahre alt, war all das, was Onassis nicht war: vornehm im Auftritt, zurückhaltend, musikalisch gebildet, Maria gegenüber wirkte er väterlich und fürsorglich. Mit beiden gemeinsam wollte er die *Artemision II*, einen Tanker von 27 000 Tonnen, kaufen, der deutlich unter Marktwert zu haben war, weil der Auftraggeber sich zurückgezogen hatte. Nach einigen Stunden konnte eine Flasche Champagner am Tisch der drei Partner entkorkt werden, um das gemeinsame Geschäft zu begießen. Ein Fünftel des Kaufpreises war bei Lieferung zu zahlen, der Rest wurde durch eine Hypothek gedeckt. Maria und Vergottis erwarben jeweils fünfundzwanzig Anteile, Onassis erwarb fünfzig, wovon er sechsundzwanzig Maria schenkte, damit sie Mehrheitseignerin war.[14] Dass seine Geliebte als Geschäftsfrau auftrat, schien ihm zu gefallen. Vielleicht sollten die sechsundzwanzig Prozent sie über den Heiratsantrag hinwegtrösten, den er ihr verweigerte; sie sei doch, sagte er, anders als er noch nicht einmal rechtskräftig geschieden.

Die anderen Reeder fanden, dass Frauen in ihrem Gewässer nichts zu suchen hatten, und lästerten über Maria Callas als Tanker-Olga.[15] Doch die hatte sich freigeschwommen. Sie zeigte sich auch auf Empfängen und Galas in Paris vermehrt ohne Onassis, sogar im Lido, an der Seite irgendeiner sogenannten Freundin, die ebenfalls solo auftrat.[16]

Am 19. Februar 1965 wurde Maria Callas fotografiert, wie sie eine Frau küsste, mitten auf den Mund und lange genug für einige Schnappschüsse. Die deutlich Jüngere war schon beim ersten Pariser Konzertabend von Callas im vorletzten Jahr von den Fotografen im Foyer entdeckt worden. Bei der *Norma*-Premiere und nun auch bei der Pariser *Tosca* hatte sie auf einem der besten Plätze in der Opéra Garnier gesessen, sie war selbst eine Berühmtheit. Von einer engen Beziehung zu Maria Callas wusste aber niemand etwas, auch die beiden nicht. Warum küsste die Sängerin nun nach der umjubelten Aufführung von Zeffirellis *Tosca* Romy Schneider mitten auf den Mund? Romy hatte miterlebt, was Callas an diesem Abend aus Tosca gemacht hatte: «eine … fragile Frau: nervös, ruhelos, vielleicht etwas hysterisch. Und das führte perfekt zum Mord an Scarpia: Es war die typische gewaltsame Geste einer schwachen Persönlichkeit, die nun die Flucht nach vorne antrat», schrieb ein Kritiker.[17]

Eine schwache Persönlichkeit, die sich nur in die Tat retten konnte – kaum jemand hätte einen Star wie Romy Schneider oder Maria Callas dafür gehalten oder gar für eine zwiegespaltene Persönlichkeit. Doch genau das verband die beiden so eng miteinander wie mit Visconti. Romy Schneider trennte in ihrem Tagebuch sogar zwischen «ich» und «die Andere».[18] Visconti hatte sie genauso wie Callas ihre Entdeckung zu verdanken. Dem aus der Heimat und dem Sissi-Gefängnis entflohenen Wiener Jungstar hatte Visconti den Durchbruch in Frankreich beschert.

Musikalisch entrückt: Als Puccinis Tosca im Februar 1965 in Zeffirellis Regie unter dem Dirigat von Georges Prêtre konnte Callas nur mühsam ihre Angst überwinden

Er hatte Romy so lange getriezt, bis sie im März 1961 in ihrer ersten Bühnenrolle das Publikum im Théâtre de Paris und die Kritiker hingerissen hatte. Wie Maria Callas war auch Romy Schneider Visconti verfallen, sehend und zugleich übersehend, dass er Männer liebte, und wie mit Maria Callas hatte er auch mit ihr sein doppeltes Spiel gespielt.

Seit Maria Onassis liebte, hatte sich Visconti von ihr verabschiedet, sie auch nicht aufgesucht, als er mit Romy am Théâtre de Paris probte. Doch Romy war nicht nur, was Visconti anging, eine Schicksalsschwester Marias. In der Zeit mit Alain Delon erfuhr sie meist aus der Presse, mit wem er sie betrog, ob Mann oder Frau. Als sie letztes Jahr, zurück von Dreharbeiten in den USA, in der Pariser Wohnung nicht ihn vorgefunden hatte, sondern nur einen Rosenstrauß und einen Zettel, dass er mit seiner neuesten Geliebten unterwegs war, hatte auch das die Öffentlichkeit erfahren; nur dass sich Romy danach die Pulsadern aufschnitt, konnte vertuscht werden. «Ohne dich bin ich nichts», hatte sie in ihrer ersten französischen Filmrolle gewimmert, als der brutale Liebhaber sie verprügelt liegen ließ. Den Nachstellungen der Sensationspresse entging sie so wenig wie Callas, und wie die war sie ständig absturzgefährdet; wer Romy und wer Maria kannte, der kannte auch ihre Minderwertigkeitsgefühle unter dem Make-up des Selbstbewusstseins.

An solchen Weggefährtinnen fehlte es Maria. Romy war verletzt und stolz wie sie, begierig, begehrt zu werden als Frau, gespurt auf den Kampf als Künstlerin. Kurz nach dem Pariser Kuss verschwand sie aus Paris und versank in Berlin in Ehe- und Mutterglück, jener Illusion des Glücks, die Maria noch immer hegte. Callas bewahrte Maria vor der Einsicht, dass Onassis ihr entglitt. Keine Woche nach der neunten und letzten Tosca in Paris kehrte sie als Tosca an die Met zurück.

Es steckte eine Frau dahinter, dass William Weaver Anfang April 1965 endlich keine Ausflüchte mehr akzeptierte und Punkt drei Uhr bei Maria Callas in der Avenue Foch 44 an der Wohnungstür klingelte. Der altgediente Verehrer hatte mittlerweile als Journalist Karriere gemacht und arbeitete für die Produzentin Geraldine Souvaine; sie war verantwortlich für die Pausenfeatures des Texaco Broadcast während der Opernübertragungen der Met. Souvaine war über fünfzig und nicht zimperlich in ihrem Umgangston.

Das war modern, auch in Frankreich. Doch Maria Callas las nicht, was die Pariser Kulturszene begeisterte, Romane wie den der jungen Algerierin Albertine Sarrazin über ihren kriminellen Werdegang, in einer Sprache, die Frauen bisher nie zu verwenden gewagt hatten.[19] Sie bekam auch nicht mit, was die Feministinnen in Frankreich über lesbische Liebe schrieben und über Zicken, die noch nicht verstanden hatten, dass Frauensolidarität unabdingbar war. Sie wollte nur eines: die Bestätigung, geliebt zu werden. In New York war sie an der Met am 19. wie am 25. März mit Liebesbezeugungen überschwemmt worden, Bing hatte sie mit Rosen bedacht, sie vor den Fotografen umarmt und geküsst. Fans hatten in der Oper ein Banner entfaltet: «Willkommen daheim». Und als sie die Bühne betrat, noch bevor sie einen einzigen Ton sang, hatte

das Publikum so lange applaudiert, dass der Dirigent den Taktstock nie-
derlegen und abwarten musste.

Alles Unliebsame hatte Maria Callas ausgeblendet. Die Met war schä-
big geworden, die Räume abseits der Schauseite versifft, es rieselte und
bröckelte. Zu renovieren lohnte sich nicht mehr, im nächsten Jahr würde
die neue Met im Lincoln Center eröffnet werden. Callas dachte nicht
darüber nach, ob es Absicht war, dass Bing sie noch einmal in die Met
von gestern eingeladen hatte, ein Star der untergehenden Ära. Sie selbst
hatte sich als die neue Maria Callas gezeigt, friedlich, versöhnlich, befreit. «Ich muss Sie enttäuschen, meine Herren», hatte sie in die Mikro-
phone der Redakteure gesprochen, die sie zum Zerwürfnis mit Bing
ausfragten, «es gibt keine Gefechte mehr zwischen uns.»[20] Als Bing mit
seinem Ehrengast Jacqueline Kennedy nach der Vorstellung in Marias
Garderobe aufgetaucht war, hatte sie getan, als sei die Witwe eine Freundin, keine Konkurrentin. «Aber *Tosca* ist kein Schauspiel, es geht ums
Singen. Sogar Callas konnte daran nichts ändern», hatte *Time* geschrieben.[21] Falls sie es gelesen hatte, nahm sie es nicht zur Kenntnis. Ihre dramatischen Fähigkeiten waren gepriesen worden, es hatte Rosen und Konfetti auf sie geregnet, und sie ließ die Welt wissen, dass es ihr gut ging.

Weaver wollte mehr erfahren. Die Fragen hatte Maria Callas längst
vorab bekommen, doch sie hatte wieder und wieder eine Entschuldigung dafür herausgezogen, ihm abzusagen: leichte Erkältung, Kopfweh,
Magenverstimmung. Geraldine Souvaine hatte Weaver schließlich einen
Tritt in den Hintern versetzt. «Sag der Hure, sie soll entweder scheißen
oder runter vom Topf.»[22] Nun war er wild entschlossen, das Interview
durchzuziehen. Bruna führte ihn nicht ins Wohnzimmer, sie führte ihn
ins Schlafzimmer, Maria Callas lag auf dem Bett und sah aus wie das
blühende Leben. Weaver hatte gerade erst die *Tosca* an der Met miterlebt
und erklärte diplomatisch, es habe ihn beeindruckt, wie sie die Partie
darstellerisch bewältigt habe. Ob sie sich eine Karriere auf der Sprech-
bühne vorstellen könnte? Sie reagierte ausweichend, als überhörte sie
die Andeutung, dass ihr vielleicht nichts anderes übrigbliebe, wenn sie
weiter auftreten wolle. Als Weaver sie jedoch fragte, ob ihre griechische
Herkunft etwas zu tun habe mit ihrer Darstellungskunst, reagierte sie
erfreut und lächelte ein Foto im Silberrahmen an. Onassis lächelte von
dort zurück.

Ausgerechnet im Maxim's wurde die Pariser Premiere von *Alexis Sorbas* gefeiert, wo Callas und Onassis Stammgäste waren und nun ihr Griechentum vorführten. Der Mann, der für den Film vielleicht das Wichtigste geschaffen hatte, die Musik, hätte sich niemals an ihren Tisch gesetzt. Mikis Theodorakis hasste die Tankerkönige, die sich mit jenen Kräften solidarisierten, die er bekämpfte. War es nur Folklore, war es Nostalgie oder Überzeugung, dass Callas und Onassis auch in Paris demonstrierten, Griechen zu sein? Oder war es Berechnung? Ende August 1964 hatte Onassis Maria genötigt, in Lefkada, dem Hauptort der gleichnamigen Nachbarinsel von Skorpios, auf dem Marktplatz vor der Bevölkerung zu singen, weil er das als Gegenleistung für die Lieferung von Trinkwasser auf seine Insel versprochen hatte.

Was in Griechenland seit den letzten Wahlen im Herbst 1961 geschehen war, beängstigte die demokratische Welt. Der Sohn von König Paul, der nach dem Tod des Vaters im Frühjahr 1964 als Konstantin II. angetreten war, sah seine Aufgabe darin, die Kommunisten im Land zu vernichten, und betrachtete die gesamte Linke als eine Verbrecherbande. In dem unberechenbaren und streitbaren Sohn des Ministerpräsidenten, Andreas Papandreou, erblickte er einen Sprengsatz.[23] Die Gefahr einer Regierungskrise oder eines Umsturzes zeichnete sich jeden Monat schärfer ab. Dass Mikis Theodorakis ein Star geworden war, würde ihn als Linken im Land nicht vor Verfolgung schützen. Das aber konnte Onassis, der in Griechenland in großem Umfang investierte, nicht irritieren. Und doch schaute er im Maxim's auf vielen Fotos abwesend aus, keineswegs in Feierlaune. Wenn er mal auf einem lachte, dann lachte er Maria nicht an, sondern eindeutig aus.

Maria wirkte angespannt und verkrampft. Sie gab sich wie gewohnt als unpolitisch und, das war ihre neue Rolle, vor allem als nicht kämpferisch. Es war sechs Jahre her, dass sie nach dem *Norma*-Skandal in Rom gesagt hatte: «Meine einzige Waffe ist meine Stimme. Wenn ich meine Waffe nicht habe, ist es lächerlich, dass ich kämpfe. Es ist einfach schierer Suizid.» Nun war de Hidalgo angereist und hatte mit ihr an der Waffe geübt. Außerdem ließ sich Callas regelmäßig von Janine Reiss kontrollieren. Doch wer den Kritiken der *Tosca* an der Met Glauben schenkte, zweifelte daran, dass sie noch frei über ihre Waffe verfügte. Einen Tag vor der Premierenfeier von *Alexis Sorbas* hatte sie Bernard

Gavoty ein Interview gegeben, das fürs Fernsehen aufgezeichnet worden war[24] und in dem sie erneut die veränderte Callas zeigte, mehr Hauskatze als Tigerin.

Elf Tage danach, am 14. Mai 1965, stand sie wieder als Norma auf der Bühne der Pariser Opéra, und sie stand von Anbeginn wankend. Mario del Monaco hatte abgesagt wegen psychischer Probleme, der noch wenig bekannte Gianfranco Cecchele, der ihn ersetzte, glänzte vor Stolz, auf einmal an der Seite von Callas aufzutreten, aber seine jugendliche Potenz verschreckte sie. Immerhin war Giulietta Simionato, die alte Freundin, als Adalgisa an ihrer Seite. Doch es waren allein im Mai noch vier weitere Vorstellungen durchzuhalten, Callas war angeschlagen, hatte vier, fünf Kilo abgenommen und Angst. Simionato musste bereits nach der zweiten Aufführung am 17. Mai wegen anderer Verpflichtungen aussteigen – eine Abschiedstournee, denn sie war dabei, ihre Bühnenkarriere mit sechsundfünfzig Jahren zu beenden und ein zweites Mal zu heiraten. Genau das hätte Maria Callas mit einundvierzig Jahren gerne auch getan.

Als am 18. Mai ihr Gespräch mit Gavoty gesendet wurde, hörte das Publikum Callas, die mit Samtstimme sagte: «Bin ich glücklich? Ja, ohne Zweifel. Ich sollte öfter daran denken. Manchmal realisiere ich es nicht.» Am 20. Mai rückte der Grund ihrer Angst näher: Fiorenza Cosotto kam in Paris an, die Ovationen ihrer letzten Auftritte im Ohr. Sie zog ins Grand Hotel direkt bei der Oper ein, wo bereits ihr Mann Ivo Vinco wohnte, der in der *Norma* als Bass mit dabei war, ließ aber erklären, sie habe keine Zeit für eine Probe. Am 21. Mai sang Callas eine Norma, die durch ihre Innerlichkeit bewegte, eine Zuflucht der Callas, die mit Spitzentönen nicht mehr zu triumphieren vermochte. Die Vorstellung wurde aufgezeichnet, und es schien gut zu gehen. Da fiel mitten im zweiten Akt das Tonbandgerät aus. Das Ende des zweiten Akts: Auf ihn kam es nun in der nächsten Vorstellung an.

Die Norma in Apricot war am 29. Mai nicht blass, sie war weiß im Gesicht. Die junge Frau des jungen Tenors war hinter der Bühne im Einsatz, sie führte Callas an der Hand aus der Garderobe heraus und spürte, wie kalt diese Hand war, die ihre umklammerte. «Warum soll ich singen?», fragte Callas sie. «Wozu diese Leiden? Ich könnte glücklich und ruhig leben. Aber ich kann nicht anders. Ich kann nicht mehr zurück. Was sollte ich dem Publikum sagen, meinem Publikum?»[25]

Der *Norma*-Skandal vor sechs Jahren war Gegenwart. Neunzig Mal hatte sie diese Partie gesungen, häufiger als jede andere, ein einziges Mal war sie gescheitert. Doch dieses Scheitern war lauter in den Köpfen als alle Siege, und es lärmte in ihrem Kopf und übertönte den Applaus nach dem ersten Akt. «Machen Sie sich keine Sorgen», sagte die junge Frau, «das Publikum meint es nur zu gut mit Ihnen.» Sie hatte sagen wollen: «Das Publikum wird es gut mit Ihnen meinen, es ist ganz auf Ihrer Seite.»

Doch Cosotto war es nicht, sie ließ Callas jedes der gut elf Jahre, die sie jünger war, spüren. Ihre Stimme war elastisch, ihre Energie ungebrochen.

Frauensolidarität? Daran glaubte selbst Simone de Beauvoir nicht und die meisten anderen Feministinnen ebenso wenig. Jackie Callas gegen Maria Callas, Lee Radziwill gegen Maria Callas, Jackie Kennedy gegen Lee Radziwill oder schon gegen Maria Callas? Dass Onassis die Witwe des Präsidenten zu ein paar privaten Essen in der Avenue Foch 88 empfangen hatte, war kein Geheimnis. Und nun erneut Cosotto gegen Callas. Der zweite Akt wurde zur Schlacht, jeder der starken, lang ausgehaltenen Töne Cosottos zu einer Waffe, über die Callas früher selbst verfügt hatte.

Callas brach auf offener Bühne zusammen. Als der Abendregisseur vor den Vorhang trat, war allen, bevor er ein Wort sagte, klar: Die Vorstellung wurde abgebrochen. Das Publikum verließ das Haus ohne Geschrei, ohne Protest. Es war wie ein stilles Begräbnis.

Zwei Wochen später wurde in den Abbey Road Studios ein Lied aufgenommen, das ein Welterfolg wurde, der seinesgleichen noch nicht kannte. Die ersten Zeilen passten zu Maria Callas. «Yesterday, all my troubles seemed so far away. Now it looks as though they're here to stay. Oh, I believe in yesterday.» Da hätte Callas bereits ihre Koffer packen müssen, um nach London zu reisen. Vier Mal noch sollte sie dort zurückkehren in ihr *yesterday*, ihren letzten großen Erfolg, für vier Vorstellungen der *Tosca* an der Covent Garden Opera, vier Mal Callas in Zeffirellis Inszenierung.

Heimgekehrt von einer Mittelmeer-Kreuzfahrt auf der *Christina*, meldete sie sich bei General Manager David Webster, um ihm mitzuteilen: keine *Tosca* mehr in London. Sie nannte gesundheitliche Gründe, doch es waren die Nerven. Es war ein dreiviertel Jahr her, dass sie selbst davor gewarnt hatte: «Ich gebe zu», sagte sie damals dem amerikanischen Magazin *Life*, «dass ich zum ersten Mal seit Jahren davor zurückschrecke, eine Bühne zu betreten.»[26] Sie habe sich, ließ sie Webster nun wissen, ganz zurückgezogen und sei derzeit für niemanden erreichbar. Webster begegnete Maria Callas dennoch, in Zeitungen und Magazinen, wo Fotos sie auf dem großen Rothschild-Ball zeigten,[27] danach bei Pariser Partys und Nachtclub-Besuchen, gebräunt, erholt, gut gelaunt, oft ohne Onassis.

Der hatte an seiner Front zu kämpfen: Fürst Rainier machte Anstalten, ihm seinen Spielplatz in Monaco zu verderben. Aus dem Schrebergarten der Elite sollte ein Rummelplatz für Millionen von Touristen werden, mit großen Hotelkästen statt luxuriöser Grandhotels, mit billiger Gastronomie für jeden Geschmack anstatt der Restaurants für Gourmets. Viel Geld von der Masse zu kassieren, darin liege die Zukunft des Tourismus, und Onassis sei leider einer von gestern, der aus Eigennutz jedem Fortschritt ein Bein stelle.[28]

Webster war das Schicksal von Onassis gleichgültig, er fürchtete sich davor, von all denen gelyncht zu werden, die einen Tag oder eine Nacht lang angestanden hatten, um eine Karte für Callas in *Tosca* zu ergattern. Noch mehr fürchtete sich Sir David Webster, Knight Commander of the Royal Victoria Order, davor, bei der Queen in Ungnade zu fallen. Er flog nach Paris und überrumpelte Callas. Sie ließ sich auf den Handel ein, wenigstens an dem Gala-Abend zugunsten des Opernhauses aufzutreten, bei dem die Königin anwesend sein sollte.

Anfang Juli kam Maria Callas endlich in London an. Sofort holte sie das Gestern mit Wucht ein: Suite im Savoy-Hotel, wie vor zwölf Jahren bei der Krönung der Queen. Damals war sie siegessicher angetreten, nun war sie in Panik, alles zu verlieren. Damals war Meneghini bei ihr gewesen, dieses Mal verschanzte sie sich allein hinter der Tür, an der das Schild hing: «Don't disturb». Das Gefühl, bei ihrem Londoner Publikum nun verhasst zu sein, konnte sie nicht aussperren.

Zeffirelli empfing sie, als sie am 5. Juli das Opernhaus betrat. Er spürte sofort, dass diese Aufführung nun das Ende sein würde. Callas war des

Gefechts um Publikum und Höchstleistung müde. Sie hatte genug damit zu tun, das um Onassis auszutragen. «Der Kampf zwischen Maria, der Frau, und Maria, der Diva ... hatte sie aufgerieben.»[29]

Am 6. Juli 1965 veröffentlichte der *Evening Standard* die Nachricht, dass Callas gestorben war. «Yesterday ...», begann die Meldung. «Gestern war nur noch Asche zu erleben, das Feuer war erloschen.» Maria aber lebte.

25.

EINE GRIECHIN IN PARIS

Onassis verliert gegen Karajan,
Callas beneidet Gréco und lehnt Domingo ab,
und Theodorakis wird verhaftet

A m 18. März 1966 betrat Maria Callas die amerikanische Botschaft in der Avenue Gabriel, einen Bau aus den 1930er Jahren ohne Charme. Gut gelaunt blickte sie in die Kamera, die vor dem Eingang aufgebaut war.[1] Ja, das sei richtig. Sie wollte ihren Pass zurückgeben und auf die amerikanische Staatsbürgerschaft verzichten, nachdem sie erfahren hatte, dass nach einem griechischen Gesetz aus dem Jahr 1946 alle außerhalb der griechisch-orthodoxen Kirche geschlossenen Ehen für Griechen ungültig waren. Wenn sie als Tochter von zwei Griechen die griechische Staatsbürgerschaft annahm, würde das eine nachträgliche Annullierung ihrer Ehe mit Meneghini ermöglichen, sie war mit ihm 1949 römisch-katholisch getraut worden. Nichts als ihr Privatleben schien Maria zu interessieren, und das durfte etwas kosten.

Die Avenue George Mandel galt als beste Lage, breit und still; nur herrschaftliche Häuser gab es hier, keine Hinterhöfe, keine düsteren Abseiten, nirgendwo Schmutz oder blätternden Putz. Im Haus Nr. 36, dritte Etage, war im März 1966 Maria Callas eingezogen. Wer hereinkam, sagte «perfekt» und dann meistens nichts mehr. In diesen Räumen stimmten die Farben, die Proportionen, die Stoffe, die Teppiche, die Beleuchtung, jede Borte und jedes Kissen. Victor Grandpierre, Innenarchitekt von Dior, hatte von Maria Callas freie Hand bekommen, ihre Wohnung einzurichten, ihre eigene Wohnung. Anders als bei Meneghini war hier alles echt: die barocken Spiegel, Fauteuils und Kommoden, der Buddha aus Birma, der rosa Marmor im Badezimmer, die Vasen aus der späten Ming-Dynastie, die Flügeltüren aus einem Kloster und die Wandverkleidungen aus einem aufgelassenen Schloss, die Gemälde, sogar ein

Fragonard war darunter. Es fehlte nur das, was überall in der Avenue George Mandel fehlte: das ganz normale Leben. Hier roch es nie nach Knoblauch, standen nie Weingläser oder Aschenbecher von der letzten Nacht herum und kam nie Überraschungsbesuch. In der Straße gab es keine Restaurants, keine Läden, keine Bars, nicht einmal eine Bäckerei oder einen Blumenstand.

Dass es auch weit und breit kein Kino gab, und das in dieser Stadt mit der höchsten Kinodichte weltweit, störte Maria Callas nicht, sie bemerkte es gar nicht. Dass aber ihre Zukunftspläne genau dorthin führten, wussten Zeffirelli, Onassis und einige andere. Der *Tatler* gab Ende 1965 vor zu wissen, dass Maria Callas ihre Filmambitionen bereits beerdigt hatte, und auch warum. «Auf der Bühne kann sie ihren eigenen Weg gehen, indem sie den Regisseur oder den Dirigenten einfach ablehnt. Aber sie wusste, dass in einem Film sogar die größten Stars Befehle zu befolgen haben.»

Im letzten Sommer hatte es für sie noch gut ausgesehen mit einer zweiten Karriere im Film. Im August 1965 war Zeffirelli zum dritten Mal in diesem Sommer nach Athen geflogen und mit einem Wasserflugzeug auf die *Christina* gebracht worden, die vor Skorpios ankerte; dort war Onassis mit seiner Baustelle beschäftigt. Trotz vieler Rückschläge hatte Zeffirelli den Plan noch nicht aufgegeben, die *Tosca* mit Maria Callas zu verfilmen, wohl wissend, wie stark sie selbst daran hing. Als er nun wieder an Bord ging, saß sie bei einem Drink zusammen mit John Knatchbull, dem 7. Baron von Brabourne, und Tony Havelock-Allan, ebenfalls englischer Adel und ebenfalls Filmproduzent. Brabourne war ein Jahr jünger als sie, klein und drahtig, mit ausgeprägtem Kinn und vielen Lachfalten, Havelock-Allan achtzehn Jahre älter als sie, ein schlaksiger großer Mann mit langer Oberlippe, dem Schauplatz seiner Ironie. Beide waren nach einer militärischen Karriere ins Filmgeschäft eingestiegen. Beide waren nur hier wegen der *Tosca*-Verfilmung.

«Ich tue das nur, weil Ari darauf besteht», erklärte Maria mehrmals. Dann folgten eine Kurzfassung ihrer Vergangenheit als Opfer Meneghinis, dessen Sklavin sie gewesen sei, und die Frage, ob sie sich überhaupt für ein Filmprojekt ins Zeug legen sollte. «Ist es das wirklich wert? Ich habe alles erreicht, was eine Künstlerin sich wünschen kann … Aber wenn Ari darauf besteht, dass ich es probiere, mache ich es eben, obwohl

ich lieber hierbleiben und ausspannen würde.» Diese Zusage glaubte
keiner der anwesenden Herren. Sie wollten zur Sache kommen, doch
Maria redete ununterbrochen über Belangloses. Die Filmproduzenten
wechselten mit Zeffirelli, der das Treffen eingefädelt hatte und dabei war,
sich als Filmregisseur einen Namen zu verschaffen,[2] vielsagende Blicke.[3]
Sie hatten erwartet, dass sie es mit Callas zu tun haben würden, die laut
Zeffirelli darauf brannte, den Film zu machen, doch sie trafen auf Maria
und konnten es nicht fassen: Das sollte dieselbe Frau sein, die als Sängerin in England Hunderttausende tief bewegt hatte, wenn nicht auf der
Bühne, so durch den einen Akt der *Tosca*, der im Fernsehen gelaufen
war? Onassis brachte, kaum war er an Deck, Marias Geplätscher radikal
zum Versiegen. «Schone deine Stimme für deinen Auftritt, dann wirst
du sie wirklich brauchen.» Dass Maria bei den Verhandlungen Callas
sabotierte, war offenbar auch ihm klar.

Rasch kam das Gespräch auf die Schwierigkeiten mit Karajan, der die
Rechte an einer *Tosca*-Verfilmung mit Callas besaß, den sie als Dirigenten jedoch ablehnte und der vermutlich nur mit viel Geld auszuhebeln
war. Da erwachte der Kampfgeist in Onassis. Doch sein Angebot am
nächsten Tag belief sich auf eine Summe, die alle drei Professionellen
schlagartig ernüchterte; 10 000 Dollar, das war Portogeld. Entweder
hatte Onassis keine Ahnung davon, was allein die Planung eines Film-
projekts kostete, oder er zog ein doppeltes Spiel durch, wollte vor Maria
als Förderer auftreten, hegte in Wirklichkeit aber keinerlei Interesse.
Maria wusste davon nichts, sie saß in ihrer Suite und schrieb einen Brief
an Bernstein.

«An Bord der Christina, 16. August 1965. Lieber Lenny, ... Ich war
ziemlich damit beschäftigt, zu mir selbst zurückzufinden und eine Entscheidung zu treffen, was Deinen Vorschlag angeht. Leider muss ich ab-
lehnen, und Lenny, Du weißt, wie liebend gerne ich kommen würde ...
Ich werde in diesem Zeitraum vergeben sein. Wahrscheinlich, um einen
Film mit *Tosca* zu drehen. Aber vergiss mich nicht ...»[4]

Kurz darauf waren die Filmleute ratlos. Onassis und Maria hatten sich
gestritten, auf Griechisch, sie hatten kein Wort verstanden. Maria war in
Tränen ausgebrochen, warum, hatten sie nicht erfahren, und schließlich
hatte Maria versprochen, ihr Geld zuzuschießen – welches Geld? Sie
wussten und erfuhren nichts von der *Artemision II*. Doch die als Tanker-

Olga belächelte Aktionärin fühlte sich vermögend, und nachdem Vergottis ein großer Befürworter des *Tosca*-Filmvorhabens war, würde es sicher ein Leichtes sein, von ihm Bares zu bekommen. Achselzuckend verließen Zeffirelli, Brabourne und Havelock-Allan die *Christina*.

Die meisten von ihnen trugen Schwarz, Rollkragen, Lederjacken, und auch Maria Callas konnte sie nicht übersehen. Die jungen Regisseure, in der Regel um die zehn Jahre jünger als sie, drehten auf den Champs-Élysées und an der Seine, in Hotelfoyers, in Cafés und auf Gemüsemärkten. Ihre Kameraleute standen in Hauseingängen oder hockten in Kofferräumen von breiten Limousinen, deren Deckel entfernt worden war. Was sie in die Kinos brachten, war Maria Callas fern. Am 4. Juni 1966 saß sie jedoch bei der Gala zu einer Filmpremiere weit vorne, sie wurde in der Besetzungsliste zwischen namhaften Schauspielern aufgeführt, auch wenn ihr Auftritt nur kurz war in dieser Fernsehkomödie, *Adieux de Tabarin*. Der Film hatte mit dem, was die Köpfe der Nouvelle Vague von Louis Malle und Chabrol bis Truffaut und Godard machten, nichts gemeinsam.

Da saß sie nun, angespannt, ein großes Haarteil täuschte ihre frühere Frisur vor; das Make-up war bühnenreif dramatisch, die Robe Haute Couture, der Schmuck etwas für die Fürstin von Monaco. Idole sahen in der Welt des Films jedoch anders aus. Die jungen Frauen imitierten Brigitte Bardot und Stéphane Audran, Jeanne Moreau und Simone Signoret, Jean Seberg, Anna Karina oder Agnès Varda – Frauen, die sich selbstsicher, frei und lässig zeigten, ob intellektuell oder verrucht, undurchsichtig oder ungeniert in ihrem Sex-Appeal. Auf ein paar Schnappschüssen lächelte Maria Callas bereitwillig in die Kamera, neben ihr zwei der neuen Kultgestalten, Zizie Jeanmaire und Juliette Gréco. In dieser Nachbarschaft wirkte sie aus der Zeit gefallen.

Nun, im Sommer 1966, konnte sie nicht mehr verdrängen, dass der Film und seine Stars die Gegenwart beherrschten. Zeffirelli hatte es geschafft, Liz Taylor und Richard Burton für seine filmische Adaption von Shakespeares *The Taming of the Shrew* zu gewinnen, und drehte bereits mit ihnen, sie selbst kannte Taylor und Burton seit 1964 aus Paris, von Galas und Premieren im Lido. Zeffirellis Bemühungen, den Warner Brothers eine Verfilmung von *La traviata* mit Callas zu verkaufen, hatten jedoch zu nichts geführt. Anspruchsvolle Filme anzusehen interessierte Maria nicht, aber für Callas wurde es Zeit, aufzuspringen auf diesen Zug.

Nach dem Essen, zur Verdauung, gab es auf der *Christina* zu Whisky und Cognac Kino, bevorzugt Liebesfilme oder Western, niemals etwas von der Pariser Avantgarde. Film war für Onassis Ablenkung. In diesem Sommer benötigte er davon mehr als üblich, denn die Streitigkeiten zwischen ihm und Rainier waren eskaliert. Seit 1953 hatte Onassis die Aktienmehrheit der Société des Bains de Mer besessen, so dass er über das Spielcasino verfügte und über fast alle Luxushotels – bis zu dem Überfall: Sein Freund Rainier hatte vor zwei Jahren kurzerhand das Kapital der SBM und damit seinen eigenen Aktienanteil erhöht, und der Staat Monaco hatte in großem Maßstab neue Aktien ausgegeben, mittlerweile waren es 600 000, von anderen Aktionären waren Anteile zurückgekauft worden. Noch vor den Sommerferien 1966 hatte Rainier Onassis einen Scheck über 10 Millionen Dollar ausgehändigt. Als ein Gedemütigter war Onassis aus seinem Hauptquartier in Monte Carlo abgezogen und hatte mit dem Geld die Depositenbank in Genf erworben, gab aber zu, dass all das nicht auf seinem freien Entschluss beruhte, er habe Rainier unterschätzt. All das war Anlass, sich vor Maria als Geschäftsmann zu beweisen, der bewältigte, woran andere gescheitert waren. «Wir kaufen Karajan auf», hatte er Zeffirelli und den britischen Produzenten gegenüber letztes Jahr erklärt.[5] Das war im Sand verlaufen, die Briten waren ausgestiegen, aber Sander Gorlinsky, Manager von Callas, hatte deutsche Produzenten gewonnen und mit ihnen einen Vertrag abgeschlossen. Zeffirelli hatte unterzeichnet, Callas nicht, ohne deren Unterschrift es keinen Vorschuss gab. Sie hatte den Vertrag erst noch Onassis zeigen wollen, der hatte ihn zerrissen. Was verstand Maria von Verträgen? Onassis übernahm.

Im August 1966 tranken Gäste, die noch nie eingeladen worden waren, ihren Begrüßungsdrink an Bord der *Christina*. Sie passten dorthin, trugen weiße Hosen, waren bereits vorgebräunt und an jeden Luxus gewöhnt. Zeffirelli wäre aus allen Wolken gefallen, hätte er sie gesehen. «Zwei prime donne in einer Aufführung sind zu viel», so hatte Maria Callas einen *Tosca*-Film mit Karajan abgelehnt. Er oder ich, hatte sie erklärt. Nun saßen Eliette und Herbert von Karajan an Deck und tranken Champagner. Doch Karajan wollte Callas für sein eigenes *Tosca*-Projekt gewinnen, schließlich verfügte er über die Rechte an dem Film. Zeffirelli sei schuld, dass es bisher nichts geworden sei, weil er aus Onassis enorme Summen herauspressen wollte, ließ Callas Karajan wissen. Aber ihm schien das wirkliche Problem Callas selbst zu sein, weil sie Angst hatte, die Partie nicht mehr zu bewältigen.[6] Karajan schlug vor, zu dem neu produzierten Film eine ältere Aufzeichnung als Soundtrack zu verwenden, die Pariser *Tosca* unter Prêtre aus dem Jahr 1964.[7]

Die Karajans reisten ohne Zusage ab, und Onassis blieb erneut ohne Sieg zurück. Sein Versuch, Karajan aufzukaufen, war gescheitert. Als Maria Callas Zeffirelli das endgültige Aus mitteilte, nahm er das hin, obwohl es ihn schmerzte. Als sie es Vergottis, dem großen Förderer des Vorhabens, mitteilte, stieß sie auf Protest. Ihm ging es darum, dass Callas unter allen Umständen ein Dokument ihrer Darstellungskunst schaffen sollte, doch er traf auf Maria, die sich bevormundet fühlte und wohl auch mit schuld am Scheitern. Zeffirelli hatte anderen gegenüber gewettert, wie schamlos er die finanziellen Forderungen Marias fand, wenngleich er witterte, dass dahinter Onassis steckte. «Ich bin», hatte sie Zeffirelli gesagt, «ihm einfach ausgeliefert.»

Onassis hatte also gegen Karajan verloren, und Maria Callas verlor nach Visconti und Legge mit Vergottis und Zeffirelli zwei weitere wichtige Freunde. Sie brauchte neue, möglichst solche, die mit dem Film zu tun hatten.

Ein schmales hohes Haus aus dem späten 19. Jahrhundert, nur drei Fensterachsen am Boulevard des Capucines inmitten der Straßencafés. Doch was über dem Eingang in meterhohen Leuchtbuchstaben zu lesen war, wusste fast ganz Paris. Im Dezember 1966 stand dort wieder einmal «Juliette Gréco».

Das Olympia war die wichtigste Music Hall in Paris, wer dort auftrat, gehörte zu den Siegern und Siegerinnen der Branche. Eine Besucherin wie Maria Callas fiel dort auf. Im Mai 1966 hatte sie das Olympia zum ersten Mal betreten, opernfein in kleiner Nerzjacke und schwarzem Etuikleid. Da hatte ihr ein stämmiger Mann in hellgrauem Anzug, der ihr nur bis zum Kinn reichte, direkt vor dem Eingang unter den Plata-

*Beneidenswert frei:
Callas beglückwünscht
Juliette Gréco nach
deren Konzert im
Olympia, der wichtigs-
ten Music Hall in Paris,
im Dezember 1966*

nen einen Handkuss gegeben. Sein Name stand ganz oben und nur klein
unter «Olympia», aber Bruno Coquatrix war Inhaber und Manager des
Unternehmens.[8] «Maria Callas zum ersten Mal in ihrem Leben in der
Music Hall», hatten die Zeitungen am Tag nach dem Handkuss gemel-
det. Jetzt, im Dezember 1966, hatte sie bereits ihren Vorzugsplatz im
Haus.

Sie trug eine große rechteckige Unterarmtasche, als sie das Olympia
betrat. Kaum erschien Gréco vor dem roten Vorhang, entnahm Maria
der Tasche einen Kassettenrecorder und drückte auf Aufzeichnung. Es
gab Platten zu kaufen, doch ihr ging es darum, das Live-Erlebnis festzuhalten. Coquatrix hatte nichts dagegen, auch Juliette Gréco nicht, sie
wusste mittlerweile, was Callas mit nach Hause tragen wollte, als sei es

ein Talisman für ihre eigene Entwicklung: den Klang der Freiheit, um die sie die Chansonnière beneidete. Gréco hatte den Eindruck, die Oper sei für Callas ein Gefängnis gewesen.[9] Dem war sie entkommen, doch wohl nicht in eine Freiheit, wie sie Gréco besaß. Nach der Vorstellung ging auch Maria Callas in die Garderobe von Gréco, die überfüllt war mit Blumen und Geschenken – Juliette hatte in aller Heimlichkeit geheiratet, einen der großen Filmschauspieler, Michel Piccoli. Was machte diese Frau richtig? Schon vor dreizehn Jahren war sie für den Film entdeckt worden, letztes Jahr hatte sie eine Hauptrolle in einer Fernsehserie gespielt, die abends die Straßen leergefegt hatte.

Callas, der Star der großen Opernbühnen, und Gréco, der Star aus den Kellerbars von Saint-Germain, eng zusammen – das Motiv gefiel den Fotografen. Wenige erkannten, wie viel Gréco mit der drei Jahre älteren Callas teilte, die Kunst der Gesten auf der Bühne, diese Magie der Arme und Hände, und eine Stimme, die vor allem eines suchte, den Ausdruck des Gefühlten, gern auf Kosten des Gefälligen und Schönen. Sie teilten außerdem die mit dem Erfolg gewachsene Angst vor dem Auftritt, die innere Unsicherheit und die Gabe, Worte und Töne von anderen so zu durchdringen, dass es die eigenen wurden. Doch auch Maria erkannte das nicht. Um es zu entdecken, hätte sie sich mit Juliette anfreunden und auf sie eingehen müssen. Von deren Suizidversuch im letzten Jahr wusste sie nichts, wollte vielleicht auch nichts davon wissen, von deren politischem Engagement verstand sie nichts und wollte vielleicht nichts davon verstehen, auch wenn eben das Gréco von den meisten anderen ihres Metiers unterschied. Das gesungene Bekenntnis von Gréco «Je suis comme je suis» – «Ich bin, wie ich bin» – war zwar nicht neu, es traf jedoch zu. Und Maria Callas, wer war sie? Was von diesem Treffen blieb, war wie bei den vorherigen Begegnungen nicht mehr als ein paar Fotos.

Es war ziemlich genau ein Jahr her, dass Maria Callas die amerikanische Botschaft in Paris betreten hatte, um ihren amerikanischen Pass zurückzugeben und als Griechin eine unverheiratete Frau zu sein, frei für Onassis. Am Dienstag, dem 4. April 1967, betrat sie an der Seite von Onassis – er feierlich in schwarzem Anzug, weißem Hemd, schwarzer Krawatte – wieder ein mächtiges offizielles Gebäude, diesmal mitten in London.

Von außen hatte der High Court etwas von einer Kathedrale, im Inneren auch. In einem hohen Raum, der ernst und feierlich Andacht gebot, saßen auf einer der hölzernen Bänke Maria Callas und Aristoteles Onassis, nach wie vor in den Medien als die berühmtesten Griechen der Welt geführt, um gegen einen ehemaligen griechischen Freund zu klagen, den Reeder Panagis Vergottis. Es ging um die *Artemision II*. Kurz nach dem Aktienkauf hatte Vergottis Maria Callas beschworen, sie solle auf ihre Tanker-Anteile vorerst verzichten und die Einlage von 60 000 Pfund als Darlehen an seine liberianische Handelsgesellschaft verstehen. Die *Artemision II* hatte auf der Jungfernfahrt einen Unfall erlitten, das sei ein Unglücksschiff, hatte Vergottis gewarnt. Mittlerweile hatte sich die *Artemision II* als ein Glücksschiff erwiesen, der Aktienkurs war steil angestiegen, doch Vergottis hatte sich geweigert, das Geschäft rückgängig und Callas wieder zur Aktieneignerin zu machen. Für Freunde wie Zeffirelli, der hinter Marias Geldgier bei den Filmverträgen Onassis witterte, steckte er auch hinter der Anklage.

Die Anteile von Callas, erklärte der Anwalt von Vergottis, seien als echtes Darlehen an die liberianische Reederei gedacht gewesen. Unsinn, erklärte Onassis. «Da hätte sie mit britischen Staatsanleihen mehr verdienen können.»

Der Anwalt: «Aber so wäre es doch in der Familie geblieben.»

Onassis: «Was heißt hier Familie? Wozu sollte ich mir Geld von Madame Callas leihen? Mister Vergottis vielleicht – ich jedenfalls nicht.»

Die Gerichtsberichterstatter schrieben über das, was Maria Callas trug, ein rotes Kleid, einen weißen Turban, einen Nerzmantel, über das, was sie lutschte, Veilchenpastillen, und darüber, was der Anwalt von Vergottis aus einem Prozess über Geldgeschäfte zu machen versuchte: einen Prozess über das Privatleben von Maria Callas.

«Nimmt Frau Callas in Ihrem Leben dieselbe Position wie eine Ehefrau ein, die sie nur deswegen nicht sein kann, weil sie nicht frei ist?», fragte der gegnerische Anwalt Onassis. Der ging ihm nicht auf den Leim. «Nein», sagte er, «wenn das der Fall wäre, wäre es weder für sie noch für mich ein Problem zu heiraten.»

«Haben Sie ihr gegenüber Verantwortlichkeiten, die über rein freundschaftliche Verpflichtungen hinausgehen?» «Nein», sagte Onassis, «aber da ich ihr wesentlich näher stehe als Mister Vergottis, war ich es eben, der sich um Verträge kümmerte, wenn etwas nicht in Ordnung war.» Callas war ebenfalls auf der Hut und zeigte sich bedeckt. «Ich bin jetzt dreiundvierzig, er, Vergottis, ist jetzt siebenundsiebzig, Onassis ist jünger, deshalb ist das ein anderes Verhältnis – aber nicht so, wie Herr Anwalt das angedeutet hat.» Der Anwalt von Vergottis blieb bei seinem Thema. «Sie haben ausgesagt, dass Sie nach wie vor mit Ihrem Mann verheiratet sind, der noch in Italien lebt.» «Nach italienischem Recht ja», sagte Callas. «Aber wenn ich nach Amerika reise und dort eine Scheidung erwirke, kann ich überall außer in Italien heiraten, wen ich will.» Vom griechischen Recht, durch das sie sich angeblich wieder im Status einer ledigen Frau befand, kein Wort.

Zwei Tage ließ Maria Callas die stundenlangen Verhöre über sich ergehen. Als am dritten Tag ein Ende der Verhandlungen noch immer nicht abzusehen war, erinnerte sie den Anwalt von Vergottis daran, worum es ging: «Diese Fragen müssen nicht gestellt werden», rief sie ihn zur Ordnung. «Wir sind hier wegen fünfundzwanzig Aktien, für die ich bezahlt habe – nicht wegen meiner Beziehungen zu einem anderen Mann!» Doch ihre Entgegnung wurde in der Presse zu einem Fauchen;[10] Callas, die Tigerin, verkaufte sich besser als eine Maria, die das vor Gericht bekundete Desinteresse von Onassis an einer Heirat als zweckgebundene Falschaussage deuten wollte.

Als nach zehn Tagen Richter Eustace Roskill Vergottis verurteilt hatte, die Anteile wieder Maria Callas zu übereignen und die Prozesskosten für sie und Onassis in voller Höhe zu übernehmen, interessierte sich die Presse für andere Griechen als diese beiden. Einen Tag später, am 15. April 1967, wurde das griechische Parlament aufgelöst, und Ministerpräsident Kanellopoulos kündigte für den 28. Mai Neuwahlen an. Das Ganze, hatte Richter Roskill am Ende der Verhandlungen der drei einstigen Freunde gesagt, erinnere ihn an eine Tragödie des Sophokles. Doch die eigentliche Tragödie fand in deren Heimat statt. Am 20. April besuchten Maria und Onassis die Premiere von Viscontis Neuinszenierung der *Traviata* in Covent Garden mit Mirella Freni als Violetta. Am 21. April, als die beiden noch die Folgen der Premierenfeier ausschliefen, dröhnte aus den Radios in Griechenland Marschmusik, dann vermeldete ein Sprecher: «Die Streitkräfte des Landes haben die Macht übernommen.» Die Begründung: Die Sicherheit des Landes sei in äußerster Gefahr und könne nur so gewährleistet werden.

Zurück in Paris, diskutierte Maria Callas mit ihrem Einrichter über Reparaturen an ihren Tapisserien. Derweil verkündete Oberst Georgios Papadopoulos, Mitglied der Junta und zum sogenannten Generaldirektor ernannt, der Presse, der Putsch habe ohne vorheriges Wissen von König Konstantin stattgefunden, der sei jedoch informiert worden. Dass Konstantin in der Nacht auf den 21. April verhaftet worden war und sich notgedrungen bereit erklärt hatte, den Putsch zu verteidigen, erfuhr niemand. Aber dass die Obristen nun den König als ihren Befürworter reklamieren konnten, sendete ein Signal von verheerender Wirkung.

Ende April berichteten Reporter aus Athen auch in den französischen Medien, dass in der Stadt das gesamte Stadiongelände von bewaffneten Soldaten abgeriegelt worden war, dass Jeeps den ganzen Tag über politische Häftlinge dort ablieferten und dass, wenn die Nacht hereinbrach, die Gefangenen in großen Transportern auf Fähren verladen wurden. Ziel: eine menschenleere Felseninsel in der Ägäis. Jackie Callas lebte nach wie vor in Athen, auch Vater George mit seiner zweiten Frau, doch Maria Callas war voll damit beschäftigt, Pläne zu machen, wie sie in Zukunft Geld verdienen konnte. «Ich möchte meine Arbeit wieder aufnehmen, und ich muss es aus finanziellen Gründen», hatte sie ihrem Anwaltsfreund Walter Cummings schon vor dem Prozess in London geschrieben.[11] In den Jahren zuvor hatte sie sich mehrmals leidenschaftlich dazu bekannt, Griechin zu sein. Auch jetzt dachte sie an ihre Heimat, aber nur an den nächsten Urlaub vor Skorpios auf der *Christina*. Doch Onassis entzog sich. Er war aufgesogen von Plänen für sein neues Großprojekt mit immensen Investitionen – im Griechenland der Junta.

Als am Freitag, dem 25. August 1967, aus Athen gemeldet wurde, dass Theodorakis verhaftet worden war, geriet die Künstlerszene in Paris in Wallung. Es war nicht allein, dass seine Platten mit der Filmmusik zu *Alexis Sorbas* in Frankreich Rekorde gebrochen hatten, er hatte auch in jungen Jahren in Paris studiert und viele Verbindungen. Direkt bevor er verschwand, am 24. August, hatte er noch ein Interview gegeben, er sei an Gefängnisse gewöhnt. An diesem Tag hatte Onassis in Athen ein langes und angeregtes Gespräch mit dem Innenminister Stelios Pattakos geführt, der zusammen mit Papadopoulos und Makarezos zu den führenden Köpfen der Junta gehörte.

Theodorakis war Mitglied der kommunistischen Partei, und was das bedeutete, konnte man in den Zeitungen bereits nachlesen. Pattakos wurde gefragt, was mit den politischen Gefangenen geschehe. «Es gibt keine politischen Gefangenen», erklärte er, obwohl gerade erst eine Regierungserklärung angekündigt hatte, einige politische Gefangene sollten freigelassen werden. «Einige wenige mag es ja geben», sagte Pattakos, «aber der Rest sind Kommunisten.» Den Einwand, Kommunisten seien auch politische Gefangene, parierte er: «Kommunisten sind Bestien.» Die Frage, ob er sich als Mitglied der orthodoxen Kirche nicht an deren Grundsatz halte, dass Menschen und Menschen einander gleich seien, beantwortete er: «Wir machen keinen Unterschied zwischen Menschen und Menschen, nur zwischen Menschen und Bestien.»[12]

Als das Interview im Juni erschien, hatte Onassis Athen wieder verlassen und verwöhnte neue Gäste auf der *Christina*: Liz Taylor und Richard Burton kamen an Bord, nachdem sie in Venedig einen Ball absolviert hatten.[13] Die Yacht ankerte Anfang September vor Venedig wie im September vor zehn Jahren, als es zwischen Onassis und Callas gefunkt hatte. Onassis ließ Maria kommen – um zu widerlegen, was die Presse behauptete? *La Stampa* hatte am 26. August 1967 gemeldet: «Callas und Onassis – es ist vorbei. Viele haben es in den letzten Wochen bemerkt, dass dort, wo er bei der beginnenden Saison bei großen gesellschaftlichen Events auf seiner Yacht erschien, Maria Callas nicht mehr wie früher immer an der Seite des Besitzers war.»

Mitte September war auch Maria Callas unerträglich nervös. Peter Andry, Produzent bei EMI, ein Hanseat, der alles Übertriebene ablehnte und Blazer in Dunkelblau bevorzugte, besuchte zum ersten Mal Maria Callas in ihrer Wohnung in der Avenue George Mandel. Der Luxus dieser weltfernen Bühne, bis ins Detail kalkuliert, irritierte ihn. Maria Callas saß in einem ihrer seidenen Kaftans auf dem barocken Sofa, ihre beiden Zwergpudel neben sich. Seit letztem Jahr besaß sie auch einen weißen, ein Geschenk von Onassis. Peter Andry mochte sich wie viele andere Gedanken darüber machen, ob das etwas zu bedeuten hatte. War es, dass Tebaldi weiße Pudel bevorzugte, oder sah Onassis in Maria

Callas wie sie selbst eine Frau mit zwei extrem gegensätzlichen Seiten? Andry wusste nicht, dass auch die Wohnung genau diese Spaltung dokumentierte. Sie wurde von Callas stolz als ihr Eigentum vorgeführt, war finanziert mit ihren Gagen und Tantiemen, doch gekauft hatte Onassis sie für Maria, und er bezahlte die Haushaltskosten.

Andry brachte eine gute Nachricht mit: Giulini hatte zugesagt, eine Gesamtaufnahme der *Traviata* zu dirigieren und sich dafür im September 1968 zwei, drei Wochen freizuhalten. Dass Giulini ihm gestanden hatte, er befürchte, die Stimme von Callas sei nicht mehr dazu imstande, er mache das nur, weil er sich nach so vielen Jahren der Zusammenarbeit mit ihr dazu verpflichtet fühle, verschwieg Andry.[14] Und dass es mit ihr nicht einfach werden würde, war ihm klar. Im letzten April hatte er aus New York, noch erhitzt von Begeisterung über einen jungen Spanier, der gerade in einer *Madama-Butterfly*-Matinee an der Met umjubelt worden war, Maria angerufen. Dieser Tenor schien ihm der ideale Alfredo für eine *Traviata*-Einspielung mit ihr zu sein. Andry hatte ihn sofort angesprochen. Alfredo, hatte der Spanier erklärt, sei seine Lieblingspartie und er würde alles tun, um mit Callas zu singen. Sie hatte von diesem Placido Domingo noch nichts gehört und von Andry verlangt, er solle mit dem jungen Mann als Kostprobe zwei Arien aus der *Traviata* aufnehmen. Gespannt hatte er mit seinem Team auf Marias Reaktion gewartet, sicher, dass auch sie überwältigt sein würde. «Er hat wie die anderen, die Sie vorgeschlagen haben, nicht genug Erfahrung, obwohl die Stimme hübsch ist», war ihr Kommentar gewesen.

Schließlich hatte sie sich für Luciano Pavarotti entschieden, zur Enttäuschung von Andry. Auch der hatte sofort zugesagt, im September 1968 in Rom dabei zu sein, wenn mit dem Orchester des RAI im Conservatorio Santa Cecilia aufgenommen werden sollte. Jetzt aber erklärte Callas, zu dieser Jahreszeit sei es in Rom unerträglich heiß und trocken, schlecht für die Stimme. «Wir sollten das Ganze besser noch weiter aufschieben», verkündete sie Andry.

Erschöpft verließ er die Wohnung. Das gesamte Arrangement brach hiermit zusammen.[15] Andry war bewusst, dass es nicht nur die Rückkehr in die Musik war, die Callas derzeit beunruhigte, es war auch Marias Schicksal als Gefährtin von Onassis.

In diesen Wochen entstand in Paris rasch, innerhalb weniger Tage, eine Single, die sofort überall ausverkauft war. *Mon fils chante* hieß das Stück, das die Menschen ergriff – *Mein Sohn singt.* Der Text war ausnahmsweise von der Sängerin selbst verfasst, Juliette Gréco konnte nicht anders, als sich mit diesem Lied zu allen zu bekennen, die in Griechenland nun in den Untergrund abgetaucht oder deportiert worden waren, nach Gyaros, jener Insel, auf der es nichts gab als Dornen und Felsen, Ratten und Tausende Gefangene. «Mon fils chante … Pour ceux qui luttent pour la vie sans autres armes que leur vie» – «Für die, die um das Leben kämpfen ohne andere Waffen als ihr Leben. Für diejenigen, die die Nacht bekämpfen … Für alle Männer singt mein Sohn, für die, die im Hemd sterben zu Beginn der Kirschenzeit. Unter den Augen der Kanonen singt mein Sohn … solange die Freiheit stirbt.»

Maria Callas schrieb viele Briefe – von dem, was in Griechenland geschah, schrieb sie kein Wort. Der Physiotherapeutin auf der *Christina* hatte sie gesagt: «Selbst wenn Aristo und ich am Ende unsere getrennten Wege gehen sollten, werden wir einander immer respektieren. Wir haben dieselben Wurzeln, wir sind beide Griechen.»[16]

Zu Beginn des neuen Jahres war von Onassis nichts zu hören und Maria hatte nichts zu tun. Am 20. Januar 1968 schrieb sie an Elvira de Hidalgo, die nach wie vor in der Türkei lebte, sie sei dabei, neue Wege zu begehen, um ihre Stimme wieder auf das frühere Niveau zu bringen. Sie nahm sich zu Hause beim Singen auf, um die Schwierigkeiten ihrer Stimme zu analysieren. «Es ist eine langwierige Arbeit, aber ich habe sehr viel Geduld. … Wenn es so sein soll, in Ordnung. Wenn nicht, vergesse ich die Sache. Wichtig ist, dass ich Aristo habe, was will ich mehr?» Sie lud die alte Lehrerin für den nächsten Sommer zum Urlaub bei Skorpios auf der *Christina* ein, «dort gibt es Ärzte und alles, was man braucht», und richtete ihr aus, dass Onassis sie ebenfalls fest umarme.[17]

Auch Bing versuchte, Callas auf neue Wege zu locken. Seinen Vorschlag, in *Josephs Legende*, einer Ballettpantomime von Richard Strauss nach einem Einakter von Hugo von Hofmannsthal, die Rolle von Potiphars Weib zu übernehmen, hatte sie abgelehnt. Nun schlug er ihr vor, in einem anderen Einakter aufzutreten, in *La Voix humaine* von Francis Poulenc, komponiert auf einen Text von Jean Cocteau. Bing wusste nicht, dass Poulenc dieses Monodrama für eine einzige Sängerin und Orchester ursprünglich für Maria Callas gedacht hatte. Der Komponist hatte sie mit Mario del Monaco in einem Gerangel um mehr Vorhänge erlebt, das erniedrigend gefunden und ihr als Alleindarstellerin alle Aufmerksamkeit und allen Applaus zuspielen wollen. Dann jedoch hatte er, obwohl Prêtre als Dirigent der Uraufführung Callas bevorzugte, die Rolle einer französischen Kollegin gegeben.[18]

Während Bing an seinem Brief an Callas saß, schrieb die am 30. Januar einen Brief an Onassis, auf Englisch, nicht auf Griechisch. «Aristo, mein Geliebter. Ich weiß, das ist ein mageres Geburtstagsgeschenk, aber ich muss Dir sagen, dass ich – nach achteinhalb Jahren, mit allem, was wir hinter uns gebracht haben, glücklich bin, Dir aus tiefstem Herzensgrund zu sagen, dass ich stolz auf Dich bin. Ich liebe Dich körperlich und seelisch, und mein einziger Wunsch ist, dass Du ebenso empfindest. Ich fühle mich privilegiert, die höchste Höhe einer harten Karriere erreicht und durch die Gnade Gottes Dich gefunden zu haben – der ebenfalls die Hölle durchgemacht und die Höhe erreicht hat – und mit Dir vereint worden zu sein ... Versuche, oh, ich bitte Dich, versuche es, uns für ewig vereint zu sehen, denn ich habe immer Deine Liebe nötig und Deine Achtung ... Vergiss niemals, ... dass Du mich in jenen letzten Tagen zur Königin der Welt erhoben hast ... Ich bin Dein – mach mit mir, was Du willst. Deine Seele Maria.»[19]

Kurz danach traf Bings Brief bei ihr ein, in dem er ihr skizzierte, worum es in *La Voix humaine* ging: das Telefongespräch einer Frau mit ihrem ehemaligen Geliebten. Was der Mann sagte, ließ sich nur aus ihren Worten erschließen. Verzweifelt versuchte sie, ihm Stärke, Erfolg und Pragmatismus vorzugaukeln, beschwor das gemeinsam erlebte Glück und dass sie ihn brauchte. Es wurde deutlich, dass er eine neue Geliebte hatte und sie das nicht hinnehmen wollte. Das Stück endete damit, dass sie den Telefonhörer aus der Hand fallen ließ, ein Suizid stand im Raum. «Es ist eine außerordentliche Spielrolle», schrieb Bing, «und ich könnte mir darin niemanden besser als Dich vorstellen.»[20] Sie lehnte ab.

26.

DIE UMSCHWÄRMTE VERSCHMÄHTE

Callas verkündet ihr Comeback,
Bing stöhnt über das «Frauenzimmer»,
Burton erklärt Onassis zum Dreckskerl,
und Rossellinis Neffe buhlt um eine Tragödin

Auf dem Weg vom Flughafen in Orly nach Hause bekam Maria Callas nichts mit von dem, was in Paris los war. Seit Wochen brannte und bebte die Stadt in diesem Mai 1968. Als sie sonnengebräunt, ihren weißen Pudel unter einem, ihren schwarzen unterm anderen Arm, in der Avenue George Mandel vor der Tür stand, wusste Bruna Lupoli, dass Maria unfreiwillig die *Christina* verlassen hatte. Noch ein paar Wochen zuvor hatte Maria ihr von Bord geschrieben, dass sich sogar ihre beiden Pudel dort pudelwohl fühlten: «Sie beten das Meer an, es ist unglaublich.»[1] Aus dem Nichts hatte Onassis sie gedrängt, die Karibik-Kreuzfahrt abzubrechen und am 18. Mai von New York nach Paris zurückzufliegen. Obwohl sie das als demütigend empfand und seinen Argumenten wohl nicht traute, hatte sie sich gefügt, ohne zu wissen, was in Paris seit ihrer Abreise geschehen war.

Alles hatte damit begonnen, dass die Studenten Parolen schreiend durch die Straßen gezogen waren, um gegen das System zu protestieren, zuerst nur gegen das der Universität, dann gegen das der Gesellschaft, der Politik. Als die Polizei die Demonstranten niederknüppelte und Tränengas gegen sie einsetzte, hatten die Beobachter sich auf die Seite der Studenten geschlagen, sie angefeuert, mit Wasser und Sandwiches versorgt. Schnell war das Ganze zu einer Bewegung angeschwollen: Arbeiter und Arbeiterinnen, Lehrkräfte der Universität, darunter fünf Professoren mit Nobelpreis, das medizinische Personal der Hospitäler, schließlich auch viele Journalisten vom Fernsehen und der Presse und sogar Bank- und Versicherungsangestellte hatten sich angeschlossen. Präsident de Gaulle hatte im Fernsehen für den Juni eine Volksabstimmung über sein Amt angekündigt, dann aber fluchtartig aus Angst vor einem Staatsstreich Paris Richtung Baden-Baden verlassen. In der Krawallnacht vom 10. auf den 11. Mai[2] waren 30 000 Protestierende durchs Univiertel gezogen, hatten Platanen entwurzelt, Autos umgeworfen und in Brand gesteckt, herausgerissene Pflastersteine mit geparkten Autos zu Barrikaden verbaut und, nachdem Schüsse gefallen waren, die Bewaffneten mit Steinen beworfen. Premierminister Georges Pompidou hatte dem durch eine gewaltsame Räumung ein Ende gesetzt. Hunderte waren verletzt, 460 Studenten festgenommen worden.

Als Maria Callas zurückkam, befand sich Paris noch immer in Aufruhr, 10 Millionen Werktätige arbeiteten nicht. Ganz Frankreich war durch Generalstreiks lahmgelegt. Der Protest hatte am 18. Mai bereits auf die Filmfestspiele in Cannes übergegriffen, die meisten Regisseure hatten aus Solidarität mit den Studenten ihre Filme zurückgezogen und verlangten, das Festival abzubrechen.

Vieles konnte Maria Callas übersehen, aber nicht alles. Selbst in der Avenue George Mandel quollen die Müllkübel über, wurde keine Post mehr ausgeliefert, blieb der Fernsehbildschirm oft stundenlang schwarz. Es war kaum möglich, ein Taxi zu bekommen, das Benzin war knapp. Anfang Mai war die Sorbonne von der Polizei besetzt und nun von den Studenten zurückerobert worden, auf ihrer Kuppel wehte die rote Fahne. In der ganzen Stadt waren Sprüche auf Mauern gepinselt worden, «Es ist verboten zu verbieten», «Seid realistisch, verlangt das Unmögliche» oder «Lauf, Genosse, lauf, die alte Welt ist hinter dir her».[3]

Kurz setzte sich Maria nach Mailand ab. Dort aber war niemand mehr, der sie auffing. Es war nicht die politische Situation, die sie abstürzen ließ, nur ihre private. Bisher hatte sie weggeschaut oder die Augen zugemacht – genau das, was Callas immer abgelehnt hatte, die jede Schwäche bei sich wie anderen erkannt und geahndet hatte; keinen verlogenen Ton, kein falsches Gefühl, keine leere Phrase hatte sie geduldet. Maria hatte nicht nur geduldet, dass Onassis offenbar den sexuellen Bedarf anderweitig deckte, wenn er auf Geschäftsreise war, sie hatte es auch hingenommen, dass sein Name zunehmend mit dem der Präsidentenwitwe Jacqueline Kennedy in der Presse auftauchte und sich die Gerüchte häuften, er sei öfters mit ihr in New York oder Washington gese-

Schwarz und weiß: Das Klischee, Callas habe nur schwarze, Tebaldi nur weiße Hunde gehabt, wird durch diesen Auftritt am Pariser Flughafen Orly widerlegt

hen worden. Maria hatte weggehört, wenn es um die Geschäfte von Onassis in Griechenland ging, wo er sich mit seinen zwei Freunden bei der Junta, Papadopoulos und Pattakos, einig geworden war, zur Festigung des Obristenregimes für wirtschaftlichen Aufschwung zu sorgen und Erdölraffinerien aufzubauen; handelseinig waren sie noch nicht geworden, Onassis' alter Widersacher Stavros Niarchos war als Konkurrent angetreten, der mit dem Dritten im Bunde, Makarezos, befreundet war.[4] Maria hatte ausgeblendet, dass Onassis keine moralischen Skrupel kannte, wenn es dem Geschäft zuträglich war. Jetzt aber konnte sie nicht mehr ausblenden, dass er sie hinterging und eine andere Frau in den Mittelpunkt seines Daseins rückte.

Besser also, sich in der Avenue George Mandel zu verschanzen. Beim Wegschauen und Weghören hatte sie dort einen Helfer: Er hieß Mandrax, manchmal stand auch «Quaaludes» oder «Parest» auf der Schachtel, der Inhalt war derselbe, Methaqualon. Offiziell war es ein Schlafmittel, das nicht abhängig machte, in Wirklichkeit ein Stoff, der zwar in kleinen Dosen beruhigte, in höheren aber als Rauschmittel diente, euphorisierte und aphrodisierte. Und abhängig machte. Dank Mandrax konnte Maria Elvira de Hidalgo am 16. Juni 1968 schreiben: «Mir geht es unter diesen Umständen halbwegs gut – aber es ist, als hätte ich einen gewaltigen Schlag abbekommen, von dem ich mich noch nicht erholt habe.» Dreimal hatte Onassis bei ihr angerufen, zweimal hatte sie abgehoben, «und das war für mich verheerend ... er ist verantwortungslos und widert mich an. ... Ich versuche, diese Monate hier zu überleben.» De Hidalgo konnte erraten, was damit gemeint war: die Monate bis zur Rückkehr von Onassis oder zu Onassis. Immerhin hatte Maria ihr Gottvertrauen nicht verloren, wenngleich dieser Gott derselbe war, dem sie am 30. Januar dafür gedankt hatte, dass sie durch seine Gnade mit Onassis vereint worden war. Jetzt schrieb sie: «Gott hat mich immer geführt, er wird mir wieder meinen Weg zeigen, und ich hoffe, dass er mir erneut die Kraft geben wird, auch diese Krise zu bewältigen.»[5]

«Es gibt zwei Wege», antwortete die Ersatzmutter. «Entweder Du fällst zurück und beugst Dich seinem Willen, oder Du gehst weiter, solange Du noch kannst.» Der Unterton ließ keine Wahl. Maria überhörte ihn.[6]

Das American Hospital in Neuilly war von außen nicht repräsentativ wie die alten Pariser Kliniken. Ein langgestreckter Komplex aus mehreren einzelnen Häusern, die sich entlang der Straße in einer konkaven Linie krümmten, Ziegelmauerwerk, schmucklos. Dass die hygienischen Verhältnisse im Inneren allen französischen Krankenhäusern weit überlegen waren, wusste man in Paris, auch dass dort Prominente diskret versorgt und abgeschirmt wurden. Larry Kelly betrat das Gebäude zum ersten Mal in seinem Leben, als er Anfang August 1968 aus Rom zurückkam, wo er seinen alten Weggefährten aus Chicago und Dallas, Nicola Rescigno, besucht hatte. Danach hatte er Maria Callas in der Avenue George Mandel abholen und mit ihr zusammen in die USA aufbrechen wollen zu einer Reise ohne konkretes Ziel, ohne Termine, ohne Auftritte.

Larry Kelly hatte deutlich weniger Haare als früher, aber nicht weniger Charme. Gleich groß, gleich alt wie Maria, verkörperte er in vielem das Gegenteil. Er liebte seit vielen Jahren einen schwerreichen Mann ohne Skandale und ohne dass die Medien davon Wind bekamen. Er war ausgeglichen, wirkte immer offen für alles und gut gelaunt. Im Juli hatte ihn Maria auf die *Christina* eingeladen; dass deren Besitzer sie im Juni noch angewidert hatte, war anscheinend vergessen. Doch Ende Juli war Kelly dort die gute Laune vergangen. Wie schon im Mai hatte Onassis ohne Vorankündigung Maria – und damit war auch Larry gemeint – gebeten, die Yacht umgehend zu verlassen und nach Paris zurückzufliegen, er selbst wolle später nachkommen. Jetzt erwarte er andere Gäste, Namen nannte er nicht.

Larry Kelly hatte von Bruna Lupoli erfahren, dass Maria im American Hospital lag, nach einer Überdosis Tabletten. Bruna wusste, es war nicht das erste Mal, und wieder hatte keinerlei Gefahr bestanden, dass sie daran sterben könnte. Maria Callas – das Opfer? Kelly war dabei gewesen, als Maria überstürzt ihre Sachen gepackt und wütend das Schiff verlassen hatte, sie war es gewesen, die in deutlichen Worten mit Onassis gebrochen hatte. Er war aber noch nicht oft genug Gast an Bord gewesen, um Marias Medikamentenmissbrauch zu beobachten – Entwässerungsmittel, um abzunehmen, Amphetamine, um keinen Hunger zu verspüren. Einige Tipps verdankte Maria noch ihrer Vorgängerin Tina, Onassis selbst hatte Marias Selbstmedikation ebenso missbilligt wie ihr Essverhalten. Larry Kelly konnte bezeugen, dass Onassis Maria mit Worten herabwürdigte, wobei er manches witzig meinte, was sie nicht witzig fand. Onassis' Nichte Marilena Patronikola,[7] eine der wenigen familiären Verbündeten Marias, hatte mitbekommen, wie Onassis Maria eine Ohrfeige gegeben, sie aber zurückgeschlagen und gewonnen hatte; «sie war größer», kommentierte das die Nichte. Maria wehrte sich, oft handgreiflich – doch anders als Callas stellte sie sich nicht. Zuerst war sie mit Mandrax aus der Leere geflohen, nun trat sie mit Larry Kelly die Flucht in ein luxuriöses Nichtstun an.

Dallas, Larrys Heimatstadt, war im Spätsommer jedoch kein geeignetes Ziel für eine Erholungsreise, es war heiß und trocken und langweilig. Im August hatte Maria Paris verlassen, weil es heiß, trocken und langweilig war. Als sie schließlich Anfang September in Dallas ankam, hatte sie bereits mehr als zwei Wochen einer Irrfahrt hinter sich, auf der Suche nach etwas, das sie daraus erlösen könnte, von morgens bis nachts auf einen Anruf von Onassis zu warten. Die Droge der Ablenkung wirkte immer nur kurz, ob es ein Besuch in Las Vegas war oder in San Francisco, in Nachtclubs, Spielcasinos, auf Gala-Dinners oder auf den für sie organisierten Partys. Selbst Cuernavaca, das Menschen in Mexico City für ein Paradies hielten, zweieinhalb Stunden von dort entfernt, 500 Meter tiefer gelegen, bescherte ihr keine himmlische Ruhe. Auch dort, wo die Luft grün roch, die Straßen still waren, die Gärten üppig mit Mangobäumen, Feigenbäumen, Pinien und Palmen, wo Wipfel über alte Mauern von Haciendas ragten und die Fassaden der Villenbauten hibiskusrosa schimmerten, war sie außerstande, sich aus dem ewigen Kreisen zu befreien. Aber es gab ja Mandrax oder dessen Verwandte. Wieder musste ihr nach einer zu großen Dosis der Magen ausgepumpt werden. In der neuesten Ausgabe von *Newsweek* hatte sie Fotos gesehen, die ihr den Grund dafür verrieten, dass Onassis sie im Juli von der *Christina* verbannt hatte: Edward Kennedy und seine Schwägerin, die Präsidentenwitwe, waren darauf an Bord mit Onassis zu sehen.

In Amerika waren Marias wechselnde Reisebegleiter Vertraute aus der Zeit ihrer Triumphe in Chicago und Dallas. Auch wenn manche wie Mary Mead durch Callas vor allem den Abglanz des Unsterblichen in die eigene verwöhnte Bedeutungslosigkeit bringen wollten, alle bemühten sich, Maria in bessere Stimmung zu versetzen. Sie aber lachte nur für die Kamera. Mary Mead gehörte das Haus in Cuernavaca mit Marmorboden und Garten, in das Maria eingezogen war. Der Marmorboden war glatt, Maria stürzte darauf, ein Arzt diagnostizierte, dass ein Rippenknorpel gebrochen war, der direkt mit dem Brustbein verwachsen war. Es half nichts dagegen, nur Abwarten.

Trotz des Nichtstuns sah Maria Callas angestrengt aus, als sie am 3. September wieder einmal auf den Love Fields in Dallas landete. Ganz vorn standen Kinder in der Halle und hielten eine Banderole: «Dallas loves Callas», war darauf zu lesen, und zwischen den Worten der Liebeserklärung leuchteten rote Herzen. Hinter den Kindern wartete der örtliche Fanclub mit Blumen und strahlenden Gesichtern.

An diesem 3. September war eigentlich Maria Callas' Rückflug direkt aus Mexico City nach Paris geplant gewesen. Es wirkte so, als habe sie nun beruflich keinerlei konkrete Pläne, bis sie wieder genesen sein würde. Doch ebenfalls an diesem 3. September schrieb John Coveney, der Künstlerische Direktor beim EMI-Label Angel Records, an Peter Andry, Chef des Hauses EMI in London, Callas benötige dringend jemand Erstklassigen zur Korrepetition für die Partien der nächsten Zeit. Sie sei derzeit in Dallas über Larry Kelly erreichbar.

Angesichts der Opernpläne von Callas für die USA, über die Coveney Andry informierte, wäre jedem jungen Sänger schwindlig geworden; das

Konkurrenzdenken von Callas zeigte ebenfalls keinerlei Altersmüdigkeit. Auftreten wollte sie selbstverständlich bei den Saisoneröffnungen von September 1969 bis ins Frühjahr 1971 in San Francisco, Dallas, New York und Chicago, und zwar als Norma und Medea. Wo für diese Partien bereits ein Vertrag mit einer anderen Sängerin abgeschlossen worden war, sollte die Kollegin zugunsten von Callas zurücktreten. Der Gefahr, dass ihr eine junge Sängerin die Schau stehlen konnte, beugte sie vor; so schloss sie etwa die Zusammenarbeit mit Shirley Verrett aus, einem afroamerikanischen Publikumsliebling mit Glamour und Sex-Appeal, obwohl die bereits als Adalgisa in *Norma* engagiert worden war.

«Sie brennt darauf», schrieb Coveney, «sich wieder in die Arbeit zu stürzen, und das ist Larry Kelly zuzuschreiben, dem für seine Großtat ein Cover auf *Times* oder *Newsweek* gebührt.»[8]

Larry Kelly atmete jedoch auf, dass sich in Dallas nun neben ihm auch John Ardoin um die Betreuung von Maria Callas kümmern wollte. Dort erfuhr sie beim Orthopäden erneut, es helfe nur Geduld, der Knorpel heile von alleine, aber Husten und Einatmen würden noch einige Wochen oder Monate wehtun. Das geplante Verdi-Album wurde damit ebenso in Frage gestellt wie die Einspielung der gesamten *Traviata* in Rom, die doch noch nicht gestorben war.[9]

Schlimmer als der Schmerz am Brustkorb war aber der von Wunden, die hier ständig aufgerissen wurden. Mitten in Dallas, an der Main Street, wurde der Bau eines Denkmals für John F. Kennedy bereits auf einer Bautafel angekündigt, keine 200 Meter entfernt von der Stelle, an der er erschossen worden war. Das Memorial hätte zum fünften Jahrestag in diesem Herbst eingeweiht werden sollen, doch der Bau einer Tiefgarage hielt das Vorhaben auf. Kennedys Witwe hatte die Ermordung ihres Schwagers Robert vor zwei Monaten offenbar gut überstanden. Und Mitte August hatte Doris Lilly, Klatschkolumnistin der *New York Post*, im Fernsehen behauptet, Jackie Kennedy werde Onassis heiraten. Maria hatte es in Cuernavaca selbst nicht verfolgt, aber man hatte es ihr zugetragen, und mittlerweile hatten sich die Gerüchte verdichtet.

Callas musste Maria retten. Kelly hatte nicht nur ihre Rückkehr auf die Bühne in die Wege geleitet, er hatte es auch eingefädelt, dass sie John Ardoin wiederbegegnete, seit zwei Jahren Musikkritiker bei den *Dallas Morning News*, der außerdem eine eigene Sendung im Rundfunk bestritt, *Collector's Corner*. Dort sollte die Sensation ihres Comebacks verkündet werden.

Zehn Tage nach ihrer Ankunft in Dallas betrat Maria Callas in einem leuchtend bunt gemusterten Kleid, das Haar wie am Strand nur im Nacken zusammengebunden, das Haus von Ardoin, dessen Wände mit Regalen voll Musikliteratur, Schallplatten und Bändern bedeckt waren. In einem großen Sessel zwischen den Regalen, in denen sich sämtliche Aufnahmen mit ihr fanden, sprach sie voller Selbstvertrauen. «In der nächsten Spielzeit werde ich wieder an der Dallas Opera singen. Mit Lawrence Kelly und Nicola Rescigno bin ich seit Langem befreundet, mit ihnen habe ich mein Debüt in Amerika gehabt.» Erstmals Verdis *Requiem* mit Maria Callas, selbstverständlich in der Sopranpartie – das war ein Coup von Larry Kelly. Sie diskutierte mit Ardoin über ihre Partien, nicht nur diejenigen, über die sie ständig sprach, auch die der Lady Macbeth. «Sie hat eine solche Macht über ihren Ehemann, dass sie keine wirklich hässliche Frau gewesen sein kann. Sie muss wirklich sehr faszinierend gewesen sein, um mit ihm machen zu können, was sie wollte. Wenn sie sagt: Komm, lass uns gehen, hab keine Angst, lass uns zu Bett gehen, ist das eine Frau, die absolut eins ist mit ihrem Mann.»

Nach eineinhalb Stunden stellte Ardoin das Tonbandgerät ab. Draußen, im Garten hinterm Haus, ließ er sich neben Callas fotografieren, er im hellen Anzug mit Krawatte, sie lächelnd in ihrem Sommerkleid, ein Abschlussbild zum Vorzeigen.

Doch sie dachte nicht daran aufzuhören. «Hast du noch ein Band?», fragte sie. Callas hatte gesagt, was ihr wichtig war, doch nun wollte Maria etwas loswerden. Sie redete, ohne dass Ardoin irgendetwas fragen oder kommentieren konnte. «Ich bin eine Frau ... und ich bin schutzlos. Ich bin schon mein ganzes Leben lang schutzlos», fing sie an. «Aber ich habe mich entschieden, ehrlich zu sein, und ich kann ... mir selbst nicht untreu werden. ‹Gut›, dachte ich. ‹Maria, wenn du so sein willst, dann wirst du wahrscheinlich für eine Menge Dinge einstehen müssen; du wirst wahrscheinlich missverstanden, ständig missverstanden, gehasst, angegriffen werden.› Das wurde ich und war nicht imstande zurückzuschlagen ... ich musste ... das schweigend hinnehmen.»[10] Sie erzählte von sich als Opfer, Leidensgeschichten, Schreckensgeschichten. Als Schülerin habe sie am Konservatorium noch spät alleine geübt, da sei ein

Lehrer hereingeplatzt, habe versucht, sie zu vergewaltigen, sie habe sich
frei geschlagen und daheim von der Mutter zu hören bekommen: «Wie
schade, dass er es nicht geschafft hat. Dann hätten wir ihn dazu gebracht, dich zu heiraten, und das wäre es dann gewesen.»[11]
Ardoin blieb nichts, als stumm zuzuhören, wie sie klagte. «Die Welt
ist voller Ungerechtigkeit.» Stellte Maria Fragen, dann nur solche, die
keine Antwort erwarteten. «Seit meiner Kindheit bin ich aggressiv gewesen. Tadelst du mich dafür?» Oder: «Ich bin einfach ein Pechvogel. …
Habe ich etwas falsch gemacht? Bin ich so ein schlechter Mensch?» Sie
sah sich als einen Menschen, zu dem andere schlecht waren, die Mutter,
der Ehemann, Onassis, die Schwester. «Vor Kurzem ist in Paris die Revolution ausgebrochen, meinst du, meine Eltern und meine Schwester
hätten mich einmal angerufen?» Dass sie selbst Grund genug gehabt
hätte, sich um ihre Familie zu sorgen, die in einer Militärdiktatur leben
musste, deren Grausamkeiten weltweit Entsetzen auslösten, beschäftigte
sie anscheinend nicht, auch nicht, wie es ehemaligen Weggefährten in
Athen in dieser Situation erging.

«Die Menschen, die mir am meisten bedeuten, haben mich nie unterstützt.» Das war ein Satz, der Ardoin stutzen ließ. Hatte etwa Serafin,
der zu Beginn dieses Jahres gestorben war, ihr nicht viel bedeutet? Oder
de Hidalgo?

Es wurde Nacht, bis sie das letzte Band vollgesprochen hatte. Ardoin
war ratlos, was er mit alldem machen sollte. Er bewunderte die Künstlerin Callas nach wie vor, aber wer war eigentlich diese Maria, die sich
ihm offenbart hatte, als wäre er ein altvertrauter intimer Freund? Wozu
diese Selbstaussagen? Wie vielen ihrer Geschichten, dass sie missbraucht,
benutzt, verraten worden sei und vor zwei Jahren ein Kind von Onassis
abgetrieben habe, mit fast dreiundvierzig Jahren, konnte er Glauben
schenken? Verhielt sich ihre Schwester wirklich so herzlos? Und stimmte
es, dass Maria Callas zum Unglücklichsein geboren war?

Wenige Tage später machte sie sich selbst unglücklich. Offiziell war
sie nach New York gereist, um sich mit Renata Tebaldi zu versöhnen.
Am 16. September saß Callas in der Eröffnungsvorstellung der Met neben
George Moore, dem Präsidenten der Metropolitan Opera Association,
in dessen Loge, Tebaldi stand auf der Bühne. Hinterher fand sich Callas
bei Tebaldi in der Garderobe ein, es gab eine tränenreiche Umarmung

Fotogen friedlich:
Maria Callas und
Renata Tebaldi posieren
für die Fotografen in der
Garderobe der
Metropolitan Opera
nach Tebaldis Auftritt
in ihrer Paraderolle,
der Titelpartie von
Francesco Cileas
Adriana Lecouvreur,
bei der Eröffnungs-
vorstellung am
16. September 1968

vor den Kameras. Doch der wahre Beweggrund für die Reise nach New York war Onassis. Maria hatte erfahren, dass er in der Stadt war und wie üblich sein Apartment im Hotel Pierre bewohnte.

Sie weigerte sich, Onassis so zu sehen, wie er sich selbst bezeichnete: als Strategen ohne Skrupel. Freunde hatten sie gewarnt, was sie vorhabe, sei sinnlos. «Ich bin sicher, dass er das nicht mit Absicht getan hat», hatte sie Ardoin über die letzte Verletzung durch Onassis gesagt, «niemand könnte so grausam sein.» Sie schlug die Warnungen in den Wind und rief Onassis an. In *La Voix humaine* hatte sie nicht auftreten wollen. Nun durchlebte sie das Stück in der Wirklichkeit. Onassis lehnte ein Treffen ab und legte auf. Das Ende blieb auch hier offen.

Richard Burton fühlte sich wohl in Paris, wohler als in London, Liz Taylor genauso. Gerade drehte er hier die Studioszenen zu *Staircase, Unter der Treppe*, mit Rex Harrison und wollte gar nicht mehr weg. Das Innenleben der Stadtpalais aus dem 17. und 18. Jahrhundert schien ihm eine

Wunderwelt zu sein, verglichen mit der Erbärmlichkeit seiner Kindheit in Behausungen, die so eng wie düster und klamm gewesen waren. Die französische Gesellschaft buhlte um das Paar Taylor & Burton, schön, skandalös, anregend und aufsehenerregend angezogen. Auch Marie-Hélène und Guy de Rothschild oder Alexis Rosenberg, Baron de Redé, luden die beiden in ihre Stadtresidenzen ein. Burton, eins von dreizehn Kindern eines alkoholkranken Bergarbeiters, kostete es aus, mühelos in die innersten Kreise der Aristokratie einzudringen.

Maria Callas war dort längst zu Hause. Burton atmete auf, wenn sie bei den großen Diners neben Elizabeth platziert wurde. Da saß Maria gefasst und perfekt im Salon des Hôtel Lambert, errichtet von einem Hofarchitekten Ludwigs des XIV., zwischen barocken Gemälden und Kommoden. Sie plauderte und bemerkte nicht, wie sie anderen auf die Nerven ging mit ihrer Unfähigkeit, sich klar auszudrücken und klare Entschlüsse zu fassen.

«Was soll ich mit dem Frauenzimmer anfangen?», schrieb Rudolf Bing am 3. Oktober an George Moore. «Ich befürchte, dass sie mich dazu zwingen will, sie auf Knien um ihre Rückkehr anzuflehen, die notwendigen Arrangements zu treffen – um dann abzusagen. Ich bin wirklich nicht sehr scharf darauf, das Leben ist schwierig genug.»[12] Fassungslos hatte er der Zeitung entnommen, dass Maria Callas die *Medea* nicht nur an der Met singen wollte, in Dallas und in San Francisco, sondern auch im alten City Center auf der 55. Straße in New York, einem Bau im maurischen Stil; der Kuppelsaal war zur Mehrzweckhalle heruntergekommen und wieder einmal vom Abbruch bedroht. Das würde kein Mitglied der Met schlucken. Bing hatte sich mehrmals mit Maria Callas verabredet, in New York, in Paris, jedes Mal hatte sie ihn versetzt. Die Bänder von Ardoin kannte er nicht, dem sie alle ihre seelischen Wunden gezeigt hatte. «Man ist nicht in zwei Monaten geheilt», hatte sie gesagt. «Das ist meine Hauptsorge. Ich habe nicht mehr so viel Zeit, geheilt zu werden, denn nächstes Jahr muss ich singen.»

Burton trank zu viel, rauchte zu viel und arbeitete besessen, doch Maria Callas hielt ihn für einen Freund und Bewunderer, der sie heilen konnte. Als einer der höchstbezahlten Stars in seinem Fach weltweit schien er bestens geeignet, ihr den Weg zum Film zu bahnen, und Erfolg in einem neuen Metier versprach Heilung. Callas gab noch immer vor, auf die Bühne zurückkehren zu wollen, hatte Ardoin jedoch gesagt, was sie besetzt hielt: «Angst, weißt du, einfach Panik.» Es war die Angst vor dem Live-Auftritt und dem Opernpublikum. Im Film wäre sie davon befreit.

Am 8. Oktober 1968, einem Dienstag, verspürte Burton mal wieder Lust, an seinem Tagebuch zu schreiben. «Am Sonntag hat uns Maria Callas erzählt, dass sie und Ari sich getrennt hätten. Sie sagte, er würde sie kaputt machen und das würde ihre Stimme beeinflussen. Ich glaube, dass sie ziemlich langweilig ist. Sie hat mir gesagt, wie schön meine Augen seien und dass sich in ihnen eine gute Seele spiegeln würde! Es sei ihr peinlich zu fragen, hat sie gesagt, aber ob sie meine Lady Macbeth in dem Film, den ich machen will, spielen könne. Glaubt sie etwa, Elizabeth würde Macduff oder Donalbain spielen? Vielleicht hatte sie einen schlechten Tag, aber sie kam mir ziemlich dumm vor. ... Sie lässt eine Plattitüde nach der anderen los.»[13] Doch in jenen Kreisen, in denen Taylor und Burton nun gerne verkehrten, schon des Champagners und der Weine wegen, war es schwierig, Maria aus dem Weg zu gehen.

Am Sonntag, dem 20. Oktober, protokollierte Burton das Neueste. Zwei Tage zuvor hatte eine Detonation die Medienlandschaft erschüttert. «Freitag begann mit einer Nachricht in den englischen Zeitungen, dass Jackie Kennedy Ari Onassis heiraten wird. Alle sind völlig berauscht von der Idee ... Die jugendliche Königin von Amerika und der alte griechische Bandit ... Freitagabend habe ich neben der Callas gesessen, die tapfer den Abend und die Presse mit einem strahlenden, wenn auch angestrengten Gesicht überstanden hat. Als ich sie traf, habe ich sie umarmt und ihr ins Ohr geflüstert, dass er ein Dreckskerl sei. Ich habe das nicht moralisch überheblich gemeint oder weil er sie verstoßen hat, sondern weil sie's aus der Zeitung erfahren musste und er sie völlig mittellos zurückgelassen hat. In den ganzen zehn Jahren hat er, der ja Abermillionen besitzt, ihr nicht einen Cent gegeben.»[14] Auch Burton gegenüber verschwieg Maria, dass Onassis ihr die Wohnung in der Avenue Foch geschenkt hatte und nach wie vor die Unterhaltskosten dafür bezahlte, auch dass der Mercedes, in dem Ferruccio sie durch die Stadt chauffierte, ein Geschenk von Onassis war.

Burton hatte Mitleid mit ihr. «Anscheinend braucht sie unsere Gesellschaft ...» Er verstand nicht, dass Callas wieder die Resonanz als Künst-

Tadellos beherrscht: Maria Callas an der Seite von Liz Taylor und Richard Burton in der Premiere von A Flea in her Ear, *der Verfilmung von Georges Feydeaus Bühnenstück mit Rex Harrison, am 18. Oktober 1968 im Théâtre Marigny, Paris*

lerin brauchte, dass sie wie Tosca für die Kunst lebte und es Maria war, die Ablenkung suchte und die Möglichkeit, Onassis zu demonstrieren, wie wenig sie ihn vermisste. Nur deshalb besuchte sie Premieren von Filmen, die sie nicht interessierten, wie jene am besagten Freitagabend.

Maria schadete Callas dadurch. Callas spielte keine Rolle mehr, Maria dafür eine Hauptpartie für die Jäger der Klatschpresse. In der Intendanz der Met standen die Telefone nicht mehr still, seit die Hochzeit des Jahrzehnts angekündigt worden war, Journalisten aus aller Welt wollten wissen, wie Maria Callas zu erreichen war.[15] Bei EMI runzelten die Verantwortlichen ebenfalls die Stirn über Marias Auftritte auf der Bühne der Prominenz und den Titelseiten. Betriebsintern informierte ein leitender Mitarbeiter Peter Andry unter dem Vermerk «Maria Callas»: «Heute

Abend geht Maria in eine andere Premiere, dieses Mal mit Elizabeth Taylor, und so macht sie weiter, womit sie fast täglich die Zeitungen mit Klatsch versorgt, während meinem Gefühl nach ‹La traviata› derzeit völlig aus ihrem Bewusstsein verschwunden ist …»[16]

Anfang November war der Spuk vorüber, und die Erregung hatte sich gelegt. Am 20. Oktober hatte sich die Insel Skorpios im Belagerungszustand befunden, die Fotos der Hochzeit in der Kapelle dort hatten die Medien überflutet. Ein Kommentator nannte das Ereignis «die größte Demütigung amerikanischer Männlichkeit seit Pearl Harbor». Doch nur elf Prozent der befragten Männer zeigten sich von der Hochzeit überrascht oder entsetzt, dagegen dreißig Prozent der Frauen. Was Maria verletzen musste: Beim Vatikan galt Jacqueline Onassis mehr als sie. Die Ehe zwischen Jackie, römisch-katholisch, und Onassis, griechisch-orthodox, wäre nach katholischem Recht nicht gültig gewesen, hätte sich der Vatikan nicht schnell bereit erklärt, der Entscheidung der griechisch-orthodoxen Kirche zu folgen und die erste Ehe von Onassis zu annullieren.[17]

Nun waren die Bilder dieses Paars aus den Medien verschwunden. Das Paar Callas/Onassis dagegen tauchte dort wieder auf: Am 31. Oktober 1968, so wurde berichtet, hatte das Gericht in London endgültig gegen Vergottis entschieden. Onassis und Callas hatten gesiegt. Trösten konnte das Maria nicht, auch nicht das Telegramm von Visconti, der erleichtert war, sie von Onassis befreit zu wissen, und ihr dazu gratulierte, mit wie viel Stil und Klasse sie das Spektakel überstanden hatte.

Vielleicht hätte sie die Erkenntnis getröstet, dass Onassis die Präsidentenwitwe nur aus strategischen Erwägungen geheiratet hatte und sie ihn vor allem, um nicht mit den 40 000 Dollar Witwenpension dahinvegetieren zu müssen. Bereits zwei Tage nach der Hochzeit hatten Presseagenturen gemeldet, was in Washington verlautbart worden war: Die USA würden Athen ab sofort wieder Flugzeuge und Kriegsschiffe liefern. Vier Tage danach, am 26. Oktober, hatte sogar der *Tagesanzeiger* in Zürich gemeldet: «Jacqueline Onassis brachte der Militärjunta Glück». Damit sicherte sich Onassis eine Vorzugsstellung gegenüber dem Konkurrenten Niarchos.

Besuche auf dem Set waren eine neue Leidenschaft von Maria Callas geworden. Am 6. November erschien sie bei den Dreharbeiten zu *Staircase*, wo Burton gerade lesend wartete, bis Rex Harrison seinen Text draufhatte. Sie hatte beteuert, «wie faszinierend» sie alles fand, was sie hier beobachten konnte. Über den unangekündigten Besuch war Burton jedoch keineswegs erfreut, er wollte weiterlesen und hatte keine Lust, erneut von Callas mit ihren Ambitionen als Filmschauspielerin behelligt zu werden. Dass sie als der Opernstar mit den wohl größten darstellerischen Qualitäten galt, wusste er, konnte das aber kaum glauben. Er fand sie «irgendwie erbarmungswürdig», doch sie habe ihm stolz berichtet, «dass sie in zehn Tagen irgend so einen Italiener treffen wird, der mit ihr die *Medea* verfilmen wolle, aber in der Opernfassung, während sie darauf bestehe, die Originalfassung zu spielen, das heißt ohne Gesang. Ich nehme an, dass sie mich demnächst fragen wird, ob ich nicht den Jason spielen möchte. Das ist eine derartig langweilige Rolle, dass mich nichts dazu bewegen könnte, sie zu übernehmen.»

Für eine Karriere beim Film fehlte Maria Callas aus seiner Sicht vieles, zu vieles. «Sie ist überhaupt nicht hübsch, aber ihr Gesicht hat eine dunkeläugige Lebendigkeit, die manchmal sehr anziehend sein kann. Ihre Beine sind richtige Stampfer, nur von der Taille aufwärts hat sie einen schlanken Körper. Sie hat Tränensäcke und trägt fast immer eine Sonnenbrille. Gut möglich, dass sie oft weint.» Dass sie auf einmal eine Filmkarriere anvisierte, hielt Burton für ein durchschaubares Manöver. «Offenbar», schrieb er nach dem Besuch in sein Tagebuch, «ist sie sehr einsam, seit Onassis geheiratet hat. Jetzt will sie offenbar irgendetwas unternehmen, das der Kunstwelt den Atem verschlägt und ihn eifersüchtig macht, um ihm zu beweisen, dass er bloß eine schöne Gesellschaftslöwin erobert und dabei ein Genie verloren hat. Ohne sie richtig zu kennen, vermute ich, dass sie damit recht hat, aber ich befürchte, wenn ich die Wahl hätte, würde ich mich auch für Jackie Kennedy entscheiden.»[18]

Der Italiener war nicht irgendeiner, und fremd war er Maria Callas auch nicht. Es gefiel ihr, mit ihm beim gemeinsamen Mittagessen gesehen zu werden. Franco Rossellini hatte als Regieassistent seines Onkels Roberto gearbeitet, bevor er sich entschied, Produzent zu werden. Er war zwölf Jahre jünger als Maria, ein großer Mann mit einem feinen Kopf, elegant und weltgewandt. Ihre Erinnerungen waren noch frisch

*Bewundernd auf-
blickend: Pier Paolo
Pasolinis Kenntnis
antiker Mythen, seine
Bildung und Ausdrucks-
kraft beeindruckten
Callas, die keine höhere
Schulbildung besaß*

an jene Tage im September 1967, als Franco Rossellini auf Skorpios gewesen und dort am Strand und an Bord der *Christina* in gelöster Som-
merlaune neben ihr fotografiert worden war. Jetzt war er derjenige, der
ihren Wunsch, beim Film eine zweite Karriere zu beginnen, in Erfüllung
gehen lassen wollte. Maria Callas hatte Rossellini bereits davon überzeugt, die *Medea* ohne Gesang, nur als wortkarge Tragödie umzusetzen.
Doch sie war nach wie vor misstrauisch und warf Rossellini vor, sie aus-
nützen zu wollen, «genau wie Zeffirelli, dieser Gauner». Nach ihrer Version hatte der 30 000 Dollar Vorschuss von Onassis kassiert, sie hatte, als
das Unternehmen scheiterte, gefordert, er solle die Summe zurückerstatten; doch Zeffirelli hatte sie längst ausgegeben. Rossellini glaubte ihr,
dass sie deswegen jedes Vertrauen in Zeffirelli wie in Filmleute überhaupt verloren hatte.[19] Er wusste nicht, dass Maria die Partie des Opfers
übte.

Nun hatte Rossellini ein Konzept für das kommende Jahr dabei. Gedreht werden sollte in der Türkei, in Syrien und Italien, Regie sollte Pier Paolo Pasolini führen. Pasolini? Maria wusste nichts von ihm. Rossellini hatte selbst den letzten Film von ihm produziert, *Teorema*, der diesen Sommer bei den Filmfestspielen in Venedig Aufsehen erregt hatte und ausgezeichnet worden war.[20] Es beeindruckte Callas, dass Pasolini offenbar umfassend belesen war und begeistert von der Macht der Mythen, dass er in seiner Arbeit als kompromisslos galt und versessen an Details feilte. Und er wollte sie als Medea, nur sie. Dieser Pasolini war wohl der Richtige.

Zwei Monate später wollte sie sich davon überzeugen. Das Luminor-Kino in der Rue du Temple nannte sich Hôtel de ville, es lag in der Nähe des Rathauses und feierte in diesem Jahr sein fünfzigstes Jubiläum. Doch es war kein Ort für die Premieren-Elite, in der Maria Callas verkehrte. Mit Nerzjacke hätte sie sich hier lächerlich gemacht. Am 25. Januar 1969 betrat sie in schlichter Aufmachung das Kino, um Pier Paolo Pasolini näherzukommen, *Théorème* stand auf dem Programm. Es hatte gedauert, bis der internationale Filmstart möglich geworden war, wobei die Hintergründe Maria Callas nicht interessierten. Italienische Behörden hatten Spulen des Films beschlagnahmt, die sich noch im Labor befanden, und Pasolini war auf Betreiben des Vatikans angezeigt worden, der für ihn sechs Monate Gefängnis und die Vernichtung des Films gefordert hatte. Doch Pasolini war freigesprochen worden.[21] Marias alter Weggefährte Zeffirelli, der sich für verschärfte staatliche Zensur und freiwillige Selbstkontrolle einsetzte, war gegen den Kollegen zu Felde gezogen, was der als ein «niedriges, gemeines Unternehmen» bezeichnet hatte, wofür ihn wiederum Zeffirelli wegen Beleidigung verklagte.[22]

Franco Rossellini war ebenfalls im Luminor-Kino, in Begleitung einer alten Freundin namens Nadia Stancioff. Alle drehten sich um, als mitten im Film eine Besucherin aufstand, sich an den anderen vorbeidrängte und das Kino verließ. Viele erkannten sie. Kurz danach meldete sich bei Franco ein in der Musikwelt renommierter Mann, Jacques Bourgeois, der erst im letzten Herbst ein Interview mit Callas geführt hatte. Am 26. Januar um drei Uhr morgens hatte ihn Maria mit einem Telefonanruf aus dem Bett geholt und sofort angefangen zu reden. «Jacques», hatte sie gesagt, «eben habe ich etwas absolut Widerliches gesehen, Pasolinis neuesten Film *Teorema*. Du, dieser Mann spinnt.»[23]

27.

BÄUERIN UND GÖTTIN

Callas lernt um,
Pasolini erkennt eine Einzigartige, Maria verliebt sich neu,
und Moravia staunt über eine naive Berühmtheit

N och duftete es nach Gardenien und Rosen im Salon der größten Suite, im dritten Stock des Hotels St. Regis in Rom, als am 16. Mai 1969 kurz nach acht Uhr abends die geladenen Gäste zum Champagnerempfang eintrafen: einige Journalisten, umsichtig ausgewählt, und Filmleute, die hier jeder auf der Straße erkannte, Anna Magnani, Federico Fellini, Gina Lollobrigida, Michelangelo Antonioni ... Es gab nur zwei Menschen, die sich hier sichtbar nicht wohlfühlten: Maria Callas und Pier Paolo Pasolini. Sie hatte Angst vor den Journalisten, vielleicht waren welche darunter, die sie bei dem *Norma*-Skandal zerlegt hatten, und Angst vor den Filmgrößen, zu denen ihr Pasolini etwas soufflieren musste. Vor allem aber hatte sie Angst vor dem, was da auf sie zukam; fast jeder schien sich zu fragen, ob das gut gehen könne, Callas und Pasolini. Er fühlte sich nicht wohl, weil er in einer Umgebung gefangen war, die ihm fremd war und unsympathisch.

Franco Rossellini wirkte gelöst, dabei hatte er Grund, als Produzent des Abenteuers nervös zu sein. Pasolini hatte noch nie einen Film mit so großem Budget gedreht, und Callas ging jetzt bereits ins Geld: Abholung durch Franco heute Morgen im gemieteten Cadillac, jetzt hier die Suite, dazu ordentliche Gästezimmer mit Bad für Bruna und Ferruccio – übliche Dienstbotenzimmer ohne Bad direkt unterm Dach hatte Callas abgelehnt. Für die Dauer der Dreharbeiten war ihr außer Bruna eine Sekretärin zugesichert worden, an allen Drehorten von Kappadokien bis Aleppo waren für sie die besten verfügbaren Unterkünfte und Flüge erster Klasse gebucht. Callas hatte den Vertrag aber noch nicht unterschrieben.

Mittlerweile wusste sie etwas mehr über Pasolini. Er stand stolz für vieles, was sie privat ablehnte, teils verabscheute: Er war Kommunist, sympathisierte mit den Verlierern, den Kleinkriminellen, den Strichjungen. Er war ein Homosexueller, der sich, anders als alle ihre homosexuellen Freunde, als Visconti, Zeffirelli, Kelly, Rescigno, Ardoin oder auch Franco Rossellini, in der Öffentlichkeit dazu bekannte und deswegen strafrechtlich verfolgt worden war. Anders als diese lehnte Pasolini die Welt des Luxus und der bürgerlichen Zugeständnisse jedoch ab. Das Dasein von Maria, die sich mit den Rothschilds und den Pompidous duzte und Onassis verfallen war, musste ihn abstoßen.

Die meisten Gäste bei diesem Empfang irritierte das gemeinsame Auftreten von Pasolini und Callas. Bereits äußerlich passte bei den beiden nichts zusammen. Sein durchtrainierter Körper war kleiner, graziler als ihrer, im dunklen Anzug wie eingesperrt, die Krawatte war hilflos gebunden. Sein Gesicht mit den tiefliegenden Augen, den schmalen Lippen, den ausgeprägten Jochbeinen und fleischlosen Wangen wirkte asketisch, der Blick scheu. Callas war perfekt geschminkt, die Lippen kirschrot, trug Haute Couture und Brillanten wie eine zweite Haut, bewegte sich inmitten der Antiquitäten in gewohnter Umgebung und lächelte routiniert.

Nach ein, zwei Stunden war vom Duft der Gardenien und Rosen nichts mehr zu bemerken, Zigarettenqualm überlagerte alles, der Champagner war zügig geleert worden.[1] Pasolini hielt sich noch immer an der Seite von Callas, als wollte er sie beschützen. Wie Rossellini stand er das Ganze durch, bis die letzten Gäste abgezogen waren. Konnte das funktionieren? Das fragten sich wohl alle drei.

Möglicherweise war es gut, dass Callas und Pasolini doch eher wenig voneinander erfahren hatten. Er wusste nicht, dass sie nichts lieber als *Reader's Digest* las und sich für die Verbrechen der Obristen in Griechenland so wenig interessierte wie für die Geschehnisse des Mai 1968 in Paris. Sie wiederum hatte keine der Kolumnen gelesen, die Pasolini seit letztem Jahr für die Zeitschrift *Il Tempo* verfasste, und kannte keine Sätze wie diesen: «Es gibt Augenblicke in der Geschichte, da kann man nicht unschuldig oder ohne Bewusstsein sein: Sich nicht bewusst zu sein bedeutet dann, schuldig zu sein.»

Geschichte, das war für Maria Callas nur ihre eigene, und darin wurde sie nach wie vor bestätigt. In diesem Jahr hatte Legge sich wieder bei ihr gemeldet: «Ich spielte vor ein paar Tagen unsere *Tosca*-Aufnahme mit de Sabata, und das machte mir eindringlich bewusst, wie lächerlich es ist, dass zwei hochintelligente Leute – Du und ich –, die miteinander durch Schallplattenaufnahmen einen unsterblichen Beitrag geleistet haben zur künstlerischen Geschichte unserer Zeit, jede Kommunikation und jede Beziehung abgebrochen haben. Fühlst Du das Gleiche?» Callas hatte spät und kühl darauf reagiert. «Musstest Du die *Tosca*-Aufnahme unter de Sabata hören, um zu verstehen, dass es lächerlich war und ist, wenn zwei intelligente Leute (wie Du sagst, Du und ich), die miteinander einen unsterblichen Beitrag geleistet haben zur künstlerischen Geschichte unserer Zeit, alle Kommunikation und Beziehungen abgebrochen haben? Schade, dass Du nicht schriebst oder anriefst ... während meiner emotionalen Krise ...»[2]

Allerdings schien sie ihre Vergangenheit auf einmal loswerden zu wollen. Die Verbündeten, die darin unverzichtbar gewesen waren, hatte sie vor den Kopf gestoßen, nicht nur Legge. Kurz bevor sie nach Rom ins ungewisse Abenteuer mit Pasolini aufbrach, hatte Callas in einem Interview erklärt: «Es wurde angekündigt, dass ich in Dallas auftreten würde, im Verdi-*Requiem*, ich weiß. Aber nachdem ich die ganze Werbung gesehen hatte, griff ich eines Nachts zu meinem Telefon und sagte dem Regisseur über den Atlantik weg ... meine Meinung. Ich finde es geschmacklos, wenn Leute auf meine Kosten Reklame machen.»[3] Larry Kellys flehentliche Bitte, dann eben die *Tosca* zu singen oder irgendetwas anderes ihrer Wahl, damit das Opernhaus sein Gesicht wahren könne, erhörte sie nicht. Die Absage verstand niemand, fast niemand.[4] Diejenigen jedoch, die bei ihrer letzten Schallplattenaufnahme im Frühling dabei gewesen waren, begriffen es. Ihre Stimme erinnerte nur noch an das, was sie einmal gewesen war. Für alle Beteiligten waren diese Tage eine Qual gewesen.[5]

Das alte Image abzulegen, ein neues anzulegen, daran hatte Callas gearbeitet. Am 20. April 1969 hatte sie neben Visconti auf dem Sofa gesessen, auf dem die Gäste der sonntäglichen Fernsehsendung von Pierre Desgraupes platziert wurden. Wer sie kannte, erkannte sie kaum wieder – sie war sanft, gelöst, heiter, die Frisur und das Make-up mädchenhaft. «Männer», erklärte sie souverän lächelnd, «sind nun einmal polygam.»[6] Dass Pasolini nun mit ihr einen *Medea*-Film drehen würde, war bereits bekannt, dass auf die Idee, ihre schauspielerischen Qualitäten für den Film zu nutzen, schon andere gekommen waren, ließ sie das Publikum wissen.

Callas wollte den Aufbruch, und der führte in die Gegenwelt des Luxus und der Oper, nach Kappadokien, ins karge steinerne Herz von Anatolien.

Es roch noch nach Farbe, Leitern und Eimer standen herum. Das Hotel war zu Teilen noch eine Baustelle, aber der Club Méditerranée in Uchisar, herumgebaut um einen der spektakulären Felsen, die nun Reisende anlocken sollten, war das beste Quartier weit und breit. Der Tourismus in solch entlegenen Gegenden der Türkei war jung.

Nadia Stancioff, Autorin und Expertin für Film-PR, hatte sich von ihrem alten Freund Franco breitschlagen lassen, offiziell als Sekretärin für Maria Callas zu gelten, wurde aber rasch Vertraute für alles und noch dazu Double für Fernaufnahmen, um die Künstlerin zu schonen. Jetzt inspizierte sie Marias Zimmer. Das Bett stand in einer natürlichen Felsnische, das Bad war groß und frisch gekachelt, doch aus dem Wasserhahn kam nur Sand. Wasser floss in einem dünnen Rinnsal über die Felsen in der Bettnische, das Essensangebot war fett und derb. Callas beschwerte sich nicht. Sie entschied sich, nur Quark, die süßen Aprikosen von hier und – «killt die Bakterien» – etwas Wodka zu sich zu nehmen und an die Arbeit zu gehen. Maria dagegen war nicht zu gebrauchen, sie bekam Wutausbrüche wegen Onassis, der sich jetzt auf einmal unter falschem Namen am Telefon meldete, und wegen der Weigerung von Bruna, Nadia und den anderen, ihr bis weit in die Nacht hinein Gesellschaft zu leisten. Sie war reizbar, unbeherrscht und ertrug das Alleinsein nur mit Pillen. Doch auf dem Set fürchteten sich viele vor Callas, die in der Presse als zickig beleumundet war.

Unerschrocken begegnete ihr Massimo Girotti, der den Kreon spielte. Er war fünf Jahre älter als Callas, ein alter Hase und seit 1941 im Filmgeschäft unterwegs, als Held in Sandalenfilmen und Historienschinken ebenso wie in Filmen der italienischen Elite von de Sica und Roberto Rossellini bis Antonioni, Visconti und Pasolini. Ein Mann mit stabilem Körper und guten Nerven. Der Darsteller des Jason aber, Giuseppe

Sorgsam beschirmt: Maria Callas bei den Dreharbeiten zu Pier Paolo Pasolinis Medea-Film *in Kappadokien, Anatolien, in Begleitung ihrer unverzichtbaren guten Seele Bruna Lupoli, Frühjahr 1969*

Gentile, war zwanzig Jahre jünger als Callas, ein Athlet, der gerne seine knackigen Gesäßbacken zeigte, italienischer Meister im Weitsprung und Gewinner der olympischen Bronze im Dreisprung war. Er war noch nie irgendwo als Schauspieler aufgetreten, war unsicher und rechnete damit, von der Diva herablassend behandelt zu werden. Es war darauf gewettet worden, dass Callas Allüren haben würde. Doch sie entwaffnete alle, entdeckte, dass sie mit Gentile die Leidenschaft für Disziplin teilte, und gewann ihn so sehr für sich, dass er eifersüchtig auf Pasolini wurde, der ihr offensichtlich wichtiger war.[7]

Pünktlich erschien sie morgens am Set in voller Montur, dem Kostüm von Piero Tosi und zweieinhalb Kilo Schmuck, begrüßte jeden Einzelnen, setzte sich der Mittagshitze aus und kämpfte sich über felsige Wege durch die Steppenlandschaft. Pasolini war Fußballer, und ein guter, sie konsequent unsportlich, doch klaglos kroch sie wie die anderen in die Garderoben, die in Tuffsteinhöhlen des Göreme-Tals untergebracht waren. Nie jammerte Callas wegen der knappen Wasservorräte, aufmerksam beobachtete sie Szenen, in denen sie gar nichts zu tun hatte. Maria aber schaute weg. Sie saß mit Nadia und dem Mann für die Dialogregie im Schatten, als aus einer der Tuffsteinhöhlen eine Schar Bauernjungen, hübsche halbwüchsige Türken, herausstolperte, Pasolini mitten unter ihnen. Alle zogen im Freien ihre Hosen aus und begannen nackt ein Spiel, haltlos, ungeniert. Maria sah woanders hin. Beim Abendessen bediente einer der etwa dreizehnjährigen Türken die Filmgesellschaft. Als Pasolini sich umdrehte, um ihm nachzuschauen, setzte Maria einfach die Brille ab.

Für viele im Team war Maria Callas eine Fehlbesetzung. Warum hatte sich Pasolini eine sechsundvierzigjährige Opernsängerin ausgewählt, um die blutjunge Tochter eines barbarischen Herrschers zu verkörpern, die im Film keinen Ton sang? Manche waren überzeugt, es sei eine Bedingung von Callas gewesen, nicht zu singen, um ihrem Comeback in einer neuen *Traviata* von Visconti, geplant für 1970 in Paris, nichts von seiner Wirkung zu nehmen. Andere hielten es für einen Machtgestus von Pasolini, der im Gespräch mit Freunden versehentlich zugegeben hatte, Callas kein einziges Mal in Cherubinis *Medea* gehört zu haben, der sich nur für ihre Präsenz, nicht für ihre Stimme interessierte und sie hier in sein Konzept hineinzwang, ein Snob, der nur den Ruhm von Callas als Cherubinis Medea benutzte. Callas sang schließlich doch in der Steppenlandschaft des Göreme-Tals. Sie sang zu den Songs der Beatles oder von Frank Sinatra, die sie auf ihrem kleinen Kassettenrekorder abspielte.[8]

Produzent Rossellini jedoch war beruhigt: Maria Callas und Pasolini arbeiteten konzentriert und professionell miteinander. Gespannt hörte sie ihm zu, wenn er ihr etwas von seinem Wissen mitteilte, als erzählte er ein Märchen, stundenlang saßen sie vor und nach der Arbeit beieinander, oft schweigend. Sie hatte hinter dem Image des politischen Agiteurs und Intellektuellen einen Mann der leisen Töne, der einfachen Sprache entdeckt, er hinter dem mondänen Auftritt der Diva eine unsichere Frau, die ungebildet, schüchtern, naiv war und, was die Spielarten der Sexualität anging, prüde und ahnungslos.[9] Beide trieb die Leidenschaft, alles ganz zu erleben, und sie begegneten sich in Medea, die ebenfalls keine Grenzen kannte, nicht in ihrer Liebe, für die sie den Vater verriet und den Bruder opferte, nicht in ihrem Hass, nicht in ihrer Rache.

Pasolini war wie Callas bereit, jeden Preis zu zahlen für den Ausdruck, der ihm wie ihr mehr bedeutete als Schönheit oder Vollkommenheit. In einem Gedicht beschwor Pasolini Maria Callas als Wiedergeburt jener antiken Göttinnen, die der Natur Fruchtbarkeit schenkten und zugleich in der Unterwelt zu Hause waren, die für Geburt und für Tod standen.[10] Instinktsicher hatte er ihren inneren Zwiespalt erfasst.

Maria auf der anderen Seite stocherte in den Tellern der anderen beim Essen, wurde panisch, wenn die Einsamkeit der Nacht näherkam, und blieb unbefriedigt. Sie wollte als Frau begehrt werden, und Nadia erkannte fassungslos: Maria deutete Pasolinis Aufmerksamkeit als Liebeserklärung und meinte, ihn umdrehen und von der Homosexualität retten zu können, aus ihrer Sicht eine Sünde. Pasolini hatte ihr von der einen großen Liebe seines Lebens erzählt, von Susanna Colussi, seiner Mutter.[11] Die andere, den blutjungen Ninetto Davoli, verschwieg er, der leistete derzeit seinen Militärdienst in Arezzo ab und würde keinesfalls hier in der Türkei auftauchen. Er verschwieg auch seine Panik, Ninetto zu verlieren, der nicht homosexuell war. Callas ahnte nicht, dass Pasolini genau das über Ninetto dachte, was sie als Medea über Jason sagte: «Dieser armselige Kerl, der mir alles verdankt und auf den ich jede Hoffnung verloren habe.» Und dass Ninetto durch Jason antwortete: «Was weinst du? Überzeuge dich endlich, Zeit wird's, dass ich den Erfolg der Taten nur mir selbst verdanke. Auch wenn du niemals einsehen wirst, dass du alles, was du für mich getan hast, nur aus Liebe zu meinem Körper tatest. Vielleicht ohne große Anstrengung und vielleicht, das gebe ich zu, ohne es zu wollen, habe ich dir letztlich viel mehr gegeben, als ich empfing.»[12]

Stechmücken gab es nicht in der trockenen Glut Kappadokiens, ein Schwarm von Fotografen und Reportern umschwirrte das Filmteam jedoch täglich und war nicht zu vertreiben. Dann erschienen die ersten Artikel, sogar in deutschen Illustrierten mit Millionenauflage und nackten Frauen auf dem Cover: «Mit ihm will die Callas Onassis vergessen.»[13]Auf den Fotos war sie im Kostüm der Medea zu sehen, die leidenschaftlich küsste oder selig lächelte, während sie geküsst wurde, in der Hand eine Schale mit Champagner. «Maria Callas' neue Liebe: der Produzent ihres ersten Films, Franco Rossellini.» Weder sie noch er, der seine Homosexualität aus begreifbaren Gründen weitgehend geheim hielt, gedachte, dagegen zu protestieren. Ihr gemeinsames Ziel war ein erfolgreicher Film, und die öffentliche Neugier nutzte dem. Nadia Stancioff beobachtete dennoch eine sich anbahnende Tragödie.

Die Lagune bei Grado, unweit von Triest, war ein Labyrinth zwischen Land und Meer, in das sich Fremde kaum hineinwagten. Die kleinen Inseln dort, wo es nur Casons gab – niedrige Häuser unter Reetdächern, ganz dunkel oder mit nur ein, zwei Fenstern, vor denen Fischernetze trockneten –, boten nichts an, was die touristische Neugier reizte. Für Pasolini war dieser Irrgarten aus Wasser, Sumpf, Sand und Schilf mit seinem wankenden Boden eine Heimat. Hier wurde der friulanische Dialekt gesprochen, die Sprache seiner Mutter, mit der er aufgewachsen war, in der er seine ersten Gedichte geschrieben hatte. Im Sommer 1969 war es fast zwanzig Jahre her, dass er mit der Mutter überstürzt aus dem Friaul nach Rom geflohen war, vor dem faschistischen Vater, vor den Carabinieri, die ihn nach einem Volksfest wegen homosexueller Handlungen und Verführung Minderjähriger verhaften wollten, vor der Treibjagd der Einheimischen. Pasolini wollte auf der Insel Mota Safòn, gelegen im Fondao delle Silisa, der Schwalbenlagune, Kolchis erstehen lassen, die mythische Welt, der Medea und Jason entstammten. Entdeckt hatte er die Insel beim Segeln mit einem Freund, dem Maler Giuseppe Zigaina, dessen rechter Ärmel immer leer blieb – wie Pasolini ein Mensch, der aus der Gesellschaft gefallen war und deren Schwächen umso genauer durchschaute.

Die Crew bezog in Grado Quartier im Hotel Argentina, Maria Callas aber wohnte im Cason von Pasolini. Nur vierzehn Leinwandminuten drehte er hier, doch was sich hinter der Kamera entwickelte, verhieß eine längere Geschichte. Dacia Maraini, eine junge Schriftstellerin und Lebensgefährtin von Alberto Moravia, beobachtete beunruhigt, wie glücklich Maria hier war, ähnlich ging es der jungen Italienerin, die in der Rolle einer Magd mitspielte. Jeden Samstag kam Pasolinis Mutter Susanna zu Besuch, mit Lockenwicklern im Haar saß Maria mit ihr lachend am Tisch in Pasolinis Cason, und Susanna träumte von einer Verlobung der beiden. Die junge Schauspielerin überraschte Pasolini und Callas, wie sie sich im Kostümraum küssten. Als ein Schuppen am Strand in Brand geriet, schrie Pasolini nur wieder und wieder Marias Namen.[14]

Die Arbeit wurde schwieriger. Callas, an Partituren gewöhnt, sollte Texte sprechen, die Pasolini improvisiert hatte, eine Strapaze für sie, die sich Worte nur verbunden mit Musik einprägen konnte. Alles ganz – das galt für sie dennoch. Zigaina ahnte, warum sie sich auf riskante Weise körperlich verausgabte: weil sie nach den letzten Enttäuschungen, den menschlichen, den stimmlichen, überzeugt war, «dass die Welt sie nicht mehr wollte».[15] Pasolini spürte ihre Schutzbedürftigkeit, nannte sie in einem Gedicht «Vögelchen mit starker Adlerstimme», bangte um sie.[16] Und wollte trotzdem, dass sie Grenzen überschritt, das machte Medea aus – und ihn selbst. Ihm ging es seit Langem um dieses Thema der Überschreitung, es gehörte zur Tragödie.[17] Maria Callas hatte das nie nachgelesen, sie wusste es. Wachsam befolgte sie jede Anweisung, und Pasolinis Kamera folgte ihr. Sie hetzte durch die Lagunenlandschaft im feuchten, heißen Gewächshausklima, die Luft grau von Moskitos, das Gelände voller Fallen, stolperte, hielt inne, wankte, brach zusammen. Großartig.

Doch sie blieb liegen, ohnmächtig. Grund genug, sie danach zu feiern.

Die Nacht war noch lange hell. In der Mitte des Rasens brannte ein Feuer, Braten erfüllte mit seinem Duft den Garten, der Wein wurde aus Fässern abgezapft. Die Stimmung war gelöst, Pasolinis Literatenfreunde waren mit dabei und eine ganze Schar Journalisten.[18] Pasolini hatte Zigaina um Rat gefragt, wie er Maria Callas danken könne ohne große Worte. Zigaina brachte ihn auf die Idee, ihr etwas Symbolträchtiges zu schenken: einen antiken Karneol, entdeckt ganz in der Nähe, auf dem Grabungsfeld von Aquileia. Auf dem fleischroten Stein war eine Gottheit eingraviert, gefasst war er in einem goldenen Ring.

«Ich bin wild», hatte Maria Callas vor wenigen Monaten in einem Interview gesagt. «Ich bin wild.» Ein Satz, der ins Leere gelaufen war, er passte nicht.[19] Als der Mond über dem Akazienwald aufging, steckte Pasolini Maria den Ring an und gab ihr vor all den Zeugen des Festes einen Kuss auf den Mund, sie erwiderte ihn mit sichtbarer Leidenschaft. Maria schwieg, nun sicher in ihrem Glück: Das war als Heiratsantrag zu verstehen.[20]

Am 2. September 1969 verfasste Pasolini ein Liebesgedicht, das erste heitere in seinem Leben. Es galt Ninetto Davoli.

Das Gebäude in der Via Asiago 10 in Rom hatte von außen etwas Palast-artiges. Der Raum, in dem das Tribunal am 30. November tagte, war jedoch fensterlos und schmucklos. Auf der Tagesordnung: «Il Processo Callas» – «Der Callas-Prozess».[21] Die Prozessteilnehmer: Prominenz aus der ersten Reihe des Musikjournalismus und der Musikwissenschaft, teils zudem Komponisten und Pianisten, und Luchino Visconti. Ziel des Gipfeltreffens im Haupthaus des italienischen Rundfunks, des RAI: Frieden zu stiften zwischen zwei Fronten, die sich seit Monaten bekrieg-ten, allesamt Hörer des RAI und Leser des *Radiocorriere*, dessen Heraus-geber in einer Flut von Leserbriefen, von kritischen Bemerkungen und Beschuldigungen bis hin zu Beleidigungen, zu ertrinken drohte.

Gegenstand der Publikumsfehde: Maria Callas. Der erste Vorwurf ihrer Gegner war, sie werde systematisch bevorzugt und gefeiert, der zweite, nur die Vermarktung von Callas als Fotomodell habe ihr zum Aufstieg verholfen; dass der begonnen hatte, als sie noch an die zwei Zentner wog, wurde ignoriert. Der dritte Vorwurf der Gegner, größten-teils aus dem Lager Tebaldi: unberechtigter Ruhm, da es ihr an stimm-lichen Qualitäten mangle. Nur, wie waren die zu bemessen?

Die Diskussion der Prozessteilnehmer war kontrovers. «Ich muss wie-derholen, dass die Stimme von Callas hässlich war, und ich glaube bis jetzt, dass ein Teil ihrer Anziehungskraft darin lag.» «Ihre Stimme … war sofort und überall wiedererkennbar.» «Obwohl die hohen Töne bei Cal-las nicht weich waren und zum Schillern neigten, besaßen sie besonders große menschliche Qualitäten. Man hörte mehr Stimme und weniger Instrument.» «Eine Callas-Interpretation konnte akzeptiert oder zurück-gewiesen werden, sie konnte gefallen oder nicht gefallen, aber niemals teilweise, immer als Ganzes. Und das erklärt die Liebe und den Hass, den sie erweckte.» «Wenn sie geboren worden wäre mit einer makello-sen, samtigen, perfekten Stimme, hätte sich Callas einfach darin gesuhlt. Antonio Baldini sagte, wie in einer Badewanne.» «Auch wenn Callas, so-bald sie von einem Register ins andere überging, einen unangenehmen Klang produzierte, die Technik, die sie für diese Übergänge benutzte, war perfekt.»

Visconti erklärte, warum sie bereits auf Proben ihre Stimme ver-brauchte hatte: «Sie arbeitete dabei mit gleichbleibender Intensität vom Anfang bis zum Schluss, wobei sie alles gab, was sie hatte, immer mit voller Stimme sang – auch wenn der Produzent ihr nahelegte, sie solle sich selbst nicht aussaugen und brauche nur die vokale Linie zu markieren.»

Maria Callas, einzigartig durch den inneren Widerspruch, jenen unlösbaren Konflikt, der Hass wie Liebe auf sich zog, eine Extremistin, die extreme Reaktionen hervorrief: Das hätte ihr gefallen müssen. Die Tragik all dieser Argumente: Sie standen in der Vergangenheitsform, selbst die Worte, mit denen Visconti ihre Bedingungslosigkeit gepriesen hatte. Das kritische Loblied hörte sich an wie ein Abgesang. Glaubte niemand mehr an ihre Rückkehr auf die Bühne?

Viscontis Projekt einer Neuinszenierung der *Traviata* für die Oper in Paris wurde still beerdigt. Für Maria Callas gab es nur noch den Film, die Premiere, ihre Zukunft als Filmstar. Und Pasolini.

Ende November wurde Rom den Touristen zu grau. Doch für Maria Callas war das Leuchten dieses vielversprechenden Herbstes noch nicht erloschen. In dem dunklen Studio saßen nur wenige Leute, angespanntes Schweigen. Alle schienen einander nah zu sein, Pasolini, seine Hauptdarstellerin mit der treuen Begleiterin Nadia, der Produzent Rossellini, Cutter und Kameramann. Das große Budget musste eingespielt werden, und bis jetzt sah es gut aus. Nicht nur dass Callas ihren ersten Auftritt als Filmstar ausgerechnet mit dem Skandalregisseur Pasolini haben würde, weckte die Neugier, auch die Gerüchte über Maria und Pier Paolo heizten das Interesse an.

Seit Monaten wurden die beiden in Zeitungen und Illustrierten als Paar, als künftiges Ehepaar gehandelt, manchmal mit, oft ohne Fragezeichen. «Viva gli sposi gridevano gli invitati» – ««Es leben die Brautleute», riefen die Gäste», hatte *L'Europeo* berichtet, «La maga sposerà il genio» – «Die Zauberin wird das Genie heiraten», stand in *Stop*.[22] Ständig wurden sie miteinander fotografiert, in Paris beim Einkaufen Hand in Hand, in Neapel durch enge Gassen spazierend Arm in Arm, bei Empfängen untergehakt wie Verheiratete, an Flughäfen Pasolinis Mutter flankierend, die Maria offenbar als zukünftige Schwiegertochter anstrahlte.[23] Pasolini war in die Welt von Maria Callas eingetaucht, die ihm fremd, teils zuwider gewesen war, hatte nächtelang in der Pariser Wohnung ihre Opernaufnahmen angehört, hatte mit ihr den Geburtstag von Henry Ford II in Cap Ferrat gefeiert und sogar Opernvorstellungen besucht. Sie hatte mit ihm rings um Rom in den einfachen Osterien auf dem Land gespeist, sich an seiner Seite so gezeigt, dass sie zu einem Avantgardekünstler passte, ungeschminkt, in Jeans und flachen Schuhen, das Haar nur zum Pferdeschwanz zusammengeschnürt. Sie hatte seine Erdgeschosswohnung in der Via Eufrate 9, einem Neubau in einem nackten Viertel Roms, besichtigt, die Pasolini vor sechs Jahren für seine Mutter gekauft hatte, sie hatte ihre Kinoleidenschaft entdeckt und ohne ihn in Paris die neuesten Filme angesehen, allerdings fast nur Thriller und Western. Die Ehegerüchte hatte weder er noch sie dementiert. Es ging um viel, um viel Geld und viel Zukunft.

Kritisch hatte sich Maria Callas mit den anderen zuerst das gesamte Filmmaterial angesehen, stundenlang, hatte sich selbst kommentiert, als wäre das eine Fremde auf der Leinwand, immer in der dritten Person. «Che brava, la Callas!» oder «Wie schön sie ist.» Und immer wieder auch: «Das ist nicht gut.» Jetzt hockte sie mit Pasolini beim Schnitt des Films, mitzureden hatte sie bei diesem Vorgang nichts. Bei jedem Regisseur einer Oper konnte sie sich wehren, zur Not verweigern, wenn ihr etwas gegen den Strich ging. Pasolini schnitt schnell und rigoros. Maria Callas hatte das Gefühl, dass die besten Szenen, ihre besten jedenfalls, dem Schnitt zum Opfer fielen, der Fußboden war damit bedeckt; Nadia empfand das Gleiche.[24] Doch als die Presse anrückte, wollte sich Callas daran nicht erinnern. Vor der Filmpremiere war Einigkeit unverzichtbar, und für die neue Laufbahn beim Film zählte der Eindruck, ein Star ohne Zicken mit Teamgeist zu sein, bereit, sich dem Regisseur unterzuordnen.

Journalisten, die sie in Kappadokien bedrängt hatten, warum sie sich für ihren Start als Filmschauspielerin ausgerechnet die Rolle einer Kindsmörderin ausgesucht habe, hatte sie zwei Sätze an den Kopf geworfen: «Weil ich Medea *bin*. Ich hasse jeden Kompromiss.»[25] Nun, im Dezember, saß Kenneth Harris vom *Observer* bei ihr in der Pariser Wohnung. Pasolinis *Medea* sei kein Horrorfilm, erklärte ihm Callas sanft. «Es gibt schon zu viel Gewalt in zu vielen Filmen … Ich kann Gewalt nicht leiden und finde sie künstlerisch unbefriedigend … Pasolini hat dieselbe Einstellung wie ich in dieser Sache.» Harris fragte, was jeder fragen musste: «Zieht die Rolle der Medea Sie an?» Was sie in Kappadokien gesagt hatte, war vergessen. «Medea ist eine Frau, die grausam sein kann», antwortete sie jetzt, «ich kann das nicht. … ich liebe die Rolle, Medea mag ich nicht.»[26]

Für Pasolini aber war Maria Callas seine Medea,[27] er hatte erkannt, wie sich Maria und Callas bekämpften, wie absolut unversöhnbar sie waren. «Erst die persönlichen Eigenschaften von Callas ließen mich erkennen, dass ich *Medea* inszenieren konnte», sagte er in der Presse. «Sie ist … in gewisser Hinsicht die modernste aller Frauen, aber in ihr lebt eine Frau der Antike, fremdartig, geheimnisvoll und magisch, was furchtbare innere Konflikte in ihr auslöst.»[28]

Am Abend des 28. Dezember 1969 betrat Maria Callas zum ersten Mal in ihrem Leben als Star der Premiere einen unterirdischen Raum. Das Cinema Mignon, ehemals ein gepanzerter Lagerraum für Klaviere, war 1947 als erstes Kino unter Straßenniveau in Mailand eröffnet worden und bald schon Kult, berühmt für die Auswahl der Filme: viel Avantgarde von Cocteau bis Ophüls, von Godard bis Bergman. Das Mignon lag in der Nähe der Scala, unter der Galleria Vittorio Emanuele, doch anders als in der Scala befand sich Callas nun im Auditorium, zum ersten Mal ohne Lampenfieber, ohne Angst, die Stimme könnte bei Spitzentönen versagen. Maria Callas hätte neben Pasolini, unter den 500 geladenen Gästen, entspannt dasitzen können, doch was geschah, erschreckte sie: Es geschah nichts. Niemand pfiff, zischte oder buhte, niemand trampelte vor Begeisterung, schluchzte oder schrie «Brava», sie wurde weder mit Rüben noch mit Blumen beworfen. Es fehlte das, was für sie als Künstlerin zählte: an ihre Grenzen zu gehen und zu spüren, wie sie anstieß. Gian Carlo Menotti, der Komponist, der sie sich vor bald zwanzig Jahren für die Uraufführung seiner Oper *Der Konsul* gewünscht hatte, war enttäuscht. «Keine wirklich bedeutende Schauspielerin», fand er. «Aber eine einnehmende Persönlichkeit.» Üblich war, dass man Callas bedeutend fand, Maria hingegen banal und schwer auszuhalten. Menotti gab sein Urteil gegenüber Nadia Stancioff ab, nicht gegenüber Callas selbst. Noch blieb für sie der Film die berufliche Zukunft, für Maria Pasolini die private.

An Weihnachten nicht daheim sein: Für viele war die Vorstellung erlösend. Pasolini, der überzeugte Katholik, der von der katholischen Kirche verbannt war, hatte vor einigen Jahren begonnen, diese Zeit weit entfernt von der Heimat zu überwintern, in Indien, noch lieber in Afrika, zusammen mit den Afrika-erprobten Reisegefährten Alberto Moravia und Dacia Maraini. Afrika sei seine «letzte Hoffnung», hatte er Moravia gesagt.[29] Pasolini, war Moravias Eindruck, erwartete von den Erfahrungen dort die Lösung seiner persönlichen Probleme.[30] Zu denen gehörte auch die Angst vor dem Altern. In einem alten Land Rover, der manchmal auf offener Strecke mit rostigem Eisen und Holzstücken vom Wegrand repariert werden musste, schutzlos die Einsamkeit zu durchqueren, mit Sandstürmen und Dürre zurandezukommen, mit Kakerlaken und Ameisen im Nachtlager, mit verkochter und versalzener Konservenkost, Wassernot und vielen Irrfahrten – all das verlieh ihm wohl ein Gefühl von ursprünglicher Kraft.

Moravia kam dieses Mal direkt aus Südamerika nach Senegal. In der Hauptstadt Dakar erwarteten ihn nicht nur Pasolini und Dacia, sondern auch eine Mitreisende, die mit Luxushotels und Reisen erster Klasse vertraut war. «Kommst du mit?», hatte Pasolini Maria aus dem Nichts gefragt. Stillschweigend milderten die drei Erprobten ihre Route ab, im Hinterkopf dennoch Bedenken, wie das funktionieren sollte. Doch auf nackten Holzbänken, auf umgestülpten Eimern oder auf der Rückbank des Rover, wo sich Polsterspiralen durch den Bezug bohrten, saß eine Frau, die Moravia natürlich, direkt, naiv fand und genau das, was er sich unter einer bürgerlichen Griechin vorstellte. Dacia, Prinzessin aus völlig verarmtem Adel, Verzicht gewohnt und nach eigener Aussage «zum Reisen geboren», war ebenfalls verblüfft, dass man Callas einiges zumuten konnte.

Kurz vor Weihnachten landeten die vier in Bamako, der Hauptstadt von Mali. Schulmädchen warteten in der Halle, nicht auf Moravia, den Bestsellerautor, dessen Romane weltweit durch sensationelle Verfilmungen bekannt waren. Sie streckten der Mitreisenden Plattencover entgegen, Maria Callas als Norma, als Tosca, Lucia, Medea, Aida, und ließen sie signieren; Maria Callas war auch hier die Diva. Und bestieg dann einen alten, verdreckten und klapperigen Land Rover. Mitten in der Savanne, als zig Kilometer vom nächsten Dorf entfernt das Auto liegen blieb, ein italienischer Monsignore vorbeikam, der weder Moravia noch Pasolini, schon gar nicht Maraini und nicht einmal Callas kannte, sich aber in der staubigen Glut mit Pasolini ausgiebig über die Qualitäten der Spieler im Fußballclub Roma unterhielt; als sie nichts zu essen hatten außer ausgetrockneten Sardinen in der Dose, sich auf ein Omelette freu-

Erstaunlich belastbar: Pier Paolo Pasolini, Alberto Moravia und Dacia Maraini erlebten Maria Callas auf der Exkursion in Mali keineswegs als zickige Diva. Hier alle vier nahe der Großen Moschee von Djenné, der größten sakralen Lehmarchitektur der Welt, im Binnendelta des Niger, Dezember 1969

ten und in den winzigen Eiern nur Sand vorfanden – da war sie keine Diva, sie machte mit.

Und doch blieb sie die Alte in dieser so neuen Welt. Bei Tisch pries sie mitten im Armenviertel die Segnungen des Kapitalismus, bis Pasolini sie mit leisem Vorwurf bremste. «Maria?!» Das brachte sie sofort zum Verstummen. Sie staunte die aus Lehm vor 600 bis 700 Jahren erbaute Große Moschee in Djenné an und marschierte mit den anderen rund um das Gebäude mit seinen mehr als 3000 Quadratmetern. Doch es gefiel ihr besser in Abidjan, der Kapitale der Elfenbeinküste, wo sich alles um Maria Callas drehte, man sie hofierte und verwöhnte. Die Regierung stellte den Reisenden einen Hubschrauber mit einem französischen Oberleutnant zur Verfügung, der sie lange über dem Urwald hin und her flog und, was Moravia ärgerte, die Büffel in den Sümpfen zu Tode erschreckte. Erlebnisse, die Maria Callas begeisterten, waren weniger die Offenbarungen aus Sand und Lehm und Felsen, die ungewohnten Geräusche der Nacht, weniger die Begegnungen in einem Lager der Tuareg, dessen Geheimnisse, Gerüche und Behausungen. Ihr gefielen, stellte Moravia fest, vor allem die großen Hotels mit Kristallglas auf weißgedeckten Tischen und die zeremoniellen Empfänge mit Champagner und Herren im Dinnerjacket. «Ein großer Korb Früchte, den sie in ihrem Zimmer im Hotel Ivoire vorfand, löste bei ihr vermutlich ein tieferes Gefühl aus als die erhabene Einsamkeit, durch die sich der Niger schlängelt.»[31]

Dass die vier Reisenden einander näherkamen, war unvermeidbar, dass sie ihr zu nahe kamen, vermied Maria. Zog sie sich abends in demselben Zimmer aus wie Dacia, stellte sie es so an, dass sie niemals nackt zu sehen war – ein zeitraubendes Manöver. Wie sie von ihren Problemen mit Onassis erzählte, erinnerte in nichts an die Racheschwüre, die sie noch im März Elvira de Hidalgo gegenüber geäußert hatte, eher an die Klagen einer konservativen Ehefrau über das schlechte Benehmen ihres Mannes in der Öffentlichkeit.

Moravia suchte die Nähe und studierte Pasolini aus geringer Entfernung. Er sah, wie schlecht Pasolini sein Haar selbst gefärbt hatte, wie befremdlich seine künstlichen Zähne wirkten und dass er beim Essen alles zwischen den Schneidezähnen zermalmte. Weckte er den Freund morgens, blickte ihm vom Nachtlager nicht der Intellektuelle entgegen, er sah in «das Gesicht eines Höhlenmenschen, ziemlich verängstigt», mit «enorm tiefliegenden Augen». Im Lauf des Tages, beobachtete Moravia, nahm Pasolinis Gesicht wieder den gewohnt «sanften Ausdruck an».[32]

Er war fassungslos, dass Maria nicht die Gelegenheit nutzte, den wahren Pasolini kennenzulernen. Sie wollte nicht wissen, dass Pasolini immer deswegen sofort nach dem Abendessen verschwand, um nach käuflichen Jungen zu suchen. Gab es bei der Übernachtungsstätte kein Telefon, fuhr Pasolini oft eine ganze Stunde lang allein bis zum nächsten Dorf, wo er seine Mutter anrufen konnte. Gab es Maria nicht zu denken, dass Pasolini, wenn die Mutter von Kopfweh oder Schnupfen berichtet hatte, sofort Kopfweh oder Schnupfen bekam?

Maria erfragte nichts. Nach wie vor wusste sie nicht Bescheid über Laura Betti, Schauspielerin, Chansonsängerin, die als aggressiv und besitzergreifend bekannt war und seit vielen Jahren Pasolini als ihren Ehemann bezeichnete. Ihre Wohnung diente ihm als Basisstation, wo er immer gefüttert und verarztet wurde. Schon im Oktober 1969, als die Ehegerüchte mit Callas aufkamen, hatte Betti in einem Interview erklärt: «Wenn sie Pasolini heiratet, dann kratze ich ihr die Augen aus.»[33]

In Afrika landeten die vier Reisenden in einem Hotel, das für die nächsten drei Nächte nur noch zwei Zimmer mit Doppelbett frei hatte. Maria ging selbstverständlich davon aus, dass sie neben Pasolini schlafen würde und, wie sie Dacia sagte, natürlich mit ihm. Pasolini geriet in Panik und flehte Dacia um Beistand an. Mit Erfolg – die Männer teilten ein Zimmer, die Frauen das andere. Maria fühlte sich hintergangen. Dacia, die in diesen Nächten zur Zuhörerin verdammt wurde, gestand, dass Maria «die Einfachheit einer griechischen Bäuerin» hatte. Diese Bäuerin bewunderte Pasolini, sie fürchtete ihn zugleich,[34] doch sie verstand nicht, was Dacia längst verstanden und akzeptiert hatte: dass Pasolini dazu neigte, «jeder seiner Freundinnen, ob jung oder alt, die Mutterrolle aufzudrängen». Nur indem sie die Rolle annahm, das hatte Dacia durchschaut, konnte sie ihm «näherkommen und nahe bleiben». Denn Pasolini selbst hatte die Rolle des Sohnes übernommen, «eines ernsten, strengen Sohnes, der sich intellektuell reifer als die Mutter fühlt, der aber gerne emotional von ihr abhängig ist, ein wenig wie im Verhältnis Christus zu Maria».[35] Und da gab es nun eine, die Maria hieß. «Auch in ihr», sagte Dacia, «sah er sofort die Mutter wieder.»[36]

An dieser Maria schien das Abenteuer Afrika mit dem Blick auf Pasolini aus nächster Nähe spurlos vorüberzugehen. Es war ein neues Jahr angebrochen, als sie alle zusammen im Januar 1970 nach Rom zurückkehrten. Afrika, letzte Hoffnung – für Maria Callas lag die letzte Hoffnung in Paris. Am 28. Januar 1970 war dort die Gala-Premiere des *Medea*-Films in der Oper angesetzt.

28.

EINE ANTI-DIVA ALS SELBSTDARSTELLERIN

Onassis macht Fehler,
Callas hat Studenten, McNally schwärmt für sie,
und Hendricks hat Mitleid mit ihr

D er Fünfunddreißigjährige, der am 13. April 1970 bei der Landung auf dem Flughafen Orly von Blitzlichtgewitter empfangen wurde, sah zum Erbarmen aus, blass, unterernährt, die Schultern hingen, auch die Mundwinkel. So kannte hier in Paris keiner Mikis Theodorakis. Zwei Wochen später, am 29. April, saß er im Foyer des Hotels Palais d'Orsay, neben ihm einer, der in Frankreich seit vielen Jahren als Journalist und Politiker, als Essayist, Herausgeber des Nachrichtenmagazins *L'Express* und Diplomat eine Figur des öffentlichen Lebens war. JJSS nannte ihn jeder, Jean-Jacques Servan-Schreiber war zu umständlich. Einige Prominente saßen unter den Presseleuten, als Theodorakis im Palais d'Orsay sein Wort hielt: Er hatte sich geschworen, nichts zu vergessen. Maria Callas war nicht dabei, obwohl sie den Landsmann von Theodorakis, um den es dort ging, besser kannte als der. Maria Callas wollte vergessen, vor allem die letzten Monate.

Am 28. Januar war jene Prominenz zur Filmpremiere in die Pariser Oper eingezogen, die als Hofstaat der Callas galt, von Maurice Chevalier und Begum Aga Khan bis zu Madame Pompidou und Marina, verwitwete Duchess of Kent, geboren in Athen als Prinzessin von Griechenland, die Callas bei jedem Bühnenauftritt bewundert hatte. «Sie agiert wie eine Hausfrau aus Athen»,[1] hatte die Duchess bei der Premierenfeier gesagt. Die meisten hatten ihr zugestimmt, hinter Marias Rücken. Erfahren hatte sie es doch. Die Kritiker, auch aus den USA, England und Deutschland, priesen den Film und vor allem Callas. Pasolini war ein Intellektueller, die Intellektuellen verstanden ihn, verstanden seine Entscheidung für Callas als Medea und feierten deren Leistung als Filmschauspielerin. Wie sie das taten, war aber beunruhigend. «Medea hat mit Callas eine hervorragende Darstellerin gefunden, die sich dem Konzept Pasolinis, … keine Gesten und keine Pathetik zuzulassen, bis auf die Schlußszene glänzend einpaßt.»[2] Doch es waren gerade die Gesten und das Pathos, es war gerade die Stärke, sich nicht einzupassen, womit Callas sonst ergriffen hatte. Und der Gesang. «Wann singt sie endlich?», hatten sich die Zuschauer bis zum «FINE» gefragt.

Die Zeit nach der Premiere hatte sie mit ausführlichen Interviews gefüllt, von spektakulären Filmangeboten aus der Vergangenheit und auch von einigen neuen gesprochen, sie hatte beeindruckt mit Namen wie Michelangelo Antonioni und Joseph Losey. Doch als die Besucherzahlen den frühen Tod dieses Films ankündigten, erhielt Maria Callas nur ein einziges neues Engagement – als Jury-Mitglied im Fach Gesang beim Tschaikowsky-Wettbewerb in Moskau. Jetzt wollte sie endlich Callas vergessen, nur noch Maria sein und offenbar von Onassis nichts mehr wissen. Am 16. März war in *La Stampa* zu lesen, was Maria Callas den Reportern gesagt hatte: «Ich habe ein gewisses Verhältnis mit Onassis gehabt, aber zu meinem Glück ist das ganz und gar vorbei.»

Für Theodorakis war Onassis noch keineswegs abgehakt. JJSS hatte Theodorakis am Flughafen abgeholt, er wurde als dessen Retter gefeiert – lange, das war Theodorakis anzumerken, hätte er Haft und Folter nicht mehr durchgehalten. Friedfertig und dankbar zeigte er sich trotzdem nicht, scharf widersprach er seinem Retter: Nein, er habe sich nicht zum Schweigen verpflichtet, es gebe keinerlei Abmachung mit irgendjemandem. Sein Freund JJSS begehe einen Fehler, sich auf Onassis und Niarchos zu verlassen. «Eines Tages werden die dem Volk eine Antwort geben müssen und alles verlieren», prophezeite Theodorakis. Onassis befand sich in einer Zwickmühle, es war verlautbart worden, er habe JJSS geholfen, was er selbst rundweg abstritt. «Mister JJSS lügt. Ich bedaure, das sagen zu müssen, denn ich kenne ihn seit zehn Jahren. Alles, was er in letzter Zeit über die Hilfe gesagt hat, die er von mir erbeten haben will, um die Freilassung von Inhaftierten zu erreichen, ist völlig unhaltbar.»[3] JJSS erklärte im Hotel Palais d'Orsay, er kenne Onassis erst seit achtzehn Monaten.

Einen Tag später erregten die Schlagzeilen über Theodorakis weltweit Aufsehen. «Theodorakis will Junta stürzen.» «Er will den Widerstand ge-

gen die Junta organisieren.» «Theodorakis nennt die USA die Stütze der
Obristen.» «Onassis attackiert Servan-Schreiber.» «Theodorakis: ‹Ehren-
wort gebrochen›.» «Dementi wegen der Rolle des Reeders Onassis.»
Am 10. Mai erschien dann ein Interview mit Theodorakis über die
Umstände seiner Freilassung. «Die Obristen wollten mich loswerden»,
sagte er. «Nicht nur die CIA, die amerikanische Regierung selbst steht
hinter den Obristen.» Und: «Auch Onassis hat die Obristen gedrängt,
mich freizulassen, freilich nicht, um das Regime zu schwächen, sondern
um es zu unterstützen.»

Im Hotelfoyer hatte sich Theodorakis jedoch in einem Punkt geirrt:
«Onassis», hatte er gesagt, «handelt falsch, sich mit seiner Frau auf einer
kleinen griechischen Insel zu amüsieren. Ich verabscheue solche Leute –
ja, ich verabscheue sie.» Dass Onassis sich mit seiner Frau, genannt
Jackie O., längst nicht mehr amüsierte, war den Lesern der Gesell-
schaftspresse so gut bekannt wie Jackies Einkaufsorgien mit seinem
Geld, jedoch ohne ihn.

Die Medien hatten in diesem Frühjahr ausführlich berichtet, dass
Onassis in Griechenland nach mehr als zwei Jahren einen geschäftlichen
Durchbruch erzielt hatte.[4] Etwas später in diesem Frühling erzielte er
ihn auch privat. Er wurde gesehen, wie er, die qualmende Zigarre in der
Hand, das Haus in der Avenue George Mandel 36 betrat, wo die Frau
wohnte, die angeblich nichts mehr von ihm wissen wollte. Nur enge
Freunde waren Zeugen, wie er in der Wohnung von Maria die Hand auf
ihre Schenkel legte und seine Freude bekundete, endlich wieder richtig
etwas in der Hand zu spüren, Jackie sei nur ein Klappergestell. Am
21. Mai hatten die Paparazzi keine Mühe, das Neueste über Onassis im
Bild festzuhalten. Er hatte sich im Maxim's ins Schaufenster gesetzt, an
die Stelle, wo man ihn erwartete: An seinem Lieblingstisch dinierte er
mit Maria Callas, Marie-Hélène van Zuylen dekorierte das Rendezvous.

Jackie O. wurde alarmiert. Die Paparazzi waren wieder zugegen, als
Onassis einen Tag später an demselben Tisch mit seiner blitzschnell ein-
geflogenen Ehefrau zu Abend aß.

Eine kleine griechische Privatinsel, im Besitz eines griechischen Reeders,
die Villa nur wenige Meter von der Küste entfernt. Selbst in den regen-
losen Wochen des Hochsommers, die alles verdorren ließen, blühten

*Missverstandene Liebe: Maria Callas begehrte Pier Paolo Pasolini, Pasolini verehrte
sie. Im August 1970, beim gemeinsamen Urlaub auf der verlassenen Ägäis-Insel Tragonisi (auch Tragonissi oder Dragonisi) porträtierte er sie und brüskierte sie mit der
Wahrheit*

Levkojen und Rosen in der Gartenanlage, die Rasenflächen waren satt-
grün. Jeden Tag wurde das Wasser vom Festland herübergebracht.
Abends war auf der Terrasse der Villa, der einzigen Villa auf dieser Insel,
die Stimme von Maria Callas zu hören, als Norma, Lucia, Tosca, als
Medea, Aida und Sonnambula. Nur zwei Menschen hörten aufmerksam
zu und blieben, wenn die Platte zu Ende war, noch stumm sitzen: der
Gastgeber Perry Embiricos, ein alter Vertrauter von Onassis, anders als
dieser opernbegeistert, und sein prominenter Gast Maria Callas. Dem
International Tribune hatte sie kurz vor der Abreise verraten, was sie in
diesem Urlaub mit Nadia an ihrer Seite vorhatte: vergessen. «Nichts als
schwimmen, schnorcheln, herumalbern. Wie ein Kind.» Sie wollte einfach nur Maria sein, die nichts zu tun hatte mit dem Scheitern von Callas' Zukunftsplänen. «Badet nicht neben einem KZ», hatte Theodorakis
die Touristen aufgefordert. Doch kaum jemand wusste genau, wo die
KZs der Obristen lagen. Die kleine Insel Tragonisi[5] befand sich mit Sicherheit nicht in der Nähe von Gefangenenlagern, die Inseln ringsum,
von Naxos bis Mykonos, waren zu schön und zu gut besucht.

Für Marias ersehnten Besucher zählte das vielleicht, obwohl er nur für ein paar Tage anreiste. Pasolini kam hierher, um etwas loszuwerden. Wer ihm genau zuhörte, wusste, auch ohne in seine nächtlichen Exzesse eingeweiht zu sein, dass seine Liebe zu Maria Callas nichts zu tun hatte mit der, die sie erwartete. «Mir ist», hatte er zu Nadia Stancioff gesagt, «als hätte ich sie schon seit je gekannt. Als wären wir zusammen zur Schule gegangen.» Das klang nicht nach Leidenschaft. Er nahm es mit der Sprache genau, Maria nicht. Sie hatte Nadia berichtet, Pasolini habe gesagt, dass er bisher in seinem Leben, abgesehen von seiner Mutter, keine Frau geliebt habe wie sie. «Wenn er wirklich etwas für Frauen empfinden könnte, dann wäre zweifellos ich diese Frau.»[6] Der Konjunktiv war Maria entgangen.

Pasolini leistete zuerst seiner Göttin den erwarteten Tribut. Er breitete ein großes Papier am Ufer aus, faltete es so, dass acht Felder entstanden, zeichnete in jedes Feld mit Bleistift ein Porträt von Maria Callas, kolorierte es mit Kaffee, bestrich jedes mit Leim, goss das salzige Wasser darüber, streute Sand und getrocknete Blüten wie Sterne darauf und schenkte ihr das Werk. Und dann gab er ihr jenes Gedicht, über dem «L'anello» stand – «Der Ring». Darin sprach er von einem Kind, das auf der Bühne Königin sein durfte, einem Mädchen, das von seinem Prinzen träumte und für das ein Ring nicht einfach ein Ring war, vielmehr ein Versprechen, das eingelöst werden musste. Doch jener Ring, um den es ging, der mit dem fleischfarbenen Karneol, hatte kein Versprechen enthalten.

Zärtlicher hatte kein Mensch Maria jemals gesagt, dass sie auch in ihrer Naivität grenzenlos war. Wally Toscanini, die sich gerne in einer Ehrenloge neben Callas zeigte, war entsetzt über die schlichte Maria hinter der Künstlerin Callas gewesen, «ohne Persönlichkeit im wirklichen Leben ... eine lahme Person»,[7] Biki hatte sich über Marias modische Entgleisungen auf dem Niveau einer Pizzakellnerin geärgert, wo Callas doch Stil gelernt hatte, und Giovanna Lomazzi hatte den Kopf über Marias Lust an billigem Nippes geschüttelt. Zeffirelli hatte gelästert über die haltlos plappernde Gans, die mit Meneghini Geld in Säcken sammelte, und selbst Nadia gab zu, dass Maria in ihrem Egoismus oft grenzenlos war und andere langweilte mit schlafraubenden, immer gleichen Geschichten über Onassis. Nadia war es peinlich, Maria zu erleben, wie sie in ihrem ebenfalls grenzenlosen Hunger nach Zuwendung überall Geschenke erbettelte oder erzwang, wertvolle wie völlig wertlose, eine antike Silberdose oder ein Parfümmuster, den Wandbehang mit Familienwappen aus einem venezianischen Palazzo oder einen Lippenstift.[8] Maria ohne Callas hätte keiner aushalten wollen.

Pasolini allerdings führte ebenfalls ein Doppelleben, wie Callas war er als Künstler streng und stilsicher, als Mensch keineswegs. Sein Freund Alberto Moravia staunte, wie geschmacklos er sich anzog, Schuhe in Schwarz-Gelb, billige Show-Fummel, buntgetupfte Pullover, wie er seine Domizile ohne jedes Gespür einrichtete und wie wahllos er war im Umgang mit Strichern.[9] Im Unterschied zu den anderen sah Pasolini in Marias Verhältnis zu Geld und Besitz nichts Gieriges, für ihn waren es die Träume eines naiven Mädchens von Macht und Reichtum. Er hatte Verständnis für jene Maria, die nicht zu Callas passte. Doch verstand sie, was er ihr in *L'anello* sagte über das tragische Missverständnis dieses Rings und seiner Bedeutung?

Noch vor dem 15. August, Marias Namenstag, reiste Pasolini wieder ab.

An diesem Tag bekam sie bei einem Picknick am Strand von Tragonisi Besuch, nur für ein paar Stunden. Doch dank eines Teleobjektivs erfuhr die Welt davon. Am 30. August schrieb Burton in sein Tagebuch, dass sie auf Elba, an ihrem Sommerwohnsitz, nun wieder englische Zeitungen kaufen konnten. «... und wie immer nach einer längeren Pause wirken sie geradezu erstickend provinziell. ... Bild von Onassis, wie er Callas küsste und dazu ein höhnischer Artikel. Eine so prominente Kanzel wie die Presse hat wirklich bessere Prediger verdient. ... Selbst die *Times* verwandelt sich mit ihrer neuen Klatschkolumne langsam in ein Schundblatt!»[10]

Manche bewarben es als Wiedergeburt einer Liebe, dass Onassis mit seinem Helikopter auf Tragonisi gelandet war, Maria geküsst, ihr eine kleine Schachtel übergeben und sie mit Perlenohrgehängen geschmückt hatte. Und dann Hand in Hand mit ihr am Strand spazieren gegangen war, bevor er wieder verschwand. In Burtons Augen war es das endgültige Begräbnis von Maria, die einmal die Callas gewesen war und niemals eine ernsthafte Schauspielerin werden würde, unter dem Müll des Geredes.

Vor dem Parlamentsgebäude unweit des Pantheon in Rom warteten am 1. Dezember 1970 Demonstranten in dicken Mänteln, trotz Kälte hatten sie die ganze Nacht durchgestanden. Im Gebäude waren vier Abgeordnete vor Erschöpfung zusammengebrochen, die Debatte dauerte schon Tage. Die meisten Demonstranten hatten ihre Papptafeln zur Seite gelegt: «Mit der Scheidung siegt auch die Zivilisation» oder einfach nur «Vorwärts mit der Scheidung». Seit Langem kämpften sie dafür, dass zerrüttete Ehen, die nur noch auf dem Papier existierten, endlich auch in Italien geschieden werden konnten. 10 000 Ehen wurden pro Jahr «gesetzlich getrennt», doch vor demselben Gesetz bestand die Ehe weiter, eine Wiederverheiratung war ausgeschlossen ohne die Annullierung durch den Vatikan. Es war noch dunkel, als die *divorzisti*, die Scheidungsgegner, morgens um sechs erfuhren, dass die Abgeordnetenkammer mit 319 gegen 286 Stimmen entschieden hatte: für die Scheidung.[11] Freudenfeuer wurden auf den Straßen der Stadt entzündet, und bereits in den darauffolgenden Tagen wurden Tausende von Scheidungsklagen eingereicht. Auch das Gesuch von Maria Callas und Battista Meneghini wurde nun neu aufgelegt.

David Frost hatte die Vorgänge in Rom verfolgt. Dass er als politischer Satiriker und Interviewer eine steile Karriere hingelegt hatte, verdankte er seiner Angriffslust, mit der er bereits vor vier Jahren dem britischen Fernsehpublikum ein Begriff geworden war. Das neue Scheidungsgesetz gab seinem Gespräch mit Maria Callas vor laufenden Kameras genau die Pikanterie, auf die seine Fans spekulierten. Am 10. Dezember 1970 saßen die beiden sich im CBS-Studio New York gegenüber, Maria in Hose und hochgeschlossenem schwarzen Oberteil, aufrecht, die Hände meist in den Schoß gelegt, David Frost fast immer vorgebeugt oder in seinem Sessel lümmelnd, übergriffig, einen Arm zu ihr hingestreckt.[12] Doch wie er fragte, passte nicht zu seinem äußeren Gebaren. «Sie sagen viele nette Dinge, sie machen mir Komplimente», kam es von Maria Callas keine zehn Minuten nach Beginn der Show. Neu oder aufregend war nichts von dem, was sie erzählte, er jedoch fand alles «ungeheuer faszinierend». Maria Callas konnte sich sicher fühlen.

«Applaus ist schön», erklärte sie, «aber ich wünschte, die würden es hinkriegen, den Applaus während der Oper abzuschaffen.» Wer erlebt hatte, wie sie nach Szenenapplaus lechzte und gerade nach dem ersten

Akt einer Oper begierig war, die meisten Vorhänge zu bekommen, staunte. Auch die Fernsehzuschauer Bing und Kelly dürfte verblüfft haben, was sie hier von Maria Callas hören mussten, der sie bei einer Rückkehr auf die Bühne jeden Wunsch zu erfüllen versprochen hatten. Als Frost sie fragte, ob sie demnächst wieder in einer Oper auftreten werde, sagte Callas: «Nur, wenn sie mir gute Vorstellungen anbieten.»

Frost kannte keine Hintergründe, oder er wollte sie nicht kennen. Die letzten Aufnahmen für ihr Verdi-Album vor den Dreharbeiten für *Medea*, sagte Callas, müsse sie wiederholen, «das Orchester war nicht, was ich wollte». Alle Beteiligten, vom Produzenten bis zu den Musikern, erinnerten sich genau an das, was der Dirigent eine «nervenzerrüttende Erfahrung» mit Callas genannt hatte. Nicht nur ihre Stimme, sogar ihre musikalische Sicherheit war abhandengekommen. Niemals hätten sie eine Wiederholung geplant.

Callas sprach ruhig und weich. «Ich hasse es, mir selbst zuzuhören», erklärte sie, und David Frost nickte. Nicht allein Perry Embiricos, Nadia Stancioff, Stelios Galatopoulos und Larry Kelly, fast alle hatten es erlebt, dass Callas, erst recht seit ihre Karrierekurve den Zenit überschritten hatte, ausgiebig sich selbst zuhörte, meistens so lange, dass selbst Freunde die Geduld verloren.

Es ging hier jedoch nicht um Tatsachen, nur darum, wie Maria Callas gesehen werden wollte: als Mensch geliebt, als Künstlerin begehrt, in jeder Hinsicht erfolgreich, freundlich, friedlich. Ein Streit und Bruch mit Serafin? Aber nein, da war nie etwas anderes als dankbare Bewunderung. Kritik der Profis an ihr als Schauspielerin? Keineswegs. «Die Burtons» seien während des *Medea*-Drehs ungemein nett zu ihr gewesen.

Frost reichte weitere Komplimente an. Maria Callas gelte manchen als die ehrlichste Frau der Welt. «Aber ich bin ehrlich geboren worden», sagte sie, «ehrlich wird man nicht, man ist es oder ist es nicht.»

Das Urteil in Rom machte die Frage nach Onassis und der Ehescheidung unvermeidbar. Frost war dafür bekannt, Brisantes aus seinen Kandidaten herauszuholen. «Wir sind», sagte Maria Callas wie schon vor über zehn Jahren, als sie frisch verliebt war, «die besten Freunde ...» Die Geschichte von der erzwungenen Abtreibung vor vier Jahren, die sie in diesem März, vor der Rückkehr von Onassis, noch unter ihren Freunden verbreitet hatte,[13] war offenbar vergessen, auch dass Onassis zerstörerisch sei und sie mit Drogen gefügig gemacht habe. Er sei einfach nur «charmant, sehr aufrichtig, spontan». Der Mann, den Burton wegen seiner Unaufrichtigkeit als «Dreckskerl» bezeichnet hatte, musste sich freuen.

Frost fraß Maria Callas aus der Hand und wurde gefüttert mit Sätzen über Frauen und Männer im Allgemeinen, die so wenig neu waren wie ihr Bekenntnis, zwei Personen zu sein, Maria und Callas. Das hatte sie Anita Pensotti schon vor mehr als zehn Jahren erzählt und seither wieder und wieder. Was sie nach wie vor verschwieg: dass Maria und Callas sich in ihr bekriegten und der Konflikt unlösbar war. Was sie nicht wusste: dass sie, um Tragödin zu sein, diesen Konflikt als Künstlerin brauchte – gebraucht hatte.

Neunzig Minuten dauerte die Sendung, mit Pausen, die gewinnbringend gefüllt wurden. Nachdem Maria Callas versichert hatte, für ihre Gewichtsabnahme nie irgendetwas geschluckt zu haben, weder einen Bandwurm noch Medikamente, sondern ihre Figur allein strikter Diät zu verdanken, wurde eine Special Edition der Weight Watchers eingeblendet. Am Ende der Sendung hatte niemand ein neues Bild von Maria Callas, alle hatten genau das, welches sie vermitteln wollte.

An den Kiosken und in den Zeitschriftenläden in Paris lag am 5. April 1971 die aktuelle Ausgabe des Wochenmagazins *Nouvel Observateur* aus. Manche schockierte das Cover, manche empörte es, einige begeisterte es. Zu sehen war darauf kein Foto, auf schwarzem Grund stand in Gelb, Orange und Rot: «La liste des 343 Françaises qui ont le courage de signer le manifeste ‹Je me suis fais avorter›». 343 Französinnen hatten den Mut gehabt, ein Manifest zu unterzeichnen, mit dem sie bekannten, eine mit mehrjähriger Gefängnisstrafe geahndete Straftat begangen zu haben: «Ich habe abgetrieben». Darunter waren nicht nur solche wie Simone de Beauvoir, mit denen zu rechnen war, sondern auch Stars wie Catherine Deneuve und Jeanne Moreau oder Marguerite Duras. Für Maria Callas war die angeblich von Onassis erzwungene Abtreibung nur ein Thema gewesen, bevor er wieder aufgetaucht war in ihrem Dasein. Wer sie als überzeugte Christin kannte, hatte ihr die Geschichte ohnehin nicht geglaubt.

Ihre neue Rolle war die der selbstbestimmten Frau, die nicht unter dem Älterwerden litt und nicht unter dem Alleinleben. Einer Frau, die niemanden brauchte, nicht einmal finanziell, die im Interview erklärte, eine Heirat strebe sie nicht mehr an, die lieber Hosen als Kleider trug, weil, wie sie sagte, ihre Beine zu fett für Kleider seien. Einer Frau, die einen juristischen Triumph vermelden konnte: Nun hatte das Gericht entschieden, sie sei nicht schuldig am Abbruch der *Norma* in Rom im Januar 1958, und hatte ihr eine Entschädigung zugesprochen für die Vorstellungen danach, die sie singen wollte, aber nicht durfte. Maria Callas präsentierte sich als Anti-Diva, mit neuem Image, neuen Zielen. Selbstbewusst hatte sie in einem ihrer Briefe an Pasolini geschrieben: «Niemand kann den Geist befehligen. Meinen zumindest nicht. Deinen auch nicht.»[14]

Der Saal im Lincoln Center mitten in New York, holzverkleidet, puristisch und für seine gute Akustik bekannt, war ein Forum, auf das Spitzenmusiker scharf waren. Hier war für den 11. Oktober 1971 eine Sensation angekündigt: Maria Callas nach fast sieben Jahren Pause endlich wieder auf der Bühne.

An diesem Abend blieb der Konzertsaal der Juilliard School dennoch weitgehend leer. Ganz vorn saßen ein paar junge Menschen, dahinter vielleicht ein Dutzend Besucher. Dabei war das Ereignis groß beworben worden, die Karten kosteten nur fünf Dollar Einheitspreis. Die Bühne war fast nackt, auf der einen Seite ein Flügel, davor, näher am Publikum, ein Pult, auf dem sich Partituren stapelten, und ein Barhocker. Maria Callas trug braune Hosen, eine weiße langärmelige Bluse, zwei Ketten um den Hals, an einer baumelte ein Kreuz, und eine übergroße Hornbrille. Das lange Haar war am Hinterkopf zusammengebunden, Friseur überflüssig.

John Gruen hatte für seine Karte nichts bezahlt, er war Journalist bei der *New York Times*. Wie Callas die Bühne sofort in Besitz nahm, beeindruckte ihn. Die Bühne gehörte ihr und niemandem sonst, der sie betrat. Der formell gekleidete Herr, der mit ihr erschien, blass und verhalten, beanspruchte gar nicht erst einen Platz neben ihr. Peter Mennin, seit neun Jahren Direktor der Schule, bat das Publikum nur, sich angemessen zu verhalten: «Sie sind hier nicht Besucher einer Vorstellung, Sie sind Zeugen einer Meisterklasse.» Für insgesamt vierundzwanzig Kurse, jeweils montags und donnerstags am frühen Abend, hatte er Callas verpflichtet.[15]

«Die Oper», verkündete Maria Callas dem Publikum als Erstes, «ist eine tote Kunstform.» Schon deswegen, weil man heute «Ich liebe dich» oder «Ich hasse dich», die wichtigsten Sätze der Oper, sagen, flüstern, schreien könne, aber so etwas zu singen sei völlig aus der Mode gekommen, peinlich fast.

Keine fünf Minuten mit dem Taxi von der Juilliard School entfernt stauten sich am Tag darauf die Menschen vor dem Mark Hellinger Theatre, einem ehemaligen Kinopalast aus den 1930er Jahren am Broadway, außen strenger Art déco, innen falscher Barock. Die meisten wussten vom Plattenalbum bereits, was sie bei der Uraufführung der neuen Oper an diesem 12. Oktober erwartete: Es wurde den ganzen Abend vom Lieben und Hassen gesungen, vor allem von der Liebe zu Gott und zu den Menschen, die jeden Hass verbiete. Bereits im Vorverkauf hatte die Rockoper *Jesus Christ Super Star* des dreiundzwanzigjährigen Andrew Lloyd Webber 1,2 Millionen US-Dollar umgesetzt und war für sechs Wochen ausverkauft. «Der Gosse näher als dem Gospel», kommentierte das *New York Times Magazine* das Werk und mutmaßte, jemand habe dem Regisseur und allen anderen Mittätern LSD in den Kaffee gemischt. Christliche Besucher hielten diese Rockoper für kriminell gotteslästerlich und warfen Webber vor, durch seine Musik Judas sympathisch zu machen. Jüdische Gruppierungen befürchteten, *Jesus Christ Super Star* werde weltweit den Antisemitismus anheizen. Nichts davon tat dem Erfolg Abbruch.

Am 14. Oktober, dem zweiten Meisterklassenabend von Maria Callas, war der Saal bis auf den letzten Platz besetzt, die nächsten Termine waren ebenfalls ausgebucht. «Sie war wirklich da», hatten die wenigen Besucher vom 11. Oktober bezeugt. Vorher hatte keiner daran geglaubt, dass sie antreten würde, schließlich hatte sie im Februar verärgert hingeschmissen, weil die 350 Bewerber größtenteils unvorbereitet gewesen waren, und hatte sich erst nach einem Kniefall von Mennin bereiterklärt, fünfundzwanzig davon auszusieben[16] und zweimal zwölf Meisterklassen im Herbst 1971 und im Vorfrühling 1972 abzuhalten.

Warum macht sie das?, fragten sich ihre Verehrer. Geldgier konnte ihr niemand unterstellen. Callas kam den Veranstalter zwar teuer zu stehen, mit einer Suite im Plaza Hotel von Anfang Oktober bis Ende November, einer eigenen Limousine plus Chauffeur und einer persönlichen Korrepetitorin, die in den USA zu den begehrtesten gehörte, außerdem einem schönen, jungen Klavierbegleiter, den sie selbst ausgesucht und gegen Widerstände durchgedrückt hatte. Doch auf ein Honorar verzichtete sie. Larry Kelly kannte Maria Callas allerdings zu lange, um ihr Altruismus zu unterstellen, er wusste, warum sie diese Auftritte brauchte: Ihr fehlte die Resonanz. Der Widerhall beim Publikum.

Der Eindruck, den sie machte, war ein anderer. Sie throne auf ihrem Stuhl wie das Orakel von Delphi, schrieb ein Kritiker. Aber Maria Callas wahrsagte den Studenten keineswegs, ob sie Karriere machen würden mit dem, was sie konnten. «Ich unterrichte nicht, ich berate», hatte sie angekündigt. John Ardoin, der an jedem Abend im Saal saß, war von vornherein klar, dass sie nicht erklären, sondern nur zeigen konnte, wie sie es machte. Intuition kennt keine Worte.[17] Am Montag, dem 25. Oktober, standen eine Mezzosopranistin und ein Bass vor ihr, und Callas sang eine Mezzoarie, die sie niemals auf der Bühne gesungen hatte, die *Canzone del velo*, die Schleierarie der Prinzessin Eboli aus *Don Carlo*. «Ich würde das etwa so machen», sagte sie und sang ein paar Phrasen, die Studentin sang nach. «Du weißt, ich singe diese Partie nicht. Das ist nicht meine Rolle», meinte Callas und sang die nächste Phrase vor. Raunen im Publikum. Warum begann sie nicht als Mezzo, vielleicht mit Liedern, eine zweite Laufbahn?

Applaus hatte sie untersagt, Bestätigung lieferte die Aufmerksamkeit, die vor allem ihr galt. Musikstudenten, Musikjournalisten, Schauspieler, Sänger, Prominenz von Bing bis Zeffirelli, Elisabeth Schwarzkopf und Tito Gobbi hörten ihr gespannt zu, beeindruckt, wie genau sie jede Stimme in jeder Partitur kannte. Ein Bass sang eine Arie des Zaccaria aus Verdis *Nabucco*, des Hohepriesters, der die Babylonier zum jüdischen Glauben konvertieren lässt und zum Widerstand aufruft, eines kämpferischen Manns. Der Student sang wie ein Verlierer. Callas konnte nicht in Worte fassen, was falsch war – sie sang ihm die Bassarie vor. Der Tenor, der mit einer Arie des Intriganten Jago aus Verdis *Otello* antrat, klang harmloser als ein Schlagersänger. Callas sang vor. Das Publikum hielt den Atem an, ihre tiefe Stimme war schwarz, wurde hohl und bedrohlich, mit jedem Ton legte sie die Abgründe der Bosheit in Jago bloß. Er sei für immer für jeden anderen Jago verdorben, gestand ein Zuhörer.

Auch ohne Applaus wurde sie gebettet auf Bewunderung. «Die Unterrichtsstunden sind absolut wunderbar», schrieb ihr ein junger Theaterautor namens Terrence McNally, der bei den Meisterklassen als Dramaturg assistierte. «Ihre Studenten sind die glücklichsten jungen Sänger der Welt. Wie nobel Sie mit ihnen umgehen und wie die auf Sie reagieren! Meine Wochen scheinen neuerdings nur noch daraus zu bestehen, dass ich die Tage von Montag bis Donnerstag zähle und am Montag wieder von vorn.» Er wünschte sich eine Widmung von ihr auf einem Porträtfoto, das sie mit Zeffirelli zeigte, noch nie habe er von irgendjemandem so etwas wie ein Autogramm haben wollen, und er bat sie inständig, im nächsten Jahr wieder assistieren zu dürfen.[18] Anscheinend legte der Verehrer nebenher einen Ordner an, in dem er seine Fantasien für ein Theaterstück über die Masterclass aufzeichnete, das Callas zu einer selbstherrlichen und selbstmitleidigen Zerstörerin junger Talente verzerrte.[19] Aber Callas machte keine Bemerkungen auf Kosten der Schüler. Sie sang, wenn sie mitsang, nur so leise, dass es im Saal kaum einer hörte, sprach, wenn sie sprach, langsam und war geduldig, wenn es mit dem Versuch nachzumachen, was sie vorgemacht hatte, nicht klappte.[20]

Am 21. Oktober allerdings betrat eine Studentin in Stiefeln und schwarzem Rollkragenpullover mit kräftiger Statur die Bühne, den Kopf mit Afrolockenschopf hoch erhoben. Sie hatte bereits einen Bachelortitel in Mathematik und einen in Chemie in der Tasche, war kritischer als die meisten anderen und empfindlicher. Es war gerade sechzehn Jahre her, dass Marian Anderson unter Bing als erste Schwarze die Chance bekommen hatte, die Met zu erobern. Barbara Hendricks hatte sich eine Arie von Bellini ausgewählt, für die Callas gefeiert worden war, die der Elvira aus dem zweiten Akt von *I puritani*: *Qui la voce*. Hendricks stellte sich in Protesthaltung neben den Flügel, während Callas zu ihr sprach, ein Bein nach vorn, die Ferse am Boden, die Stiefelspitze nach oben gerichtet. Callas machte eine Bemerkung zu ihrem Gewicht. «Du bist zu dick, das Publikum mag das nicht», das hatte sie schon einigen schonungslos ins Gesicht gesagt. Hendricks erklärte, dass sie in letzter Zeit weniger Bewegung gehabt habe, und sträubte sich innerlich gegen diese Frau. Sie fand sie «arrogant und dumm» und in dieser neuen Rolle eine Fehlbesetzung, weil es dem prominenten Publikum vor allem um Callas gegangen sei und Callas vor allem darum, selbst eine gute Figur zu machen.

Am 19. November, einen Tag vor ihrem dreiundzwanzigsten Geburtstag, hatte Barbara Hendricks ihren zweiten Auftritt. Dieses Mal ging es um eine Arie, für die nicht Callas, vielmehr eine Kollegin gefeiert worden war, die große Arie der Adriana aus Cileas *Adriana Lecouvreur*, einer Paraderolle von Renata Tebaldi. Da auf einmal spürte Hendricks, was die anderen nicht spürten: Es war ein Star, der dort am Pult saß und improvisierte, aber ein Star, der eine dünne Haut hatte. Die Verwundungen durch ungezählte Attacken, ob sie Callas' Stimme, ihren angeblichen Allüren, ihrem Privatleben oder ihrem Übergewicht galten, waren nicht verheilt. «Ihre Verletzlichkeit», erkannte Hendricks, «war offensichtlich, und sie schien keinerlei Selbstvertrauen zu besitzen.»[21]

Die Jahre ohne Resonanz hatten Maria Callas verunsichert, als Künstlerin und als Frau. Am 17. Juni 1971 war ihre Ehe mit Meneghini geschieden worden, und nun? Onassis suchte ihre Nähe, verheiratet war er noch immer. Vor Kurzem hatte sie die Freunde gefragt: «Was soll ich mit dem alten Mann?» Kündigte Onassis seinen Besuch bei ihr an, lud sie Freunde ein, war hektisch bemüht, ihm alles recht zu machen, aufgeregt verliebt. Zog er ab, ließ sie umgehend die überfüllten Aschenbecher entfernen und sämtliche Fenster aufreißen und sprach mit dem Personal über ihn als «Onkel».[22]

Und Pasolini? Der war aus ihrem Leben verschwunden. Ihr Versuch, ihn im Sommer 1971 noch einmal nach Tragonisi zu locken, war gescheitert – leider, wie Moravia sagte, er war froh gewesen, dass Pasolini Maria hatte. «Mit ihr war er in gewisser Weise glücklich», meinte er. Warum die Beziehung erloschen war, erschloss sich ihm nicht.[23] Ninetto hatte eine junge Frau geheiratet und Pasolini litt. Maria rief ihn an, erreichte ihn fast nie, schrieb ihm, doch ihre seitenlangen Tröstungen versickerten.[24] Fürchtete sich Pasolini vor Marias sexuellem Anspruch? Nach seinem einzigen Versuch mit einer weiblichen Prostituierten hatte er Moravia berichtet, so schlimm sei es gar nicht gewesen, aber: «Ich könnte nicht mit einer Frau schlafen, es käme mir vor, als ginge ich mit meiner Mutter ins Bett.»[25] Maria hatte Pasolini die Angst nehmen wollen, von ihr missverstanden zu werden. «Weder habe ich jemals deine Mutter gespielt, Liebling, noch habe ich dich jemals als meinen Vater betrachtet», hatte sie geschrieben.[26] Er reagierte nicht. Auf einen Papierbogen, den er durch Falten in acht Felder aufgeteilt hatte wie damals beim Porträt Marias, hatte er sein einziges nicht gegenständliches Bild gemalt. Unten, in der Mitte, hatte er geschrieben: «Die Welt will nichts mehr von mir wissen und weiß es nicht.»[27] Keine Resonanz. Nicht allein Callas, auch Maria hungerte nach Bestätigung, nach Nähe. Peter Mennin, der Direktor der Juilliard School, hätte den Hunger bereitwillig gestillt, jede Woche schickte er ihr Blumen und Briefe. Ein verheirateter Mann.

Es war ein übergroßer Rosenstrauß, der bei Maria Callas abgegeben wurde, die Karte, die darin steckte, verriet nicht die Adresse des Absenders. Den Absender aber kannte sie gut. Seit Wochen bereits bewohnte sie wieder ihre Suite im New Yorker Hotel Plaza und wusste, dass er in der Nähe war. Die Ankündigungen waren nicht zu übersehen gewesen: ein Traumpaar in der Carnegie Hall mit Arien und Duetten aus großen italienischen Opern, Licia Albanese, die im Juli dreiundsechzig wurde, und Giuseppe di Stefano, Pippo, der im Juli einundfünfzig wurde. Sie war ehemals eines der zuverlässigsten Ensemblemitglieder der Met gewesen, er einer der unzuverlässigsten und am meisten geliebten Stars der Met. Die Rezensionen las Maria nicht.

Di Stefano war nach New York zusammen mit seiner Frau gereist, jener Maria, die ihm drei Kinder geboren hatte. In den dreiundzwanzig Jahren ihrer Ehe hatte sie sich daran gewöhnt, mit einem Mann zu leben, der süchtig war nach Zigaretten, Rotwein, Frauen und Glücksspielen und sich zudem so wenig wie Callas vom Singen verabschieden wollte. Peter Mennins Liebesbriefe störten Maria angeblich.[28] Mennin sei in sie verliebt, aber sie empfinde nicht für ihn, was er für sie empfinde, erzählte sie ihrem Patenonkel Lanzounis; deswegen habe sie ihn nun gegen sich.[29] Ihrer Freundin Nadia gab sie sich als die Bedrängte aus, die den Chef des Hauses nicht zu brüskieren wagte. Doch sie brauchte ihn dringend, um sich als Maria begehrt zu fühlen. Maria, die befreite Frau, gab es ebenso wenig wie die selbstsichere Callas. Maria fühlte sich nur als Frau, wenn sie begehrt wurde, Callas nur als Künstlerin, wenn sie Publikum hatte. Ihre Briefe an Mennin wiederholten die Frage: «Liebst du mich noch?» Bikini-Fotos lagen bei.[30]

Seit November war klar: Onassis war ein Verlierer. Er hatte bei seinem Raffinerieprojekt im Land der Junta auf fallende Rohölpreise spekuliert, aber die Preise waren gestiegen und hatten ein Rekordniveau erreicht. Dem Vertrag war er entkommen, aber er hatte dabei Federn gelassen.[31] Das war ihm anzusehen, er war deutlich gealtert – ein Onkel. Einer, der laut Theodorakis bald für seine Skrupellosigkeit büßen würde. Er war nicht mehr der Vorzeigegrieche, der mit der Vorzeigegriechin vom Patriarchen gesegnet worden war.

Pippo war oft in den Illustrierten zu sehen, er, der als sizilianischer Bauer belächelt worden war, stand voll im Saft. Seine Haut war auch im Herbst gebräunt, das Haar schwarz dank der Friseure, die Brauen dank der Natur. Er lachte so laut wie vor zwanzig Jahren und sang so oft, wie es sein Kontostand erforderte. Er trat auf, er spielte Schallplatten ein und wurde von weiblichen Fans bestürmt. Konnte Pippo beide, Callas und Maria, herausholen aus ihrer Ausweglosigkeit? Er war ein verheirateter Mann. Ins Hotel Plaza kam er allein.[32]

29.

EINE FÜNFZIGJÄHRIGE ERBLÜHT

Das Traumpaar kehrt zurück,
Taylor stiehlt die Show,
Kritiker weinen, und Schroeter betet Callas an

Zu spät. Die Tour de Montparnasse am linken Seine-Ufer war nach jahrelanger Bauzeit fertiggestellt, ein Büroturm mit schwarz verkleideter Fassade von 210 Metern, das höchste Gebäude in Europa. Doch die demonstrativen Bauvorhaben Pompidous hatten über Jahre verdrängt, was die Studie *Ville de Paris*[1] nun erst offenlegte: wie überaltert die Stadt war. Viel zu spät wurde darauf reagiert. Noch immer hatte fast die Hälfte der Wohnungen keine Toilette und mehr als ein Drittel keine Dusche.

Auch im Hotel unweit der Avenue George Mandel, wo sich der Pianist Robert Sutherland im September 1973 eingemietet hatte, gab es ein Badezimmer nur auf dem Flur, für mehr reichte das Geld in dieser Gegend nicht. Er war zwar Absolvent der Royal Academy of Music, aber nun, wo sich sein Haar an der Stirn bereits zu lichten begann, war klar, dass aus einer Solo-Karriere des Dreiundvierzigjährigen nichts mehr werden würde. Als Liedbegleiter hatte er sich einen Namen erkämpft im Windschatten seines Lehrers Ivor Newton, eines Grandseigneurs in diesem Fach, doch es war schwer, sich dort noch einen Platz in der ersten Reihe zu erobern.

Finanziell versprach es die Rettung, was Newton ihm im Juli angeboten hatte: als sein Assistent im Hintergrund zu arbeiten und zwei Stars, die Newton begleiten sollte, gründlich auf ihre Auftritte vorzubereiten. Der Job wurde angeblich überdurchschnittlich gut honoriert, schließlich stand Sander Gorlinsky dahinter. Der gebürtige Ukrainer mit seinen fünfundsechzig Jahren hatte zwar noch immer einen schweren Akzent, aber längst war er als Konzertagent in Europa, vor allem für Sänger, so mächtig geworden wie Sol Hurok in den USA. Begonnen hatte Gorlinskys Aufstieg 1952, als er es geschafft hatte, Callas nach London zu holen. Nun hatte er ein Geschäft ausgehandelt, das im Juni von Tokyo bis New York zur Sensationsmeldung geworden war: Das Traumpaar Maria Callas und Giuseppe di Stefano kehrte auf die Bühne zurück – auf die Konzertbühne, ohne Orchester, nur mit einem Pianisten. Angekündigt wurde eine Tournee, die in London beginnen, einige europäische Großstädte erobern, dann durch die USA und Kanada führen und schließlich in Japan enden sollte.[2]

Im September war Paris besser auszuhalten als im August, da hatte Sutherland zusammen mit Newton zum ersten Mal die Wohnung von Maria Callas betreten und war sprachlos von dem Luxus, der sie umgab. Er hatte es genossen, ganz privat auf einem Barocksessel zu thronen wie im Ausstellungsraum eines elitären Antiquitätenhändlers, Fruchtsaft aus Baccarat-Kristall zu trinken und den Kuchen zum Tee mit Leinenserviette und Silberbesteck serviert zu bekommen. Verblüfft hatte ihn, wie freundlich Callas und di Stefano waren, und er hatte sich gefreut, im Herbst mit beiden das Programm einzustudieren.

Nun war Maria Callas bereits zurück aus dem Urlaub in di Stefanos Villa in San Remo und empfing ihn allein. Waren die beiden ein Liebespaar oder nicht? Die Villa bewohnte di Stefano bekanntlich mit seiner Frau und seinen drei Kindern. Robert Sutherland, ein großer, blasser Schotte, trug bevorzugt breite bunte Krawatten und dunkelblaue Zweireiher zu hellen Hosen, setzte aber auf klassische Manieren. Er verkniff sich Fragen zum Privatleben und fragte auch nicht, was Callas und di Stefano darauf gebracht hatte, mit um die fünfzig gemeinsam eine Welttournee anzutreten. Das Geld schienen sie nicht zu brauchen, und die Stellungnahmen der Medien zu dem Unterfangen hatten indirekt zu einem Rückzieher ermuntert. Die *New York Times* hatte die Ankündigung der Sensation im Juni kommentiert, es sei zwar bekannt, dass Callas «mit dem Singen fertig war», aber: «Fräulein Callas war mit den Berichten über ihren beruflichen Niedergang nicht einverstanden.»[3] Di Stefanos Comeback an ihrer Seite hatten die Musikjournalisten und -journalistinnen im Vorfeld ebenfalls mit gerunzelter Stirn wahrgenommen. Seit 1964 hatte er sich aus ihrer Sicht lächerlich gemacht mit Verzweiflungsversuchen als Wagner-Tenor, als Operettentenor und mit seiner Erklärung, schuld an seinem stimmlichen Verfall sei ein verstaubter Teppichboden, durch den er sich ein Asthmaleiden zugezogen habe. Die mangelnde Selbstkritik hatte ihn früher disqualifiziert als Callas, selbst seine Fans fanden, das Einzige, was den Vollblutsänger noch einmal berühmt gemacht habe, sei sein Ersatzmann an der Covent Garden Opera 1963 gewesen, Luciano Pavarotti.

Zu spät – die Kurzform der Tragödie war seit letztem Jahr das Leitmotiv im Leben von Maria Callas, aber hören wollte sie das nicht. Am 2. Dezember 1972 war sie von der Feier ihres neunundvierzigsten Geburtstags heimgekehrt und hatte eine Nachricht vorgefunden, dass ihre Schwester Jackie aus Athen angerufen hatte. Nicht, um Maria zu gratulieren; ihr Vater George Callas, seit Langem krank und fast blind, lag im Sterben. Zu spät, ihn noch einmal zu besuchen. Zwei Tage später war er tot. Tagsüber hatte Maria Callas damals Woche für Woche in einer ungeheizten Kirche vor dem Mikrophon gestanden, um Duette mit Giuseppe di Stefano und Solo-Arien einzuspielen, der Tonmeister von Philips hatte jedes Mal um weitere Termine verlängert in der Hoffnung, dass irgendetwas herauskommen könnte, das es wert war, gepresst zu werden. Auch dafür war es bereits zu spät.

Sutherland liebte den Musiksalon von Callas, den Steinway, das Personal, das ihn ständig umsorgte. Sie war gut vorbereitet, sang mit einer Intensität, als stünde sie auf der Bühne, und reagierte auf seine Begleitung, als wäre er der Dirigent, professionell präzise. Trotz der Kommentare schien sie das Comeback selbstsicher anzugehen. Am Ende dieser ersten Probe stellte sie nur eine Frage, ziemlich leise, die jedoch das Fenster in ihr Innerstes aufriss: «War alles recht so?» Nach dem Abendessen kam die zweite Frage: «Wollen wir noch Musik hören?» Gegen Mitternacht wusste Sutherland, «Musik hieß Callas», ihr Vertrauen in die Zukunft ernährte sich von der Vergangenheit.

Der nächste Termin wurde ausgemacht, Sutherland rief morgens an, um sich anzumelden. Er hörte eine fremde Stimme am anderen Ende der Leitung, die leer war, ganz leer. «Ich kann heute nicht singen», war alles, was sie sagte. Er spürte, dass Maria Callas auf seine Reaktion lauerte. Sollte er es riskieren, ihr dennoch seinen Besuch anzubieten? Sofort sagte sie ja.

Mit dunklen Ringen um die nassen Augen empfing sie ihn in verkrampfter Haltung und spuckte aus, was der Grund war für eine durch-heulte Nacht. Die Pianistin Gina Bachauer, ausgebildet am Athener Konservatorium wie sie, hatte ihr am Telefon die neuesten Nachrichten aus London überbracht: Das Traumpaar Renata Tebaldi und Franco Corelli kehrte auf die Bühne zurück – auf die Konzertbühne, nicht mit Orchester, nur mit einem Pianisten. Angekündigt wurde eine Tournee, die in London beginnen sollte, weitere Auftritte seien geplant in Europa und in Japan, vermutlich auch in den USA und Kanada. Eingefädelt hatte das Ganze Sander Gorlinsky, der seit mehr als zwanzig Jahren an Callas verdiente. Dass di Stefano, bevor er sie für seine *joint recitals*, wie das hieß, als Partnerin gewonnen hatte, von vier prominenten Kolleginnen eine Absage kassiert hatte, auch von Renata Tebaldi, war Callas vorenthalten worden.

«Ich bin es müde, benutzt zu werden», weinte sie, «Klatsch, Rache, Intrigen … ich dachte, ich habe das endlich hinter mir.» Hilflos sah Callas den Pianisten an und bettelte mit Kleinmädchenstimme: «Sie werden mich doch nicht verlassen, oder?» Er öffnete seine Arme. Die Brust von Sutherland war breit, Maria Callas schluchzte den Zweireiher nass und wimmerte, sie brauche einen anderen Agenten. Sutherland bezweifelte, dass außer Gorlinsky irgendjemand die Summe zu zahlen bereit war, die sie erwartete. «Kennen Sie denn einen?», fragte er. Sie wand sich aus seinen Armen, straffte den Rücken, schien zu wachsen. In einem Ton, den Sutherland überheblich fand, sagte sie laut: «Für Callas?!» Eine völlig andere Frau stand vor ihm, keineswegs schwach oder verletzlich. Das war die Primadonna, von der Sutherland gehört hatte.[4]

Nichts und niemand konnte sie aufhalten, ihr Ziel zu erreichen. Visconti hatte im Juli bei den Dreharbeiten zu *Ludwig II.* einen Schlaganfall erlitten, war halbseitig gelähmt und wollte von Freunden bestärkt werden weiterzumachen. Callas reiste nach Mailand. Krankenbesuche und Beerdigungen hatte sie bisher fast ausnahmslos gemieden, auch die Beerdigung ihres Vaters. In Mailand erkundigte sie sich nicht nach Visconti, sie ging zu Biki. Garderobe für die Tournee war dringender.

Das Congress Centrum Hamburg, nahe am Bahnhof Dammtor gelegen, bestand aus Beton und Superlativen. Das zugehörige Hotel Loew's Hamburg Plaza bot siebzehn Säle für 10 000 Gäste und war mit deutlich über hundert Metern und zweiunddreißig Etagen, von denen siebenundzwanzig bewohnt wurden, das höchste Hotel im Land. Als das Congress Centrum im April 1973 eröffnet wurde, war es das erste in Deutschland. Es bewies Stilbewusstsein nach außen mit der Schreibweise des Namens, die eine Abkürzung «KZ» verhinderte, und im Inneren mit braunen Sofas, Rauchglastischen, Sideboards aus Teak, Designerlampen und Kelims auf dem Marmorboden, die an den Jugoslawienurlaub erinnerten. 100 Millionen Mark hatte es gekostet.[5] Es entsprach nicht dem Geschmack von Maria Callas, die Palasthotels mit Samt, echtem oder falschem Barock und Kronleuchtern bevorzugte, passte jedoch zu dem, was Gorlinsky plante: mit dem Konzert im Konzertsaal des Congress Centrums am 25. Oktober 1973 Callas als einen Star von und für heute und als unüberbietbaren Superlativ zu verkaufen.

Einfach war das nicht. Am 4. Oktober war bereits die Illusion von Callas und di Stefano geplatzt, als Paar unschlagbar zu sein. Zusammen hatten sie zur Wiedereröffnung des Teatro Regio in Turin, der seit dem Brand 1936 geschlossen war, Verdis *Vespri siciliani* inszeniert. Visconti hatte Callas davor gewarnt, sie hatte auf Pippo gehört. Zu spät, es zu bereuen. Die Enttäuschung des Publikums war diskret geblieben, der Applaus halbherzig. Direkt nach den schlechten Kritiken waren überschwängliche erschienen – zum gemeinsamen Auftritt von Renata Tebaldi und Franco Corelli in der Royal Albert Hall in London.

Was das Konkurrenzunternehmen anging, hatte sich Callas jedoch nicht in die Rolle der Verliererin drängen lassen. Sie hatte Gorlinsky die Zähne gezeigt, ihn genötigt, die Tournee der beiden anderen zusammenzustreichen, hatte jedes Detail ihres eigenen Vertrags schriftlich festlegen lassen und gespottet über Gorlinskys Beteuerungen, er sei doch quasi ihr Bruder. Sein Wort war ihr nichts mehr wert. Was sie dem Agenten wert war, sagten Zahlen: 20 000 Dollar pro Abend erhielt Callas, mit der allein der Vertrag geschlossen war, wovon sie ein Drittel an di Stefano abgeben und den Pianisten finanzieren musste.[6]

Gorlinsky war nun auf der Hut. Drei Tage vor dem Auftritt in Hamburg zahlte er bereits die Miete für den Saal im Congress Centrum, damit sich Maria Callas mit dem Raum anfreunden konnte. Eisern hielt er vor der Presse geheim, dass sie schon angereist war, ebenso wie Ivor Newton, der trotz seiner einundachtzig Jahre und abnehmender Trefferquote wegen seiner Erfahrung als ein Begleiter von therapeutischer Wirkung galt. Die Musikkritikerin Sydney Edwards war jedoch dahintergekommen, dass sich Callas längst in Hamburg aufhielt, und hatte sie beobachtet, wie sie vibrierend nervös durch die Lobby des Hotels huschte und auf dem Sofa neben Giuseppe di Stefano Halt suchte. Das hier war der Start ihrer Tournee, den in der Londoner Royal Festival Hall hatte sie im letzten Moment abgesagt. «Ich sterbe vor Angst», hatte sie kurz davor Lanzounis geschrieben.[7]

3000 Menschen waren im Saal, Callas in einer neuen Robe von Biki, schön und strahlend. Das Traumpaar zeigte der Kritikerin im ersten Duett das, was zu erwarten war: Schwächen. Beim nächsten der sechs Duette notierte Edwards zu Callas: «Die Mittellage war wunderbar, Farbgebung und Schattierung waren superb.» Und zu di Stefano: «Er stürmt auf die Spitzentöne zu wie ein Stier und singt mit gewaltiger Kraft, aber mit sehr wenig Charakterisierung.» Im dritten Duett war Edwards bezaubert, wie Callas mit ihren neunundvierzig Jahren, bis zum Boden verschleiert in grünem Chiffon, Bizets junge barfüßige Sexbombe Carmen spielte, die selbst, wenn es das Leben kostete, verführen musste. «Echtes Drama», notierte sie. Und hatte schlagartig keine Augen mehr für Callas.[8]

Zwanzig Minuten nach Beginn des Konzerts rauschte von ganz hinten eine Erscheinung in schwarzem Seidenumhang, blitzend in Diamantenpracht, ganz nach vorn: Liz Taylor drehte gerade in Hamburg und kam, um ihrer Freundin die Ehre zu geben, vielleicht auch, um sich wieder als Superstar zu fühlen, der sie im Filmgeschäft nicht mehr war. In der Pause sagte ein erfolgreicher Kollege von der Hamburger Staatsoper, den ein Musikkritiker um seine Meinung bat: «Ich war in einem Saal zusammen mit Liz Taylor und habe dabei die Callas gesehen.»[9]

Aber Callas hatte an Stimme verloren, nicht an Kampfgeist. Als sie am Ende des Konzerts *O mi babbino caro* sang, geriet der Saal in Aufruhr. Hand in Hand mit di Stefano ließ sie sich am Schluss fünfundzwanzig Minuten lang von stehenden Ovationen versichern: Sie war noch immer ein Superstar. Doch nicht mehr wegen ihres Gesangs, das wussten alle, und sie wusste es auch.

Bei der Premierenfeier pries sie di Stefano. Nur ihm sei zu verdanken, dass sie die Rückkehr gewagt habe, nur seiner Ermutigung in den letzten eineinhalb Jahren und seiner Nähe. Und jeder im Saal spürte, hier sprach eine Frau, die sich geliebt fühlte.

Am 4. November schrieb sie aus München an Grace Kelly: «Die Deutschen beten mich an.»[10] Am 9. November schrieb sie aus Frankfurt am Main an Leo Lanzounis: «Das Publikum liebt mich. Natürlich weiß es, dass meine Stimme nicht mehr so ist wie vor fünfzehn Jahren. Aber es ist so glücklich. Warum sollte ich mich eigentlich beklagen?»[11]

Sie kassierte die Liebe des Publikums wie einen fälligen Tribut, der ihr in ihren Glanzzeiten meist verweigert worden war. Pippo war ein Relikt dieser Glanzzeit. Über ihr Verhältnis mit ihm konnte sie nur mit Lanzounis reden, es gab keine beste Freundin mehr. Giovanna Lomazzi hatte in Turin die Premiere der *Vespri* besucht und war von der Inszenierung so enttäuscht wie von Maria: «Das war nicht mehr die Frau, mit der ich befreundet war.» Ihr kam es vor, als sei Maria plattgewalzt von di Stefanos überwältigender Herzlichkeit. Marie-Hélène van Zuylen hatte sich vollständig von Maria zurückgezogen, wobei keine der beiden sich über die Gründe äußerte.[12] Die einzige weibliche Vertraute war eine, die zu Maria Madame sagen musste, Bruna Lupoli, und die war gerade nicht in ihrer Nähe, sie pflegte in der Heimat die todkranke Mutter.

In einem langen Brief hatte Maria an Bruna geschrieben, dass es schlecht war für die Chemie zwischen Pippo und ihr, wenn seine Frau mit ihm reiste und, wie in Paris, im Hotelzimmer auf ihn wartete. Nur Bruna hatte sie gestanden, wie beunruhigt sie war, wenn Pippo zu Hause war und sie ihn drei Tage lang nicht erreichen konnte. Pippos Spielsucht bekümmerte sie, auch sie schaffte es nicht, ihn von seinen ständigen Casino-Besuchen abzuhalten.[13] Dass er durch Spielschulden knapp bei Kasse war und das für ihn der wahre Grund sein mochte, mit ihr nochmals neu zu starten, wollte Maria nicht denken. Er sei heftig in sie verliebt, erzählte sie, aber vorsichtig wie sie selbst. «Ich habe wie immer mit seiner Frau telefoniert», hatte sie Bruna geschrieben, «sie hegt keinerlei Verdacht.»

Er hätte alarmiert sein müssen, der berühmteste Grieche der Welt (das war er noch immer), am 14. November 1973. An diesem Tag war die berühmteste Griechin der Welt (das war sie noch immer) gerade mit Robert Sutherland und Giuseppe di Stefano in Madrid gelandet. Wie

auf der gesamten Tournee hatte das Büro Onassis in Paris ihren Flug und
ihr Hotel gebucht und sich darum gekümmert, dass ihre Kreditkarten
Gültigkeit besaßen. Doch was sich an jenem 14. in Athen abspielte, war
für die Geschäfte des berühmtesten Griechen ein bedrohliches Wetter-
leuchten. Auf dem Platz vor dem Archäologischen Nationalmuseum
und dem Polytechnikum hatten sich protestierende Studenten versammelt. Angeblich ging es ihnen nur um freie Wahlen zur Studentenvertre-
tung, aber jeder wusste, es ging um sehr viel mehr. Zwischen die Studenten hatte das Obristenregime gewaltbereite Agenten geschleust, die dem
Militär Argumente liefern sollten einzugreifen. Ungehindert besetzten
die Demonstranten jedoch das Polytechnikum und installierten einen
Kurzwellensender, um ohne Zensur zu melden, was hier vor sich ging.
Am Abend des 14. November hatten sich schon 1500 Menschen auf dem
Platz versammelt, in Solidarität mit den Demonstranten, und sangen
die Freiheitshymne *Pote tha kani xasteria – Wann wird es wieder hell
werden*.

In der Nacht zum 15. November verbarrikadierten die Studenten Ein-
gangstüren und Hoftor. Am 16. November wurde beschlossen, die Beset-
zer mit militärischer Gewalt zu vertreiben. Schließlich fuhren in der
Nacht zum 17. November Panzer vor dem Gebäude auf, die Militärs
stellten ein Ultimatum: zehn Minuten für den freiwilligen Abzug. Doch
keine zehn Minuten später durchbrach ein Panzer das Tor. Um Viertel
vor drei stellten die Militärs den Radiosender ab, der Großteil der Studenten wurde verhaftet, an die 200 wurden verletzt, fast fünfundzwanzig ermordet.[14]

Als Maria Callas wenige Tage später in London landete, waren die Ereignisse in Athen zentrales Thema der Medien. War das der Anfang vom
Ende der Junta?

Maria Callas aber interessierte sich nur für die Kämpfe in ihrem eigenen Dasein vor dem Auftritt am 26. November in der Royal Festival
Hall. Direkt nach ihrer Ankunft im Savoy-Hotel meldete sich dort an
der Rezeption Peter Andry, nach wie vor Produzent bei EMI. Er hatte
verfolgt, dass Callas sich bei Philips verdingt hatte, in seinen Augen ein
Abstieg in die Mittelklasse. Und von Anfang an hatte er befürchtet, sie
könnte mit dieser Tournee ihrer Karriere einen unwürdigen Abschluss
bescheren – die Diva als Schlagersängerin mit ihrer eigenen Hitparade.

Trotzdem hatte er organisiert, dass beide Londoner Konzerte, das am 26. November und das am 2. Dezember, für EMI aufgezeichnet wurden; ein Requiem auf Callas, von ihr selbst gesungen, konnte sich verkaufen. Andry wurde sofort in ihre Suite vorgelassen. Angezogen lag sie Seite an Seite mit di Stefano auf dem Bett, wirkte entspannt und zufrieden. Doch sie hatte zu tun. Der Zickenkrieg zwischen Ivor Newton, dem greisen Begleiter mit den rosigen Wangen, und Robert Sutherland, seinem vierzig Jahre jüngeren Kollegen, war eskaliert. Die Konzerte seit Hamburg hatten Callas und di Stefano mit Newton bestritten, die Proben in Paris und das letzte Konzert in Madrid jedoch mit Sutherland,[15] er probte nun auch im Savoy mit ihnen.

Sutherland wusste mittlerweile Bescheid, was zwischen beiden ablief: dass di Stefano behauptete, er mache nur mit bei der Tournee, um Maria wieder glücklich zu sehen, während sie anderen erzählte, allein ihm zuliebe habe sie sich breitschlagen lassen zu diesem Unternehmen. Sutherland war Zeuge gewesen, wie di Stefano seine Partnerin bevormundete, wie er sie mit «Aperta la gola!» – «Mach die Kehle auf!» – herumkommandierte, wie sie brav wie ein Schulmädchen alles befolgt hatte, bis er zu weit gegangen war und die Probe in Gebrüll geendet hatte. Mittlerweile hatte di Stefano herausgefunden, wie viel er Callas an Respekt schuldete und wie er mit ihr umgehen musste, um sie bei Laune zu halten. Sutherland kannte die Chemie der Beziehung, Newton nicht, doch hier in der Royal Festival Hall, seinem Heimatstadion, wollte Newton als wichtigster Trainer imponieren.

Bereits in Madrid, nach seinem ersten öffentlichen Auftritt mit Callas, war Sutherland von ihr gedrängt worden, Gorlinsky zu informieren, sie wolle in London den jungen, nicht den alten Begleiter, und Newton hatte erfahren, wer ihr Favorit war. Nun kassierte er vorsichtshalber die Noten zum aktuellen Programm samt Kopien. Üblicherweise trat Sutherland als Begleiter in Frack und weißer Fliege auf. Newton riet dem jungen Konkurrenten, er solle am 26. November besser nur einen schlichten schwarzen Anzug tragen, sonst wirke er als Umblätterer peinlich.

Callas hoffte auf Sutherlands Sieg; Newton setzte sich durch. Maria hoffte, hier in London Pippo für sich alleine zu haben; am Tag vor dem Auftritt flog die Ehefrau ein, die angeblich keinen Verdacht hegte. Als

Stolz vorgeführt: Der Bühnenpartner vieler Jahre, Giuseppe di Stefano, holte Maria Callas auf die Bühne zurück. Hier im Konzertsaal des Congress Centrums Hamburg am 25. Oktober 1973

Signora di Stefano noch Girolami hieß, hatte sie Gesang studiert, doch seit sie ihre eigene Karriere der Kinder wegen aufgegeben hatte, verfolgte sie die Karriere ihres Mannes haargenau. Sie wusste daher, dass Callas dringend ein Sedativum brauchte – der Konzertsaal war seit Wochen ausverkauft, zweimal fast 3000 Plätze, und die Live-Mitschnitte stressten

Callas mehr als ihren Mann. Signora di Stefano witterte auch längst, dass ihr Mann die Nerven von Callas beruhigte, indem er Maria als Liebhaber das gab, was sonst Mandrax leistete. Um einen In-flagranti-Eklat zu verhindern, ließ sie sich rechtzeitig telefonisch ankündigen, bevor sie im Savoy samt Tochter und Tüten voller Duty-Free-Einkäufe einfiel.

Andry hockte am 26. November bei den Tontechnikern, immer noch klamm. In dem Augenblick, in dem Maria Callas die Bühne betrat, überschwemmte das Publikum sie mit einer Welle des Wohlwollens, der Liebe, der Bewunderung. Der Kritiker William Mann verstand das. Er erlebte sie als das, was sie einzigartig machte – als instinktsichere Darstellerin. Andry aber und viele andere Verehrer dessen, was Callas einmal gewesen war, entsetzte, was sie sahen und hörten. «Dies war einer der traurigsten Abende, die ich je erlebt habe», bekannte Englands großer Kritiker Harold Rosenthal. Er war verärgert, dass Callas sich mit di Stefano prostituierte, der für ihn an diesem Abend «nicht mehr als ein vulgärer Sänger war».[16] Besonders traurig fand er das Spektakel, in dem di Stefano Callas auf der Bühne herumführte wie ein Bauer seine Preiskuh. Maria Callas war nicht traurig. Nun wurde die Liebe des Publikums, die so lange erwartete, im Überfluss geliefert, und Callas prüfte sie nicht auf Echtheit oder Qualität. «Machen Sie sich keine Sorgen», hatte sie vor Beginn zu Ivor Newton gesagt, «die werden sowieso applaudieren.»[17]

Zynismus, die Notwehr der Verwundeten, hatte nur eine der Heldinnen gezeigt, die Maria Callas berühmt gemacht hatten: Medea. Als Jason kam, um den gemeinsamen Kindern eine sichere Zukunft zu versprechen, erfuhr er von ihr nur noch: zu spät.

Die Zukunft der nicht gemeinsamen Kinder, das sei, erklärte Pippo Maria, der Grund, dass er sich nicht scheiden lassen wolle. Sie behauptete, aus genau diesem Grund selbst dagegen zu sein. Wer glaubte es? Im Mini Cooper von Pippo saß sie neben ihm auf dem Beifahrersitz, als er am 20. Januar 1974 von seiner Mailänder Wohnung nahe der Scala durch die nasse Kälte nach Osten fuhr. Zwanzig Minuten später stiegen sie vor einem Neubau in einem Neubauviertel aus, einem zwölfstöckigen Kasten. Davor ein niedriger Eingangsbereich, über der Glastür stand: Istituto Nazionale per lo Studio alla Cura di Tumori. Der Erlös des Konzerts ging als Spende an dieses Institut für Tumorforschung. Sutherland,

Begleiter der beiden, wartete bereits in dem einzigen großen Saal, aber es wartete auch eine blasse Frau, eine Medizinstudentin, bildschön und noch keine zwanzig. Luisa di Stefano war das mittlere der di-Stefano-Kinder und Patientin hier. Hirntumor, hatte die Anfangsdiagnose gelautet.[18]

Die Immobilienmakler in Miami Beach waren in den siebziger Jahren verwöhnt. Aus der ganzen Welt reisten hier Interessenten an, prominente Kunden von Cassius Clay bis Elvis Presley waren der Alltag, auch Frank Sinatra hatte sich hier angesiedelt, dessen Lieder Maria Callas auswendig mitsang. Es überraschte die Makler nicht, dass sie ein Haus nahe am Meer kaufen wollte. In ihrer Begleitung war Giuseppe di Stefano, beide schwebten Ende März in Urlaubsstimmung, denn ihr Konzert im Auditorium von Miami Beach hatten sie am 21. März umjubelt beendet und damit den Großteil ihrer Tour durch Kanada und die USA hinter sich gebracht. Erst am 4. April stand der nächste Auftritt in Columbus an.

Am 24. März kaufte Callas die *Dallas Morning News*, in denen sich an diesem Tag die Rezension ihres alten Freundes John Ardoin zu dem Konzert in der State Fair Music Hall in Dallas vor knapp zwei Wochen finden sollte. Giuseppe di Stefano hatte sie dort im Stich gelassen, «plötzlich indisponiert», ließ er melden, nicht zum ersten Mal auf dieser Reise. Trotzdem war sie ruhiger als sonst angetreten. In dieser Halle zu singen war ein Heimspiel, und als Kritiker saß schließlich John Ardoin im Saal, Callas-Kenner, Callas-Bewunderer, Callas-Intimus und eingeweiht in ihre Sorgen. Der Intendant Larry Kelly hatte ihr offenbar die Absagen verziehen und in ihrem Hotelzimmer statt Rosen eine rosige Rinderlende auf das Sideboard stellen lassen. Als sie, alleingelassen, doch noch androhte, einige ihrer Erfolgsarien nicht zu singen, hatte Larry ihr die Vitaminspritze hochprozentiger Bewunderung verabreicht. Der gefürchtete Abend, notierte Sutherland, verwandelte sich in einen erneuten Triumph. Callas war, anders als di Stefano, eine große Künstlerin geblieben.[19] Es gab rotgeklatschte Hände, Tränen der Rührung, Jubelschreie, Schluchzer. Callas watete durch Blumen und hatte beide Hände dorthin gelegt, wo angeblich das Herz lag.

Ardoins Kritik war lang, länger als fast alles, was bisher zu dem Comeback erschienen war. «Ich versuche», schrieb er gleich am Anfang, einen «genaueren und rationaleren Blick auf diesen emotionsgeladenen Abend in der Music Hall zu eröffnen.» Das gelang ihm. «Das Überraschende am Dallas-Auftritt dieser Frau, einer extrem professionellen Frau, die immer für die höchsten musikalischen Ansprüche stand, war die äußerst schlechte Vorbereitung.» Sollte sie weiterlesen? Nichts und niemand, erklärte Ardoin zu ihrer Beruhigung, könne ihre künstlerische Leistung der großen Jahre im Nachhinein schmälern, aber dieser Abend habe die leuchtenden Erfolge überschattet. «Wenn das hart klingt, erinnern wir uns, dass es Callas selbst war, die ihre eigenen, hohen Maßstäbe setzte, mit denen sie uns zwang, in der Musik mehr zu suchen als jemals zuvor. Es war Callas, deren überwältigende Ausdrucksgaben uns eine neue Art, Musik zu hören und über Musik nachzudenken, bescherte.» Wer nur das Ende der Kritik las, konnte sich die Lektüre der Hymnen andernorts ersparen: «Diese Callas existiert nicht mehr.»[20]

Als Maria Callas am 14. Mai 1974 aus Montreal zurück nach Frankreich flog, hatte sie mit Ardoin einen der wichtigsten und engsten Vertrauten aus ihrem Leben gestrichen. Das Leitmotiv «zu spät» ließ sich dennoch nicht unterdrücken. Sogar was Pippo betraf, klagte sie anderen: «Wir hätten uns verlieben sollen, als er berühmt war (und eine wundervolle Stimme hatte), denn er hat viele menschliche Qualitäten.»[21] Doch zu spät war es hier noch nicht. Ein Haus in Palm Beach, konnte es eine Zukunftsperspektive sein?

Vor Onassis hielt Maria geheim, was sich zwischen ihr und Giuseppe di Stefano entwickelt hatte. Beide hatten die Tournee über sorgsam darauf geachtet, niemals von den Paparazzi als Liebespaar überführt zu werden, sogar auf dem Sand von Miami Beach war es niemandem gelungen, sie in einer verräterischen Situation zu erwischen. Nun, zurück in der Heimat, spielte Pippo wieder den Ehemann, Callas die Gefährtin von Onassis.

Doch es war auch zu spät gewesen, als Onassis zu Maria zurückgekehrt war, jenes «zu spät» war bereits Leitmotiv seines eigenen Daseins geworden. Nach wie vor war er nicht geschieden, obwohl er und Jackie jede Begegnung mieden. Zu spät hatte er erkannt, wie schwierig es war, dieser Ehe zu entkommen. Nicht an ihm, nur an seinem Geld klammerte Jackie, als drohte ihr sonst der Tod durch Ertrinken in Armut. Zu

spät auch hatte Onassis auf die politischen Veränderungen in Griechenland reagiert. Zu spät hatte er versucht, sich seinem einzigen Sohn Alexander anzunähern, für ihn ein nichtsnutziger Versager, zu spät sich bemüht, dessen Veränderungen, Ambitionen und Beliebtheit als Präsident
der Olympic Aviation[22] zu würdigen. Als er es schließlich versuchte, war
ihm nicht mehr viel Zeit geblieben: Im Januar 1973 war Alexander Onassis mit vierundzwanzig Jahren bei einem Testflug über Athen abgestürzt.
Nachdem er drei Tage im Koma gelegen hatte, waren auf Wunsch des
Vaters die Maschinen abgestellt worden.[23] Zu spät hatte Onassis ge-
spürt, dass seine Tochter Christina haltlos geworden war. Nach dem
Tod des Bruders und der dritten Ehe ihrer Mutter Tina suchte sie wie
diese Zuflucht bei Tröstern in Tablettenform. Dass Tina ausgerechnet
Niarchos, den Mann ihrer unter ungeklärten Umständen verstorbenen
Schwester, geehelicht hatte, der in einem Gerichtsprozess des Mordes an
ihr angeklagt, jedoch freigesprochen worden war, hatte Christina der
Mutter entfremdet. Zu spät hatte Onassis bemerkt, wie verloren die
Tochter war.

Der Zweireiher von Onassis saß meistens schlecht, die Krawatte hing
weit unten, wenn er nun die Wohnung von Callas betrat. Am 6. Juli 1974
war Konstantin Karamanlis nach zehn Jahren Pariser Exil in Athen gelandet, um freie Wahlen vorzubereiten, und in der Nacht zum 24. Juli
zum Premierminister vereidigt worden. Bis zum Ende der Regentschaft
Papadopoulos waren Vermögen und Macht der Junta-Förderer, von Niarchos und Onassis bis Papas und Latzas, angewachsen. Jetzt aber wurden
die Milliardäre von der Regierung Karamanlis, die laut über Enteignung
nachdachte, in die Enge getrieben. Onassis wirkte kraftlos, jede Bewegung schien ihm schwerzufallen, manchmal sogar das Schlucken. Ein
gebrochener Mann aber konnte Maria nicht aufrichten. Blumen, be-
klagte sie sich bei Sutherland, hatte er ihr früher regelmäßig schicken lassen, jetzt nicht mehr. «Blumen? Du gehörst jetzt zu mir», hatte Onassis
gesagt, «du bist ein Teil von mir. Warum sollte ich mir selbst Blumen
schicken?»[24] Zu spät bekannte er, dass er ganz zu Maria gehörte und sie
zu ihm. Im Oktober aber musste sie in Korea und Japan als eine Frau
auftreten, die Anbetung gewohnt war. Pippo war anderweitig beschäftigt, sie wusste, wo und mit wem.

Der Mistral war unberechenbar, das war er immer. Wann er kam, wann er gefährlich wurde, wann er nachließ und ging, keiner konnte es sagen. Er war da an diesem Juliabend 1974, an dem Montserrat Caballé ihre Glanzpartie, die Norma, singen sollte im antiken Theater von Orange, Südfrankreich, vor 9000 Menschen. An ihrer Seite Jon Vickers, der beste Pollione, den Maria Callas je hatte, der schon in Epidauros ein Fels der Verlässlichkeit gewesen war. Bereits bei der Generalprobe wurden die Probenden von Böen überfallen, manche davon waren bis zu hundert Kilometer in der Stunde schnell. Am Abend der Premiere saßen früh 8000 Menschen auf den Stufen des Amphitheaters, um die 2000 hatten in der Nähe Zelte aufgeschlagen. Der Beginn wurde verschoben, der Wind hatte zugenommen, Decken von einem Militärstützpunkt in der Nähe wurden verteilt. Um neun Uhr trat Jacques Bourgeois, der Direktor des Festivals, auf die Bühne, um die Vorstellung abzublasen.

Doch Montserrat Caballé hatte sich Zeitungspapier unter ihr Kostüm geschoben und riet, einfach anzufangen und zur Not abzubrechen. Pierre Jourdan, der Regisseur des Films, der das Ereignis dokumentieren sollte, und seine Kameraleute wurden benachrichtigt, alle nahmen ihre Positionen ein. Um 21 Uhr 15 begann die Aufführung. Die Musiker des Orchesters vom Opernhaus Turin, in dem Callas letztes Jahr gescheitert war, befestigten ihre Noten mit Wäscheklammern an den Ständern. Der Mistral blähte das Gewand der Norma, schlug ihr die Schleppe um die Ohren und ließ Requisiten scheppern, als sie ihr *Casta diva* sang, verinnerlicht, als stünde sie in der Stille einer Mondnacht, mit vollendeter Atemkontrolle. Am Ende dieser Vorstellung waren sich alle 9000 einig: Das war die *Norma*-Aufführung ihres Lebens und Montserrat Caballé die beste Norma der Welt.

Kurz danach gab es Krach bei den Proben der Opernduette im Musiksalon von Maria Callas, Robert Sutherland war Zeuge. Ausgerechnet mit Montserrat Caballé, die mit Anfang vierzig mehr wog als Callas zu Beginn ihrer Karriere und nun im Zenit ihrer Laufbahn stand, nahm di Stefano Opernduette auf.[25] Diese Schallplatte wurde gepresst. Was das Betriebsklima anging, war das keine gute Voraussetzung für die Tournee nach Korea und Japan im Herbst. Sutherland kannte das mittlerweile, ohne Bewunderung brach Maria Callas ein. Und Onassis hatte fürs Bewundern noch weniger Zeit als zuvor. Am 16. August war Christina Onassis wegen eines Suizidversuchs mit einer Überdosis Schlaftabletten ins Middlesex Hospital in London eingeliefert worden.

Die griechische Botschaft in Paris war ein Palais aus dem 18. Jahrhundert, möbliert mit Antiquitäten aus dem 18. Jahrhundert, dekoriert mit Spiegeln und Gemälden aus dem 18. Jahrhundert. Was wollte er hier? Er war kein Franzose, kein Grieche und auch äußerlich deplatziert auf einem Festdiner, bei dem alle anderen Gäste Abendgarderobe trugen. Der junge dünne Mann mit langem haselnussbraunen Haar, einem Knebelbart, in zerrissenen Jeans und kniehohen Stiefeln war jedoch eingeladen worden, das freie Griechenland mitzufeiern. In der Pariser Cineastenszene kannte man ihn, derzeit wurde er hier von einem Maler porträtiert, der nicht gut malen konnte, aber auf Prominente abonniert war.

Werner Schroeter hieß der unpassende Gast, sein Film *Der Tod der Maria Malibran* über die französische Operndiva des 19. Jahrhunderts hatte in Paris vor ein paar Jahren großen Erfolg gehabt. Ehrengast bei dem Diner in der Botschaft war eine Frau, deren Vorbild Maria Malibran war. Auch über sie hatte Schroeter einen Film gedreht, 1968, mit gerade dreiundzwanzig, ohne Geld, ohne Schauspieler oder Schauspielerin, einen Animationsfilm über Maria Callas. Er war zusammengesetzt aus Szenenfotos, Porträtfotos, Berichten, Kritiken und Fundstücken. Seit Schroeter mit dreizehn Jahren Callas zum ersten Mal im Radio gehört hatte, nicht sicher, ob das Gesang war oder etwas anderes,[26] war sie sein Idol, und ohne Idol, fand er, «lebt man nicht. Es ist eine archaische Notwendigkeit.» Ihretwegen hatte er damals begonnen, Italienisch zu lernen,[27] war opernverrückt geworden, hatte Opernschallplatten geklaut und wegen seiner Gewissensbisse zurückgegeben – nur die mit Maria Callas nicht, «weil diese Frau stärker als jedes Moralempfinden war».[28] Er hatte seine Eltern dazu gebracht, mit ihm nach Epidauros zu reisen, um Callas dort im antiken Theater zu erleben, doch das war jene Aufführung gewesen, die sie abgesagt hatte.

Die Ehefrau des Botschafters wusste, warum Werner Schroeter gekommen war. «Sie würden gern neben Maria sitzen», sagte sie zu ihm. Die Aussicht, ihr hier zu begegnen, hatte ihn schon beim Aufstehen derartig aufgeregt, dass er in der Dusche erbrochen hatte.

Maria Callas saß auf einem Canapé, dezent geschmückt und aufwändig frisiert in smaragdgrünem Kleid, Schroeter erkannte sofort, dass es von Balenciaga war. Sie ahnte nicht, wie vertraut er mit ihr war, er kannte alle Daten ihrer Auftritte und alles, was sie jemals auf Schallplatte eingesungen hatte. Während sie über die *Lucia di Lammermoor* unter Karajan aus Berlin diskutierten, überfiel Schroeter die Lust, Callas «am Ohr zu fassen und ihren Kopf zu drehen und sie mir genau anzugucken». Ein Moment Stille, ein Blick von ihr, dann sagte er: «Sie sind so schön, ich kann nicht glauben, dass Sie nicht geliftet sind. Wie kann man so schön sein?» Sie antwortete souverän: «Vous êtes pardonné, Werner!» – «Es ist Ihnen verziehen, Werner.» Dabei schaute er in ihre Nasenlöcher. Das Canapé war viel zu niedrig für den Esstisch, Maria Callas thronte auf einem Berg Kissen, anders als Schroeter, und es ärgerte ihn, dazusitzen «mit der Nase in der Tasse». Er stieg auf das Canapé und setzte sich auf die Lehne, woraufhin sie ihn ansah und sagte: «In Ordnung, aber macht das irgendeinen Unterschied für Sie?» Er rutschte wieder hinunter. Ihr Humor überrumpelte ihn, «ein melancholischer Humor», fand er, «der ihre Verletztheit ausdrückte».

Und dann erzählte sie von dem, was sie verletzt hatte, was sie verloren, was sie erträumt und nie gehabt hatte. Schroeter, der Callas-Verehrer, begegnete hier Maria, die für seine Ohren mädchenhaft einfältig über das weibliche Bedürfnis redete, sich einem Mann bedingungslos hingeben zu können. Adressiert war das Ganze offenbar an ihren französischen Tischherrn. Als sie aufbrach, ließ sie Schroeter durch ihren Chauffeur ausrichten, er sei in den nächsten Tagen zum Tee eingeladen.

In ihrem Salon gestand sie ihm, dass sie nur Leute kenne, die Angst vor ihr hätten. Schroeter, der sie naiv, liebenswürdig und alles andere als angsterregend fand, machte ihr ein Angebot: Er könne einen Artikel in der Presse lancieren, dass Maria Callas einen Mann suche, er sei sicher, dass sich viele ernsthafte Kandidaten melden würden. Allerdings verschwieg er ihr, was einer der beim Diner anwesenden Ölmillionäre, der beobachtet hatte, wie Maria Callas ihren französischen Tischherrn anhimmelte, über sie zu Schroeter gesagt hatte: «Es muss wunderbar sein, wenn sie einem mit *La traviata* auf den Stimmbändern den Blowjob macht.»[29] Für Schroeter ein Fall von Denkmalschändung, für die er den Täter gerne erwürgt hätte.

Maria Callas und Giuseppe di Stefano strahlten vor Zuversicht, als sie am 30. September 1974 in Seoul landeten, zwei äußerlich frisch aufpolierte Denkmäler. Doch Sutherland wusste, dass Maria Callas einsturzgefährdet war durch ihre extremen Schwankungen zwischen Überheblichkeit und Unterwürfigkeit. «Er sagt, er sei ein großer Lehrer», hatte sie sich bei Sutherland über Pippo beschwert. «Er wird niemals ein Lehrer sein. Er hat keinerlei Manieren. Niemand lehrt Callas!» Dann hatte sie wieder kleinlaut genau das getan, was di Stefano wollte, und gesagt, er singe wie ein Gott. Selbst ihr Butler Ferruccio wunderte sich. «Madame übernimmt so viel von ihm. Früher hätte sie eine Partitur nach ihm geworfen.»[30] Hinter sich hatten sie Wochen intensiver gemeinsamer Proben, vor sich einen Triumphzug. Das jedenfalls versicherte Pippo unermüdlich seiner Partnerin.

Doch als Maria Callas in Sapporo auf der japanischen Insel Hokkaido ankam, war sie erschöpft. Angereist waren di Stefano, Sutherland und sie aus Hiroshima. Offenbar hatte Gorlinsky es nicht makaber gefunden, als vorletzte Station in der Karriere von Maria Callas einen Ort zu wählen, der Vernichtung bedeutete, die entsetzlichste des 20. Jahrhunderts. «Ich bin in deiner Hand, Pippo», hatte sie am Abend vor dem Konzert in Hiroshima gesagt. Dann war es aus ihr herausgebrochen: «Ich kann nicht, Pippo, ich kann nicht.» «Was soll das heißen, du kannst nicht? Du bist Callas, ich weiß, dass du es kannst ...» Sie hatte es gekonnt, wie zuvor in Seoul, in Tokyo, in Fukuoka, in Osaka.

Der Flug von Hiroshima nach Sapporo mit Umstieg und Übernachtung in Osaka war sehr lang und ermüdend gewesen. Unterwegs hatten Maria Nachrichten aus Paris erreicht: Onassis war in Paris ins American Hospital eingeliefert worden, Diagnose Myasthenia gravis, eine Muskelschwäche, die mit schweren Gliedern und schwerem Kopf begann. Deswegen wurde sie oft erst einmal verkannt, und wenn sie, wie bei Onassis, zu spät erkannt wurde, endete sie im Elend der Lähmung. «Er muss erfahren, dass ich an ihn denke», sagte Maria zu Sutherland, «aber ich kann ihn nicht anrufen oder ein Telegramm schicken, sonst steht es sofort in allen Zeitungen.» War das sein Abgang?

Der Abgang – keine hatte ihn besser beherrscht als Maria Callas. Wie sie die Arme reckte, die Hände spreizte, den Kopf in den Nacken legte, die Schleppe raffte und von der Bühne rauschte oder flatternd floh, konnte ihr keiner nachmachen. Nun stand ein Abgang bevor, der größer war, der Abschied von einem Leben als Sängerin.

Sapporo war seit vorletztem Jahr weltweit ein Begriff – für die Sportfans, nicht für die Opernfans. Vor der Winterolympiade 1972 war fiebrig gebaut worden, doch in der größten Stadt auf Hokkaido gab es nach wie vor kein Opernhaus oder Theatergebäude, und die meisten Opernsänger und -sängerinnen, die an der Met oder der Scala Stars waren, kannte hier fast niemand. Maria Callas war eine Ausnahme. Hokkaido Kosei Nenkin Kaikan[31] hieß der geziegelte Klotz mitten in Sapporo, der erst vor drei Jahren eröffnet worden war. Von außen wirkte das einzige Gebäude, das für Callas' Auftritt in Frage kam, wie eine provinzielle Mehrzweckhalle.

Maria Callas hatte keine Angst, in den Spiegel zu sehen. Nachdem sie an Gewicht zugelegt hatte, war sie nun wieder bei fünfundsechzig Kilo angekommen, und in dem Fernsehinterview, das sie in Tokyo mit di Stefano absolviert hatte, er in Vergissmeinnicht-blauem Dinnerjacket, sie in schlichtem Schwarz, war sie elegant und entspannt gewesen. Ihre Panik zeichnete sich jedoch in den Zetteln an Pippo ab, die sie nachts unter der Hotelzimmertür durchschob. Ohne sich zu genieren, hatten die beiden morgens in einem Bett Sutherland empfangen, aber wenn Maria sich nachts hin und her warf, schlief Pippo lieber alleine den Schlaf des sizilianischen Bauern. Morgens las er dann jedes Mal das Gleiche: «Du hast göttlich gesungen. Ich bin noch immer wach.» Aus Angst davor, schockiert und entmutigt zu werden, hatte sie es entschieden abgelehnt, sich die Aufzeichnung vom Beginn der Ostasientournee am 8. Oktober in Seoul anzuhören.

Am 11. November 1974 hatte Maria Callas ihren letzten Auftritt hinter sich; auf der Fortsetzungstournee in Australien würde sie Pippo nicht begleiten. Am 12. November las Giuseppe di Stefano beim Frühstück im Bett: «Ich kann diese Nacht bis jetzt nicht schlafen und habe nun doch den Mut gefasst, mir die Aufzeichnung vom 8. anzuhören. Ich war sprachlos! Die Stimme, Du hast recht, hat riesige Schritte gemacht … Meine Stimme hat wieder viel mehr Feuer und ist fest. Ich bin auf dem richtigen Weg, endlich – verdammt!!! Ich gewöhne mich an den guten alten Sound. Ich kann es noch nicht glauben, Gott sei Dank haben wir die Bänder als Beweis. Vielleicht schlafe ich jetzt ruhiger. Teufel! Es ist drei Uhr.»[32] Auf dem richtigen Weg vielleicht; aber zu spät.

Di Stefano hatte rechtzeitig auf Montserrat Caballé gesetzt. 1964, als er nur noch zweitklassig, aber nach wie vor berühmt war und Caballé bereits erstklassig, aber noch nicht berühmt, hatte er ihr durch seine Lobeshymnen die Türen geöffnet.

«Mit Liedern kann ich nichts anfangen», hatte Maria Callas in Tokyo beim Fernsehinterview gesagt auf die Frage, ob sie nicht damit Säle füllen wolle, wie es gerade ein Deutscher namens Dietrich Fischer-Dieskau hier geschafft hatte. Auch mit Liedern, wie sie Theodorakis sang, konnte sie nichts anfangen, der in diesem Oktober vor 40 000 Menschen in einem Stadion am Stadtrand Athens die wiedergewonnene Freiheit und die Leiden zuvor besungen hatte. Und Loblieder auf Kolleginnen sang Maria Callas nie. Die Resonanz, die sie bescherten, kannte sie nicht.

Zu Hause in Paris war es stumm um sie geworden, der Kreis der Freunde klein, der der Besucher noch kleiner. Viele Pariser Freunde verspürten keine Lust, die Abende bei ihr vor dem Fernseher zu verbringen, Besucher waren gekränkt, wenn sie mitten im Gespräch den Kasten anstellte.[33]

Auch Onassis war nicht da. Er hatte gegen den Rat der Ärzte das American Hospital verlassen, wegen dringender Geschäfte und wegen einer Privatangelegenheit; radikal wollte er die Scheidung von Jackie O. durchziehen. Als Maria Callas in Tokyo auftrat, war in Lausanne Tina Niarchos, geschiedene Onassis, beerdigt worden, es hatte ihn mitgenommen. Am 10. Oktober war sie in ihrem Pariser Palais tot aufgefunden worden, akutes Lungenödem hatte die offizielle Todesursache geheißen, Suizid die inoffizielle. Die Tochter hatte Mord vermutet und eine Autopsie angeordnet.

«Lawyers tell Jackie: the marriage is over», stand auf der Novemberausgabe des größten amerikanischen Fernsehmagazins. Kein Wort von Maria Callas. Das Interesse der Medien an ihr war versickert. Lange hatte sie sich nicht in der Pariser Öffentlichkeit gezeigt, als sie gegen Jahresende bei einer Filmpremiere auftauchte, als persönlicher Gast des Regisseurs. Die Blitzlichter hielten sie fest, wie sie neben Pierre Jourdan lächelte, bevor es dunkel wurde für das Dokument jener *Norma* mit Montserrat Caballé, die von den Medien zur Sensation erklärt worden war. Aber vermochte eine übergewichtige Frau mit Doppelkinn und

dem Auftreten einer Matrone in dieser Rolle ein Kinopublikum zu über-
wältigen, wie es Maria Callas auf der Bühne der Scala getan hatte, betörend in jeder Geste? Ein Filmdokument davon existierte nicht. Schweigend saß Callas zwischen Jourdan und dem Festivaldirektor Bourgeois.
Lange sagte sie am Ende kein Wort, dann kam ein Satz: «Du hast sie zu
gut aussehen lassen.»

Jourdan und Bourgeois spürten, dass Callas untröstlich war, eine ent-
thronte Herrscherin. Wenige Tage später erfuhren sie von Caballé, dass
sie in Barcelona ein Päckchen aus Paris erhalten hatte: Ohrgehänge, die
Maria Callas an der Scala immer als Norma getragen hatte. Ein Geschenk von Visconti zur Premiere 1955 auf der Höhe ihres Erfolgs.[34]

30.

DIE STIMME VERSTUMMT

Maria sucht eine Heimat,
Callas beschwört den Mai, Pelosi gesteht einen Mord,
und Schroeter verliert seine geistige Mutter

Frühling das ganze Jahr, eine Umgebung, die Verfall, Armut, Krankheit und Tod nicht zu kennen schien. Das Gewissen blieb so sauber, wie es die Straßen waren. Palm Beach hatte ein Schweizer Autohersteller gerade sein neuestes Cabriolet genannt, angeblich das eleganteste der Welt. Palm Beach hieß ein Jumpsuit von Emilio Pucci aus der neuen Kollektion, leuchtend bunt und teuer wie eine Abendrobe. In Palm Beach ließen jetzt *Harper's Bazaar* und *Vogue* Modefotos produzieren, und *Architectural Digest* bewarb mit Hochglanzansichten die Villen dort im maurischen Stil mit Patios, Mosaiken und Bogenfenstern als Trend der Elite. Der Zip Code von Palm Beach war der Zahlenschlüssel, mit dem sich die reichsten Menschen ein Dasein erschlossen, in dem nichts ihre Illusion einer sorgenlosen Welt verschmutzte.

Am 10. März 1975 war Maria Callas mittags um eins in Paris abgeflogen, um 18 Uhr in New York umgestiegen und am 11. März mit den Eastern Airlines in Palm Beach gelandet.[1] Von dort hatte sie sofort ein Telegramm an Nadia Stancioff aufgegeben: «KOMM UND BESUCH MICH IN PALM BEACH. HABE HAUS GEMIETET. KANN DIR ZIMMER VERPFLEGUNG UND GEMÜTLICHE GESPRÄCHE AM POOL BIETEN. IN LIEBE MARIA.» Nadia rief an. Wie es Onassis gehe? Zu Beginn des Jahres hatte Maria erklärt: «Ich bin praktisch verehelicht mit Aristo O.»[2] Am 7. Februar war er wieder ins American Hospital in Paris aufgenommen worden, für die Paparazzi am Krankenhauseingang hatte er die Heftpflaster, mit denen er seine Augenlider hochklebte, kurz entfernt und es geschafft, ohne fremde Hilfe zu gehen. Seine Myasthenia gravis war in die nächste Phase eingetreten, selbst das

Schlucken fiel ihm schwer. Zusammengebrochen war er aber wegen einer Gallenkolik.

«Es geht ihm kaum besser», sagte Maria. «Ich durfte ja nicht zu ihm. Und ich kann absolut nichts für ihn tun ... Sein Schicksal liegt jetzt allein in Gottes Händen.»[3] Nur einmal hatte sie es geschafft, sich an den Kontrolleuren, die von seiner Frau aufgestellt worden waren, vorbei zu Onassis hineinzuschleusen, reden konnte er nicht mehr. Am 9. März, einen Tag vor ihrem Abflug, war ihm die Gallenblase entfernt worden, seine Gattin war nicht da – sie hatte die Bewachung des Erblassers für amüsantere Begleiter unterbrochen.

Dass Maria sich ohne Pippo in Palm Beach aufhielt, wunderte Nadia nicht. «Er ist wie all die anderen Männer», hatte Maria ihr eröffnet. «Ich habe keine Lust, jetzt darüber zu sprechen. Jedenfalls ist alles zu Ende.»[4] Aber ihr Pate Lanzounis werde sie in Florida besuchen. Dem hatte sie drei Wochen vor ihrer Abreise, während Onassis im American Hospital lag, geschrieben, ihr Dasein sei friedlich und angenehm. «Pippo ist natürlich verliebt, und ich bin es auch bis zu einem gewissen Punkt.» Die Krankheit von Pippos Tochter sei jedoch ein Problem, es sehe schlecht aus für das schöne, gescheite junge Mädchen. Und «die große Liebe ist nicht in Sicht ... Die Männer, die echten Männer, sind schwer zu finden.»[5] Männer wie Onassis.

Vier Tage nach Marias Ankunft in Palm Beach schrieb Lanzounis, nun fast Mitte achtzig, zwei verwackelte Zeilen unter einen Brief von Maria: «Sie rief am 15. März an, dem Tag, an dem Onassis gestorben ist.»[6] Von Onassis' Hochzeit hatte Maria aus den Medien erfahren, von seinem Tod ebenfalls. «Aristoteles Onassis starb in Frankreich an Pneumonie», stand am 15. März bereits in der *New York Times*. «Mrs. Onassis, die frühere Jacqueline Kennedy, war in New York an diesem Tag.» Über sein geschäftliches Scheitern hatte er mit Maria nicht gesprochen, auch davon erfuhr sie aus der *New York Times*. «Am Tag seines Todes kündigte die Atlantic Shipyard in St. Nazaire, Frankreich, an, dass sie den Kauf von zwei 420 000-Tonnen-Supertankern durch die Onassis-Gruppe storniert habe!» Das Problem sei, wurde ein anderer Reeder zitiert, ««dass ein Tanker, dessen Bau vor drei Jahren 15 Millionen Dollar gekostet hat, heute nicht einmal mehr für 2 Millionen verkauft werden kann»». Außerdem schrieb die Zeitung: «Es gab Gerüchte, dass die Wohnung von Herrn Onassis in der Avenue Foch in Paris an den Schah von Iran verkauft worden sei.»

In Paris fühlte sich Maria längst nicht mehr zu Hause. «Ich habe von den spießigen Parisern die Nase voll», hatte sie Nadia schon 1972 erklärt. In Mailand gab es Biki, aber nur Callas brauchte Garderobe von ihr, Maria nicht. In Palm Beach ließ sich Maria vor dem Gittertor und der Mauer ihres Hauses an der schnurgeraden Golfview Road unter Palmen knipsen in einem Oberteil, das grünblau war wie das Meer am Morgen, und weiten weißen Hosen, die mit Lotosblättern und Lotosknospen bedruckt waren. Es war nun ziemlich genau vierzig Jahre her, dass die Amerikanerin Maria Callas nach einer langen Schiffsreise aus New York in Athen angekommen war und gehofft hatte, endlich zu erfahren, wer sie war und wohin sie gehörte.

Callas hatte entdeckt, wer sie war und wo sie zu Hause war – eine Tragödin, beheimatet in der Musik. Sie drohte nun heimatlos zu werden. Maria hingegen schien den wenigen Vertrauten noch immer nicht zu wissen, wer sie war und wo ihre Heimat lag. Die Witwe von Onassis war nicht sie, obwohl sie sich selbst so erlebte. Die Geliebte di Stefanos war sie ebenfalls nur im Geheimen, seine Ehefrau würde sie niemals werden, «denn weder er noch ich möchten, dass er sich scheiden lässt». Zu Hause war sie auch menschlich nirgendwo, schon gar nicht in Künstlerkreisen. Die Brücken zu Visconti, Zeffirelli, Rescigno, Gréco, den Reisegefährten Moravia und Maraini hatte sie abgebrochen oder so lange vernachlässigt, bis sie zerfielen, manche hatte der Tod zerstört; am 16. September letzten Jahres war Larry Kelly mit fünfundvierzig Jahren seinem Leberkrebs erlegen. Ein Tod, der sich lange vorher angekündigt hatte, doch Maria hatte die Zeit nicht genutzt, Kelly noch einmal zu besuchen.

Ein Haus in Palm Beach zu besitzen – beantwortete das die Fragen, wer sie war und wohin sie gehörte? Dem Tod aus dem Weg zu gehen, das jedenfalls war hier einfacher.

Am 19. März feierte Giuseppe di Stefano üblicherweise groß seinen Namenstag. In diesem Jahr feierte er ihn nicht. In der Nacht war seine Tochter Luisa gestorben,[7] Maria erfuhr es erst Tage später.

Sie sehnte sich nach Besuch, lud aber weder Pippo noch seine Frau ein.[8] Noch immer geisterte sie meistens alleine durch die große Villa direkt gegenüber dem Everglade Golfclub, dessen Mitgliedsbeiträge von keinem anderen Club auf der Welt übertroffen wurden. Maria spielte nicht Golf, sie sah fern und wartete auf den Besuch von Lanzounis. «Ich bin hier in Palm Beach in einem hübschen Haus», schrieb sie am 9. April an Ben Meiselman, den Lebensgefährten ihres verstorbenen Freundes Herbert Weinstock, es sei nur fünf Gehminuten vom Strand entfernt, «und ich denke, ich werde es kaufen. Ich brauche es eigentlich nicht. Aber vielleicht bringt mich der Besitz eines eigenen Hauses öfter in mein Geburtsland zurück. Ich liebe Amerika wirklich.» Sie, die im Herzen von Paris lebte, gestand: «Ich möchte ein Haus an einem Ort, wo es immer schön ist, in einem zivilisierten Land, Du kennst mich und meine Liebe zum Fernsehen.»

Alle ihre Freunde kannten diese Liebe, viele, sogar die Sorias, drückten sich deshalb davor, Maria zu besuchen. Auf die Bitte von Dorle Soria, die Kiste abzustellen, hatte Maria nur gefragt: «Warum?» Weinstocks Biographie über Marias Lieblingskomponisten Vincenzo Bellini war postum erschienen, was Callas für den Komponisten getan hatte, wurde darin seitenweise gewürdigt. Gelesen hatte sie es nicht. Für sie, die laut Ardoin Menschen gelehrt hatte, große Musik völlig neu zu hören, war Ausdruck der Zivilisation das Fernsehen geworden und das eigene Haus in Palm Beach zum Symbol für Angekommensein.

Zurück in Paris, schrieb sie am 29. April an Lanzounis, der schließlich doch noch angereist war und die Villa bewundert hatte: «Ich habe beschlossen, das Haus zu kaufen.»[9] Einen Tag später, am 30. April 1975 um 11 Uhr 30 Ortszeit, wurde über dem Doc-Lap-Palast in Saigon die Flagge der Vietcong gehisst. «Ein Waterloo für die USA», schrieb die *Chicago Tribune*. Verloren waren nach Regierungsangaben 352 Milliarden Dollar für den Krieg, die wirtschaftliche und militärische Unterstützung für die Republik Vietnam, und es standen noch die Milliarden aus, die den Opfern im eigenen Land als Schadenersatz zu entrichten sein würden. Insider sprachen von Billionenverlusten. Die letzten 1000 US-Soldaten in Vietnam rannten zu den Hubschraubern, die Welt sah ihnen auf dem Bildschirm dabei zu, auch Maria Callas. Das Land ihrer Geburt, ihrer Zukunftsplanung war einer der größten Verlierer der Geschichte geworden.

Wo gehörte sie hin? Nur wenn sie auf der Bühne stand, wusste Callas das.

Anfang September 1975 war Montserrat Caballé erschöpft. Sie wollte in den nächsten Monaten nicht weit reisen, nur zu Hause in Barcelona kochen und mit der Familie um den Tisch sitzen. Nachdem ihr 1974 ein fast fußballgroßer Unterleibstumor, danach neue Wucherungen entfernt werden mussten und schließlich die gesamte Gebärmutter, war sie trotz regelmäßiger Ohnmachtsanfälle[10] ständig aufgetreten in den großen Häusern von der Met bis zur Scala. Ihr Stern stieg unaufhaltsam. Gerade war sie nach einem Konzertabend mit Puccini-Arien hier, in Barcelona, nur deshalb nicht im Triumphzug auf die Straße getragen worden, weil sie zu viel wog. Nach ihrem *Vissi d'arte* aus der *Tosca* hatte das Publikum die Fortsetzung des Programms mit seiner Begeisterung verhindert.

In ihre Erholungspause brach ein Anruf aus Paris ein, di Stefano überfiel sie sofort. Nur sie könne ihn retten. Mit dem, was passiert war, hatte er nicht gerechnet.

Im Mai war Maria Callas noch überzeugt gewesen zu wissen, wo ihre Zukunft lag: in der Rückkehr zur Oper, zu einer ihrer erfolgreichsten Partien, mit di Stefano an ihrer Seite. «Es geht mir sehr gut», hatte sie am 14. Mai an Nadia Stancioff geschrieben, «ich arbeite intensiv – im November habe ich in Japan *Tosca* – wünsch mir Glück!» Drei Aufführungen in Yokohama, einer Hafengemeinde im Ballungsraum von Tokyo mit 2,6 Millionen Einwohnern, waren angekündigt worden, sofort waren sie ausverkauft. Die Japaner wollten ein Jahrhundertdenkmal besichtigen, und das schien die letzte Gelegenheit zu sein. Charles Vannes, künstlerischer Direktor des Théâtre des Champs-Elysées, hatte seiner Freundin Maria Callas erlaubt, dort alleine, geschützt vor unerwünschten Zaungästen, zu üben. Noch am 26. Juni hatte sie auch Lanzounis wissen lassen: «Ich arbeite hart, denn in diesem Jahr muss ich sehr viel besser sein oder es ganz bleiben lassen. … Ich bin noch immer mit Pippo zusammen, ich finde niemand, der besser wäre, reicher sicher, aber ärmer an Gefühlen.» Im Postskriptum stand: «Ich habe das Haus [in Palm Beach] für ein Jahr gemietet, aber ich denke, ich werde es kaufen.»[11]

Niemand wusste genau, was zwischen Ende Juni und Ende August geschehen war. Am 27. August hatte Maria Callas einen Brief an Robert Sutherland getippt: «Ich übe nicht und ich werde nicht in Japan singen. Ich habe Angst, lieber Robert, dass ich die nervliche Belastung des täglichen Probens nicht durchstehe.»[12] Pippo stand im Musiksalon von

Maria in der Avenue George Mandel, als er Caballé alarmierte. Die hatte, keinesfalls berauscht vom Ruhm, nicht vergessen, was Dankbarkeit hieß. Sofort erklärte sie sich bereit, drei bereits groß angekündigte Opernaufführungen in ihrer Heimat abzusagen, aber sie wollte unbedingt von Maria Callas persönlich hören, dass die einverstanden war. Caballé betonte anderen gegenüber ständig, wie viel sie Callas verdanke, die ihr von den ungeeigneten Rollen abgeraten und zu den richtigen wie Norma geraten hatte. Und als Caballé sich die *Norma*-Aufnahme mit der großen Kollegin genau anhören wollte, hatte die nur gesagt: «Lass es bleiben, lies die Partitur.» Di Stefano reichte den Hörer weiter. «Wir beide lieben Pippo», sagte Callas zu Caballé, «deshalb möchte ich, dass du an meiner Stelle singst, meinetwillen, aber vor allem seinetwillen.»[13]

Am 14. September erfuhr eine Briefpartnerin von Maria: «Ich werde das Haus in Palm Beach nicht kaufen, aber ich habe es für ein weiteres Jahr gemietet ... mit einer Kaufoption bis 15. Januar 1976.»[14]

Es war ein grauer, milder Montagmorgen, der Tag nach Allerheiligen, als ein paar Bewohner der Barackenbauten am Idroscalo draußen in Ostia, dem Hafen von Rom, über den sogenannten Fußballplatz in der Nähe streunten. Jetzt, Anfang November, war der Boden von den Regenfällen aufgeweicht. Im Schlamm entdeckten sie einen Klumpen Fleisch und Blut. Sie wollten ihn schon «in die nächste Mülltonne werfen», bekamen jedoch Bedenken, weil es sich um menschliche Überreste handelte, und riefen die Polizei. Dort ahnte man bereits, um wen es sich bei dem Klumpen Fleisch und Blut[15] handeln könnte. Noch vor Morgengrauen war ein Siebzehnjähriger namens Pino Pelosi, der in überhöhter Geschwindigkeit auf der Autobahn gegen die Fahrtrichtung unterwegs war, angehalten und festgenommen worden, ein Gelegenheitsstricher. Er fuhr einen Alfa Spider, den Sportwagen von Pasolini, trug Jackett und Krawatte und zeigte außer einer kleinen Platzwunde über dem Auge keine Verletzungen.

In Italien hatten nur wenige Leute Pasolini gemocht, der ständig ihre Ruhe störte und Grenzen überschritt, noch weniger Leute hatten ihn als Künstler geschätzt oder bewundert. Trotzdem war Rom in dieser ersten Novemberwoche wie gelähmt. Der Mord war das einzige Tagesgespräch in der Stadt. Pelosi gestand umgehend, nachdem ihm versprochen worden war, als Minderjähriger käme er glimpflich davon, er habe als Einzeltäter Pasolini umgebracht. Zuerst habe er ihn mit einem Holzprügel niedergeschlagen, nachdem Pasolini ihn zu bestimmten sexuellen Praktiken habe nötigen wollen, und ihn dann flüchtend aus Versehen überfahren. Das konnte niemand glauben; Pasolinis Thorax war zerquetscht, mehrfach war er von einem schweren Auto überrollt worden. Doch fast alle wollten es glauben. Dem Anwalt Nino Marazzita, der die Familie Pasolini vertrat, war wie jedem, der nachdachte, klar, dass es mehrere Täter gewesen sein mussten. Der Staatssender RAI aber verkündete die Einzeltäter-Theorie als Tatsache. Pasolini sei Opfer seiner sexuellen Ausschweifungen geworden, das machte in den Augen der meisten den Mord, der an eine Hinrichtung erinnerte, zu einem selbstverschuldeten Akt. Er habe gewusst, wie gewalttätig die Szene war, in der er verkehrte.[16]

Es gab Freunde Pasolinis, die wie Moravia[17] der Medienwahrheit misstrauten, die wie Marazzita aus gutem Grund vermuteten, er sei Opfer militanter Faschisten oder einer Erdölmafia geworden, oder wie Zigaina das Ganze für einen inszenierten Suizid hielten. Maria rief bei Nadia in Rom an, ihrer engsten Verbündeten beim Dreh der *Medea*. Was die Zeitungen schrieben, die dem Fall täglich vier bis sechs Seiten widmeten, kümmerte sie nicht. «Er war ein Freund, auf den ich jederzeit vertrauen konnte und der mich nie enttäuscht hat», sagte sie. Offenbar etwas Seltenes in ihrer Umgebung. «Einen zweiten Pasolini gibt es nicht mehr – jedenfalls nicht für mich.» Oft war sie mit Pasolini Richtung Ostia ans Meer zum Fischessen gefahren. Rom, wo sie sich wohler fühlte als in Paris, wo Altvertraute wie ihr Kostümbildner Tosi, Simionato und einige *Medea*-Gefährten lebten – war das nun als neue Heimat vergiftet?

Am Mittwoch, dem 4. November 1975, waren die Zeitungen Italiens nach wie vor angefüllt mit Berichten, Fotos, Kommentaren, Interviews, Theorien und Gegentheorien zum Ende Pasolinis. Maria Callas wurde an diesem Abend in schlichtem Schwarz im Théâtre des Champs-Elysées fotografiert, bei der Premierenvorstellung von *Attila 74 – Die Vergewaltigung von Zypern*. Regisseur des Dokumentarfilms war der *Sorbas*-Regisseur Michael Cacoyannis; unmittelbar nach den beiden türkischen Invasionen auf der Insel hatte er zu drehen begonnen. Wie Cacoyannis den Zuschauern das Leid der Griechen nahebrachte, das Leid von Kindern, die ihre Eltern verloren hatten, von Bäuerinnen und Bauern, die ihr

Land verloren hatten, das Elend des Alltags dort, ergriff offenbar auch Maria Callas. Ihr Lächeln auf den Fotos wirkte angestrengt, fremd in einem traurigen Gesicht, der Blick ging ins Leere. Pasolini hatte sich immer mit den Armen verbündet; die bäuerliche Kultur und das unterste Proletariat der Vorstädte, mittellos, aber lebenssatt, hatten ihn beschäftigt.

«Wir Griechen», sagte Maria Callas auffallend oft, auch in Interviews, «wir Griechen stellen die Familie über alles andere.» Ohne angepumpt worden zu sein, schickte sie einen Scheck an die Adresse ihrer Schwester nach Athen. Jackie rief in Paris an, der Scheck sei nicht zur Auszahlung freigegeben, wie Evangelia auf der Bank erfahren hatte. Dass die Mutter noch lebte, wollte Maria nicht wissen. «Du bist jetzt meine einzige Familie», sagte sie zu Jackie.[18] War sie nun einfach nur noch Maria Kalogeropoulou und gehörte ins Land ihrer Ahnen?

Am 3. März 1976 stand Maria Callas alleine neben dem Konzertflügel auf der Bühne des Théâtre des Champs-Elysées. Ihr Freund Charles Vannes hatte exklusiv für sie aufgesperrt, sie erwartete einen Besucher aus London, einen Abgesandten von John Tooley, Generaldirektor der Royal Opera Covent Garden. Es war Tooleys jüngster Anlauf, von Maria Callas ein Ja zu ergattern, die letzten beiden Jahre hatte er es unermüdlich, aber vergeblich versucht. Was das Problem mit Maria war, wussten diejenigen, mit denen sie noch zu tun hatte. Ihrem Paten Lanzounis hatte sie geklagt, sie habe offenbar die falschen Bekannten; unter denen sei kein Mann zu finden, der ihr bot, was sie erwartete: «Er soll intelligent sein, vermögend und einer, auf den ich mich hingebungsvoll und vertrauensvoll verlassen kann. Er muss ehrlich sein, großzügig und soll nicht versuchen, mich zu ändern, so eben wie unser verstorbener Freund [Onassis].»[19]

Der Abgesandte von Tooley, Augenarzt, Pianist, Korrepetitor und Dirigent, war zwanzig Jahre jünger als sie, hatte einen vollen dunkelbraunen Schopf, einen kräftigen Schädel und den Ruf, sich durchzusetzen. Noch wussten die beiden nicht, dass sie über ihr bisheriges Leben dasselbe sagten: «Ich habe immer gekämpft.» Er hieß Jeffrey Tate, trug wie üblich einen überweiten Pullover und reichte Maria Callas nur bis zur Brust. Er war mit einer schweren Wirbelsäulendeformation zur Welt

gekommen, hatte es nach mehreren Operationen in der Kindheit geschafft, ein Dasein ohne Rollstuhl zu führen, und Karriere gemacht,
zuerst in der Medizin, dann in der Musik. Für den Sommer dieses Jahres
war er nach Bayreuth bestellt, um Pierre Boulez bei der Einstudierung
von Wagners *Ring des Nibelungen* zur Seite zu stehen, Karajan hatte den
jungen Mann angepriesen.

Bislang war es niemandem gelungen, Callas auf neue Wege zu locken.
Der Met hatte sie abgeschlagen, in Poulencs *Dialogues des Carmélites*
aufzutreten, der Covent Garden Opera, die Carmen mit Placido Domingo als Partner zu spielen oder die Santuzza in *Cavalleria rusticana*,
alles Mezzopartien. Wenngleich sie ganz jung in Athen die Santuzza mit
Erfolg geboten hatte, hätten diese Partien verlangt, dass sie sich änderte.
Deswegen hatten auch Vorschläge wie Monteverdi oder das leichte Fach
bei ihr keine Chance. Jetzt versuchte es Tooley, sie zu einem Konzert
noch einmal in sein Haus zu holen und im großen Goldrahmen glänzen zu lassen, statt vom Klavier begleitet vom London Philharmonic
Orchestra.

Jeffrey Tate und Maria Callas probten konsequent unter Ausschluss
der Öffentlichkeit, Arien aus *Carmen*, die sie bereits auf der Tournee
mit di Stefano gesungen hatte, das unvermeidliche *O mio babbino caro*,
aber auch Arien der Elvira aus Mozarts *Don Giovanni* und Beethovens
Konzertarie *Ah! Perfido*, die sie nur einmal, vor bald zehn Jahren, schon
gesungen hatte. Lieder? Nein, keine Veränderung. Am 16. März wurde
Beethovens Konzertarie mit Tate am Klavier im Théâtre des Champs-
Elysées aufgenommen, der unprofessionelle Mitschnitt war nicht für
die Veröffentlichung gedacht,[20] doch informativ für Tooley. Er konnte
hören, wie hoch das Risiko war, das er einging. Für den Ausdruck setzte
Callas nach wie vor alles aufs Spiel. Die große Tragödie, die in dieser
Konzertarie steckte, darum ging es ihr.[21]

Zwei Tage später tauchte der Name Maria Callas weltweit in den
Feuilletons auf: in den Nachrufen auf Luchino Visconti, gestorben am
17. März im Alter von neunundsechzig Jahren.

Es war lange her, fast zehn Jahre, dass Visconti auf dem Sofa neben ihr
sitzend vor laufenden Kameras gesagt hatte: «Maria Callas ist Griechin,
sie hat Tragödie in ihrem Blut, die Fähigkeit, sich selbst auszudrücken …
Ich würde Maria sehr gerne in den Tragödien des Euripides oder Sopho-

kles im antiken Theater von Epidauros spielen sehen.»[22] Und zu ihr direkt hatte er gesagt: «Ich denke, auch wenn du nicht Opern gesungen hättest, wärest du eine ungeheuer starke Schauspielerin gewesen.»[23] Nun besuchte sie der Kostümbildner Yannis Tsarouchis in Paris, der ihre Medea-Kostüme für Minotis' Inszenierung in Dallas und Epidauros entworfen hatte, schwärmte ihr von den Tragödien des Euripides vor und entwickelte ihr seine Idee, sie solle im Theater von Epidauros gleich drei große tragische Frauenrollen spielen, die drei trojanischen Heldinnen des Euripides Hekabe, Andromache und Kassandra. Er erzählte ihr von diesen Frauen. Callas reagierte überrascht und begeistert: «Was für wunderbare Dinge sind das, welche Meisterwerke, und ich kenne sie nicht!»[24] Diese Gestalten waren Verwandte von Norma und Medea, sie zu spielen verlangte keine Veränderung. Alles, was es dazu brauchte, war in ihr, diesem Gefäß der Tragödie.

Immer hatte Callas sich vor allem als Darstellerin von Charakteren, von Schicksalen betrachtet, und Visconti hatte das ebenso erkannt wie nach ihm Pasolini und Schroeter. Solche Freunde gab es kaum mehr: «Mein Gefühl ist, dass John Ardoin Maria Callas niemals verstanden hat und wahrscheinlich niemals verstehen wird»,[25] schrieb sie nun im Jahr 1976 an Ardoin selbst, in einem allerletzten Brief, nachdem er, ohne sie zu informieren oder finanziell zu beteiligen, von ihm ausgewählte Bandmitschnitte der Masterclass veröffentlicht hatte.

Die Trauerfeier für Visconti in Sant'Ignazio, der monumentalen Jesuitenkirche in Rom, ähnelte einem Staatsbegräbnis. Der Staatspräsident war anwesend, auch große Darsteller von Burt Lancaster und Claudia Cardinale bis Helmut Berger, der sich Viscontis Witwe nannte. Maria Callas blieb in Paris und gab in ihrer Wohnung ein Interview. Der junge Mann von Radio France, Philippe Caloni, wurde von Kollegen wegen seines Draufgängertums als Mikrophonbestie bezeichnet, doch die Bestie war zahm und schluckte, was Maria Callas servierte – vor allem Altbackenes über ihre Mutter, ihre Kindheit und Jugend als Opfer und ihre spätere Opferrolle. Nur auf drei Fragen reagierte sie ungewohnt radikal. Was das Geheimnis großer Musik sei? «Musik wird geboren aus Verzweiflung, aus Armut oder körperlichem Schmerz.» Und was ihr persönliches Geheimnis sei? «Dass ich nein sagen konnte, auszuwählen wusste und dann zu warten voll Angst, Schmerz und Sorgen, aber dass ich zu warten wusste.» Und wie sie ihre jetzige Situation erlebe? Sie müsse dafür zahlen, Zugeständnisse gemacht zu haben. «Ein Künstler sollte niemals Konzessionen machen!» Der Preis: «Ich bin nutzlos, vollkommen nutzlos.» Sie hielt sich dafür in doppelter Hinsicht: Als Frau sei ihr Leben nutzlos ohne Kinder, als Künstlerin ohne Gesang für ein Publikum.[26]

Tate und Callas probten weiter. Am 11. April saß ein Unbekannter im Dunkel des Zuschauerraums; dass er dort gesessen hatte, erfuhr Maria Callas aus der Zeitung. Zwei Tage danach druckte *France Dimanche* ein Foto, das Callas zeigte, wie sie am Flügel lehnte, sie schaute, als sinniere sie melancholisch etwas nach. «Callas a raté son contre-ut» – «Callas verpasste ihr hohes C» –, stand groß daneben und darunter die Schilderung einer beschädigten Stimme. Callas war Callas geblieben, sie ließ ihren Anwalt sofort Klage erheben gegen die Zeitung und den Reporter. Auch in solchen Fällen wusste Callas zu warten.[27]

Doch Jeffrey Tate flog zurück und überbrachte Tooley das Nein von Maria Callas. Es war das endgültig letzte. Beide erfuhren nicht, dass Callas doch bereit war, sich zu ändern. Im Mai studierte sie zu Hause in der Avenue George Mandel ein Lied aus der *Dichterliebe* von Robert Schumann ein: «Im wunderschönen Monat Mai, als alle Knospen sprangen, da ist in meinem Herzen die Liebe aufgegangen.» Es wurde mitgeschnitten. In den großen Tragödien gibt es oft spät noch einen Hoffnungsschimmer. Er ist immer trügerisch.

Am 5. September 1976 kritzelte Maria Callas auf einen Zettel: «Ich denke über mich selbst nach, mein ‹frohlockendes› Schicksal, dass ich am Ende meines Lebens keine Freude, keine Freunde, nur Drogen haben werde.»[28] Sie schrieb es auf Französisch, doch statt «fin» für das Ende schrieb sie «fine», das italienische Wort. Wo gehörte sie hin? Und zu wem? Nur für sie waren diese Zeilen nicht gedacht, sie setzte dahinter ihren Vornamen, Maria. An wen waren sie adressiert?

Am 11. Dezember schrieb sie an Lanzounis: «Ich bin hier friedlich in Paris und mache nichts. Ich habe keine Lust zu singen im Moment. Ich glaube, ich habe in meinem Leben genug gesungen. Palm Beach wurde verkauft, ich habe mein Zeug bereits abgeholt. Es wurde hierhergeschickt. Übrigens, die Sache, die Dir unangenehm war, P. [Pippo], ist nicht mehr Teil meines Lebens, Gottseidank. Ich hatte es wirklich satt. Wirst Du über Weihnachten verreisen?»[29]

In der Nacht vom 31. Dezember 1976 auf den 1. Januar 1977 wurde Maria Callas überrascht. Bei den Freunden, die in Rom, in der Dachgeschosswohnung von Nadia Stancioff Silvester feierten, war mit den Korken die Idee in die Luft geflogen, bei Maria anzurufen. Alle waren erstaunt, dass sie sich sofort persönlich meldete. Ja, ganz allein zu Hause. «Es hat sich keiner getraut, mich einzuladen. Wahrscheinlich meinen die, sie müssten mich zu irgendeinem blöden Silvesterball führen. Dumme Leute! Dabei würde es mir genügen, wenn jemand mit mir ins Kino käme! Doch mach dir keine Sorgen um mich; ich habe ja Djedda und Pixie [ihre Zwergpudel] und den Fernseher.»[30]

Im neuen Jahr schrieb sie Lanzounis: «Du bist meine Blutsfamilie … Meine eigene Familie hat niemals etwas anderes gebracht als Unglück. Und Du bist nie etwas anderes gewesen als die Quelle von Freude und Glück.» Es folgte das Lamento über Mutter und Schwester, das auch Lanzounis kannte. «Sie sagen niemals Maria, wie geht es dir? Brauchst du etwas? Bist du krank? Alle Welt sorgt sich um mich, aber sie haben niemals etwas für mich getan. Das ist nicht neu, aber ich konnte mich nie daran gewöhnen. Sie melden sich nur, wenn sie Geld benötigen. … Vergib mir mein Gejammer, aber es ist schade, dass wir nicht eine einige Familie sein können. Wir wären weniger einsam gewesen.»[31]

Jackie jedoch sagte, Maria riefe nur dann an, wenn sie Mandrax brauche, das in Frankreich verboten und in Athen mühelos zu bekommen war. Sie brauchte mehr Mandrax als sonst, die Leere war größer geworden, die sie damit zu füllen versuchte. Am 13. März 1977 war Giuseppe di Stefano der jungen Sängerin Monica Curth begegnet, es war Liebe auf den ersten Blick. Schlagartig war er völlig aus Marias Leben verschwunden.

Alleine flog sie nach Skorpios und sprach am Grab von Onassis zu ihm. Ein Monolog ohne Widerhall an einem Ort, der sie auch an ihr eigenes Ende erinnerte. «Ich fing an zu sterben», hatte sie Giulietta Simionato gesagt, «als ich diesen Mann traf und die Musik aufgab.»[32] Sie flog zurück, ohne jemanden getroffen zu haben, weder die noch lebenden griechischen Bekannten, Cousins oder Cousinen noch die Schwester und die Mutter.[33]

Mit Stiefeln und Jeans saß mitten im Sommer Werner Schroeter in Marias Salon. Er wusste nichts von den gescheiterten Versuchen der Intendanten und Dirigenten, Maria Callas als Mezzo zu gewinnen, und fing an, von Kompositionen zu schwärmen, die für sie geeignet waren und tiefer lagen. Zur Stimme der Callas hatte er seine eigene Theorie: «von Natur aus ein tiefer Mezzosopran, den sie selbst, wie wenn man Sterne aus einem Aschenhaufen zum Himmel schleudert, aufgelichtet hat zu jenen Tönen über dem System».[34] Aber was war von den Sternen noch übrig? Auf dem Flügel entdeckte er eine Kassette, daneben stand ein Aufnahmegerät. Als Maria kurz den Salon verließ, legte er die Kassette ein und hörte, was sie mitgeschnitten hatte: *Pace, pace* von Leonore aus dem Schlussakt von *La forza del destino*, «grandios gesungen», wie er fand. Alleine, schloss er, konnte sie es offenbar nach wie vor. War es nur die Angst, die sie daran hinderte, die Sterne hochzuschleudern? Aufgeschlagen lag auf dem Flügel eine Partitur, *Il barbiere di Siviglia*, Schroeter blätterte nach vorn. Dort las er: «aus dem Besitz der Maria Malibran».

Kurz danach bekam Maria Callas Post von Werner Schroeter. Ein Freund von ihm war in der Bibliothèque nationale auf ein Lied, komponiert von Maria Malibran, gestoßen und hatte es ihm, dem Malibran-Verehrer, geschickt: *Tac, tac, qui battera sera la mort – Wer klopft an, es wird der Tod sein.* Schroeter ließ das Ganze kopieren und schickte es in die Avenue George Mandel 36.[35] Er nahm nicht wahr, was andere aus der Verdeckung heraus dort beobachteten.

Da war Maria Callas, die heimkehrte in dunklem Cape, schwarzem Hut, eine Hand hielt die Brille fest, die andere umklammerte den Unterarm. Die sichtbar geschwollenen Knöchel steckten in undurchsichtigen Strümpfen, ihr Gesicht sah aus, als würde sie gleich zu weinen beginnen. Neben ihr lief, gebräunt und agil, Ferruccio, der den Regenschirm über sie hielt, während sie durchs Gittertor auf ihr Haus zuging.

Da war Maria Callas, die alleine heimkehrte im Nerzmantel und breiten, weitschaftigen Stiefeln, auf der Nase eine große, dunkelgerahmte Brille, das Haar nachlässig frisiert. Das Gesicht war ungeschminkt, der Blick erschrocken, wie ertappt. In der Hand hielt sie außer einer Handtasche eine leere Plastiktüte.

Die Paparazzi hatten Maria Callas 1977 noch nicht aus den Augen verloren. Manche wunderten sich, dass dies dieselbe Frau sein sollte, die sie am 1. September im Maxim's fotografierten, mit einer Schauspielerfreundin aus Rom und deren Mann, lächelnd, elegant in schmalem Kostüm mit Perlenschmuck, tanzend. Beim Hinausgehen stellte sie sich strahlend dem Blitzlichtgewitter, ein professioneller Auftritt, Callas machte keine Konzessionen.

Jackie Callas erfuhr von alldem nichts und wusste doch Bescheid. Beim letzten Anruf ihrer Schwester war das Gespräch auf Verwandte und frühere Bekannte in Athen gekommen. Als sie erfuhr, dass ein Großteil bereits gestorben war, sagte Callas: «Ich will auch sterben. Seit ich meine Stimme verloren habe, will ich sterben ... Ohne meine Stimme bin ich nichts.»[36] Maria wiederum war der Ansicht, ohne Kinder sei sie nichts. Pasolini hatte auch diese aus der Zeit gefallene Maria Callas erkannt. In seiner *Medea* sagte die Amme zu Giasone: «Du verstehst ihr geistiges Verhängnis, die Verlorenheit einer altmodischen Frau in einer Welt, die nichts weiß von dem, woran Medea stets geglaubt hatte. Die Ärmste, sie ist in die falsche Richtung eingeschwenkt. Davon hat sie sich nicht mehr erholt.» Das sah man der Frau an, die von Paparazzi beim Heimkommen überrascht wurde.

Die Palazzina Liberty war ein eingeschossiges Gebäude im Mailänder Parco Formentano. Als der Park noch ein Gemüsemarkt war, hatte das Jugendstilgebäude mit Fenstern bis zum Boden als Café gedient, als Frühstückscafé vor allem. Doch seit der Markt Mitte der sechziger Jahre aufgelassen worden war, verfiel es vor sich hin. Nun hatten es Dario Fo und seine Frau Franca Rame, zwei der prominentesten und progressivsten Theaterleute in Italien, für ihre Truppe entdeckt und restauriert. Am Freitag, dem 16. September, fand die vorletzte Probe statt zu ihrem neuen Stück, das am 21. September uraufgeführt werden sollte, wie fast immer bei Dario Fo mit seiner Ehefrau Franca Rame in der Hauptrolle, zum ersten Mal mit ihr als offizieller Co-Autorin.

Das Stück war tragikomisch wie das meiste von Fo und gefährlich provokant. Vor vier Jahren war Franca Rame von einer neofaschistischen Gruppe entführt, gefoltert und vergewaltigt worden. Es war ihr erster Auftritt seither. Drei Monologe von drei extrem unterschiedlichen Frauen, alle gespielt von Rame, waren angekündigt unter dem Titel *Tutta casa, chiesa e letto – Nichts als Haus, Kirche und Bett*. Der zentrale Monolog drehte sich um den antiken Tragödienstoff der *Medea*. Rame und Fo ging es darin um die Verzweiflung der alternden Frau, die vereinsamt. Der Monolog war feministisch wie alle drei Teile, sein Herzstück war jener Satz, der sich am Ende von Senecas *Medea* fand. Erst nachdem sie ihre Kinder umgebracht hatte, sagte sie: «Medea nunc sum» – «Jetzt bin ich Medea.» Rame und Fo nahmen den Kindermord nicht wörtlich. Medea hatte sich von der Vorstellung befreit, eine Frau ohne Jugend, Mann und Familie sei nichts wert und das Glück der Frau liege alleine in den Kindern.

In diesem September wunderte sich Werner Schroeter allmählich, dass er nichts von Maria Callas hörte auf seine Post. Am 13. September steckte er mitten in der Probenarbeit zu Strindbergs *Fräulein Julie*, das er fürs Bochumer Schauspielhaus inszenierte, Premiere am 21. September, demselben Tag wie das Stück von Rame und Fo. Ob Maria Callas das Lied vom Tod wohl sang, nicht ihm, sondern der Malibran zuliebe, deren Porträt in ihrem Musikzimmer hing und deren Partiturennachlass mit Eintragungen sie komplett erworben hatte? An diesem Tag sang Maria Callas in ihrem Salon vom Tod, aber nicht das Lied der Malibran. Sie sang vom Wunsch einer Gläubigen an Gott vor dem Ende. Es war jenes Sopransolo, das Legge nicht von ihr hatte hören wollen, nur von Her Master's Voice Elisabeth Schwarzkopf: das *Libera me* aus Verdis *Requiem*.[37]

Drei Tage später, am Freitag, dem 16. September, als Schroeter mit den Bühnenarbeitern und Schauspielern in die Mittagspause ging, lag Maria Callas auf ihrem Bett in einem langen Seidenkleid, das Haar offen, während Bruna und Ferruccio abwechselnd telefonierten. Das American Hospital war dauernd besetzt, Marias Hausarzt nicht erreichbar, der Internist auch nicht. Schließlich erwischten sie Ferruccios Arzt. Callas hatte eine schlechte Nacht hinter sich, mit stechenden Schmerzen im unteren und mittleren Teil des Rückens, Brunas Massagen hatten wenig gebracht. Sie war gerade erst aufgestanden, und als sie aus dem Badezimmer kam, war sie zusammengebrochen.

Da lag sie in einer Wohnung, in der ihr alles gehörte, doch kaum etwas gehörte zu ihr. Die Gemälde, die barocken Kommoden, die chinesischen Porzellane, die Teppiche an der Wand und auf dem Boden hatten ihre beiden Innenarchitekten ausgewählt. Direkt neben ihr befand sich ihr Garderobenzimmer mit dreißig, vierzig Nerzmänteln und -jacken, 250 Kaschmirpullovern, 200 Blusen, Hunderten von Taschen,

Einzigartiger Abgang: In Glucks Ifigenia in Tauride *war er dramatisch selbstbewusst, im Leben der Maria Callas still und leidvoll*

Gürteln, Schals und Schuhen, vieles noch neu mit Preisschild, einer museumsreifen Sammlung von Haute-Couture-Abendroben, die Biki entworfen hatte, und mehreren Schubladen mit langen Samthandschuhen. Neben ihr auf dem Nachttisch stand ein Wasserglas von Baccarat auf einer Leinenserviette, eines von zu vielen Baccarat-Gläsern auf einer von zu vielen Leinenservietten. War sie alleine, fühlte Maria Callas sich nur im Badezimmer wohl oder in ihrem Studierzimmer mit verglasten Schränken rundum, in denen ihre Partituren standen, Musik, in der sie seit Jahrzehnten beheimatet war und jeden Winkel kannte. Und direkt in der Nähe des Bettes, auf dem Nachttisch, in der Schublade, an der Wand darüber, befanden sich die Dinge, die zu ihr gehörten, die Fetische der Angsterfüllten: Talismane, Glücksbringer, Heilsbringer, ein Rosenkranz mit Kruzifix, eine Halskette mit Fischanhängern aus der Türkei, Erinnerungen an die Dreharbeiten mit Pasolini, ein Muscheldeckel in Silber gefasst gegen den bösen Blick. Sonst war da Leere.

Am frühen Abend dieses Tages saß Schroeter in der Kantine und erfuhr, warum er keine Antwort mehr von Maria Callas bekommen würde. Eine Schauspielerin kam herein und sagte: «Ach Werner, da bist du ja. Maria Callas ist heute gestorben.» Schroeter zog sich um, in schwarzes Leder. Zurück in der Kantine traf er auf seine Freundin Maria Schell, die zur selben Zeit ebenfalls in Bochum probte. Sie sollte abends ein Rundfunkinterview in Köln geben und hatte einen Wagen zur Verfügung gestellt bekommen, sie sagte: «Komm, Werner, wir bleiben heute zusammen.» Schell fuhr, Schroeter sprach kein Wort und weinte stumm. Sie brauchte ihn nicht zu fragen, warum er wie tot neben ihr im Sitz hing. In diesem Jahr war seine leibliche Mutter gestorben. «Maria Callas rettete mir, ohne es zu wissen, das Leben», sagte er, «sie war meine geistige Mutter.» Von diesem Kind hatte Callas nichts gewusst. Es war nicht das einzige.

Als Schroeter in Köln ankam und mit Schell aus dem Auto stieg, wurde bereits überall auf der Welt über die Todesursache von Maria Callas diskutiert. Herzinfarkt, wie offiziell gemeldet? Lungenembolie durch eine Thrombose, was einige Symptome nahelegten wie die geschwollenen Füße, Knöchel und Beine?[38] Suizid, wie Meneghini glauben wollte?[39] Ein gebrochenes Herz, wie die Romantiker sagten?

Vielleicht hatte Pasolini als Einziger erkannt, woran sie wirklich gestorben war. «Der Tod», hatte er in seinem letzten Gedichtband geschrieben, «liegt nicht im Sich-nicht-mitteilen-Können, sondern im Nicht-mehr-verstanden-Werden.»[40] Ohne Resonanz hatte Maria Callas aufgehört zu leben.

ANHANG

Dank

Danken möchte ich meiner Lektorin Stefanie Hölscher für ihre außergewöhnliche nimmermüde Präzision und Leidenschaft.

Und Brigitte Pantis, die mir von Griechenland aus den Rücken dabei stärkte, das Gerücht von dem angeblichen Callas-Sohn Omero Lengrini zu widerlegen, wofür sie die wesentlichen Argumente und Belege geliefert hat.

Anmerkungen

SPURENSUCHE

1 *Zeffirelli*, S. 192; es war die Premiere, Dirigat Leonard Bernstein.
2 Vgl. *Heuner*, S. 83.
3 *Opera News*, Dezember 1969, zitiert nach *Galatopoulos*, S. 383.

1. EINE AMERIKANERIN IN ATHEN

1 Die Beschreibung der Szene ist der Augenzeugin Jackie zu verdanken (*Sisters*, S. 59).
2 Elmina Evangelia (genannt Litsa) Dimitriadou (1894/95–1982).
3 George Kalogeropoulos (1881/85–1972) hieß in Griechenland noch Yorgos.
4 Die Beschreibung folgt Evangelia Callas' *My Daughter*, S. 30 f. Dort heißt es außerdem: «Meine Mutter lebte in einem Haus, das einmal das Stadthaus [neben den Landgütern] der Familie gewesen war.» Es lag im Ortsteil Sepiola und nicht, da irrte Evangelia, in der Nähe der Akropolis.
5 Evangelia Callas bestand darauf, ihre jüngere Tochter sei am 4. Dezember 1923 geboren, gab jedoch bei deren Einschulung den 3. Dezember als Geburtstag an, Marias Pate Leonidas Lanzounis nannte den 2. Dezember. Maria Callas sagte einerseits, sie bevorzuge den 4. Dezember, «weil ich glaube, was meine Mutter sagt», feierte aber immer am 2. Dezember.
6 Vgl. *Maria Callas Magazine*, Nr. 15, Juni 1995. George Kalogeropoulos hatte seinen Nachnamen bald nach seiner Ankunft in den USA 1923 auf Kalos verkürzen lassen. Wann genau daraus dann Callas wurde, ist nicht belegt.
7 Vgl. *My Daughter*, S. 29 f., 24.
8 Diese Episode recherchierte *Petsalis-Diomidis*, S. 93.
9 Hier folgt die Autorin *Petsalis-Diomidis*, Kap. 10, S. 95–107.
10 Karakandas hatte sich mit der antiken Tragödie gründlich befasst und wusste, welche Bedeutung die Körperlichkeit dafür besaß.

2. AUSNAHMETALENT IN KITTELSCHÜRZE

1 Während der elf Jahre zwischen 1924 und 1935, als König Georg II. sich ins Exil abgesetzt hatte, hieß das Haus Nationaltheater.
2 Die Zitate sind *Petsalis-Diomidis*, S. 122 ff. entnommen.

3 *Sisters*, S. 69.

4 *Petsalis-Diomidis*, S. 615, Anm. 5.

5 Zu dieser Fähigkeit heißt es bei Wilhelm Grenzmann: «Das Tragische erfahrbar zu machen, setzt Empfänglichkeit für diese Daseinssituation voraus.» (*Grenzmann*, S. 165)

6 *Petsalis-Diomidis*, S. 132 ff.

7 Ebda., S. 227.

8 «In vieler Hinsicht war es ihre Unfähigkeit, im Leben die Art weiblicher Rolle zu spielen, in die ich gezwungen worden war, die Maria ans Konservatorium trieb», erklärte Jackie (*Sisters*, S. 70).

9 Ebda., S. 71.

10 *Petsalis-Diomidis*, S. 127 f.

11 Ebda., S. 134 f. Diese drei Schüler von de Hidalgo, alle deutlich älter als Maria, hielten anders als die Übrigen in der Klasse von da an zu ihr.

12 Ebda., S. 115.

13 Ebda., S. 138.

14 Vgl. Richard B. Sewall: «Es war das gemeine Volk, der Chor, die keinen Stolz hatten oder ‹makellos› waren. Der Chor argumentiert beständig gegen den Stolz, weil er weiß, dass er zum Leiden führt» (*Sewall*, S. 158).

15 So Ioannis Psaroudas in seiner Rezension am 27. Mai 1939 in *To Vima*.

16 *Petsalis-Diomidis*, S. 179.

17 Vgl. auch *Velliadis*, S. 16, 35.

18 *Petsalis-Diomidis*, S. 145, 153.

19 Vgl. ebda., S. 268.

20 In seinem resümierenden Epilog schreibt *Petsalis-Diomidis* (S. 512): «Maria Callas ist ein erstklassiges Beispiel für eine Person, deren außergewöhnliche Kreativität nicht *trotz*, sondern wegen ihres seelischen Konflikts erblüht.»

21 Anregung erhielt die Autorin hier von Thomas Baiers Ausführungen bei einer Ringvorlesung an der Universität Würzburg 2015: *Formen der Grenzüberschreitung in der Vormoderne*. Er beschreibt den Exzess in der antiken Tragödie als «Kippfigur», als ein «Phänomen zwischen Unordnung und Ordnung, Subversion und Affirmation, Kontrollverlust und Disziplinierung» (*Burrichter*, S. 91–109).

3. MUSTERSTUDENTIN AUF ABWEGEN

1 Daten und Details, die Papatestas und seine Beziehung zu Maria angehen, sind *Petsalis-Diomidis* zu verdanken, S. 201 f., 228–235, 306–309, 339, 389, 478–480 und Anmerkungsapparat.

2 Wie und warum Stolz zum tragischen Menschen gehört, hat Richard B. Sewall erklärt (*Sewall*, S. 157).

3 Nach *Koussouris*, S. 24, und *Petsalis-Diomidis*, S. 197.

4 Am 15. August 1940, als Italiener und Griechen Mariä Himmelfahrt feierten, hatte Mussolini ein Schiff der griechischen Marine, das in der Ägäis ankerte, torpedieren lassen, neun Besatzungsmitglieder waren getötet, vierundzwanzig schwer verletzt worden, doch Metaxas hatte auf Revanche verzichtet.

5 Vgl. *Papanastasiou*, S. 294, 299, und in weiterem Sinn *Velliadis*.

6 Da Koryzis Rechtshänder war, die Pistole, aus der zweimal geschossen worden war, aber in seiner linken Hand gefunden wurde, gilt das auch heute als unwahrscheinlich (*Papanastasiou*, S. 300 f.).

7 *Petsalis-Diomidis*, S. 252. Fehlerhafte Angaben zu Renato Mordo finden sich leider in fast allen zugänglichen Quellen. So heißt es bei https://de.wikipedia.org/wiki/Renato_Mordo und in https://www.deutsche-biographie.de/gnd117142891.html#nbcontent, Mordo habe bereits 1939 Arbeits- und Ausgehverbot erhalten. Er wurde jedoch erst im Mai 1941 als festangestellter Regisseur des Lyrischen Theaters entlassen.

8 *Petsalis-Diomidis*, S. 254.

9 Dass sie ihr Italienisch nicht etwa Kursen in der Casa d'Italia verdankte, die sie gemieden habe als eine «faschistische Schule», bekundete Maria Callas erst am 17. November 1957 in einem Fernsehinterview mit Norman Ross.

10 *Aly*, S. 11.

11 Das soll sie ihrer Klassenkameradin Mitsa Kouharani gesagt haben (*Petsalis-Diomidis*, S. 628, Anm. 29). 1969 bot sie ihrer Freundin und Kollegin Giulietta Simionato eine andere Version an: Die Mutter habe sie zur Prostitution gezwungen (*Petsalis-Diomidis*, S. 246 f., 628, Anm. 30).

4. JUNGSTAR MIT INSTINKT FÜR TRAGÖDIE

1 *Linardos*, S. 8.

2 Die Nationaloper war eine 1939 gegründete Organisation zur Förderung des Lyrischen Theaters; sie residierte im Olympia-Theater.

3 Vgl. *Sisters*, S. 88 f.

4 Vgl. *Linardos*, S. 5.

5 *Aly*, S. 10 f.

6 Der Spielleiter, ein Regisseur war nicht vorgesehen, hieß Konstantinos (Dino) Yannopoulos und reiste drei Jahre später an demselben Tag wie Maria in die USA ab, jedoch auf einem anderen Schiff (*Petsalis-Diomidis*, S. 504).

7 So zitierte Maria Callas den Regisseur (*Bret*, S. 35). Die ausgestreckte, gespreizte, mal ins Leere greifende, mal zupackende Hand sollte später kennzeichnend für ihre Gebärdensprache werden.

8 Diese Kritiken sind wörtlich wiedergegeben bei *Koussouris*, S. 39 ff.

9 In der Tageszeitung *Proinos Typos* («Morgenpost») schrieb ein Verfasser unter Pseudonym: «Frl. M. Kalogeropoulou zeigte stimmlich bzw. musikalisch nennenswerte Vorzüge, durch ihren schönen und ausdrucksstarken lyrischen Sopran, obwohl sie in manchen Szenen übertrieben hat.» (*Koussouris*, S. 41)

10 Cornelia Zumbusch erklärt, es handle sich «beim Pathos um einen Begriff mit wirkungsästhetischem Potential ... Nicht zuletzt deshalb kann das Wort *pathos* in der tragödientheoretischen Tradition seit Aristoteles neben dem schweren Leiden des Helden auch das Mitleiden des Publikums, also sowohl das dargestellte Leiden als auch die zu reinigenden Affekte meinen» (*Zumbusch*, S. 9).

11 Jedem Affekt liegt das Ergreifen und Ergriffenwerden zugrunde, denn nichts anderes meint das lateinische *afficere* oder *affectus*, vgl. den Eintrag im *Oxford Latin Dictionary*, hrsg. von P. G. W. Glare, Oxford 1994: «afficere: to produce a physical effect on, make an impression on, to produce a harmful effect on, cause to suffer.»

12 Als «italienische Militär-Internierte» (IMI) deportierte die Wehrmacht um die 600 000 italienische Soldaten in Lager im Deutschen Reich und den besetzten Gebieten. Indem ihnen der Schutz für Kriegsgefangene verweigert wurde, konnten sie zur Zwangsarbeit verpflichtet und misshandelt werden. Rund 40 000 von ihnen starben in den Lagern durch Gewalt oder Hunger, viele erfroren.

13 *Petsalis-Diomidis*, S. 339, 341.

14 Marias kurze erotische, nicht sexuelle Beziehung zu Takis Sigaras, die offenbar in eine Freundschaft überging, hat ebenfalls *Petsalis-Diomidis* erforscht (S. 349–351).

15 Das Konzentrationslager in Chaidari wurde im Herbst 1943 eingerichtet. Die Häftlinge wurden meistens dorthingebracht, nachdem sie in Athen von der Gestapo verhört und oft gefoltert worden waren. Noch im März 1944 wurden nach einer Razzia Gefangene nach Chaidari verbracht und am 2. April in die deutschen Vernichtungslager in Polen, vorrangig nach Auschwitz-Birkenau, deportiert. Bis Anfang September 1944 wurden in Chaidari Häftlinge ermordet.

16 Zu Beginn des Jahres 1944 hatte sich die Lyrische Bühne, die Opernabteilung, vom Nationaltheater räumlich getrennt und bespielte von da an das Olympia-Theater. Sie nannte sich nun Nationale Lyrische Bühne.

17 Im Frühling 1944 wollte die Wehrmacht wie ein Jahr zuvor in Saloniki sämtliche Juden auch aus Athen – dort lebten 8000 – in die Vernichtungslager verschleppen. Aber die Athener Bevölkerung unterstützte dieses Vorhaben nicht und sabotierte es sogar. So gelang es den Deutschen, 1200 zu deportieren, die übrigen blieben in Athen, wenn auch nicht alle überlebten (*Aly*, S. 14). Nur durch diese Situation lässt es sich erklären, dass bei der Premiere von *Tiefland* unter Regie Renato Mordos in den ersten Reihen die gesamte Athener Nazi-Prominenz saß und zuhörte, wie Mordo umjubelt wurde. Er wurde jedoch im Frühsommer 1944 festgenommen und ins KZ von Chaidari gesperrt; am 11. September 1944 kam er frei. Seine Erfahrungen hielt er in einem Theaterstück fest: Renato Mordo: *Chaidari – Szenen aus Hitlers Konzentrationslager in Griechenland*. Hrsg. von Thorsten Israel. Ludwigshafen am Bodensee 2021. (Die Angaben berufen sich auf die Bescheinigung des Roten Kreuzes vom 23. September 1944; die Autorin verdankt sie Uwe Bader, KZ-Gedenkstätte Osthofen.)

18 Lalaouni in *Vradyni*, 24.4.1944, zitiert nach *Koussouris*, S. 62; Herzog in *Deutsche Nachrichten für Griechenland*, 23.4.1944, zitiert nach *Koussouris*, S. 65.

19 Sewall spricht in diesem Kontext von dem «Empfinden uralten Unheils, des Geheimnisses menschlichen Leidens» und nennt eben das ein manchen Menschen innewohnendes «tragisches Lebensgefühl». Für ihn gründet es auf «ungelösten Spannungen … der Gegensätze im instabilen Gleichgewicht» (*Sewall*, S. 152 f.).

20 Sophia Spanoudi in *Athinaika Nea*, 7.7.1944, zitiert nach *Koussouris*, S. 66.

21 *Petsalis-Diomidis*, S. 478.

22 Ebda., S. 489.

5. KARRIERISTIN IM ABSTURZ

1 Den Namen des Schiffs nannte Maria Callas in ihrem Interview mit Anita Pensotti, das in fünf Teilen 1957 in *Oggi* erschien: «Ich reiste ab auf der Stockholm (das Schiff, das letzten Juli mit der Andrea Doria zusammenstieß)». Von dort wird der Name bis heute übernommen, ist aber nachweisbar falsch. Bei den Svenska Amerika Linien, zu denen die *Stockholm* gehörte, lief 1945 kein Schiff dieses Namens. Die letzte *Stockholm*, 1941 gebaut, war in Italien nach einem Luftangriff gesunken. Die nächste *Stockholm*, die wirklich im Juli 1956 mit der Andrea Doria kollidierte, lief erst drei Jahre nach Marias Abreise aus Piräus vom Stapel. Vgl. https://de.wikipedia.org/wiki/Stockholm_(Schiff,_1948).

2 Sogar in der kommunistischen Zeitung *To Ethnos* war am 6. September 1945 zu lesen: «Wir sind fest überzeugt, dass Frl. Kalogeropoulou eine Künstlerin der Sonderklasse ist. Die Theaterdirektion wäre gut beraten, alles zu tun, damit sie bleibt.» Das widerlegt die Behauptung, Maria sei von den Kommunisten generell als Verräterin und Komplizin der Briten befehdet worden.

3 Über die möglichen, nicht belegbaren Gründe dafür: *Koussouris*, S. 76.

4 Ebda., S. 77.

5 Alle Zitate zu und von Sigaras: *Petsalis-Diomidis*, S. 349–355. Dass zu jener Zeit Sigaras keine konkreten Absichten hatte, Maria zu heiraten, weil sein Vater das radikal ablehnte, und erst, als der tot war, sie ernsthaft mit einem Eheversprechen umwarb, kümmerte sie nicht.

6 So in *To Vima*, zitiert nach *Koussouris*, S. 78.

7 *Petsalis-Diomidis*, S. 504.

8 «Du bist der feinste Mann, aber Du bist nicht frei. Selbst wenn Du es wärest, würde meine Antwort dieselbe sein. Ich kann derzeit nur mit meiner Kunst verheiratet sein.» (*Petsalis-Diomidis*, S. 385)

9 Die alte Met lag am Broadway, zwischen 39. und 40. Straße, war 1880 erbaut und 1892 nach einem Brand nicht sehr sorgfältig renoviert worden.

10 Breisach war 1933 in Berlin von den Nationalsozialisten aus dem Amt gejagt worden, 1938 hatte er dann überstürzt auch Österreich verlassen. Er war Begleiter von Lotte Lehmann, Mauritz Melchior, Elisabeth Schumann gewesen.

11 Zitiert nach *Petsalis-Diomidis*, S. 525. Maria Callas selbst sollte sehr viel später behaupten, ihr seien zwei Partien, die Leonore in *Fidelio* und Cio-Cio San in *Madama Butterfly*, angeboten worden, erstere habe sie abgelehnt, weil sie auf Englisch hätte singen müssen, letztere, weil sie dafür zu dick gewesen sei. Johnson hatte als Argument für den Anfängervertrag vorgebracht, dass sie «keine Erfahrung und kein Repertoire» habe; sie war jedoch in Athen sehr häufig aufgetreten und hatte Werke von einer großen Zahl von Komponisten gesungen, von Händel bis Leoncavallo, von Wagner bis Humperdinck.

12 Vgl. *Koussouris*, S. 78 f.

13 Die Wohnung lag in der West 157th Street. Dass es sich bei der intimen Wohngefährtin um eine alte Freundin der Familie, Alexandra Papajohn, handelte, wovon Maria überzeugt war, und nicht um die Haushälterin, ist nicht einwandfrei belegt, aber wahrscheinlich. *Petsalis-Diomidis*, S. 530, Anm. 653.

14 Zitiert nach ebda., S. 530.

15 *Stassinopoulos*, S. 69.
16 *Dufresne*, S. 67.
17 Edgar Richard Bagarozy (1901–1967) und Louise Caselotti (1910–1999) waren seit 1938 verheiratet, sie war seine zweite Ehefrau.
18 *Robbery Suspects Held at New York City.* In: *Chattanooga Daily Times*, 18.3.1933, S. 6; Boss McLaughlin, *39 Reindicted in U. S. Mail Holdup.* In: *Chicago Tribune*, 2.3.1935, S. 3; *Free Forty Indicted in Bond Robbery.* In: *Logansport (IN) Pharos-Tribune*, 17.2.1936, S. 6; vgl. https://www.wikitree.com/wiki/Bagarozy-1.
19 Details sind einem Bericht von Charles E. J. Moulton, damals blutjunger Chorsänger an der Civic Opera Chicago, zu verdanken, der zur Betreuung der Sänger abgestellt war: https://www.storystar.com/story/7700/charles-ejmoulton/true-life/survival-suc cess-2. Er betont, es sei ein ständig wiederholtes Gerücht, Maria Callas sei in Chicago angetreten; tatsächlich existieren aber keinerlei Belege dafür, dass sie nach Chicago reiste. Andere Angaben sprechen sogar eindeutig dagegen, s. Anm. 22.
20 Zitiert nach *Petsalis-Diomidis*, S. 386 f.
21 Vgl. Wilhelm Grenzmann: «Der Mensch begreift sich in der Tragödie nicht nur als Verlassenen und Ausgestoßenen, sondern auch als Gerufenen und Auserwählten.» (*Grenzmann*, S. 168)
22 Auch Rossi-Lemenis zuverlässige Aussagen belegen, dass Maria Callas im November und Dezember 1946 bei den Proben in Chicago nicht anwesend war. «Ich traf sie in Amerika 1947, als niemand auch nur an sie dachte, obwohl sie schon all die Gaben zeigte, die sie später berühmt machten.» (*Petsalis-Diomidis*, S. 527)
23 Vgl. *Hanine-Roussel*, S. 54.
24 Die Behauptung, Callas habe in New York Serafin vorgesungen und der habe sie sofort engagiert, ist falsch. Er lernte sie nachweislich erst in Verona kennen.
25 Sie verpflichtete sich darin, Bagarozy nicht nur an den Opernengagements zu beteiligen, vielmehr auch an den Einkünften von Konzerten, Rundfunkübertragungen, Einspielungen, TV- und Filmauftritten. Den Vertragstext gibt *Allegri* wieder, S. 36 f.
26 Evangelia Callas gab diese Liste in *My Daughter*, S. 94 f., wieder und behauptete, Maria sei davon zu Tränen gerührt gewesen.
27 Diesen Brief zitiert Evangelia Callas ebda., S. 97.

6. BETTELARME HOCHBEGABUNG

1 Geboren am 23. Oktober 1895 in Ronco all'Adige (bei Zevio) als ältestes von zehn Kindern, gestorben am 21. Januar 1981 in Desenzano del Garda..
2 *Allegri*, S. 42. Nach dem Tod von Maria Callas bemühte sich Meneghini, seine Partnerschaft mit ihr von Anfang an als eine selbstlose Romanze darzustellen, ohne finanzielle Absichten. So erzählte er 1978 dem Biographen Stelios Galatopoulos: «Ich hatte das Gefühl, Maria mochte mich um meiner selbst willen und nicht, weil ich ihr nützlich sein könnte. Das machte mich so glücklich, wie ich es in meinen langen zweiundfünfzig Jahren noch nie erlebt hatte.» (*Galatopoulos*, S. 87)
3 So war sie im Programm der Opernfestspiele 1947 angekündigt, so lernte Pia Meneghini sie kennen (*Tosi*, S. 102).

4 «Sie hing ergeben an jedem seiner Worte. Ich bin sicher, dass er ... ihr auch als ein wohlhabender Mann vorgestellt wurde. Maria ignorierte diesen Aspekt bestimmt nicht: Sie war bedürftig und tat alles, ihn an sich zu ketten.» (ebda., S. 103)

5 *Allegri*, S. 42.

6 Zitiert nach ebda. Es handelte sich um ein kleines Gemälde der Heiligen Familie von dem Veroneser Maler Giambettino Cignaroli (abgebildet in *Exhibition*, S. 16).

7 Zitiert nach *Hanine-Roussel*, S. 68; stark abweichend davon ist die wohl frei interpretierte Widergabe von Labrocas Worten bei *Allegri* (S. 47, ohne Quellenangabe).

8 *Allegri*, S. 50.

9 Es waren fünf statt der vorgesehenen vier Aufführungen geworden.

10 Nicola Rossi-Lemeni: *Per Maria Callas*. Bologna 1977, S. 31. Nina Zenatello zitiert nach *Tosi*, S. 187.

11 George Lascelle, Earl of Harewood, begeisterte sich in *Opera News*, 11/1947, für Callas' Stimme, deren «recht metallisches Timbre bereits eine höchst ergreifende und individuelle Farbe zu besitzen scheint».

12 Alle Briefe an Bagarozy zitiert nach *Meneghini*, S. 243–246.

13 *Tosi*, S. 103.

14 *Meneghini*, S. 46 ff.

15 *Tosi*, S. 108.

16 Ebda.

17 Dass Callas als Sängerin immer hochprofessionell war und die Wutausbrüche eine Erfindung der Presse oder der Neider waren, bezeugten fast alle Kollegen, mit denen sie zusammengearbeitet hat, von Rossi-Lemeni und del Monaco bis Simionato und Schwarzkopf.

18 *Petsalis-Diomidis*, S. 553; *Galatopoulos*, S. 95; *Rasponi*, S. 585.

7. PERFEKTIONISTIN IN PANIK

1 *Schifano*, S. 319.

2 https://operachic.typepad.com/opera_chic/2007/12/the-love-letter.html.

3 Über dieses Phänomen schreibt Wilhelm Grenzmann: «In der Tragik drückt sich das Grunderlebnis der Unsicherheit und Ungeborgenheit, der Gefährdung und der Einsamkeit aus.» (*Grenzmann*, S. 167)

4 Zitiert nach *Kanthou*, S. 25, und *Meneghini*, S. 66.

5 Eine Mailänder Zeitung schrieb zur Wahl von Maria Callas: «Wir hören, dass Serafin beschlossen hat, *I Puritani* in der Fenice mit einem dramatischen Sopran als Elvira zu dirigieren – genau gesagt mit La Callas. Ein dreifaches Hurra für diese drei Veteranen ohne künstlerisches Gewissen, die sich selbst amüsieren mit einer übel zugerichteten Oper, um sie vor die Hunde zu jagen. Wann können wir eine neue Version von *La traviata* erwarten mit [dem Bariton] Gino Bechi als Violetta?» (*Meneghini*, S. 71) Franco Mannino, Assistent Serafins, sagte dagegen über Maria: «Von allem Anfang an ging sie kompromisslos an die Arbeit, und sie war stets auf Perfektion bedacht ... Meiner Meinung nach entbehren all die Stories über ihre Wutausbrüche und ihre hysterischen Anfälle, wie man sie ja in den Zeitungen haufenweise las, jeder realisti-

schen Grundlage. Maria war eine professionelle Künstlerin mit einer schier uner-
schöpflichen Willenskraft. Nur so war sie den enormen Anforderungen der *Walküre*
und anschließend der *Puritani* gewachsen.» (*Stancioff*, S. 91)

6 Das sollte, wie der Stimmenexperte Jürgen Kesting schreibt, eine wesentliche Beson-
derheit von Callas werden: Sie übernahm Rollen, die traditionsgemäß von *soprani
leggeri* gesungen wurden, welche daraus «Bravourstücke für die geläufige Gurgel»
machten. Das wurde, so Kesting, «erst als unangemessen empfunden ... seit Maria
Callas das abschätzig so genannte Nachtigallen-Repertoire mit einer gleichsam
expressiv durchglühten Virtuosität gesungen hat» (zitiert nach *Kanthou*, S. 36).

7 *Schifano*, S. 320.

8 Nach *Servadio*, S. 121, 143.

9 Jürgen Kesting vertritt überzeugend die Ansicht, Callas habe auch in jungen Jahren
nie die Stimme für eine Brünnhilde oder Kundry gehabt.

10 *Schifano*, S. 121.

11 *Sisters*, S. 123 f.

12 Maria hatte ihm 1947 vorgesungen, er hatte ihr nichts als ein indiskutables Angebot
für einen provinziellen Auftritt unterbreitet.

13 So Pia, vgl. *Tosi*, S. 109. Meneghini zum Verhalten von Callas: *Meneghini*, S. 81.

14 Diese Briefstelle wie die folgenden Passagen sind zitiert nach *Meneghini*, S. 91–101.

15 In seinem Essay über *Die tragische Form* schreibt Sewall: «Der tragische Mensch ...
frohlockt niemals im Leiden. Er kann zwar dahin kommen, sich in gewissem Grade
zu fügen und aus ihm zu ‹lernen›, aber charakteristisch für seine Gefühlshaltung ist
Groll und verbissenes Aushalten. Er hat nicht die Geduld des Stoikers ... Charakte-
ristischerweise ist er rastlos, angespannt» (*Sewall*, S. 160).

16 *Allegri*, S. 71 ff.

17 Vgl. *Aktenzeichen unerwünscht. Dresdner Musikerschicksale und nationalsozialistische
Judenverfolgung 1933–1945*. Dresden 1999, S. 136.

18 Vgl. *Sewall*, S. 156.

19 Meneghini behauptete, die Wohnung sei leer gewesen und Maria habe die gesamte
Ausstattung und Einrichtung ausgewählt (*Meneghini*, S. 102 f.), die Gemälde stammten aus seinem Besitz. Seine Schwester Pia schrieb, sie sei es gewesen, die alles bis zu
den Kleinigkeiten besorgt habe (*Tosi*, S. 109 f.).

20 So beschrieb sie Zeffirelli und gestand: «Ich wagte nicht, Luchino anzusehen. Schließlich kam Serafin, der bemerkt hatte, wie sein Schützling geprüft und für mangelhaft
befunden wurde, und half ihr: ‹Komm Maria, musizieren wir ein wenig.›» (*Zeffirelli*,
S. 144)

21 Franco Mannino beschreibt diesen Abend in *Visconti e la Musica*. Lucca 1994, S. 77,
und *Hanine-Roussel*, S. 86. Zur Datierung der Begegnung im Hause Serafins in Rom:
Im TV-Interview mit Pierre Desgraupes am 20. April 1969 sagte Callas, die Begegnung habe «nach Argentinien» stattgefunden. Sie trat im Februar und Anfang März
in Rom unter Serafin auf, danach war sie erst im Oktober wieder dort zu sehen, aber
da dirigierte Serafin nicht.

22 Im Interview mit ihr und Desgraupes sagte Visconti: «Du wolltest nicht mitkom-
men.» Sie schlug sich auf den Mund und sagte: «Ich durfte nicht.»

8. KÄMPFERIN MIT SPITZEN TÖNEN

1 Bei der Wiedereröffnung der Scala 1946 hatte Tebaldi mit vierundzwanzig Jahren nicht nur das Sopransolo in Verdis *Missa da requiem*, sondern auch die Preghiera aus Rossinis *Moisè* gesungen. Während der Probe hatte Toscanini erklärt: «Ich möchte, dass die Stimme wie die eines Engels vom Himmel niederschwebt», und Tebaldi auf eine Empore gestellt.

2 *Zeffirelli*, S. 189 f.

3 Die Episode mit seinem Bruder schildert Meneghini selbst *(Meneghini*, S. 107). Auf S. 111 f. zitiert er einen Brief Marias vom 20. Dezember 1949: «Ich habe wieder zu berichten – noch immer kein Baby! Ich hatte meine Periode am 18. nach Plan, begleitet von Kopfschmerzen.»

4 Der Brief vom 18. Juni 1949 ist wiedergegeben bei *Petsalis-Diomidis*, S. 547.

5 «Ich glaube, eine Mutter ist der höchste Ausdruck der Menschheit.» *(Meneghini*, S. 122)

6 Vgl. *Petsalis-Diomidis*, S. 533 f.

7 *Meneghini*, S. 128 f.

8 *Lowe*, S. 142 f.

9 Die Briefzitate nach *Meneghini*, S. 124–133.

10 Giulietta Simionato berichtete in einem Interview auch von den Auslösern zweier Streitigkeiten, vgl. *Petsalis-Diomidis*, S. 536 f.

11 In Verona befindet sich an einem Nachkriegsgebäude in der Via Leoncino 11 eine Marmortafel, die daran erinnert, dass hier Maria Callas von 1950 bis 1955 gewohnt habe. Meneghini schreibt jedoch ausdrücklich *(Meneghini*, S. 107), die neue Wohnung, in der sie beide von 1950 bis zum Wegzug nach Mailand lebten, habe sich «im obersten Geschoss eines sehr hohen Palazzo» befunden, und er beschreibt den Blick vom Balkon aus wie geschildert. «An der Front des Gebäudes war eine Tafel angebracht, die Renato Simoni würdigte (ich weiß nicht, ob er dort geboren oder gestorben war).» An den Dichter wird in der Via Leoncino wirklich erinnert; die Tafel befindet sich an der Fassade eines gotischen Palastes in der Via Leoncino 14. «In diesem Haus wurde am 8. September 1878 Renato Simoni geboren ...». Auch erhaltene Briefe wie die von Walter Legge (z. B. im Booklet zu *Warner Complete*, S. 32) sind an die Via Leoncino 14 adressiert.

12 *Meneghini*, S. 137–139; *Kanthou*, S. 53.

13 *Bing 5000*, S. 192.

9. EINE MATRONE BETÖRT

1 George Lascelle hatte 1950 die Fachzeitschrift *Opera News* gegründet, gab jedoch die Funktion des Herausgebers bereits 1953 ab. Später war er zweimal Direktor des Royal Opera House Covent Garden. Er wird in der Callas-Literatur meist als Lord Harewood geführt.

2 Vgl. *Kanthou*, S. 52. Den Live-Mitschnitt der Premiere am 26. Mai 1951 anzuhören ist unverzichtbar, um die Wirkungsmacht der jungen Callas zu verspüren *(Warner Live)*.

3 Bing stammte aus Wien, aus einer Industriellenfamilie mit ebenso viel Bildung wie Geld. Er hatte nach Buchhändlerlehre und Studium in seiner Heimat als Sänger und dann als Regieassistent in Deutschland begonnen, musste dann aber als Jude fliehen.

4 *Bing 5000*, S. 194.

5 Die Live-Aufnahme (*Warner Live*) macht erfahrbar, wie souverän Callas den inneren Zwiespalt der Aida intuitiv erfasst hatte und diese Rolle völlig neu gestaltete. Der Dirigent Oliviero de Fabritiis arbeitete mit ihr hörbar optimal zusammen.

6 Rezension im *Excelsior* von dem bekannten Musikjournalisten, der als Junius signierte, zitiert nach *Lowe*, S. 146.

7 Galatopoulos, von dem es einige übernahmen, schreibt irrigerweise, das Ehepaar wäre bis in den September in Lateinamerika geblieben; richtig steht es u. a. bei Scott.

8 Bei *Petsalis-Diomidis* (S. 537–545) wird nicht nur die Korrespondenz mehrerer Jahre zwischen Maria, ihrer Mutter, ihrem Vater, Jackie und Meneghini resümiert, es werden auch drei bis dahin unpublizierte Briefe wiedergegeben, die Maria Callas in einem hellblauen, rot beschrifteten Umschlag aufbewahrte.

9 Vgl. *Petsalis-Diomidis*, S. 541 f.

10 Ebda., S. 537.

11 Darüber berichteten einige ihrer anwesenden Kollegen, auch Elena Nicolai (*Hanine-Roussel*, S. 158).

12 Tebaldi bestritt das später, die Kollegen, auch Callas, jedoch bezeugten es (*Scott*, S. 79). Ein Tondokument liegt nicht vor.

13 Ardoin beschrieb und analysierte eine nicht allgemein zugängliche Aufzeichnung mit den Worten «gefährlich nahe am Vulgären» (*Ardoin*, S. 45).

14 Zur Struktur des tragischen Menschen heißt es bei Sewall: «Die Triebkraft seiner Unbotmäßigkeit ist der Stolz. Er erhält, wie sehr auch spätere Erfahrungen ihn demütigen mögen, seinen Glauben an seine eigene Freiheit, an seine Unschuld ... aufrecht.» (*Sewall*, S. 157) Meneghini schildert die Szene kurz und glaubwürdig (*Meneghini*, S. 153 f.). Zur Grenzüberschreitung und deren subversiver Energie vgl. *Burrichter*.

15 Diese Vorkommnisse schildert *Meneghini*, S. 162–164.

16 *Lowe*, S. 10; *Petsalis-Diomidis*, S. 554.

17 Diese Situation dokumentieren Probenfotos (*Brix*, S. 29, 30).

18 Fosca war die Tochter von Elvira Bonturi und einem Luccheser Freund und Förderer Puccinis. Elvira wurde Puccinis Geliebte, später seine Ehefrau. «Biki», anfangs «Bicchi», kam von «birichina», ungezogenes Mädchen, wie Puccini seine geliebte Enkelin nannte.

19 Vgl. https://fashion.mam-e.it/biki. Kardinal Montini wurde 1963 Papst Paul VI.

10. HAUSHERRIN UND DURCHFECHTERIN

1 *Meneghini*, S. 157.

2 Nach https://fashion.mam-e.it/biki.

3 *Galatopoulos*, S. 463.

4 Die Oper wurde als *Il ratto dal serraglio* aufgeführt, auf YouTube lässt sich die Arie *Tutte le torture* (*Martern aller Arten*) nachhören.

5 Stellvertretend für viele gleichlautende Aussagen die unbestechliche Birgit Nilsson (*Nilsson*, S. 305).

6 Das Foto findet sich bei *Hanine-Roussel*, S. 178.

7 Sogar der Kritiker von *Musical America* hatte nach der *Norma* mit Callas an der Scala im Januar 1952 geschrieben: «Sie elektrisierte das Publikum durch ihre starke Präsenz, bevor sie eine Note gesungen hatte.» (*Lowe*, S. 148)

8 Über di Stefanos wechselhaften und unberechenbaren Körpereinsatz auf der Bühne, mal kalt distanziert, mal heißblütig umarmend, schrieb die Kollegin Birgit Nilsson (*Nilsson*, S. 174 f.) und endete mit dem Stoßseufzer: «Behaupte da einer, Primadonnen seien launenhaft!»

9 Zu dieser Leidenschaft gibt es viele Zeugnisse, etwa *Nilsson*, S. 178.

10 Nach *Lowe*, S. 151.

11 *Lowe*, S. 15, zitiert Robert Lawrence in den *Opera News*: «Seit langer Zeit hat kein einziger Sänger so viel Kontroverse ausgelöst wie Miss Callas.» Er beschreibt die entgegengesetzten Lager und endet: «Es scheint da nichts in der Mitte zu geben.»

12 *Nilsson*, S. 177.

13 *Musical America*, zitiert nach *Lowe*, S. 151.

14 Nach *Galatopoulos*, S. 133.

15 Aufzählung und Schilderung der Einrichtung nach *Sotheby's*.

16 Maria Callas besaß in ihrem Leben vier Hunde. Von Tea gibt es Fotos aus Verona und Mailand, das letzte stammt aus dem Jahr 1959. Toy, ein schwarzer Zwergpudel, kam 1956 dazu; letztes Foto 1962. 1965 schenkte Onassis Maria zwei Zwergpudel, einen dunklen und einen weißen: Djedda, benannt nach der saudi-arabischen Stadt, in der Onassis damals zu tun hatte, und Pixie (*Sutherland*, S. 14).

17 Meneghinis Bordellbesuche nach *Spence*, S. 101.

18 Claudia Cassidy in *Chicago Tribune*, zitiert nach *Lowe*, S. 152.

19 Der Regisseur Carl Ebert, Schüler von Max Reinhardt, war 1931 mit vierundvierzig Jahren Intendant der Deutschen Oper Berlin geworden und vor seiner Emigration als Wiederbeleber von Verdi bekannt; auch Verdis *Macbeth* hatte er noch in Deutschland erstmals inszeniert. 1952 jedoch hielten Kritiker seine Regiekonzepte für veraltet.

20 Galatopoulos ist der Ansicht, eine Theaterintrige habe das Projekt von Toscanini zu Verdis hundertstem Todestag sabotiert; de Sabata habe nicht von Toscanini überstrahlt werden wollen (*Galatopoulos*, S. 113).

21 Nachzuhören auf dem Live-Mitschnitt dieser Aufführung (*Warner Live*).

22 Vgl. die Rezensionen bei *Lowe*, S. 150 f., und *Hanine-Roussel*, S. 198 f.

23 Callas war bis 1959, diese Oper betreffend, noch Cetra verpflichtet, ihrem ersten Schallplattenproduzenten, dem sie durch die Firmenchefs Dorle und Dario Soria zudem freundschaftlich verbunden war.

24 *Jefferson*, S. 157.

25 Gobbis Bericht bei *Lowe*, S. 70.

26 «Diese junge Künstlerin ist imstande, der als dekadent verschrienen Oper ein Goldenes Zeitalter zurückzuerobern, in dem eine populäre Begeisterung für die Gesangskunst wieder möglich wird. Und das wird Regisseure von Rang für die Oper begeistern, wie sie der Film bereits in Roberto Rossellini und das Sprechtheater in Tatiana

Pavlova besitzt», notierte Volpi am 30. Januar 1953, einen Tag nach einer *Lucia* mit Callas, in sein Tagebuch (Gina Guandalini: *Callas, l'ultima diva*. Turin 1987, S. 42–44).

27 Vgl. Pia Meneghini in *Tosi*, S. 117.

11. KINDSMÖRDERIN UND PUBLIKUMSLIEBLING

1 Nach der Erstaufführung in Mailand folgte vier Jahre später noch ein Versuch in der Arena von Verona (*Hanine-Roussel*, S. 203).

2 Das «Prima la musica, poi le parole» («Zuerst die Musik und dann die Worte») war Titel einer Oper von Antonio Salieri und seit deren Uraufführung 1786 nicht nur ein geflügeltes Wort, es galt den meisten Opernschaffenden als Prinzip.

3 Maria Callas sagte einige Jahre später über *Medea*: «Diese Oper ist nicht bel canto. Die Stärke von Cherubinis Oper liegt nicht in den Arien, sondern in den Rezitativen ... und wenn wir sie im klassischen Stil aufgeführt hätten, dann hätten wir sie niemals zum Leben erweckt: Es wäre kein Feuer darin gewesen.» (*Sunday Times*, 19.3.1961, zitiert nach *Wisneski*, S. 144)

4 Barsacq zitiert nach *Hanine-Roussel*, S. 204; Celli im *Corriere Lombardo*, zitiert nach *Stephan*, S. 186.

5 Zur musikalischen Qualität der *Aida*-Aufführung vgl. *Ardoin*, S. 72; zu den anderen Ereignissen Pia Meneghini in *Tosi*, S. 114 ff.

6 1950, nicht, wie oft zu lesen, 1951, hatte Legge Callas in Rom als Norma erlebt, war hinter die Bühne gestürmt und hatte ihr einen Vertrag für EMI angeboten, exklusiv. Callas war geschmeichelt gewesen, Meneghini ebenfalls, unterschrieben hatte sie nicht. Legges Kompagnon Dario Soria kannte Maria bereits, mit ihm und seiner Frau Dorle war sie befreundet, und für Cetra, wo die beiden früher tätig waren, hatte sie schon einiges aufgenommen. Außerdem hatte sie sich verpflichtet, für Cetra weitere Opern einzuspielen, so *La Gioconda* und *La traviata*. Das war wohl auch mit der Grund dafür, dass sie erst im Juli 1952, nach mehr als zwei Jahren Belagerung, bei EMI unterschrieb. Im Januar und Februar 1953 hatte Legge mit Callas *Lucia* aufgenommen, Ende März *I puritani* und Anfang August die *Cavalleria rusticana*, wo Callas eingesprungen war.

7 *Andry*, S. 51.

8 Vgl. Marcus Felsner: *Operatica. Annäherungen an die Welt der Oper*. Würzburg 2008, S. 27.

9 *Legge/Schwarzkopf*, S. 7.

10 Ebda.

11 *Burton*, S. 234.

12 *Zeffirelli*, S. 192.

13 Die Behauptung, Maria Callas habe Bernstein im Rundfunk gehört und Ghiringhelli gedrängt, ihn zu holen, ist Anekdote (*Burton*, S. 233).

14 *Wisneski*, S. 145 f.

15 *Peyser*, S. 288 f.

16 *Zeffirelli*, S. 192.

17 1000 Lire entsprachen 1,60 Dollar.

12. KÜNSTLERIN OHNE KOMPROMISSE

1 *Osborne*, S. 449 f.
2 Vgl. Ernst Klee: *Das Kulturlexikon zum Dritten Reich. Wer war was vor und nach 1945.* Frankfurt am Main 2007, S. 296.
3 Pensotti bei *Tosi*, S. 9.
4 Das erklärte Callas dem italienischen Publizisten Lanfranco Rasponi (*Rasponi*, S. 579). Ihre Aussage deckt sich mit dem, was Sewall zum tragischen Menschen schreibt: «Letztlich und ideell ist der tragische Mensch der universelle Mensch, der für alle Menschen spricht» (*Sewall*, S. 162).
5 Karajan selbst präsentierte dem Theater- und Musikkritiker Klaus Geitel Jahrzehnte später, nach dem Tod von Callas, seine Version der Geschichte. «Als die Callas [...] drohte, sie werde hinter diesem Schleier nicht singen, herrschte Karajan vor allen Mitwirkenden über die Schulter hinweg den Scala-Intendanten Antonio Ghiringhelli an, er solle ihm umgehend eine neue Hauptdarstellerin besorgen. [...] Sie unterwarf sich dem Dirigenten.» (*Geitel*, S. 219 f.) Später schmückte Geitel diese Version noch aus. Da rief Karajan dann: «Ghiringhelli, bringen Sie mir eine andere Sängerin!», und Geitel kommentierte: «Das war ein Befehl – und kein kleiner.» Nach dieser Überlieferung «kam Ghiringhelli zu Karajan und bat ihn, doch in die Garderobe zu Callas zu gehen und sie zu trösten. Sie sei in Tränen aufgelöst.» (https://www.morgenpost.de/printarchiv.kultur/article102843486/Callas-und-Karajan-beim-Kraeftemessen.html)
6 Maria Callas erklärte später ihren Studenten in der Juilliard School: «Lucia ist von Anfang an krank. Ihre erste Arie ‹Regnava nel silenzio› muss etwas Hinfälliges haben.» (*Ardoin/Meisterklasse*, S. 92)
7 Eugenio Gara schrieb, durch ihren ebenso «glückseligen wie trostlosen Gesang» habe Callas das furchtbare Schicksal der Heldin erst zum Leben erweckt (in: *Candido*, 24.1.1954, zitiert nach *Guandalini*, S. 237 f.). Sein Kollege Teodore Celli sprach von einer «Wiedergeburt der Lucia mit Callas» (in: *Corriere Lombardo*, 19./20.1.1954, zitiert nach *Guandalini*, S. 237 f.).
8 Vgl. *Ardoin/Fitzgerald*, S. 24.
9 Entworfen hatte es Ebe Colciaghi, und wie sehr es zum Teil der Rolle wurde und Callas inspirierte, erklärt, dass sie sich auch später in die Kostümgestaltung einmischte.
10 Sandro Sequi in seiner großartigen Beschreibung, wörtlich bei *Ardoin/Fitzgerald*, S. 68.
11 Jürgen Kesting hat auf dieses Phänomen bereits hingewiesen. Er zitiert eine wesentliche Passage aus Sequis Schilderung und schreibt dann: «Nicht nur Maria Callas hat gesagt, dass Herbert von Karajan – in der Terminologie von Sängern – ‹mit der Stimme› gehen konnte. Damit ist beileibe nicht nur geschickte Anpassung gemeint, auch nicht das in der Tat sehr wichtige Mitatmen, sondern ein Gespür für die Zeiteinteilung, für Dynamik, für Phrasierung, für insgesamt mehr, als die Aufzählung von spezifischen technischen Details erklären kann. Es geht [...] um die Gliederung der Zeit durch gespannte und sich entspannende Bewegung.» (*Kesting*, S. 150)
12 *Petsalis-Diomidis*, S. 553.
13 Den Streit mit Pantanella und die Papstaudienz beschreibt *Meneghini* (S. 217–222).

14 Das Foto aus dem Jahr 1954 ist u. a. wiedergegeben in: *Maria Callas. La divina in cucina. Die Entdeckung ihrer kulinarischen Geheimnisse.* Mit einer Einführung von Bruno Tosi. München 2007, S. 12.

15 Pia Meneghini in *Tosi*, S. 109.

16 Meneghini gibt als Datum des Testaments den 23. Mai 1954 an (*Meneghini*, S. 317); im Auktionskatalog von Sotheby's (*Sotheby's*, S. 11) wird es auf den 24. April datiert, in *Lettres*, S. 196, ist das Dokument abgebildet, oben steht: «Verona, 24. Aprile 1954».

17 Diese bis vor wenigen Jahren nicht bekannte Tatsache hat David Crothers gründlich recherchiert und mit zahlreichen Beispielen belegt (*Crothers/Autographs*). Die Glaubwürdigkeit seiner Behauptung wird bestärkt durch die Tatsache, dass jene Autogramme und Briefe in der so völlig anders gearteten Handschrift, die derjenigen Meneghinis in Duktus und Detail ähnelt, nicht mehr erschienen, nachdem sich Maria von ihrem Ehemann getrennt hatte.

18 Guandalini, Gina: *Giovanna Lomazzi Remembers Maria Callas.* Giovanna Lomazzi interviewed by Gina Guandalini July 2016. In: *Maria Callas International Club Magazine*, Nr. 79, November 2016, S. 6–23. Da dieses Gespräch erst lange nach Marias Tod stattfand, sind viele Aussagen mit Vorsicht zu genießen. Es wurden hier nur solche verwendet, die durch andere Zeitzeugen oder weitere Dokumente gestützt werden.

19 Der Brief wird an verschiedenen Stellen zitiert, so auch bei *Meneghini*, S. 179–182, und *Kanthou*, S. 45 f.

20 *Jefferson*, S. 202.

21 Zitiert nach *Legge/Schwarzkopf*, S. 232 ff., und Thomas Voigt, https://Thomasvoigt. net/2019/04/maria-callas-und-emi.

22 Ebda.

23 Die Bezeichnung «Scala West» trug später die Oper in Dallas, die von zwei Mitgliedern des Gründungsteams von Chicago, Rescigno und Kelly, aufgebaut wurde. Vgl. www.encyclopedia.chicagohistory.org/pages/771.html; Claudia Cassidy: *Lyric Opera of Chicago*. Chicago 1979.

24 *Marsh*, S. 129 ff.; R. L. Klinger: *Chicago, Callas and Co.*, www.offshoreopera.blogspot. com/p/chicago-callas-and-co.html.

25 *Marsh*, S. 130.

26 Auch alle folgenden Informationen zu Francis Robinson und alle Zitate von ihm sind entnommen: *Lowe*, S. 228–232.

27 *Galatopoulos*, S. 150.

28 *Ardoin/Fitzgerald*, S. 67.

13. DIVA IM LIEBESHUNGER

1 Das Haus trug damals, wie Telegramme und Briefe an und von dieser Adresse belegen, die Nummer 40. Nach dem Abriss des Gebäudes und dem Neubau befindet sich seit 2010 am Haus Nr. 38 eine Tafel: «In questo luogo sorgeva la casa dove visse il soprano Maria Callas.» Vor allem der Fotograf Federico Patellani hat in einer ausgiebigen Fotosession 1957 Maria Callas und das Innere wie das Äußere des Hauses fest-

gehalten. Meneghini bezeichnete das Gebäude als «kleine Villa» mit «großen Bäumen davor und einem Garten auf der Rückseite» und nannte fälschlicherweise die Hausnummer 44 (*Meneghini*, S. 214). Das Haus stand aber fast direkt an der Straße, wie Patellanis Fotos belegen, Bäume sind dort nirgendwo zu sehen. Vgl. auch *Exhibition*, S. 130 f.

2 Guido Pannains Rezension bei *Brix*, S. 202.

3 *Zeffirelli*, S. 203.

4 *Peyser*, S. 290.

5 «Visconti hatte Maria Denis als Geliebte, er hat viele Frauen gehabt, obgleich er ... Aber das ist eine andere Angelegenheit.» (*Moravia/Pasolini*, S. 70)

6 *Zeffirelli*, S. 221; vgl. auch *Ardoin/Fitzgerald*, S. 104.

7 *Ardoin/Fitzgerald*, S. 102, 104. Das Collier stammte wie fast aller Bühnenschmuck von Swarovski.

8 *Zeffirelli*, S. 204 f., wie auch die folgende Beschreibung des Abends.

9 So hatte Callas in ihrer Schlafwandelszene, dem Adagio *Ah! Credea mirarti*, ein Pianissimo riskiert, bei dem sie «wie ein Bauchredner» (so Zeffirelli) kaum mehr die Lippen bewegte, und Bernstein hatte das Orchester auf dieses Pianissimo herabgedimmt, das er von da an, wenn er es forderte, «Callas-Pianissimo» nannte. Es korrespondierte mit den im Halbdunkel völlig erblassten Pastellfarben von Piero Tosis Bühne.

10 Sie hatte die Partie bereits im Oktober 1950 vier Mal in Rom gesungen. Laut Zeffirelli hatte Maria Callas ihn ausdrücklich von Ghiringhelli als Regisseur erbeten.

11 Pia Meneghini in *Tasi*, S. 122.

12 *Jefferson*, S. 154 f.

13 *Zeffirelli*, S. 191.

14 Vgl. ebda., S. 206.

15 Vgl. Martin Baumeister: *Nation und Passion. Luchino Viscontis Film «Senso»*. In: Moritz Föllmer, Philipp Müller (Hrsg.): *Die Kunst der Geschichte. Historiographie, Ästhetik, Erzählung*. Göttingen 2009, S. 143–155.

16 *Servadio*, S. 148.

17 Zitiert nach *Ardoin/Fitzgerald*, S. 141.

18 *Zeffirelli*, S. 210 f.

19 Giulini nannte diese Szenerie «die emotionalste», die er je gesehen hatte. «Mein Herz blieb stehen. ... Lila de Nobilis außergewöhnliche Bühnenbilder und Kostüme gaben mir das Gefühl, eine andere Welt zu betreten, eine Welt von unglaublicher Intensität.» (*Ardoin/Fitzgerald*, S. 115)

20 Vgl. ebda., S. 115.

21 *Hanine-Roussel*, S. 266.

22 *Ardoin/Fitzgerald*, S. 119.

23 Ebda., S. 131. Visconti sagte: «Einige im Publikum weinten, als sie Callas in dieser Szene sahen.» Auch Piero Tosi bekannte sich zu seinen Tränen.

24 Die Beschreibung des Bühnengeschehens im letzten Akt folgt der des Augenzeugen Tosi, *Ardoin/Fitzgerald*, S. 137.

25 Vgl. den Live-Mitschnitt der Premiere (*Warner Live*).

26 *Ardoin/Fitzgerald*, S. 86.

27 Vgl. *Hanine-Roussel*, S. 266.

28 Giulini, der alle vier Aufführungen 1955 dirigierte und siebzehn weitere bei der Wiederaufnahme im Jahr darauf, kannte einen solchen Einsatz nur von Maria Callas. Jeder andere Sänger, jede andere Sängerin in seinem Leben hatte das nicht durchgehalten. «Sie war eine der wenigen Interpreten, die ich kenne – Sänger, Instrumentalisten, Dirigenten –, für die die letzte Aufführung genauso wichtig und aufregend war wie die erste. ... Maria ... hatte den Wunsch, dem Publikum alles zu geben. Man fühlte ihre Inspiration nicht nur in den großen Momenten, den berühmten Arien und Duetten, sondern auch wenn sie den Namen ihres Dienstmädchens aussprach. Es konnte dein Herz brechen.» (*Ardoin/Fitzgerald*, S. 119)

29 Ebda., S. 133.

30 Dass Maria in den Mann Visconti verliebt war und «eifersüchtig auf die merkwürdigsten Leute», er jedoch in Callas, die Künstlerin und ihre Bühnenerscheinung, bezeugte auch Alberto Fassini (*Servadio*, S. 148).

14. RÄCHERIN UND ZWEIFLERIN

1 Das Phänomen, dass Maria Callas immer einen Schuldigen brauchte, beschreibt Peter Andry, der ab 1956 bei EMI arbeitete (*Andry*, S. 49).

2 Auf die Frage, warum er *Traviata* unbedingt inszenieren wollte, sagte Visconti: «Nur für sie, nicht für mich. Ich tat es, um Callas zu dienen, weil man Callas dienen muss.» (*Ardoin/Fitzgerald*, S. 115)

3 Vgl. *Scott*, S. 160.

4 Auch Werner Oehlmann betonte in seiner Rezension im *Tagesspiegel*, der Applaus habe «alle normalen Grenzen überschritten» (*Lowe*, S. 166).

5 Anders als Scott hält Kesting, wie viele andere Kenner, diese Aufführung (*Warner Live*) für «eine der grandiosen, die sie gesungen hat», trotz gewisser stimmlicher Schwächen, und begründet das ausführlich (*Kesting*, S. 325). Wer den Mitschnitt hört, muss Kesting Recht geben.

6 *Davis*, S. 1 ff.

7 Vgl. *Zoggel/Chicago*, S. 93; *Galatopoulos*, S. 153.

8 *Zoggel/Chicago*, S. 75. Dort wird dieses Interview mit Fragezeichen auf den 10. Oktober 1955 datiert, Maria Callas verfasste jedoch am 11. Oktober 1955 ein Schreiben an Bing (*Crothers/Bing I*, S. 39) und schrieb dort, sie werde ungefähr zehn Tage vor der Saisoneröffnung am 31. Oktober eintreffen.

9 Anscheinend war es bei den ersten Proben zur geplanten *Aida* in der Arena von Verona passiert. Von Callas werden die Sätze kolportiert: «Ist das die Art, in der Sie das machen? Gut, das ist nicht die, auf die ich es mache» (*Scott*, S. 131). Daraufhin musste eine andere Aida engagiert werden.

10 *Galatopoulos*, S. 152 f.

11 Die Szene wird identisch bei *Rasponi*, S. 582, und bei *Marsh*, S. 136, berichtet. Galatopoulos als treuer Callas-Freund schreibt nur: «Die Tebaldi äußerte sich nicht öffentlich über Callas und besuchte keine ihrer Aufführungen. Die Callas hingegen kam, um die Tebaldi zu hören, und lobte sie ganz offen.» (*Galatopoulos*, S. 153)

12 Vgl. *Kaufmann*, S. 344. Sein Kommentar: «Der Moralismus derer, die als tragisch nur Konflikte des Guten mit dem Guten anerkennen», habe mit der antiken Tragödie nichts zu tun. «Die Griechen und Shakespeare waren weniger moralisch.»

13 Vgl. *Marsh*, S. 130.

14 *Crothers I*, S. 39 ff.

15 Vgl. *Bing 5000*, S. 196 f.

16 Die Angabe bei *Zoggel/Chicago*, S. 128, dass dies nach dem zweiten *Trovatore* geschehen sei, ist falsch. Legge war da bereits abgereist, zudem ist das Abendessen am 8. November 1955 im Italian Village verbürgt. Larry Klinger (www.offshoreopera.blogspot. com/p/chicago-callas-and-co.html) nennt keine Opernaufführung, nach der es passierte, beschreibt nur die Flucht.

17 Eingespielt hatte sie *Madama Butterfly* vom 1. bis zum 6. August dieses Jahres in der Scala unter Karajan mit Nicolai Gedda.

18 Irving Sablonsky in *Chicago Daily News*, zitiert bei *Marsh*, S. 134.

19 Rasponi schreibt: «Es irritiert, wie oft Callas Rollen für ein paar Auftritte einstudierte und nie wieder aufgriff.» (*Rasponi*, S. 583)

20 In der letzten Vorstellung, so Claudia Cassidy, sei diese Szene «pure Callas, destilliert zu Herzzerbrechen» gewesen (*Chicago Tribune*, zitiert nach *The Great Return. Maria Callas and Lyric Opera*, 21.8.2019, www.Lyricopera.org/Lyriclately/maria-callas-at-lyric-opera).

21 Kellys Gründe dafür, in Carol Fox auf einmal eine Widersacherin zu sehen, werden unterschiedlich dargestellt. Den Verdacht, Fox habe aus Konkurrenz mit der Met so gehandelt, referiert *Galatopoulos* (S. 156). *Marsh* hingegen schreibt (S. 134), Kelly habe vermutet, Fox wolle seine Freundschaft mit Maria zerstören. Dieses Erlebnis, das Callas als Verrat empfand, konnte sie nicht vergessen. Sie erfuhr es als Schicksalsschlag, gegen den sie wehrlos war. Grund für die Spannungen im Leitungsteam des Lyric Theatre war auch die schwierige finanzielle Lage des Hauses. Kellys Zusammenarbeit mit Fox endete ein Jahr später im Streit.

22 *Exhibition*, Nr. 35.

23 «Da gibt es eine Stelle, wo sie nur ein einziges Wort hat; ‹Io›. Doch sie sagte es so, dass die Leute wild wurden» (https://www.rondomagazin.de/artikel.php?artikel_id=2236).

24 Vgl. Teodore Celli in seinem dreiteiligen Essay über Maria Callas, der 1958 in *Oggi* erschien.

25 Die Reaktion des Publikums nach dem Ende des Duetts Norma – Pollione (*Qual cor tradisti*), das sich dem Schuldgeständnis anschließt, ist im Mitschnitt nachzuhören.

15. DIE ACHTERBAHNFAHRERIN

1 *Ardoin/Fitzgerald*, S. 99.

2 Pia Meneghini nach *Tosi*, S. 107.

3 *Zeffirelli*, S. 101.

4 Visconti erzählte davon ausführlich im Interview mit Pierre Desgraupes am 20. April 1969 (YouTube), dem die Zitate und Schilderungen entnommen sind. Laut Pensotti (*Tosi*, S. 98) steckte auch Bagarozys Frau Louise Caselotti hinter der Aktion.

5 Von Visconti stammt das Libretto zu Henzes *Maratona di danza*. *Tanzdrama in einem Bild*, an dem Henze zu der Zeit bereits arbeitete und das er noch 1956 fertigstellte. Im Oktober 1958 erschien im *Merkur* dann Henzes *Versuch über Visconti*. Die Datumsangabe für Bachmanns Besuch, der 24. Januar 1956, in Monika Albrecht, Dirk Göttsche (Hrsg.): *Bachmann-Handbuch*, Berlin 2002, S. 96, ist falsch. Laut Bachmann war es die «Generalprobe», die sie besuchte, und die fand auch vor einer Wiederaufnahmepremiere an der Scala üblicherweise zwei Tage vorher, in diesem Fall also am 17. Januar 1956, statt. Divergierende Datumsangaben machen auch die Herausgeber in *Bachmann/Kritische Schriften*, S. 610, 612.

6 Nach *Caduff*, S. 96. Bachmann befand sich auf dem Weg nach Neapel, wo sie mit Henze an einem ersten, später gescheiterten gemeinsamen Opernprojekt arbeiten wollte. Das gelungene, *Der junge Lord*, wurde 1965 uraufgeführt. Im Programmheft dazu schilderte sie in ihren *Notizen zum Libretto* aus nahezu zehnjähriger Distanz den Besuch der Generalprobe mit Callas. «Im Jänner 1956 [...] ist meine Einstellung gegenüber der Oper überhaupt – ich fürchte, sie reichte von der Herablassung bis zur Gleichgültigkeit – ins Wanken gekommen, ist dann umgeschlagen in ein besessenes Interesse für diese Kunstform, in einen anhaltenden Eifer, sie neu zu sehen und endlich zu begreifen.» (Zitiert nach *Caduff*, S. 109, Text in *Bachmann/Kritische Schriften*, S. 433)

7 Vgl. *Bachmann/Kritische Schriften*, S. 408–411. Das Zitat entstammt dem *Hommage* überschriebenen Text Bachmanns über Callas, der Fragment blieb. Doch das Phänomen Callas ließ sie nicht los. In einem späteren Text von 1964 stehen die wichtigen Sätze: «Maria Callas ist kein ‹Stimmwunder›, sie ist weit davon entfernt oder sehr nah davon [sic], sie ist die einzige Kreatur, die je die Opernbühne betreten hat. Ein Geschöpf, über das die Boulevardpresse zu schweigen hat» (ebda., S. 609).

8 Nach Karl Heinz Bohrer besteht das «prinzipielle Dilemma», die attische Tragödie «angemessen zu verstehen», darin, «dass von ihrer Wiederentdeckung in der Renaissance bis heute ein Abgrund liegt, der uns moderne von den antiken Menschen trennt: mental, psychologisch, sozial.» (*Bohrer*, S. 13)

9 *Exhibition*, S. 33.

10 Giulini wird ausführlich zitiert bei *Ardoin/Fitzgerald*, S. 141 f.

11 *Lettres*, S. 242.

12 *Nilsson*, S. 294 f.

13 *Legge Words*, S. 233.

14 Auch Giovanna tat für Maria Callas so gut wie alles. So fuhr sie, weil Maria ihren Talisman, die Madonnina, daheim vergessen hatte, mit zwei Freunden in einer Gewalttour nach Wien, um das Bild noch rechtzeitig abzuliefern.

15 *Lomazzi*, S. 8.

16 Die Economy Class wurde erst im August 1958 eingeführt.

17 Nach *Lomazzi*, S. 8.

18 Giovanna Lomazzi und Anna Veronesi gingen bereits am 3. Oktober in Le Havre an Bord der *Ile de France*, die sie innerhalb einer Woche nach New York brachte (*Lomazzi*, S. 15).

19 Geboren in der Wiener Leopoldstadt als Heinrich Sieghart Körner, war der jüdische Graphiker und Buchgestalter 1938 aus Österreich geflohen und hatte sich 1939 in New York niedergelassen. Seine Gemälde im Stil des magischen Realismus hingen in nam-

haften Museen. Alle Details zu den Porträtsitzungen im Magazin von Angel Records, *Artist & Life* (*Soria Papers*, KICDoc 002 pdf).

20 *Meneghini*, S. 205.

21 Vgl. *Sisters*, S. 145.

22 *Crothers I*, S. 41.

23 Erst nach Marias Tod erschienen die Erinnerungen ihrer Schwester Jackie, die nun zugab: «der Artikel … war allzu klar der meiner Mutter: Er porträtierte Maria als einen undankbaren Drachen, der die arme, ergebene Mutter in einem elenden Dasein zurückgelassen hatte. Mutter hatte mehr als deutlich zu verstehen gegeben, dass sie diejenige war, die Marias Talent entdeckt und es ohne jede fremde Hilfe genährt hatte … Mutter hatte dem Reporter Marias letzten Brief an sie ausgehändigt, dessen Ende mit der Anweisung, dass sie sich selbst ertränken könne, in voller Länge abgedruckt wurde.» (*Sisters*, S. 145)

24 *Lowe*, S. 229.

25 Die Beschreibung betrifft die alte Met, einen zu dieser Zeit bereits verstaubten Kasten, der 1966 abgerissen wurde. In diesem Jahr wurde die neue Met am Lincoln Center eröffnet.

26 *Nilsson*, S. 22.

27 Diese Schilderung orientiert sich am Premierenbericht von Roger Detmer, der in *Chicago American* erschien (*Lowe*, S. 172).

28 Callas sang die Norma an der Met 1956 noch viermal, zwischen dem 3. und dem 22. November.

29 *Lomazzi*, S. 18.

30 Zitiert nach *Staggs*, S. 266.

31 So u. a. auch *Nilsson*, S. 148. Es handelte sich dabei nur um ein Drittel der Gesamtsumme, die Callas für den Abend erhielt. 2000 Dollar wurden als Spesen deklariert, um die offizielle Gagenhöchstgrenze der Met nicht zu überschreiten.

32 *Gage*, S. 35.

16. PRIMADONNA UNTER BESCHUSS

1 Meneghini zitiert das in diesen Worten, ergänzt jedoch: «Maria hat das nie gesagt … Die Rückgrat-Bemerkung war eine reine Erfindung von irgendwem, aber sie trug dazu bei, die Fehde zwischen den beiden wieder zu entfachen.» (*Meneghini*, S. 248) Giovanna Lomazzi bezeugt, Maria habe nie schlecht über Tebaldi gesprochen, ebenso wenig über andere Kollegen, jedoch gesagt: «Tebaldi hat eine schöne Stimme, aber ihr Repertoire ist völlig falsch.» (*Lomazzi*, S. 18)

2 *Bing 5000*, S. 198.

3 Ebda., S. 199; zu Enzo Sordello u. a. *Hanine-Roussell*, S. 302.

4 Die Hintergründe und den Ablauf des Interviews hat Pensotti selbst geschildert (*Tosi*, S. 93–101).

5 Ebda., S. 100 f.

6 So zum Beispiel ihren Abschied von Athen mit angeblich gar nichts in der Tasche.

7 Lowe kommentiert diese Erinnerungen: «Es ist offensichtlich, dass Pensotti die

Materialien, die Callas ihr diktierte, substantiell umgeformt hat, weil Stil und Komposition der Memoiren weit entfernt sind von den Mustern im Sprechen und Denken, die Callas in direkten Interviews an den Tag legte.» Doch sie zeigten, so Lowe, trotz einiger Irrtümer, was Daten und Inhalte angeht, welches Bild Maria Callas der Welt von sich vermitteln wollte, zumindest 1957: «Wie viele von Callas' Äußerungen enthüllen die Memoiren eine Persönlichkeit, die geladen mit Widersprüchen ist, und werfen mehr Fragen auf, als sie beantworten.» (*Lowe, S.* 15)

8 https://www.spiegel.de/politik/die-primadonna-a-714c9855-0002-0001-0000-000041120478.

9 Der Dirigent Gianandrea Gavazzeni hatte sie mit jungen, unbekannten Sängern aufgeführt, sofort jedoch an Maria Callas gedacht, da diese Oper auf sie zu warten schien. Er gewann Visconti, und beide setzten zusammen mit dem Bühnenbildner Nicola Benois die Premiere an der Scala durch.

10 *Lettres*, S. 224 f.

11 Kopie des handgeschriebenen Briefs bei *Crothers I*, S. 43, und *Bing 5000*, S. 198.

12 Ein Interview mit Maria Callas im *LIFE Magazine* vom 29. Mai 1959 war überschrieben: «I am not guilty of all those Callas scandals». Es existiert auch ein Manuskript von ihr dazu, das in *Lettres* wiedergegeben ist (S. 297–310) und auf März 1959 datiert ist. Es war von ihr wohl als eigenständiger Artikel gedacht, der den Herausgebern aber vermutlich zu lang war.

13 Das von Meneghini aufbewahrte Manuskript, das in seinen Erinnerungen (*My Wife*) aufgeführt und bei *Allegri* wie *Petsalis-Diomidis*, die beide das Original einsahen, partiell zitiert wird (ganz wiedergegeben in *Lettres*, S. 218–221), ist auf Italienisch verfasst, war also wohl auch für die italienischen Medien gedacht. Es ist überschrieben: «Smentite di articolo *Time*» – «Lügen des Artikels *Time*».

14 In ihrer Selbstverteidigung schrieb Maria Callas: «Der Gerichtshof hat das Wort dieses Mannes akzeptiert, bezüglich des in Frage stehenden Vertrags, und niemand hat untersucht, ob er gültig ist. Ich weiß, dass er es nicht ist, weil ich gezwungen wurde, ihn zu unterzeichnen. […] Dieser Mann sollte nachweisen, dass er geschätzt und respektiert wird, wie er es beansprucht/behauptet. Er war verantwortlich für die verheerende Saison, die in Chicago 1946 stattfand. Er hält den Rekord, dreimal wegen Betrugs angeklagt worden zu sein.» Callas legte offen, was vor ihrer Abreise aus den USA geschehen war. «Ich klage ihn an, mich völlig im Stich gelassen und den Großteil der 1000 Dollar unterschlagen zu haben, die ich von meinem Patenonkel lieh für die Reise nach Italien. Bagarozy nahm den Scheck, um ihn bei der Bank einzulösen und dann ein Ticket für den Dampfer zu kaufen, wobei er behauptete, er kenne Leute, die ihm einen großen Rabatt gewähren würden. Ich sah das Geld nie wieder. Ich weiß nicht, was das Ticket kostete, aber es war sicher weniger. Er kaufte mit meinem Geld ein Ticket für mich, seine Frau und eine andere Frau. Sie steckten uns drei zusammen in dieselbe Kabine eines entsetzlichen russischen Frachters. Ich starb fast vor Hunger. Sie gaben uns nur Kartoffeln mit Butter. Er versprach, mir mein Geld zu senden, aber ich sah es nie wieder. Als ich in Italien ankam, musste ich mit 50 Dollar auskommen. ... Ich weiß, es war dumm, mein Vertrauen in Bagarozy zu setzen, aber ich war jung und bildete mir ein, es tue ihm leid meinetwegen nach dem Kollaps der Saison in Chicago.» (*Lettres*, S. 202 ff.) Diese Selbstverteidigung fand ein gewisses

Interesse vor Gericht, doch auch die Argumente von Eddie Bagarozy: «Wenn das, was Callas nun über mich sagt, wahr ist und wenn es ebenfalls wahr wäre, dass ich sie zwang, jenen Vertrag zu unterzeichnen, als sie in Italien war, weit weg von mir und mit einem anderen Mann zusammen, der an ihrer Karriere interessiert war, hätte sie mich vollständig ignorieren müssen. Stattdessen schrieb sie mir weiterhin liebevoll, wobei sie sich auf mich als ihren Manager berief und die Initiative ergriff, mich um Rat zu fragen.» (*Meneghini*, S. 248)

15 Meneghini schenkte seiner Frau zu jedem Rollendebüt ein Schmuckstück als Glücksbringer, wie die Verzeichnisse des Juweliers Faraone in Mailand belegen. Einen solchen Talisman trug Maria immer auf der Bühne, zu sehen waren jedoch nur die Swarovski-Juwelen.

16 *Bing 5000*, S. 145.

17 Dass er ihr das Herz absprach, kümmerte Nilsson nicht. «Als er bei einer Probe abbrach und sagte: Das machen wir noch einmal mit Herz. Das ist dort, wo Sie den Geldbeutel haben», sagte sie erfreut: «Da haben wir ja wenigstens eines gemeinsam.» (*Nilsson*, S. 188)

18 *Meneghini*, S. 192 ff.

19 Ebda., S. 252 f

20 Zitiert nach *Crothers I*, S. 43, *Crothers II*, S. 31, und *Lettres*, S. 229 f. Da Callas ihre letzten beiden Briefe (27. Oktober 1958 und 2. November 1958, *Crothers II*, S. 37 f.) auf Italienisch an «Caro Rodolfo» schrieb, was belegt, dass sie ihn duzte, dürfte sie ihn hier bereits geduzt und daher mit Vornamen angesprochen haben. Meneghinis italienisches PS zu dem englischen Brief bleibt beim Sie.

21 Zitiert nach Ernst Haeusserman: *Herbert von Karajan. Eine Biographie*. Wien u. a. 1978, S. 98.

22 «Sie war nicht italienisch, das heißt, sie war nicht freundlich oder umgänglich oder anspruchslos, oder wenigstens jemand, der sich gerne anpasste und lächelte.» (*Lomazzi*, S. 18)

23 Die Polemik von Francesco Abbiati erschien im *Corriere della sera* am 2. Juni 1957, zitiert nach *Lowe*, S. 184. Visconti war der Ansicht: «diese Oper war das Schönste, was wir zusammen gemacht haben» (*Schifano*, S. 336).

24 Visconti sagte: «Meine Liebe, das Griechenland, von dem du redest, ist zu weit weg. Diese Oper muss wie ein Tiepolo-Fresko aussehen, um lebendig zu werden.» (*Ardoin/Fitzgerald*, S. 162)

25 Yorgos Vokos in der Zeitung *Acropolis*, 30.7.1957, zitiert nach *Petsalis-Diomidis*, S. 613, Anm. 3.

26 *My Daughter*, S. 151 f.

27 Zitiert nach *Bastias*, S. 29.

28 Abgebildet in *Exhibition*, S. 140 f. In der Bilderklärung Nr. 63 fehlerhafte Transkription der Zeitung.

29 *Meneghini*, S. 252–254.

30 Das Interview erschien erst am 7. August 1957 in *Acropolis*, zitiert nach *Petsalis-Diomidis*, S. 656, Anm. 24.

31 *Lowe*, S. 185.

32 *Lomazzi*, S. 18.

17. DIE SIEGREICHE ANGEKLAGTE

1 *Meneghini*, S. 255.

2 *Kanthou*, S. 41.

3 Die oft wiederholte Behauptung, die Premiere habe am 14. September stattfinden sollen, Callas habe also mit den Aufnahmen an der Scala (s. u.) bewiesen, dass sie auftrittsfähig war, ist falsch. Das belegt ihr Postskriptum unter ihrem Brief an Bing (*Crothers II*, S. 33), wo sie klar den Termin für San Francisco nennt: 20. September bis 1. November 1957.

4 *Baxter Coll.*, Box 1, Ordner 16.

5 Ihre Anwesenheit belegt ein Foto, das sie mit dem Federschmuck im Festsaal des Danieli zeigt: https://www.gettyimages.co.nz/detail/news-photo/baronin-marina-cigona-und-zina-onassis-auf-einer-gala-zu-news-photo/545743237.

6 *Gage*, S. 37.

7 Fotos zeigen ihn Maria zugewandt, den Kopf zu ihr geneigt.

8 Die Daten sind hier wichtig. Korrekt schreibt *Hamilton* (S. 124), der an anderen Stellen irrt, dass die Gesamtaufnahme von *Medea* vom 14. bis zum 19. September dauerte, auch wenn die Scala dafür bis zum 21. September gebucht war. Er gibt aber den 27. September als Premierentermin für *Lucia di Lammermoor* in San Francisco an, was der Angabe von Callas (vgl. Anm. 3) widerspricht. Bing bestätigt (*Bing 5000*, S. 201), dass Maria in der fraglichen Zeit zwischen dem 20. September und Mitte Oktober wirklich «keinen Ton» sang.

9 *Soria Papers*, JPB 09-2.

10 Henry Blackman Sell, der das schrieb, war das seriöse Gegenstück zu Elsa Maxwell und Chefredakteur der Society-Zeitschrift *Town & Country*; *Soria Papers*, JPB 09-2.

11 1936 war sie, unter anderem auf Betreiben des Geigers Jascha Heifetz, gegründet worden. Zu den ersten Mitgliedern gehörten neben George Gershwin berühmte Kollegen von Callas wie Kirsten Flagstadt und Lauritz Melchior. Die AGMA agierte durchaus im Interesse der Solo-Künstler, die früher von den Unternehmensleitungen des Musikbetriebs oft rücksichtslos überfordert worden waren.

12 *Bing 5000*, S. 200 f.

13 Nach *Meneghini*, S. 260 ff.

14 *Crothers II*, S. 33.

15 Vgl. *Davis*, S. 14 ff.

16 Telefonnotate und andere Notizen von Dorle Soria zu «Miss Elsa M.» oder «Miss M.» in *Soria Papers*, JPB 09-2.

17 Dieser notarielle Akt, in dem sich Callas verpflichtete, 15 000 Dollar an Bagarozy zu entrichten, ist datiert auf den 13. November 1957 (*Sotheby's*, S. 69). Rossi-Lemeni hatte, um seine identischen Vertragsärgernisse mit Bagarozy beizulegen, sich schon vor Jahren mit ihm auf eine Summe von 4000 Dollar geeinigt.

18 Die Beschreibung des musikalischen und szenischen Geschehens gründet auf der Rezension in *Time* (*Lowe*, S. 186 f.).

19 60 Millionen Lire kostete die Villa im damals bereits begehrten Sirmione. «Diese Investitionen wurden alle in seinem Namen getätigt, aber Maria erwarb sie», schreibt

Lomazzi (S. 9). Alle wesentlichen Angaben zur Villa im Artikel von Savino Mariani: *Telefoni e rose*, der am 10. Mai 1958 mit Fotos des Hauses und von Maria in der Wochenzeitung *incom* erschien (https://www.gbopera.it/2009/11/telefoni-e-rose-a-sirmione). Auf der Gedenktafel an der Villa steht, Maria Callas habe in diesem Haus «in den 1950er Jahren» gelebt. Tatsächlich handelte es sich nur um die beiden Jahre 1958 und 1959, in denen sie ein paarmal hier ausruhte und Besucher empfing.

20 Erst Jahre später erzählte Maria Callas dem Freund Stelios Galatopoulos, ungefähr achtzehn Monate vor der Fahrt auf der *Christina* mit Onassis sei sie dahintergekommen, dass Meneghini von dem gemeinsamen Konto, «auf das allein meine Einkünfte eingezahlt wurden, insgeheim sehr hohe Investitionen für sich persönlich tätigte. Als ich ihn deshalb zur Rede stellte – nicht des Geldes wegen, sondern um den Grund dafür zu erfahren –, brachte er mich damit zum Schweigen, dass er erklärte, das sei alles nur eine Ausgeburt meiner Phantasie und die finanziellen Angelegenheiten seien seine Sache. … er hatte mein Vertrauen verloren.» (*Galatopoulos*, S. 421)

21 «Sie erfasste voll und ganz», so Gavazzeni, «die extreme Verzweiflung dieser Frau, deren Schicksal nicht gelöst werden kann.» (*Ardoin/Fitzgerald*, S. 168)

22 Die ungeheure emotionale Präsenz von Callas bei dieser Premiere des *Ballo in maschera* springt im Live-Mitschnitt des Abends (*Warner Live*) sofort über. Der Vergleich mit der Studioaufnahme unter Votto (*Warner Complete*) lässt erkennen, wie stark Bühnenwirklichkeit und Publikum Callas animierten.

23 Dieser Brief, datiert auf den 15. Dezember 1957, ist bei *Meneghini* nur bruchstückhaft wiedergegeben, aber vollständig bei *Gage* (S. 63 ff.).

24 Der Mitschnitt des ersten Aktes lässt die Ereignisse nacherleben (*Warner Live*).

25 *Hanine-Roussel*, S. 348, und *Lomazzi*, S. 20. Die Unterstellung, Maria Callas stelle sich oft krank, hatte sich zur Gewissheit verfestigt, ungeachtet gegenteiliger Aussagen. Der *Spiegel* hatte dazu beigetragen (12.2.1957, s. Kap. 16, Anm. 8): «Am nächsten Morgen stellte sich die Callas krank und sagte für die Abendvorstellung sowie vorerst auch für die folgenden Aufführungen ab. Sie wurde erst wieder gesund, als auf den Plakaten der Met die kurze Mitteilung erschien, dass an Stelle von Enzo Sordello der Sänger Frank Valentino in *Lucia di Lammermoor* auftreten werde.» Bing hingegen berichtet, dass sie sich sogar in stark angegriffenem Zustand aufgerafft habe zu singen (*Bing 5000*, S. 199).

26 *Meneghini*, S. 268.

27 Vgl. ebda., S. 258, und *Lettres*, S. 325, Anm. Erst 1971 bekam Maria Callas auch Recht, was ihre Klage gegen den Teatro dell'Opera in Rom betraf, ein Schadenersatz wurde geleistet. Vermeldet wurde auch das nur marginal.

28 Zu hören ist das Interview auf YouTube, zu sehen und zu hören bei Instagram.

29 *Lowe*, S. 188.

30 Die Situation vor, während und nach der Aufführung schildert der Bühnenbildner und Augenzeuge Piero Tosi (*Ardoin/Fitzgerald*, S. 157 f.).

31 Zeffirelli beschreibt die Vorgänge in der Scala und auch diese Details in seiner Autobiographie (*Zeffirelli*, S. 214).

32 In *All About Eve* sagt sie: «Fasten your seatbelts. It's going to be a bumpy night.»

33 *Exhibition*, S. 175 und Bildlegende Nr. 92.

34 Für die Theorie, Ghiringhelli sei von der italienischen Regierung in Rom genötigt worden, auf Callas' Mitarbeit zu verzichten, gibt es keinerlei Belege. Callas sagte spä-

ter, im Interview mit *Life* vom 20. April 1959: «Die Scala ‹verzichtete nicht auf meine Dienste›. Ich trat zurück.» Sie sagte aber mehrmals, sie werde nicht zurückkehren, solange Ghiringhelli Intendant sei.

35 Es war wieder Henry Blackman Sell.

36 *Jellinek*, S. 223 f.

37 An den Bellini-Experten Herbert Weinstock, mit dem sie befreundet war, schrieb Callas: «Hier bin ich noch an der Scala und studiere wie verrückt *Pirata* mit einem vagen Gefühl der Enttäuschung. Es ist kein wirklich wunderbares Stück» (*Weinstock*, JPB 92-2).

18. GATTIN OHNE KONTO
UND REKORDVERDIENERIN

1 Zu Lina Merlin vgl. Malte König: *Prostitution und Emanzipation. Die Schließung der staatlich lizensierten Bordelle Italiens 1958.* In: *Vierteljahreshefte für Zeitgeschichte* 4/2007, http://www.ifz-muenchen.de/heftarchiv/2007_4.pdf.

2 Meneghini hatte seine eigenen Konten, und er verwaltete alleine das sogenannte gemeinsame, auf das jedoch keine Erlöse von ihm eingingen, sondern ausschließlich die Gagen und Schallplattenerlöse von Maria Callas. Über die Vorgänge auf diesem Konto informierte er seine Frau nicht (*Galatopoulos*, S. 421).

3 Rescigno sollte über vierzig Jahre mit seinem Lebensgefährten Aldo Marcoaldi verbringen, Zeffirelli hatte sich damals längst von Visconti getrennt und ständig andere Partner.

4 *Zeffirelli*, S. 216 ff.

5 *Ardoin*, S. 141.

6 *Legge/Schwarzkopf*, S. 86.

7 Über Callas schrieb Laura B. Jessup (*Baxter Coll.*, Box 1, Ordner 5), über Tebaldi Dick Owen (Originalseite wiedergegeben bei *Papi*, S. 91).

8 *Meneghini*, S. 225.

9 *Crothers I*, S. 36. Zur Autorschaft von Callas' Briefen an Bing, vor allem den wichtigen vier letzten Briefen, leistete David Crothers den entscheidenden Beitrag, nicht allein durch Vergleiche des Briefstils, der Wortwahl, des Ausdrucks im Italienischen und im Englischen sowie eine sachkundige psychologische Beurteilung, sondern auch durch eine Analyse der Unterschriften (*Crothers II*, S. 35 ff.). Er geht jedoch nicht ein auf den Wechsel von Du und Sie, von «Dear Mr. Bing» oder «Egregio Signor Bing» zu «Dear Rudolf» und «Caro Rodolfo» und auf die analog wechselnden Unterschriften «Maria» und «Maria Meneghini-Callas». Nachdem Callas bereits 1957 zweimal Briefe an «Dear Rudolf» adressiert hatte, liegt es nahe, dass der italienische Brief vom 23. Oktober 1958, in dem er gesiezt wird, zwar im Sinn von Callas verfasst wurde, aber von Meneghini formuliert und geschrieben.

10 *Gente*, 18.9.1958.

11 Meneghini nennt es in seinem Buch «eine bindende Absichtserklärung» (*Meneghini*, S. 276).

12 Meneghini schreibt in seinem Buch, er habe ihr gesagt: «Wir müssen uns völlig be-

freien von der Metropolitan», sie habe geantwortet: «Wenn du das hinkriegst, bist du gut.» (ebda.)

13 Es war Jean Rosenthal.

14 Rual Askew, *The Dallas Morning News* (ohne Quelle zitiert bei *Lowe*, S. 202, der Autor falsch als Raul Askew genannt).

15 Die Wiederentdeckung des italienischen Originals dieses Briefes offenbart, wie stark diese Endphase der Korrespondenz zwischen Callas und Bing verzerrt wurde und wird. Zu verdanken ist der Fund Crothers' Mitstreiterin Dina Cavazenni, wie er ausdrücklich hevorhebt (*Crothers II*, S. 37). Diese Originalfassung unterscheidet sich in Stil, Ton und Inhalt gravierend von «Bings persönlicher Übersetzung» des Briefes (ebda.) ins Englische, die im Archiv der Met lagert, aber laut Crothers unter Verschluss gehalten wird.

16 Nach *Bastias*, S. 22 ff.

17 *Petsalis-Diomidis*, S. 553.

18 Bei *Zeffirelli* (S. 220) steht, Callas habe es nach der Aufführung erfahren; das widerspricht den Angaben aller anderen Zeugen wie denen des Kritikers John Ardoin (*Ardoin*, S. 145).

19 Von dieser Aufführung gibt es eine Aufzeichnung. Den auch in den Höhen absolut sicheren und befreiten Gesang von Callas schildert *Ardoin* (S. 145 f.).

20 Das Telegramm ist wiedergegeben bei *Sotheby's*, S. 60.

21 Zeffirelli, der das beobachtete, schreibt, es seien die gesammelten Tourneegagen in Münzen gewesen, «eine Art Piratenbeutel» (*Zeffirelli*, S. 219). Die Absurdität dieser Vorstellung gehört zu den Wanderlegenden zum Thema Maria Callas und das Geld.

22 Der Französische Franc war 1957 und 1958 abgewertet worden (1957: 1382:1, 1958: 493:1); die Währungsreform war zwar 1958 beschlossen worden, trat aber erst 1959 in Kraft. Berichte in der Callas-Literatur über die Ticketpreise der Gala vom 19. Dezember 1958 und die Gage von Callas ignorieren diese Tatsache und führen Summen an, die das Hundertfache der tatsächlichen betragen. So spricht Massimiliano Capella (*Exhibition*, S. 54 f.) davon, eine Eintrittskarte habe 6000 Dollar gekostet und die Gage von Callas habe sich auf 860 000 Dollar [sic] belaufen. Nilsson bezeichnet die 3000-Dollar-Gage, die Bing ihr 1961 notgedrungen bot, als eine «schwindelerregende». «Die höchste Gage, die die Met ansonsten bezahlte, waren 1000 Dollar, und nicht mehr als einer Handvoll Sänger war es geglückt, sich diese Ehre einzuhandeln.» (*Nilsson*, S. 148)

23 Meneghini bezeugt ausdrücklich: «Unter den Millionären, die im Konzert anwesend waren, befand sich Aristoteles Onassis mit seiner Entourage. Ich glaube, der Schiffseigner war sehr stark beeindruckt von dem, was er sah.» Nicht von dem, was er hörte? (*Meneghini*, S. 284 f.)

24 *Pinnau*, S. 283.

19. ERFOLGSSKLAVIN MIT LEBENSLUST

1 *Der Spiegel*, 21.1.1958.

2 Die Angabe, Callas sei ohnehin wegen Schallplattenaufnahmen angereist (Brian Adams: *La Stupenda. Joan Sutherland. Eine Biographie.* München 1982, S. 94), ist falsch.

3 *Zeffirelli*, S. 227. Die Begegnung belegen zahlreiche Fotos und Augenzeugen wie Sutherlands Ehemann.

4 *Exhibition*, S. 198 ff. und Bildlegende Nr. 112.

5 Das Titelbild von Manfred Oesterle in *Exhibition*, S. 213; die zugehörige Karikaturen-folge im Innenteil setzte den Tenor der Bildunterschrift fort.

6 Die Stationen der Tournee mit Rescigno waren: Madrid (2. Mai 1959), Barcelona (5. Mai 1959), Hamburg (15. Mai 1959), Stuttgart (19. Mai 1959), München (21. Mai 1959), Wiesbaden (24. Mai 1959).

7 Zitiert bei *Lowe* (dort englisch), S. 206.

8 Callas' Entwurf zu einer Selbstverteidigung, in dem sie schriftlich zu jedem Vorfall ausführlich Stellung nahm, blieb Fragment und wurde nicht gedruckt. Er hätte auch in der überlieferten Form ein Viertel des Magazins gefüllt. In voller Länge ist dieser Text wiedergegeben in *Lettres*, S. 299–310.

9 George Lascelle, Earl of Harewood, schrieb im *Evening Standard*, 22.11.1959: «Ein gro-ßes Schaudern ging durch das Publikum, ein Gefühl, dass es Zeuge von etwas ganz Außergewöhnlichem geworden war.» (Zitiert nach *Brix*, S. 178)

10 Die Wanduhr beim Ausgang ist auf einigen Fotos deutlich zu sehen und widerlegt Meneghinis (bei *Allegri*, S. 124, wiedergegebene) Aussage, sie habe die Party bald ver-lassen.

11 *Opera News* und *Saturday Review*, zitiert bei *Lowe*, S. 206.

12 *Gage*, S. 42 f.

13 Der Essay *Le Secret de Callas. Réflexions sur l'art du chant* findet sich in Nr. 161, 1.7.1959. In deutscher Übersetzung ist er größtenteils abgedruckt bei *Brix*, S. 213–217.

14 Aristoteles Onassis wurde nicht, wie oft angegeben, 1906, sondern 1900 geboren (*Harlaftis*, S. 4).

15 *Gage*, S. 88.

16 *Galatopoulos*, S. 420; auch alle anderen Freunde bezeugten das. Im Griechischen war und ist es nicht unüblich, auch enge Duzfreunde beim Nachnamen zu nennen. Maria Callas etwa nannte Stelios Galatopoulos nie Stelios, immer Galatopoulos.

17 Dass Maria Callas und Aristoteles Onassis in dieser Nacht bereits eine sexuelle Bezie-hung begannen, bestritt sie, allerdings Jahre später, in einem Gespräch mit ihrem Freund Stelios Galatopoulos (*Galatopoulos*, S. 420 ff.). Sie sei nach einer fruchtlosen und zermürbenden Auseinandersetzung mit Meneghini aus der Kabine geflohen und Ari begegnet, der «auf das dunkle Meer blickte». Dann hätten sie über alles Mögliche geredet; «er … hatte das Gefühl, dass ihm etwas Entscheidendes fehlte. Er war im Grunde ein Seemann. Ich hörte zu und stellte fest, dass ich in vielen Dingen, die er sagte, eine Parallele zu meinem Leben ziehen konnte. Der Morgen graute, als ich in meine Kabine zurückkehrte. Ich bin sicher, unsere Freundschaft begann damals.

Plötzlich waren meine Hoffnungslosigkeit und meine Reizbarkeit, unter der ich seit Monaten litt, praktisch verschwunden. … Als ich meinem Mann auf der *Christina* sagte, ich hätte in Onassis einen großen geistigen Freund gefunden, äußerte er sich nicht direkt, aber ich spürte, er war einfach wütend, nicht so sehr auf mich, sondern darauf, dass ich geistige Unterstützung gefunden hatte, die seit einiger Zeit in meinem Leben fehlte.»

18 *Meneghini*, S. 289.

19 Im September 1922 waren türkische Soldaten in Smyrna einmarschiert, der Beginn des zweiten Massakers innerhalb von drei Jahren an christlichen Einwohnern. Sämtliche Kirchen und Klöster waren in Moscheen, Ställe, Lagerhallen umgewandelt oder zerstört worden. Vgl. Loukas Lymperopoulos: *Die Pontosgriechen in Geschichte und Gegenwart*. Hrsg. von der Landeszentrale für politische Bildung Hamburg. Hamburg 2020.

20 Peter Tamm, damals auf Schifffahrt spezialisierter Journalist, sagte, Onassis sei ein «prima Kerl», aber «mit einem gewissen Minderwertigkeitskomplex» behaftet gewesen (Katja Iken: *Partyleben auf Onassis-Jacht. Feiern, fremdgehen, volle Fahrt voraus!* In: *Der Spiegel*, 21.7.2014). Und Legge meinte: «Callas litt an einem unmenschlichen Minderwertigkeitskomplex» (*La Divina – Callas Remembered*. In: *Opera News*, November 1977, Spezialausgabe). Zum wahren Datum von Onassis' Geburt (1900), seinem Start 1923 in Argentinien mit dreiundzwanzig Jahren und seinem Lebensweg ist die eine verlässliche Quelle *Harlaftis*, S. 4, Anm. 8. Sie beruft sich auf FBI-Akteneinträge, den Pass der Tochter Christina Onassis und andere absolut glaubwürdige Belege.

21 *Meneghini*, S. 225.

22 Ebda., S. 299.

23 *Gage*, S. 92.

24 *Dufresnes*, S. 261.

25 Foto bei https://www.pinterest.de/pin/201184308340903738.

26 Vgl. *Zeffirelli*, S. 228 f.

27 Ebda., S. 229.

28 *Zeffirelli* beschreibt das detailliert (S. 229 f.); vgl. auch *Lomazzi*, S. 22.

29 «Alles in allem war es eine bessere Wahnsinnsszene, als sie New York in ihrer Zeit an der Metropolitan Opera jemals gehört hat», schrieb John Rosenfeld in den *Dallas Morning News*, obwohl er «die kreischenden hohen Töne» moniert hatte. Die Kritiken werden ausführlich zitiert bei *Lowe*, S. 209 f.

30 Das italienische Recht kannte damals vier Formen der Ehetrennung (*separazione personale*), vgl. Gerhard Luther: *Die Ehetrennung nach italienischem Recht*. In: *Rabels Zeitschrift für ausländisches und internationales Privatrecht*, 33. Jg., H. 3, 1969, S. 476–498.

31 Details zu dem Ereignis und Fotos mit den Doppelgängerinnen in *Oggi*, 26.11.1959.

32 *Lettres*, S. 318 ff.

33 *Meneghini*, S. 307.

20. MARIA BEZWINGT CALLAS

1 *Zeffirelli*, S. 228.
2 *Servadio*, S. 152.
3 *Daily Mirror*, 1.12.1959.
4 *Lomazzi*, S. 23.
5 1955 hatte er die Agentur Roma Press Foto gegründet, spezialisiert auf Nachrichten und Klatsch. Als Fellinis Film erschien, hatte er sich jedoch bereits von der sogenannten Angriffsfotografie verabschiedet und porträtierte die Stars auf den Sets, war also von deren Feind zu deren Freund geworden. Callas begegnete ihm wieder beim Dreh zu *Medea*.
6 *Münchhausen*, S. 558 ff.
7 Auf Englisch wiedergegeben in *Maria Callas Magazine*, Nr. 56, März 2009, S. 46.
8 Vasilis Kavathas: *The Earthly Passions of a Goddess*. Athen 2001, nach *Pantis/Omero Lengrini I*, S. 3 und Anm. 11.
9 *Galatopoulos* (S. 419) berichtet über einen Besuch bei Meneghini nach dem Tod von Maria Callas. Er habe ihn darauf angesprochen, warum ihre Ehe kinderlos geblieben war. «Er sagte: ‹Vom Beginn unserer Ehe an träumten wir beide davon, ein Kind zu bekommen. Jeder Mann wäre glücklich und in der Tat stolz gewesen, mit dieser wundervollen Frau Kinder zu haben!› Dann zeigte er mir den Bericht eines Arztes, der eine Missbildung des Uterus [malformazione dell' utero] diagnostiziert hatte. Es gab kein anderes Mittel als eine gefährliche und höchst experimentelle Operation, wodurch eine schwache Hoffnung bestanden hätte, aber die Operation», so Meneghini zu Galatopoulos, «hätte Marias Gesundheit und Stimme schwer beeinträchtigt», Maria hatte sich laut Meneghini dagegen entschieden. In seinem eigenen Buch schreibt *Meneghini* ferner (S. 6): «Der Gynäkologe stellte Symptome einer stark verfrühten Menopause fest (Maria war erst vierunddreißig) und verschrieb ihr eine Reihe von Injektionen.»
10 Dass er seine Zeugungsfähigkeit habe überprüfen lassen, behauptete Meneghini, belegte es aber nie (*Galatopoulos*, S. 419).
11 *My Daughter*, S. 153.
12 *New York Times*, 20.6.1958.
13 *Hamilton*, S. 140.
14 An J. D. Bicknell, 21. Juli 1960, EMI Archives.
15 *Lomazzi*, S. 8.
16 Vgl. *Lowe*, S. 230.
17 *Sisters*, S. 156–158. Die Unzuverlässigkeit von Jackies Erinnerungen sorgt in der Callas-Literatur für Konfusion. So wird die erste Wiederbegegnung der beiden Schwestern seit 1949 meistens auf den Sommer 1961 datiert (*Spence*, S. 167). Jackie schreibt jedoch (*Sisters*, S. 158), sie habe mit dem Vater zusammen *Norma* besucht. «Plakate, auf denen beides, *Norma* und *Medea*, angekündigt war, hingen seit Wochen aus.» In diesem Zusammenhang beschreibt sie auch den Besuch auf der Yacht. Da sie die ins Regenwasser gefallene Premierenvorstellung ebenfalls erwähnt, muss es sich wirklich um die *Norma* im Sommer 1960 gehandelt haben. Doch sie schreibt weiter (S. 160), Maria habe sie aufgefordert: «Komm zu *Medea* nächste Woche», und schildert im Folgenden einen Besuch in Epidauros bei dieser Oper.

18 *Petsalis-Diomidis*, S. 550.

19 *Lomazzi* bezeugt (S. 23), dass sie bei dieser «eigentlichen Premiere» ganz nahe bei Onassis saß, er also anwesend war, was *Spence* bestreitet (S. 165).

20 https://www.pinterest.de/pin/201184308341353110.

21 *Ludwig*, S. 136.

22 «Die Callas ist wohl die Einzige, die ich bewundere: In ihrer Stimme lag die Tragödie ihres Lebens.» (Interview von Christian Berzins: *Als mir die Diva sagte: «Jetzt fange ich gleich an zu weinen».* In: *Tagblatt*, 25.4.2021, https://www.tagblatt.ch/kultur/opern-legende-als-mir-die-diva-sagte-jetzt-fange-ich-gleic-an-zu-weinen-ld.2129396) Ludwig hatte eine andere Mutter als Callas, die Gesangspädagogin Eugenie Besalla, die ihre Tochter immer daran erinnerte: «Es ist nur Theater.» (ebda.)

23 Interview von Robert Fraunholzer: Christa Ludwig: *«Ich mag keine Opern».* In: *Rondo*, 1/2008, https://www.rondomagazin.de/artikel.php?artikel_id=1133.

24 Interview von Manuel Brug: *Die Stimmkrisen der großen Christa Ludwig.* In: *Die Welt*, 14.3.2008, https://www.welt.de/kultur/article1799630/Die-Stimmkrisen-der-grossen-Christa-Ludwig.html.

25 https://www.pinterest.de/pin/201184308345812271.

26 An Walter Cummings, 29. Juli 1960 (*Lettres*, S. 326 f.).

27 Vgl. *Ardoin*, S. 156.

28 *Lomazzi*, S. 22.

29 Dass Callas viele Spitzentöne weglie
ß oder rasch verließ, ist auf dem Live-Mitschnitt ebenso zu hören wie die künstlerische Souveränität, mit der sie diese Rolle trotzdem bewegend gestaltete (*Warner Live*).

30 *Jahrbuch der öffentlichen Meinung 1950–1964.* Hrsg. vom IfD (Institut für Demoskopie) Allensbach, S. 202–205.

31 Nach der Aussage von Maria Callas im *Spiegel* vom 7. Mai 1960.

32 Interview von Derek Prouse in *The Sunday Times*, 26.3.1961.

21. EXKURS IN DIE WELT DER ALTERNATIVEN WAHRHEIT

1 Jürgen Kesting: *Der Wal im Goldfischteich. Eva Baronskys Roman über eine Liebe der Callas.* In: *FAZ*, 26.8.2021.

2 Gage zitiert McNallys frei erfundenen Text zu einer erzwungenen Abtreibung (*Gage*, S. 293 f.). Die Urheberin dieser Geschichte, Arianna Stassinopoulos, berief sich auf Aussagen, die Meneghini bei einem persönlichen Treffen gemacht habe, das aber nie stattgefunden hatte. In einem Interview mit dem *Cosmopolitan* im Oktober 1980 (*Galatopoulos*, S. 418) berief sie sich ferner auf die Wirkung ihrer Träume. «Ich träume oft von der Callas ... und habe beim Erwachen den Eindruck, die Gefühle der Callas besser zu verstehen. Intuitiv bin ich sicher gewesen, dass Onassis von der Callas eine Abtreibung verlangt hatte» – bei Stassinopoulos allerdings erst mit dreiundvierzig Jahren. Gage kommentiert McNallys Unterstellung: «Im zweiten Akt lässt McNally Maria auf bewegende Weise schildern, wie schmerzhaft es für sie war, Aris Forderung zu befolgen.»

3 Die folgenden Zitate von Gage sind Kapitel 14 der deutschen Ausgabe, «Der heimliche Sohn», entnommen (*Gage*, S. 292–314).

4 *Galatopoulos*, S. 419.

5 Da die Meneghinis Zeugen zufolge schon Mitte der fünfziger Jahre ein körperlich distanziertes Verhältnis zueinander hatten und seit 1951 in den Briefen nie mehr von einem Kinderwunsch Marias die Rede war, hätte es für Maria Callas keinen Grund gegeben, die Injektionen fortzusetzen.

6 Z. B. https://en.wikipedia.org/wiki/Nicholas_Gage.

7 Marlyse Schaeffer erscheint zum Beispiel durchgehend als Marylse Schaeffer.

8 Vgl. Vasilis Kavathas: *The Earthly Passions of a Goddess*. Athen 2001, nach *Pantis/Omero Lengrini I*, S. 2.

9 Selbst Schaeffers angebliche Hinweise auf eine Schwangerschaft finden sich nicht in ihrem Text. Gage schreibt, sie erwähne «die geschwollenen Extremitäten und das voluminöse Kleid aus ‹steifer Rohseide›» (*Gage*, S. 299). Bei Schaeffer steht aber nur: «Während sie sprach, blickte Maria auf ihre kaum aristokratisch zu nennenden Hände mit robusten Gelenken und Knöcheln.» Was das Kleid betrifft, ist bei ihr von einem «Kleid aus Rohseide» die Rede.

10 Gisela Binner vom Deutschen Maria Callas Club hatte in dessen Magazin den Artikel von Pantis bereits in voller Länge veröffentlicht.

11 Z. B. *Galatopoulos*, S. 418.

12 *Zeffirelli*, S. 277.

13 *Pantis/Omero Lengrini II*.

14 *Hanine-Roussel*, S. 436 ff.

15 Alfredo Signorini: *Troppo fiera, troppo fragile – il romanzo della Callas*. Mailand 2007, zitiert nach *Hanine-Roussel*, S. 437.

16 Karl H. van Zoggel: *Callas Books: ‹Cast a Diva: The Hidden Life of Maria Callas› by Lyndsy Spence*. In: *Maria Callas Magazine*, Nr. 93, Juli 2021, S. 30–33.

17 *Pantis/Omero Lengrini II*.

18 *Lettres*, S. 313 f.

19 Julia Shaw: *Das trügerische Gedächtnis. Wie unser Gehirn Erinnerungen fälscht*. München 2016.

20 Gage druckt es selbst ab, allerdings knapp fünfzig Seiten zu spät (*Gage*, S. 354).

21 «Mit Maria verbrachte ich viele Tage auf Skorpios: Tagsüber lagen wir in der Sonne oder schwammen, meistens ohne Badeanzug.» (*Pinnau*, S. 291)

22 Vgl. https://www.pinterest.de/pin/591097519833572658; https://www.pinterest.de/pin/591097519849377525.

23 Bereits 2001 war bei *Petsalis-Diomidis*, S. 568, Maria im Bikini zu sehen, der Slip reichte hier etwas weiter nach oben. Dieses Foto wollten die Befürworter der Gage-Theorie offenbar nicht wahrnehmen.

22. DEVOTE GELIEBTE UND GRIECHENLANDS IDOL

1 *Pinnau*, S. 280 f.

2 Ebda., S. 291.

3 Ebda., S. 281 ff.

4 Zu den Details der Karriere von Cäsar Pinnau vgl. Eduard Heinrich Führ: *Identitäts-politik. ‹Architect Professor Cesar Pinnau› als Entwurf und Entwerfer*. Bielefeld 2016. Pinnau war auch tätig gewesen für die Organisation Todt, eine halb militärische Bau-truppe, die den Westwall, den Atlantikwall und U-Boot-Stützpunkte mithilfe von Häftlingen und Zwangsarbeitern errichtete.

5 Vgl. Heinz A. Richter: *Geschichte Griechenlands im 20. Jahrhundert*. Band 2: *1939–2004*. Ruhpolding 2015, S. 360.

6 Pressekonferenz mit Bastias am 10. August 1961 im Hotel Grande Bretagne (*Bastias*, S. 38).

7 Callas hatte am 12. September 1960 den Verdienstorden, Serafin den Phönix-Orden verliehen bekommen (ebda., S. 33).

8 *Stancioff*, S. 58, zitiert Lanzounis aus einem Gespräch, das sie mit ihm führte: «Drei Schecks jeden Monat! Maria sorgte sich weiß Gott um ihre Familie. Aber die Mutter wollte stets mehr und noch mehr haben.»

9 William Fense Weaver, Musikkritiker und Kommentator beim Metroplitan Opera Broadcast, beschreibt diese Szene in Begleitung seines Freundes Luigi Malerba in: *Remembering Callas. Some Confessions of a Fan* (*Tosi*, S. 76 ff.).

10 *Lowe*, S. 97.

11 *Spence*, S. 169.

12 Vgl. *Lomazzi*, S. 23.

13 *Warner Complete*, S. 35.

14 *Hanine-Roussel*, S. 463.

15 Am 26. April 1962 nahm Evangelia Callas eine Überdosis Schlaftabletten, wurde in die Psychiatrie des Roosevelt Hospital gebracht, aber nach psychotherapeutischer Be-ratung bereits drei Tage später wieder entlassen (*Hanine-Roussel*, S. 461).

16 Jean-Pierre Angremy, der als Pierre-Jean Remy ein erfolgreicher Autor, Diplomat und Mitglied der Académie française werden sollte, schrieb von den «entsetzlichen Auf-führungen der *Medea* am 29. Mai und am 3. Juni 1962. Physisch, sogar materiell war ihre Stimme schlechter denn je.» Er hörte Callas' Sinusitis, er sah ihre Verzweiflung. Sie hob den Arm, beobachtete er, «in einer Geste, die niemand anderem zugehörte als ihr, und versuchte vergebens, die Zeit aufzuhalten, die ihr durch die Finger glitt». Ihr Gesang war für ihn ein Abgesang auf sich selbst: «Es brauchte Callas, um Cherubinis Musik zu erretten von der pompösen Langweiligkeit, in der sie versunken war, … aber in Mailand 1962 schien es, als habe nur der Geist einer Stimme überlebt.» (*Remy*, S. 235 f.)

17 *Pinnau*, S. 290 f.

18 *Bragaglia*, S. 13 f.

19 *Pinnau*, S. 301, 316.

23. IKONE UND OBJEKT DES HOHNS

1 Die Episode und alles andere zu Janine Reiss erzählt nach *Fournier*, S. 49 ff.

2 Auf dem Sterbebett wollte Milton Embirikos im Mai 1963 Jackie heiraten, seine

Geschwister verhinderten es aus Angst um ihr Erbteil. Milton gestand Jackie: «Ich konnte dich wegen deiner Mutter nicht heiraten. Du hast zu sehr auf sie gehört.» Er starb im Juni 1963 (*Sisters*, S. 165).

3 *Petsalis-Diomidis*, S. 224.

4 *Warner Complete*, S. 69; dort ist der Brief im Faksimile wiedergegeben.

5 *Andry*, S. 49.

6 Anthony Montague Browne, der diesen Dialog in seinen Erinnerungen zitiert (*Long Sunset. Memoirs of Winston Churchill's Last Private Secretary*. London 1995, S. 253), schreibt dort, Onassis habe ihn genötigt zu erklären, Churchill wünsche Callas nicht an Bord zu sehen, Onassis habe jedoch nur vorgeschoben. So herabwürdigend, wie sich Montague Browne aber über Marias Verhalten bei der vorangegangenen gemeinsamen Kreuzfahrt äußert (S. 252 f.), bestätigt das ihre Einschätzung seines Charakters.

7 *Maxwell/Ruland*, S. 32 ff.

8 Ebda.

9 Zitiert nach Zeffirellis eigener Schilderung (*Zeffirelli*, S. 278 ff.).

10 William Weaver in *Tosi*, S. 77.

11 Die Schilderungen Tito Gobbis und seiner Frau Tilde von der Londoner *Tosca* bei *Lowe*, S. 73–76.

12 Gage schreibt: «Am Premierenabend hatte Maria eine Bronchitis und fast 39 Grad Fieber» (*Gage*, S. 347). Zeffirelli, der an diesem Abend ständig bei Callas war, berichtet: «Als es Abend wurde, war sie heiser. Bei jedem anderen hätte die Diagnose gelautet: Bronchitis. Natürlich fehlte ihr überhaupt nichts, außer der Nervenkrise, die sie regelrecht lähmte. Wir standen in der Kulisse; sie umklammerte meine Hand und bekreuzigte sich ein um das andere Mal nach dem orthodoxen Ritus. Der erste Ton erklang, ich musste sie auf die Bühne stoßen; … ihre Stimme war perfekt, sie hatte die Angst besiegt.» (*Zeffirelli*, S. 285 f.)

13 Vgl. die beiden Rezensionen von Martin Cooper in *Musical America*, der von Callas' schauspielerisch überragender Darstellungskunst schwärmt, aber auch von dem «Augenblick schwerer Enttäuschung» nach der großen Arie schreibt, und von Philip Hope-Wallace im *Guardian*, der den spektakulären Szenenapplaus schildert (*Lowe*, S. 217 f.).

14 https://www.pinterest.de/pin/626288696763225.

24. EINE LIEBENDE FRAU ALS PRIESTERIN

1 1000 Pfund besaßen Mitte der 1960er Jahre eine Kaufkraft von 72 000 Euro heute, es handelte sich bei Callas wie Karajan also umgerechnet um circa 750 000 Euro.

2 Callas erhielt 10 022 Pfund, Karajan 10 903, die Beatles zu viert 46 982; nach *Osborne*, S. 649 f.

3 *Zeffirelli*, S. 290 f.

4 Rudolf Bing war nicht zugegen bei der Premiere, obwohl es oft so referiert wird (*Hanine-Roussel*, S. 488). Er besuchte die Aufführung am 6. Juni (*Bing 5000*, S. 205); an diesem vierten Abend erst geschah, was er beschreibt.

5 *Zeffirelli*, S. 277.

6 Andrew Porter, zitiert nach *Lowe*, S. 220 f.

7 *Seghers*, S. 303.

8 *Bing 5000*, S. 205 f.

9 John Ardoin schrieb über den Besuch ausführlich: *Callas Today.* In: *Musical America*, www.musicalamerica.com/features/?fid=303&fyear=1964.

10 *Gage*, S. 365.

11 Hannah Arendt im Gespräch mit Günter Gaus, ausgestrahlt im ZDF am 28. Oktober 1964.

12 *Gedda*, S. 110.

13 *Andry*, S. 59.

14 In Liberia gründete Vergottis nach Vertragsabschluss die Overseas Bulk Carriers Corporation, unter deren Namen die *Artemision II* verkehren sollte.

15 *Tanker Olga.* In: *Der Spiegel*, 23.4.1967, https://www.spiegel.de/politik/tanker-olga-a-81c9a9f8-0002-0001-0000-000045293095.

16 So mit Marie-Hélène Rothschild am 2. Dezember 1964, vgl. https://www.pinterest.de/pin/343259711093279.

17 D'Amico (*Lowe*, S. 92 f.).

18 Alice Schwarzer: *Romy Schneider. Mythos und Leben.* Köln 1998, S. 123.

19 Der Roman *L'Astragale* erschien 1965.

20 *Crothers/Bing I*, S. 38.

21 *Lowe*, S. 222.

22 William Weaver: *Remembering Callas. Some Confessions of a Fan.* In: *Tosi*, S. 58–83, hier S. 78.

23 *Richter*, S. 232.

24 Es wurde am 18. Mai 1965 ausgestrahlt, nicht aufgenommen.

25 *Hanine-Roussel*, S. 510.

26 *Life*, 30.10.1964.

27 *Scott*, S. 239.

28 Vgl. *Auszug aus dem Paradies.* In: *Der Spiegel*, 6.7.1965, www.spiegel.de/politik/auszug-aus-dem-paradies-a-fced4d1e-0002-0001-000046723283.

29 *Zeffirelli*, S. 313.

25. EINE GRIECHIN IN PARIS

1 Das kurze Interview, das Maria Callas hier gab, ist auf Farbfilm dokumentiert (nicht öffentlich zugänglich).

2 Er drehte mit Brabourne wenig später seine Verfilmung von Shakespeares *Romeo und Julia*.

3 *Zeffirelli*, S. 315–321.

4 *Lettres*, S. 404.

5 *Zeffirelli*, S. 318.

6 Karajan im Gespräch mit Osborne (*Osborne*, S. 99).

7 *Osborne*, S. 690.

8 https://www.gettyimages.ch/detail/nachrichtenfoto/bruno-coquatrix-owner-and-manager-of-the-music-hall-nachrichtenfoto/843200700 (falsch datiert auf 1967) und https://www.pinterest.de/pin/591097519840824152/ (richtig datiert auf 20. Mai 1966).

9 Interview mit Iris Radisch in: *Die Zeit*, 17/2015, https://www.zeit.de/2015/17/juliette-greco-sartre-existenzialismus.

10 *Tanker Olga*. In: *Der Spiegel*, 23.4.1967, https://www.spiegel.de/politik/tanker-olga-a-81c9a9f8-0002-0001-0000-000045293095.

11 *Lettres*, S. 415.

12 *Nur Bestien*. In: *Der Spiegel*, 18.6.1967, https://www.spiegel.de/politik/nur-bestien-a-71a1e2a6-0002-0001-0000-000046251900.

13 Vgl. https://www.dailymail.co.uk/news/article-2353462/on-board-Aristotle-Onassis-floating-palace-Christina-O-superyacht-goes-sale-21MILLION.html.

14 *Andry*, S. 48–52.

15 Ebda., S. 47 f., 54 f.

16 *Petsalis-Diomidis*, S. 567.

17 *Lettres*, S. 420.

18 Denise Duval.

19 *Lettres*, S. 421 f.

20 *Bing Gala*, S. 82–85; dort ist die Anrede «you» mit «Sie» übersetzt, was aber, wie bereits ausgeführt, nicht dem Umgangston und den italienischen Briefen entspricht, in denen beide eindeutig zum Du übergegangen waren.

26. DIE UMSCHWÄRMTE VERSCHMÄHTE

1 *Lettres*, S. 424.

2 *Münchhausen*, S. 565 ff.

3 Wilfried Loth: *Der Mai 68 in Frankreich. Fast eine Revolution*. Frankfurt am Main, New York 2018.

4 https://www.xing.com/communities/posts/aristoteles-onassis-1004473596.

5 *Lettres*, S. 425.

6 Ebda., S. 426.

7 Vgl. *Gage*, S. 366.

8 *Warner Complete*, S. 70.

9 Noch am 17. August 1968 hatte Maria Callas an Bruna geschrieben: «Ich denke, Anfang September zurückzukehren, um die Verdi-Platte zu beenden. Wenn Gott will.» (*Lettres*, S. 428) Coveney schrieb an Andry am 3. September 1968: «Maria Callas will definitiv das Album mit Verdi-Arien machen, sobald sie nach Paris zurückkehrt» (*Lettres*, S. 430).

10 *Petsalis-Diomidis*, S. 545.

11 Wie alle folgenden Zitate von Ardoins Bändern: *Ardoin Tapes*, teils abgedruckt in *Ardoin/Fitzgerald*, S. 42–45.

12 *Bing Gala*, S. 91.

13 *Burton*, S. 186; die Zitate aus der deutschen Übersetzung sind an einigen Stellen ver-

ändert und dem angeglichen, was im englischen Original steht (*The Richard Burton Diaries*. New Haven, London 2012).

14 Ebda., S. 193 f.
15 Zum Medieninteresse an Callas vgl. Francis Robinsons Brief an seine Mutter vom 18. Oktober 1968 (*Lowe*, S. 231).
16 *Warner Complete*, S. 71.
17 *Die Hochzeit des Jahrzehnts*. In: *Die Zeit*, 25.10.1968.
18 *Burton*, S. 209.
19 *Stancioff*, S. 208 f.
20 Die Darstellerin Laura Betti gewann die Coppa Volpi, der Film den Premio OCIC.
21 Sabine Moser: *Überlegungen zur produktiven Zensur bei Pier Paolo Pasolini*. Diplomarbeit, Wien 2013, S. 93.
22 Vgl. *Delírio erótico*. In: *Der Spiegel*, 22.6.1969, https://www.spiegel.de/kultur/delirio-erotico-a-e5783793-0002-0001-0000-000045702186.
23 *Stancioff*, S. 207 f. Der Versuch von Bourgeois, ihr die symbolische Dimension dieses in keiner Weise pornographischen, hoch artifiziellen Films deutlich zu machen, endete darin, dass sie ihn als blasphemisch bezeichnete.

27. BÄUERIN UND GÖTTIN

1 Die Beschreibung folgt der von *Stancioff* (S. 17). Dass es sich beim dort genannten Grand um das Grandhotel St. Regis handelte, ist einwandfrei festzustellen; es führte Callas mehrmals als Gast.
2 *Legge Words*, S. 234.
3 *Elle*, 28.4.1968 (zitiert nach *Lowe*, S. 54 f.).
4 Vgl. *Bing Gala*, S. 92 f.
5 *Ardoin*, S. 189 f.
6 *L'Invité de dimanche*, 20.4.1969.
7 *Stancioff*, S. 30–35.
8 Ebda., S. 35.
9 *Voss*, S. 23.
10 Das Gedicht *Timor di me* existiert in zwei Fassungen. Pasolini bezeichnet Callas darin als eine «riapparazione ctonia», eine chtonische Wiedererscheinung. Die chtonischen Göttinnen und Götter der Antike, also die der Erde zugehörigen, galten als todbringend und zugleich lebensspendend, wie Persephone oder Demeter.
11 Moravia sagte dazu: «die Beziehung zwischen Pasolini und seiner Mutter war eine Beziehung, die über das normale Maß hinaus ging.» Er sprach sogar von «einer Körperlichkeit», die ihn störte (*Moravia/Pasolini*, S. 66).
12 Zitiert nach *Zigaina*, S. 19.
13 https://www.pinterest.de/pin/201184308345924865.
14 https://www.dagospia.com/rubrica-29/cronache/Idquo-sogno-fatto-lei-sola-rdquo-callas-pasolini-storia-156651.htm&prev=search&pto=aue, dort finden sich Zitate von Piera Degli Esposti aus einem Interview mit dem Magazin *Sette* im Jahr 1969.
15 Zitiert nach *Zigaina*, S. 20.

16 Pasolini widmete ihr ein Gedicht, in dem er ihre Sehnsucht nach einer Vaterfigur beim Namen nannte; erfüllen konnte und wollte er diese Sehnsucht nicht. Überschrieben ist dieses Gedicht, das in zwei Fassungen existiert, mit einer Zeile aus der Arie Leonoras in Verdis *Trovatore*: «Timor di me?» – «Angst vor mir?» Darin heißt es: «Tu sorriendo a me sorridi a lui Ma io non ho mai potuto essere» – «Indem du mir zulächelst, lächelst du ihn [den Vater] an! Doch ich habe nie er sein können» (nach *Voss*, S. 23 f.).

17 Vgl. das umfassende Werk von Lothar Willms: *Transgression, Tragik und Metatheater. Versuch einer Neuinterpretation des antiken Dramas*, Tübingen 2014.

18 Die Beschreibung folgt hier den Angaben von *Zigaina*, S. 93 f.

19 *Elle*, 28.4.1969 (*Lowe*, S. 54 f.).

20 Die zeitliche Abfolge der Ereignisse ist in der Literatur teilweise falsch dargestellt. *Voss* (S. 31 f.) zeigt auch anhand der Gedichte eindeutig auf, dass das Ereignis mit dem Karneolring, wie ihn Zigaina beschreibt, auf den Sommer 1969 zu datieren ist (bei *Zigaina*, S. 64, Anm. 94, heißt es «in einer Julinacht in meinem Garten vor Freunden und recht vielen Journalisten»), nicht etwa auf den Sommer 1970 (*Hanine-Roussel*, S. 539). Für Verwirrung sorgt auch ein Ring, den Nadia Stancioff erwähnt (*Stancioff*, S. 211), der völlig anders aussah und den Pasolini Maria in Kappadokien schenkte: «eine antike Bronzemünze in Silber zu einem Ring gefasst. Auf der einen Seite der Münze waren die Profile eines Mannes und einer Frau eingraviert, auf der anderen die Figur eines Kriegshelden. Zwischen zwei Takes kam Maria zu mir herüber, um mir den Ring zu zeigen. ... ‹Bedeutet das nun wirklich, dass er mich liebt?›» Die Szene und den Ring beschreibt Zigaina detailgenau in einem Text, der zu finden ist auf https://www.cittapasolini.com/post/maria-callas-e-peir-paolo-pasolini-l-anello-un-testo di-giuseppe-zigaina.

21 Vgl. *Processo Callas*. In: *Radiocorriere TV*, Nr. 48, November 1969, wiedergegeben unter dem Titel *The Callas Debate* bei *Lowe*, S. 81–104.

22 *Pasolini/Lettere*, S. 247, 320.

23 Moravia, befragt, ob die Mutter von Pasolinis Homosexualität wusste, sagte nein, differenzierte dann aber: «Entweder sie tat so, als wisse sie es nicht, oder sie wusste nicht ... ich weiß es nicht.» (*Moravia/Pasolini*, S. 66 f.)

24 «Aus dem immensen Material hatte er beim Schneiden ausgerechnet einige der für Maria unvorteilhaftesten Szenen ausgewählt. Andere Szenen wiederum, die ich persönlich zu den eindrucksvollsten zähle, scheinen beim Schnitt in den Papierkorb gewandert zu sein. Hätte sich Pasolini doch für den Schnitt mehr Zeit genommen! Ich bin sicher, dass das nicht nur dem Film wohlbekommen [wäre], sondern auch Marias zukünftiger Karriere als Filmschauspielerin Auftrieb gegeben hätte.» (*Stancioff*, S. 258)

25 Ebda., S. 215.

26 Das Interview erschien im *Observer* in zwei Folgen, am 8. und am 15. Februar 1970; vollständig wiedergegeben bei *Lowe*, S. 55–64.

27 Dass er bei der Besetzung dieser Partie anfangs an Rita Hayworth und Ann Bancroft gedacht hatte, war längst Vergangenheit (*Pier Paolo Pasolini. Dokumente zur Rezeption seiner Filme in der deutschsprachigen Filmkritik 1963–85*. Kinemathek, 31. Jg., Oktober 1994, S. 135).

28 *Opera News*, Dezember 1969, zitiert nach *Galatopoulos*, S. 383.

29 *Moravia/Vita*, S. 343.

30 Nach Dacia Marainis Nachruf auf Moravia: *Il ricordo di Dacia Maraini*, http://www. penclubitalia.it/c/100609/18233/il-ricordo-di-dacia-maraini----accompagnami-a-sabaudia-a....html.
31 *Moravia/Vita*, S. 378 f.
32 *Moravia/Pasolini*, S. 63 ff.
33 *Pasolini/Lettere*, S. 247.
34 *Maraini/Pasolini*, S. 223.
35 *Klimke/Maraini*, S. 11 f.
36 Ebda., S. 117.

28. EINE ANTI-DIVA ALS SELBSTDARSTELLERIN

1 *Stancioff*, S. 258.
2 Peter H. Schröder in *Die Welt*, 22.2.1970, zitiert nach *Pier Paolo Pasolini. Dokumente zur Rezeption seiner Filme in der deutschsprachigen Filmkritik 1963–85*. Kinemathek, 31. Jg., Oktober 1994, S. 136 f.
3 *Eleftheros Kosmos*, 30.4.1970.
4 Vgl. *Tages-Anzeiger*, 12.3.1970; *Der Spiegel*, 29.3.1970.
5 Sie wird auch Dragonisi geschrieben, ist nur neunzig Hektar groß und befindet sich im Golf von Euböa.
6 *Stancioff*, S. 259 f., 265.
7 Zitiert bei *Marsh*, S. 136.
8 *Stancioff*, S. 274.
9 *Moravia/Pasolini*, S. 62.
10 *Burton*, S. 450.
11 Vgl. *Fessel zerrissen*. In: *Der Spiegel*, 6.12.1970, https://www.spiegel.de/politik/fessel-zerrissen-a-bc1de1e3-0002-0001-0000-000043822756.
12 Dieses Interview bildet die Basis von Tom Volfs Dokumentarfilm *Maria by Callas* (2021), den Aussagen von Maria Callas wird darin nicht widersprochen. Der Text des Interviews ist in voller Länge wiedergegeben in *Maria Callas Magazine*, Nr. 94, November 2021, S. 24–35.
13 *Stancioff*, S. 197.
14 *Lettres*, S. 467.
15 Es wurden dann aus technischen Gründen nur dreiundzwanzig, zwölf im Jahr 1971 und elf im Jahr 1972.
16 Die Liste der Teilnehmer findet sich auf https://sites-google.com/site/operalala/CallasJuilliard/callas-students?.
17 Vgl. *Ardoin/Meisterklasse*, S. 13: «etliche von Callas' eindringlichsten Bemerkungen waren gesungener Art.»
18 *Lettres*, S. 479 f., dort falsch datiert auf den 10. Oktober, die Kurse begannen erst am 11.
19 Terence McNally publizierte 1995 das weltweit erfolgreiche Stück *Masterclass*, in dem er Maria Callas als despotische, ungeduldige, cholerische Diva darstellte, wodurch ihr Image in den letzten Jahrzehnten stark beeinträchtigt wurde. Auch andere Unwahrheiten in diesem Theaterstück werden seither als Tatsachen gehandelt.

20 Die positiven Beurteilungen sind teilweise referiert bei *Stancioff*, S. 270 ff.; fast alle Zuhörer erlebten Callas wie die Tänzerin und Choreographin Vera Zorina, Frau des Präsidenten von Columbia Records: «Ihr Unterricht war konstruktiv; stets merkte man ihr außerordentliches künstlerisches Einfühlungsvermögen – auch wenn sie Mühe hatte, sich ihren Schülern mitzuteilen. In diesem Sinne war sie keine gute Pädagogin.» Auch John Ardoin, der Details der Kurse schildert (*Ardoin/Meisterklasse*, S. 41 f.), betont, wie zugewandt, offen, freundlich und engagiert Callas auftrat; sie habe als Lehrerin dasselbe tiefe Engagement gezeigt wie als Sängerin und niemals von oben herab, sondern als Freundin oder Kollegin gesprochen. Ein Überblick über die Rezensionen findet sich bei *Van Campen*, S. 117–122. Dokumentiert sind einige der Unterrichtsstunden auf YouTube und auf CD: *Maria Callas at Juilliard. The Masterclasses*. EMI Classics 1987.

21 Barbara Hendricks: *Lifting my Voice*. Chicago 2014, S. 133.

22 *Sutherland*, S. 15.

23 Vgl. *Moravia/Pasolini*, S. 76.

24 Vgl. ebda., S. 65.

25 Ebda., S. 70.

26 *Lettres*, S. 473.

27 *Siciliano*, S. 510.

28 «Ich habe keinen blassen Schimmer, was ich ihm schreiben soll», hatte Maria Callas zu Nadia Stancioff gesagt, als sie zurück in Paris weiter Liebesbriefe von Peter Mennin erhielt, und gefragt, ob Nadia nicht für sie antworten könne (*Stancioff*, S. 276).

29 *Lettres*, S. 522.

30 Das belegt im Privatbesitz von Mennins Familie befindliche Korrespondenz, die Lyndsy Spence einsehen durfte (*Spence*, S. 235).

31 Vgl. *Hose runter*. In: *Der Spiegel*, 14.11.1971, https://www.spiegel.de/politik/hose-run
ter-a-62ee9390-0002-0001-0000-000044914782.

32 Dass Callas dort zu ihm den fast lebensmüden Satz gesagt habe: «Jeder Tag, der vorüber geht, ist ein Tag weniger, der mir zum Leben bleibt» (*Hanine-Roussel*, S. 547), behauptete di Stefano erst 1987, elf Jahre nach Marias Tod (im Film über sie von Alan Palmer; *Petsalis-Diomidis*, S. 569, 657, Anm. 30).

29. EINE FÜNFZIGJÄHRIGE ERBLÜHT

1 Sie wurde 1974 veröffentlicht; vgl. *Münchhausen*, S. 557.

2 Stationen waren nach London: Hamburg, Berlin, Düsseldorf, München, Frankfurt/ Höchst, Mannheim, Madrid, wieder London, Paris, Amsterdam, Mailand, Stuttgart, Philadelphia, Toronto, Washington, Boston, Chicago, New York, Detroit, Dallas, Miami Beach, Columbus/Ohio, Brookville/Long Island, New York, Cincinnati, Seattle, Portland, Vancouver, Los Angeles, San Francisco, Montreal, Seoul, Tokyo, Fukuoka, Tokyo, Osaka, Hiroshima und Sapporo.

3 *Callas Will Make U. S. Recital Tour*. In: *New York Times*, 25.6.1973.

4 *Sutherland*, S. 12–17.

5 Seit 2004 heißt es Congress Center; das Hotel heißt heute Radisson Blu Hotel Hamburg.

6   *Semrau*, S. 133: «Damit konnte er [Gorlinsky] zumindest teilweise den Vorwurf parie-
    ren, dass er sich am Namen der Callas bereichern wollte.» *Sutherland* (S. 21) schreibt,
    Callas habe nur 5000 Dollar an di Stefano abgegeben.

7   *Lettres*, S. 493.

8   Sidney Edwards: *Callas' Night. But Taylor Steels It*. In: *New York Times*, 11.11.1973.

9   Das zitierte Fritz Eduard Spiess in der *Frankfurter Rundschau*, 28.10.1973.

10 *Lettres*, S. 496.

11 Ebda., S. 497.

12 Dass Maggie van Zuylen, also Marie-Hélène de Rothschild, 1972 gestorben sei, ist
    eine Falschmeldung, die *Stassinopoulos Huffington* (S. 323) in die Welt gesetzt hat und
    die seither als Tatsache gehandelt wird. 1972 starb die Mutter von Marie-Hélène, sie
    selbst starb erst 1996.

13 *Lettres*, S. 495.

14 Die Zahlen wurden lange Zeit deutlich niedriger angegeben, diese hier verdanken
    sich der Untersuchung der Forschungsstiftung Ethniko Idryma Erevnon von 2006, in
    der 886 Verhaftete und 24 Tote bei den Ereignissen insgesamt aufgeführt werden.

15 *Sutherland*, S. 82–90.

16 Zitiert nach *Semrau*, S. 136.

17 *Andry*, S. 56 ff.

18 Später stellte sich heraus, dass es sich um eine Leukämie-Erkrankung handelte.

19 Das schrieb Harold Schonberg in der *New York Times* (*Lowe*, S. 227).

20 Zitiert nach Michael Cranberry: *Maria Callas Was the Diva. He Was the Critic. They
    Were Best Friends, until They Suddenly Weren't*. In: *Dallas Morning News*, 6.12.2018.

21 *Lettres*, S. 518.

22 Olympic Aviation war ein Serviceunternehmen für Lufttaxis, das Inseln anflog, die
    für den Tourismus zu unbedeutend waren.

23 *Gage* (S. 23) schreibt: «Zehn Jahre nach dem Tod dieses Kindes [Omero Lengrini], als
    der 24-jährige Alexander Onassis ... beim Absturz einer Privatmaschine ums Leben
    kam, flog ein untröstlicher Aristoteles zu Maria nach Paris. Ihrer beider Tränen ver-
    mischten sich, als er zu ihr sagte: ‹Mein Junge ist tot. Mir ist nichts mehr geblieben!›,
    und sie rief: ‹Wenn doch nur unser Sohn am Leben geblieben wäre!›» Quellen nennt
    Gage dafür nicht.

24 *Sutherland*, S. 233.

25 Ebda., S. 237 f.

26 Vgl. *Jocks*, S. 95.

27 *Schroeter*, S. 31.

28 Ebda., S. 202.

29 Ebda., S. 340.

30 *Sutherland*, S. 274.

31 Heute Nitori Culture Hall.

32 *Lettres*, S. 501.

33 Bernstein sagte zu Nadia Stancioff: «Sie hat mich wirklich wütend gemacht. Als ich
    das letzte Mal bei ihr war, schaltete sie mitten im Gespräch plötzlich die Glotzkiste
    ein und schaute sich irgendeinen Unsinn an» (*Stancioff*, S. 303).

34 Nach *Pullen/Taylor*, S. 286–289.

30. DIE STIMME VERSTUMMT

1 *Lettres*, S. 513.
2 Brief an Walter Cummings vom 5. Januar 1975 (*Lettres*, S. 506).
3 *Stancioff*, S. 299.
4 Ebda., S. 298.
5 *Lettres*, S. 512 f.
6 Ebda., S. 513.
7 Bei *Hanine-Roussel* (S. 582) wird der Tod von Luisa di Stefano auf den 19. März 1976 datiert, von dort wurde der Fehler vielfach übernommen.
8 *Lettres*, S. 518.
9 Ebda., S. 517.
10 Dass daran ein Hirntumor schuld war, erfuhr sie erst später und überlebte die Prognose, sie habe maximal noch drei Jahre, um dreißig Jahre.
11 *Lettres*, S. 518.
12 *Sutherland*, S. 270.
13 *Pullen/Taylor*, S. 303.
14 *Lettres*, S. 524.
15 So wurde der Leichnam in den Gerichtsakten beschrieben.
16 Pelosi wurde wider Erwarten zu neun Jahren Gefängnis verurteilt. Später widerrief er sein Geständnis vollständig. Dass Kleinkriminelle aus dem Umkreis Pelosis seit Jahren von Faschisten für Entführungen, Attentate oder Morde engagiert wurden, war aktenkundig.
17 Vgl. *Moravia/Pasolini*, S. 72.
18 *Sisters*, S. 183 f.
19 *Lettres*, S. 525.
20 Veröffentlicht wurde er auf der CD *Maria Callas Live in Paris 1963 und 1976* (EMI). Die technisch schlechte Aufnahme macht hörbar, mit welch ungeheurer Intensität und Leidenschaft Maria Callas nach wie vor sang.
21 *Petsalis-Diomidis*, S. 656, Anm. 23.
22 Ebda., S. 299.
23 *L'Invité de dimanche*, 20.4.1969.
24 *Petsalis-Diomidis*, S. 634, Anm. 34.
25 *Lettres*, S. 531.
26 Das Interview mit Philippe Caloni wurde nicht, wie oft angegeben, im April 1977 geführt, zu diesem Datum wurde es in Radio France Musique gesendet. Hörbar ist es auf YouTube, abgedruckt in *Maria Callas Magazine*, Nr. 47, März 2006, S. 15–27, unter dem Titel *The Last Interview*. Es war jedoch nicht das letzte. Das erschien am 1. Oktober 1977 in *Gente*. Geführt hatte es angeblich im Monat von Callas' Tod, also im September 1977, Peter Dragadze, es ist vollständig abgedruckt in *Maria Callas Magazine*, Nr. 93, Juli 2021, S. 24–33. Wer es liest und die Fakten kennt, gewinnt allerdings den Eindruck, dass es kaum in dieser Form stattgefunden haben kann.
27 Die korrekten Daten finden sich bei *Hanine-Roussel*, S. 580, während alle Biographen den Zwischenfall auf das Jahr 1975 datieren, als Callas für *Tosca* probte. Ihre Klage

hatte Erfolg, aber zu spät: Die Summe für den Schadenersatz wurde an ihre Erben, Evangelia und Jackie Callas, überwiesen.

28 *Petsalis-Diomidis*, S. 570, 657, Anm. 34.

29 *Lettres*, S. 533 f.

30 *Stancioff*, S. 303.

31 *Lettres*, S. 536.

32 Zitiert nach *Petsalis-Diomidis*, S. 570.

33 *Hanine-Roussel*, S. 583 f.

34 Das steht in seinem Nachruf *Der Herztod der Primadonna* (*Schroeter*, S. 336).

35 Nach *Schroeter*, S. 17. Was er selbst schreibt, kann allerdings zum Teil nicht wörtlich genommen werden: «Antoine, ein Freund, fand in der Bibliothèque nationale schließlich, was ich am meisten suchte, das Lied der Malibran: Tac, tac, qui battera, séra la mort … Ich hatte keinen Briefumschlag und faltete die Partitur für Maria Callas in ein altes Couvert …»

36 *Sisters*, S. 184.

37 *Petsalis-Diomidis*, S. 570.

38 Diese Diagnose hielt auch der Pathologe Dr. Andreas Stathopoulou für zutreffend, der Lebensgefährte und ab 1983 Ehemann von Jackie Callas; er wird zitiert bei *Petsalis-Diomidis*, S. 657, Anm. 35.

39 Meneghini deutete Textzeilen aus der Arie *Suicidio* aus *La Gioconda* im Sinne eines angekündigten, gewollten Todes. Maria Callas hatte diese Zeilen, angeblich erst im Sommer 1977, auf Hotelpapier des Savoy in London notiert. Die Arie sang sie auf der Tournee mit di Stefano, auf der sie in London wie üblich im Savoy residierte. Sie schrieb oft Textpassagen nieder, um sie sich nochmals besser einzuprägen; auf der Tournee kämpfte sie mehrmals mit Erinnerungslücken. In der Arie spricht Gioconda den Tod an: «Suicidio! … in questi fieri momenti tu sol mi resti, tu sol mi tenti, ultima voce del mio destin, ultima croce del mio cammin» («Suizid! … In solchen verzweifelten Augenblicken bleibst mir nur du, nur du hältst mich, letzte Stimme meines Schicksals, letztes Kreuz auf meinem Weg»). Die Buchstaben «a T.» oben rechts auf dem Papier interpretierte Meneghini als Kürzel für «an Titta» (Battista). Kenner der Handschrift Marias vertreten allerdings die Ansicht, Meneghini habe das selbst hinzugefügt. Zur Theorie eines gewollten Todes sagte Meneghini selbst: «Sì, lo sapevo: Maria Callas si è lasciata morire» – «Ja, ich wusste es, Maria Callas ließ sich sterben» (*Gente*, 9.12.1978). Er legte nach Marias Tod eine kurze testamentarische Verfügung in der Agenda eines Anwalts vom 23. Mai 1954 vor, in der Maria ihn zum Alleinerben bestimmt hatte, als sie mit ihm noch glücklich verheiratet war. Nach seinen Schilderungen (*Allegri*, S. 162) hatte er das Dokument bei einer abenteuerlichen Suchaktion auf dem Dachboden des bereits verstorbenen Anwalts entdeckt. Andere behaupteten, er habe es nach der Trennung aus dem heimischen Safe in Mailand entwendet. Ohne Testament wären Mutter und Schwester von Maria Callas Alleinerben gewesen. So aber begann eine juristische Auseinandersetzung, die mit einer außergerichtlichen Einigung endete.

40 *Progetto di opere future*. In: *Poesia in forma di rosa*. Mailand 1976. Giovanna Lomazzi äußerte sich in ähnlichem Sinne zu Marias Tod: «Ich schließe Suizid aus. Callas war an diesem Punkt eine Frau ohne Karriere, Freund oder Geliebten. Ich denke, sie

starb, weil sie nichts mehr hatte, was sie am Leben hielt.» (www.grameliano.com/
2017/09/maria-callas-as-told-by-her-little-sister-giovanna-lomazzi-interview)

Literaturverzeichnis

Akustische Dokumente

Maria Callas LIVE. Remastered Live Recordings (1949–1964). Warner Classics 2017 (enthält Gesamtaufzeichnungen von: *Nabucco*, 20.12.1949, Neapel; *Parsifal*, 20./21.11.1950, Rom; *I vespri siciliani*, 26.5.1951, Florenz; *Aida*, 3.7.1951, Mexiko-Stadt; *Armida*, 26.4.1952, Florenz; *Rigoletto*, 17.6.1952, Mexiko-Stadt; *Norma*, 18.11.1952, London; *Macbeth*, 7.12.1952, Mailand; *Medea*, 4.4.1953, Mailand; *Alceste*, 4.4.1954, Mailand; *La vestale*, 7.12.1954, Mailand; *Andrea Chénier*, 8.1.1955, Mailand; *La sonnambula*, 5.3.1955, Mailand; *Lucia di Lammermoor*, 29.9.1955, Berlin; *Anna Bolena*, 14.4.1957, Mailand; *Ifigenia in Tauride*, 1.6.1957, Mailand; *La traviata*, 27.3.1958, Lissabon; *Il pirata*, 27.1.1959, New York; *Poliuto*, 7.12.1960, Mailand; *Tosca*, 24.1.1964, London). Zitiert als *Warner Live*

Maria Callas. Remastered. The Complete Studio Recordings (1949–1969). Warner Classics 2015. Zitiert als *Warner Complete*

Maria Callas at Juilliard. The Masterclasses. Aufgenommen März und November 1971 und März 1972. EMI 1987

Maria Callas. Live in Paris 1963–1976. EMI 2003

Ardoin, John: Interview Tapes. 1968. Zitiert als *Ardoin Tapes*

Filmische Dokumente

Braschi, Irish (Regie): Io sono nata viaggando. Un viaggio nei ricordi di Dacia Maraini. 2013

Kohly, Phillipe: Maria Callas Assoluta (Dokumentarfilm). 2007

Maria Callas: Tosca 1964 (Live-Mitschnitt des 2. Akts der Inszenierung von Zeffirelli, Covent Garden Opera). 2018

Naitza, Sergio (Regie): L'isola di Medea (Dokumentarfilm). 2019

Pasolini, Pier Paolo (Regie): Medea. 1969

Volf, Tom (Regie): Maria by Callas (Dokumentarfilm). Gesprochen von Eva Mattes. 2021

Archive

Robert Baxter Collection on Maria Callas, AS-0196. Stanford Archive of Recorded Sound. Stanford University Libraries, Stanford, CA. Zitiert als *Baxter Coll.*

Dorle Soria Papers. The New York Public Library. Archives & Manuscripts. Zitiert als *Soria Papers*

Herbert Weinstock Collection 1750–1989 (bulk 1813–1971). Professional and personal papers. The New York Public Library. Zitiert als *Weinstock*

Veröffentlichte Literatur

Allegri, Renzo und Roberto: Callas by Callas. Ein Mythos lebt. München 1998. Zitiert als *Allegri*

Aly, Götz: Die Bekämpfung der Inflation in Griechenland und die Deportation der Juden von Saloniki. In: Österreichische Zeitschrift für Geschichtswissenschaften, Bd. 15, Nr. 2, 2004, S. 7–29. Zitiert als *Aly*

Andry, Peter: Inside the Recording Studio. Lanham, MD 2008. Zitiert als *Andry*

Ardoin, John: Maria Callas und ihr Vermächtnis. Aus dem Englischen von Tilmann Waldraff. München 1981 (Originalausgabe: Callas Legacy. London 1977). Zitiert als *Ardoin*

Ders. (Hrsg.): Callas at Juilliard – The Masterclasses. London 1988

Ders. (Hrsg.): Maria Callas: Meine Meisterklasse. Ein Übungsbuch für Sänger mit zahlreichen Notenbeispielen. Aus dem amerikanischen Englisch von Olaf Matthias Roth. Berlin 2002 (das Buch unterscheidet sich von der englischen Ausgabe). Zitiert als *Ardoin/Meisterklasse*

Ders. und Gerald Fitzgerald: Callas. The Art and Life (von John Ardoin). The Great Years (von Gerald Fitzgerald). London 1974. Zitiert als *Ardoin/Fitzgerald*

Bachmann, Ingeborg: Kritische Schriften. Hrsg. von Monika Albrecht und Dirk Göttsche. München, Zürich 2005. Zitiert als *Bachmann/Kritische Schriften*

Banaji, Mahzarin und Anthony Greenwald: Vorurteile. Wie unser Verhalten unbewusst gesteuert wird. München 2015

Bastias, John C.: Maria Callas' Greek Adventure. The Story of a Strained Relationship and the Man Who Stood by Her. In: Maria Callas Magazine, Nr. 70, November 2013, S. 25–41. Zitiert als *Bastias*

Benvenuti, Esmeralda (verantwortl. für den Katalog): Maria Callas e il suo Pigmalione. Sotheby's, Mailand, 12. Dezember 2007. Zitiert als *Sotheby's*

Bing, Rudolf: 5000 Abende in der Oper. Memoiren. Aus dem amerikanischen Englisch von Evelyn Linke. München 1973 (Originalausgabe: 5000 Nights at the Opera. New York 1972). Zitiert als *Bing 5000*

Ders.: Gala-Abend. Rückblick auf meine Jahre an der Met. Aus dem Amerikanischen von Robert Berg. München 1982 (Originalausgabe: A Knight at the Opera. New York 1981). Zitiert als *Bing Gala*

Bisogni, Vincenzo Ramon: Renata Tebaldi. «Dolce Maestà». Figlia, donna, icona. Varese 2019

Bohrer, Karl Heinz: Das Tragische. Erscheinung, Pathos, Klage. München 2009. Zitiert als *Bohrer*

Bongiovanni, Michele: Victor de Sabata. Un profilo. Rovereto 2014

Bragaglia, Leonardo: L'arte dello stupore. Omaggio a Maria Callas. Rom 1977. Zitiert als *Bragaglia*

Brandstetter, Gabriele: Tanz-Lektüren. Körperbilder und Raumfiguren der Avantgarde. Frankfurt am Main 1995

Bret, David: Callas. Biographie. Mit einem Vorwort von Montserrat Caballé. Aus dem Englischen von Götz Burghardt. Hamburg 2001 (Originalausgabe: Maria Callas – The Tigress and the Lamb. Oxford 1997). Zitiert als *Bret*

Brix, Michael (Hrsg.): Maria Callas. Aufführungen/Performances. München, Paris, London 1994. Zitiert als *Brix*

Burrichter, Brigitte und Christian Wehr (Hrsg.): Exzess. Formen der Grenzüberschreitung in der Vormoderne (Würzburger Ringvorlesungen, Bd. 16). Würzburg 2017. Zitiert als *Burrichter*

Burton, Humphrey: Leonard Bernstein. New York u. a. 1994 (deutsche Ausgabe: Leonard Bernstein. Aus dem Englischen von Harald Stadler. München 1994). Zitiert als *Burton*

Caduff, Corina: Die Musik-Essays und der Callas-Entwurf. In: «dadim dadam» – Figuren der Musik in der Literatur Ingeborg Bachmanns. Köln, Weimar, Wien 1998, S. 106 ff. Zitiert als *Caduff*

Calabrese, Claudia: Pasolini e la musica, la musica e Pasolini. Correspondances. Treviso 2019

Callas, Evangelia: My Daughter Maria Callas as Told to Lawrence G. Blochman. London 1967. Zitiert als *My Daughter*

Callas, Jackie: Sisters. London 1989. Zitiert als *Sisters*

Callas, Maria: Musik ist die erhabenste Art, Dinge zu sagen (1970). In: Eva Rieger und Monica Steegmann (Hrsg.): Göttliche Stimmen. Lebensberichte berühmter Sängerinnen. Von Elisabeth Mara bis Maria Callas. Frankfurt am Main, Leipzig 2002, S. 273–308 (Rieger und Steegmann geben nicht an, dass der Text erstmals bereits 1957 in *Oggi* erschien)

Dies.: Lettres & Mémoires. Textes rassemblée, traduits et annotés par Tom Volf. Paris 2019. Zitiert als *Lettres*

Capella, Massimiliano: Maria Callas. The Exhibition. Ausstellung im Palazzo Forti, Verona, 1.3.– 18.9.2016. Verona 2016. Zitiert als *Exhibition*

Cassidy, Claudia: Lyric Opera of Chicago. Chicago 1979

Crothers, David: The Autographs and Written Scripts of Maria Callas: The Essay. Part I. In: Maria Callas Magazine, Nr. 81, Juli 2017, S. 34–50. Part II. In: Maria Callas Magazine, Nr. 82, November 2017, S. 41–50. Auch unter https://callasautographs. com. Zitiert als *Crothers/Autographs*

Ders.: The Correspondence between Maria Callas and Rudolf Bing 1955–1958. Part I. In: Maria Callas Magazine, Nr. 83, März 2018, S. 37–45. Zitiert als *Crothers/ Bing I*

Ders.: The Correspondence between Maria Callas and Rudolf Bing 1955–1958. Part II. In: Maria Callas Magazine, Nr. 84, Juli 2018, S. 31–41. Zitiert als *Crothers/Bing II*

Damasio, Antonio: Selbst ist der Mensch. Körper, Geist und die Entstehung des menschlichen Bewusstseins. Aus dem amerikanischen Englisch von Sebastian Vogel. München 2013

Das Gupta, Maya: «Pain is a good teacher …». Erlebtes mit Maria Callas. Frankfurt am Main u. a. 2012

Davis, Ronald L.: Opera in Chicago. A Social and Cultural History 1850–1965. New York 1966

Ders.: La Scala West. The Dallas Opera under Kelly and Rescigno. Dallas 2000. Zitiert als *Davis*

Dizikes, John: Opera in America. A Cultural History. New Haven 1993

Döhring, Sieghart: «Amore e morte». Die Idee der Oper in Filmen Werner Schroeters. In: Stephanie Schroedter (Hrsg.): Bewegungen zwischen Hören und Sehen. Denkbewegungen über Bewegungskünste. Würzburg 2012, S. 491–500. Zitiert als *Döhring*

Drake, James A.: Richard Tucker. A Biography. New York 1984

Dufresne, Claude: Maria Callas. Primadonna assoluta. München 1992. Zitiert als *Dufresne*

Elkann, Alain und Alberto Moravia: Vita di Moravia. Ein Leben im Gespräch. Freiburg 1991. Zitiert als *Moravia/Vita*

Evans, Peter: Aristoteles Onassis. Düsseldorf, Wien, New York 1987

Ders.: Nemesis. The True Story. Aristotle Onassis, Jackie O. and the Love Triangle that Brought Down the Kennedys. New York 2004

Exhibition s. Capella, Massimiliano

Faroudy Moutsatsos, Kiki: Maria: A Grand Passion. In: dies.: The Onassis Women. An Eyewitness Account, S. 65–88. New York 1998

Fischer, Jens Malte: Große Stimmen. Von Enrico Caruso bis Jessye Norman. Frankfurt am Main 1995

Fleischer, Hagen: Krieg und Nachkrieg. Das schwierige deutsch-griechische Jahrhundert. Wien, Köln, Weimar 2020

Föllinger, Sabine: Väter und Töchter bei Aischylos. In: Thomas Baier (Hrsg.): Generationenkonflikt auf der Bühne. Perspektiven im antiken und mittelalterlichen Drama. Tübingen 2007, S. 11–22

Forestier, François: Aristote Onassis. L'homme qui voulait tout. Neuilly 2006

Fournier, Dominique: La Passion prédominante de Janine Reiss. La voix humaine. Villeneuve d'Asq 2013. Zitiert als *Fournier*

Gage, Nicholas: Griechisches Feuer. Maria Callas und Aristoteles Onassis. München 2003 (Originalausgabe: Greek Fire. New York 2000). Zitiert als *Gage*

Galatopoulos, Stelios: Maria Callas. Die Biographie. Aus dem Englischen von Manfred Ohl und Hans Sartorius. Frankfurt am Main 1999. Zitiert als *Galatopoulos*

Gedda, Nicolai: Mein Leben – Meine Kunst. Aufgezeichnet von Aino Sellermark-Gedda, übersetzt von Ruprecht Volz. Berlin 1998. Zitiert als *Gedda*

Geitel, Klaus: Zum Staunen geboren. Berlin 2005. Zitiert als *Geitel*

Grenzmann, Wilhelm: Über das Tragische. In: Volkmar Sander (Hrsg.): Tragik und Tragödie. Darmstadt 1971, S. 166–176. Zitiert als *Grenzmann*

Guandalini, Gina: Callas, l'ultima diva. Turin 1987. Zitiert als *Guandalini*

Dies.: Maria Callas. L'interprete, la storia. Rom 2007

Dies.: Giovanna Lomazzi Remembers Maria Callas. Giovanna Lomazzi Interviewed by Gina Guandalini in July 2016 in Milan. In: Maria Callas Magazine, Nr. 79, November 2016, S. 6–23. Zitiert als *Lomazzi*

Hamilton, Frank: Maria Callas. Performance Annals and Discography. https://www.rodoni.ch/A3/callas-performances.pdf. Zitiert als *Hamilton*

Hanine-Roussel, Jean-Jacques: Callas unica. Paris 2002

Ders.: Maria Callas. Mit Vorworten von Yves Saint-Laurent, Pietro Cazzarolli-Meneghini und George Lord Harewood. Paris 2015. Zitiert als *Hanine-Roussel*

Harlaftis, Gelina: Creating Global Shipping. Aristotle Onassis, the Vagliano Brothers, and the Business of Shipping c. 1820–1970. Cambridge 2019. Zitiert als *Harlaftis*

Harris, Kenneth: Kenneth Harris Talking to Maria Callas, Barbara Castle, Baroness Dr. Jane van Lawick-Goodall, Roy Jenkins, The Duke of Norfolk, Sir Laurence Olivier, Lester Piggott, Bertrand Russell, The Duke and the Duchess of Windsor, Dr. Ernest Woodroofe. London 1971

Hatzinger, Nicole: Resonanzen des Tragischen. Zwischen Ereignis und Affekt. Wien, Berlin 2015

Hendricks, Barbara: Lifting my Voice. A Memoir. Chicago 2014

Heuner, Ulf: Tragisches Handeln in Raum und Zeit. Raum-zeitliche Tragik und Ästhetik in der sophokleischen Tragödie und im griechischen Theater. Stuttgart, Weimar 2002. Zitiert als *Heuner*

Hurttig, Marcus Andrew: Die entfesselte Antike. Aby Warburg und die Geburt der Pathosformel. Köln 2012

Jefferson, Alan: Elisabeth Schwarzkopf. Die Biographie. München 1996. Zitiert als *Jefferson*

Jellinek, George: Callas. Portrait of a Prima Donna. New York 1986. Zitiert als *Jellinek*

Jocks, Hans-Norbert: Ästhetik des Aufbruchs. Von der Schönheit der Hoffnung und der Schönheit der Verzweiflung. Ein Gespräch mit Werner Schroeter. In: Lettre International, Nr. 89, 2010, S. 94–99. Zitiert als *Jocks*

Kanthou, Eleni: Maria Callas – die Interpretin. Leben und Wirken. Wilhelmshaven 1994. Zitiert als *Kanthou*

Kaufmann, Walter: Tragödie und Philosophie. Tübingen 1980. Zitiert als *Kaufmann*

Kesting, Jürgen: Die großen Sänger unseres Jahrhunderts. Düsseldorf u. a. 1993

Ders.: Maria Callas. Düsseldorf, Wien 1996. Zitiert als *Kesting*

Klimke, Christoph: Der Sünder. Fragen an Pier Paolo. Vorwort von Dacia Maraini. Berlin 1985. Zitiert als *Klimke/Maraini*

Koestenbaum, Wayne: Königin der Nacht. Oper, Homosexualität und Begehren. Stuttgart 1996

Koussouris, Georgios: Maria Kalogeropoulou. Die Athener Jahre 1937–1945, o. O. 2002. Zitiert als *Koussouris*

Legge, Walter und Elisabeth Schwarzkopf: Gehörtes, Ungehörtes, Memoiren. Mit einem Geleitwort von Herbert von Karajan. München 1982 (Originalausgabe: On and Off. A Memoir of Walter Legge. The Most Influential Man in Twentieth Century Classical Music. New York 1982). Zitiert als *Legge/Schwarzkopf*

Ders.: Words and Music. Hrsg. von Alan Sanders. London 1998. Zitiert als *Legge Words*

Lenakis, Steven: Diva. The Life and Death of Maria Callas. Englewood Cliffs, NJ 1980

Lettres s. Callas, Maria

Linardos, Petros: Musikleben in Athen 1941–1944. Der Einfluss der deutschen und italienischen Besatzung. Magisterarbeit. Institut für Musikgeschichte, Hochschule für Musik und Darstellende Kunst Wien. Wien 1983 (Typoskript). Zitiert als *Linardos*

Lomazzi s. Guandalini, Gina

Lowe, David A. (Hrsg.): Callas as They Saw Her. London 1987. Zitiert als *Lowe*

Ludwig, Christa und Peter Csobádi: «... und ich wäre so gern Primadonna gewesen». Erinnerungen. Berlin 1999. Zitiert als *Ludwig*

Maraini, Dacia: Niederschrift eines Gesprächs mit Gianni Borgna im Sommer 2012. In: Pasolini Roma. Ausstellung im Gropius-Bau, Berlin, 11.9.2014–5.1.2015. München 2014, S. 212–224. Zitiert als *Maraini/Pasolini*

Marsh, Robert C.: 150 Years of Opera in Chicago. Completed and edited by Norman Pellegrini DeKalb. Illinois 2006. Zitiert als *Marsh*

Maxwell, Elsa: The Celebrity Circus. New York 1963

Dies.: Mein verrücktes Leben. Aufgezeichnet von Bernd Ruland. Zürich 1964. Zitiert als *Maxwell/Ruland*

Meneghini, Giovanni Battista: My Wife Maria Callas. Written with the collaboration of Renzo Allegri. Translated from the Italian and with notes by Henry Wisneski. London, Sidney, Toronto 1982 (Originalausgabe: Maria Callas mia moglie. Mailand 1981). Zitiert als *Meneghini*

Moravia/Vita s. Elkann, Alain und Alberto Moravia

Moravia, Alberto: Mein Freund Pasolini. Interview mit Gianni da Campo im Februar 1978, übertragen von Bettina Kienlechner. In: Pier Paolo Pasolini: Wer bin ich. Berlin 1995, S. 61–78. Zitiert als *Moravia/Pasolini*

Münchhausen, Thankmar von: Paris. Geschichte einer Stadt von 1800 bis heute. München 2007. Zitiert als *Münchhausen*

My Daughter s. Callas, Evangelia

Naldini, Nico: Pier Paolo Pasolini. Aus dem Italienischen von Maja Pflug. Berlin 1991

Niedermüller, Peter (Hrsg.): Klangkultur und musikalische Interpretation. Italienische Dirigenten im 20. Jahrhundert. Kassel u. a. 2018

Nilsson, Birgit: La Nilsson. Mein Leben für die Oper. Frankfurt am Main 1997. Zitiert als *Nilsson*

Osborne, Richard: Herbert von Karajan. Leben und Musik. Aus dem Englischen von Brigitte Hilzensauer und Reinhold Werner. Wien 2002 (Originalausgabe: Herbert von Karajan. A Life in Music. London 1998). Zitiert als *Osborne*

Pantis, Brigitte: «The Secret Son of Maria Callas» – Facts and Fiction. 2005. https://divinarecords.com/articles/the-secret-son-of-maria-callas-facts-and-fiction. Zitiert als *Pantis/Omero Lengrini I*

Dies.: Omero Lengrini: Much Ado About Nothing. 2006, zuletzt aktualisiert am 21.6.2021. https://divinarecords.com/articles/omero-lengrini-much-ado-about-nothing. Zitiert als *Pantis/Omero Lengrini II*

Papanastasiou, Nikolaos: Die Metaxas-Diktatur und das nationalsozialistische Deutschland (1936–1941). Dissertation. Augsburg 2000. Zitiert als *Papanastasiou*

Papi, Stefano: Renata Tebaldi. Vorwort von Ricardo Muti. Mailand 2007. Zitiert als *Papi*

Pasolini, Paolo: Trasumanar e organizzar. Mailand 1971

Ders.: Le poesie. Le ceneri di Gramsci, La religione del mio tempo, Poesia in forma di rosa, Trasumanar e organizzar, Poesie inedite (1950–51). Mailand 1975

Ders.: Le lettere. Hrsg. von Antonella Giordano und Nico Naldini. Mailand 2021. Zitiert als *Pasolini/Lettere*

Petsalis-Diomidis, Nicholas: The Unknown Callas. The Greek Years. Mit einem Vorwort des Earl of Harewood. Portland, OR 2001. Zitiert als *Petsalis-Diomidis*

Peyser, Joan: Leonard Bernstein. Hamburg 1988. Zitiert als *Peyser*

Pinnau, Ruth: Der Sieg über die Schwere. Cäsar Pinnau in meinem Leben. Hamburg 1993. Zitiert als *Pinnau*

Port, Ulrich: Pathosformeln. Die Tragödie und die Geschichte exaltierter Effekte (1755–1886). München 2005

Pullen, Robert und Stephen Taylor: Montserrat Caballé. First Lady der Oper. Bergisch Gladbach 1994. Zitiert als *Pullen/Taylor*

Rasponi, Lanfranco: The Last Prima Donna. Chicago 1982. Zitiert als *Rasponi*

Reck, Hans Ulrich: Pier Paolo Pasolini. München 2010

Remy, Pierre-Jean: Callas. Une vie. Paris 1997. Zitiert als *Remy*

Richter, Heinz A.: Griechenland im 20. Jahrhundert. Band 1: Megali Idea – Republik – Diktatur 1900–1940. Köln 1990

Ders.: Griechenland 1950–1974. Zwischen Demokratie und Diktatur. Ruhpolding 2013. Zitiert als *Richter*

Romagnolo, Elisabetta: Mario del Monaco. Monumentum aere perennius. Parma 2002

Sachs, Harvey: Toscanini. Eine Biographie. München, Zürich 1978 (Originalausgabe: Toscanini. A Biography. London 1978)

Saler, Thomas D.: Serving Genius. Carlo Maria Giulini. Urbana, Chicago 2010

Schifano, Laurence: Luchino Visconti. Fürst des Films. Übersetzt von Theresa Maria Bullinger. Gernsbach 1988. Zitiert als *Schifano*

Schinzel, Christine: Zur Rolle der Frau in der attischen Tragödie. Köln 2000

Scholz, Dieter David: Mythos Primadonna: 25 Diven widerlegen ein Klischee. Gespräche mit großen Sängerinnen. Berlin 1999

Schroeter, Werner: Tage im Dämmer, Nächte im Rausch. Autobiographie. Berlin 2011. Zitiert als *Schroeter*

Scott, Michael: Maria Meneghini Callas. London u. a. 1992. Zitiert als *Scott*

Seghers, René: Franco Corelli. Prince of Tenors. New York 2007. Zitiert als *Seghers*

Semrau, Thomas: Alles oder nichts. Giuseppe Di Stefano. Mit einem Vorwort von Luciano Pavarotti. Salzburg 2002. Zitiert als *Semrau*

Servadio, Gaia: Luchino Visconti. Eine Biographie. New York 1983. Zitiert als *Servadio*

Sewall, Richard B.: Die tragische Form. In: Volkmar Sander (Hrsg.): Tragik und Tragödie. Darmstadt 1971, S. 156–165. Zitiert als *Sewall*

Sguotti, Nicola: Tullio Serafin. Il custode di bel canto. Conscritti inediti di Maria Callas, Gabriele d'Annunzio, Richard Strauss e Pietro Mascagni. Padua 2014

Siciliano, Enzo: Pasolini. Leben und Werk. Aus dem Italienischen von Christel Galliani. Weinheim, Berlin 1994. Zitiert als *Siciliano*

Sisters s. Callas, Jackie

Söring, Jürgen: Tragödie. Notwendigkeit und Zufall im Spannungsfeld tragischer Prozesse. Stuttgart 1982

Sotheby's s. Benvenuti, Esmeralda

Soyka, Amelie: Tanzen und tanzen und nichts als tanzen. Tänzerinnen der Moderne von Josephine Baker bis Mary Wigman. Berlin 2004

Speiser, Stuart M.: The Deadly Sins of Aristotle Onassis. Ozark, AL 2005

Spence, Lyndsy: Cast a Diva. The Hidden Life of Maria Callas. Gloucestershire 2021. Zitiert als *Spence*

Staggs, Sam: Inventing Elsa Maxwell. How an Irrepressible Nobody Conquered High Society, Hollywood, the Press and the World. New York 2012. Zitiert als *Staggs*

Stancioff, Nadia: Callas. Biographie einer Diva. Deutsch von Werner Pfister. Zürich, Mainz 1994. Zitiert als *Stancioff*

Stassinopoulos Huffington, Arianna: Maria Callas. The Woman Behind the Legend. New York 1980. Zitiert als *Stassinopoulos Huffington*

Stassinopoulos, Arianna: Die Callas. Deutsch von Günter Panske. Hamburg 1981. Zitiert als *Stassinopoulos*

Stephan, Inge: Medea. Multimediale Karriere einer mythologischen Figur. Köln, Weimar 2006. Zitiert als *Stephan*

Sutherland, Roberto: Maria Callas. Diaries of a Friendship. London 1999. Zitiert als *Sutherland*

Tajani, Ricci: Maria Callas. The Cruise '59. Biografie einer Reise. Frankfurt am Main 2006

Taraborelli, J. Randy: Jackie, Janet & Lee. The Secret Lives of Janet Auchincloss and her Daughters Jacqueline Kennedy and Lee Radziwill. New York 2018

Tosi, Bruno (Hrsg.): The Young Maria Callas. Toronto, Buffalo, Lancaster (UK) 2019. Zitiert als *Tosi*

Uehling, Peter: Karajan. Eine Biographie. Reinbek bei Hamburg 2006

Van Campen, Mariko: New York Critics Review Maria Callas and Renata Tebaldi. A Study in Critical Approach of the Inter-relationship of Singing and Acting in Opera. Dissertation. The University of British Columbia 1977 (Typoskript). Zitiert als *Van Campen*

Van Zoggel, Karl H.: Omero Lengrini. «The Secret Son» of Maria Callas – Part II. And the Answer Is: Facts, No Fiction. In: Maria Callas Magazine, Nr. 49, November 2006, S. 5–9

Ders.: Maria Callas in Chicago. 1954–1974. The Prima Donna Assoluta at the Civic Opera House. Helmond 2021. Zitiert als *Van Zoggel/Chicago*

Velliadis, Hannibal: Metaxas – Hitler. Griechisch-deutsche Beziehungen während der Metaxas-Diktatur 1936–1941. Berlin 2006. Zitiert als *Velliadis*

Vogel, Juliane: Ergreifung und Ergriffenheit. Der Raub der Sabinerinnen. In: Cornelia Zumbusch (Hrsg.): Pathos. Zur Geschichte einer problematischen Kategorie. Berlin 2010, S. 45–55

Voss, Dietmar: Pasolini, Maria Callas und die tellurischen Mächte. In: Weimarer Beiträge, Bd. 58, Nr. 1, 2012, S. 23–38. Zitiert als *Voss*

Warburg, Aby: Der Eintritt des antikisierenden Idealstils in die Malerei der Frührenaissance. In: Die Erneuerung der heidnischen Antike. Kulturwissenschaftliche Beiträge zur Geschichte der europäischen Renaissance. Reprint der von Gertrud Bing unter Mitarbeit von Fritz Rougemont edierten Ausgabe von 1932, neu hrsg. von Horst Bredekamp und Michael Diers. Berlin 1998, S. 173–175

Weigel, Sigrid: Pathosformel und Oper. Die Bedeutung des Musiktheaters für Aby Warburgs Konzept der Pathosformel. In: KulturPoetik, Bd. 6, H. 2, 2006, S. 234–253

Wendt, Gunna: Maria Callas. Die Kunst der Selbstinszenierung. München, Berlin 2006

Dies.: Meine Stimme verstörte die Leute. Diva assoluta Maria Callas. München 2008

Willms, Lothar: Transgression, Tragik und Metatheater. Versuch einer Neuinterpretation des antiken Dramas und seiner Rezeption. Zugleich ein Beitrag zur Theorie von Theater, Drama und Tragödie. Tübingen 2014

Wink, Paul: Prima Donna. The Psychology of Maria Callas, New York 2021

Wisneski, Henry: Maria Callas, the Art behind the Legend. New York 1975. Zitiert als *Wisneski*

Zeffirelli, Franco: Zeffirelli. Autobiographie. Aus dem Englischen von Inge Leipold. München 1987. Zitiert als *Zeffirelli*

Zellermayer, Ilse Eliza: Drei Tenöre und ein Sopran. Mein Leben für die Oper. München 2000

Zigaina, Giuseppe: Pasolini und der Tod. Ein rein intellektueller Krimi. Frankfurt am Main 2005. Zitiert als *Zigaina*

Zumbusch, Cornelia: Probleme mit dem Pathos. Zur Einleitung. In: dies. (Hrsg.): Pathos. Zur Geschichte einer problematischen Kategorie. Berlin 2010, S. 7–24. Zitiert als *Zumbusch*

Bildnachweis

S. 17: Hanine-Roussel, Jean-Jacques: Maria Callas. Paris 2015, S. 35 (Collection Editoriale Gli Olmi)

S. 20: © Archivio GBB/Bridgeman Images

S. 35: Petsalis-Diomidis, Nicholas: The Unknown Callas. The Greek Years. Portland, OR 2001, S. 183

S. 53: Hanine-Roussel, Jean-Jacques: Maria Callas. Paris 2015, S. 43 (Archivio Editoriale Gli Olmi, Mailand)

S. 75: © Hulton-Deutsch Collection/CORBIS/Corbis/Getty Images

S. 84: Hanine-Roussel, Jean-Jacques: Maria Callas. Paris 2015, S. 133 (Giancolombo)

S. 91: Benvenuti, Esmeralda (verantwortl. für den Katalog): Maria Callas e il suo Pigmalione. Sotheby's, Mailand, 12. Dezember 2007, S. 187

S. 99: Farabola/Bridgeman Images

S. 123: Capella, Massimiliano: Maria Callas. The Exhibition. Ausstellung im Palazzo Forti, Verona, Verona 2016 (Collezione Maria Callas – Ilario Tamassia, San Prospero, Modena)

S. 146: Allegri, Renzo und Roberto: Callas by Callas. Ein Mythos lebt. München 1998, S. 77 (Archivio Editoriale Gli Olmi, Mailand)

S. 150: © Erio Piccagliani/Teatro alla Scala

S. 153: Hanine-Roussel, Jean-Jacques: Maria Callas. Paris 2015, S. 231 (Irifoto)

S. 161: © Mario Dondero. All rights reserved 2022/Bridgeman Images

S. 166: Farabola/Alamy Stock Foto

S. 173: Maria Callas. Remastered. The Complete Studio Recordings (1949–1969). Warner Classics 2015 (© Erio Piccagliani/Teatro alla Scala)

S. 180: Callas. Gesichter eines Mediums. München 1993, S. 74 (© 1993 by Opera News/Metropolitan Opera Guild)

S. 184: Hanine-Roussel, Jean-Jacques: Callas unica. Paris 2002, S. 93

S. 192: https://www.pinterest.de/pin/793548396821539541

S. 196: Hanine-Roussel, Jean-Jacques: Callas unica. Paris 2002, S. 94

S. 219: Keystone-France/Gamma-Keystone/Getty Images

S. 229: Maria Callas Magazine, Nr. 92, März 2021, S. 41

S. 231: Callas. Gesichter eines Mediums. München 1993, S. 120 (Bettmann UPI/Bettmann Archive)

S. 240: Maria Callas. Remastered. The Complete Studio Recordings (1949–1969). Warner Classics 2015 (© Erio Piccagliani/Teatro alla Scala)

S. 244: Hanine-Roussel, Jean-Jacques: Maria Callas. Paris 2015, S. 372 (Collection de Robert Clark Jr.)

S. 257: © Hulton-Deutsch Collection/CORBIS/Corbis/Getty Images

S. 262: © John Rodgers/Getty Images

S. 264: Tajani, Ricci: Maria Callas. The Cruise '59. Biografie einer Reise. Frankfurt am Main 2006, S. 11 (Olycom)

S. 275: REPORTERS ASSOCIES/Gamma-Rapho/Getty Images

S. 283: Callas. Gesichter eines Mediums. München 1993, S. 183 (Transglobe)

S. 288: © ullstein bild/ullstein bild

S. 295: https://www.bing.com/images/search?view=detailV2&ccid=mb95UuiH&id=D501 10924A8D54671FFBC914FE6399C0AB0AA385&thid=OIP.mb95UuiHw4V2wgm Be6BoewAAAA&mediaurl=https%3a%2f%2fi.pinimg.com%2f236x%2f63%2fcc%2 f7c%2f63cc7c557835a63cc2d1d28952ca2a61.jpg&cdnurl=https%3a%2f%2fth.bing. com%2fth%2fid%2fR.99bf7952e887c38576c209817ba0687b%3frik%3dhaMKq8CZY% 252f4UyQ%26pid%3dImgRaw%26r%3d0&exph=371&expw=236&q=Maria+ callas+bikini+bilder&simid=608046638126932280&FORM=IRPRST&ck=28735 3617378C1A67F2F3A12A207580D&selectedIndex=74&ajaxhist=0&ajaxserp=0

S. 298: Mondadori/Getty Images

S. 305: Alamy Stock Foto (B85MDM)

S. 332: ullstein bild/Roger-Viollet

S. 346: Henri Bureau/Sygma/Corbis/VCG/Getty Images

S. 357: STF/AFP/Getty Images

S. 364: © akg-images/picture-alliance

S. 367: Bridgeman Images

S. 370: © Keystone Pictures USA/ZUMAPRESS.com/Alamy Live News (F4B9EM)

S. 376: Hanine-Roussel, Jean-Jacques: Maria Callas. Paris 2015, S. 533 (Mario Tursi)

S. 386: Marli Shamir, 1969–1970/EEPA 2013-009-0939/Marli Shamir Collection/Eliot Elisofon Photographic Archives/National Museum of African Art Smithsonian Institution

S. 392: https://www.lifo.gr/various/1969-i-kallas-kai-o-pazolini-ston-skorpio

S. 414: ullstein bild/Sven Simon

S. 441: Brix, Michael (Hrsg.): Maria Callas. Aufführungen/Performances. München, Paris, London 1994 (Scoop/Paris Match/Willy Rizzo)

Leider war es nicht in allen Fällen möglich, die Inhaber der Rechte zu ermitteln. Wir bitten deshalb gegebenenfalls um Mitteilung. Der Verlag ist bereit, berechtigte Ansprüche abzugelten.

Personenregister

Kursive Seitenzahlen verweisen auf Anmerkungen

Abbiati, Francesco *463*
Adler, Kurt 217 f., 220 f.
Albanese, Licia 403
Alexandre 288, 298
Ali Khan, Prinz 215, 250
Anderson, Marian 401
Andry, Peter 330, 351 f., 360, 367, 412 f., 415
Angremy, Jean-Pierre *473*
Anne Boleyn, Königin von England 206, 209
Antonioni, Michelangelo 372, 375, 390
Ardoin, John 327–329, 361–366, 373, 400, 416 f., 429, 435, *452, 467, 475, 480*
Arendt, Hannah 330
Aristoteles 128, *445*
Athinagoras, Patriarch von Konstantinopel 263
Audran, Stéphane 343
Bachauer, Gina 408
Bachmann, Ingeborg 188, *460*
Bagarozy, Edgar Richard «Eddie» 66–70, 78 f., 157, 175 f., 179, 182 f., 192 f., 207, 222, 224, 264, *448, 459, 462–464*
Baier, Thomas *444*
Baldini, Antonio 381
Barbato, Elisabeth 115 f.
Barbieri, Fedora 93, 97, 197 f., 227 f.
Barbirolli, John 136
Bardot, Brigitte 250, 285, 343
Barsacq, André 135
Bastianini, Ettore 185
Bastias, Kostis 41 f., 45, 282, 300
Baum, Kurt 103 f., 111, 136

Beaton, Cecil 257, 310
Bechi, Gino *449*
Beethoven, Ludwig van 37, 58, 213, 318 f., 434
Begum Aga Khan, Yvette Labrousse 283, 303, 325, 389
Belafonte, Harry 305
Bellini, Vincenzo 30, 32, 46 f., 85, 88, 96, 103, 124, 128, 130, 159, 163, 186, 196, 225, 234–236, 324, 401, 429, *466*
Belmont, Mrs. 210
Benois, Nicola 144 f., 209, 284, *462*
Berger, Helmut 435
Bergman, Ingmar 384
Bernstein, Leonard 139–141, 159–163, 165, 342, *443, 454, 457, 481*
Besalla, Eugenie *471*
Betti, Laura 388, *477*
Bicknel, Edward 314
Bing, Rudolf 108, 110, 121, 124, 156 f., 176–179, 181, 190, 192–194, 196–199, 202, 204 f., 207 f., 221 f., 224, 241–243, 245–247, 252, 279, 327, 333 f., 353 f., 365, 396, 400 f., *452, 464–467, 474*
Binner, Gisela *472*
Bizet, Georges 305, 311, 330, 410
Björling, Anna-Lisa 178
Björling, Jussi 178 f.
Bonalti, Mario 50, 52, 54, 56, 113
Bonardi, Liduino 90, 101, 110
Bonturi, Elvira *452*
Bonynge, Richard 254
Boulez, Pierre 434
Bourgeois, Jacques 371, 419, 425, *477*

Bouyeure, Elvira Leonardi «Biki» 119 f.,
130, 140, 152, 194, 238, 264, 393, 408,
410, 428, 441
Bouyeure, Fosca 119, *452*
Brabourne, John Knatchbull, Baron 341,
343
Breisach, Paul 64, *447*
Browne, Anthony Montague 261, 313–315,
474
Browne, Nonie 261
Burton, Richard 343, 351, 364–367, 369,
394, 396 f.
Caballé, Montserrat 419, 424 f., 430 f.
Cacoyannis, Michael 432
Callas, Evangelia, geb. Dimitriadou
(Mutter) 13–31, 33–35, 37–39, 44,
46–48, 50, 54, 62 f., 67 f., 70 f., 82, 90,
92, 99–102, 104 f., 113–115, 134, 177, 190,
194 f., 197, 199, 202, 204, 213, 242, 277,
279 f., 302, 306, 363, 433, 435, 437, *443,
445, 448, 452, 461, 473 f., 483*
Callas (Kalos), George, geb. Kalogeropoulos
(Vater) 14–21, 25, 31, 34, 48, 63, 65–68,
70, 99 f., 102 f., 113, 179, 189, 198, 230,
276 f., 280, 302, 328, 350, 407 f., *443,
452, 470*
Callas, Yakinthi «Jackie» (Schwester)
13–17, 19–22, 25–28, 30 f., 34, 37, 39, 42,
46, 50 f., 54, 62 f., 82, 90, 92 f., 115, 152,
156, 177, 194, 204, 242, 280, 302, 315,
337, 350, 363, 407, 433, 437, 439, *443 f.,
452, 461, 470, 473 f., 483*
Callas, Vassilis (Bruder) 18
Caloni, Philippe 435, *482*
Capella, Massimiliano *467*
Capitanini, Ray 178
Caraza-Campos, Antonio 102–104
Cardinale, Claudia 435
Carosio, Margherita 88, 186
Caruso, Enrico 32, 47, 67, 181, 210
Caselotti, Louise 66 f., 70, 73, 82, *448,
459*
Cassidy, Claudia 157, 179, 182, 232, *459*
Catalani, Alfredo 133
Cattozzo, Nino 81, 88

Catull 225
Cavazenni, Dina *467*
Cazzarolli, Giovanni 131, 142, 148 f., 152
Cecchele, Gianfranco 336
Celan, Paul 188
Celli, Teodore 135
Chabrol, Claude 343
Chamberlain, Neville 36
Chanel, Coco 325
Chaplin, Charlie 250
Cherubini, Luigi 132 f., 140, 245, 377, *454,
473*
Chevalier, Maurice 250, 389
Christoff, Boris 81, 84
Churchill, Clementine 257, 260–262
Churchill, Winston 35 f., 43, 135, 257,
260–262, 264, 313 f., *474*
Ciano, Galeazzo 47
Cignaroli, Giambettino *449*
Cilea, Francesco 228, 364, 402
Clay, Cassius 416
Cleva, Fausto 176, 178 f.
Cocteau, Jean 250, 353, 384
Codran, Jacqueline 315
Coen, Gino 148 f.
Colciaghi, Ebe *455*
Colussi, Susanna 378 f.
Cooper, Gary 257
Coquatrix, Bruno 346
Corelli, Franco 227, 235, 280 f., 283 f.,
327, 408 f.
Cosotto, Fiorenza 325–327, 336 f.
Coty, René 250
Coveney, John 360 f.
Crespi, Conte 228
Crothers, David *456, 466 f.*
Cummings, Walter 278, 350
Curth, Monica 437
Cusinati, Ferruccio 75, 79
D'Albert, Eugen 56
D'Amico, Fedele 302–304, 306
Dalí, Salvador 254
Davis, Bette 233
Davoli, Ninetto 378, 380, 402
De Beauvoir, Simone 249, 259, 337, 397

De Beistegui, Carlos 218
De Carvalho, George 193–195, 197
De Chirico, Giorgio 227
De Fabritiis, Oliviero *452*
De Gaulle, Charles 249, 252, 355 f.
De Hidalgo, Elvira 32–38, 41 f., 45–47,
    50 f., 56, 63, 85, 87, 142, 153, 194, 287,
    335, 353, 357 f., 363, 387, *444*
De Nobili, Lila 168, 208, *457*
De Redé, Alexis Rosenberg, Baron 365
De Sabata, Victor 128 f., 137–140, 374, *453*
De Sica, Vittorio 375
De Stasio, Attilio 50, 53–55
Del Monaco, Mario 84, 97, 111 f., 159,
    197 f., 336, 354, *449*
Delendas, Antonis 49 f., 52, 55, 57–59
Delon, Alain 250, 332
Deneuve, Catherine 397
Desgraupes, Pierre 374
Devetzi, Vasso 290, 296
Di Stefano, Giuseppe «Pippo» 122–126,
    130, 137, 143, 152, 156, 168–170, 172–176,
    178, 185, 223, 226, 292, 296, 403 f.,
    406–411, 413–419, 422–424, 427 f.,
    430 f., 434, 436 f., *453, 480, 483*
Di Stefano, Luisa 416, 428, *482*
Di Stefano, Maria *siehe* Girolami, Maria
Dietrich, Marlene 193, 198, 207, 210, 254
Dimitriadou, Efthymios (Onkel) 20–22
Dimitriadou, Frosso (Großmutter) 14 f.,
    16, 19
Domingo, Placido 352, 434
Donizetti, Gaetano 127 f., 143 f., 198, 206,
    215, 273, 283
Dumas, Alexandre 245
Duras, Marguerite 397
Ebert, Carl *453*
Edward, Herzog von Windsor 215, 250
Edwards, Sydney 410
Ekberg, Anita 315
Elizabeth II., Königin von Großbritannien
    135
Embiricos, Perry 392, 396
Embirikos, Georgios 26
Embirikos, Hariton 26

Embirikos, Miltiadis «Milton» 26, 30, 37,
    46, 50 f., 90, 280, 302, 313, *473 f.*
Engel, Erich 108
Erhard, Otto 95
Ernst, Max 325
Escoffier, Marcel 325
Euripides 133, 434 f.
Fairbanks jr., Douglas 257
Fellini, Federico 273, 288, 372, *470*
Fellowes-Gordon, Dorothy «Dickie» 210
Ferrati, Sarah 133
Feydeau, Georges 367
Fischer-Dieskau, Dietrich 424
Fitzgerald, Ella 305
Flagstadt, Kirsten *464*
Fo, Dario 439 f.
Fonda, Henry 217 f.
Ford II, Henry 382
Foreman, Carl 308 f.
Fox, Carol 156 f., 176, 178 f., 181–183, *459*
Franchetti, Afdera 218
Franci, Benvenuto 84
Freni, Mirella 349
Friedan, Betty 326
Frost, David 395–397
Gage, Nicholas 286–296, *471 f., 474, 481*
Galatopoulos, Stelios 77, 287, 328, 396,
    453, 458 f., 465, 468, 470
Garbo, Greta 245
Gardner, Hy 232, 235
Garland, Judy 305
Garofalidis, Artemis 280, 306
Garofalidis, Theodoros 263, 280, 306
Gavazzeni, Gianandrea 208, 226, *462,
    465*
Gavoty, Bernard 335 f.
Gedda, Nicolai 183, *459*
Geitel, Klaus *455*
Gentile, Giuseppe 375 f.
Georg II., König der Hellenen 40, *443*
Gershwin, George *464*
Ghiringhelli, Antonio 97 f., 106–108,
    110 f., 117, 120 f., 124, 126–128, 130,
    132–134, 139 f., 144 f., 154, 156 f., 164,
    185, 217, 220–222, 226, 228, 232,

234–236, 264, 273, 288, 300, 325, *454 f.,*
457, 465 f.
Gielgud, John 257
Gilbert, Claire 196
Giordano, Umberto 62
Girolami, Maria 122, 403, 414 f., 428
Girotti, Massimo 375
Giulini, Carlo Maria 118, 154, 156,
167–170, 185, 189, 208, 314, 352, *457 f.,*
460
Glotz, Michel 311, 318
Gluck, Christoph Willibald 151, 212, 441
Gobbi, Tilde 321, *474*
Gobbi, Tito 130, 137, 250, 317, 320 f., 400,
474
Godard, Jean-Luc 343, 384
Goffman, Erving 254, 256
Gorlinsky, Sander 237, 320, 344, 405 f.,
408 f., 413, 422, *480*
Gounod, Charles 311
Grandpierre, Victor 340
Grassi-Diaz, Cirilo 93 f.
Grazzi, Emmanuele 43
Gréco, Juliette 250, 343, 345–347, 353, 428
Greene, Milton 254–256
Gronchi, Giovanni 226 f., 230, 232, 234
Gruen, John 398
Haile Selassie I., Kaiser von Äthiopien
314
Hanine-Roussel, Jean-Jacques 293
Harlan, Veit 174
Harris, Kenneth 383
Harrison, Rex 364, 367, 369
Havelock-Allan, Tony 341, 343
Heifetz, Jascha *464*
Heinrich VIII., König von England 209
Hendricks, Barbara 401 f.
Henze, Hans Werner 187, *460*
Hepburn, Audrey 142, 219
Herodes Atticus 58, 60, 213 f.
Herzog, Friderich W. 57
Hilton, Nicky 319
Hilton, Trish 319
Himmler, Heinrich 299
Hindemith, Paul 76

Hitler, Adolf 37, 40, 43, 45, 49, 54, 57,
144, 207, 299
Hörner, Hans 59
Hofmannsthal, Hugo von 353
Holbein, Hans 209
Howard, Susan 256
Hurok, Sol 237, 241, 248, 406
Jeanmaire, Renée Marcelle «Zizi» 343
Jellinek, George 328
Johnson, Edward 64 f., *447*
Jourdan, Pierre 419, 424 f.
Kalomiris, Manolis 27, 34
Kambanis, Yannis 27–29, 34, 45
Kanellopoulos, Panagiotis 349
Karajan, Eliette von 345
Karajan, Herbert von 143–147, 173–175,
180 f., 191, 207–209, 318, 323, 342,
344 f., 421, 434, *455, 459, 474*
Karakandas, Yorgos 24, 34, *443*
Karamanlis, Konstantin 213, 300–302,
418
Karina, Anna 343
Kavathas, Vasilis 290
Kelly, Grace 254, 411
Kelly, Lawrence «Larry» 156, 176–178,
181–183, 223 f., 238, 241, 245, 257, 259,
300, 358–362, 373 f., 396, 400, 416, 428,
456, 459
Kennedy, Edward 360
Kennedy Onassis, Jacqueline «Jackie» 301,
306, 313 f., 319, 322, 334, 337, 356, 361,
366, 368 f., 391, 417, 424, 427
Kennedy, John F. 301, 305 f., 313, 319, 361
Kennedy, Robert 361
Kesting, Jürgen 286, *450, 455, 458*
Kleiber, Erich 110
Klemperer, Otto 239 f.
Kodzias, Konstantinos 37
Koerner, Henry 193, 195, *460 f.*
Konialidis, Meropi 306
Konialidis, Nikolaos 306
Konstantin II., König von Griechenland
335, 350
Koryzis, Alexandros 44, *445*
Kouharani, Mitsa *445*

Koyke Hisako «Hizi» 181
Labroca, Mario 76–78, 106, *449*
Lalaouni, Alexandra 42, 53, 57
Lancaster, Burt 435
Lanzounis, Anne-Sally 66
Lanzounis, Leonidas «Leo» 18, 65 f., 69,
  206 f., 302, 306, 328, 403, 410 f., 427,
  429 f., 433, 436 f., *443, 473*
Lascelle, George *449, 451, 468*
Lauri-Volpi, Giacomo 130, 309
Lee, Caroline 313 f., 319, 325, 337
Legge, Walter 130, 136–138, 143–145,
  154 f., 174, 179, 190, 239 f., 254,
  278–280, 282, 304, 311, 314 f., 318, 345,
  374, 440, *454, 459, 469*
Leibowitz, René 259
Leoncavallo, Ruggero 34, *447*
Lilly, Doris 361
Lollobrigida, Gina 227, 372
Lomazzi, Giovanna 152, 184, 191, 194,
  206, 209–211, 215 f., 225, 228, 238 f.,
  248, 250, 257, 259, 266–268, 271, 273,
  279 f., 282–284, 287, 325, 393, 411,
  460 f., 483 f.
Loren, Sophia 268, 279, 285
Losey, Joseph 390
Love, Moss Lee 241
Ludwig XIV., König von Frankreich 365
Ludwig, Christa 281, *471*
Lupoli, Bruna 165, 271 f., 288–290,
  293–295, 334, 355, 359, 372, 375 f., 411,
  440
Mafta, Loula 21
Magnani, Anna 119, 227, 325, 372
Makarezos, Nikolaos 351, 357
Malerba, Luigi *473*
Malibran, Maria 420, 438, 440, *483*
Malipiero, Gian Francesco 76
Malle, Louis 343
Malraux, André 325
Mangliveras «Vangelis», Evangelos 26,
  29 f., 55–60, 64–66, 68 f.
Mann, William 415
Mannino, Franco 95, *449 f.*
Maraini, Dacia 379, 385–388, 428

Marazzita, Nino 432
Marcoaldi, Aldo *466*
Marina, Duchess of Kent 389
Mascagni, Pietro 34
Mascherini, Enzo 121, 128
Massenet, Jules 36, 311
Maxwell, Elsa 198–200, 210, 212, 215,
  217–230, 248, 250 f., 258–260, 265 f.,
  275, 284, 300, 305, 315 f., *464*
McNally, Terrence 286, 401, *471, 479*
Mead, Mary 360
Meiselmann, Ben 429
Melchior, Lauritz *447, 464*
Meneghelli «Toti dal Monte», Antonietta
  145–147
Meneghini, Angelo 151
Meneghini, Giovanni Battista «Titta»
  72–84, 87 f., 90–95, 97 f., 100–107,
  111–114, 116 f., 121 f., 124, 126–128, 131,
  135, 141 f., 148, 151 f., 154, 156–158,
  163–165, 176, 178 f., 182 f., 185 f., 188,
  191–194, 199, 201–203, 208–211, 213 f.,
  216, 220 f., 224–226, 228, 230, 234–238,
  241, 243, 248–250, 255, 257–261, 263,
  266, 268–272, 274–276, 286, 289 f.,
  307, 309, 316, 338, 340 f., 393, 395, 402,
  442, *448, 450–452, 454, 456 f., 461–463,
  465–468, 470–472, 483*
Meneghini, Giuseppina 98, 105, 142, 148
Meneghini, Pia 73 f., 79, 82 f., 90, 98, 126,
  131, 135, 142, 148, 151 f., 186, *448, 450*
Mennin, Peter 398 f., 403, *480*
Menotti, Gian Carlo 384
Mercouri, Melina 300, 325
Merlin, Lina 237, 239 f.
Merola, Gaetano 66
Metaxas, Ioannis 37, 40, 43 f., *444*
Mezzadri, Ferruccio 271 f., 290, 293, 296,
  366, 372, 422, 438, 440
Millöcker, Carl 63
Minotis, Alexis 246–248, 252, 272, 279,
  300, 303, 435
Mitropoulos, Dimitri 32, 246
Monroe, Marilyn 254, 285, 305 f.
Montealegre, Felicia 140

Monteverdi, Claudio 133, 304, 434
Montini, Giovanni Battista *siehe* Paul VI.,
 Papst
Moore, George 363, 365
Moravia, Alberto 379, 384–387, 394, 402,
 428, 432, *477 f.*
Mordo, Renato 45, 51 f., 56, *445 f.*
Moreau, Jeanne 343, 397
Moscona, Nicola 31 f., 66, 103
Moulton, Charles E. J. *448*
Mouskouri, Nana 300 f.
Mozart, Wolfgang Amadeus 22, 49, 111,
 121, 127, 225, 314, 318, 434
Mussolini, Benito 35 f., 40–43, 46 f., 54,
 86, 128, *444*
Napoleon I. Bonaparte, Kaiser der
 Franzosen 115
Napoleon III., Kaiser der Franzosen 249
Newton, Ivor 405 f., 409, 413, 415
Niarchos, Stavros 264, 357, 368, 390, 418,
 424
Niarchos, Tina *siehe* Onassis, Tina
Nilsson, Birgit 189–191, 194 f., 208, *453,*
 463, 467
Oberon, Merle 217
Oistrach, David 176
Onassis, Alexander 274, 418, *481*
Onassis, Aristoteles «Ari» 215, 218–220,
 251, 256, 258–269, 271–278, 280–283,
 285–290, 292, 295–301, 304, 306–310,
 313, 315–317, 319 f., 324, 326, 329–335,
 337–339, 341 f., 344 f., 347–361, 363 f.,
 366–370, 373, 375, 378, 387, 390–394,
 396 f., 402 f., 412, 417–420, 422, 424,
 426–428, 433, 437, *453, 465, 467–469,*
 471, 474, 481
Onassis, Artemis 263
Onassis, Athina «Tina» 215, 217 f., 220,
 256, 259 f., 262 f., 265, 274, 276, 297,
 299, 359, 418, 424
Onassis, Christina 274, 418, 420, *469*
Ophüls, Max 384
Orlando, Nello 268
Otto, Natalino 201
Pacelli, Eugenio *siehe* Pius XII., Papst

Pacelli, Marcantonio 148
Palmieri, Carlo 287–289, 292 f.
Pantis, Brigitte 291–294, *472*
Papadopoulos, Georgios 350 f., 357, 418
Papajohn, Alexandra 328, *447*
Papandreou, Andreas 335
Papandreou, Georgios 301
Papatestas, Ilias 39, 44, 48, 51, 59, 63, *444*
Pasolini, Pier Paolo 11, 370–380, 382–390,
 392–394, 398, 402, 431–433, 435, 439,
 442, *477 f.*
Patellani, Federico *456 f.*
Patronikola, Marilena 359
Pattakos, Stylianos «Stelios» 350 f., 357
Paul I., König von Griechenland 335
Paul VI., Papst 119, 205, 269, *452*
Pavarotti, Luciano 352, 407
Paxinou, Katina 272, 300
Pelosi, Pino 431, *482*
Pensotti, Anita 203 f., 397, *447, 459, 461 f.*
Peralta, Àngela 102
Pergolesi, Giovanni Battista 55
Perón, Evita 94 f.
Perón, Juan 95
Piccoli, Michel 347
Pinnau, Cäsar 295–299, 303, 307, 309,
 326, *473*
Pinnau, Ruth 295–299, 303, 307–309, 326
Pinto, Edmundo Barreto 114–117, 122
Piper, Klaus 188
Pius XII., Papst 148 f., 209, 240
Pomari, Gaetano 73 f.
Pompidou, Claude 325, 373, 389
Pompidou, Georges 356, 373, 405
Ponchielli, Amilcare 69, 240
Ponti, Carlo 268
Poulenc, Francis 353, 434
Pradelli, Giacinto 170
Presley, Elvis 416
Prêtre, Georges 305, 330, 332, 345, 354
Pringle, Stanley 182 f.
Pucci, Emilio 426
Puccini, Giacomo 28, 36, 41, 46 f., 53, 66,
 82, 85, 119, 125, 131, 180, 329, 332, 430,
 452

Quinn, Anthony 319
Raab, Julius 232
Radius, Emilio 222
Radziwill, Fürstin *siehe* Lee, Caroline
Raimondi, Ruggero 234
Rainier III., Prinz von Monaco 260, 338, 344
Rakowska, Elena 80, 87 f., 115
Rame, Franca 439 f.
Reinhardt, Max *453*
Reiss, Janine 311–313, 335
Rescigno, Nicola 156 f., 176–178, 181 f., 223 f., 237–239, 241, 245, 248, 266 f., 358, 362, 373, 428, *456, 466, 468*
Respighi, Ottorino 76
Reynaud, Alain 120
Reza Pahlavi, Schah Mohammad 428
Rigal, Delia 92–95
Robinson, Francis 157, 178, 194–197, 279, *456*
Rosenthal, Harold 415
Rosenthal, Jean *467*
Roskill, Eustace 349
Rossellini, Franco 369–373, 377 f., 382
Rossellini, Roberto 369, 375, *453*
Rossi-Lemeni, Nicola 69 f., 73, 77 f., 93, 177, 192 f., *448 f., 464*
Rossini, Gioachino 32, 107, 127, 164, 223, 250, 278, 318, *451*
Rothschild, Guy de 215, 250, 275, 288, 365, 373
Rothschild, Marie-Hélène de 215, 250, 275, 288, 365, 373, 391, 411, *475, 481*
Rubinstein, Arthur 217 f.
Rubinstein, Nela 218
Rudolf, Max 110
Ruffo, Titta 67
Ruspoli, Francesco 217 f.
Sacharoff, Alexander 147, 167
Sacharoff, Clotilde 147
Sagan, Françoise 250
Saint Laurent, Yves 250
Salieri, Antonio *454*
Salviati, Domitilla 218
Sandys, Celia 261

Sandys, Diana 261
Sarrazin, Albertine 333
Sartre, Jean-Paul 249, 259
Scarlatti, Alessandro 132 f., 139
Schaeffer, Marlyse 275 f., *472*
Schell, Maria 442
Schippers, Thomas 303
Schneider, Romy 325, 331 f.
Schönberg, Arnold 76, 259
Schroeter, Werner 420 f., 435, 438, 440, 442
Schumann, Robert 436
Schwarzkopf, Elisabeth 130, 154 f., 176, 281, 314, 318, 400, 440, *449*
Sciutti, Graziella 192
Scott, Walter 144 f., *458*
Scotto, Ottavio 68 f.
Sébastian, Georges 250
Seberg, Jean 343
Secchiaroli, Tazio 273
Sell, Henry Blackman *464*
Seneca 440
Serafin, Tullio 73, 75–77, 79–81, 84–88, 91, 94–97, 106, 114 f., 125, 129 f., 133, 137, 155 f., 173 f., 177, 190, 220, 253 f., 279 f., 282, 363, 396, *448–450, 473*
Serafin, Victoria 177
Servan-Schreiber, Jean-Jacques 389, 391
Seymour, Jane 209
Shakespeare, William 128, 343, *459, 475*
Shaw, Julia 294
Siciliani, Francesco 84 f., 89, 107, 130, 132, 304
Siepi, Cesare 84, 97 f., 197, 234
Sigaras, Takis 55 f., 62–64, *446 f.*
Signoret, Simone 343
Signorini, Alfredo 293
Simionato, Giulietta 99 f., 104 f., 183, 192, 223, 226, 234, 304, 336, 432, 437, *445, 449, 451*
Simoneau, Léopold 156
Simoni, Renato *451*
Simpson, Wallis, Herzogin von Windsor 215, 250
Sinatra, Frank 319, 377, 416

Skouras, Spyros 199
Söderbaum, Kristina 174
Sophokles 11, 349, 434 f.
Sordello, Enzo 202, 205, *465*
Soria, Dario 137 f., 174 f., 179, 220, *453 f.*
Soria, Dorle 137 f., 175, 202, 220 f., 224,
    235, 429, *453 f.*
Souvaine, Geraldine 333 f.
Spanidou, Korinna 290, 295
Speer, Albert 299
Speidel, Wilhelm 58 f.
Spence, Lyndsy 293
Spontini, Gaspare 154, 166
St. Leger, Douglas Francis «Frank» 64
Stagnoli, Matilda 164
Stancioff, Nadja 371, 375, 377–379,
    382–384, 392–394, 396, 403, 426–428,
    430, 432, 437, *478, 480 f.*
Stassinopoulos, Arianna *471*
Stathopoulon, Andreas *483*
Stefanotti, Luigi 106
Stella, Antonietta 173
Stickelber, David 257
Stignani, Ebe 178
Strauss, Richard 353
Strawinsky, Igor 76
Strindberg, August 440
Sulas, Giangavino 293 f.
Suppè, Franz von 45
Sutherland, Joan 253 f., 266, 329
Sutherland, Robert 405–408, 411, 413,
    415 f., 418 f., 422 f., 430
Tagliavini, Ferruccio 75
Tamm, Peter *469*
Tate, Jeffrey 433 f., 436
Taylor, Elizabeth «Liz» 343, 351, 364–368,
    410
Tebaldi, Giovanna 204
Tebaldi, Renata 77, 81, 97 f., 106, 114–116,
    118 f., 133, 139, 141, 154 f., 159, 177 f., 185,
    190, 196, 199, 201 f., 204 f., 207, 215,
    224, 240, 242 f., 351, 357, 363 f., 381,
    402, 408 f., *451 f., 458, 461, 466*
Theodorakis, Mikis 301, 335, 350 f.,
    389–392, 404, 424

Tiepolo, Giovanni Battista 212, *463*
Tiraboschi, Irene 291
Tizian 209
Tonini, Antonio 240
Tonino, Adalbert 278
Tooley, John 433 f., 436
Toscanini, Arturo 31, 66, 80, 97, 106 f.,
    111, 118 f., 124, 128, 133, 139, 145, 174,
    184, 204, *451, 453*
Toscanini Castelbarco, Wally 106, 119,
    139, 184, 198, 300, 393
Tosi, Piero 159 f., 234, 376, 432, *457, 465*
Trivella, Maria 22–24, 27 f., 31, 33 f.,
    36–38
Trivellas, Athanasios 22
Truffaut, François 343
Tsarouchis, Yannis 246, 300, 435
Tschaikowsky, Peter 390
Tscherkowa, Valentina 315
Tucker, Richard 73
Valentino, Frank *465*
Van Zoggel, Karl H. 291–293
Van Zuylen, Marie-Hélène *siehe*
    Rothschild, Marie-Hélène de
Vannes, Charles 430, 433
Varda, Agnès 343
Vasilikos, Vasilis 290
Venizelos, Eleftherios 26
Verdi, Giuseppe 26, 33, 46 f., 64, 83 f., 89,
    106 f., 109, 121, 123–125, 127 f., 130, 155,
    158, 166, 173, 179, 215, 221, 223, 239, 245,
    252, 278, 314, 318, 361 f., 374, 396, 400,
    409, 440, *451, 453, 476, 478*
Vergottis, Panagis 329–331, 343, 345,
    348 f., 368, *475*
Veronesi, Anna 191, 194, 216, *460*
Verrett, Shirley 361
Vickers, Jon 247, 419
Villa, Claudio 201, 205 f.
Vinco, Ivo 336
Visconti die Modrone, Luchino 86,
    88 f., 95 f., 129–131, 133, 152–154, 156 f.,
    159–163, 165–171, 174, 185–188, 198, 206,
    208 f., 212, 220, 233, 271–273, 282, 284,
    315, 331 f., 345, 349, 368, 373–375, 377,

381 f., 408 f., 425, 428, 434 f., *450,*
457–460, 462 f., 466
Visconti, Uberta 95
Votto, Antonino 240, *465*
Votto, Pariso 85, 114
Wagner, Richard 37, 79–81, 86, 88 f., 128,
136, 149, 174, 189, 215, 406, 434
Wagner, Wieland 144
Walleck, Oskar 59
Wallmann, Margarethe 139, 150, 159, 227
Warhol, Andy 310, 315, 322
Warren, Marsha 196
Weaver, William Fense 303, 333 f., *473*
Webber, Andrew Lloyd 399
Webster, David 253, 256, 316, 320, 325, 338
Weede, Robert 104
Weinstock, Herbert 429, *466*

Wymetal, Wilhelm von 156
Xirellis, Titos 49–53
Yannopoulos, Konstantinos «Dino» 64 f.,
197, *445*
Yokarinis, Nikos 45
Zeffirelli, Franco 10, 89, 95 f., 98, 103, 133,
139, 142, 146, 160, 163–167, 186, 193,
202, 233 f., 237–239, 244 f., 252–254,
266 f., 271, 281, 292, 316 f., 322,
324–326, 331 f., 337 f., 341–345, 348,
370 f., 373, 393, 400 f., 428, *450, 457,*
465–467, 474
Zenatello, Giovanni 69 f., 74, 77 f.
Zenatello, Nina 77
Zigaina, Giuseppe 379 f., 432, *478*
Zoras, Leonidas 56, 58
Zorina, Vera *479*

Eva Gesine Baur bei C.H.Beck

Amor in Venedig
Auf den Spuren der Liebenden
2009. 296 Seiten mit 55 Abbildungen. Gebunden

Chopin
oder Die Sehnsucht
Eine Biografie
2. Auflage. 2022. 564 Seiten mit 27 Abbildungen. Broschiert
Beck Paperback Band 6198

Einsame Klasse
Das Leben der Marlene Dietrich
2017. 576 Seiten mit 40 Abbildungen. Gebunden

Emanuel Schikaneder
Der Mann für Mozart
2012. 464 Seiten mit 85 Abbildungen. Gebunden

Mozart
Genius und Eros
2. Auflage. 2016. 565 Seiten mit 19 Abbildungen. Gebunden

C.H.Beck

Musik bei C.H.Beck

Carolyn Abbate, Roger Parker
Eine Geschichte der Oper
Die letzten 400 Jahre
Aus dem Englischen von Karl Heinz Siber und Nikolaus de Palézieux
2022. 735 Seiten mit 50 Abbildungen auf Farbtafeln. Gebunden

Brigitte Fassbaender
«Komm' aus dem Staunen nicht heraus»
Memoiren
2. Auflage. 2019. 381 Seiten mit 49 Abbildungen. Gebunden

Christian Gerhaher
Lyrisches Tagebuch
Lieder von Franz Schubert bis Wolfgang Rihm
2022. 334 Seiten mit 5 Abbildungen und 35 Notenbeispielen.
Gebunden

Sabine Henze-Döhring, Sieghart Döhring
Die 101 wichtigsten Fragen – Oper
2017. 160 Seiten mit 14 Abbildungen. Broschiert
Beck Paperback Band 7046

Christian Thielemann
Mein Leben mit Wagner
Unter Mitwirkung von Christine Lemke-Matwey
3., durchgesehene Auflage. 2015. 320 Seiten mit 27 Abbildungen.
Gebunden

C.H.Beck